रज़ा पुस्तक माला

युगों का यात्री

नागार्जुन की जीवनी

रज़ा फ़ाउण्डेशन | THE RAZA FOUNDATION

युगों का यात्री

नागार्जुन की जीवनी

तारानन्द वियोगी

राजकमल प्रकाशन

रज़ा पुस्तक माला : **जीवनी**
प्रधान सम्पादक : अशोक वाजपेयी | सम्पादक : पीयूष दईया
राजकमल प्रकाशन प्रा.लि. और रज़ा फ़ाउण्डेशन का सह-प्रकाशन

ISBN : 978-93-88933-74-2

मूल्य : ₹995

पहला संस्करण : 2019

प्रकाशक : राजकमल प्रकाशन प्रा. लि.
1-बी, नेताजी सुभाष मार्ग, दरियागंज
नई दिल्ली-110 002

शाखाएँ : अशोक राजपथ, साइंस कॉलेज के सामने, पटना-800 006
पहली मंज़िल, दरबारी बिल्डिंग, महात्मा गांधी मार्ग, इलाहाबाद-211 001
36 ए, शेक्सपियर सरणी, कोलकाता-700 017

वेबसाइट : www.rajkamalprakashan.com
ई-मेल : info@rajkamalprakashan.com

मुद्रक : यश प्रिंटोग्राफिक्स
नोएडा-201 301 (उत्तर प्रदेश)

YUGON KA YATRI
Nagarjun Ki Jeewani
by Taranand Viyogi

आमुख

अशोक वाजपेयी

आमुख

कलाओं में भारतीय आधुनिकता के एक मूर्धन्य सैयद हैदर रज़ा एक अथक और अनोखे चित्रकार तो थे ही उनकी अन्य कलाओं में भी गहरी दिलचस्पी थी। विशेषत: कविता और विचार में। वे हिन्दी को अपनी मातृभाषा मानते थे और हालाँकि उनका फ्रेंच और अँग्रेज़ी का ज्ञान और उन पर अधिकार गहरा था, वे, फ्रांस में साठ वर्ष बिताने के बाद भी, हिन्दी में रमे रहे। यह आकस्मिक नहीं है कि अपने कला-जीवन के उत्तरार्द्ध में उनके सभी चित्रों के शीर्षक हिन्दी में होते थे। वे संसार के श्रेष्ठ चित्रकारों में, २०-२१वीं सदियों में, शायद अकेले हैं जिन्होंने अपने सौ से अधिक चित्रों में देवनागरी में संस्कृत, हिन्दी और उर्दू कविता में पंक्तियाँ अंकित कीं। बरसों तक मैं जब उनके साथ कुछ समय पेरिस में बिताने जाता था तो उनके इसरार पर अपने साथ नवप्रकाशित हिन्दी कविता की पुस्तकें ले जाता था : उनके पुस्तक-संग्रह में, जो अब दिल्ली स्थित रज़ा अभिलेखागार का एक हिस्सा है, हिन्दी कविता का एक बड़ा संग्रह शामिल था।

रज़ा की एक चिन्ता यह भी थी कि हिन्दी में कई विषयों में अच्छी पुस्तकों की कमी है। विशेषत: कलाओं और विचार आदि को लेकर। वे चाहते थे कि हमें कुछ पहल करनी चाहिये। २०१६ में साढ़े चौरानवे वर्ष की आयु में उनकी मृत्यु के बाद रज़ा फ़ाउण्डेशन ने उनकी इच्छा का सम्मान करते हुए हिन्दी में कुछ नयी क़िस्म की पुस्तकें प्रकाशित करने की पहल *रज़ा पुस्तक माला* के रूप में की है, जिनमें कुछ अप्राप्य पूर्व प्रकाशित पुस्तकों का पुनर्प्रकाशन भी शामिल है। उनमें गाँधी, संस्कृति-

चिन्तन, संवाद, भारतीय भाषाओं से विशेषतः कला-चिन्तन के हिन्दी अनुवाद, कविता आदि की पुस्तकें शामिल की जा रही हैं।

नागार्जुन बीसवीं शताब्दी में हिन्दी के सम्भवतः सबसे अधिक अथक यायावर थे : जीवन में, विचारों में, विधाओं में। उनकी जीवनी में इस यायावरी को, उसके ब्योरों और आशयों में, तारानन्द वियोगी ने बहुत श्रम, जतन, अध्यवसाय और खोज के साथ रोचक और पठनीय ढंग से विन्यस्त किया है। यह प्रयत्न उनके जीवन और साहित्य दोनों को बेहतर समझने में बहुत सहायक होगा इसमें सन्देह नहीं। रज़ा फ़ाउण्डेशन की रज़ा फ़ेलोशिप के अन्तर्गत लिखी गयी यह जीवनी पुस्तकाकार प्रकाशित करते हुए हमें प्रसन्नता है।

अशोक वाजपेयी
अगस्त २०१९, नयी दिल्ली

दो शब्द

इस किताब के बारे में दो शब्द–जैसी चीज़ मुझे लिखनी ही पड़े तो मैं क्या बताना पसन्द करूँगा? दो बातें। एक तो यह कि इसकी रूपरेखा कैसे आयी। दूसरी कि जब यह पूरी हो गयी तो फिर आगे क्या हुआ!

जीवनी लिखने का आइडिया मुझे मंगलेश दा ने दिया था। जिस रोज़ अशोक जी का फ़ोन आया, मैं मधुबनी में अपनी आख़िरी दिन की ड्यूटी बजा रहा था। भारी उत्तेजना से भर गया था यह प्रस्ताव। बार–बार वही मन छेकता। तरह–तरह से विचारता लेकिन स्वरूप बार–बार हाथ आकर फिसल जाता था। फल हुआ कि अगली सुबह जब सूरज उग रहा था, हम तरौनी में बाबा की समाधि पर थे। मैथिली के अपने युवा कविमित्रों के साथ। दिन चढ़ने तक हम वहाँ बने रहे थे, जबकि जेठ की वह तीख़ी धूप अब भी नहीं भूली है। वहाँ हमने अपने दोनों हाथ ज़मीन पर टिका दिये और तर्कातीत होना चाहा था। तर्कातीत होना, साफ़ कहूँ कि दक्षिणपन्थियों की बपौती नहीं, बल्कि इसका असल निहितार्थ तो लोकायत में ही आकर खुलता है जहाँ द्रोह नहीं, लोक–मंगल और लोक–संग्रह है। जब बाबा थे, उनसे बात होती रहती थी। तक़रीबन उसी अन्दाज़ में मैंने पूछा कि उनकी जीवनी को कैसा होना चाहिये! जो कुछ भी वहाँ समाधान मुझे सूझा था, यह किताब लगभग वैसी ही है। यह और है कि दो–चार साल इस किताब के साथ और बने रहने का मौक़ा मिलता तो यह थोड़ी ज़्यादा हू–ब–हू हो सकती थी।

तीन साल तक मैं और कुछ भी नहीं कर सका। जब यह पूरी हुई, पन्द्रह

सौ पृष्ठों की भारी-भरकम पाण्डुलिपि थी। पर कहते हैं न, लिखना तो हर लेखक हमेशा अच्छा ही चाहता है लेकिन लिख वही पाता है जिसके वह लायक होता है। इस किताब ने मुझे बुरी तरह निराश किया था। यहाँ तक कि रज़ा फ़ाउण्डेशन ने जब अपनी मीटिंग के लिए पाण्डुलिपि के कुछ पृष्ठ चाहे तो मैं बुरी तरह काँप रहा था—कौन-से पन्ने उन्हें भेजूँ! जब आप बहुत गहराई में उतरते हैं तो हर बार ज़रूरी नहीं कि आपके हाथ मोती-ही-मोती लगें। फिर यह भी तो है कि जीवन द्रुत और विलम्बित के एक ख़ास सन्तुलन से बना महाराग है। किसी ज़िद्दी कुम्हार की तरह मैं फिर से इसमें लग गया और तब जाकर रूपरेखा के क़रीब तक पहुँच पाया हूँ।

यह बताना भी कम दिलचस्प नहीं कि इस पूरे घटनाक्रम के बीच और क्या-क्या हुआ। अक्सर यह होता कि बाबा के साथ चलते हुए किसी काल में जाकर ठहर जाता था और चकित होकर उनकी भूमिका निहारता रहता था। कई बार आँखें भर आतीं। कई बार होठों की मुस्कान कमरे भर में फैल जाती। कई बार कविताएँ फूटतीं, जो सब छोड़-छाड़कर अपने लिख लिये जाने पर अड़ जातीं। पचीसों कविताएँ तो ऐसी हैं कि तब की रात जो लिखी थीं, दुबारा नहीं उलटा सका हूँ। और क्या होता कि सैकड़ों प्रसंग थे जिनमें उनकी कहा-सुनी घण्टों मुग्ध किये रहती। लोभ जगता कि ये सब चीज़ें सामने आनी चाहिये क्योंकि ये आगामी पीढ़ियों के बहुत काम आनेवाली हैं। इनका एक अलग ही ज़ख़ीरा खड़ा होता चला गया। अवसर रहा तो कभी ये सब चीज़ें भी आपके सामने होंगी।

रज़ा फ़ाउण्डेशन का आभारी हूँ। पुरस्कार तो मुझे और भी कई मिले लेकिन आनन्द इसी में सबसे ज़्यादा आया, यानी कि बाबा की जीवनी लिखने में। साहित्य के श्रमजीवियों से उनकी रुचि और योग्यता के अनुसार कुछ क़ायदे का काम आप करा सकें, आज इसी की सबसे बड़ी क़ीमत है। बाक़ी तो सब जानते हैं कि पुरस्कारों की ओछी राजनीति से समूची दुनिया का साहित्य आज किस तरह त्रस्त है। आश्वस्त करनेवाली एक बात मुझे यह भी लगी कि किसी अज्ञात कोने में भले आप लाख दबकर रहें, चुपचाप अपना काम करते जाने को ही पर्याप्त मानते रहें, कुछ आँखें हैं जो यह सब देख पा रही होती हैं। दुआ है, हर ज़माने को ऐसी आँखें नसीब हों।

हृदय से जिनका आभार बनता है, उन महानुभावों की संख्या सैकड़ों में है। वे न होते तो शायद यह काम भी न होता। ऐसी स्थिति के लिए हमारे यहाँ एक प्रणति-परम्परा है—इकट्ठे प्रणाम। सो, इकट्ठे आभार। पर, अशोक वाजपेयी, मंगलेश डबराल, वाचस्पति, केदार कानन, मयंक मिश्र, रघुनाथ मुखिया और श्रीकान्त मिश्र का नाम लेना ज़रूरी है क्योंकि उनकी भूमिका इस किताब की संरचना में घुली है।

बाबा एक ज़रूरी आदमी थे। हमें उनसे ज़्यादा से ज़्यादा परिचित होना चाहिये। अब जहाँ तक इस किताब का प्रश्न है, इसके बारे में तो सही बात वही होगी जो इसे पढ़ने के बाद आप पायेंगे। त्रुटियाँ हो सकती हैं। ध्यान दिलायें तो कृतज्ञता रहेगी।

पटना, १९-०७-१९ तारानन्द वियोगी

क्रम

आमुख : अशोक वाजपेयी

दो शब्द : तारानन्द वियोगी

एक जनकवि की निर्मिति १३

अपनी तो यही खेती–बाड़ी है १४७

प्रतिबद्ध हूँ, सम्बद्ध हूँ, आबद्ध हूँ २०७

मैं न अभी मरनेवाला हूँ ३९८

एक जनकवि की निर्मिति

उनका पूरा नाम था—वैद्यनाथ मिश्र विद्यार्थी वैदेह यात्री नागार्जुन बाबा। लम्बा नाम। ऐसा कि जिसमें कई-कई युग साफ़-साफ़ दिखें, जिसमें समय के साथ चलते चले जाने की धुन गूँजे। यह और है कि इनमें का अधिकांश उनका ख़ुद का अरजा था। जिस परम्परा में उनकी पैदाइश थी, उसका दिया नाम था—ठक्कन। यानी ठगकर भाग जाने वाला, तुच्छ, नगण्य। ऐसे नामकरण के पीछे कारण चाहे जो भी रहे हों, नागार्जुन अपने मित्रों को ख़ुशी से सुनाते थे—'तुम यदि मेरे गाँव में जाओ, और वहाँ नागार्जुन कहकर मुझे पुकारो तो हमें कोई नहीं चीन्हेगा। ठक्कन कहने से फ़ौरन सब पहचान जायेंगे।' अपना गाँव उन्हें क्या कहकर पुकारता है, इसका कोई मतलब नहीं था। मतलब था कि वह उन्हें पहचानता है।

प्रेमचन्द ने कभी अपने बारे में कहा था कि 'मेरा जीवन सपाट मैदान है।' नागार्जुन को लेकिन, यह बात सिरे से ग़लत लगती थी। उन्होंने लिखा

> यह भी एक फ़ैशन है व्यक्तित्व की छाप छोड़ने का कि हम अपनी सिधायी, भोलेपन, विनम्रता आदि का लेखा-जोखा आहिस्ता से औरों तक पहुँचा दिया करें।

उनका ज़रा भी जी नहीं मानता था कि किसी भी साहित्यकार का जीवन सचमुच सपाट मैदान होता होगा। वह कहते थे—

> प्रकृति ख़ुद ही चमत्कारमयी है, वह सपाट नहीं हुआ करती। तो फिर हमारी-आपकी ज़िन्दगी ही कैसे सपाट होगी, साहब!

ज़िन्दगी भर घुमक्कड़ी करते रहे थे और कण-कण में संघर्षरत सुन्दर

जीवन देखते थे। इसलिए दुनिया जिन चीज़ों को तुच्छ बताती, अक्सर उन चीज़ों का अलग ही माहात्म्य उनके यहाँ पाया जाता था। उनके बारे में सिद्धान्तों या शास्त्रों के आधार पर फ़ैसला कर लेना कठिन था। किसी भी साँचे में उन्हें फिट करता हुआ आदमी पाता कि नागार्जुन का कोई न कोई कोना साँचे से बाहर चला जाता था और वह अँट नहीं पाते थे।

उन्हें अनप्रेडिक्टेबल बताया जाता। दरअसल, यह आम जनता के जीने का तरीक़ा था, जिससे उनकी मुक्ति नहीं थी। वह अपने को जनकवि बतलाते। जनता उनसे पूछती रहती थी। पूछ दे जनता कि उनकी सारी हकलाहट दूर हो जाती थी, सारे भ्रम फट जाते थे। कहते—

> व्यक्ति तो ज़रूर हूँ वरना 'व्यक्त' कैसे होता! किसी भी हालत में लेकिन इकाई नहीं हूँ। सामूहिक मन की दहाई, सैकड़ा...जो समझ लो।

ऐसे में, वैद्यनाथ मिश्र नामक किसी एक व्यक्ति की कथा लिख दी जाये और कहें कि यह नागार्जुन की जीवनी है, मुश्किल बात होगी। जाने कितने वर्सन होंगे इसके, सारे लिख जायें तब भी दो-चार बाक़ी लगें, इतने। एक। दूसरे यह कि लेखक के रूप में नाम भले किसी एक का छपे, किताब यह जब भी होगी सामूहिक ही होगी। इसमें उन तमाम लोगों का हिस्सा रहेगा जो नागार्जुन के प्रसंगों को दिल में सँजोये चलते हैं। वह तो ख़ुद ही कहते थे—

> बड़भागी हूँ, बाँट दिया करते हो हर्ष-विषाद/बड़भागी हूँ, बार-बार करते रहते हो याद...

नागार्जुन ने अपने दो आरम्भिक उपन्यास—'पारो' और 'रतिनाथ की चाची' आत्मकथात्मक प्रसंगों को लेकर लिखे। समय-समय पर अपने साक्षात्कारों में कई लोगों से अपने आरम्भिक जीवन के बारे में बात भी की। इन सब से उनके परिवार, माता-पिता, समाज, पर्यावरण, शिक्षा-दीक्षा, आरम्भिक जीवन की घटनाओं के बारे में पर्याप्त जानकारी मिलती है। उनका वंश मध्यकाल में नैयायिकों के प्रख्यात परिवार के रूप में प्रतिष्ठित था। उन नैयायिकों की कृतियाँ तो नहीं मिलती थीं लेकिन

प्राचीन भौतिक सम्पत्तियाँ ख़ूब सारी थीं। कुछ तो अब भी विद्यमान थीं, जैसे पोखर और क़लमबाग़, कुछ किंवदन्तियों में कही-सुनी जाती थीं। पाँच-सात पुश्त पहले कभी किसी महात्मा ने नारायणी नदी के उद्‌गम स्थल से प्राप्त एक शालिग्राम उनके किसी पूर्वज को वरदान के रूप में दिया था। उसी की बदौलत नवाबों से सौ बीघे का लाखिराज ब्रह्मोत्तर प्राप्त हुआ था। बेतिया के महाराजा ने भगवान शालिग्राम के लिए एक स्वर्ण सिंहासन बनवा दिया था। अब यह सारी बातें कहानियों में जीवित थीं। दादा के पास आते-आते कुल सम्पत्ति साठ बीघा बची थी, पिता के बीस बीघा, और नागार्जुन को सिर्फ़ तीन कट्ठे की विरासत मिल सकी थी। पिता गोकुल मिश्र ने अपने भोगीन्द्र स्वभाव के कारण सारी ज़मीनें बेच डाली थीं।

पण्डित छत्रमणि की चार सन्तानों में गोकुल सबसे छोटे थे। छत्रमणि की ससुराल महिषी थी, जहाँ उनकी पत्नी अपने माता-पिता की इकलौती सन्तान थी। वहाँ की सम्पत्ति भी इसी परिवार में आयी। बड़े भाई परमानन्द महिषी जा बसे। मझले कुलानन्द की मृत्यु हो चुकी थी और उनकी विधवा, नागार्जुन की चाची, अपने बच्चे के साथ तरौनी के आँगन में रहती थीं। गोकुल से बड़ी एक बहन थी, उपन्यास में उनका नाम सुमित्रा बताया गया है, उनका विवाह सुल्तानगंज के एक ज़मींदार परिवार में हुआ था। लोकनियाँ बनकर बहन के साथ गोकुल ही गये थे। वहाँ ऐसा रमे कि अपनी लगभग सारी जवानी तरह-तरह के भोग करते उन्होंने वहीं बिता दी थी।

नागार्जुन को अपनी माँ की धुँधली-सी याद थी। उमा देवी, पिता गिरिधारी झा, सतलखा निवासी। तरौनी गाँव के कुलीन ब्राह्मण पण्डित गोकुलानन्द मिश्र की धर्मपत्नी। ३०-३५ की उम्र। गौर-श्याम वर्ण, कपाल छोटा, आँखें न बड़ी न छोटी, नाक नुकीली नहीं। उन्हें दमा था। अक्सर बीमार रहतीं और बिस्तर पर लेटी रहती थीं। वह बड़े घर की बेटी थीं—बारह सौ बीघा ज़मीन, चालीस बैल, बीस हल, अठारह भैंस, सड़सठ प्राणियों का संयुक्त महापरिवार। लेकिन उनके पास जाति नहीं थी। जाति थी पलिवार समौल महावंश में उत्पन्न पण्डित छत्रमणि मिश्र के पास, जो औसत ब्राह्मणों से कहीं दो सीढ़ी ऊपर भलमानुस श्रेणी के मैथिल ब्राह्मण थे। धन से यदि जाति नहीं ख़रीदी जा सके तो वह धन

किस काम का, सो पण्डित छत्रमणि के छोटे पुत्र गोकुल से उमा ब्याही गयी थीं। माँ को कभी सुख नहीं मिला। चार साल से कम ही उम्र रही होगी नागार्जुन की, वह दृश्य उनकी आँखों में खचित था—बीमार माँ बिस्तर पर उतान लेटी है। बाप रौद्र रूप धारण कर उसकी छाती पर चढ़ बैठा है। उसके हाथ में कुल्हाड़ी है। उससे वह अपनी स्त्री की गरदन रेतता जा रहा है। माँ घिघियाती है, लेकिन उसे बचानेवाला कोई वहाँ मौजूद नहीं है। अबोध बालक कोने से देख रहा है। दम साध लिया है उसने। कनखी से कभी वह बाप को देखता है, कभी माँ को...। उस छोटी उम्र में माँ मर गयी थीं और मातृहीन नागार्जुन सारी ज़िन्दगी दुनिया भर की स्त्रियों में अपनी माँ को ढूँढ़ते रहे थे...

गोकुल की स्त्री मर गयीं तो लोगों ने सलाह दी कि दूसरी शादी कर लो, बच्चा छोटा है, घर बर्बाद हो जायेगा। लेकिन, 'नहीं-नहीं' कहते हुए, जीभ निकालकर और दोनों हाथ दोनों कान पर डालकर उन्होंने जवाब दिया था—'हरे हरे, इतना हल्का मुझे मत समझिये। जगदम्बा की कृपा होगी तो दस वर्ष में ठक्कन ही इस योग्य हो जायेगा। अब तो यही प्रयत्न करूँगा कि कोई मारवाड़ी अपन राम को देवघर या विन्ध्याचल में एक मड़ैया डलवा दे, बस।' ठक्कन कैसे पले-पुसेगा, मारवाड़ी ने उधर यदि सच में मड़ैया डलवा दी तो इधर ठक्कन के दिन कैसे कटेंगे, यह उनकी परवाह का विषय नहीं था। उमा देवी से गोकुल के छह सन्तानें थीं। पाँच मर चुके थे। एक यही बच्चा जीता गया था। बुआ ने 'ठक्कन' नाम रखा था, वह जो ठगकर भाग जानेवाला है। निन्दात्मक, बुरे नाम यमराज को धोखा देने की भावना से रखे जाते थे कि यमराज सूँघकर इसे छोड़ देगा। कहते हैं, बच्चे जब मर-मर गये थे तो गोकुल ने देवघर जाकर बड़ी पूजा-अर्चना की थी, और ठक्कन का जब जन्म हुआ, देवता के ही नाम पर उनका नाम वैद्यनाथ रखा गया था। नागार्जुन अपनी माँ और पाँच भाई-बहनों की अकाल मृत्यु का ज़िम्मेवार पिता को ठहराते थे और यहाँ तक कह जाते थे कि वह कृतघ्न, झूठे, क्रूर 'मनुष्याभास' थे।

हर प्रकार का पाखण्ड गोकुल मिश्र में आकर मूर्तिमान हुआ था। अपनी उद्दण्डता और क्रोधी स्वभाव के कारण वह गाँव में 'गुरु' कहलाते थे। पूर्वजों के ही ज़माने से गाँव में खवास बसाये गये थे। वे बँधुआ मज़दूर होते थे जो पुश्त-दर-पुश्त अपने मालिकों की सेवा में खपाये आते थे।

पण्डितों की संगत थी तो कई खवास संस्कृत उच्चारण आदि भी कर लेते थे। एक बार जब गोकुल मिश्र को पता चला कि किसी खवास ने गायत्री मन्त्र का उच्चारण कर लिया है, उन्होंने उसे बेतरह पीटा था और उसकी जीभ काटने पर तुले थे। क्रोध ऐसा कि इस पाँच बरस के बच्चे पर कभी बिगड़ते तो जो चीज़ सामने दिख जाये, डण्डा या लोढ़ा या छोलनी, सीधे उठाकर दे मारते थे। ज़रा-सा पता चल जाये कि लड़के ने पोखर में घुसकर देर तक नहाया है या किसी के गाछ चढ़कर अमरूद तोड़ा है या खवासों के बच्चों से मेल-मुहब्बत बढ़ायी है, बड़ी ही हिंस्र पिटायी पीटते थे। ज़ोर से हँसता पकड़ लिया जाये तो इस बात पर भी पाँच-दस डण्डे लग सकते थे। बाक़ी, अपराध का दण्ड यह भी हो सकता था कि गरदन दबोचकर बच्चे को ऊपर उठाया और वहीं से ज़मीन पर दे पटका। एक बार बालक वैद्यनाथ ने बाप की देखादेखी भाँग खा ली तो इतनी मार पड़ी थी कि कई दिनों तक बीमार रहा था। लेकिन पिता की ये तमाम क्रूरताएँ कमज़ोरों के लिए थीं। जब भी ज़मींदारों, सेठों के दरबार में हाज़िर होते, हें-हें हँसते हुए चापलूसी करते थे। इसी तरह, जवान स्त्री कहीं कोई दिख जाये, वहाँ धर्म-वर्ण या रिश्ते का भी कोई बन्धन नहीं था, अपनी दाल गलाने के लिए उसके पीछे 'पूँछ डुलाते' मिलते थे।

नित्य नियम से पिता भाँग का सेवन करते। कड़ी पत्ती की भाँग, गिनकर ग्यारह काली मिर्च, दो बादाम और चुटकी-भर सौंफ। भाँग घोटने के लिए जो उनकी कुण्डी थी वह चुनार के लाल पत्थर की बनी, तीन सेर वज़नवाली थी। इलाक़े-भर में सोंटे के लिए उपयुक्त लकड़ी पहचानने के मामले में उस्ताद माने जाते। जब आधा पहर दिन रहता, तभी उनके नितकृत्य के इस अनिवार्य अध्याय की शुरुआत हो जाती थी। अपनी भाँग पीने की आदत का महिमामण्डन वह इस्लामी धर्मनिष्ठा के दृष्टान्त से करते थे—'देखो, मौलवी लोग कहीं भी हों, गाड़ी पर चाहे नाव में, जल में चाहे थल में, परन्तु नमाज़ का समय जहाँ आया कि अँगोछा बिछाकर चट से घुटने टेक देंगे। अहा हा हा...कितनी तत्परता है!' यही तत्परता उनकी, भंग-भवानी के सेवन में थी। लेकिन धर्मनिष्ठा? पढ़े-लिखे नहीं थे, लेकिन किसी कुलीन ब्राह्मण के लिए जिन कर्मकाण्डों की ज़रूरत होती है—प्रात:स्मरण, सन्ध्यातर्पण, पंचदेवता-पूजन,

सप्तशतीपाठ—इनका अच्छा अभ्यास था। घर में होते तो पाँच मिनट में भी पूजा निपट जाती, कभी नागा भी चलता, लेकिन पास-पड़ोस देख रहा हो तो आधा घण्टा लगता था। कुटुम्बों के घर गये हों तो चार घण्टे पूजा किये बग़ैर अन्न-जल ग्रहण नहीं होता था। और ज़मींदारों या सेठों या धर्मप्राण विधवाओं के यहाँ हों, फिर तो दिन भर पूजा-ही-पूजा चलती रहती थी, भोजन भी केवल एक-भुक्त होता था। अपने मायावी आचरण से धार्मिकता का ऐसा घटाटोप रचते कि उनकी असलियत पकड़ना असम्भव हो जाता था। दस से भी ज़्यादा उनकी स्थायी प्रेमिकाएँ थीं, फिर यथास्थान व्यवस्था लगा लेने में भी माहिर थे। घुमन्तू जीवन था। इस गाँव, उस गाँव घूमते रहते। अपने गाँव-घर से उनका कोई मोह नहीं था। ज़रा-सा यदि कुछ था भी तो अपनी विधवा भाभी से, जिनके दो-दो बार गर्भ रह गया था और बहुत फ़जीहत हुई थी। गाँव की एक तेलिन से भी उनका ऐसा ही कुछ सम्बन्ध था। लोग उन्हें समझाते—शादी कर लो बाबू, एक भले आदमी की तरह ज़िन्दगी बिताओ। सेंध लगाने की फ़िराक़ में भीतों की ओर घूरते रहनेवाला चोर क्या ख़ाक चैन से रहेगा? पर, गोकुल का जवाब होता—'शादी कर लूँ तो दुनिया मुझे क्या कहेगी? लड़का सयाना हो रहा है, शादी तो अब उसकी न होनी चाहिये!' वैद्यनाथ की उम्र उस समय मुश्किल से सात वर्ष होगी।

वैद्यनाथ का बचपन बहुत अलग था। इतना कि जैसे आगे का यात्री नागार्जुन उसका सहज विकास हो।

माँ के देहान्त के बाद ठक्कन को ननिहाल ले जाया गया था। माँ अक्सर बीमार रहती थीं तो खवास की स्त्री जनकमनी ने अपना दूध पिलाकर उन्हें पाला था। नाना चाहते थे कि गोकुल का परिवार भी व्यवस्थित हो। उन्होंने अपनी छोटी बेटी से उनके विवाह का प्रस्ताव भी दिया था। लेकिन गोकुल ने स्वीकार नहीं किया और मातृहीन बालक से ननिहाल की छाया छूट गयी। क्रोध में पिता उसे तरौनी ले आये। गाँव में अधिकतर गोकुल भाभी के नियन्त्रण में रहते। भाभी ने सारी ज़मीनें धीरे-धीरे बिकवा दीं। फिर भी वह चिन्तामुक्त रहते और यह पद गाया करते थे कि 'का चिन्ता मम जीवने यदि हरिः विश्वम्भरो गीयते।' बन्धन अब केवल यही था कि यह बच्चा उनके लिए जोगी के कुत्ते की तरह बलाय हो गया था। कई बार बच्चे भी बिगड़े लोगों को परवाह करना सिखा देते हैं। यहाँ

इसकी भी सम्भावना समाप्त थी। बरस का बरस बीत जाता था, लेकिन टूटे घर की मरम्मत नहीं हो पाती थी। बरसात में आधा पानी बाहर गिरे तो आधा घर में गिरता था। घर में चूल्हा था। कई-कई शाम चूल्हा नहीं जलता था। आसपास के जंगली जानवरों का बसेरा यह घर होता। वे जानवर भी चिन्तित रहा करते कि इस साल शायद यह घर न टिके।

आख़िर आगे पण्डित गोकुल ने इस आफ़त से समझौता कर लिया। अब वह जहाँ भी जाते, बालक ठक्कन को कन्धे पर लादे जाते। कहते हैं, उसी छोटी उमर में नागार्जुन के भीतर घुमक्कड़ी का प्रेत प्रवेश कर गया था। दरभंगा, मुंगेर, भागलपुर से लेकर बनारस तक गोकुल बाबू का प्रसार-क्षेत्र था। यात्रा पर इतनी निरन्तरता में निकलते कि रेलवे का सीजन टिकट जैसा कुछ बनवा लिया था। बच्चे को पढ़ाने-लिखाने की कोई बात ही कहीं नहीं दिखती थी। नागार्जुन बताते थे, गोकुल के मित्रों ने तब उन्हें घेरा—'ख़ुद तो महामूर्ख हो, अँगूठाछाप। इसको भी महामूर्ख बनाओगे? अरे इसे कुछ पढा़ओ-लिखाओ।' लेकिन, उसकी पढ़ाई के लिए तो गोकुल बाबू को कहीं एक जगह टिककर रहना पड़ेगा, यह बड़ी मुसीबत थी। मित्रों की राय थी कि लड़का पढ़ लेगा तो बाहर कमायेगा, आर्थिक कष्ट दूर होगा, बुढ़ापा आराम से कटेगा। गोकुल बाबू की समझ में यह बात आ गयी थी।

नागार्जुन ने मिथिला के बारे में अपनी एक आरम्भिक कविता में लिखा था कि जाने कितने ही विद्यापति, उदयन और वाचस्पति यहाँ बागमती के किनारे गाय चराते हुए, घास छीलते हुए जीवन बिता देते हैं। ज़रा-सा मौक़ा मिला, वैद्यनाथ ने न सिलेट माँगी न पेंसिल, वह लोअर प्राइमरी स्कूल जाने लगा और बहुत जल्दी गुरु का चहेता बन गया। १९२० के दशक में अँग्रेज़ी ढंग के स्कूलों का प्रसार मिथिला में बहुत ही कम था। गाँव में बस एक लोअर स्कूल था और संस्कृत की दो पाठशालाएँ—एक बड़ी, एक छोटी। अपने आदि अध्यापक रामचंचल झा की कई बातें नागार्जुन बताते थे कि खजूर की कई-कई छड़ियाँ रखते थे, कड़े मिज़ाज के थे, एक बार उनकी पिटायी इस बात के लिए की थी उन्होंने 'दोष' को तालव्य 'श' से लिख दिया था।

असल समस्या लोअर प्राइमरी के बाद शुरू हुई थी। वैद्यनाथ अँग्रेज़ी स्कूल में पढ़ना चाहते थे। इसमें ख़र्च था। इधर गोकुल बाबू के मित्रों की

राय थी, उनकी अपनी तो थी ही कि बच्चे को संस्कृत पढ़ाना चाहिये। उनका कहना था—'यह नहीं हो सकता। प्रातःस्मरणीय उपाध्याय का वंशधर म्लेच्छ भाषा पढ़ेगा? उस दिन धरती उलट जायेगी और आसमान से अंगारे बरसने लगेंगे। वकील बालस्टर बनकर प्याज-लहसन और अण्डा नहीं खाना है, तुम्हें तो अपने पूर्वजों की कीर्तिरक्षा करनी है।' उनकी समझ में पढ़ाई का मतलब था कि पूजा-पाठ, मन्त्र-जाप, कथा-पुराण बाँचने आ जाये, वह ख़ुद जब अनपढ़ होकर सेठों से इतना कमा लेते हैं तो पढ़ा-लिखा आदमी तो और भी कमायेगा। उन्होंने किसी से माँगकर एक फटा-पुराना अमरकोश कहीं से ला दिया और 'विधिवत्' पढ़ाई आरम्भ हो गयी।

संस्कृत पाठशाला का माहौल पहला वह अवसर था, जिसने वैद्यनाथ को जीवन का स्वाद दिया। गुरु सोनेलाल झा उद्यमी और चतुर आदमी थे। आठ-दस बीघे की खेती थी, गाय-बैल थे। पाठशाला को डिस्ट्रिक्ट बोर्ड से अनुदान मिलता था। अपनी चाटुवृत्ति से ऐसा ही अनुदान उन्होंने ज़मींदार से भी मंजूर कराया हुआ था। फिर, पतिया-प्रायश्चित्त-सगुन आदि से भी आमदनी हो जाती थी। विद्यालय में तेरह बच्चे थे। वे सभी मानो गृह-कारज के उनके सहयोगी थे। अपने ही दालान पर पाठशाला चलाते। काम भी करते रहते, विद्यार्थियों की पढ़ाई भी होती रहती। बिलकुल अनौपचारिक माहौल था। दोस्त थे, आसपास की दुनिया थी, क़लमबाग़ था, पोखर था। पहली बार ये सभी एक रमणीय आस्वाद के साथ उनके जीवन में प्रकट हुए थे। नागार्जुन याद करते थे, पाठशाला वाले दालान पर अमरूद का एक बड़ा पेड़ था। उस पर पके फलों की भरमार। एक दिन वह चढ़ गये और खाने लगे। नीचे लड़के हल्ला करने लगे। मतलब हमें भी दो। हल्ला सुनकर गुरुजी मोटा बाँस लेकर दौड़े थे। अब क्या होगा? लेकिन, नहीं। उन्होंने बाँस ज़रा-सा छुला दिया, बोले—सब ख़ुद ही खा जाओगे?

प्रथमा में उन दिनों बोर्ड की परीक्षा होती थी। १९२५ की बोर्ड परीक्षा में तरौनी पाठशाला के नौ विद्यार्थी शामिल हुए थे। उनमें आठ फेल कर गये थे और इकलौता जो बच्चा पास हुआ था, वह वैद्यनाथ थे। नागार्जुन बताते थे—'इससे हमारा नाम हो गया गाँव में! अरे, ये लड़का! सबका ध्यान मेरी तरफ़ आकृष्ट हुआ। उसके बाद हमको दूसरे गाँव की

पाठशालाओं से ऑफ़र आये, यहाँ आकर पढ़ो। खाना, पीना, ख़र्च सबकी व्यवस्था रहेगी। तब पिताजी को हमने मुक्त कर दिया। पिताजी एवं उनकी प्रेमिकाएँ इत्यादि... ।'

१९२५ में दूसरी जो प्रमुख घटना हुई, उसका नागार्जुन के जीवन में बड़ा महत्त्व है। तरौनी के पण्डित अनिरुद्ध मिश्र सुल्तानगंज के संस्कृत विद्यालय में अध्यापक थे। विद्वान वह व्याकरण के थे लेकिन कविताई में अच्छी गति थी। उस साल गरमियों की छुट्टी में वह गाँव आये तो इस लड़के के बारे में सुना। बुलाकर मिले तो बड़े प्रसन्न हुए कि 'गुरुभाई' का बेटा तेज़ ही नहीं प्रत्युत्पन्नमति भी है। बोले—'आओ बेटा, तुम्हें कविता बनाना सिखाता हूँ। गरमी का मौसम है। रोज़ आम के बग़ीचे में जाता हूँ। तुम भी चला करो।' वह जाने लगे। समस्यापूर्ति से काव्याभ्यास का आरम्भ हुआ था। अनू काका ने उन्हें पहली समस्या दी थी—'बालानाम् रोदनं बलम्।' एक दिन का समय दिया था। वैद्यनाथ ने दूसरे दिन पाँच पूर्तियाँ तैयार कर उन्हें दिखायी थीं। कुछ ऐसी—'पक्षीणाम् बलमाकाशो/मत्स्यानाम् उदकं बलम्/दुर्बलस्य बलं राजा/ बालानां रोदनं बलम्।' पण्डित जी गद्गद हो गये। अनुष्टुप में अच्छी गति देखकर उन्होंने वसन्ततिलका आदि भी अभ्यास करा दिये। पन्द्रह दिन के भीतर तीन छन्दों पर वैद्यनाथ की मास्टरी हो गयी। उनका बहुत आत्मविश्वास बढ़ा। अनू काका की इस कृपा को नागार्जुन अपने लिए बहुत बड़ी देन मानते थे। अन्तकाल तक वह उन्हें याद करते रहे थे।

मिथिला में नवजागरण का ही यह असर था कि दरभंगा ज़िले के गनौली गाँव में ग्रामीणों ने आपसी सहयोग से १९२० में भवानी भवन संस्कृत पाठशाला की स्थापना की थी। यह माध्यमिक स्तर की पाठशाला थी। इसके बेहतर संचालन के लिए वे सदा सचेष्ट रहते थे। उनका एक यह भी नियम था कि समूचे इलाक़े के जो भी तेज़ विद्यार्थी हों, उन्हें यहाँ इस विद्यालय में लाया जाय, जिससे विद्यालय की, गाँव की प्रतिष्ठा बढ़े। कोइलख के पण्डित जयकान्त झा इस विद्यालय में शिक्षक थे। उनकी एक बहन तरौनी ब्याही गयी थीं, कृष्णकान्त उनका भांजा था, जिसने वैद्यनाथ के ही साथ प्रथमा की परीक्षा दी थी। वह फेल हो गया था। अपने भान्जे से ही उन्होंने वैद्यनाथ के बारे में सुना था। जाकर संचालन समिति को बताया तो तय हुआ, विद्यार्थी को यहाँ आमन्त्रित किया जाये।

चाची के बेटे शिवनाथ सुल्तानगंज में पढ़ रहे थे। उनका ज़ोर था कि वैद्यनाथ वहीं जाये। वह चाहते तो जा सकते थे। लेकिन गनौली जाना सम्मान की बात थी, गोकुल बाबू के लिए और वैद्यनाथ के लिए भी। दूसरी एक प्रगति यह थी कि गोकुल बाबू ने इसी साल वैद्यनाथ के विवाह के लिए सुल्तानगंज में रिश्ता पक्का कर लिया था, आठ सौ में। लड़की एक पुरोहित की बेटी थी, आठ साल की। गोकुल बाबू उसे 'साक्षात् गन्धर्विणी' बताते थे। कई लोगों के हस्तक्षेप से बड़ी मुश्किल से वैद्यनाथ का पिण्ड छूट पाया था।

१९२६ वह साल था जब नागार्जुन अपने पैरों चलकर गाँव की सीमा टप गये। यह उनकी जनम अवधि यायावरी की शुरुआत थी। यूँ तो बिलकुल बचपने से पिता के साथ यहाँ-वहाँ घूमते रहे थे। नागार्जुन से बात कर चुके लोगों, जैसे मनोहर श्याम जोशी ने लिखा है कि पिता ने और कुछ न भी दिया हो, पाँव का सनीचर तो अवश्य उत्तराधिकार में दिया। वह लेकिन केवल उत्तराधिकार की बात थी, कर्तृत्व की नहीं। कर्तृत्व तो अब शुरू हुआ था। चिर यायावरी पर निकलने की आहट 'रतिनाथ की चाची' में साफ़ सुनायी देती है। मत जाओ, मत जाओ, मत जाओ—सब कह रहे थे—अपना घिवही आम का पेड़, तालाब, बूढ़ा पीपल, मौलसिरी का वह बौना पेड़, वे खेत, वे बाग़, वे झाड़ियाँ, वे झुरमुट, सब। पन्द्रह साल का वह तरुण उस दिन भरपेट खा भी नहीं पाया था, जबकि चाची ने सारे व्यंजन स्वादिष्ट बनाये थे। गाँव की सीमा वह टप गये।

मध्यमा का कोर्स उन दिनों तीन साल का होता था, जिसकी बोर्ड परीक्षा संस्कृत एसोसिएशन लेता था। भवानी भवन पाठशाला की शिक्षण-व्यवस्था बहुत अच्छी थी। गनौली में जिन गृहस्थ के घर वैद्यनाथ को ठिकाना मिला, उनका नाम रघुनाथ झा था। मैथिल ब्राह्मणों के श्रेणी-क्रम में वह तरौनी के मिश्र-परिवार से भी कहीं अधिक कुलीन थे। झाजी का परिवार छोटा था—स्त्री और एक बेटी, जिसका नाम इन्दुकला था। ज़मीन-जायदाद तो पूरी थी लेकिन पुत्र नहीं था। एक निपुत्र गृहस्थ की हताशा से भरे हुए उस मैथिल परिवार ने टूटकर वैद्यनाथ को स्नेह दिया

था, वह किसी भी तरह उनके बेटे से कम नहीं थे। उनका उद्यमी, तेजस्वी व्यवहार सोने में सुगन्ध का काम करता था। शोभाकान्त ने लिखा है कि माँ के मरने के बाद और अपराजिता के साथ घर बसाने से पहले गनौली के ही ये दिन थे जब नागार्जुन को पारिवारिकता की ऊष्मा और नेह-छोह का उपहार मिला था, बाक़ी तो संघर्ष ही संघर्ष था, दुख ही दुख।

'आईने के सामने' में नागार्जुन ने उन दिनों को याद किया है—

> बचपन के दिनोंवाले कई चेहरे सामने आ रहे हैं। सारे के सारे लड़के हैं—दो-तीन बड़ी उम्रवाले, बाक़ी हमउम्र और छोटे। एक लड़की भी झाँक रही है। ...यह लड़की तेरह वर्ष पार करके चौदहवें में प्रवेश कर चुकी है। मैं संस्कृत की व्याकरण मध्यमा का छात्र हूँ और इन्दुकला के पिता रघुनाथ जी मेरे अन्नदाता हैं। इन्दु मुझसे कहानियाँ सुनती है, विद्यापति के पद सुनती है, कौड़ियों का खेल खेलती है मेरे साथ...इसके पहले मुझे कहाँ मालूम था कि लड़की क्या होती है!

अपने कई साक्षात्कारों में, जब उन्हें 'पहले प्रेम' की बाबत पूछा जाता तो वह गनौली की इसी लड़की की ओर संकेत करते थे। कभी-कभी वह यह भी बताते कि इन्दुकला कितनी समझदार थी और उनके प्रति कितना गहन अनुराग रखती थी। बहुत बाद के दिनों में एक बार कभी विजयबहादुर सिंह ने इस बारे में उनसे पूछा था तो बोले कि 'अब एक बार जाना चाहता हूँ उस गाँव में। पता लगाऊँगा कि वो कहाँ है? "उसने कहा था" कहानी में जैसे लहना सिंह जाता है न अपनी बाल-सहेली के पास।' लेकिन बस, इतना ही बताते थे। आगे क्या हुआ, इतने अच्छे परिवार में रहकर भी, इतनी अच्छी पाठशाला का विद्यार्थी होकर भी वह अपना कोर्स क्यों पूरा नहीं कर पाये, क्यों दो वर्ष के भीतर ही उन्हें गनौली छोड़कर विदा हो जाना पड़ा, इस बारे में वह चुप रह जाते थे।

चुप रह जाने का कारण था कि इसे वह पहले ही बता चुके थे और कहानी इतनी दर्दनाक थी कि उसे बार-बार शायद ही दुहराया जा सकता हो। इसे उन्होंने अपने पहले उपन्यास 'पारो' (१९४६) में कहा था। बहुत कम लोग इसे लक्ष्य कर पाये हैं, लेकिन श्रीधरम जैसे अध्येताओं ने किया है। यह कहानी भाँति-भाँति का रूप धरकर उनके लेखन और कथन में व्यक्त होती थी। मिथिला की रूढ़िवादिता, स्त्री की पराधीनता, विधवा और बेमेल विवाह बार-बार उनकी कथाओं के विषय बनते थे।

वह ख़ुद सात वर्ष के लिए महिला बनना चाहते थे। सात ही वर्ष क्यों? अवैध सम्बन्ध से वह एक बच्चे को जन्म देना चाहते थे और इसे एक महिला किस तरह भोगती है, जानना चाहते थे।

दरअसल, वह किशोर वैद्यनाथ उस लड़की से प्रेम करता था और लीक धरकर रूढ़ि-पथ पर चलनेवाले मैथिल समाज ने उस किशोरी को सात कुण्ड नरक में धकेल दिया था, और वह किशोर कुछ भी न कर पाया था। उपन्यास में तो वह लड़की मार डाली गयी थी, क्योंकि इस नरक को भोगने से ज़्यादा तर्कसंगत यही था। तथ्य को कथा में रूपान्तरित करने से पहले उन्होंने चतुराइयाँ भी बहुत कीं। वैद्यनाथ को गनौली लानेवाले अध्यापक जयकान्त, वैद्यनाथ के दोस्त कृष्णकान्त के मामा थे तो उनके भी मामा हुए। मामा का पद मातृसम्बद्ध है तो मातृहीन के लिए इसकी व्याप्ति अधिक बढ़ेगी। जयकान्त मामा हुए तो रघुनाथ भी मामा हो गये। इन्दुकला ममेरी बहन हुई। उन्होंने यह किया कि रिश्ते का मुँह घुमा दिया, वह फुफेरी बहन हुई। फिर यह कि सचमुच की कहानी जब से शुरू होती थी, उसके चार साल पहले से शुरू किया और अन्त में उसकी मृत्यु दिखा दी। पर दिखावा कितना कर सकते थे, पहला ही उपन्यास था, सो उसके बच्चे को बचा लिया। अपने जानते उपन्यास की कहानी को उन्होंने काफ़ी हद तक 'मिथिलेटेड' कर दिया था, बावजूद इसके जब यह छपा, हाहाकार मच गया था। उपन्यास की कहानी से हम समझ सकते हैं कि वास्तव में हुआ क्या होगा! थोड़े ही दिनों के बाद रघुनाथ झा का देहान्त हो गया होगा। वैद्यनाथ ने उन्हें मुखाग्नि दी होगी, श्राद्धकर्म किया होगा। फिर, विधवा मामी के पीछे उनका दलाल देवर लूच झा लग गया होगा। बड़ा ही मज़बूत जाल रचा होगा उसने, और चौदह साल की वह लड़की पैंतालीस साल के चतुरा चौधरी को ब्याह दी गयी होगी। वैद्यनाथ कुछ भी नहीं कर सके होंगे। मिथिला की कुलीन लड़कियाँ शादी के तुरन्त बाद ससुराल नहीं जातीं। अब रोज़-रोज़ के इस कुकाण्ड को देखा भी कब तक जा सकता था? पहला प्रेम था। किशोरावस्था का। उन्हें पीछे हट जाने को बाध्य होना पड़ा होगा। भागने की कला का आविष्कार भी उन्होंने शायद तभी किया हो। परिस्थितिवश।

'फिर आप कहाँ गये?' लोग नागार्जुन से पूछते, मानो कहीं-न-कहीं जाना ही उनकी नियति हो। वह बताते—

> वहाँ से मैं बनगाँव-महिषी चला गया। वहाँ धेमुड़ा नदी बहती थी। उसकी कबई (मछली) यूँ बड़ी-बड़ी। वहाँ लोग छोटी-बड़ी चिड़ियाँ भी फँसाया करते।

महिषी में उनके बड़े चाचा परमानन्द मिश्र रहते थे। उनके तीन लड़के थे—उग्रनाथ, शिलानाथ और विश्वनाथ। उस परिवार में उन्हें बेहद अपनापन मिलता था। 'पारो' में कोशी नदी को पारकर पारो के ससुराल पहुँचने का जो मार्ग-वर्णन है, वह महिषी पहुँचने का ही रास्ता था। अपनी एक मैथिली कविता 'कोचिंग इन्स्टीच्यूट' में उन्होंने महिषी-वास की अपनी कुछ उपलब्धियों का विवरण दिया है। मसलन, समूची 'सिद्धान्त-कौमुदी' उन्होंने यहीं रटी, 'रघुवंश' के पाँच सर्ग, 'कुमारसम्भव' के आरम्भिक कुछ सर्ग, 'दशकुमारचरित' के भी पूरे दो उच्छ्वास। तरुणायी के उनके दो महिषीवासी यार घूरन झा और कालिकानन्द ठाकुर उन दिनों के करतब की एक-से-एक कहानियाँ सुनाते थे। कि कैसे एक बार सोलह सेर की बुआरी (मछली) पकड़ी थी, कि कैसे एक बार चिड़ियाँवाले जाल में लोमड़ी फँस गयी थी, कि कैसे एक बार बन्दरों ने घेरकर गुलेल का मज़ा चखाया था...

तरुण वैद्यनाथ ने तो अपने आपको सँभाल लिया था, बुजुर्ग गोकुल ही ख़ुद को सँभाल नहीं पा रहे थे। वैद्यनाथ की विद्योन्नति देखकर उनकी महत्त्वाकांक्षा जग गयी थी। जिन गोकुल का सपना था कि बस सत्यनारायण कथा किसी तरह बाँच लें, अब सोचने लगे थे कि काशी जाकर शास्त्री बने। कभी कोफ़्त भी होती कि उतने बड़े गनौली गाँव में यह नालायक दूसरा कोई आश्रय नहीं ढूँढ़ पाया, वह होते तो एक क्या दस-बीस ढूँढ़ लेते। लेकिन चिन्ता प्रबल थी। जहाँ कहीं भी वह जाते, जहाँ भी कहीं उच्च पाठशाला थी मिथिला में, हर जगह का सूत्र ढूँढ़ते, अपने तेजस्वी लेकिन बेवकूफ़ बेटे की कहानी सुनाते और निवेदन करते कि कहीं कोई जुगाड़ देखिये, बड़ा पुण्य होगा। तरौनी गाँव के न्याय-व्याकरणाचार्य पण्डित जयनन्दन झा पंचगछिया के हाइस्कूल में संस्कृत के अध्यापक थे। छुट्टी बाद वह जब गाँव से पंचगछिया लौटे तो उन्हें गुरुभाई का अनुरोध याद था। उन्होंने संस्कृत पाठशाला के अध्यापकों से बात की। पता चला कि ज्योतिषी जी के कोटे की एक सीट ख़ाली है। ज्योतिषी जी अर्थात् पण्डित बाबूजी झा पंचगछिया के एक सम्पन्न

गृहस्थ थे। एक बटुक का भार वह अपनी गृहस्थी से उठाते थे। ज्योतिषी जी से बात हुई तो वह मान गये, और इस तरह मध्यमा के तीसरे वर्ष की पढ़ाई के लिए वैद्यनाथ पंचगछिया आ गये।

पंचगछिया छोटी जगह थी, लेकिन प्रसिद्धि इसकी बहुत व्यापक थी। वहाँ के ज़मींदार लक्ष्मीनारायण सिंह संगीत के बड़े उस्ताद थे और उनका दरबार ज़माने के बड़े गायकों, संगीतकारों की संगति से गुंजायमान रहता था। उन्होंने अपने खवास माँगनलाल को गायकी में आगे बढ़ाया था, जो देश की तमाम बड़ी संगीत सभाओं में छाये मिलते थे। दूसरी ओर, यहाँ के रामबहादुर सिंह बड़े ही प्रखर कांग्रेसी थे और यह समूचा इलाक़ा कांग्रेस का गढ़ माना जाता था। उसी ज़माने में, महात्मा गाँधी की सभा पंचगछिया संस्कृत पाठशाला छात्रावास के उसी प्रांगण में हुई थी, जिसमें वैद्यनाथ का आरम्भिक आवास था। बाद में ज्योतिषी जी वैद्यनाथ को अपने घर ले आये। उनके बेटे तारिणीश झा थे, जो आगे चलकर संस्कृत के यशस्वी अध्यापक हुए और पचासों संस्कृत ग्रन्थों की टीका लिखी। तारिणीश उन दिनों प्रथमा के विद्यार्थी थे। दोनों एक ही कमरे में साथ रहते थे। तारिणीश झा ने लिखा है—

> वैद्यनाथ जी बहुत तेजस्वी और भद्र विद्यार्थी थे। वह मुझे पढ़ाते थे। होनहार विरबान के होत चीकने पात—इस लोकोक्ति के अनुरूप ही उन्हीं दिनों उनमें काव्य-प्रतिभा प्रस्फुटित होने लगी थी। वह संस्कृत में श्लोक और मैथिली में कविताएँ लिखते थे। मुझे तो उतनी समझ नहीं थी कि कविताओं के मर्म को समझ पाता, लेकिन जो भी सुनता, सभी उनकी इतनी प्रशंसा करते थे कि मुझे बहुत प्रेरणा मिलती थी। उनकी प्रशंसा सुनकर ही मुझमें विद्या के लिए परिश्रम करने का संकल्प जगा। उन्हीं की बदौलत मैंने प्रथम श्रेणी में प्रथमा परीक्षा पास की। उन्होंने भी मध्यमा की पढ़ाई पूरी कर ली। फिर वह अपने गाँव चले गये।

हाईस्कूल के दिनों के बारे में नागार्जुन ने कहीं-कहीं कुछ लिखा-कहा है और आत्मकथात्मक उपन्यासों में कई प्रसंग भी दिये हैं। 'आईने के सामने' में कहा है,

> शादी के पहले के पाँच-सात साल उसी माहौल में गुज़रे थे जहाँ छात्रों और अध्यापकों के दरमियान समलिंगी व्यभिचार के आतंक की अशुभ छाया व्याप्त थी। लोग अपने लड़कों को छात्रावासों में भेजने से हिचकते

थे।

इसका कारण अक्सर बालविवाह होता था। बचपन में शादी हो जाती और जब लड़के बड़े होते तो बाप की महत्त्वाकांक्षा के कारण घर से दूर छात्रावासों में रहने को बाध्य किये जाते थे। एक जगह उन्होंने लिखा है कि दो दुर्गुण उनमें प्रवेश कर गये थे। दूसरा दुर्गुण था—पाठ्यपुस्तकों से अरुचि। पण्डित बनने की आकांक्षा धीरे-धीरे घट रही थी और साहित्य का चस्का बढ़ रहा था। पाठशाला में अख़बार आता था और कई पत्रिकाएँ भी। अख़बार ने वहीं उनकी दिनचर्या में प्रवेश पा लिया था।

वे ऐसे दिन थे जब संस्कृत का अध्ययन अर्थोपार्जन की दृष्टि से आकर्षक नहीं रह गया था। चाहे कोई षड्दर्शन में निष्णात ही क्यों न हो, अधिक से अधिक यही होता कि जयपुर, उदयपुर या बड़ौदा के दरबार से दुशाला ओढ़ आता और अन्ततः पन्द्रह-बीस रुपये के वेतन पर डिस्ट्रिक्ट बोर्ड के स्कूलों में अध्यापकी करने पर विवश होता। संस्कृत पण्डितों के प्रति धनिक वर्ग का नज़रिया भी बहुत घटिया था। सड़े-सूखे आम, रद्दी चादरें, खुरदरे कम्बल, घुन लगा अनाज, फटी-पुरानी किताबें संस्कृत पण्डितों को ही दान दी जाती थीं। दान देना भी ज़रूरी था क्योंकि स्मृतियों में यही धर्म-व्यवस्था की गयी थी। अँग्रेज़ी पद्धति की तरक़्क़ी ने धीरे-धीरे संस्कृत शिक्षा की कमर तोड़ दी थी। बाध्य होकर अब संस्कृत शिक्षा का भी आधुनिकीकरण किया जा रहा था। 'पारो' का एक पात्र कहता है कि अब तो संस्कृतवालों को भी 'इदमन्नम् इमा आपः' करना पड़ता है, मतलब प्रथमा की परीक्षा में इतिहास, भूगोल, गणित आदि को शामिल कर लिया गया है; काव्यतीर्थ गुरुजी परेशान-परेशान रहते हैं, आदि।

ज़मींदार अँग्रेज़ों के पिट्ठू थे और पण्डितों की भी कोई दूसरी गति न थी। १८५७ से सबक पाकर जब लेफ़्टिनेंट गवर्नर एशली ईडेन ने साम्प्रदायिक नीति के तहत फ़ारसी को हटाकर हिन्दी लागू किया, और इतनी कड़ाई से लागू किया कि पहले तो कचहरियों में थोड़ी-बहुत मैथिली चल भी जाती थी, अब उसका भी उपाय नहीं रहा, तो इसी तरौनी के महामहोपाध्याय परमेश्वर झा ने लिखा था कि वैसे तो अँग्रेज़ों ने देश-हित के ढेरों बड़े-बड़े काम किये हैं लेकिन सबसे बड़ा काम यह किया कि फ़ारसी को हटाया, हिन्दी को लाया। 'पारो' में बिरजू के मैथिली बोलने पर उसके

दोस्त उसका मज़ाक़ उड़ाते हैं और कहते हैं—'पढ़-लिखकर शहर आ गये तब भी तुम्हारी देहाती आदत छूटती नहीं है।' अँग्रेज़ों से शह पाकर मिथिला के ज़मींदार हिन्दुत्व को उभारने, आक्रामक बनाने में लगे थे। वर्णाश्रम धर्म संघ, सनातन संघ, हिन्दू महामण्डल आदि बन रहे थे। यह यहाँ तक जाता था कि मनुस्मृति को सर्वोच्च संविधान स्वीकार कराने के लिए जो जुलूस दिल्ली में निकला था, उसका नेतृत्व मिथिला के ही महाराजा रमेश्वर सिंह ने किया था। जार्ज ग्रियर्सन ने लिखा है—

> मैथिल समाज में धार्मिक कट्टरता तथा रूढ़िवादिता बड़े पुराने समय से ही अडिग रूप से मूलबद्ध रही है। सदियाँ बीत गयीं। देश की राजनीति ने पलटा खाया। हिन्दू साम्राज्य का पतन हुआ। देश में विधर्मियों एवं विदेशियों का राज हुआ। संसार की परिस्थितियाँ बदल गयीं। मिथिला में भी अनेक राजनीतिक एवं सामाजिक उथल-पुथल हुई। पर, वहाँ की कट्टरता और रूढ़िवादिता में बहुत कम अन्तर आया।

नवजागरण के दौर में भी, जब कई नये प्रकार की धर्मधारणाएँ और सामाजिक आचार मिथिला की ओर मुखातिब थे, मिथिला ने असहिष्णुता और कट्टरता ही बनाये रखी थी। स्वामी दयानन्द के 'अरिया समाज' (प्रतिद्वन्द्वी शत्रु-समाज ?) को घुसने नहीं दिया गया, न ईसाई मिशनरी ही विस्तार पा सके। नवजागरण की एक प्रमुख हस्ती सन्त लक्ष्मीनाथ गोसाईं पंचगछिया के ही पास के गाँव परसरमा के थे। उनके भक्तिपदों में पचासों जगह कम्पनी-राज के प्रति घोर घृणा व्यक्त हुई है। उनके प्रमुख शिष्यों में मुस्लिम गौस ख़ाँ और ईसाई क्रिश्चियन जॉन भी थे। सबसे कम आयु के उनके शिष्य रघुवर गोसाईं तरौनी गाँव के थे। 'रतिनाथ की चाची' के तारा बाबा में हम रघुवर की छवियाँ देख सकते हैं। किंवदन्तियाँ हैं कि बाद में रघुवर भ्रष्ट हो गये थे और ज़मीन और रुपये के लोभ में झाड़-फूँक, जादू-टोना तक उतर आये थे। उपन्यास के साक्ष्य इसकी पुष्टि करते हैं।

नागार्जुन ने दिखाया है, पढ़ने-लिखने वाले लड़के केवल पण्डित और विद्वान ही नहीं बन रहे थे, वे स्वराज आश्रम भी खोल रहे थे, नमक भी बना रहे थे, और कई बार तो पुलिसिया कार्रवाई में घर के हल-बैल भी नीलाम करवा रहे थे। और, इस तरह गतिहत समाज के बुजुर्गों में यह विवेक पैदा कर रहे थे कि वे कहें—'लड़का कोई कुकर्म तो नहीं कर रहा

है न, देश का काम कर रहा है, दस के हित के लिए कर रहा है।' 'रतिनाथ की चाची' में जो युवा ताराचरण आया है, और ज़मीन पर की गतिविधियाँ आयी हैं, वह सब केवल उपन्यास का ही सच नहीं था।

तरुणायी में जिन थोड़े-से लोगों ने नागार्जुन के व्यक्तित्व को गहरे प्रभावित किया था, उनमें से एक उनके नाना गिरिधारी झा थे। वह सुखी-सम्पन्न, कर्मठ और विवेकी व्यक्ति थे। सड़सठ व्यक्तियों के संयुक्त महापरिवार के वह कुलपति थे। वैद्यनाथ जब समझने-बूझने की उम्र में आये, अपने कुलों—मातृपक्ष, पितृपक्ष—में सबसे अधिक यश उन्होंने नाना का ही सुना था। अधिकतर उनकी विद्वत्ता और आचार के बारे में, जिनका मूल्य उनकी दृष्टि में कहीं अधिक था। नाना के सनकीपन के क़िस्से भी उन्होंने बहुत सुने थे, सनक, जो यूँ भी बहुत दिनों तक कुलाभिमानियों से ऊल-जलूल सुनने पर उद्यमी व्यक्ति के भीतर आ ही जाती है। दस वर्षों से ननिहाल से कोई सम्बन्ध नहीं था। गोकुल मिश्र उन लोगों को शत्रु-वर्ग में रखते थे और उनसे किसी भी प्रकार का सम्बन्ध वर्जित था।

पंचगछिया से वैद्यनाथ मुक्त हुए तो सबसे पहले सतलखा पहुँचे। यह पिता से छिपाकर किया गया था। कहना चाहिये कि पिता की सत्ता के प्रति यह पहला विद्रोह था। सतलखा, जब वह नाना के विशाल दालान पर पहुँचे, सबसे पहले उन्हें धात्री माँ जनकमनी ने ही पहचाना था—'दइया गे दइया, यह तो ठक्कन बबुआ है। कितना बड़ा हो गया है।' नानी उसे कलेजे से लगा रोने लगी थी—'भूल गये हमें बेटा!' नाना को उन्होंने प्रणाम किया तो आशीर्वाद मिला—'आयुरानन्दयोर्वृद्धिरस्तु', जैसे-जैसे आयु बढ़े, आनन्द भी बढ़ता जाये। नाना से जब मिले थे, वह अपनी विशाल बालमण्डली के बीच चहक रहे थे। सारे बच्चों से वह उनका परिचय कराने लगे—'देखो, यह हिमकर है, यह श्रीकर, यह एकनाथ...ये सभी तुम्हारे ममेरे भाई होंगे। और भी हैं।' वैद्यनाथ तो मानो लद गये। लिखा है, नाना के कुल में विदेह और लिच्छवि के गुणों की साझा विभूतियाँ प्राप्त हुई थीं। रहन-सहन में ऐसा साझापन था कि जिसने उनका मन मोह लिया। नाना के पास हर एक छोटे-बड़े के लिए जगह थी, लेकिन तरजीह वह नयी पीढ़ी को देते थे। भोज हुआ तो ऐसा समवेत, सम्मिलित, उत्सवपूर्ण कि जैसा वह सोच भी नहीं सकते थे।

विशाल क़लम-बाग़ था। किसिम-किसिम के क़लमी और सरही आम को नाना की ही तरह जब वह देखकर, सूँघकर, खाकर मस्त हो जाते तो नाना बताते थे—'तीन पुरखों की तपस्या का फल है यह। इसमें कितने ही पेड़ अब बूढ़े और रोगी हो गये हैं, आँधियों में हर साल दो-एक गिर पड़ते हैं, लेकिन उनकी जगह नये रोपने की चेष्टा कोई नहीं करता। बताओ, ऐसे चलेगा?'

ननिहाल वैद्यनाथ नाना के आकर्षण में गये थे। लेकिन वहाँ उन्हें जिन्होंने सर्वाधिक प्रभावित किया, वह नानी थीं। अहैतुक वात्सल्य और प्रेम से लबालब भरी हुई। ठक्कन को पाकर मानो उन्होंने अपनी खोयी बेटी उमा को पा लिया था। उनके व्यक्तित्व के बारे में नागार्जुन ने काफ़ी कुछ लिखा है। इतने बड़े परिवार को चलाते हुए सबका हित साधती रहीं। कम से कम पहना, कम से कम खाया-पीया। अधिक से अधिक बर्दाश्त किया, अधिक से अधिक सुना। अपने आपको पति-कुल की गतिविधियों में इस भाँति खपा दिया कि आज सारा गाँव उनका ही नाम लेकर आँख खोलता था। वह पुण्यश्लोक थीं, प्रातः स्मरणीय थीं।

एक बार वह सतलखा गये तो फिर बार-बार गये। उन्होंने पिता की नाराज़गी की परवाह नहीं की। 'रतिनाथ की चाची' के अनुसार, नानी ने ही उन्हें आगे का रास्ता दिखाया कि तुम दरभंगा में पढ़ो, सीधा-सामान या और भी जो ख़र्च होगा, वह तुम्हारे मामा देंगे। वह दरभंगा की महाराजी पाठशाला में भरती कराये गये। इस दौरान उन्होंने लिखने-पढ़ने में सक्रिय तमाम छोटे-बड़े लोगों, समवयस्कों से सम्पर्क बना लिया। फिर काशी चले गये। उन्होंने लिखा है—

> संस्कृत मध्यमा की परीक्षा उत्तीर्ण करने के बाद काशी रहने लगा। वहाँ मामा के रूप में मुझे ऐसे अभिभावक मिले जिन्होंने काव्य-रचना के प्रति मुझे लगातार प्रोत्साहित किया और मैथिली के प्रख्यात कवि आचार्य सीताराम झा से मिला दिया।

सीताराम झा मीरघाट के रानीकोठा में रहते थे। रानी यानी लक्ष्मीवती, मिथिला के पूर्व महाराजा लक्ष्मीश्वर सिंह की विधवा, जो वर्तमान महाराजा और अपने देवर रमेश्वर सिंह से प्रताड़ित होकर स्वयं भी काशी-वास कर रही थीं। रानी की रुचि जनकल्याण के कार्यों में थी।

अपने स्वर्गीय पति के नाम पर कई विद्यालय, अस्पताल आदि उन्होंने बनवाये थे जबकि वर्तमान महाराजा सूद पर पैसे लगाते और उद्योगों में निवेश करते थे। रानीकोठा असल में लक्ष्मीवती छात्रावास था, जिसके कमरे काशी पढ़ने आये श्रोत्रिय विद्यार्थियों को दिये जाते थे, ख़ाली रहा तो अन्य ब्राह्मण-बटुकों को भी। इसी छात्रावास के एक कमरे में सीताराम झा, एक में महामहोपाध्याय मुकुन्द झा बक्शी, एक में पण्डित त्रिलोचन झा रहते थे। वैद्यनाथ जब काशी पढ़ने आये, इसी रानीकोठे का एक कमरा उन्हें मिल गया था। गुरु भी यहीं थे, ढेर सारे साथी भी, जो कई अभियानों में उनके साथ रहे। मीरघाट, बाँसफाटक, रानी भवानी गली, साक्षी विनायक आदि कई मुहल्ले थे, जहाँ मैथिलों की बड़ी संख्या निवास करती थी। स्वयं लक्ष्मीवती की ड्योढ़ी साक्षी विनायक में थी। रानी ने अन्य ज़मींदारों की ही तरह मन्दिर भी बनवाये थे। उनका बनवाया राममन्दिर बाँसफाटक में था। मैथिल ज़मींदारों के बनवाये अन्य मन्दिर काली मन्दिर, श्यामा मन्दिर, नीलकण्ठ मन्दिर आदि थे। बनैली की रानी ने तारा मन्दिर बनवाया था। उस मन्दिर के मैनेजर महिषी के पण्डित सिद्धिदत्त झा थे। झा जी उसी परिवार से आते थे, जहाँ नागार्जुन के दादा छत्रमणि का विवाह हुआ था। सभी मन्दिरों में 'सत्र' या 'क्षेत्र' चलता था। यानी कि निःशुल्क भोजन। राम मन्दिर के सत्र का नियम था कि कोई आगन्तुक तीन दिन से अधिक भोजन नहीं कर सकता, यदि ऊपर से उसकी पैरवी न हो। ऊपर की पैरवी वैद्यनाथ के लिए भी कोई असम्भव बात नहीं थी। लेकिन, तारा मन्दिर में अपेक्षाकृत आसानी थी। इन सत्रों में भोजन क्या मिलता था? वैद्यनाथ के मित्र सुरेन्द्र झा सुमन उन दिनों एक बार वैद्यनाथ से मिलने पहुँचे थे। अपनी आत्मकथा में उन्होंने उस भोजन का विवरण दिया है—दाल-भात। दो-तीन तरकारी। घी, चटनी, नींबू, दही और भोजनोत्तर मुखशुद्धि अर्थात् सुपारी। लिखा है कि यह भोजन एकसंझा होता था, लेकिन यह भी लिखा है कि दिन में ही लोग इतनी मात्रा में खा लेते थे कि रात के भोजन की ज़रूरत ही नहीं पड़ती थी, बस 'दुग्ध-पान' या 'फक्का-फुक्की' से काम चल जाता था।

काशी में वैद्यनाथ का एडमिशन प्रसिद्ध गवर्नमेंट कॉलेज में हुआ, जिसके प्राचार्य प्रख्यात तन्त्रविद् महामहोपाध्याय गोपीनाथ कविराज थे। यह देश के सबसे पुराने संस्कृत कॉलेजों में से एक था जिसकी स्थापना ईस्ट

इण्डिया कम्पनी ने १७९१ में करायी थी। इसके एक युवा अध्यापक पण्डित मधुसूदन शास्त्री थे, जिनसे वैद्यनाथ ने बहुत विद्या पायी। संस्कृत पण्डितों में युगानुरूप परिवर्तन और प्रगतिशीलता का दुर्लभ गुण ही शास्त्री जी में रहा होगा कि नागार्जुन आख़िरी दिनों तक अपने इस गुरु के प्रति अत्यन्त श्रद्धाशील बने रहे। तन्त्रशास्त्रों में वैद्यनाथ की कोई रुचि नहीं थी। वह कभी गोपीनाथ कविराज का उल्लेख करते नहीं पाये जाते। व्यक्तिगत कथा-कहानियों में भी कभी ज़िक्र आता तो उनका लहजा व्यंग्यात्मक रहता था।

वैद्यनाथ के दूसरे गुरु ज्योतिषाचार्य बलदेव मिश्र थे। वह महिषी के पड़ोसी बनगाँव के निवासी थे। उनका ज्योतिष-ज्ञान असन्दिग्ध माना जाता था। धर्म-विवेचन की, उन दिनों की सबसे लोकप्रिय पत्रिका 'पण्डित सभा' का उन्होंने कई वर्षों तक सम्पादन किया था, और दशकों से सरस्वती भवन पुस्तकालय में प्राचीन पाण्डुलिपि-सम्पादन और पाठोद्धार का काम कर रहे थे। वह प्राकृत, पालि और अपभ्रंश के प्रकाण्ड विद्वान थे। बौद्ध साहित्य का उनका अध्ययन इतना विशाल था कि उनकी तुलना बस महापण्डित राहुल सांकृत्यायन से ही की जा सकती थी। ज्योतिष में भी वैद्यनाथ की रुचि नहीं थी, लेकिन वहाँ तो सीताराम झा भी ज्योतिष के ही अध्यापक थे। उस वातावरण से ज्योतिष की सारी ज़रूरी बातें यूँ ही उनके ज्ञानकोष में आकर शामिल हो गयी थीं। उनकी रुचि भाषाएँ सीखने में थी। उन्होंने पण्डित जी से तीनों ही भाषाएँ बहुत आसानी से सीख लीं। पण्डित मिश्र आचार्य नरेन्द्रदेव के मित्रों में से थे, इसलिए राजनीति की एक अपर धारा की ऊष्मा भी तरुण वैद्यनाथ तक पहुँच सकी थी।

महारानी लक्ष्मीवती की जायदाद का प्रबन्धन उनके भाई रायबहादुर श्रीनाथ मिश्र देखते थे। उनकी सुलझी सोच और सुरुचि का परिणाम था कि वर्तमान नरेश से प्रवंचित होने और नरेश के ख़िलाफ़ मुक़दमा लड़ने के बावजूद मिथिला की स्थायी स्मृति में बसे रहने लायक ज़्यादातर काम लक्ष्मीवती ही कर पा रही थीं, महाराजा रमेश्वर सिंह नहीं। श्रीनाथ मिश्र ने ही महारानी की ड्योढ़ी में बालवर्द्धिनी सभा का नियमित आयोजन आरम्भ किया था। मिथिला की नयी प्रतिभाओं—कविता, शास्त्र, संगीत आदि में—को प्रोत्साहित किया जाता। इसके संचालक ज्योतिषाचार्य

बलदेव मिश्र थे। इन सभाओं में वैद्यनाथ एक तरुण कवि के रूप में नियमित रूप से भाग लेते और हमेशा ही प्रथम पुरस्कार जीतते थे। इसकी आरम्भिक गोष्ठियों में पढ़ी गयी एक काव्य-पंक्ति नागार्जुन को याद थी—'लक्ष्मी ओ लक्ष्मीवती/दुहु सम बूझथि धीर/किन्तु कने ओ चंचला/हिनक प्रकृति छनि थीर।' नागार्जुन ने लिखा है—

> काव्यप्रकाश के आरम्भ में आचार्य मम्मट ने काव्य के कतिपय प्रयोजन बतलाये हैं। उनमें से पहले दो हैं—यश की प्राप्ति और धन की प्राप्ति। काशी में अपने आरम्भिक कविकर्म से मुझे इन दोनों प्रयोजनों की सिद्धि का परिचय प्राप्त होने लगा। अपने से दुगुनी उम्र के वयस्क विद्यार्थियों और युवक विद्वानों से प्रशंसा प्राप्त होने लगी और दरभंगा की महारानी लक्ष्मीवती से आर्थिक साहाय्य मिलने लगा। महारानी लक्ष्मीवती को कभी मैंने देखा नहीं, परन्तु आवेदन देने पर उनके यहाँ से जाने कितनी बार मुझे सहायता मिली होगी। संस्कृत एवं मैथिली भाषा में लिखे गये उन छन्दोबद्ध आवेदनपत्रों ने मुझे कभी निराश नहीं किया। वह ऐसा युग था, जब कि एक रुपये का आधा मन गेहूँ आता था। ...छात्रावस्था में महारानी लक्ष्मीवती से मिलनेवाले पाँच-पाँच, दस-दस रुपये के वे अनुदान मुझे कभी नहीं भूलेंगे।

पुरस्कार जीतने की यह निरन्तरता इस तरह कायम थी कि एक बार राय बहादुर ने इस पर आपत्ति कर दी—'हर महीने तुम्हीं पुरस्कार जीत लोगे, यह तो ठीक बात नहीं हुई। औरों को भी मौक़ा मिलना चाहिये।' नागार्जुन बताते थे—

> काशी में कोई एक ही प्रतियोगिता थोड़े ही होती थी! बहुत सारी होती रहती थीं। बना-बनाया हिसाब था कि कविता-लेखन में प्रथम पुरस्कार, वक्तृता में तृतीय। ढाई रुपये-तीन रुपये जैसा कुछ नकद इनाम मिलता था। ढाई रुपये में तब पचास सेर आटा आता था।

रानीकोठा के दिनों की दो घटनाओं का ज़िक्र नागार्जुन अक्सर करते थे। रानीकोठा के निचले तल्ले का उपयोग ज़्यादातर धर्मशाला के रूप में किया जाता था। ग्रहण-स्नान या अन्य किसी पर्व के दिनों में जब मैथिल तीर्थयात्रियों की संख्या अधिक होती, पूरा तल्ला भरा रहता था। एक बार क्या हुआ कि ऐसे ही किसी अवसर के बीतने के बाद निचले तल्ले के किसी कमरे से सड़ी लाश की दुर्गन्ध फैलने लगी। वहाँ तो ऐसे

परम्परावादी छात्रों की भरमार थी जहाँ दुर्गन्ध से परेशान तो हर कोई था, लेकिन इसमें कुछ किया भी जा सकता है, यह सोचनेवाला कोई न था। सहज-कौतूहलवश जब वैद्यनाथ ने छानबीन शुरू की, तो देखा—एक कमरे में एक बुढ़िया की अर्द्धनग्न अकड़ी लाश पड़ी थी। छात्रावास का कोई लड़का उनका साथ देने को तैयार नहीं हुआ। पड़ोस के मुहल्ले से वह अपने एक साथी को बुला लाये और लाश को अपनी चादर में बाँधकर मणिकर्णिका घाट उठा लाये। रानी को पता चला तो अन्तिम संस्कार के लिए उन्होंने ग्यारह रुपये की अनुग्रह राशि भी दी। मुखाग्नि स्वयं वैद्यनाथ ने दी। अपनी चादर भी धोकर वह साथ ले आये। पण्डितों और छात्रों को पता चला तो सबने उनकी निन्दा की। ज़्यादा आपत्ति इस बात पर थी कि उन्होंने मुखाग्नि क्यों दी और चादर क्यों न फेंकी। पण्डितों की टिप्पणी थी—'लगता है, राजा हरिश्चन्द्र के डोम ने इस लड़के के माथे पर पूर्वजन्म में हाथ रखा होगा!' बाद में मालूम हुआ, वह मृत बुढ़िया प्रख्यात दार्शनिक उदयनाचार्य के कुल की बहू थी। उसके पुत्र अध्यापक आचार्य विद्यानन्द वैद्यनाथ से मिलने आये तो गले लगकर बहुत रोये—'तुमने मेरी माँ को मुखाग्नि दी, तुम मेरे सगे भाई हो, सगे से बढ़कर हो।' वहीं विद्यानन्द ने अपनी माँ के लिए तर्पण किया और उस भोज में उन्हीं ब्राह्मणों ने हुमच-हुमचकर खाया जो वैद्यनाथ को चाण्डाल कहते थे।

दूसरी घटना काशी से प्रयाग की पैदल-यात्रा की कहानी है। इससे उनके धुन और संकल्प का पता चलता है। एक बार क्या हुआ कि छात्रावास के तीन मित्रों ने बात-बात में तय किया कि बिना एक पैसा साथ में रखे वे काशी से प्रयाग पैदल जायेंगे और उधर से पैदल ही लौटेंगे। अपने पास के सारे रुपये-पैसे उन्होंने कोठरी में बन्द कर दिये और विदा हुए। यात्रा इण्डियन रोड से करने का तय था। एक साथी तो तीसरे मील से ही थक-हारकर लौट आया, दूसरे की हिम्मत दस-बारह कोस जाते-जाते टूट गयी। खाने-पीने का कोई आसरा न था। एक जगह ज़ोरों की प्यास लगी थी, इधर-उधर देखा तो पाया, एक मोची भाई जूते गाँठ रहा था। उससे जाकर पानी माँगा तो वह अवाक् कि हमारे यहाँ का पानी पीयोगे? मोची की पत्नी ने समझा कि सुराजी बालक है, खादी भी पहने है, तो उसने एक धेला गुड़ और लोटे भर पानी दिया। वह इसे ग्रहण कर रहे थे

तभी ऊँटवालों का एक क़ाफ़िला वहाँ से गुज़रा। जो कुछ ऊँटवालों ने देखा, क्षुब्ध आश्चर्य के साथ आगे प्रचारित करता गया कि घोर कलियुग आ गया है, और वह इसी रास्ते से पीछे-पीछे चला आ रहा है। वैद्यनाथ जब आगे बढ़े, खाने-पीने का आग्रह तो दूर की बात, लोग उन्हें अपमानित करने लगे कि तुमने ब्राह्मण होकर चमार के घर पानी पिया है। लेकिन, उन्होंने हिम्मत नहीं हारी। मुख्यमार्ग छोड़कर अब वह खेत-खेत, मेड़-मेड़ चलने लगे और अन्ततः प्रयाग पहुँच गये। लेकिन प्रयाग में कोई परिचित तो था नहीं। अख़बारों में पढ़े हुए के मुताबिक आर्यसमाज के मन्दिर पहुँचे। मन्दिर से लगी धर्मशाला भी थी। वहाँ के कार्यकर्ताओं ने उनकी मुलाक़ात पण्डित गंगाप्रसाद उपाध्याय से करवायी, जो आर्यसमाज के प्रसिद्ध विचारक और कई ग्रन्थों के लेखक थे। उपाध्याय जी को उन्होंने सारी कथा कह सुनायी। वह बहुत प्रभावित हुए। उन्होंने उन्हें खिलाया-पिलाया, प्रयाग घूमने का अवसर दिया, और कहा—'अभी तो तुम बनारस जाकर शास्त्री का कोर्स पूरा करो फिर यहाँ आ जाओ। हम तुम्हारी पूरी व्यवस्था करेंगे।' वापसी के वक़्त उन्होंने अपने मुनीम को उनके साथ स्टेशन भेजा। उसने टिकट कटाकर उन्हें ट्रेन में बिठा दिया। इस तरह उनकी पहली प्रयाग-यात्रा पूरी हुई।

मैथिलों के लिए भले ही काशी पुण्य और विद्वत्ता की नगरी हो, मैथिली साहित्य के लिए वह नवजागरण का शहर था। आदिकाल में ज़रूर मैथिली में ज्योतिरीश्वर और विद्यापति ने रचनाएँ लिखीं, लेकिन मैथिली साहित्य में आधुनिक युग का आरम्भ 'मिथिलामोद' पत्रिका के प्रकाशन से होता है। इसका प्रकाशन यहीं काशी से १९०५ में शुरू हुआ था। इसके कृती सम्पादक थे महामहोपाध्याय मुरलीधर झा। वह भी ज्योतिष के अध्यापक थे। कई अर्थों में प्रगतिशीलता के गहरे पैरोकार मुरलीधर झा ने 'मैथिल विद्वज्जन समिति' संस्था गठित कर दरभंगा नरेश की दकियानूसी कार्यवाही के बरक्स प्रगतिशील पण्डितों के समूह का नेतृत्व किया था। इसी विद्वज्जन समिति के बैनर तले 'मिथिलामोद' का प्रकाशन होता था। न केवल साहित्य पर, संस्कृति और समाज पर भी इसका असर अचूक था। हिन्दी में जिस तरह 'द्विवेदी युग' को याद किया जाता है, मैथिली साहित्य में 'मोदयुग' का वही महत्त्व था। महामहोपाध्याय का निधन १९२९ में हुआ। और, 'विद्यार्थी वैद्यनाथ मिश्र' की जो कविता पहली

बार १९२९ में प्रकाशित हुई, इन्हीं मुरलीधर झा के निधन पर शोक-संवेदना की कविता थी। उसमें उन्होंने लिखा था कि झा जी के निधन से मिथिला-मैथिल-मैथिली अनाथ हो गये और विद्वज्जन समिति की तो मानो लाली ही चली गयी। १९२७ में 'मोद' बन्द हो चुका था और तब यह कविता 'मिथिला' में छपी थी। यहीं से नागार्जुन की कविताएँ छपनी शुरू हुई थीं। साल-दो साल चलकर 'मिथिला' भी बन्द हो गयी थी। 'मिथिला मिहिर' था लेकिन वह राज दरभंगा का मुखपत्र था, जहाँ मैथिली के लिए नगण्य जगह थी। मिथिला और मैथिली के लिए नये ढंग से सोचते हुए जो लोग कुछ करने के लिए उत्साहित थे, उनके सामने अब एक शून्य था। इसकी प्रतीति नागार्जुन की इस पहली प्रकाशित कविता में साफ़-साफ़ उभरकर आयी है।

महामहोपाध्याय मुरलीधर झा का दृष्टिकोण समय के तमाम ज्वलन्त मुद्दों पर बहुत स्पष्ट था। प्रमुख मुद्दे थे—मैथिल महासभा की संकीर्णता, आधुनिकता बनाम परम्परा का सामाजिक संघर्ष, आचार-विचार में उदारता के प्रश्न आदि। महामहोपाध्याय के परोक्ष होने के बाद उनकी संगत के जो लोग गतिविधियों की निरन्तरता की अधिक ज़रूरत महसूस करते थे, उनका जुटान रानी कोठा में था। इनमें से एक प्रमुख व्यक्ति पण्डित त्रिलोचन झा थे। 'मोद' के नियमित लेखकों में से वह एक थे। वह रानीकोठा में ही रहते थे। विद्वज्जन समिति की मृतप्राय काया में प्राण फूँकने की नीयत से उन्होंने बहुत ही परिश्रमपूर्वक एक प्रस्ताव तैयार किया था, जिसे 'काशी भारती निकेतन प्रस्ताव' के रूप में जाना जाता है। इसके जो थोड़े अंश प्राप्त होते हैं, उनसे पता चलता है कि इसमें जातीय श्रेणीबद्धता को युगानुरूप बनाने और जातीय एकता के लिए शिथिल करने तथा आचार-विचार में उदारता बरते जाने की चर्चा थी। किन्तु यह प्रस्ताव स्वीकार नहीं किया गया। त्रिलोचन झा की गहरी आत्मीयता युवाओं के साथ थी। रानीकोठा में उन दिनों वैद्यनाथ के जो मित्र रहते थे, अपने कार्यों से बाद में कई मशहूर भी हुए, उनमें प्रमुख दुर्गाधर झा, सीतानाथ झा, श्यामानन्द झा थे। इन युवाओं के बल पर पण्डित त्रिलोचन ने हार नहीं मानी और रानीकोठा में 'भारती निकेतन' नाम से एक संस्था का गठन किया। निश्चय ही इसमें रायबहादुर की भी सम्मति रही होगी। भारती निकेतन ने 'भारती' नाम से एक हस्तलिखित

पत्रिका आरम्भ की। इसके सम्पादक विद्यार्थी वैद्यनाथ मिश्र बनाये गये। इसी संस्था के द्वारा रानीकोठा में भारती निकेतन पुस्तकालय की भी स्थापना हुई, जिसके कर्ता-धर्ता सीतानाथ झा के साथ वैद्यनाथ बनाये गये। काञ्चीनाथ झा किरण की १९३० में जब वैद्यनाथ से पहली मुलाक़ात हुई थी, इसी रानीकोठा के दिन थे वे। वह तो रानीकोठा में रहनेवाले अपने पूर्व परिचित मित्र से मिलने आये थे, वैद्यनाथ से जब उनकी पहली बातचीत हुई, उनकी तो जीवन-दिशा ही बदल गयी थी। किरण जी ने लिखा है, काशी की मैथिली गतिविधि को लेकर वह जितने हताश थे, वैद्यनाथ से मिलने के बाद उन्हें लगा था कि आशा की बहुत सारी किरणें अभी बाक़ी हैं।

रानीकोठा में जो इन युवा एक्टिविस्टों का दल था, वे एक दर्जन से ज़्यादा सक्रिय लोग थे। एक मीटिंग की चर्चा किरण जी ने अपने संस्मरण में की है। इसमें सब जुटे तो साहित्यिक उपनाम रखने का 'कर्मकाण्ड' चला। पण्डित कुलानन्द मिश्र ने 'केसरी' उपनाम धारण किया। देवचन्द्र झा 'चन्दिर' हुए। वामदेव मिश्र 'विमल'। काञ्चीनाथ झा ने 'किरण' उपनाम धारण किया। और-और लोगों ने भी मार्तण्ड, कोदण्ड, उद्दण्ड आदि उपनाम धारण किये। श्यामानन्द झा ने कोई भी उपनाम धारण करने से मना कर दिया क्योंकि ऐसा करना उनकी समझ में, हिन्दी के छायावादी कवियों की नक़ल होती। इसी गोष्ठी में वैद्यनाथ मिश्र ने 'वैदेह' उपनाम धारण किया था। तब से उनके नाम के साथ 'वैदेह' जुड़ गया, सम्पादन में भी। किरण जी जब पहली बार रानीकोठा में वैद्यनाथ से मिले थे, 'भारती' के तब तक दर्जन से भी अधिक अंक निकल चुके थे, जिनकी प्रतियाँ वैद्यनाथ ने उन्हें दिखायी थीं। इसी प्रकार, जब सुरेन्द्रनाथ झा सुमन रानीकोठा आये थे, वैद्यनाथ वसन्त अंक निकालने की तैयारी कर रहे थे, जिसके लिए सुमन जी ने अपनी कविताएँ भी दी थीं। लिखा है कि वसन्त अंक का विशेष आयोजन किया जा रहा था, कि इस अंक को प्रेस से मुद्रित कराकर प्रकाशित किया जाना था। 'वैदेह' के सम्पादन में निकलनेवाली एक और हस्तलिखित पत्रिका का उन्होंने उल्लेख किया है। वह पत्रिका 'वैदेही' थी। बाद में इस युवा-दल ने 'मैथिली सुधाकर' नाम से एक और हस्तलिखित पत्रिका निकाली, जिसका सम्पादन कुलानन्द मिश्र 'केसरी' करते थे। पाँच साल तक यह पत्रिका चलती

रही, जबकि वैदेह और किरण दोनों ही काशी छोड़कर जा चुके थे। किरण जी ने लिखा है, आधुनिक मैथिली कविता के वृहतत्रयी—सुरेन्द्र झा 'सुमन', काशीकान्त मिश्र 'मधुप' और वैद्यनाथ मिश्र 'यात्री' के आरम्भिक निर्माण का श्रेय इसी 'मैथिली सुधाकर' को है। लेकिन ये हस्तलिखित पत्रिकाएँ निकालना, मैथिलों में, कितना कठिन था? मैथिली लिखने के लिए लेखक लोग अपना काग़ज़ तक ख़र्च नहीं करते थे, इन युवाओं को कोठा-कोठा घूमकर काग़ज़ बाँटना पड़ता था। फिर रचनाएँ एकत्रित करने के लिए वे कोठा-कोठा घूमते। कोई देता, कोई नहीं भी देता। फिर कोठा-कोठा घूमना पड़ता था।

काशी में मैथिलों की एक साहित्य-सभा होनी चाहिये, यह प्रस्ताव भी पहली बार १९२० में पण्डित त्रिलोचन झा ने ही रखा था। उन दिनों इसे 'मोद' ने अपने एक अंक में प्रकाशित भी किया था। लेकिन, आज यह सुनकर लोगों को आश्चर्य लगेगा कि यह प्रस्ताव भी समुचित समर्थन के अभाव में गिर गया था। असल में, अँग्रेज़ों की साम्प्रदायिकता नीति के इतने कट्टर समर्थक थे दरभंगा-नरेश कि मैथिली का ज़्यादा प्रचार-प्रसार भी उन्हें राजद्रोह की तरह लगता था।

हिन्दुओं की भाषा हिन्दी, मुसलमानों की फ़ारसी, कितनी कड़ाई से फ़ारसी को हटाकर हिन्दी लागू की गयी थी, ऐसे में मैथिली में गतिविधि चलाने का अर्थ था कि आप हिन्दुओं को बाँट रहे हैं। 'मिथिला मोद' भी जो उन दिनों निकलता था, हर अंक ब्रिटिश साम्राज्य और महाराजाधिराज के गुणगान से भरा रहता था ताकि दास-भाव असंदिग्ध प्रतीत होता रहे। बाद में भी हम पाते हैं कि जब मैथिली गतिविधियों को बढ़ने से नहीं रोका जा सका तो साहित्यकारों के लिए एक मार्गदर्शिका 'श्री मैथिली' में प्रकाशित करायी गयी थी, और इस दससूत्री मार्गदर्शिका का पहला ही सूत्र राजभक्ति था। इन कारकों का जीवन्त परिदृश्य काशी की धरती पर देखा जा सकता था। दसियों मुहल्ले थे जहाँ मैथिल भरे पड़े थे लेकिन जहाँ हिन्दी-उर्दूवालों की अपनी साहित्य-समिति, अपना संघ था, बाङ्ला और पंजाबी वालों की समितियाँ थीं, यहाँ तक कि मराठी और मलयालम वालों की भी थीं, मैथिलों का न कोई संघ था, न समिति। किरण जी ने लिखा है, मैथिल वहाँ इस प्रकार प्रच्छन्न निवास करते थे मानो परिचय खुल जाने पर कि वे मैथिल हैं, उनका जीना हराम हो

जायेगा। सुरेन्द्र झा सुमन ने अपनी आत्मकथा में दिया है कि वह भी जब काशी गये थे, इस प्रकार छिपकर, बच-बचकर रहे थे कि किसी मैथिल जन के दर्शन न होने पायें। और, वैद्यनाथ और उनकी टीम के युवा दिन-रात सोचते थे कि इस स्थिति को कैसे बदला जाये।

आज समूची दुनिया में, जहाँ भी मैथिल रहते हैं, विद्यापति-पर्व उनका जातीय पर्व है। इसे वे अपनी भूमि, भाषा और अस्मिता से जोड़ते हैं। यह पर्व कार्तिक धवल त्रयोदशी को मनाया जाता है, कारण एक प्राचीन पद इस आशय का मिलता है कि इसी तिथि को विद्यापति का निधन हुआ था। आज यह पर्व समूची दुनिया के मैथिलों की इयत्ता का पर्व है, लेकिन इसकी शुरुआत कैसे हुई थी, उसकी कथा काञ्चीनाथ किरण ने लिखी है। लिखा है, १९३१ की देव-उठान एकादशी का दिन था, जब रानीकोठा का एक विद्यार्थी उनसे मिलने आया था। वह एक परची लेकर आया था। एक-डेढ़ इंच की उस परची पर लिखा था—'कातिक धवल त्रयोदसि जान/विद्यापतिक आयु अवसान.../विद्यापति-पर्व मनाइयेगा?' बस इतना ही लिखा था। किसने लिखा, किसको लिखा, कहाँ से और कब लिखा, कुछ भी अंकित नहीं था। वह लिखावट वैदेह जी की थी। संवाद भेजने की यह शैली भी वैदेह जी की ही हो सकती थी, किरण जी ने संवाद के मर्म से पकड़ा था। उन्होंने लिखा है, वैदेह जी की इस अनोखी सूझ ने मानो उन्हें पलभर में त्रैलोक्य सुझा दिया, जैसे इसका समूचा भविष्य वह देख गये हों, जैसे इसी चीज़ की खोज में वह भटक रहे थे। लिखा है, चेहरे-मोहरे से वैदेह जी भुच्च देहाती टाइप के बुड़बक लगते थे, मुखाकृति बच्चों-जैसी थी, और बोलचाल में भी लटपटाह थे। कविता का अलोकसामान्य नैसर्गिक वरदान इस युवा को मिला हुआ है, यह तो किरण जी जानते थे, लेकिन इस बात पर फिर भी यक़ीन करना भारी पड़ रहा था कि इतनी बड़ी सूझ इस आदमी के दिमाग़ से इस तरह पैदा हो सकती है। उस दिन एकादशी थी और त्रयोदशी को आने में बस एक ही दिन का समय बच रहा था। लेकिन, यह इस तरह उत्तेजित, उत्साहित करनेवाली सूझ थी कि युवक-दल सारा काम छोड़कर इसकी तैयारी में लग गया। आयोजन हुआ भी भव्य। संस्कृत छात्रावास के सभाभवन में गोष्ठी हुई थी। उस ज़माने की काशी में जितने भी प्रख्यात मैथिल थे, जिन्हें विद्वत्ता और कवित्व के शीर्ष पर माना जाता था, सभी

उस सभा में उपस्थित थे। अध्यक्षता महामहोपाध्याय मुकुन्द झा बक्शी ने की थी। स्वागताध्यक्ष थे न्यायवेदान्तमूर्ति बालकृष्ण चौधरी। वक्तागण थे—पण्डित गेनालाल चौधरी, पण्डित बलदेव मिश्र, कविवर सीताराम झा, पण्डित बालबोध मिश्र, न्यायाचार्य आनन्द झा, पण्डित राधाकान्त झा, पण्डित चन्द्रशेखर झा आदि। आयोजक किरण और वैदेह। किरण जी ने लिखा है, इतने बड़े-बड़े लोगों का आगमन सुनकर अन्य प्रान्तों के ग़ैरभाषा-भाषी भी चौंक उठे और वे बड़ी संख्या में सभा में उपस्थित हुए। लिखा है, इस एक आयोजन की सफलता ने ही काशी में मैथिल लोगों की पहचान बदल दी। इसी की निरन्तरता में आगे किरण जी का दल मदनमोहन मालवीय से मिला था और हिन्दू विश्वविद्यालय में मैथिली विभाग खुलवाने में सफल हुए थे। लेकिन, सभा की सबसे बड़ी देन किरण जी यह मानते थे कि तमाम प्रख्यात मैथिलों की नज़र वैदेह जी पर पड़ी थी, स्नेह और श्रद्धा का संचार हुआ था। उनके आगे बढ़ने का यह सबसे बड़ा पाथेय था।

शास्त्र और कविता के बीच सन्तुलन साधना यूँ भी कठिन होता है, जब डण्डी कविता की ओर झुकी हो तब तो और भी। मिथिला की शास्त्र-परम्परा में कविता का मुखामुखी रसास्वादन कर लेना आम बात थी, बड़े-बड़े प्राचीन शास्त्रकारों की भी दो-चार मुक्तक पंक्तियाँ कहीं-कहीं नज़र आ जाती थीं। पर, कविता का स्थान निश्चय ही दोयम था, और आम पण्डित भाषा में इसे 'रजनी-सजनी', यानी कि हेय कहा जाता था। वैद्यनाथ यही कर रहे थे। कई बार गुरुजनों ने आपत्ति भी की थी। पर, वह उनसे तर्क करने लगते थे—'गुरुजी, आपका व्याकरण तो पोथी तक सीमित रह जायेगा लेकिन मेरा काव्य लोगों के हृदय तक पहुँचेगा, उनके होंठों पर बसेगा, लोग अपना सुख-दुख इसमें पायेंगे, आप देख लीजियेगा।' इधर गोकुल बाबू को भी आकर लोग बताते कि काशी में रहकर आपका बेटा बर्बाद हो रहा है, रजनी-सजनी में लग गया है। बड़ी मुश्किल से अनिरुद्ध मिश्र-जैसे लोग उन्हें समझा पाते थे कि कविता करना ऐसा भी कोई बुरा काम नहीं है।

इस दौर तक आते-आते नागार्जुन ने संस्कृत, मैथिली और हिन्दी में सैकड़ों कविताएँ लिख ली होंगी, बल्कि सैकड़ों तो उन्होंने समस्यापूर्ति के छन्द ही लिखे होंगे, लेकिन वे कविताएँ आज नहीं मिलतीं। हिन्दी की

कविताएँ तो बिलकुल भी नहीं। चार साल आगे चलकर जो उनकी पहली हिन्दी कविता 'राम के प्रति' छपी, वह भी नहीं मिलती। मैथिली में जो उनकी उन दिनों की कविताएँ हैं, उनकी संख्या दस के क़रीब है। कुछ कविताएँ जो हस्तलिखित पत्रिकाओं में निकली थीं, उनके अंश कुछ व्यक्तियों के लेख-संस्मरण में मिलते हैं। इन कविताओं में क्या दिखता है? उन दिनों की जो मैथिली कविता की दुनिया थी, उसमें एक भविष्णु युवा कवि के रूप में उनका प्रवेश हो गया था। जिन चीज़ों के लिए वह सराहे जाते थे, उनमें छन्दसिद्धता के साथ-साथ कुछ नयी बातें भी थीं, जो वह अपने साथ लेकर मैथिली कविता में आये थे। उन दिनों की अधिकतर कविताओं के विषय होते—समाज-सुधार, देशप्रेम जो कि अमूमन अमूर्त होता, संस्कृति-रक्षा जिसमें आम तौर पर आधुनिकता के लक्षणों की धज्जी उड़ायी गयी होती, देवी-देवताओं की स्तुतियाँ, भले आदमी बनने के लिए उपदेश आदि। पर, वैदेह की कविताओं का प्रमुख प्रतिपाद्य मिथिला थी। मिथिला, और वहाँ के लोग, वहाँ की भाषा, वहाँ के जनसामान्य की सहज आकांक्षाएँ। मिथिला को ही वह अपना 'देस' बताते थे, इसलिए देसप्रेम की उनकी कविताओं में अमूर्तता नहीं थी। अपनी पहली कविता में ही एक कर्मठ महामहोपाध्याय के निधन को उन्होंने देस का कंगाल हो जाना बताया था। यह 'देस' क्या दरभंगा महाराज का था? नहीं, क्योंकि वहाँ आम लोगों के उद्यमी होने की कामना की गयी थी कि 'प्रतियोगिता रण में ई प्रान्त अग्रसर हो।' वहाँ मैथिली की बात थी, और कामना कि यह भाषा हर जगह फैले। महाराजा की प्रशंसा में वहाँ कोई पंक्ति नहीं थी, न ही उनकी रूढ़िवादी नीतियों के समर्थन में, यद्यपि कि वैदेह की अपनी रूढ़ियाँ अवश्य थीं, जो कि उनकी पृष्ठभूमि और मैथिली कविता के तत्कालीन पर्यावरण से प्रेरित थीं। अपनी एक कविता में दयालु ईश्वर से वह प्रार्थना करते हैं कि मिथिला का पाग विश्व-भर में सबके माथे पर हो। कुछ लोगों यथा डॉ. कुमार विमल ने इसे नागार्जुन की साम्राज्यवादी मनोवृत्ति के दृष्टान्त के रूप में पेश किया है। मिथिला को लेकर नागार्जुन की जो पक्षधरता थी, उसमें भले उप-राष्ट्रीयता के तत्त्व हों, लेकिन देशप्रेम की हवाबाजी के बदले वहाँ एक ठोस ज़मीनी समझ थी। मिथिला किसकी थी? महाराज की। महाराज कौन थे? अँग्रेज़ों के पिट्ठू थे। अँग्रेज़ों का क्या हुक्म था? हुक्म था कि देश-भर के हिन्दू एक हों, और मुसलमान भी एक हों ताकि

दोनों दो बने रहें और एक न हो पायें। पण्डित लोग मिथिला–मैथिली पर ज़ोर देने से डरते थे क्योंकि इसमें राजद्रोह का ख़तरा था। ज़ाहिर है, महाराज की मिथिला और वैदेह की मिथिला अलग–अलग थी। सम्भव है, मिथिला के पाग को जहाँ विश्वभर के माथे पर देखने की वह बात करते थे, वहाँ उनके सामने यह लक्ष्य रहा हो कि पाग केवल पण्डित ही न पहनें, यह आम मैथिल जनता के भी सिर पर सुशोभित हो। 'विश्व' का अर्थ हमेशा संसार ही नहीं होता और वैदेह व्याकरण के विद्यार्थी थे।

तब, वैद्यनाथ की जो रूढ़ियाँ थीं, उनकी भी अपनी बद्धमूलता थी, और काफ़ी हद तक परिवेशजन्यता भी। उनके काव्य–गुरु सीताराम झा रूढ़िवादी ब्राह्मणशाही के प्रतीक मैथिल महासभा के समर्थक थे। ज़ाहिर है, कायस्थ से नीचे की जातियों को मैथिल मानने को तैयार नहीं थे। कविता में लोक–भाषा के पारखी अभिनिवेशक तो थे ज़रूर लेकिन राड़–चमारों की मैथिली से छुआछूत मानते थे। महात्मा गाँधी के वह कठोर आलोचक थे और मानते थे कि देस को रसातल पहुँचाने के लिए ही गाँधी का अवतार हुआ है। अपनी कितनी ही कविताओं में उन्होंने स्वराज का, राष्ट्रीय आन्दोलन का मज़ाक़ उड़ाया है। वह दबी ज़ुबान से मिथिला की बात करते थे और उनमें उस तेवर का सर्वथा अभाव था जो उनके इस चेले में था। उनके दूसरे गुरु ज्योतिषाचार्य बलदेव मिश्र स्वराज के समर्थक थे, खद्दर पहनते थे लेकिन जब से कांग्रेस ने अछूतोद्धार का कार्यक्रम अपनाया था, वह भी गाँधी के आलोचक हो गये थे और कांग्रेस का विरोध करने लगे थे। सनातन धर्म की मान्यता के अनुरूप ही वे सारे लोग राजा को ईश्वर का अवतार मानते थे और जोड़ा–भर धोती महाराज से मिल जाये तो जीवन–भर के लिए उनके नाम के साथ 'धौत–परीक्षोत्तीर्ण' पद जुड़ जाता था। स्थिति ऐसी थी कि काञ्चीनाथ झा किरण ने जब अपने उपन्यास 'चन्द्रग्रहण' (१९३२) में ग्रहण मेले में घटी एक अप्रिय घटना का उल्लेख किया था तो रूढ़िवादी मैथिलों ने इस आधार पर उनके बहिष्कार का फतवा जारी किया था कि वह ग्रहण–स्नान जैसे अपरिहार्य कर्मकाण्ड के विरुद्ध हैं। वैदेह स्वराज को शब्दत: विषय नहीं बनाते लेकिन मिथिला के सन्दर्भ में उसे विशेषीकृत कर लेते थे। हाँ, इतना साहस नहीं था कि 'मैथिली सुधाकर' में प्रकाशित होने आयी, स्वराज का मज़ाक़ उड़ानेवाली कविताओं को शामिल करने से

वह इनकार कर दें। उन्होंने अपने उन पुराने दिनों को याद किया है—

> तुम्हारा सारा बचपन घुटन और कुण्ठा में कटा। ग़रीबी, कुसंस्कार और रूढ़िग्रस्त पण्डिताऊ परिवेश तुम्हें लील नहीं पाये, यह कितने आश्चर्य की बात है! पहले तुम भी वही चुटन्ना और जनेऊवाले पण्डित जी थे न? न पुरानी परिधि से निकलते, न आँखें खुलतीं, न इस तरह युग का साथ दे पाते!

कहना ज़रूरी नहीं कि सीताराम झा के बाक़ी शिष्यों, और मैथिली में वैद्यनाथ के समवयस्क महाकवियों के साथ यही हुआ था। वे युग का साथ नहीं दे पाये थे।

वे ऐसे दिन थे जब राष्ट्रीय चेतना अपने ऊर्ध्वतम उभार के दौर में प्रवेश कर रही थी। नमक सत्याग्रह की देशव्यापी सफलता ने इसे घर-घर पहुँचा दिया था। समूची दुनिया के सचेतन लोग भारत के राष्ट्रीय आन्दोलन और गाँधी की ओर साकांक्ष होकर देखने लगे थे। भगत सिंह के वीरतापूर्ण देश-कार्य लोगों की जुबान पर थे। काशी के माहौल में इस चेतना की धमक सुनी जा सकती थी। इसका अग्रदूत हिन्दी दैनिक 'आज' था, जिसके सम्पादक बाबूराव विष्णु पराड़कर थे। 'आज' ही था, जिसने सत्याग्रहियों की नामावली छापने का साहस किया था, और जब सरकार ने इसे दमनपूर्वक बन्द कर दिया तो पराड़कर जी और उनकी टीम ने साइक्लोस्टाइल पत्र 'रणभेरी' निकालना शुरू कर दिया था। इसमें नियमित लिखनेवालों में प्रेमचन्द और जयशंकर प्रसाद भी थे। वैद्यनाथ 'आज' के नियमित पाठकों में से थे। वह कहते हैं—

> काशी में रहने वक़्त पण्डिताऊ परिवेश के अन्दर पहली बार मुझे पता चला कि प्रगतिशीलता किसे कहते हैं। पराड़कर जी द्वारा सम्पादित दैनिक 'आज' का पारायण करना सनातनी पण्डितों की निगाह में बहुत बड़ा अपराध था। कभी-कभार कोई छात्र 'आज' पढ़ता दिख जाये तो उस पर पण्डितों का ध्यान न भी जाता, लेकिन नियमित तौर पर गली-मोहल्ले के नुक्कड़ वाले वाचनालय में 'आज' का पारायण करनेवाला छात्र परम्परावादी खीज का कारण बन जाता था।

ज़ाहिर है, यह महाशय यही करते थे। प्रेमचन्द और जयशंकर प्रसाद के घर नियमित उनका आना-जाना था। सुरेन्द्र झा सुमन जब काशी गये थे

तो वैद्यनाथ ने ही उन्हें प्रेमचन्द और प्रसाद से मिलाया था। दोनों ही वरिष्ठों के प्रति उनके मन में गहरी श्रद्धा थी और अनुराग था। फिर भी, वैद्यनाथ की जो सीमाएँ थीं, नागार्जुन ने जहाँ-तहाँ उसका भी उल्लेख किया है। एक जगह कहते हैं—

> वर्गचेतना-जैसे शब्दों से उन दिनों हमरा परिचय नहीं के बराबर था। वह वस्तुतः राष्ट्रीय चेतना का दौर था।

आप जब परम्परावादी खीज का कारण बनते हैं तो कुछ परिणाम स्वभावतया सामने आते हैं। वे यदि अब तक आपको सिर पर उठाये चलते थे तो अब पटक देंगे। उनसे यदि आपको पारितोषिक आदि मिलता हो तो वह अब बन्द कर दिया जायेगा। आपका पथ कठिन किया जायेगा। ऐसे में वैद्यनाथ क्या करते थे? 'कभी घुमक्कड़ यार-दोस्त से मिलकर, कभी अकेले/एक-एक दाने की खातिर सौ-सौ पापड़ बेले।' बरसों-बरस बाद एक दिन जब नागार्जुन विष्णुचन्द्र शर्मा के साथ बनारस की गलियाँ घूम रहे थे, भवानी गली के एक मोड़ पर ठहरकर दिखाया था—

> विष्णु, यहीं बैठकर वैद्यनाथ मिश्र ने पुराण की, जातक की, महाभारत की, वाल्मीकि की कहानियाँ सुनायी थीं और कथा ख़त्म होने के बाद गमछे में उस दिन की रोज़ी-रोटी बाँध ली थी।

काशी में रहकर पढ़ने-पढ़ानेवाले मैथिल हर साल गर्मियों की छुट्टी में देस आते थे। वैद्यनाथ के लिए भी यह अवसर यादगार हुआ करता था। जब भी वह छुट्टियों में घर आते, तरौनी में कम ही समय बीतता था, ज़्यादातर तो वह ननिहाल सतलखा में, या फिर मौसियों के गाँव हरिपुर और पौना में पाये जाते थे। यही आम के पकने का मौसम होता था, जिसका उन्हें ख़ास तौर पर इन्तज़ार रहता। इन्हीं दिनों सौराठ की वैवाहिक सभा लगती थी। वहाँ जाना भी उनके हर साल के कार्यक्रम में शामिल रहता था। १९३२ की गर्मियों में जब वह शास्त्री की पढ़ाई पूरी करने के बाद गाँव आये, तो इस अवसर को ख़ास होना था।

चौदह-पन्द्रह की उम्र के थे वैद्यनाथ, तभी से पिता उनकी शादी की जुगत

में भिड़े थे। अब तो वह यह कहते पाये जाते कि उनके बेटे की शादी हो यह शायद ईश्वर को ही मंजूर नहीं है। ऐसे में, जब हरिपुर गाँव के कृष्णकान्त झा उर्फ़ कंटीर झा की पुत्री का वैद्यनाथ के प्रति प्रस्ताव आया तो वह फूले नहीं समाये थे। कंटीर बाबू हर तरह से एक सम्पन्न गृहस्थ थे। एक सौ पचास बीघा ज़मीन के मालिक थे। इस महादरिद्र परिवार में सम्बन्ध के लिए वह तैयार हुए, यही बड़ी बात थी। इसकी वजह वैद्यनाथ की विद्या थी। कंटीर बाबू ऐसे तमाम बड़े निर्णय अपने ससुर की राय पर लिया करते थे। उनकी ससुराल पौना गाँव में थी, जहाँ वैद्यनाथ की एक मौसी रहती थीं। मौसी के परिवारवालों से ही वैद्यनाथ की विद्या और काशी में पढ़ते होने की जानकारी मिली थी। राय थी कि लड़के का परिवार यदि ग़रीब हो तो भी विद्यावान से ही सम्बन्ध करना चाहिये, क्योंकि विद्या तो आख़िरकार धन को खींच ही लाती है। काशी में रहकर पढ़नेवाले लड़कों का तब ख़ासा क्रेज था, और दहेज भी बढ़िया था, लेकिन गोकुल बाबू इस तरह निराश और निभरोस थे कि दहेज माँगते क्या कि उलटे कंटीर बाबू को ही कुछ रुपये जाकर दे आये कि किसी भी हाल में यह रिश्ता टूटे नहीं। नागार्जुन इसे 'आदिपर्व में ही महाभारत का अशुद्ध हो जाना' बताते थे।

काशी से घर आये तो वैद्यनाथ को इन बातों की कोई जानकारी नहीं थी। वह ननिहाल गये। वहाँ से जाकर सौराठ सभा घूम आये। फिर मौसी के गाँव हरिपुर पहुँचे। वहीं किसी शाम जब महिलाओं ने उन्हें सजाना-सँवारना शुरू किया, आँखों में काजल आदि लगाया जाने लगा तो मौसी की देवरानी ने रहस्योद्घाटन किया कि 'बचवा, आज तुम्हारी शादी होगी।' शादी सौराठ सभा में 'सिद्धान्त' के बाद तय हुई थी। देर रात को छह लोगों की बारात आयी थी। कंटीर बाबू के अतिनिकट पड़ोसी उपेन्द्रनाथ झा व्यास (प्रसिद्ध मैथिली लेखक) ने लिखा है—

> सौराठ और वर के मातृक सतलखा से बारातियों के आते-आते काफ़ी रात बीच चुकी थी। मैं तब तक सो गया था। सुबह उत्सुकतावश मैं वर को देखने गया। गेहुँआ रंग की दुबली-पतली काया, मुँह-कान भी कोई लुहलुहार (आकर्षक) नहीं, शरमीले भी लगे। यूँ ससुराल में लाज-संकोच करना उन दिनों आवश्यक भी माना जाता था। हाँ, यह ज़रूर पाया कि संस्कृत के मेधावी छात्र हैं, काशी में पढ़ते हैं।

वैद्यनाथ शरमीले कितने थे, इसका रहस्य अगले ही दिन खुल गया। गाँव का यह रिवाज़ था कि जिस किसी घर में नयी शादी होती, वर को अगले दिन महामहोपाध्याय के चरण छुलाने ले जाया जाता था। महामहोपाध्याय वही पण्डित मुकुन्द झा बक्शी थे, जो रानीकोठा में रहते थे और जिन्होंने विद्यापति-पर्व की अध्यक्षता की थी। महामहोपाध्याय का नियम था कि चरणस्पर्श के बाद वर से वह एक प्रश्न पूछते थे, फिर दो रुपये की आशीर्वादी प्रदान करते थे। उन्होंने वैद्यनाथ से पूछा—'बताइये अन्न और फल में क्या भेद है? वह भी फलता है, यह भी फलता है। तब, धान-गेहूँ फल क्यों नहीं और आम-जामुन अन्न क्यों नहीं?' प्रश्न सुनकर वैद्यनाथ चकरा गये। महामहोपाध्याय ने हिंट भी दिया कि अमरकोश में इसका समाधान दिया गया है, अष्टाक्षरी समाधान। लेकिन वैद्यनाथ के दिमाग़ में फिर भी नहीं आया। अन्त में महामहोपाध्याय ने ही समाधान बताया—'फल के पक जाने के बाद भी उसका वृक्ष जीवित रहता है, जबकि अन्न के पकने पर उसका पौधा भी पककर नष्ट हो जाता है।' इतना सुनना था कि वैद्यनाथ की दबी अक़्ल फुरफुरा उठी। बोले—'मेरे नाना के दालान पर जो कुआँ है, उसके किनारे अरहर के दो-चार झाड़ हैं। कई वर्षों से वे फलते आ रहे हैं। उनको क्या माना जाये?' अब चकराने की बारी महामहोपाध्याय जी की थी। बोले—'मिसरजी, आपकी दृष्टि बहुत तेज़ है। प्रकृति में ढेर सारी विडम्बनाएँ मौजूद हैं। आशीर्वाद देता हूँ। यशस्वी भव।' और उन्होंने दो रुपये की आशीर्वादी प्रदान की। साथ में जो लोग गये थे, बड़े ही प्रसन्न हुए कि आख़िर कोई तो गाँव का दामाद ऐसा निकला जिसने पण्डित जी को चुप करा दिया।

मिथिला के ब्राह्मण कुल की वधू शादी के ऐन बाद ससुराल नहीं जाती थी। इसके लिए एक और मांगलिक उत्सव आयोजित होता था, जिसे द्विरागमन कहा जाता था। द्विरागमन अक्सर कई वर्ष बाद होता था। इस बीच कन्या मायके बसती थी और वहाँ वर का आगमन अक्सर होता रहता था। वर जब ससुराल आता, महीनों तक बना रह सकता था और उसके आतिथ्य का अपना ख़ास 'प्रोटोकॉल' था जिसका पालन ज़मीन बेचकर भी सही, लोग कड़ाई से करते थे। वैद्यनाथ की ससुराल में तो ख़ैर कोई कमी ही नहीं थी। जिस रात वैद्यनाथ की शादी हुई थी, उसी रात अपराजिता, जिनका गाँव का पुकारू नाम 'दायी' या 'छोटकी दायी' था,

की तेरह सहेलियों की शादी हुई थी। उनकी उम्र बारह वर्ष थी। सात सहेलियाँ हमउम्र थीं, बाक़ी अधिक उम्र की। ये सभी वैद्यनाथ की सालियाँ होती थीं। नागार्जुन के हवाले से मनोहर श्याम जोशी ने लिखा है—

> गाँव के तमाम नये जमायी सुबह-शाम टहलते हुए गप्प-गपाष्टक करे। अपनी-अपनी प्रगति का विवरण देते। कामकला के कतिपय रहस्य समझते-समझाते, आँखें चौड़ी किये हुए, मुँह खोले हुए। जमाइयों में एक अदद बुज़ुर्ग भी थे, अनुभवी। अरे साहब, यह चौथी शादी थी उनकी, उन्हें अनुभव नहीं होगा तो किसे होगा? नटराज थे पूरे हमारे यह गुरुवर। कोचिंग क्लास लगाते थे बाक़ायदा। ...नटवर नटराज गुरु की भूमिका में भले ही रहे हों, नायक की भूमिका में कविवर वैदेह ही थे। कुछ ही मौक़े तो ऐसे होते हैं, जिनमें कविता किसी काम की साबित होती है। दिन में सालियाँ जीजाजी को घेरे रहतीं। इनमें नटवर गुरुवर की किशोर पत्नी भी शामिल थी। बाद में भी मिली थी एक बार, बहुत बाद में। बोली, मिसिर, हमर तँ दाँते टूटि गेल, केहन लगै छी हम? मिसिर उवाच—ख़ाक सन लगै छी।

शोभाकान्त ने लिखा है कि विवाह के कुछ ही महीनों भीतर दोनों परिवारों में सम्बन्ध का सन्तुलन ख़त्म हो गया और कंटीर बाबू को अहसास हो गया कि रिश्ता करने में उनसे ग़लती हुई है और वह ठगे गये हैं। कोजागरा शरद पूर्णिमा को मनाया जानेवाला पर्व है। रिवाज़ था कि उस दिन वधू-पक्ष की ओर से 'भार' (उपहारों की शृंखला) आता था। इसमें कई प्रकार के सुअन्न और पकवान, मिठाई, फल, दही, वस्त्र आदि प्रचुर मात्रा में आते थे। नियम के मुताबिक इसे गाँव के समाज में घर-घर बाँटा जाता था। वधू-पक्ष वाले अपनी प्रतिष्ठा का ख़याल करके दिखावा भी बहुत करते। यहाँ तो कोई कमी ही नहीं थी। विशाल भार आया था। लेकिन, गोकुल बाबू ने उसे समाज में वितरित करने के बदले चुपचाप बेच लिया था। इस बात की जानकारी कंटीर बाबू को भी हो गयी। गोकुल बाबू के लिए तो यह एक साधारण बात रही होगी लेकिन कंटीर बाबू इससे बहुत ही आहत हुए। ऐसे पतित के घर उन्होंने अपनी बेटी दी, इसी ग्लानि से झगड़े की शुरुआत हुई थी। उन्हें यह भी पता चल गया था कि जमायी बाबू अपने पिता को सख़्त नापसन्द करते हैं। वैद्यनाथ को यह सब पता चला होगा तो कैसा लगा होगा, हम कल्पना ही कर सकते

हैं। 'अन्तिम प्रणाम' कविता बताती है कि करुणा जगी होगी—'हम टा सन्तति से हुनक पाप'। उनका इकलौता पाप यही कि एक ही सन्तान है, और वह वैद्यनाथ है। इन्हें तो एक और बच्चा होना चाहिये था जो उनके साथ सहज जी पाता।

वैद्यनाथ के एक मामा पण्डित दामोदर झा कलकत्ता में रहते थे। परदेश रहकर कमाने का क्षेत्र, मिथिला के लिए 'ढाका-बाङ्ला' ही था या फिर मोरंग (नेपाल)। कलकत्ता में रहकर कमानेवाले मैथिलों की संख्या लाखों में थी। मामा वहाँ पण्डिताई का काम करते थे। नागार्जुन ने लिखा है कि

> वह बहुत ही अच्छा भाषण देते थे। स्वामी विवेकानन्द के बहुत सारे प्रवचन उन्हें कण्ठस्थ थे। राजस्थान के व्यापारी समाज में मेरे मामा का भाषण बहुत पसन्द किया जाता था।

वैद्यनाथ शास्त्री पास कर गये तो घरवाले निश्चिन्त हुए कि चलो हो गयी पढ़ाई, अब कुछ काम-धाम में लगो। मामा का ख़याल था कि कलकत्ते में वैद्यनाथ का धन्धा काफ़ी जम जायेगा और वह अच्छा कमाने लगेगा। वैद्यनाथ कलकत्ता आ गये तो मामा ने कोशिश शुरू की कि किसी बड़े सेठ के यहाँ पूजा-पाठ के काम में लग जाये। लेकिन वैद्यनाथ यह नहीं चाहते थे। दूसरा ट्यूशन का काम हो सकता था। बचे समय में पण्डिताई भी। लेकिन वैद्यनाथ इसके लिए भी राजी नहीं थे। फिर? कलकत्ते में बैठा रहकर आदमी कितने दिन खा सकता है? वैद्यनाथ घूमते-फिरते रहे। उस शहर का मिज़ाज आँकते रहे जिसे आगे उनके जीवन का सबसे पसन्दीदा महानगर होना था। और अन्ततः उन्होंने निर्णय लिया कि गवर्नमेन्ट संस्कृत कॉलेज से काव्यतीर्थ करेंगे। उनकी उम्मीद उस छात्रवृत्ति पर थी जो वहाँ पढ़नेवाले मेधावी छात्रों को दी जाती थी। पन्द्रह रुपये मासिक। यह अगर मिल जाये तो और कुछ भी करने की ज़रूरत नहीं थी क्योंकि तब एक रुपये का बीस सेर आटा आता था।

कलकत्ते का यह राजकीय संस्कृत कॉलेज भारतीय उपमहाद्वीप में प्राच्यविद्या के सबसे पुराने और सबसे लोकप्रिय केन्द्रों में से एक था।

अभी हाल में, १९२४ में इसने अपनी स्थापना के १०० वर्ष पूरे किये थे। इसके आद्य प्रिंसिपल ईश्वरचन्द्र विद्यासागर रहे थे। कॉलेज की गतिविधियाँ इन दिनों अपनी पूरी चमक में थीं। विश्वविख्यात प्राच्यविद् सुरेन्द्रनाथ दासगुप्ता इन दिनों कॉलेज के प्राचार्य थे, जिनके बारे में फ्रांसीसी संस्कृतज्ञ एम. रेनो की यह उक्ति कहावत की तरह मशहूर थी कि 'तुम हमारे-जैसे हो, हममें से ही हो, लेकिन तुम्हें देखकर लगता है कि फिर से कोई शंकर, कोई पतंजलि हमारे बीच आ गया है।' बहुत अध्यवसायपूर्वक उन्होंने 'भारतीय दर्शन के इतिहास' पर कैम्ब्रिज विश्वविद्यालय से पीएच.डी. किया था और कैम्ब्रिज ने ही इस पुस्तक का पहला खण्ड १९२१ में प्रकाशित किया था जिसने विश्वव्यापी प्रतिष्ठा प्राप्त की थी। बाद में वह हार्वर्ड विश्वविद्यालय में प्रोफ़ेसर हो गये थे। कुछ वर्ष पहले ही उन्हें कलकत्ता विश्वविद्यालय में बुलाया गया था जहाँ पहले तो कुछ दिन वह प्रेसिडेंसी कॉलेज के संस्कृत प्रोफ़ेसर रहे फिर इस कॉलेज के प्रिंसिपल हो गये थे। कलकत्ते के शिक्षा-जगत में उन्हें 'बाघा प्रिंसिपल' के नाम से जाना जाता था। यानी कि प्रिंसिपलों में बाघ। ज़ाहिर है वह बड़े ही कड़क, अनुशासनप्रिय और नियमों के पाबन्द थे। इस विश्वविख्यात अध्येता-प्रशासक का दिल हमारे इस वैदेह कवि ने किस प्रकार जीता, इसकी रोचक कथा है।

कॉलेज में नामांकन कराने के बाद वैद्यनाथ को मालूम हुआ था कि पन्द्रह रुपये की छात्रवृत्ति तो ज़रूर थी लेकिन वह केवल तीन छात्रों के लिए थी। इस प्रतिष्ठित शिक्षा-केन्द्र में, जहाँ विभिन्न प्रान्तों से, विदेशों से भी विद्यार्थी पढ़ने आते थे, तीन में से एक स्थान प्राप्त कर लेना एक कठिन लक्ष्य था। छात्रवृत्ति परीक्षा का फार्म तो वैद्यनाथ ने भर दिया लेकिन कुछ अलग से भी करने का सोचा। उन्होंने डॉ. दासगुप्ता की विश्वव्यापी ख्याति, अपनी दीनदशा, अपने स्वप्न, अपने विद्यानुराग आदि को विषय बनाकर उपजाति छन्द में पन्द्रह श्लोक लिखे। उपजाति अपनी लयात्मकता में जितना विशेष होती है उतनी ही साधनाग्राही भी। अब वह रास्ता निकालने लगे कि किसी प्रकार इन श्लोकोंवाला काग़ज़ प्रिंसिपल के हाथों तक पहुँच जाये। उन्होंने प्रिंसिपल के दरबान को चार आने की बख़्शिश दी। जब ये श्लोक डॉ. दासगुप्ता ने पढ़े, फौरन लड़के को बुलाने का हुक्म हुआ पर ये महाशय वहाँ से ग़ायब हो चुके थे। मुश्किल

यह थी कि उस काग़ज़ पर कुछ भी लिखा नहीं था कि किसने लिखा, किसको लिखा, कब लिखा...। अगले दिन परीक्षा थी। बड़े लोगों की सनक भी बड़ी होती है। डॉ. दासगुप्ता ने चुनौती बना ली कि परीक्षार्थियों की भीड़ से उस लड़के को ढूँढ़ निकालना है जिसने वे श्लोक लिखे थे। वह स्वयं और वीक्षक महामहोपाध्याय सकलनारायण शर्मा एक-एक लड़के की हस्तलिपि मिलाने लगे। अन्ततः महामहोपाध्याय शर्मा ने वैद्यनाथ को ढूँढ़ निकाला। वहीं से वह चिल्लाये—एइ सर, धोरा गेलो। सर, यह पकड़ा गया। किसी अपराधी की तरह उनकी पेशी प्रिंसिपल के कमरे में हुई। डॉ. दासगुप्ता ने कहा—'तुम्हें परीक्षा देने की ज़रूरत नहीं है। तुम्हें छात्रवृत्ति मिलेगी।'

दुनिया भर में नामी उस बाघा प्रिंसिपल के इतने क़रीब पहुँच गये वैद्यनाथ, कोई भी कह सकता था कि अब तो उनका भविष्य उज्ज्वल ही उज्ज्वल था। और कुछ नहीं तो किसी विद्यालय में अध्यापक तो अभी भी लग सकते थे। डॉ. दासगुप्ता ने पहल भी की। बेल्जियम के दो शिक्षार्थी संस्कृत पढ़ने दो साल के लिए कलकत्ता आये हुए थे। डॉ. दासगुप्ता ने उन्हें पढ़ाने के लिए वैद्यनाथ को नियुक्त किया। वैद्यनाथ ने समस्या रखी कि अँग्रेज़ी अच्छी नहीं है। डॉ. दासगुप्ता ने इसका समाधान कर दिया। वैद्यनाथ ने बराबर पढ़ाने में अपनी दिक़्क़त बतायी तो इसका भी समाधान दिया गया कि सप्ताह में केवल एक या दो दिन पढ़ायें और महीने के पचास रुपये मिलेंगे। पढ़ाने लगे। शिक्षार्थियों से उनकी दोस्ती भी पक्की हो गयी, उनके अध्यापन से वे सन्तुष्ट भी पूरी तरह थे। लेकिन, बीच में ही वैद्यनाथ ने उन्हें पढ़ाना छोड़ दिया। क्यों? नागार्जुन बताते थे कि 'वे बेल्जियमवाले, जिनमें एक युवक था एक युवती, मुझसे कहने लगे कि तुम हमारे साथ चलो, वहाँ सम्भावनाएँ और भी उज्ज्वल हैं।' यह भी कोई बात हुई! आप नहीं जाते, वे कोई आपको पकड़कर थोड़े ही ले जाते? लेकिन सो भी नहीं। —देखो, पन्द्रह रुपये मिलते थे छात्रवृत्ति के, उतने पर्याप्त थे। पाँच भी ख़र्च नहीं हो पाते थे। पाँच रुपये पिता को भेज देते थे। बड़ी चर्चा होती थी कि बबुआ जी ने कलकत्ते से पैसे भेजे हैं।' गुज़र-बसर भर मिल जाये तो वह कहीं भी बँधना नहीं चाहते थे। लेकिन डॉ. दासगुप्ता को दुख होना स्वाभाविक था। उन्होंने कहा—तुमि बोका। बेवकूफ़ हो तुम। हैं तो हैं लेकिन रास्ता चलेंगे अपने ही मन का, यह

वैद्यनाथ का तरीक़ा था, वरना मौक़े तो बहुत आये, बार–बार आये।

काव्यतीर्थ के कोर्स में जो किताबें लगी थीं, वे ज़रा–सा भी वैद्यनाथ के लिए समस्या नहीं थीं। ज़्यादातर किताबें तो उन्होंने पहले से पढ़ रखी थीं, या उनका एक बार पारायण कर जाना ही परीक्षा पास करने के लिए काफ़ी था। शैक्षणिक संकायों के मामले में कॉलेज बहुत सम्पन्न था। वहाँ परम्परागत संस्कृत शास्त्रों के अतिरिक्त पालि और प्राकृत के अलग–अलग विभाग थे, जहाँ के अध्यापक बड़े विद्वान थे। बाङ्ला भाषा–साहित्य का भी अलग से विभाग था। और तो और, टोल पाठशालाओं के संचालन–व्यवस्थापन के लिए भी अलग विभाग था। इन सब में वैद्यनाथ की रुचि थी। प्रिंसिपल का प्रियपात्र, भद्र और व्यवहार–कुशल होने के कारण वैद्यनाथ ने इस कॉलेज का भरपूर लाभ उठाया। भाषाएँ सीखने में उनकी गति काफ़ी तीव्र थी। प्राकृत, पालि और बाङ्ला में उन्होंने इतना परिश्रम किया कि विद्वत्ता हासिल कर ली। डॉ. दासगुप्ता से आगे किसी भी याचना की ज़रूरत नहीं पड़ी।

कलकत्ता में रहनेवाले मैथिलों की संख्या लाखों में थी। जहाँ–तहाँ मैथिली बोलनेवाले लोग मिल जाते। उन्हें यह देखकर आश्चर्य होता कि मिथिला की लगभग सारी चीज़ें कलकत्ता के हाटों में सुलभ होती थीं। इचना, कबई, पोठी, सिंगही मछलियाँ मिलती थीं। पटुए और करमी का साग मिलता था। वह जमीरी नींबू ,जो मैथिलों के रोहित–मत्स्य–खण्ड में त्रिलोकदुर्लभ स्वाद भरता था, भी यहाँ बिकते थे। कदीमे का फूल, पोरो का डाँट, तिलकोर के पत्ते तक उपलब्ध होते थे। यह तरौनी–सकरी–दरभंगा का ही विशाल संस्करण दिखता था। यहाँ जो मैथिल थे, बोली–बानी अगे–बगे में तो पूरे ठेठ मैथिल थे, लेकिन कलकत्ता के वैविध्यपूर्ण महानगरीय माहौल ने उनकी क्षुद्रताएँ दूर कर दी थीं, इस प्रकार अब वे कहीं ज़्यादा अच्छे मैथिल थे। खुलापन भी ज़्यादा था और खिलापन भी, जो कि उन्हें आत्मीय लगता। वह कठोर धार्मिक नियमों से गुज़रकर आये थे। ख़ुद भी बड़ी–सी चुटिया रखते और जनेऊ भी, मूत्रत्याग आदि के अवसर पर जिसे कान पर लपेटना होता था। वह धार्मिक भी थे, चतुर भी, और दोनों के बीच कोई द्वन्द्व नहीं होता, अपनी परम्परा से उन्होंने यही सीखा था। मामूली काम कर जीविका चलाने वाले मामूली लोगों की अच्छाइयाँ उन्होंने देखी तो वह बहुत प्रभावित हुए। मामूली तो वह

ख़ुद भी थे लेकिन बीच में जाने कितने सारे कचड़े आ गये थे! वैद्यनाथ का ध्यान कलकत्ता ने प्रायः पहली बार इस ओर खींचा। कलकत्ते में मैथिली थी, हिन्दी–संस्कृत–बाङ्ला थी, सबकी अपनी–अपनी परम्परा थी, अपने–अपने इतिहास। जीता–जागता इतिहास वहाँ खड़ा मिलता था, भविष्य के संकल्प के साथ। इतनी एकरस भव्यता नहीं कि कोई ख़ुद को असहज महसूस करने लगे, न इतनी तुच्छता कि ऊब जायें। वहाँ सभी के लिए जगह थी और इसी चीज़ ने वैद्यनाथ को सर्वाधिक आकर्षित किया।

बंगाल और मिथिला का सम्बन्ध यूँ तो काफ़ी पुराना था, न्याय–नव्य न्याय आदि के उसके कितने ही पुराने एपिसोड थे, लेकिन मैथिली नवजागरण के सूत्रपात में भी बंगाल की बड़ी भूमिका थी। विद्यापति को हमेशा से बंगाली कवि माना जाता रहा था। उन्नीसवीं सदी के अन्त में एक बंगाली विद्वान राजकृष्ण मुखोपाध्याय ने ही पहली बार प्रमाणपूर्वक यह अन्वेषण किया कि विद्यापति बंगाली नहीं, मैथिल कवि हैं। आगे हरप्रसाद शास्त्री, रमेश चन्द्र दत्त, ग्रियर्सन आदि ने भी इस निर्णय पर अपनी मुहर लगा दी। मैथिली नवजागरण का सूत्रपात यहीं से होता है। इन मैथिल कवि विद्यापति की जो पहली पदावली प्रकाशित हुई, वह भी एक बंगाली विद्वान नगेन्द्रनाथ गुप्त के द्वारा सम्पादित थी। १९१७ में तो एक नया अध्याय जुड़ा जब मिथिला के दो राजाओं—दुर्गागंज के टंकनाथ चौधरी और बनैली के कीर्त्यानन्द सिंह ने आर्थिक अनुदान देकर कलकत्ता विश्वविद्यालय में मैथिली चेयर की स्थापना करायी और १९२१ से कलकत्ता विश्वविद्यालय में मैथिली की पढ़ाई शुरू हो गयी। इसके आद्य अध्यापक खुद्दी झा के बाद अब बबुआ जी मिश्र मैथिली के अध्यापक थे। यह वही बबुआ जी मिश्र थे, जिन्होंने सुनीति कुमार चटर्जी के साथ मिलकर मैथिली की पहली ऐतिहासिक पुस्तक 'वर्णरत्नाकर' का सम्पादन किया था, जिसे रॉयल एशियाटिक सोसाइटी, बंगाल ने १९४० में प्रकाशित किया था।

सारा कुछ था। लेकिन, फिर वही बात! संगठन नहीं था। न सामाजिक–सांस्कृतिक कोई संस्था थी, न साहित्यिक मंच। मैथिल लोग ऐसे अवसरों पर परिचय छिपाये चलते थे, बाङ्ला सीखकर बंगाली दिखने की कोशिश करते थे। १९२३ में संगठन बनाने की पहली कोशिश बबुआ

जी मिश्र ने ही की थी; फिर १९२८ में 'मैथिल युवक संघ' भी स्थापित हुआ, लेकिन कोई संस्था ज़्यादा दिन जी नहीं सकी। संयोग ऐसा कि इसी बीच काञ्चीनाथ झा किरण काशी से टी.सी. लेकर आगे की पढ़ाई करने कलकत्ता आ गये। दोनों की जब मुलाक़ातें हुईं और हिसाब किया जाने लगा तो स्पष्ट हुआ, मैथिल तो यहाँ बड़े-बड़े पदों पर भी हैं, प्रभावशाली भी, बस सबको जोड़ने की कोशिश नहीं हुई है। कारवाँ आगे बढ़ा। फिर विद्यापति समारोह। फिर मैथिलों का सांस्कृतिक साहित्यिक जमघट, मिथिला-मैथिली पर विमर्श। सक्रिय लोग कौन-कौन थे? मित्रों में थे—सुभद्र झा, जयदेव मिश्र, हरिनाथ मिश्र, श्रीनन्द झा। वरिष्ठों में—बबुआ जी मिश्र, जगन्नाथ प्रसाद मिश्र, 'लोकमान्य' के सम्पादक श्रीकान्त ठाकुर, विश्वनाथ झा। फिर तय किया गया कि एक स्थायी संस्था का गठन हो। बड़ी संख्या में लोग जुटे और सबसे पुरानी संस्था 'शिक्षित मैथिल समाज' (१९१९) को पुनर्जीवित, पुनर्गठित करने का निर्णय लिया गया। मिथिला 'मैथिल' के विवाद में कराह रही थी। 'शिक्षित मैथिल समाज' में भी 'मैथिल' था। यह कौन-सा मैथिल था? इन दोनों युवकों का यह घोषित 'देसद्रोह' माना जाये कि उन्होंने संस्था के संविधान में यह उल्लेख किया कि 'मिथिला के मूल निवासी, मैथिली बोलनेवाले सभी जाति, धर्म और सम्प्रदायों के लोग मैथिल माने जायेंगे।'

१९३४ के फागुन में जब वैद्यनाथ काव्यतीर्थ की परीक्षा देकर गाँव लौटे तो उनका द्विरागमन हुआ था। इस बीच चचेरे भाई शिवनाथ मिश्र की दुल्हन तो आँगन आ गयी थीं, और वर्षों से 'सधवा-विहीन' इस आँगन में एक नयी उम्मीद जगा गयी थीं, लेकिन गोकुल का घर अब भी उजड़े का उजड़ा था। वैद्यनाथ की माँ मरी थीं तभी से मानो घर ढह चुका था। उसमें जो चूहे, झींगुर और नेवले रहते थे, वे भी निराश-हताश। नागार्जुन बताते थे कि घर-मरम्मत के लिए बाँस-खढ़ समेत गृहस्थी के सारे सामान द्विरागमन में अपराजिता के साथ आये थे। शोभाकान्त ने लिखा है, जिस सम्पन्नता के बीच अपराजिता पलकर आयी थीं वह यदि वैद्यनाथ को मिली होती तो वह शायद किसी लायक न बन पाये होते,

लेकिन अपराजिता बन पायी थीं। लड़कियों के लिए मिथिला में, पढ़े-लिखे घरों में भी शिक्षा सुलभ नहीं थी, लेकिन अपराजिता साक्षर थीं। धार्मिक रूढ़िवादिता से ग्रस्त तो वह भी थीं, जैसी कि कोई भी होती, लेकिन इसी धार्मिकता ने उन्हें लोकाचार का अद्‌भुत ज्ञानी बना दिया था। गोकुल मिश्र को तो भरोसा ही नहीं था कि उनके घर भी कभी दुल्हन आयेगी, उस पर से जब वह पड़ोसियों से पतोहू की तारीफ़ सुनते, गद्‌गद् हो जाते थे। पर, मिथ्याचारियों के दुख भी अथाह होते हैं। अपराजिता ने थोड़े ही दिनों में यह अनुभव कर लिया कि उनका ससुराल-वास कठिन है। वैद्यनाथ तो पिता से दूर रहने के लिए यहाँ-वहाँ भाग सकते थे, वह कहाँ भागतीं? सौतेली माँ की छाया में पल-बढ़कर आयी थीं। नागार्जुन ने एक प्रसंग बताया है कि एक बार जब वह द्विरागमन से पहले ससुराल गये थे, किस तरह सौतेली माँ ने बेतुका लाँछन लगाकर पति से, यानी वैद्यनाथ से उन्हें पिटवाया था। लेकिन आसरा तो फिर भी वहीं था। गाँव में थोड़े दिन रहकर कमाने के जुगाड़ में वैद्यनाथ कलकत्ता निकले और अपराजिता ने घोषणा कर दी कि ससुर के जीते-जी वह ससुराल नहीं बसेंगी। अवसर-कुअवसर भले कभी जाना-आना हुआ पर वह १९४३ में गोकुल मिश्र के निधन के बाद ही स्थायी रूप से तरौनी आकर बसीं।

जीविका की खोज में वैद्यनाथ फिर कलकत्ता आये, और जिस काम को अपने करने लायक मानकर उन्होंने आवेदन किया, वह बहुत हद तक उनके मनोनिर्माण पर, भवितव्य के बारे में बताता है। अपनी अँग्रेज़ी को लेकर भले ही उनकी राय अच्छी नहीं हो, पर अँग्रेज़ी अख़बार हर दिन पढ़ते थे। 'अमृत बाज़ार पत्रिका' के अँग्रेज़ी संस्करण में ही वह विज्ञापन छपा था। एक बंगाली अध्यापक जो सहारनपुर के इण्टर कॉलेज में पढ़ाते थे, जैनशास्त्र पर शोध कर रहे थे। उन्हें प्राकृत आती नहीं थी और प्राकृत के बग़ैर जैनशास्त्र को मौलिक रूप से समझा नहीं जा सकता था, सो उन्होंने एक प्राकृत ट्यूटर के लिए विज्ञापन निकाला था, जिसमें अच्छे वेतन का प्रस्ताव था। वैद्यनाथ के अधिकांश मित्र तरह-तरह के पेशे में चले जा रहे थे। डिस्ट्रिक्ट बोर्ड में शिक्षक होना सबसे स्वाभाविक पेशा था। कुछ लोग मिथिला नरेश की कम्पनियों में लग गये। बाक़ी पण्डितायी तो सबसे आम धन्धा था, जिसमें जो जितना चतुर होता वह

उतनी ही ज़्यादा कमायी पा सकता था। वैद्यनाथ ने इनमें से कोई नहीं चुना। घर जोड़ने की माया यदि कोई उनमें जगा सकता था तो वह उनकी पत्नी थीं, लेकिन वह ऐसा कुछ भी न कर सकीं कि वैद्यनाथ गाँव के ही आसपास कोई धन्धा करके निकट बने रहने की चाहत करें। उनकी मैथिली कविताओं में प्रसंग आये हैं, जहाँ ऐसे लोगों के जीवन को अधिक सार्थक बताया गया है। नागार्जुन ऐसा न कर सके, जिसके लिए उन्होंने बड़ा अफ़सोस ज़ाहिर किया है। इस उम्र में धन्धा चुनने का एक अदृश्य फलाफल होता है कि आदमी ज़िन्दगी भर जुए को कन्धे पर ढोता चलता है। मिथिला की पारम्परिक मान्यता के अनुसार नौकरी से नौकरिहारे का रक्त–मांस का सम्बन्ध होता है। पर, उन्होंने जो चुना वह दरअसल नौकरी थी ही नहीं। उसमें जैनशास्त्र में पारंगत होने का आकर्षण था। और था कि मूल विद्या जो उन्होंने पढ़ी, उसका नहीं, उस अपर विद्या का उपयोग था जो उन्होंने प्रेमवश अर्जित किया था। उसमें नयी जगह जाने, नये माहौल को देखने–समझने, नये–नये लोगों से मिलने, नये प्रकार का काम करने, नये विषयों से रू–ब–रू होने का आकर्षण था। वह दरअसल आदि यायावर का उत्थान था। बाद में, इन दिनों को याद करते हुए नागार्जुन ने मंगलेश डबराल से कहा था—

> घूमने की सहज इच्छा को कार्य में परिणत करने के लिए हमने दूसरा रास्ता अपनाया। चार–छह महीना ट्यूशन करके कुछ पैसा जोड़ते थे और फिर घूमते थे। हमने महसूस किया कि किताबी ज्ञान की तुलना में अनुभव से झेलकर या लोगों से घुल–मिलकर जो ज्ञान प्राप्त हुआ, वह ज़्यादा महत्त्वपूर्ण है।

यहीं वह अपने तमाम पुराने साथियों से भिन्न हो गये थे।

काञ्चीनाथ झा किरण ने लिखा है कि एक दिन अचानक वह उनके आवास पर आये और बोले कि सहारनपुर जा रहे हैं, सम्पर्क बना रहेगा। जिसे उन्होंने 'अचानक' कहा, वह अचानक था नहीं, केवल दिखता था। उसके साथ पूरी योजना थी। आवेदन के जवाब में प्रोफ़ेसर ने चयन की सूचना भेजी थी और यात्रा आदि के लिए दो सौ रुपये का मनीऑर्डर भी। सम्पर्क बना रहेगा, उन्होंने कहा था। लेकिन बना नहीं रह पाया, इसमें केवल वैद्यनाथ की तेज़ गति ज़िम्मेवार नहीं थी। पहल तो वह ज़रूर करते थे लेकिन अनुपस्थित को उपस्थित मानकर शामिल करते चलना

तो सामनेवाले को ही करना पड़ता था।

लेकिन, जब वह सहारनपुर पहुँचे, 'प्रथमे ग्रासे मक्षिकापातः' जिसे कहते हैं वही यहाँ हुआ था। विज्ञापन में दिया गया पता अध्यापक का घर था। वहाँ वह अपनी पत्नी के साथ रहता था। पति-पत्नी के बीच गम्भीर मतभेद थे। वजह थी कि अध्यापक विद्याध्ययन के पीछे पागल बना हुआ था, ढेरों किताबें ख़रीदता और अब तो उसने एक पण्डित को वेतन पर बुला लिया था। उसी वक़्त झगड़ा शुरू हो गया। पत्नी ने उसे 'छागोल' (मूर्ख बकरा) बताया और वैद्यनाथ से कहा—इसी बेवकूफ़ के चक्कर में तुम पड़े हो? और, क्या समझते हो, यह सब मैं हो जाने दूँगी? तुमि ऐखाने थाकबे ना। तुम यहाँ नहीं रहोगे, भागो।

—तो? आप लौट गये कलकत्ता फिर से?

नहीं-नहीं। अपने तरह की यात्रा यदि यह पहली-पहली थी तो लौटकर न आने का संकल्प भी तो पहला ही था। नागार्जुन के पूरे जीवन में हम पाते हैं कि जहाँ से वह आगे बढ़ गये, फिर उसी मक़सद से उस जगह दुबारा नहीं लौटे। इस नियम का अपवाद उनके जीवन में बस एक मिलता है, लेकिन उसकी कहानी आगे।

नागार्जुन की आदत थी कि जिस किसी शहर में जाते, वहाँ रहनेवाले अधिकाधिक पढ़ने-लिखनेवालों के बारे में जानकारी इकट्ठी कर लेते थे। ऐसा प्रतीत होता है कि यह साकांक्षता उनमें उन्हीं दिनों आ गयी थी। सहारनपुर में युवा पत्रकार कन्हैयालाल मिश्र प्रभाकर रहते थे। 'विकास' और 'नया जीवन' पत्रिकाएँ उन्होंने निकाली थीं। रूढ़िवादी ब्राह्मण परिवार में जन्म लेने के बावजूद उन्होंने बहुत जतन से अपना परिष्कार किया था और राष्ट्रीय आन्दोलन और समाज-सुधार के कार्यों में दिन-रात लगे रहते थे। दुनिया बदलने का ज़ज़्बा रखनेवाले नौजवानों की एक बड़ी टीम उन्होंने बना रखी थी। जाने कितनी बार जेल गये, पुलिस की भीषण प्रताड़ना सही, फिर भी अपने अभियान में लगे रहते थे। नागार्जुन का क़िस्सा सुनकर उन्हें अफ़सोस हुआ। वह उस बंगाली अध्यापक को जानते थे। कुछ लोग जीवन में करना तो बहुत कुछ चाहते हैं लेकिन परिस्थितियों के दास इस प्रकार बने रहते हैं कि कर कुछ भी नहीं पाते। बंगाली अध्यापक इसी के दृष्टान्त थे। प्रभाकर जी ने वैद्यनाथ से कहा—

'आये हो तो यहाँ कुछ दिन रहो।' भूतेश्वर के ब्रह्मचर्याश्रम में उनके ठहरने की व्यवस्था की गयी।

भूतेश्वर का इतिहास भी बड़ा रोचक था। दरअसल, यह प्रख्यात शिवमन्दिर था, जिसकी स्थापना १७८९-१८०३ के बीच मराठा शासकों ने तब की थी जब सहारनपुर का पूरा इलाक़ा उनके शासनाधीन आ गया था। मन्दिर प्रांगण में ब्रह्मचर्याश्रम नाम से एक संस्कृत शिक्षालय चलता था। इसके संचालक उन दिनों उड़ीसा के पण्डित जगन्नाथ शास्त्री थे। एक सहायक अध्यापक थे जो मैथिल थे। यह मन्दिर पाँवधोई नदी के किनारे अवस्थित था, जिसे वहाँ सहारनपुर की गंगा कहा जाता था। सुरम्य वातावरण, मराठा वास्तुशिल्प के भव्य प्राचीन मन्दिर, संस्कृत शिक्षण का उत्साह-भरा माहौल, वैद्यनाथ को यह सब काफ़ी अच्छा लगा और वह वहाँ रम गये। ओड़िया पण्डितों में यूँ भी मैथिल पण्डितों के प्रति बहुत अनुराग पाया जाता है, शास्त्री जी ने जब वैद्यनाथ की विद्वत्ता देखी, उन्होंने आग्रह किया कि वह वहीं रह जायें और शास्त्री के विद्यार्थियों की कक्षा में पढ़ाया करें, जिसकी शुरुआत वह हाल के दिनों में ही करनेवाले थे। वैद्यनाथ को भला क्या आपत्ति हो सकती थी! वह वहाँ रह गये।

उस शान्त, सुरम्य स्थान पर रहकर वैद्यनाथ ने जो कुछ भी पाया होगा वह नागार्जुन के व्यक्तित्व में आकर निमज्जित हुआ। उन दिनों जो कुछ उन्होंने लिखा, वह नहीं मिलता। कोई उल्लेखनीय घटना हुई हो, इसका भी पता नहीं मिलता। जानकारी बस इतनी भर मिलती है कि छह महीने बीतते-बीतते उनका मन उखड़ गया और वह अगली यात्रा पर विदा हो गये। बहुत आगे चलकर कभी नागार्जुन ने विजयबहादुर सिंह से कहा था—'हर भले आदमी को समय-समय पर अपना अखाड़ा बदल लेना चाहिये। यही कालधर्म है।' कालधर्म की शायद वह पहली आहट रही होगी।

अगला पड़ाव कहाँ हुआ ? पण्डित जगन्नाथ शास्त्री से ही बातों-बातों में उन्हें जानकारी मिली थी कि महामहोपाध्याय मुकुन्द झा बक्शी का हाल मुकाम पटियाला है, जहाँ वह पटियाला महाराजा के द्वारपण्डित पद पर आसीन हैं। पद बड़ा था। परिचित तो थे ही, अब तो रिश्ते में ससुर भी लगते थे। उपकार पाने की आशा तो जितनी भी रही हो, यही कम नहीं था कि इसी बहाने पंजाब का इलाक़ा घूम आयेंगे। पटियाला पहुँच गये।

पंकज सिंह को नागार्जुन ने बताया था—

> संस्कृत के विद्वान जो मिथिला के थे, सब जगह फैले हुए थे। हमारे रिश्ते में ससुर महामहोपाध्याय मुकुन्द झा पटियाले के राजगुरु बन गये। तन्त्र-मन्त्र और वेदों की व्याख्या पर उनका अधिकार था। पटियाला की जो छोटी रानी थी उसको बच्चा नहीं हो रहा था। तो खोजकर इनको काशी से ले गये। वह कथा अलग है, कैसे क्या हुआ! दीवान जरमनीदास की किताब है, उसमें उसका विवरण आया हुआ है।

छोटी रानी जिसे बच्चा नहीं हो रहा था, कौन थी? दीवान जरमनी दास ने बताया है कि पटियाला के महाराजा भूपिन्दर सिंह (१८९१-१९३८) ने पाँच शादियाँ की थीं, अधिकृत रानियों की संख्या दस थी, जबकि उनके रनिवास में कुल रानियों की संख्या ३६५ थी। उन्होंने ८८ बच्चे पैदा किये थे, जिनमें से जीवित बच्चों की संख्या ५३ थी। वह 'पटियाला पैग' के आद्य प्रयोक्ता, भारत में हवाई जहाज़ ख़रीदने वाले सबसे पहले महाराजा, और इण्डिया के बेस्ट क्रिकेट और पोलो-टीम के मालिक थे। गुप्त तान्त्रिक अनुष्ठानों में उनकी ख़ासी रुचि थी, जो अक्सर आधी-रात के बाद होते थे और जिसमें उन्होंने नियम बनाया हुआ था कि पुरुष हों या स्त्री, शामिल होनेवाले सारे लोग प्राकृतिक नग्न अवस्था में रहेंगे। इसमें भाग लेने के लिए वह आये दिन अँग्रेज़ अधिकारियों को आमन्त्रित करते रहते थे। इतनी बड़ी जगह पहुँच चुके थे महामहोपाध्याय, लेकिन नागार्जुन के बताये से पता चलता है कि उनकी सनातन दरिद्रता फिर भी नहीं मिटी थी। अपने आवास पर भी वह तन्त्र की प्रैक्टिस करते थे। उनकी पाँच सुन्दर बेटियाँ थीं और एक महाकुरूप बेटा, जिसके लिए उन्होंने सुन्दर, पढ़ी-लिखी बहू ला रखी थी। तो, अपने आवास पर जब वह दुखियारे अमीरों के लिए अनुष्ठान कर रहे होते थे तो परले हिस्से में परदा टँगा रहता था। पीछे उनकी बहू बैठतीं जो अनुष्ठान के अन्त में श्लोकों का सुन्दर उच्चारण करतीं। महामहोपाध्याय यजमान को श्लोकों की मनचाही व्याख्या करके सुनाते और बताते कि यह देवी का वचन है। अच्छी कमाई चल रही थी। लेकिन, बकौल नागार्जुन—

> सरदार लोगों ने आपस में चर्चा की कि भइ, बहुत अच्छा बोलती है। कहा सोहणी होगी। जिसकी बोली इतनी मीठी है, वह कैसी होगी। तो

> एक दिन, राजा का साला था, उसने आकर पकड़ा कि यह देवी है! उसे 'क़ैद' कर सात साल नहीं छोड़ा।

वैद्यनाथ मुश्किल से दस दिन पटियाला रह पाये। घर के दामाद थे तो सत्कार तो होना ही था, लेकिन उस अप्रिय घटना की छाया पूरे घर के माहौल में रेंग रही थी। भय था कि ज़्यादा रुकेंगे तो सारी पोल खुल जायेगी।

नागार्जुन की पहली प्रकाशित हिन्दी कविता 'राम के प्रति' (सम्भवतः १९३४) हमें नहीं मिलती। लेकिन उनकी पहली प्रकाशित गद्य रचना हमें मिलती है। यह 'मृत्युंजय कवि तुलसीदास' (दीपक, जनवरी १९३४) है। यह तुलसीदास और उनके 'मानस' के प्रभाव के बारे में है। बाईस वर्ष के वैद्यनाथ की मनोनिर्मिति को यहाँ देखा जा सकता था। यह भी सम्भव हो सकता है कि हिन्दी में प्रकाशित उनकी पहली रचना एक गद्य-रचना ही हो, क्योंकि उनके कविता लेखन की भाषा उन दिनों मैथिली थी।

'मृत्युंजय कवि तुलसीदास' निबन्ध इस प्रकार शुरू होता है—'घरबार छोड़कर फ़कीर हो जानेवालों की कमी न तुलसीदास के ज़माने में थी और न आज के ज़माने में है।' और तब अनेक दृष्टान्त दे-देकर बताने लगे थे कि तुलसीदास की क्या ख़ूबियाँ थीं और क्यों 'विशाल भारत' की 'महान् हिन्दू जाति' की स्मृति का अभिन्न हिस्सा व्यासदेव के बाद तुलसीदास ही बन पाये। इसीलिए वह उन्हें मृत्युंजय कवि कहते हैं। लेख में कई त्रुटियाँ हैं। बाद में, स्वयं नागार्जुन ने तुलसीदास के बारे में अपने विचार बदले। मानस की ४००वीं वर्षगाँठ के तामझाम पर उन्होंने कठोर लेख लिखा। और तो और, मैथिली में जो उनकी आख़िरी कविता मिलती है वह भी तुलसी के बारे में है। उसमें प्रगतिशील आलोचकों की तुलसी को लेकर धन्यधन्यता सिंड्रोम का ज़बर्दस्त मज़ाक़ उड़ाया गया है। लेकिन इस गद्य-रचना की कई ख़ूबियाँ थीं। अपनी एक विशिष्ट शैली इस युवा लेखक ने अर्जित कर ली थी। इससे पता चलता है कि उन्होंने कितना लम्बा अभ्यास किया होगा। उन्होंने कहीं-कहीं कहा भी है

कि काशी-वास के ज़माने में हस्तलिखित पत्रिकाओं के लिए जो परिश्रम किया था, आगे वह उनके बहुत काम का साबित हुआ। निश्चय ही वह लेखन मैथिली में था लेकिन लेखक यदि सच्चा हो तो उसके भाव अपना अनुवाद स्वयं ही प्राप्त कर लेते हैं। किसी ने तो लिखा भी है कि कवि सार्वभौम अनुवादक होता है, वह प्रकृति की भाषा को मानव की भाषा में अनूदित करता है। इस रचना में ठेठ ग्रामीणों वाली उनकी अभिव्यक्ति-भंगिमा थी, चित्र खचित कर देनेवाले अनुच्छेद-दर-अनुच्छेद थे जो अन्तःसूत्र में गुँथे हुए अपूर्व गद्योल्लास प्रकट करते थे। एकसूत्र और एकतान इस तरह कि अन्त के निष्कर्ष से जा-जाकर जुड़ते थे। फिर साधारण की प्रतिष्ठावाली उनकी अन्तश्चेतना। वह भी यहाँ थी। हल-बैल वाले किसान, मामूली सिपाही, 'डैमफुल' और 'कुली', टुटपुँजिया प्रकाशक और बुकसेलर, सब यहाँ थे।

यह लेख उन्होंने तब लिखा था, जब कलकत्ते में रहते थे। लेकिन इसका सन्दर्भ लाहौर से जाकर जुड़ता है। पटियाला से वैद्यनाथ चले तो लाहौर ही पहुँचे थे। वहाँ के लेखक-पत्रकार हरिकृष्ण प्रेमी से उनका सम्पर्क था। शायद पत्र-व्यवहार भी रहा हो। लाहौर उस ज़माने में हिन्दी-उर्दू की गतिविधियों की राजधानी था। वहाँ से कई पत्रिकाएँ निकलती थीं। 'दैनिक मिलाप' उर्दू और हिन्दी दोनों ही भाषाओं में प्रकाशित होता था। हरिकृष्ण प्रेमी इसी के सम्पादकीय विभाग में काम करते थे और अलग से भी अपनी एक पत्रिका 'भारती' नाम से निकालते थे, जिसे उस ज़माने का 'उच्च कोटि का साहित्यिक पत्र' माना जाता था। नागार्जुन बताते थे कि लाहौर की पत्रिकाओं में वह साप्ताहिक लेख लिखने लगे। वहाँ से पैसे आने शुरू हुए और लाहौर में उनका टिका रहना सम्भव हुआ। 'दैनिक मिलाप' का रविवारीय संस्करण या फिर 'विश्वबन्धु' साप्ताहिक, जिसे स्वामी गणेशदत्त निकालते थे और माधवजी सम्पादन करते थे। पुराने सम्पादकों में नागार्जुन माधव जी का बहुत गुण गाते थे। इसी पत्रिका में उनकी पहली हिन्दी कविता प्रकाशित होने की सूचना मिलती है। नागार्जुन बताते थे—

> हिन्दी का बहुत काम हो रहा था उन दिनों लाहौर में। हरिकृष्ण प्रेमी, उदयशंकर भट्ट, माधव जी, ये सब पंजाबियों में हिन्दी के प्रचार-प्रसार में जुटे थे। स्वामी गणेशदत्त की पत्रिका थी 'विश्वबन्धु'। हम उसके

लिए लिखने लगे। धुआँधार लिखा।

इसी 'विश्वबन्धु' के कार्यालय में, एक दिन की घटना है कि सारे हिन्दी-नायक जुटे थे, चर्चा चल रही थी कि इसी बीच एक गेरुआधारी साधू ने सभा में प्रवेश किया। सबने उनके प्रति सम्मान प्रकट किया। वह बैठे और फिर से गपशप चलने लगी। माधव जी ने परिचय कराया—'यह वैद्यनाथ है। वैद्यनाथ मिश्र!' साधू के चेहरे पर उल्लास फैल गया। आनन्दित होकर बोले—'ओह ओ...घरबार छोड़कर फ़कीर हो जानेवालों की कमी न तुलसीदास के ज़माने में थी और न आज के ज़माने में है!' उन्होंने उस लेख की पहली पंक्ति हू-ब-हू दुहरा दी थी। वैद्यनाथ चकित! वह स्वामी केशवानन्द थे और उन्हीं की पत्रिका 'दीपक' के जनवरी अंक में उनका यह लेख प्रकाशित हुआ था।

स्वामी केशवानन्द भी उन्हीं परिस्थितियों की उपज थे, जिसे पारकर वैद्यनाथ यहाँ तक पहुँचे थे। बल्कि केशवानन्द की हालत कहीं ज़्यादा ख़राब थी। उनके माँ-बाप दोनों मर चुके थे सात की उम्र में, और उदासीन मठ के एक अनाथालय में वह पले-बढ़े थे। तरुणायी में संस्कृत पढ़ने की ललक जगी तो कुवर्ण को संस्कृत पढ़ाता कौन, इसलिए साधू हो गये। गुरु के इतने प्रिय थे कि इनके न चाहते हुए भी महन्ती का अधिकार इनको रजिस्ट्री कर दिया, और ख़ुद ऐसे फक्कड़ कि सब छोड़-छाड़कर शिक्षा-प्रचार, हिन्दी-प्रचार के काम में तन-मन-धन सब समर्पित कर दिया। उन्होंने ३०० से अधिक विद्यालय और पचास से अधिक छात्रावास खुलवाये थे। इन दिनों वह पुस्तकालय खुलवाने और पाठकों को अच्छी किताबें बाँटने के अभियान पर थे। नागार्जुन बताते थे—

> स्वामी केशवानन्द अद्‌भुत आदमी थे। टण्डन जी के शिष्य। टण्डन जी के लिए और हिन्दी के लिए सब कुछ न्योछावर कर देने को सदा तत्पर। स्वयं जाट थे और जाटों में विद्या-बुद्धि के प्रसार के लिए जितना कार्य उन्होंने किया, हम समझते हैं शायद ही किसी ने किया हो।

कहते हैं, भारत-विभाजन के दौरान फाजिल्का-अबोहर का इलाक़ा भारत को सिर्फ़ इसीलिए मिल सका था क्योंकि वहाँ ज़बर्दस्त हिन्दी प्रचार था।

१९१६ में केशवानन्द ने गुरुगद्दी त्यागकर 'नागरी प्रचारिणी सभा'

स्थापित की थी और १९२४ आते-आते तो विशाल 'साहित्य सदन, अबोहर' मूर्तिमान था, जिसका अपना दीपक प्रेस था जहाँ से 'दीपक' निकलता था। श्रेष्ठ साहित्य का प्रचार मुख्य उद्देश्य था, जिसके तहत सौ से ज़्यादा तो उन्होंने अनूदित किताबें छापी थीं, जिनका अनुवाद ज़्यादातर तो स्वामी जी ने ख़ुद किया था, कुछ अन्य विद्वानों से कराया था। हिन्दी साहित्य सम्मेलन प्रयाग, राष्ट्रभाषा प्रचार समिति, वर्धा और पंजाब विश्वविद्यालय की शाखाएँ और केन्द्र यहाँ थे। हिन्दी की परीक्षाएँ होतीं और तैयारी के लिए कक्षाएँ भी। इसका अपना केन्द्रीय पुस्तकालय था, और चलन्त पुस्तकालय, ग्रामीण पुस्तकालय आदि भी थे जिनकी शाखाएँ पच्चीस से अधिक गाँवों में फैली थीं। हिन्दी साहित्य सम्मेलन के राष्ट्रीय और प्रान्तीय अधिवेशन स्वामी जी ने साहित्य सदन में कराये थे।

शुरुआत तो इस तरह हुई थी कि जब भी स्वामी जी अबोहर से लाहौर आते, वैद्यनाथ से ज़रूर मिलते। घण्टों बातचीत होती। फिर यह होने लगा कि उन्हें घुमाने अबोहर ले जाते और वह हफ़्तों वहाँ रुक जाते। फिर एक दिन यह हुआ कि स्वामी जी ने कहा—'सच पूछो तो मुझे तुम्हारे ही जैसे तेज़तर्रार सम्पादक की ज़रूरत है 'दीपक' के लिए। मैं उस दिन का इन्तज़ार कर रहा हूँ।' और एक दिन वैद्यनाथ ने स्वीकार कर लिया। वह बोरिया-बिस्तर समेत अबोहर आ गये और 'दीपक' के सम्पादक हो गये। सम्पादक की जगह नाम जाता था—आचार्य वैद्यनाथ मिश्र। वैद्यनाथ ने इस पर आपत्ति भी की थी—मैं आचार्य नहीं हूँ स्वामी जी, शास्त्री-काव्यतीर्थ हूँ। लेकिन स्वामी जी बहस करने लगे थे—तुम क्या समझते हो, आचार्यत्व काग़ज़ के सर्टिफिकेट में निवास करता है? कहो, यह तुम्हारे लायक बात हुई? मैं तुम्हें आचार्य की उपाधि देता हूँ वैद्यनाथ, तुम हर तरह से आचार्य हो। इतिहास अपने आपको दुहरा रहा था। केशवानन्द के गुरु कुशल दास भी इसी तरह उनसे प्रेम करते थे, उन पर गर्व करते थे। केशवानन्द और वैद्यनाथ का सम्बन्ध इतना आत्मीय था और वे दोनों एक-दूसरे से इस तरह सन्तुष्ट थे कि कोई भी सोच सकता था, ये दोनों जीवन-भर साथ बने रहेंगे और वैद्यनाथ उनके काम को आगे बढ़ायेगा।

दरअसल, केशवानन्द उन्हें पुत्र की तरह प्यार करते और मित्र की तरह व्यवहार करते थे। हर तरह से वह एक बड़े आदमी थे, गाँधी जी-राजेन्द्र

बाबू-टण्डन जी से उनके घनिष्ठ सम्बन्ध थे। महन्त भी थे ही। लेकिन, दूसरों के लिए, दूसरों के जीवन में प्रकाश भरने के लिए इस तरह दिन-रात एक किये हुए थे कि अपने जीवन-मरण की दूर-दूर तक उन्हें कोई चिन्ता नहीं थी, ख़बर तक नहीं थी। ऐसा आदमी बोलकर क्या सन्देश देगा! स्वतःस्फूर्त ढंग से, अपने दैनन्दिन कार्य-व्यवहार से वह वैद्यनाथ को बदल रहे थे। नागार्जुन तो केवल कहते थे—'वह अद्‌भुत आदमी थे।' लेकिन इस कहने में भयंकर मर्म छिपा था। वह कितना कहते? दरअसल, नागार्जुन को बनाने में जिन किन्ही व्यक्तियों की भूमिका थी, यह स्वामी जी उनमें प्रथमस्थानीय थे। सीखने का यही ढंग नागार्जुन को सब दिन पसन्द रहा। स्वतःस्फूर्त, बिना उपदेश के, मित्रवत्। वह स्वयं भी सब दिन इसी प्रकार के शिक्षक बने रहे, यदि बाबा का एक अर्थ शिक्षक भी मानें, तो।

साहित्य सदन का एक कमरा उन्हें आवंटित कर दिया गया। अब उनका जीवन पूरा व्यवस्थित था। भोजन-वस्त्र से लेकर जेब ख़र्च तक की कोई समस्या नहीं थी। घर भेजने के लिए रुपये भी आवश्यकतानुसार मिल जाते थे। मनचाहा करने का पूरा अवकाश भी उन्हें सुलभ था। बचपन से ही उद्यमशील और फुर्तीले थे। आश्रम का एक नियम था कि कोई काम करो तो उसे सर्वाधिक सार्थक तरीक़े से करने की सोचो। यह बात वैद्यनाथ के अनुकूल पड़ती थी। जो भी करते पूरा मन लगाकर, प्रतिभा लगाकर करते थे। इस कारण काम अच्छा होता था और जल्द ही पूरा हो जाता था। बाक़ी समय वह पढ़ने और लिखने में लगाते। बीच-बीच में वह लाहौर घूम आते। वह बताते थे कि इसी क्रम में कभी उनकी पहली मुलाक़ात अज्ञेय से हुई थी, जो उन दिनों लाहौर जेल में बन्द थे। स्वामी जी के साथ कभी सुदूर गाँवों की यात्राओं पर निकलते जहाँ उन्हें दिखता कि पंजाब के गाँव मिथिला के गाँवों से किस तरह भिन्न हैं, और यह भी कि ग्रामवासिनी भारतमाता किन-किन रूपों में अभिव्यक्त होती हैं। पत्राचार की सतत प्रवृत्ति भी तभी उनमें विकसित हुई। हर दिन पत्राचार के लिए एक समय नियत होता था। वह अपनी रुचि के तमाम परिचित-अपरिचित व्यक्तियों को पत्र लिखते। वह बताते थे कि इसी क्रम में उनका पत्राचार रवीन्द्रनाथ ठाकुर से हुआ था और उनके शुभकामना सन्देश को उन्होंने 'दीपक' में प्रकाशित किया था। 'दीपक' शैक्षणिक

प्रकृति की मासिक पत्रिका थी। इसमें ज़्यादातर प्रेरणाप्रद, जीवन निर्माणपरक सामग्रियों का प्रकाशन होता था। पुस्तक-समीक्षाएँ छपती थीं। वह साथी लेखकों, प्रतिष्ठितों से लिखवाते थे और ख़ुद भी धुआँधार लिखते थे। समीक्षा के लिए नयी-नयी किताबें आतीं, नयी पत्रिकाएँ आतीं। हिन्दी की बगिया से उठनेवाली हर ख़ुशबू का एक झोंका वहाँ ज़रूर पहुँचता था। साहित्य सदन का अपना केन्द्रीय पुस्तकालय था। फिर स्वामी जी इतने पुस्तक-प्रेमी थे कि फ़रमाइश-भर करने की देर होती थी, दस-दस प्रतियाँ आ जातीं जिन्हें वह औरों को भी बाँटते। वैद्यनाथ की नयी-नयी आँख खुली थी। बड़ी ही तीव्र जिज्ञासा थी। अबोहर के इन दो वर्षों में ही उन्होंने युवावस्था की सबसे घनघोर पढ़ाई की थी। पढ़ी गयी इन चीज़ों में गद्य ही गद्य था क्योंकि दुनिया को, समाज और जीवन को गद्य से ही समझा और बदला जा सकता था।

लाहौर और अबोहर में वैद्यनाथ जिन लोगों के संसर्ग में थे, जिनके साथ मिलकर काम कर रहे थे, जिन पत्र-पत्रिकाओं में लिख रहे थे, जिन गतिविधियों में शामिल थे, वे प्रायः सब के सब आर्य समाज से जुड़े हुए थे। इस प्रकार आर्य समाज से जीवन के तमाम विधेय तत्त्व वहीं उनके व्यक्तित्व में आये। उन दिनों राहुल सांकृत्यायन की बड़ी चर्चा थी। वैद्यनाथ ने तो एक बाह्य व्यक्ति के रूप में आर्य समाज की संगत की थी, राहुल बाक़ायदा एक वैष्णव साधू से आर्यसमाजी हुए थे और बिलकुल भीतर रहकर बहुत दिन मीन-मेख विचारा था, फिर बौद्ध हुए थे। उच्च कोटि के घुमक्कड़ के रूप में उनकी प्रसिद्धि थी और इसके अनुरूप ही अपने नये-नये प्रकाशनों से लगातार हिन्दी की नयी-नयी परती वह तोड़ रहे थे। तिब्बत, श्रीलंका, यूरोप के कई देश वह हो आये थे और हिन्दी की देशज बौद्धिकता का एक बड़ा प्रतिमान बनकर उभरे थे। बौद्ध न्याय की सुप्रसिद्ध किन्तु दुर्लभ कृतियों—प्रमाणवार्तिक, वादन्याय, विग्रहव्यावर्तनी, विज्ञप्तिमात्रतासिद्धि का उन्होंने उद्धार (सम्पादन) किया था। इधर कई प्रख्यात बौद्ध ग्रन्थों के हिन्दी अनुवाद उन्होंने प्रकाशित कराये थे—धम्मपद (१९३३), विनयपिटक (१९३५) और मज्झिम निकाय (१९३६)। इन किताबों का अनुवाद और प्रस्तुति इतने विशेष थे कि बौद्ध-साहित्य में अवगाहन का आमन्त्रण देते प्रतीत होते थे। कहना ज़रूरी नहीं कि स्वामी जी ने ये सारी किताबें मँगायी थीं, और

वैद्यनाथ ने इन्हें पढ़ा था। इन दिनों चर्चा थी कि राहुल जी अब 'दीघ निकाय' के अनुवाद में लगे हैं।

अपने जीवनान्तरण में नागार्जुन राहुल की अनूदित किताब 'मज्झिम निकाय' की बड़ी भूमिका मानते थे। वह ज़िक्र करते थे कि इसे पढ़ने के बाद वह कितने आश्चर्य से भर गये थे। 'मज्झिम निकाय' पढ़ने के बाद जो उन्होंने 'बुद्धयुग की आर्थिक अवस्था' शीर्षक से लेख लिखा था, उसमें उनके अन्तरण और विकास को देखा जा सकता है। इस किताब ने बुद्धयुग को उनकी आँखों के सामने मूर्त कर दिया था। सुन्दर जीवन की जो कल्पनाएँ उन्होंने अब तक की थीं, वह सारा उन्हें बुद्धयुग में जीवन्त दिख पड़ा था। वहाँ वह बार-बार ज़िक्र करते हैं कि कुम्भकार-चर्मकार जैसे मलिन समझे जानेवाले पेशेवालों को भी उस ज़माने में 'कलाधर' समझा जाता था और भावी राजा बाक़ायदा उनका शिष्य बनकर उनसे उन कलाओं की शिक्षा प्राप्त करता था। बुद्धयुग से अँग्रेज़ी राज को अलगाते हुए उन्होंने लिखा—'मुल्क की रग-रग में फैली हुई ख़ुशहाली को इस तरह बेदर्दी से दुह लेने के ये शैतानी तरीक़े मौजूदा ज़माने की पूँजीशाही को ही मयस्सर है।' वैद्यनाथ के दृष्टान्त से समझा जा सकता है कि बौद्धसाहित्य का हिन्दी में अनुवाद कर चलन में लाने का जो काम राहुल कर रहे थे, वह कितना महत्त्वपूर्ण था। शोभाकान्त ने लिखा है कि अब सनातन बनाम बौद्ध धर्म के मसलों पर स्वामी जी से उनकी लम्बी, गरमागरम बहसें होने लगी थीं। किसी सूक्ष्म आकर्षण की तरह बौद्ध साहित्य उन्हें क़रीब खींच रहा था। सोचकर ही वह उत्फुल्लता से भर जाते कि किसी ऐसी जगह चला जाये जहाँ निश्चिन्त होकर मूलभाषा में बौद्ध साहित्य का अध्ययन किया जा सके। उन्होंने राहुल सांकृत्यायन के बारे में पूरी जानकारी इकट्ठी की। राहुल संस्कृत, प्राकृत, पालि, मागधी, अपभ्रंश भाषाओं के ज्ञाता थे। लेकिन इतनी भाषाओं के ज्ञाता तो स्वयं वैद्यनाथ भी थे। उन्होंने हिसाब लगाया कि यह काम यदि राहुल कर सकते हैं तो वैद्यनाथ भी कर सकते हैं। 'मज्झिम निकाय' का प्रकाशन महाबोधि सभा, सारनाथ ने किया था। महाबोधि वालों को उन्होंने पत्र लिखा कि वह मूल में बौद्ध साहित्य का गहन अध्ययन करना चाहते हैं। उनका जवाब आया कि यह देश के अन्दर सम्भव नहीं है, इसके लिए आपको लंका जाना होगा। लंका ही क्यों? इसके पीछे बौद्ध-परम्परा का

यह विश्वास था कि पहली सदी में लंका के राजा बट्टगामनी के ज़माने में जो बौद्ध साहित्य का आख़िरी सम्पादन हुआ था, वह आज भी अपने मूल रूप में, बिना किसी स्थानिक या कालिक प्रभाव के केवल लंका के मठ में ही सुरक्षित है। यह वही ग्रन्थ था, जिसे तीसरी सदी ई.पू. में सम्राट अशोक के पुत्र महेन्द्र अपने साथ वहाँ ले गये थे। वैद्यनाथ ने पत्र लिखा कि वह अध्ययन के लिए लंका के मठ में जाना चाहते हैं। महाबोधि वालों ने जवाब दिया कि वह सारनाथ आयें तभी इस बारे में कुछ सोचा जा सकता है।

जिस निर्मोह स्वच्छन्दता की ओर वैद्यनाथ बढ़ रहे थे, यदि कोई उन्हें रोक सकता था तो वह अपराजिता थीं। लेकिन वह पिछड़ रही थीं। पिता-पुत्र के फ़र्क़ को समझ पाने की अवगति शायद परम्परा ने ही उन्हें न दी हो, या फिर उनकी अनुभवहीनता हो यह। वैद्यनाथ ने सीधे लंका जाने का सोच लिया, लेकिन गाँव जाने का, या फिर ससुराल जाने का नहीं, जबकि यात्रा अनधिगम्य थी, अन्त नहीं दिखता था। शोभाकान्त ने बड़ा अच्छा लिखा है कि गोकुल मिश्र गाँव के यूँ तो अच्छे शतरंजबाज़ों में गिने जाते थे लेकिन आगे की दो-तीन चाल से ज़्यादा सोच नहीं पाते थे। उनका बेटा वैद्यनाथ उनसे भी बीस निकला था। प्रथमा पास की थी तो कोई कह सकता था कि मध्यमा भी कर लेंगे? और शास्त्री? और कलकत्ते से काव्यतीर्थ? भविष्य की अनिश्चितता भीतर-ही-भीतर उनमें शक्ति भरती रहती थी। स्वामी जी से दो साल का करार था, जो अब पूरा होने को था। स्वामी तो यह मान बैठे थे कि वैद्यनाथ अब कहीं नहीं जायेगा, कि उनके बाद वही उनके काम को आगे बढ़ायेगा। लेकिन, उनसे दो वर्ष की संगत ने वैद्यनाथ को जिस तरह सार्वजनिक जीवन के लिए प्रशिक्षित कर दिया था—वैद्यनाथ इसी को पर्याप्त मानते थे। उन्होंने लंका जाने की बात शुरू कर दी।

स्वामी जी ने कहा—'अरे, यहाँ विद्या-प्रचार का कितना काम पड़ा हुआ है। तुम कैसे जा सकते हो?'

—'विद्या प्राप्त करना भी तो विद्या-प्रचार है।'

—'लेकिन, ज़रा देश की ओर से सोचो।'

—'लंका जाकर जो विद्या सीखेंगे, वह भी तो देश के ही काम आयेगी।'

—'तुम भविष्य की बात करते हो? समस्या तो आज सिर पर खड़ी है।'

—'देश-सेवा में लगे हुए बहुत सारे लोगों ने देश के बाहर रहकर ही शिक्षा प्राप्त की है। मैं देर से पैदा हुआ, इसमें मेरा क्या दोष है स्वामी जी? और...देश-सेवा के लिए क्या सिर्फ़ आज लोगों की ज़रूरत है? कल नहीं होगी?'

वैद्यनाथ रुआँसे हो गये। पर, स्वामी जी के तो रुलायी छूट गयी। वह समझ गये कि इस प्रवाह को रोकना असम्भव है। बोले—'तुम वहाँ से लौटोगे तो सीधे यहीं आओगे। यहाँ तुम्हारा आसन ख़ाली रहेगा, याद रखना।' उन्होंने उनके लिए कपड़े, जूते और ज़रूरत के तमाम सामान ख़रीद दिये। पर्याप्त पैसे भी दिये। शायद छह सौ या तीन हज़ार—नागार्जुन को ठीक-ठीक याद नहीं था। विदा होते समय स्वामी जी के पाँव की ओर झुके तो उन्होंने पैर खींच लिए। रोने लगे। उस स्वामी का हृदय इस जन्मजात औघड़ के लिए विकल हो रहा था!

अबोहर से चलकर वैद्यनाथ काशी पहुँचे। लेकिन वह काशी, जहाँ वैद्यनाथ की आँखें खुलीं थीं, त्रिलोक सूझा था, जहाँ की साहित्यिक गतिविधियों ने उन्हें पढ़ना-लिखना सिखाया था, जहाँ उनके गुरुजन रहते थे, वह काशी इस बार उन्हें ज़रा भी नहीं छू पायी। वह सबसे कटे-कटे रहे। उनका दिन भर का समय सारनाथ के मठों में बीतता था और रात ग्रामीण मित्र सुरेन्द्र के साथ। उस वक़्त का अन्त:संघर्ष भी विचित्र था। दिन भर वह जुनून की हद तक लंका पहुँचने की जुगत भिड़ाते। उस जुनून में कुछ तत्त्व विराग के भी थे, जैसा कि उनकी कविताओं से पता चलता है, उसमें स्त्री और परिवार के प्रति भी निर्मोहता थी। लेकिन प्राय: हर रात मित्र सुरेन्द्र का उपदेश उनके कानों से टकराता कि कहीं भी जाने से पहले उन्हें एक बार अपने गाँव जाना चाहिये, कि गृहस्थाश्रम के दायित्व-पालन के ही कारण धरती पर धर्म टिका है, कि गाँव-घर से इस तरह समूचे का समूचा टूट जाना आत्महत्या-बराबर है। आगे की कहानी स्वयं नागार्जुन के शब्दों में—

> महाबोधिवालों ने मुझे सारनाथ बुलाकर कहा—आप वहाँ जायेंगे तो आपकी गारंटी कौन लेगा? आप बीमार पड़ेंगे, आप पर ख़र्च आयेगा, आदि आदि। मतलब यह कि आप बौद्धभिक्षु बन जाइये। मैंने सोचा कि

> नहीं, यह समझौता तो नहीं होगा। स्वामी जी ने मुझे तीन हज़ार रुपये दिये थे। यह छत्तीस इस्वी की बात है। वहाँ से मैं मद्रास चला गया। ऐसा हुआ कि वहाँ किसी ने मेरे रुपये निकाल लिए। अब क्या किया जाये? लेकिन तय किया कि लौटूँगा तो नहीं ही। वहाँ से सेतुबन्ध रामेश्वर चला गया। वहीं से जहाज़ जाता था बत्तीस किलोमीटर पानी में...।

यानी कि एक ही पैराग्राफ़ में वह काशी से लंका पहुँच जाते थे।

नागार्जुन के जीवन में चीज़ें इतनी आसानी से नहीं हुआ करती थीं, न घटनाएँ ही इतने लयात्मक तारतम्य के साथ घटती थीं। इतिहास को लाँघकर इस पार आ जाने के बाद जो बड़े-बड़े महाभारत छोटे-से कैप्सूल और टेबलेट में तब्दील हो जाते थे, वह अपने घटित होते समय इतने ही आसान क्यों नहीं रह पाते थे? कारण था उनका कवि-स्वभाव। वह जहाँ भी होते, जिन भी हालात में, पूरे डूबकर होने की कोशिश करते थे। कोई हड़बड़ी नहीं रहती थी, न कैरियर की महत्त्वाकांक्षाएँ। विपन्नता और दौर्गत्य कभी भी उन्हें विचलित नहीं कर पाते थे। यह बचपन की वह अनमोल धरोहर थी जिसकी चमक उन्होंने कभी फीकी नहीं पड़ने दी। जनसाधारण के साथ मिलकर घुल जाते, उन्हीं में का एक बन जाते। फिर मन की मौज जिस ओर ले चलती, बढ़ चलते थे। इसमें दिक़्क़त करे कोई तो विद्रोह पर उतारू हो जाते थे।

महाबोधिवालों से उनका लम्बा पत्राचार हुआ था, लेकिन अब जो शर्त वे रख रहे थे, वह वैद्यनाथ को ग़लत लगी थी। बौद्ध साहित्य और दर्शन वह पढ़ना चाहते थे, जिसके लिए उनका ब्राह्मण होना किसी भी तरह उन्हें बाधक नहीं लगता था। इसलिए शर्त उन्हें अमर्यादित लगी थी। साथ में रुपये थे इसलिए शर्त न मानने में उन्होंने पूरी मुखरता दिखायी थी। पर रुपये रखे कहाँ थे? ख़ुद ही बताया है—'बटुआ-ब्रीफकेस वह सब तो हमारे पास होता नहीं था। जैसी पण्डितों की आदत होती है न, नोटों को पुस्तक के बीच में दबा देते थे।' जिन बन्धुओं ने रुपये निकाले वे भी उत्तर भारत के ही थे, इलाहाबाद की खड़ी बोली बोलने वाले। ट्रेन में साथ आये थे और अब मद्रास के मुसाफ़िरखाने में साथ-साथ आराम कर रहे थे। वे टोह पा गये कि पण्डित के रुपये किधर हैं। वह शौचालय गये और रुपयोंवाली किताब ग़ायब। पर, पण्डित भी अब वह पूरी तरह रह नहीं गये थे वरना उस रात मद्रास स्टेशन का वह मुसाफ़िरखाना

विधवा-विलाप का रंगमंच बन गया होता। उन्हें दुख हुआ लेकिन तत्काल उन्होंने निर्णय कर लिया कि आगे क्या करना है। मद्रास में 'दक्षिण भारत हिन्दी प्रचार सभा' का कार्यालय था, जिसका सम्बन्ध-सूत्र साहित्य सदन, अबोहर से जुड़ा था। स्वामी जी ने वैद्यनाथ की यात्रा को लेकर एक पत्र भी संचालक को लिख दिया था कि सम्भव है, वह मिलने आ जायें। अगली सुबह वह मिलने गये। वहीं ठहर गये। तय किया कि यहीं कोई काम कर रुपये जमा किये जायें फिर आगे बढ़ा जाये।

मद्रास में कोई काम-धाम करके रुपये जुटाते कि इसके पहले सोचा, आसपास का इलाक़ा घूम आयें। एक दिन रामेश्वरम् चले गये। वहाँ एक धर्मशाला में रात बितायी। सुबह की सैर पर निकले तो तमाम मठ-मन्दिरों से भरे इलाक़े में एक उत्तर भारतीय शैली का पुराना मकान उन्हें दिखायी पड़ा जिसका लम्बा-चौड़ा अहाता था। तरह-तरह के घने पेड़-पौधों से भरा। उस अहाते में वह प्रवेश कर गये तो आगे एक अद्‌भुत दृश्य दिखायी पड़ा। वहाँ धान की ढेर लगी थी और पैतींस-चालीस का एक अधेड़ तराजू पर धान तौल रहा था। तौल की गिनती याद रखने के लिए वह ठीक वही लय इस्तेमाल कर रहा था जो वैद्यनाथ ने अपने इलाक़े में देखा था—रामहि जी राम, रामहि जी दो, दुइये जी तीन...। वजन के लिए जो बाट प्रयोग किया जा रहा था वह भी पत्थर का बना पसेरी था। वैद्यनाथ जानते थे कि यह लय और तौल की यह पद्धति मिथिला-भोजपुर से अवध तक के इलाक़े में ही प्रचलित है। 'राम राम गुरुभाई' कहते हुए वह आगे बढ़े और बरामदे में रखे तखत पर जाकर बैठ गये। वह उत्तर भारतीय साधुओं का रामायणी मठ था और तौल करनेवाले सज्जन गणेश स्वामी थे। पूछा—कहाँ से गुरुभाई ? बोले—वहीं से, जहाँ से आप!

गणेश स्वामी फ़ौज से रिटायर्ड हुए थे और अब साधू बन गये थे। गृहस्थ रामायणी साधू। गोरखपुर ज़िले के निवासी थे। पत्नी का देहान्त हो चुका था। दो लड़के थे जो देस में रहकर गृहस्थी सँभालते थे। वह ख़ुद भी समय-समय पर गाँव-घर जाते, बाक़ी यहीं से सब नियन्त्रित करते थे। पढ़े-लिखे कम थे लेकिन तुलसीदासी रामायण के पुराने पारायणी थे। कविताई की लालसा रहती थी, कुछ-न-कुछ तुक भी जोड़ा करते थे।

जोशी जी के शब्दों में

> कवि बनने का इच्छुक। उसे जानकर प्रसन्नता हुई कि आगन्तुक महोदय कवि हैं। कविता फिर काम आयी। वैद्यनाथ ने छन्द सिखाये, गुरुभाई ने भोजन का प्रबन्ध किया।

मठ के पास काफ़ी सम्पत्ति थी और दैनिक आमदनी भी अच्छी थी। इस रामायणी मठ का मुख्यालय जनकपुरधाम (नेपाल) था, जहाँ इसके महन्त स्वामी रामशरण दास रहते थे। वह साल में एक बार आते, बाक़ी गणेश स्वामी सँभालते थे, जो उनके रिश्तेदार भी लगते थे। रामशरण जब भी आते, उनके साथ एक सधुआइन रहती थी, जिसका कड़ा शासन चलता था। दो-चार दिनों में ही गणेश स्वामी से वैद्यनाथ की गहरी दोस्ती हो गयी। वह वैद्यनाथ से कहते—'यहीं रह जाओ गुरुभाई। कहीं जाने की ज़रूरत नहीं है। सब यहीं रहते हो जायेगा। हफ़्ते में दो-एक दिन प्रवचन दे दिया करना। जब भी इच्छा हो मिथिला जाकर अपनी सिया से मिल आया करना, बाक़ी जीवन का असली मज़ा तो सधुक्कड़ी में ही है। इच्छा करोगे तो दास-दासिन सब हाज़िर रहेंगे। हमारी मठवाली सधुआइन तुम्हें देख ले तो बद्री-केदार तक घुमा लायेगी... ।'

ढाई-तीन महीने वैद्यनाथ उस मठ के माहौल में रमे रहे। साधुओं, श्रद्धालुओं और धर्म-व्यवसायियों को इतने निकट से देखने का यह पहला मौक़ा था। फिर गणेश स्वामी को उन्होंने मन की बात बतायी। मामला बड़ा ही आसान निकला। स्वामी रामशरण के नियन्त्रणाधीन एक मठ लंका में भी था, जहाँ साधुओं का आना-जाना लगा रहता था। गणेश स्वामी ख़ुद भी जब-तब आते-जाते रहते थे। अभी हाल में साधुओं का एक जत्था लंका जानेवाला था। तय हुआ कि गणेश स्वामी और वैद्यनाथ दोनों इस दल के साथ जायेंगे। गये।

लंका में जिस पहली जगह वैद्यनाथ को ठौर मिला, वह बाबा कल्याणपुरी का मठ था। स्वयं नागार्जुन के शब्दों में,

> घने जंगल में थी यह जगह। बहुत पुराना मन्दिर था। विशेषता यह थी कि भारतीय संन्यासियों द्वारा कंट्रोल्ड था। बहुत ठाठ का। श्रीलंका के तमिल हिन्दुओं का वह आराध्य स्थल था। जितना भी तमिल मज़दूर हिन्दू होता, दो-चार पैसा अवश्य चढ़ाता था। बोरियों पैसा चढ़ता था वहाँ।

आरती, पूजा-पाठ से लेकर ज्ञान-चर्चा तक सब काम सौंपा गया मुझे मन्दिर में। बहुत प्रसन्न, सन्तुष्ट हुए मठाधीश हमसे। आग्रह किया यहीं रहिये। हम सौ रुपया आपके घर भिजवा दिया करेंगे।

बाबा कल्याणपुरी अद्‌भुत आदमी थे। भव्य आकृति, बड़े-बड़े बाल, दाढ़ी नहीं, गले में तुलसी की माला। दस वर्ष की छोटी उमर में ही माँ-बाप ने साधू भेस में डाल दिया था। गणेश स्वामी और कल्याणपुरी दोनों एक-दूसरे को सगे की तरह मानते थे और दोनों का ही प्रेमभाव वैद्यनाथ के प्रति था। एक बार कल्याणपुरी ने वैद्यनाथ से कहा था—'मुझे तुझसे बचके रहना चाहिये वैद्यनाथ, क्योंकि मैं अनुभव करता हूँ कि तुमसे मोह हो रहा है।' वैद्यनाथ ने उत्तर दिया था—'मोह के कारण ही तो मनुष्य मनुष्य से जुड़ता है न!'

मठ का वातावरण धार्मिक था, जहाँ साधुओं और श्रद्धालुओं का आना-जाना हमेशा चलता रहता था। वहाँ वैद्यनाथ एक ज्ञानी पुजारी की भूमिका में थे। जम्बूद्वीप का ब्राह्मण होना उनके ज्ञान को और भी उत्कर्ष देता था। साधुओं की सतत संगति उनके लिए एक नयी बात थी। वहाँ जो ध्यान और जप का माहौल था, वैद्यनाथ भी अपनी कुलदेवी छिन्नमस्ता का कौलिक मन्त्र-जाप नियमित रूप से करने लगे थे। लेकिन वह लक्ष्य करते, साधू लोग बाहर भक्तों को जैसे नज़र आते हैं, वास्तव में वे वैसे होते नहीं। उनकी आपस की बातचीत में धार्मिकता का लेशमात्र भी नहीं पाया जाता था। उन्होंने पाया कि साधुओं की कुण्ठाएँ और क्षुद्रताएँ आम आदमी से कहीं बहुत ज़्यादा बढ़ी-चढ़ी होती हैं। उन्होंने देखा कि भक्तों को प्रभावित करने के लिए शानदार वक्तृता, वाक्य-विन्यास, आंगिक भंगिमाएँ आदि का बाक़ायदा प्रशिक्षण सत्र वहाँ चलता था, जिससे नयी पीढ़ी के योग्य साधू तैयार किये जा सकें। यह सब देखकर उनका बढ़िया मनोरंजन होता। उन्होंने बाबा कल्याणपुरी से कह रखा था कि उन्हें विद्यालंकार परिवेण में जाना है, कि असल में वहीं जाने के लिए वह लंका आये हैं। लेकिन, एक तो विधर्मियों का मठ होने के कारण, दूसरे इस कारण कि इतना ज्ञानी पुजारी उन्हें कहाँ मिलेगा, वह नहीं पसन्द करते थे कि वैद्यनाथ विद्यालंकार जायें। लेकिन वैद्यनाथ उन्हें याद दिलाते रहते। कल्याणपुरी भी नित नया बहाना ढूँढ़कर टालते जाते। इसी बीच यह हुआ कि वैद्यनाथ भीषण रूप से बीमार पड़ गये। दरअसल, दक्षिणी

श्रीलंका के इस समुद्री इलाक़े की आबोहवा शुरू से ही उनके माफ़िक नहीं पड़ रही थी। लेकिन वह अपने शरीर को इसके अभ्यस्त बनाने की कोशिश में लगे थे। उन्होंने स्थानीय रीति-रिवाज़ों का अध्ययन शुरू कर रखा था और सिंहली सीखना सो चालू था। सबसे अधिक कठिनाई उन्हें मच्छरों का सामना करने में होती थी। ऐसा प्रकोप उन्होंने कहीं भी नहीं देखा था। दिनभर धूनी जलती रहती लेकिन मच्छर थे कि फिर भी रास्ता निकाल लेते थे। शुरू में पेट की तकलीफ शुरू हुई, फिर बुख़ार आने लगा। फिर तो पूरा शरीर काला पड़ गया। उठकर बैठने की भी ताक़त नहीं रही, न कुछ आहार लेकर पचाने की क्षमता। जीवन के लक्षण दिनोंदिन कमज़ोर पड़ने लगे। मठवाले लोग कहने लगे कि जम्बूद्वीप का यह मैथिल ब्राह्मण बौद्धों के मठ में जाये, यह ईश्वर को मंजूर नहीं था, कि अब भी वैद्यनाथ यदि संकल्प लें कि वहाँ नहीं जायेंगे तो बच सकते हैं। ख़ैर, मलेरिया ठहराया गया। स्वयं बाबा कल्याणपुरी ने अपनी देखरेख में चिकित्सा और पथ्य चलाया तब महीनों बाद जाकर वह इस हालत में आ पाये कि उठकर बैठ सकें। इन्हीं दिनों उन्होंने 'उनको प्रणाम' कविता लिखी थी। कविता में यह पंक्ति आती थी—'जो छोटी-सी नैया लेकर/उतरे करने को उदधि-पार/मन की मन में ही रही, स्वयं/ हो गये उसी में निराकार।' इस पंक्ति में उनकी टूटी हुई जीवनाशा को महसूस किया जा सकता था। इसी वक़्त उन्होंने मैथिली कविता 'जन्मभूमि' लिखी, जिसमें पंक्ति आती थी—'जीवनक उद्देश्य की पथ कोन/ कैल निश्चित, मुदा भेल विलम्ब।' यहाँ निर्णय लेने में देर हो जाने की बात वह कहते हैं। अभी तो वह सिर्फ़ पच्चीस साल के हुए थे, फिर देर कैसे ? दरअसल, निर्णय करते-करते मौत आ गयी थी ! हत जीवनाशा का यह चरम था।

काशी से जब वैद्यनाथ लंका की यात्रा पर निकल रहे थे तभी उन्होंने 'अन्तिम प्रणाम' शीर्षक कविता लिखी थी। कविता लिखी और उसे लिफ़ाफ़े में डालकर 'मिथिला मोद' को भेज दिया। वह पहली कविता थी, जिसमें उन्होंने 'यात्री' उपनाम का प्रयोग अपने नाम के साथ किया था। काञ्चीनाथ झा किरण आयुर्वेद की डिग्री लेकर एक बार फिर से काशी आ गये थे और श्यामा मन्दिर चिकित्सालय में चिकित्सक लग गये थे। 'मिथिला मोद' का पुनर्प्रकाशन शुरू हो चुका था। अब जब

वैद्यनाथ लंका आ गये तो मोद के चौथे उद्‌गार में यह कविता प्रकाशित हुई। कुल सत्रह पंक्तियों की यह कविता मिथिला में इतनी प्रशंसित हुई कि रातोरात एक समर्थ कवि के रूप में उन्हें मान्यता मिल गयी। कविता में वैराग्य की बातें थीं और अन्तिम विदा लेते समय मातृभूमि को अन्तिम प्रणाम निवेदित किया गया था। किरण जी ने लिखा है—

> वैदेह जी क्या थे? एक साधारण ग़रीब आदमी। ऐसे कितने ही हारे हुए लोग हर साल गुदरिया संन्यासी (गोरखनाथी) होकर घरों से भाग जाते थे। उस ज़माने की विपन्न और शोषणग्रस्त मिथिला के लिए यह साधारण बात थी। सोचिये, इनमें से कितने लोगों के संन्यासी बनने का समाचार अख़बार में छपता होगा? क्यों छपेगा? लेकिन उन्होंने वह विलक्षण कविता बनायी और 'मोद' में भेज दिया। उसका व्यापक प्रचार हो गया। उनकी कविता का शब्द-शब्द ऐसा था कि उनके प्रति ममत्व और अनुराग जगा देता था। आह उठती थी।

डॉ. तारिणीश झा ने अपने संस्मरण में उन दिनों को याद किया है—

> वैद्यनाथ जी का बाल विवाह हुआ था। आर्थिक परिस्थितिवश विवाह से सन्तुष्ट नहीं थे। अतएव उन्होंने गृहत्याग किया। उनके पिताजी उन्हें खोजते-खोजते पंचगछिया भी आये थे। उन्हीं के मुँह से मैंने सुना था कि वह घर छोड़कर कहीं चले गये। बहुत दिनों तक उनके बारे में मुझे कोई जानकारी नहीं मिली। आगे जब मैं मुज़फ़्फ़रपुर संस्कृत महाविद्यालय में शास्त्री द्वितीय खण्ड में पढ़ता था तो एक दिन किसी छात्र के मुँह से यह मैथिली कविता सुनी—'परिजन-पुरजन सब छोड़ि-छाड़ि/हम जाय रहल छी आन ठाम/माँ मिथिले, ई अन्तिम प्रणाम।' यह भी सुना कि यह मैथिल कवि बौद्ध हो गये हैं। यह सुनकर मेरा संस्कार उद्‌बुद्ध हो गया कि हो न हो, यह बौद्ध कवि वैद्यनाथ जी ही तो नहीं हैं। मैंने विद्यार्थी से पूछा, भाई इस कविता का कवि कौन है? कहा, यात्री जी हैं। यात्री जी कौन? कहा, यह तो हमें नहीं मालूम, इतना ही जानते हैं कि यह यात्री जी की कविता है। बाद में जाकर पता चला, यह यात्री जी वैद्यनाथ जी ही थे।

प्राणघातक बीमारी से जैसे ही उबरे, वैद्यनाथ ने फिर से विद्यालंकार परिवेण जाने की बात उठा दी। इस बार बाबा कल्याणपुरी ने बिलकुल भी देर नहीं की। नागार्जुन बताते थे—

इस तरह हमने वहाँ से विदा ली। उन लोगों ने तब तक की सेवा के लिए मने दक्षिणास्वरूप एक बोरी सिक्का भेंट किया। कहाँ लादे-लादे घूमेंगे? जहाँ बताया था, दुकान पर जाकर तुलवा आये। तोल पर चलता था मामला। दुकानदार रुपया ७८५ दिया बदले में। यह पूँजी लेकर हम पहुँचे कोलम्बो।

विदा होते समय बाबा कल्याणपुरी ने उनसे कहा था—'कोई दिक़्क़त हो तो सीधे वापस आ जाना...जिस बनिये को बोरी दिया जायेगा, वहीं आ जाना, वह सारी व्यवस्था कर देगा...तुमने गुरुभाई कहा है मुझे!'

विद्यालंकार परिवेण, केलानिया की स्थापना १८७५ में हुई थी। एक ही समय में दो महान् गुरुभाइयों ने कोलम्बो और केलानिया परिवेणों की स्थापना की थी। कोलम्बो में शिक्षार्थियों की ज़्यादा भीड़ रहती थी, जबकि ज्ञान-चर्चा की दृष्टि से केलानिया कहीं आगे था। इसके संस्थापक बौद्धशास्त्रों के महान् गुरु रत्मालाने धर्मालोक महास्थविर थे। धर्मदर्शन की जो साधना उनकी थी वह तो थी ही, पालि व्याकरण के सर्वश्रेष्ठ पण्डित के रूप में वह दुनिया भर में प्रसिद्ध थे। परिवेण धार्मिक शिक्षा-केन्द्र को कहा जाता है। लंका के गाँव-गाँव में बौद्धमठ थे। मठों में भिक्खु रहते। वहाँ के समाज में चलन था कि शास्ता (बुद्ध) के काम के लिए लोग अपने बच्चे भी समर्पित करते। ऐसा भी देखा जाता कि किसी के एक ही बेटा हो और मनौती हो तो उस इकलौते को समर्पित कर देने में भी हर्ज़ वह नहीं मानता और बेटी की सन्तानों से ही अपनी वंशवृद्धि पर सन्तोष कर लेता था। ये बच्चे भिक्खु बनाये जाते और मठों में निवास करते थे। उनकी आरम्भिक शिक्षा के आगे साहित्य, दर्शन, ज्योतिष, व्याकरण आदि की भी पढ़ाई की व्यवस्था थी। विद्यालंकार परिवेण में उन दिनों दो सौ शिक्षार्थी थे जिनमें से एक तिहायी तो परिवेण के अन्तेवासी थे बाक़ी पास के मठों से पढ़ने आते थे। वहाँ विभिन्न विषयों के योग्य भिक्खु अध्यापक नियुक्त थे। अक्सर ही वैद्यनाथ की तरह के शिक्षार्थी भी आते रहते, जिनमें से कुछ को अध्यापन की ज़िम्मेवारी भी सौंपी जाती थी। राहुल सांकृत्यायन और आनन्द कौसल्यायन पाँच-सात वर्ष पहले इसी तरह यहाँ रहकर गये थे। परिवेण की सुचारु

व्यवस्था के लिए एक प्रबन्ध समिति थी, जिसके अध्यक्ष सर वी.डी. जयतिलके थे। श्रीलंका में शिक्षा–प्रचार के अग्रदूतों में उनका स्थान है। वह राजनीति के क्षेत्र में भी सक्रिय थे, आगे गृहमन्त्री और प्रधानमन्त्री तक हुए। स्वाभाविक ही उनका कार्यव्यस्त जीवन था लेकिन परिवेण के कार्यों को वह उच्च प्राथमिकता देते थे। उन्होंने स्वयं भी कई विद्याएँ इसी परिवेण से प्राप्त की थीं।

कल्याणपुरी मठ से केलानिया तक की वैद्यनाथ की यात्रा बेखटके पूरी हो गयी हो, ऐसा भी नहीं था। कोलम्बो में किसी उत्तर भारतीय को ढूँढ़ते वैद्यनाथ सत्य नारायण शर्मा से जा टकराये थे, जो वहाँ खादी भण्डार जैसी कोई दुकान चलाते थे। शर्माजी को एक तो यही बुरा लगा था कि जम्बूद्वीप का ब्राह्मण होकर वह बौद्धमठ जा रहे थे। दूसरे उसने थाह पा ली थी कि पण्डित की अंटी में पैसे पूरे हैं। उसने लंका के अनजान वातावरण को लेकर भय पैदा करने की कोशिश की, यहीं इस दुकान में काम कर लेने का दबाव भी बनाया। वैद्यनाथ तो कहाँ रुकनेवाले थे, लेकिन वह शर्मा भी ऐसा भयानक जीव था कि नागार्जुन बुढ़ापे तक उसे भूल नहीं पाये थे। केलानिया पहुँचे तो पता चला कि परिवेण में अब भारतीय शिक्षार्थियों का अबाध प्रवेश रोक दिया गया है। भारत में उन दिनों क्रान्तिकारी आन्दोलन पूरे ज़ोरों पर था। बकौल नागार्जुन 'कई बंगाली क्रान्तिकारी बन्धु मठ को झंझट में फँसा चुके थे। यहाँ भारत में बम गिरा आये और श्रीलंका में जाकर भिक्खु बन गये।' अब नियम था कि आगन्तुक शिक्षार्थी को प्रबन्ध समिति के समक्ष पेश होना पड़ता, जहाँ उससे सौ तरह के सवाल किये जाते थे। वैद्यनाथ भी प्रबन्ध समिति के सामने हाज़िर हुए। सर जयतिलके ने उनसे ढेर सारी बातें पूछीं। वह उनकी विद्वत्ता से ख़ासे प्रभावित भी हुए, यहाँ तक कहा कि उन्हें भिक्खुओं को संस्कृत व्याकरण पढ़ाने का काम दिया जायेगा लेकिन नियमानुसार शर्त लगा दी कि वह काशी प्रसाद जायसवाल या राहुल सांकृत्यायन, दो में से किसी एक की संस्तुति मँगवायें। परिवेण में प्रवेश तभी हो सकता था जब संस्तुति आ जाये। इस बीच परिवेण के बहिरंग कक्ष में उन्हें ठहरने की सुविधा दी गयी। राहुल जी उन दिनों सोवियत रूस में थे और उनका हाल–पता प्रबन्धन के पास भी मौजूद नहीं था। काशी प्रसाद जायसवाल पटना में थे, वैद्यनाथ ने उन्हें ख़ूब पढ़ा था

लेकिन उनसे परिचय नहीं था। उन्होंने संस्कृत के छन्दों में एक मार्मिक पत्र जायसवाल जी को लिखा, जिसमें अन्य बातों के अतिरिक्त मिथिला की ज्ञान-परम्परा और उसके विकास की अभीप्सा व्यक्त की गयी थी। हफ़्ते भर के भीतर जायसवाल जी का टेलीग्राम प्रबन्धन को आ गया— 'एडमिट दिस संस्कृत पण्डित फ्रॉम मिथिला।'

केलानिया का यह परिवेण शहर से दूर खेतों और बग़ीचों के बीच हरियाली के समुद्र में किसी द्वीप की तरह बसा हुआ था। चारों ओर धान के खेत, नारियल के बग़ीचे। बिलकुल शान्त, सौम्य, स्वच्छ। वैद्यनाथ यहाँ आकर बड़े प्रसन्न हुए। स्वच्छता इतनी कि हर जगह मन्दिर का-सा आभास हो। उत्तर भारत के मन्दिरों के भेड़ियाधसान से उसकी कोई तुलना नहीं थी। वहाँ हर कुछ एक कायदे से बँधा हुआ था। वहाँ पानी के नलके पर आप कुल्ला नहीं कर सकते थे, न कुएँ की जगत पर बैठकर गप्पबाज़ी। आगे जो हर काम को उसके सही क़ायदे से करने का आग्रह हम नागार्जुन में पाते हैं, इसमें परिवेण का काफ़ी योग था। उन्हें युवा भिक्खुओं को संस्कृत पढ़ाने की ज़िम्मेवारी दी गयी। नायकपाद (कुलपति) ने उनके लिए एक दुभाषिये की व्यवस्था कर दी। वह तो लंका में प्रवेश करते ही सिंहली सीखने में लग गये थे, थोड़े ही दिनों में दुभाषिये का काम ख़त्म हो गया और वह न केवल सिंहली बोलने और लिखने लग गये बल्कि उसमें कविताएँ भी लिखीं, किताबें भी छपवायीं। 'कृषकदशकम्' सिंहली में छपने की सूचना मिलती है। और भी कई निकली हों, लेकिन आज उनका कोई अता-पता नहीं है। राहुल सांकृत्यायन इतने वर्ष वहाँ रहे, उसके बाद भी जाने कितनी बार आये-गये, उन्हें सदा यह अफ़सोस रहा कि वह सिंहली नहीं सीख पाये। नागार्जुन बताते थे कि इसकी जड़ में संस्कृत था। राहुल जी जब भी वहाँ होते, अपना ज़्यादातर काम संस्कृत बोलकर चलाते थे; बाक़ी दुभाषिया सँभाल लेता था। इसके उलट वैद्यनाथ ने लंका पहुँचते ही टो-टाकर सिंहली बोलना शुरू कर दिया था।

सात साल पहले जब राहुल जी परिवेण के भिक्खुओं को संस्कृत पढ़ाते, संस्कृत-शिक्षण की चार-पाँच पुस्तिकाएँ उन्होंने तैयार की थीं। वे पुस्तकालय में उपलब्ध थीं। वैद्यनाथ को वे पुस्तिकाएँ बड़े काम की लगीं। उन्हें व्याकरण ग्रन्थ काशिका की तर्ज पर तैयार किया गया था।

ख़ासियत यह थी कि दो-चार क्लास भी कोई बच्चा कर ले तो उसे कुछ-न-कुछ उपलब्धि हाथ में आयी दिखती थी। इससे आत्मविश्वास बढ़ता था। वैद्यनाथ ने अपना काम इतना जम कर करना शुरू किया कि थोड़े ही दिनों में विद्यार्थियों से विद्वानों तक उनकी धाक जम गयी। अध्यापन के काम में मुश्किल से पाँच घण्टे का समय लगता था, बाक़ी ढेर सारा समय बच जाता था। इस समय को वह त्रिपिटकों के अध्ययन में लगाते थे। स्वयं नायकपाद धम्मानन्द उन्हें प्रतिदिन डेढ़-दो घण्टे का वक़्त देते। त्रिपिटकों के अन्य दो विख्यात आचार्य थे—प्रज्ञासार और प्रज्ञालोक—उनसे भी वह प्रतिदिन कुछ-न-कुछ पढ़ते, चर्चा करते थे।

नायकपाद धम्मानन्द अद्भुत व्यक्ति थे। निष्कलुष बच्चे जैसा सरल, निश्छल स्वभाव था। साधना में गहरे उतरे व्यक्ति थे, सो पूरा व्यक्तित्व पारदर्शी लगता। बातें करते तो जैसे अकम्प आत्मा की लय वाणी में उतर आती। अपने शिष्यों को बहुत प्यार करते। उनके कोमल स्वभाव के कई प्रसंग राहुल जी ने 'जीवन-यात्रा' में दिये हैं। गहरायी यह थी कि स्वयं को बुद्ध के साथ, उनके संसर्ग में जीता हुआ महसूस करते थे। उनसे हुई पहली मुलाक़ात का क़िस्सा नागार्जुन सुनाते थे कि पहली बार उनके सामने गया तो देखा, मचियानुमा छोटी कुरसी पर वह विराजमान थे। मुण्डितकेश काषाय वस्त्र में उनका व्यक्तित्व बड़ा ही आकर्षक, बड़ा ही मोहक लग रहा था। स्वर मधुर था। प्रौढ़ नाक-नक़्श पर तरुणों जैसी कोमलता झलक रही थी। बातचीत संस्कृत में हुई। नायकपाद ने कहा था—'प्रज्ञया ज्ञायते सर्वम्। प्रज्ञा खुल गयी न, तो समझो सारा कुछ एक ही साथ आ जायेगा। प्रज्ञा के लिए परिश्रम करो। योग्यता और समता को साधो। इसके लिए यदि अलग पगडण्डी बनानी पड़े तो बनाओ। इसमें प्रमाद विधेय नहीं होता।' नायकपाद का बहुत स्नेह वैद्यनाथ को मिला। उनका द्वार हमेशा वैद्यनाथ के लिए खुला मिलता था।

जीने और रहने-सहने की बौद्ध शैली पहली ही नज़र में उन्हें पसन्द आयी थी। उनकी भोजन-पद्धति की तारीफ़ करते हुए बाद में भी वह बताया करते थे कि बौद्ध खाने-पीने के मामले में काफ़ी छूट लेते हैं। लेकिन शुरुआती दिनों में वहाँ के खान-पान से वह काफ़ी परेशान रहे। एक समस्या तो थी कि सिंहली भोजन में लाल मिर्च और मसालों का अत्यधिक प्रयोग होता था जिसके वह अभ्यस्त नहीं थे। लोग बताते कि

यहाँ की आबोहवा में स्वास्थ्य के दृष्टिकोण से यही मसालेदार भोजन उपयोगी है। दूसरे, कुछ ऐसे खाद्य या पेय पदार्थ भी निकल आते जिनके बारे में वह निश्चिन्त होते कि शाकाहारी है, पर उसमें भी मछली या माँस के चूर्ण मिलाये होते थे। उम्मलकड ऐसा ही एक सूप था, जिसमें बाहर तो सहजन और अन्य शाकों के डण्ठल उबले दिखते, लेकिन नीचे जमी परत के बारे में जब उन्होंने पूछताछ की थी तो पता चला, समुद्री मछलियों की बुकनी है। एक बार तो हद हो गयी जब मठ में स्वादिष्ट माँस परोसा गया था। दूसरे दिनों से यह बहुत ख़ास था। उन्होंने जी भरकर खाया। बाद में पता चला, वह बीफ था। वह काँप गये। पता चलते ही वमन आने लगा। नाली की ओर भागे और जितना निकाल सकते थे, निकाला। उन्होंने कृष्णा सोबती को पूरा क़िस्सा सुनाया था—

> माँस खा तो गया मगर लगातार कई दिन तक एक ही सपना आता चला गया। भयानक, दिल दहला देनेवाला। दो साँड़ आसमान में मुझे सींगों पर उठा लेते हैं और पटकते हैं नीचे, नीचे। यह मेरा संस्कार था जो लगातार मुझे परेशान करने चला आता था।

और राणा प्रताप को भी—

> फिर तो मैंने सोच लिया कि जब तक ऐसे सपने आते रहेंगे, तब तक रोज़ बछड़े का ही माँस खाता रहूँगा। और इस तरह मैं लगातार बछड़े का माँस खाता रहा। जब अठारहवें दिन सपना नहीं आया तो मैंने माँस खाना छोड़ दिया।

मठ में रात का भोजन शाम को ही कर लेने का रिवाज़ था। वह काफ़ी हल्का होता। अधिकतर तो फलाहार। काशी की भोजन पद्धति भी ऐसी ही थी, लेकिन वहाँ अभाववश लोग दिन को अतिभोजन करते। यहाँ की पद्धति जीवनवर्द्धक थी, जिसे उन्होंने जीवन के लिए अपना लिया। बौद्धों के खानपान को लेकर जब भी पण्डे-पुरोहितों से उनकी ठनती, कहते, 'बौद्धों से क्या आप आध्यात्मिक उन्नति में आगे हैं?' अर्थात्, खाने-पीने की छूट लिया कीजिये।

सिंहल-समाज में जात-पाँत का वितण्डा न के बराबर था। ऐसे परिवार भी कम नहीं थे जिनकी बेटियों में से एक बौद्ध को ब्याही गयी हो तो, दूसरी-तीसरी हिन्दुओं या मुस्लिमों को। तमिलों और मुस्लिमों से यदि

थोड़ी दूरी भी रखी जाती तो इसका कारण धार्मिक नहीं, राजनीतिक होता था। धर्म या जाति के आधार पर तो भेदभाव नहीं था, लेकिन जिस चीज़ में भयंकर भेदभाव था वह भिक्षु बनाम गृहस्थ का मामला था। गृहस्थ भले कितना ही आयुवृद्ध-ज्ञानवृद्ध हो ले, उसकी तुलना में एक बच्चा भिक्षु भी महत्त्वपूर्ण और आदरणीय माना जाता था। 'पूजिय विप्र यदपि गुणहीना'—क़िस्म का मामला था। शील और आचार तक को बख़्शा नहीं जाता था, यद्यपि समाज में आधुनिकता का प्रवेश हो रहा था। वैद्यनाथ गृहस्थ थे। उनके सारे शिष्य भिक्षु थे। जोशी जी को उन्होंने बताया था—

> क़ायदा था कि जो भिक्खु बन गया वह उच्चतर आसन का अधिकारी हो गया। उम्र में छोटा होगा तब भी आपसे ऊँचे आसन पर बैठेगा। मठ में जितने भी शिष्य हमसे संस्कृत सीख रहे थे, सब भिक्खु थे। वे बैठें ऊँची कुरसी पर, हम बैठें नीची कुरसी पर।

लेकिन वे भिक्षु शिष्य फिर भी अपने शिक्षक वैद्यनाथ से प्रेम करते थे और बड़ी श्रद्धा रखते थे। उनका प्रेम ही था कि जिस वैद्यनाथ ने महाबोधिवालों को नकार दिया था, अब शिष्यों के प्रेमवश भिक्षु बन जाने को तैयार हो गये। 'उन्होंने कहा कि गुरुजी, यह ठीक नहीं लगता। आप विद्वान हो और हमें पढ़ाते हो। आपकी हम जितनी सेवा करना चाहते हैं कर नहीं पाते हैं। आप भी भिक्षु बन जाओ।'

—तो आप बौद्ध भिक्षु बन गये? पंकज सिंह ने नागार्जुन से पूछा था।

—हाँ। उन्होंने कहा कि नाम बदला जायेगा। वे लोग सांकृत्यायन, कौसल्यायन जैसा कोई नाम रखना चाहते थे। हमने कहा कि नहीं, हम अपने मन से नाम रखेंगे। तो हमने नागार्जुन नाम रखा।

—क्यों?

—इसलिए कि भारतीय इतिहास में तीन नागार्जुन हुए हैं—एक तान्त्रिक थे, एक सिद्ध थे, एक दार्शनिक थे। हमने दार्शनिक को पसन्द किया था। कहा कि उनके कई ग्रन्थ अधूरे पड़े हुए हैं। उनको ठीक करूँगा।

उन्होंने नायकपाद धम्मानन्द से दीक्षा ली। ये ही नायकपाद राहुल, आनन्द कौसल्यायन, जगदीश कश्यप, भदन्त शान्ति भिक्षु के भी दीक्षा-गुरु थे। शिष्यों ने जब उनसे भिक्षु बन जाने का आग्रह किया था, उन्होंने एक

हफ़्ते का समय लिया था और इस पर काफ़ी सोचा-विचारा था। उन्हें न पत्नी रोक पायी थीं, न पिता, न मातृभूमि का समाज। पूरे संकल्प से भरकर उन्होंने अपने लिए नागार्जुन नाम चुना था। नायकपाद के समक्ष उन्होंने इच्छा व्यक्त की थी कि नागार्जुन के अधूरे दर्शन-ग्रन्थों को पूरा करेंगे। संस्कृत में रुचि रखनेवाले अपने मित्रों को नागार्जुन सुनाते थे कि किस प्रकार उनकी उपसम्पदा हुई थी। इसे उन्होंने 'हल्की दीक्षा' कहा है। नागार्जुन ने इसे कहीं लिखा नहीं है, न मित्रों ने लिखा है। राहुल जी ने 'जीवन-यात्रा' में लिखा है कि

> उपसम्पदा की यह कार्रवाई बहुत प्रभावोत्पादक होती है, इसलिए नहीं कि ढाई हज़ार साल पहले की भाषा और स्वर में होती है, बल्कि इसमें उस समय के वैशाली और कपिलवस्तु के प्रजातन्त्रों की सांघिक कार्रवाइयों की झलक दिखायी देती है।

नागार्जुन बताते थे—'ढाई साल—बत्तीस महीने वहाँ रहे, श्रीलंका में। छह महीने सफ़ेद लुंगी और कपड़ों में, और बाक़ी समय संन्यासी बनकर।' मतलब, उपसम्पदा के बाद प्रव्रज्या भी हुई थी।

भिक्षु जब कोई बनता, प्रथा थी कि किसी सम्पन्न गृहस्थ को उसके 'संरक्षक' की ज़िम्मेवारी दी जाती थी। नागार्जुन ने जोशी जी को बताया था—

> हमारे संरक्षक बने बैरिस्टर निशंक। सम्भव है, जीवित हों अब तक। गुणी व्यक्ति, गुणग्राहक व्यक्ति। हमारी सुख-सुविधा के लिए यथाशक्य प्रयत्नशील रहते थे। गाड़ी-वाड़ी भिजवा देते थे कि हवाखोरी कर आइये। ...बड़ा सुख है भिक्खु जीवन में, अपार आनन्द। और, मठ में लिखने-पढ़ने के लिए इतनी शान्ति, इतना एकान्त, हर तरह की सुविधा थी।

यूँ तो परिवेण का अपना पुस्तकालय भी बड़ा विशाल और सम्पन्न था लेकिन समाजवादी विचारधारा की पुस्तकों का बड़ा संग्रह बैरिस्टर निशंक के पास था। वह 'लंका सम समाज' नामक वामपन्थी संगठन से जुड़े थे। मठ में और भी कई भिक्षु अध्यापक थे जो वामपन्थी साहित्य में रुचि और गति रखते थे। नागार्जुन बताते थे—'सन् १९३७ में लंका के विद्यालंकार महाविहार में रहते वक़्त वहाँ के समाजवादी-अध्यापक

साधुओं से मेरा प्रथम परिचय हुआ। और तभी मार्क्स, लेनिन, स्टालिन की कुछ एक कृतियों को पढ़ने का अवसर मिला।' वहीं उन्होंने वर्ग-चेतना का मर्म समझा। समय-समय पर आसपास के गाँवों-शहरों में धर्मसभा लगती। यह अवसर सामाजिक उत्सव की तरह होता था, जिसमें मेला आदि भी लगता। रात-रात भर प्रवचन चलता। प्रवचन के लिए परिवेण के भिक्षु जाते थे। ज़ाहिर है, नागार्जुन को जब भी प्रवचन का अवसर मिलता, वह वैज्ञानिक चेतना की अनुभवसिद्ध बातें किया करते थे। सिंहल समाज की कई विडम्बनायें थीं। ईश्वर पर तो वे विश्वास नहीं करते थे लेकिन भूत-प्रेत, दुष्ट आत्मा आदि पर उनका भरपूर विश्वास था और ज्योतिष पर भी। नागार्जुन के ये सब विषय बनते होंगे, गहरी व्यंग्यात्मकता के साथ।

प्रतिदिन अख़बार पढ़ने की आदत तो अब पुरानी हो चुकी थी। मठ में भारत से दो अख़बार आते थे—कलकत्ता से हिन्दी दैनिक और मद्रास से अँग्रेज़ी दैनिक। नागार्जुन दोनों का नियमित पारायण करते। भारत इन दिनों राष्ट्रीय आन्दोलन के विप्लवी दौर से गुज़र रहा था। इसके समाचार भरे रहते। स्वयं नायकपाद की भी भारत के घटनाक्रम में दिलचस्पी रहती थी। नागार्जुन उन्हें सम्पादकीय दृष्टिकोण और पाठकों के विचार तक से परिचित कराते रहते। अख़बारों में ही उन्होंने देखा कि स्वामी सहजानन्द इन दिनों एक बिलकुल अलग तरह की ज़मीनी लड़ाई लड़ रहे हैं। आर्यसमाजी साधू होने के बावजूद उनकी समाजवादी राजनीति ने नागार्जुन का ध्यान ख़ास तौर पर आकृष्ट किया। एक उनका लेख 'लट्ठ हमारी ज़िन्दाबाद' शीर्षक से 'अमृतबाज़ार पत्रिका' में आया। यह दरअसल उनके एक लोकप्रिय नारे का वाक्यांश था—'कैसे लोगे मालगुजारी/लट्ठ हमारी ज़िन्दाबाद।' लेख में स्वामी सहजानन्द ने किसानों की स्थिति और उसके बाध्यतामूलक संघर्ष को इतने सलीके से लिखा था कि नागार्जुन बड़े प्रभावित हुए। उन्होंने स्वामी जी को एक पत्र लिखा। शीघ्र ही उनका उत्तर आ गया और इस प्रकार वह स्वामी जी के सम्पर्क में आये। ऐसा ही सम्पर्क सुभाषचन्द्र बोस के साथ हुआ था जो भारतीय राजनीति में उनके प्रिय नेता थे। बाद में यह जानकर उन्हें बेहद ख़ुशी हुई कि स्वामी जी और सुभाष बाबू एक-दूसरे से गहरे जुड़े हैं। इस बीच राहुल जी भी रूस से लौट आये थे। दोनों सम्पर्क में थे। राहुल जी

स्वामी सहजानन्द से भी जुड़े हुए थे। उनकी सक्रियता इन दिनों पुरातत्त्व और प्राचीन ग्रन्थों के उद्धार, संकलन, अनुवाद आदि में थी, जिसे सहजानन्द पसन्द नहीं करते थे। उनका कहना था कि अतीत के अध्यायों में उलझे रहने का यह समय नहीं है। देश करवट ले रहा है और समझदार लोगों को अभी साधारण जनता के हक़ में सक्रिय राजनीति में आना चाहिये। उनका यही आग्रह नागार्जुन से भी रहता था। स्वामी जी के ये पत्र उन्हें राह बदलने के लिए प्रेरित कर रहे थे। वामपन्थी राजनीति, जिसका पथ जनान्दोलन की ओर खुलता था, उन्हें बाँहों में ले रही थी।

इसी बीच राहुल जी को बिहार सरकार ने तिब्बत–यात्रा के लिए पच्चीस हज़ार का अनुदान दिया। अपनी पिछली तिब्बत–यात्रा, जिसमें वह अपने सक्रिय सहयोगियों के अभाव के कारण बहुत सारा मनमाफ़िक नहीं कर सके थे, से सबक लेकर नयी पीढ़ी की टीम उन्होंने तैयार की थी। टीम में नागार्जुन का नाम भी था। तिब्बत–यात्रा का घोषित उद्देश्य लुप्त हो रहे प्राचीन बौद्ध ग्रन्थों का संचयन–संरक्षण था, इसलिए नायकपाद ने उन्हें विद्यालंकार छोड़ने की अनुमति दे दी, जबकि अभी करार की न्यूनतम अवधि, तीन वर्ष भी पूरी नहीं हुई थी। १९३८ की गर्मियों में नागार्जुन भारत लौट आये और राहुल जी के अभियान–दल में शामिल हो गये। नायकपाद के साथ आख़िरी बात यही थी कि तिब्बत अभियान पूरा हो जाये तो लौट आना।

नागार्जुन की यह पहली तिब्बत–यात्रा बहुत ही भयानक थी। इस बार राहुल जी का दल कलिम्पोंग होकर यात्रा कर रहा था। लिङतम तक जाते–जाते नागार्जुन की तबीयत ख़राब होने लगी। ग्यान–ची पहुँचते–पहुँचते तो बुख़ार का ऐसा आक्रमण हुआ कि पूरे दल की यात्रा बाधित हो गयी। प्राथमिक चिकित्सा की जो सुविधा दल के पास थी उसका कोई असर नहीं हुआ। आख़िरकार दो दिन वहाँ रुकने के बाद तय हुआ कि नागार्जुन वापस लौट जायें और दल आगे बढ़े। डण्डी में बैठकर वापसी की यात्रा उनके लिए आरामदेह होती लेकिन वह उन्हें पसन्द नहीं आयी। आख़िर एक खच्चर वाले को ठीक किया गया, जिसके साथ पाँच दिन की सर्द, भयावह यात्रा पूरी कर वह कलिम्पोंग वापस आये। इसी यात्रा के दौरान उन्होंने 'बादल को घिरते देखा है' कविता लिखी थी। कालिदास का हिमालय–वर्णन इस यात्रा में उन पर उसी तरह छाया हुआ

था जैसे उनके नायकपाद धम्मानन्द बुद्ध के युग को अपनी अनुभूति में जीवित पाते थे। उस कविता में एक जगह उन्होंने कालिदास की कविताई पर कहा था—'जाने दो, वह कवि-कल्पित था' लेकिन फिर कहने लगे थे कि मैंने तो देखा है। यानी कि वह कवि-कल्पित नहीं था, उसे देखने की आँख चाहिये थी, सही जगह पहुँचकर। उस समय वह सत्ताईस साल के थे। कविता दो साल बाद 'सरस्वती' के अक्टूबर १९४० अंक में यात्री के नाम से छपी। सम्पादक ने टिप्पणी लिखी थी—'यात्री महोदय भूटान-निवासी हैं और इनका राष्ट्रभाषा-प्रेम सराहनीय है।'

यह सारा समाचार जब सहजानन्द सरस्वती को मालूम हुआ, उन्होंने नागार्जुन को लिखा—'राहुल तुमको बरबाद कर देगा।' और सुझाव दिया—'राहुल मरे मुरदों की खोज में लगा हुआ है तुम ज़िन्दा मुरदों की ख़बर लो।' अगले दिनों नागार्जुन सहजानन्द के सीताराम आश्रम, बिहटा, पटना में उपस्थित थे।

सीताराम आश्रम की स्थापना सहजानन्द ने १९२७ ई. में साधू सीताराम दास के नाम पर की थी, जिन्होंने समूची ज़मीन, बाग़-बग़ीचे सहित उन्हें इस शर्त पर सौंप दी थी यहाँ ब्रह्मचर्याश्रम की स्थापना की जाये और भूमिहार ब्राह्मण के बच्चों को वेद-वेदांग आदि की शिक्षा दी जाये। सहजानन्द स्वयं भी भूमिहार जाति से थे पर उनका जीवन अनेक झंझावातों से, अनेक पड़ावों से गुज़रता हुआ यहाँ तक चला आया था, जब वह अखिल भारतीय किसान सभा के राष्ट्रीय अध्यक्ष थे। अपने सार्वजनिक जीवन की शुरुआत उन्होंने सामाजिक सम्मान की लड़ाई से की थी, अर्थात् ब्राह्मणवर्चस्वी सवर्ण समाज में भूमिहारों के सम्मान की लड़ाई। बाद में जनमुक्ति को अपना जीवन-लक्ष्य बनाया, जिसका मतलब था आम किसानों के हक़ में लड़ना। लेकिन इसका असल मतलब ज़मींदारों के विरुद्ध लड़ाई थी। आम किसानों पर दरभंगा नरेश के अत्याचारों और शोषण को लेकर ही गाँधीजी से उनका कटु मतभेद

हुआ था, जिसके बाद उन्होंने कांग्रेस से नाता तोड़ लिया था और किसान सभा के कार्यों में अपनी पूरी ताक़त झोंक दी थी। सहजानन्द बनाम गाँधी के मतभेद को समझने के लिए कदाचित् विनोद मिश्र की यह पंक्ति मददगार साबित हो सकती है—

> दौलतमन्दों की हिमायत करने के गाँधी के कुटिल रवैये से सहजानन्द का अधिकाधिक मोहभंग होता चला गया था, और गाँधी से सम्बन्ध-विच्छेद के बाद तो उन्होंने हमेशा ही उन्हें एक धूर्त राजनीतिज्ञ के रूप में देखा जिसने धनी वर्गों की हिफ़ाज़त के लिए नकली अध्यात्मवाद का, अहिंसा के प्रचार व धार्मिक बाज़ीगरी का सहारा लिया था।

१९३४ में, जब गाँधीजी से उनका विलगाव हुआ, किसान सभा के सदस्यों की संख्या अस्सी हज़ार थी, जो अब बढ़कर ढाई लाख के पार पहुँच गयी थी। जनमुक्ति के लिए यदि हिंसा का रास्ता अपनाना पड़े, इसे वह उचित मानते थे, इस प्रकार बिहार के चरमपन्थी किसान आन्दोलन के वह आदिपुरुष थे। समाचार माध्यमों में 'डण्डा कल्ट' कहकर उन्हें किनारा किया जाता। उन्होंने लिखा है—

> यह ज़रूर है कि मैं किसानों को आत्मरक्षार्थ लाठी या डण्डा चलाने को कहता था। करता भी क्या? किसान थर्राते रहते, ज़मींदार के अमले जूतों तथा डण्डों से उन्हें दुरुस्त करते और घर की चीज़ें लूट लेते थे। यहाँ तक कि बहू-बेटियों की इज़्ज़त भी नहीं बच पाती थी। तब मैंने आत्मरक्षार्थ डण्डे आदि का प्रयोग खुलेआम बताना शुरू किया, जिसका समर्थन क़ानून भी करता है।

कांग्रेस की पहली सरकार सत्ता में थी, जिस पर ज़मींदारों की पूरी पकड़ थी। सीताराम आश्रम के ट्रस्टी लोग भी ज़मींदारों में से ही थे। सहजानन्द किसानों के लिए लड़ रहे थे और उनकी अपनी ही जाति के ज़मींदार, दूसरी जातियों के तो उचित ही, उन्हें कमज़ोर करने की लड़ाई लड़ रहे थे। कांग्रेस का व्यवहार शत्रुवत् था, और ब्रिटिश तो स्वाभाविक ही शत्रु थे। उनका संघर्ष बहु बहुगुणित था।

नागार्जुन बताते थे—

> सन् १९३८ में श्रीलंका से वापस आने पर अपने राजनीतिक गुरु विख्यात किसान नेता स्वामी सहजानन्द के साथ मैं 'समर स्कूल ऑफ़ पॉलिटिक्स'

के क्लास में शामिल हुआ। वहाँ समूचे भारत के तपे-तपाये और सिद्धान्तवादी सोशलिस्ट, कम्युनिस्ट और कांग्रेसी टाइप के प्रखर राष्ट्रवादी समाजवादी नेता क्लास लिया करते थे। मैं बौद्ध साधू भिक्षु नागार्जुन की भूमिका में शिक्षण-शिविर में प्रारम्भ से अन्त तक लगभग तीस दिन रहा।

इस स्कूल के बारे में इतिहास या राजनीति की किताबों में कुछ ख़ास विवरण नहीं मिलता, क्योंकि इतने विशाल भारतीय राष्ट्रीय आन्दोलन में इस मास भर चले स्कूल की भला क्या औकात हो सकती है! लेकिन नागार्जुन की निर्मिति में इसका बड़ा महत्त्व है क्योंकि यही वह पहला अवसर था जब वह राजनीति की सीधी कार्रवाई में शामिल हुए और उनके राजनीतिक आदर्श निर्मित हुए। राष्ट्रीय आन्दोलन के दिनों में राजनीतिक कार्यकर्ताओं के प्रशिक्षण पर बड़ा ज़ोर रहता था। यह स्कूल भी ऐसा ही एक प्रशिक्षण-शिविर था। इसके आयोजक किशोरी प्रसन्न सिन्हा थे और जयप्रकाश नारायण ने प्राचार्य की भूमिका निभायी थी। शिविर मार्च-अप्रैल में ही चौरम, गया में आयोजित होना था लेकिन उद्घाटक जवाहरलाल नेहरू और प्राचार्य जे.पी. की अन्यान्य व्यस्तताओं के कारण नहीं हो सका था, जो अब १८ मई से १९ जून के बीच सोनपुर में हो रहा था। इस आयोजन पर सरकार के ख़ुफ़िया विभाग की पैनी नज़र थी। स्कूल समापन के बाद २४ जून, १९३८ को ख़ुफ़िया विभाग ने जो रिपोर्ट मुख्य सचिव को भेजी थी, उससे कई बातों का पता चलता है।

स्कूल परिसर का निर्माण सोनपुर मेला-मैदान के एक भाग में वर्गाकार किया गया था, चारों ओर फूस के झोंपड़े थे। बीच में मैदान था। क्लासरूम और छात्रावास के अलावा अस्पताल, वाचनालय, सोशलिस्ट कांग्रेस का कार्यालय आदि भी निर्धारित था। बीच के मैदान का नामकरण शहीद चन्द्रशेखर आज़ाद के नाम पर, और मुख्यद्वार का शहीद बैकुण्ठ शुक्ल के नाम पर किया गया था, जिन्हें अभी हाल में लाहौर षड्यन्त्र के गद्दार फणी घोष की हत्या के जुर्म में फाँसी दी गयी थी। प्रतिभागिता के लिए ४०० आवेदनपत्र आये थे जिनमें से २०० को क्रान्तिकारी पात्रता के आधार पर चयनित किया गया था। अँग्रेज़ी ज्ञान के आधार पर पहले तो प्रतिभागियों के दो वर्ग बनाये गये थे, फिर उन्हें छोटी-छोटी टुकड़ियों में बाँटा गया था, जिनके कप्तान-उपकप्तान

निर्धारित थे। नियमित क्लास के अतिरिक्त गुप्त मीटिंगें भी होती थीं, जहाँ ख़ुफ़िया का सूत्र बाधित था। छात्रों के लिए रूटीन तो निर्धारित था ही, इसका भी प्रावधान था कि एक निश्चित समय वे क्षेत्र-भ्रमण पर निकलेंगे और किसानों से सम्पर्क कर क्रान्ति की ज़मीन तैयार करेंगे। वे जनता में उत्साह पैदा करते कि जल्द ही देश में क्रान्ति होगी, अँग्रेज़ भागेंगे और ज़मींदारों का शोषण सदा के लिए समाप्त होगा। वे जनता से सहायता भी प्राप्त करते थे। ख़ुफ़िया ने लिखा है कि डिस्ट्रिक्ट बोर्ड के प्रशासन ने भी स्कूल की आर्थिक सहायता की थी और जनता ने तो हर सम्भव सहयोग किया ही था।

स्कूल का उद्घाटन आचार्य नरेन्द्रदेव ने किया था। इस अवसर पर सरकार के उत्पाद मन्त्री जगलाल चौधरी भी उपस्थित हुए थे। स्वामी सहजानन्द के अतिरिक्त सज्जाद ज़हीर, एम.आर. मसानी, डॉ. अहमद, प्रो. मुकुट बिहारी लाल थे। स्कूल में पढ़ाई के विषय निर्धारित थे और शिक्षकों की घोषणा भी पहले ही कर दी गयी थी। पाठ्यक्रम के विषय थे—समाजशास्त्र, इतिहास, राजनीति, अर्थशास्त्र और समाजवाद। विशिष्ट विषय थे—कांग्रेस का इतिहास, किसान आन्दोलन, मज़दूर आन्दोलन और वॉलंटियर संगठन। समाजवाद के पाठ्यक्रम में इसका इतिहास, विचारधारा, साम्राज्यवाद से संघर्ष, मार्क्सवाद, लेनिनवाद, कम्युनिस्ट मेनिफेस्टो आदि के साथ गाँधीवाद और समाजवाद का तुलनात्मक अध्ययन आदि थे। किसान और मज़दूर आन्दोलन के अन्तर्गत 'कार्रवाई के सिद्धान्त' ख़ास तौर पर जोड़े गये थे। मिलिट्री ट्रेनिंग भी पाठ्यक्रम में रखा गया था। ख़ुफ़िया रिपोर्ट में यहाँ तक दर्ज है कि किन ख़ास अध्यापकों ने क्या पढ़ाया तथा भड़कानेवाली कौन-सी बात कही। १९ मई का पहला क्लास रामवृक्ष बेनीपुरी ने लिया था। उन्होंने पूँजीवाद के अन्तर्विरोध की चर्चा करते हुए किसान-मज़दूरों के संगठन की ज़रूरत पर विस्तार से प्रकाश डाला। समाजवादी क्रान्ति के माध्यम से पायी गयी स्वतन्त्रता की बदौलत भविष्य का भारत कैसा होगा, इसकी रूपरेखा बतायी। उन्होंने बताया कि किस प्रकार ब्रिटिश सरकार ज़मींदारी प्रथा को बनाये रखना चाहती है ताकि भारत के धन से वे ब्रिटेन का अपना घर भर सकें। कहा कि ब्रिटिश साम्राज्यवाद के ये आख़िरी दिन चल रहे हैं, हमें पूरी ताक़त लगाकर धक्का देने की ज़रूरत है, आज विश्वयुद्ध की

परिस्थिति बन रही है, निश्चय है कि भारत अँग्रेज़ों का साथ नहीं देगा। आज दबाव में आकर अँग्रेज़ स्वतन्त्रता की बात कर रहे हैं लेकिन हमें याद रखना चाहिये कि जो देश क्रान्तिकारी संघर्ष करके आज़ादी हासिल नहीं करता, उस आज़ादी का कोई मूल्य नहीं है। उन्होंने छात्रों को प्रेरित किया कि यदि किसी ने कांग्रेस, किसान सभा या मज़दूर संगठन की सदस्यता अब तक नहीं ली है तो शीघ्र ले लें, क्योंकि यह स्वतन्त्रता का लक्ष्य हासिल करने का प्रमुख साधन है।

मास-भर चले इस स्कूल में सज्जाद ज़हीर ने मार्क्सवाद पर कई क्लास लिए थे। उनके अतिरिक्त इलाहाबाद के श्रमिक नेता मंज़र रिजवी, अहमदाबाद से आये दिनकर मेहता, संयुक्त प्रान्त से आये डॉ. राममनोहर लोहिया ने भी वर्गसंघर्ष, क्रान्ति, प्रतिक्रान्ति, मार्क्सवाद में धर्म का मामला आदि विषयों पर बहुत विस्तार से पढ़ाया था। डॉ. लोहिया ने विश्व इतिहास पर भी कई क्लास लिए थे और बी.एच.यू. से आये प्रो. मुकुट बिहारी लाल ने भारतीय संविधान, इंग्लैण्ड के संविधान और समाजवाद के इतिहास पर पढ़ाया था। भारतीय अर्थव्यवस्था पर स्वराज भवन इलाहाबाद के जेड.ए. अहमद का क्लास और राजनीति शास्त्र पर प्रो. मोहनलाल गौतम का क्लास काफ़ी विचारोत्तेजक था। आचार्य नरेन्द्रदेव ने राजनीति के व्यावहारिक पहलुओं, भारतीय संविधान की संभाव्य बारीकियों पर बार-बार विस्तार से बताया था। बी.पी. सिन्हा का क्लास भारतीय अर्थव्यवस्था पर, कमलादेवी चट्टोपाध्याय का युवा राजनीति पर और सरस्वती देवी का राजनीति में महिलाओं की भागीदारी पर था। समाजवाद और गाँधीवाद के तुलनात्मक अध्ययन पर दिनकर मेहता का क्लास काफ़ी आक्रामक था। समाजवादियों के बारे में जैसा कांग्रेसी प्रचारित करते वह बहुत ही आपत्तिजनक था। यहाँ तक कि स्वयं गाँधीजी क्रान्तिकारियों को हुल्लड़बाज़ कहते। कांग्रेस का सत्ता-काल लोग देख रहे थे, ज़मींदारों की बाँछें खिली थीं, क़ानून बेअसर थे, ज़मींदारों को पस्त करने की ज़रूरत दिनोंदिन बढ़ती जाती थी लेकिन गाँधी हृदय-परिवर्तन की बात करते थे, जबकि कांग्रेस गाँधी के हाथ में थी, और सत्ता कांग्रेस के हाथ में। मेहता बता रहे थे कि दरअसल समाजवादी व्यवस्था और अराजकता में क्या फ़र्क़ है। ख़ुफ़िया ने लिखा है, स्कूल में जितने भी छात्र थे, सबके भीतर स्वामी सहजानन्द के लिए

बहुत सम्मान था जबकि कांग्रेसी नेताओं को वे तुच्छ समझते थे, यहाँ तक कि गाँधी के ख़िलाफ़ भी उनके पास सौ तर्क थे। रिपोर्ट में सहजानन्द का ज़िक्र कुछ इस प्रकार किया गया है मानो सारी ख़ुराफ़ात की जड़ वही हों।

स्कूल की समूची अवधि के दौरान सहजानन्द वहीं मौजूद हों, ऐसा नहीं था। वह इन दिनों राष्ट्रीय अध्यक्ष थे। कई जगहों पर इस बीच उन्हें जाना पड़ा, लेकिन समापन के दिन अवश्य उपस्थित हुए। समापन क्लास को धन्यवाद-गोष्ठी के रूप में मनाया गया था, छात्रों की ओर से। इसकी अध्यक्षता छात्रों में से एक योगेन्द्र शुक्ल ने की थी। वह भगत सिंह की टीम के सदस्य थे, जिन्हें कालेपानी की सज़ा हुई थी। बदली परिस्थिति के दबाववश उन्हें पहले तो ब्रिटिश सरकार ने हज़ारीबाग़ जेल भेजा था, फिर एक बड़े राजनीतिक घटनाक्रम के बाद उन्हें अभी हाल में रिहा कर दिया गया था। जेल से छूटने के बाद यह उनकी पहली सार्वजनिक उपस्थिति थी। दीक्षान्त भाषणकर्ता के रूप में सभी वरिष्ठ बोले थे लेकिन ख़ुफ़िया ने ख़ास तौर पर आयोजक किशोरी प्रसन्न सिन्हा का ज़िक्र किया है। उन्होंने आगे की रणनीति बतायी थी, और छात्रों को टास्क दिया था। सबसे पहले तो वे ज़मींदारों के विरुद्ध 'नो टैक्स कैम्पेन' चलानेवाले थे। इसमें यदि ज़मींदार हिंसा पर उतारू होते तो इसका जवाब प्रबलतर हिंसा से दिया जाना था। हर छात्र का ज़िम्मा था कि वे अपने इलाक़े के उन परिवारों से सम्पर्क करें जिनके बेटे ब्रिटिश फ़ौज में हैं। वे उन्हें बतायें कि ब्रिटिश सरकार असल में कर क्या रही है और उन्हें राजी करें कि उनके फ़ौजी बेटे ब्रिटिश सरकार के लिए नहीं बल्कि देश के लिए ब्रिटिश और ज़मींदारों के विरुद्ध लड़ें। उन्होंने योजना रखी कि डेहरी-हाजीपुर के बीच गण्डकपुल को उड़ा दें, इससे यह होगा कि जब उत्तर बिहार में क्रान्ति होगी, ब्रिटिश सेना वहाँ नहीं पहुँच पायेगी। स्वामी सहजानन्द को यह कहते हुए उद्धृत किया गया है कि हमारा लक्ष्य समाजवादी स्वराज की स्थापना है, और इस प्रसंग में हिंसा-अहिंसा की बात बिलकुल बेमानी है। मूल बात यह है कि हमें ज़मींदारों के विरुद्ध निर्णायक लड़ाई छेड़ देनी है, जो लोग लड़ रहे हैं उनका सहयोग करते हुए। ख़ुफ़िया ने रिपोर्ट के समापन में लिखा है—

स्कूल के दौरान जो भी लेक्चर हुए, सारे छात्रों पर अचूक असर

> करनेवाले थे। छात्र पूरे उन्मादी होकर यहाँ से निकले हैं। चारों ओर सनसनी फैली हुई है। आम लोगों को पक्का यक़ीन है कि बिहार में अब एक बड़ी क्रान्ति होनेवाली है, जो मुख्यत: ज़मींदारों और किसानों के बीच होगी।

स्कूल के दिनों का एक क़िस्सा नागार्जुन सुनाते थे। इससे उनके तेवर को भी समझ जा सकता है। बताते थे कि दरभंगा का एक ग़रीब युवक, जो गाँधीजी के प्रेरणावश अछूतोद्धार के काम में लगा हुआ था, अपने परिवार से निष्कासित होकर कुछ सीखने के लिए यहाँ चला आया था। स्कूल की फीस भी नहीं दे पाया था। इस शर्त पर उसे भरती कर लिया गया था कि वह शिविर में सफ़ाई का काम करेगा। उसे सभी का जूठा-कचरा फेंकते देखकर नागार्जुन को अखर गया। वह उनके साथ लग गये और जूठी पत्तल आदि समेटने में उसकी सहायता करने लगे। वह भिक्षु वेष में थे। उन्हें यह काम करते देख जे.पी. उनके पास आये, बोले—'नागार्जुन जी, आप यह क्या कर रहे हैं?' नागार्जुन ने कहा—'किसी-न-किसी को इस युवक की सहायता तो करनी ही पड़ेगी। यही अकेला भला सबकी जूठन क्यों साफ़ करे!' भिक्षु नागार्जुन की यह बात सबको छू गयी। आचार्य नरेन्द्रदेव, लोहिया आदि ने अपना-अपना पत्तल स्वयं उठाना शुरू किया। तब से यह नियम बन गया कि सभी अपना जूठा ख़ुद ही साफ़ करते और सुबह-शाम सार्वजनिक सफ़ाई में भी सभी साथ देते।

'समर स्कूल ऑफ़ पॉलिटिक्स' के बाद स्वामी जी के साथ नागार्जुन बिहटा लौटे और उन्हें किसान सभा के कार्यों के लिए बेतिया (चम्पारण) भेज दिया गया। कांग्रेस में उन दिनों जिस तरह बिहार को डॉ. राजेन्द्र प्रसाद का 'बैनामा प्रान्त' (ठेके का राज्य) माना जाता था, वही हाल बिहार में चम्पारण का था जिसे गाँधी जी का 'बैनामा ज़िला' कहा जाता था, यानी कि वहाँ आप गाँधी का विरोध नहीं कर सकते थे। इसलिए हम देखते हैं कि विरोध तो हर जगह था लेकिन चम्पारण ही बिहार का पहला ज़िला था, जहाँ की कांग्रेस कमिटी ने प्रस्ताव पास किया कि स्वामी सहजानन्द को इस ज़िले की सीमा में सभा करने से रोका जाये। कारण यह बताया गया कि उनका भाषण लोगों में 'बुद्धिभेद' पैदा करता है। सहजानन्द ने यात्रा स्थगित नहीं की तो उनके दौरे को विफल करने की कोशिश की गयी। उनकी सभा में शामिल होने से लोगों को रोका गया। उन्हें काला

झण्डा दिखाया गया। लौरिया जैसी जगहों में, उनकी सभा में मात्र २५-५० लोग उपस्थित हुए, 'बाक़ी दूर खड़े तमाशा देखते थे गोया मीटिंग में जाने से पाप लगेगा।' कांग्रेसी, किसानों पर दबाव बनाते कि उनकी सभा के लिए ज़मीन न मिलने पाये। उनकी मीटिंग में कांग्रेसी बैठ जाते और हो-हल्ला और भगदड़ मचाने की कोशिश करते। बावजूद इन सबके, स्वामी जी ने लिखा है कि उनकी हालत 'रोके भीम होय चौगुना' वाली थी। ज़िले भर में चौबीस सभाएँ करने का उन्होंने तय किया तो बाईस करके ही लौटे। चालीस-पचास हज़ार लोगों ने उनकी बातें सुनीं। उन्होंने लिखा है—

> तारीफ़ थी हमारे नये कार्यकर्ताओं और प्रबन्धकों की। 'जिमि दशनन मह जीभ बिचारी' की दशा में भी उन्होंने सारी ताक़त लगा दी। पीछे हम मीटिंगें करते थे, और आगे वे लोग बढ़ते जाते थे।

१९३८ के आश्विन में बेतिया, रामनगर, मेहसी की सभाओं की सी.आई.डी. रिपोर्ट अब प्रकाशित है। इन सभाओं में भिक्षु नागार्जुन को भी ख़तरनाक वक्ता के रूप में चिह्नित किया गया है। बेतिया की सभा में तो कांग्रेस के ज़िला अध्यक्ष पण्डित प्रजापति मिश्र को यह कहते उद्धृत किया गया है कि भविष्य में यदि प्रान्तीय कांग्रेस कमिटी ने स्वामी जी की सभा न होने देने का दबाव बनाया तो वह कांग्रेस से त्यागपत्र दे देंगे और किसान सभा ज्वाइन कर लेंगे। यह सब इन दो क्रान्तिकारी मित्रों—भिक्षु नागार्जुन और केदारमणि शुक्ल—की मेहनत का नतीजा था। मेहसी की सभा के बाद, प्रश्नोत्तर-सत्र में, एक श्रोता ने स्वामी जी से पूछा था कि अभी तो अँग्रेज़ों को देश से निकालना सबसे ज़रूरी काम है, तो क्यों न अभी गाँधीजी को ही लगातार सपोर्ट किया जाये, तो उत्तर में स्वामी जी को महाभारत की वह कथा सुनाते हुए उद्धृत किया गया है कि द्रौपदी का चीरहरण तो ग़लत बात थी, जबकि समय के सारे विवेकी जन वहीं, उस सभा में मौजूद थे, फिर भी विरोध क्यों किसी ने नहीं किया? वह रैयतों पर ज़मींदार के अत्याचारों की बात कर रहे थे। ज़मींदार के गाँव में घुसकर। और गाँधीजी के चुप रहने पर आपत्ति कर रहे थे।

ख़ुफ़िया रिपोर्टों से पता चलता है कि चम्पारण में रहते नागार्जुन

केदारमणि शुक्ल की क्रान्तिकारी टीम के साथ मिलकर काम करते थे। हम यह भी पाते हैं कि अगली बार जब उन्हें कारावास की सज़ा हुई तो जेल में उनके साथ केदारमणि शुक्ल भी बन्द थे, इसका ज़िक्र स्वयं नागार्जुन ने भी किया है।

केदारमणि ग्राम भितहा, थाना बैरिया (चम्पारण) के निवासी थे और इन दिनों इलाक़े के कम्युनिस्ट किसान आन्दोलन का नेतृत्व कर रहे थे। १९२८-२९ में, जब वह बेतिया राज स्कूल के विद्यार्थी थे, तभी उनका सम्पर्क भगत सिंह और चन्द्रशेखर आज़ाद से हो गया था, और अखिल भारतीय कार्यक्षेत्र बनाते हुए उन्होंने बहुत सारा काम किया था। पार्टी के लिए धन और शस्त्र संग्रह के उद्देश्य से जब चन्द्रशेखर आज़ाद और भगत सिंह चम्पारण आये, आज़ाद तो महीनों भूमिगत रहकर सरैयामन के जंगलों में निवास करते रहे, इन अभियानों में केदारमणि ने ही नेतृत्वकारी भूमिका निभायी थी। धनसंग्रह के उद्देश्य से इन सबने मिलकर मौलनियाँ गाँव के ज़मींदार के घर डाका डाला था। उन्हें और उनके सहयोगियों, जिनमें योगेन्द्र शुक्ल भी शामिल थे, को कालेपानी की सज़ा हुई थी और अभी हाल में ही जेल से मुक्त हुए थे। इस बीच उन्होंने स्वामी सहजानन्द और जयप्रकाश नारायण के मार्गदर्शन में फिर से क्रान्तिकारियों का संगठन कायम कर लिया था। उनकी टीम में लगभग तमाम पुराने साथी—गुलाली प्रसाद गुप्ता (चनपटिया), कमलनाथ तिवारी (बनकटवा), नन्हकू सिंह (तुनियाँ), कपिलदेव राय (बैरिया), गणेश प्रसाद गुप्ता (बेतिया) आदि तो थे ही, कई नौजवानों को भी उन्होंने शामिल कर लिया था। इन दिनों मुख्य कार्य बकाश्त समस्या को लेकर ज़मींदार और ब्रिटिश राज के विरुद्ध किसानों और मज़दूरों को गोलबन्द करने का था। योगेन्द्र शुक्ल भी इन दिनों लगातार चम्पारण में ही रहकर साथ काम कर रहे थे।

इस क्रान्तिकारी आन्दोलन में भिक्षु नागार्जुन की क्या भूमिका थी, इसके बारे में उनका लिखा हुआ या कहा हुआ हमें कुछ भी नहीं मिलता। लेकिन, हम बड़ी सहजता से अनुमान कर सकते हैं कि वह क्या करते होंगे। जब वह कहते थे कि 'प्रतिहिंसा ही स्थायीभाव है मेरे कवि का', तो हम समझ सकते हैं कि वह कहना क्या चाहते होंगे। वह इस तरह अत्याचारियों का अन्त चाहते थे कि मानो मिथक रच देना चाहते थे। यह

सूझ उन्हें अपनी अष्टम्यन्त बुद्धि से प्राप्त होती थी। ऐसा सम्भव लगता है कि वह बौद्धिक योजनाकार और कवि के कर्तव्य तक अपने को सीमित रखते होंगे, लेकिन यही इतना काफ़ी था कि क्रान्तिकारियों में, युवाओं में वह अत्यन्त लोकप्रिय थे, और राहुल जी का आशय समझें तो अपरिहार्य थे।

नागार्जुन की, उस दौर की कविताएँ नहीं मिलतीं, मानो कि वे जन की चीज़ थीं, जन को समर्पित कर दी गयीं। क्या वह कविताओं की डायरी पर डायरी बनाकर रखते, और उसके प्रकाशन का जुगाड़ धराते? यह कैसे होता, यह क्योंकर होता? हाँ, किसी ने यदि माँग ली होती और उसे छपा दिया होता तो अलग बात थी। लेकिन ऐसे लोग वहाँ मिलते कहाँ? वहाँ तो सब करने ही वाले थे। और, जिनके लिए करनेवाले थे उनके पास सुनने और करने के सिवा और कोई सुविधा (लग्जरी) उपलब्ध नहीं थी। बाद में तो उन्होंने ऐसा करनेवालों पर एक कविता भी लिखी 'वे और तुम', जो बहुत प्रसिद्ध हुई। उसमें कहा है कि जन का दुख, और पढ़ने-लिखनेवालों का दुख बिलकुल ही अलग-अलग होता है, यदि वे कटकर जी रहे हों। अपने बारे में वह कहते थे—'कविता की हमने कभी परवाह नहीं की है।' और यह भी कि 'कॉपियाँ खो जायें तो अच्छा रहता है। क्योंकि रचनाएँ जब नहीं छपेंगी तो प्रमाण मिलता है कि नहीं लिख रहे हैं आजकल।' आगे तो उनके मित्रों में यह भी ख्याति रही कि 'बाबा कविता बोते और खोते चलते हैं।'

वैद्यनाथ के आजमाये क़िस्से यदि नागार्जुन का स्पर्श पा जायें तो कितने अर्थगर्भ हो उठते थे, इसका एक अच्छा दृष्टान्त बेतिया के किसान आन्दोलन दौर की एक घटना है। इस घटना को आधार बनाकर उन्होंने बाद में, बहुत बाद (१९६७) में आकर, 'जमनिया का बाबा' उपन्यास लिखा। कई गुणों के कारण यह उनके सबसे अच्छे उपन्यासों में से एक है।

बेतिया बिहार के पश्चिमोत्तर सीमान्त का ज़िला है। नाम पश्चिम चम्पारण है। इसके एक ओर नेपाल, दूसरी ओर उत्तर प्रदेश है। जिन दिनों नागार्जुन बेतिया में थे, उत्तर प्रदेश के कुशीनगर ज़िले का बुलहवा

मठ परम प्रसिद्ध हो रहा था। वहाँ से भयाक्रान्त कर देनेवाली घटनाओं की सूचनाएँ आती थीं। पिछली महाष्टमी की रात वहाँ नरबलि दिये जाने की ख़बर थी। कहा जाता था कि वह मठ तस्करी और व्यभिचार का अभयारण्य है। लेकिन, धर्मभीरु जनता में उसका ज़बर्दस्त आकर्षण था। यह प्रसिद्धि थी कि कितना भी असाध्य रोग हो, सन्तानहीन निपुत्र स्त्री-पुरुष हों, जीवन की बाज़ी हारे हुए, टूटे हुए ग़रीब हों—बुलहवा मठ की पाँच बेंत पीठ पर लगते ही सारे दुख दूर हो जाते थे। महान् तीर्थस्थान की महिमा उसने हासिल कर ली थी। वहाँ हर मंगलवार को भारी जमावड़ा लगता था, साल में चार-पाँच बार मेले लगते थे, विशेष धार्मिक त्योहारों पर अतिविशेष अनुष्ठान होते थे। दूर-दूर से ग़रीब, दुखी जनता सत्तू-चूड़ा बाँधकर तीर्थयात्रा पर वहाँ पहुँचती थी, जबकि सच्चाई यह थी कि उस निपट देहात में दस-बारह बरस पहले तक कुछ भी नहीं था। कुछ लाला-भूस्वामी-सेठों ने फ़ाज़िल ज़मीन को दबाये रखने और नयी कमाई का ज़रिया तलाशने के नज़रिये से इस मठ की स्थापना करायी थी और दो साधू कहीं से पकड़ लाये थे। सीनियर साधू शंकर का अवतार माना जाता था, जिसकी जटाएँ तीस हाथ लम्बी थीं, यानी उसके क़द से काफ़ी बड़ी, जिन्हें बोझा बाँधकर रखा जाता था, और उसके कुछ चेला-चपाटी जटाओं के ही दैनिक रखरखाव में जुटे रहते थे, जबकि वह साधू कई गम्भीर अपराधों का फ़रार मुज़रिम था, और भेष बदलकर अपना साम्राज्य चला रहा था। जूनियर साधू काल भैरव का अवतार माना जाता था। मस्तराम नाम था, चरस-गाँजे में हमेशा मस्त रहता और ड्यूटी इतनी थी कि जब कोई दुखिया आये, उसकी पीठ पर पाँच बार बेंत छुआ देनी है। यह रिवाज़ भी लाला का ही चलाया हुआ था, जिसमें बाबा की धूर्तता शामिल नहीं थी। मस्तराम हल्के से बेंत छुआता लेकिन भक्तों को इतने से सन्तोष नहीं होता था। उन्हें भरोसा था कि जितने ज़ोर से बेंत पड़ेगी, दुख भी उतना ही बढ़िया दूर होगा। दुखियों की कमी नहीं थी और न मस्तराम को फुर्सत। इस धन्धे ने धीरे-धीरे उसे हिंस्र और बर्बर बना दिया था। बाबा की रखैलें बदलती रहती थीं, एक मरती या भागती कि दूसरी आ जाती। नरबलि की जो घटना हुई थी, वह भी रखैल का ही छह महीने का बच्चा था। नागार्जुन ने पूरा दृश्य दिया है कि किस तरह बच्चे की गर्दन काटी गयी, भक्तों को रक्ततिलक लगाया गया, फिर बलि के छोटे-छोटे टुकड़े किये गये और मन्त्रोच्चारपूर्वक हवन किया गया था।

यह अनुष्ठान भी लेकिन, बाबा का सोचा हुआ नहीं था, लाला भू-स्वामी का आइडिया था।

मठ की ख़्याति सुनकर नागार्जुन ने वहाँ जाकर देखने-सुनने का विचार किया और अपने दो-तीन साथियों के साथ वहाँ पहुँचे। मठ बड़ा ही विशाल था और धार्मिक पाखण्ड के साथ ही अन्धेर राज की पूरी कहानी बयान करता था। नागार्जुन ने सीनियर बाबा से मुलाक़ात की कहानी उपन्यास में दी है। सवेरे नौ बजे का वक़्त था, आँगन में बारह खम्भोंवाले मण्डप में बाबा का आसन विराजमान था। काल भैरव पास ही बैठा हुआ था, जिसने अभी-अभी पोखरा (नेपाल) के बढ़िया माल (गाँजा) का दम लगाया था और ऐसी मस्ती उमड़ रही थी कि दीवार में धक्का मारने की तबीयत हो रही थी।

भिक्षु नागार्जुन ने आकर बाबा को नमस्कार किया। बाबा उनकी ओर देखते रहे, कुछ बोले नहीं। मस्तराम ने इस आगन्तुक साधु से कहा—बोल, सच्चे दरबार की जय। नागार्जुन ने जवाब में कुछ नहीं कहा और बेवक़ूफ़ की तरह खड़े मुस्कराते रहे। अब मस्तराम का ग़ुस्सा भड़का। अन्दर जाकर वह बेंत उठा लाया और पाँच बार उनकी पीठ पर ज़ोर से फटकार दी। लेकिन वह फिर भी खड़े रहे। मस्तराम ने चीख़कर कहा—अबे, बोलता है कि नहीं! बोल सच्चे दरबार की जय! इस पर नागार्जुन को हँसी लग गयी। उन्होंने अपने साथी से कहा—यहाँ तो सबकी खोपड़ी औंधी लगती है। बाबा की तरफ़ हाथ उठाकर वह बोले—आपने अपने दरबार में अच्छा गुण्डा पाल रखा है। लगता है आपके दरबार की सबसे बड़ी सच्चाई यह गुण्डई ही है...। यह मस्तराम के लिए बिलकुल असह्य था। वह गरजा—ले, मैं तुझे समझा दूँ सच्चे दरबार की सच्चाई। मिनटों में असलियत जान जायेगा। उसने आगन्तुक की पीठ पर रखी नारंगी रंगवाली चादर हटा दी, और तब तक बेंत मारता रहा, जब तक वह ऐंठकर बिछ नहीं गये। चालीस-पचास बेंत पड़ने पर नागार्जुन बेहोश हो गये और मस्तराम को रोकने के लिए बाबा को बारह पहलू वाले मण्डप से तीन सीढ़ियाँ उतरकर आँगन आना पड़ा। बाबा ने उसका हाथ पकड़ लिया—मस्तराम चलो, अन्दर चलो। अब इस पागल पर रहम करो।

आधे घण्टे के क़रीब भिक्षु नागार्जुन वहाँ बेहोश पड़े रहे। उठे, साथियों को साथ किया और वहाँ से सीधे मजिस्ट्रेट के न्यायालय में पहुँचकर

मुक़दमा दायर किया। इस समूची कार्रवाई में बरहज मठवाले बाबा राघवदास ने उनकी बड़ी सहायता की। उनकी घायल, लहूलुहान पीठ की तस्वीर लखनऊ के अख़बारों में छपी थी। पुलिस हरकत में आयी। हफ़्ता बीतते-बीतते मठ के साधू और साध्वी गिरफ़्तार कर लिये गये। नागार्जुन ने इलाक़े भर के बौद्धिकों को इस तरह आलोड़ित किया कि मठ के कारनामे रोज़-रोज़ अख़बारों में छपने लगे। बाबा को दो साल की सज़ा हुई। मठ उजड़ गया। उस पर स्थानीय कम्युनिस्टों ने 'चन्द्रशेखर आज़ाद प्रशिक्षण केन्द्र' खोल लिया। उपन्यास में कथा की शुरुआत बाबा के जेल जाने की घटना से होती है।

१९६३ में जब नागार्जुन को 'सारिका' में 'आईने के सामने' खड़े होने का अवसर मिला तो उन्हें उस बाबा की भी याद आयी थी। लिखा है—

> तुमने मुझे पिटवाया था, मैंने तुम्हें दो वर्ष की जेल की सज़ा कटवायी थी। तुम्हारी जटा तीस हाथ लम्बी थी, गोरखपुर के उस पारसी मजिस्ट्रेट ने तुम्हारी गिरफ़्तारी के बाद पहला काम यही किया था कि जटा मुड़वा दी...इलाक़े में तुम्हारे ढोंग की तूती बोलती थी...नागा बाबा ने बुलहवा के बाबा की माया को पंक्चर कर दिया! गवाहों ने अदालत में कहा था—यह व्यक्ति मूलतः तमकुही का रहनेवाला मुसलमान है जो भागकर नेपाल चला गया। वहाँ से साधू बनकर लौटा—काले चेहरे की लाल आँखें बार-बार मुझे घूर रही हैं।

लेकिन, बेंत की वह मार इतनी सख़्त थी कि जीवन भर के लिए नागार्जुन की पीठ पर उसके गहरे निशान बचे रह गये थे।

जिन दिनों नागार्जुन ने किसान सभा ज्वाइन की थी, वे मुख्यतः बकाश्त आन्दोलन के दिन थे। अपनी ज़मींदारी की जिन ज़मीनों को ज़मींदार अपनी काश्तकारी के लिए रखता था, उसे 'बकाश्त मालिक' या 'बकाश्त' कहते थे। ऐसी ज़मीनें काफ़ी बड़े क्षेत्रफल में ज़मींदारों के पास थीं। इस पर वे बेगारों से खेती कराते या किसानों को खेती के लिए इस शर्त पर देते थे कि वे काश्तकारी हक़ की माँग न करें। ऐसे में यह होता था कि दसियों वर्ष से जिन ज़मीनों को किसान जोतता-बोता था,

उस पर भी उसका कोई हक़ नहीं होता, न इसे साबित करने के लिए कोई सबूत होता था। बकाश्त की अधिकांश ज़मीनें ज़मींदारों ने नीलामी से प्राप्त की हुई होती थीं। नीलामी बकाया लगान के दण्डस्वरूप की जाती। किसानों की हालत यह थी कि जिस साल अच्छी फ़सल होती, लगभग सारा अनाज तरह-तरह के बहाने से ज़मींदार उठा ले जाता, और जिस साल फ़सल मारी जाती, वे ज़मींदारों, महाजनों से क़र्ज़ लेने को बाध्य होते। लगान की दर बहुत कड़ी थी, पच्चीस रुपये बीघा तक। भावली की दर यदि तैयार अनाज की आधी थी तो यह भी केवल कहने की बात थी, तरह-तरह के नज़राने के बहाने ज़मींदार का अमला अधिकांश उपज हड़प लेता था। दानाबन्दी लगान पर यदि ज़मींदार तैयार भी होता और यदि उसका इरादा किसान को परेशान करने का हुआ तो अपने कर्मचारी को दानाबन्दी करने भेजता ही नहीं, और फ़सल खेत में ही सड़कर बर्बाद हो जाती थी। यदि किसान ने ग़ैरहाज़िरी में फ़सल तैयार करवा ली तो तरह-तरह के इल्ज़ाम से वे उसका जीना हराम कर देते और अनाज तो हड़प लेते ही थे। ज़मींदारों का समूचा हित इसी में निहित था कि किसानों को क़ानून के मुताबिक काश्तकारी हक़ हासिल न होने पाये। यदि किसी किसान को काश्तकारी हक़ था भी, जिसे बनाये रखने के लिए बहुत जागरूक रहना पड़ता, तब भी आफ़त-विपत में वह ज़मीन बेच नहीं सकता था। मज़े की बात यह थी कि लगभग ये सारे ज़मींदार कांग्रेसी थे। यदि दरभंगा महाराज नहीं तो उनके मैनेजर गिरीन्द्र मोहन मिश्र, जिनकी पहुँच सीधे गाँधीजी तक थी। राहुल जी ने किसान आन्दोलन से जुड़ने के शुरुआती दिनों को याद करते हुए लिखा है कि उन्हें घोर आश्चर्य होता जब वे कांग्रेसी ज़मींदारों और पूँजीपतियों को किसानों पर अत्याचार करते हुए देखते, 'क्या कांग्रेसवाले नहीं जानते थे कि जिस ग़रीब के ऊपर इतना अत्याचार किया जा रहा है, उसी के बल पर उन्हें विदेशियों से लड़ना है?'

फ़ैज़ाबाद अधिवेशन में जब कांग्रेस ने किसानों के हक़ में लड़ने का प्रस्ताव पास किया, और पहले चुनाव (१९३७) के घोषणा-पत्र में इसे प्राथमिकता में रखा तो इसका कैसा असर हुआ था? रामवृक्ष बेनीपुरी ने अपने संस्मरण में लिखा है—

उफ़! उन चुनाव के दिनों में कितना जोश देखा था! मालूम होता था,

> भारत की सोयी आत्मा जग पड़ी हो। सत्याग्रह के मौक़ों पर तो सिर्फ़ राजनीतिक चेतना से जाग्रत लोग ही आगे बढ़कर कुरबानियाँ करते थे, बाक़ी लोगों की मूक सहानुभूति ही दिखायी पड़ती थी। लेकिन इस चुनाव में तो बच्चा-बच्चा शामिल हो रहा था। गाँव के छोटे-छोटे बच्चे टोलियाँ बनाकर झण्डा उड़ाते कांग्रेस उम्मीदवारों को वोट देने के नारे लगा रहे थे। औरतों में भी जोश उमड़ पड़ता था। नौजवानों में तो ऐसी मस्ती कभी देखी ही नहीं गयी थी।

लेकिन, कांग्रेस की सरकार बनते-बनते संशय के बादल मँडराने लगे। इसलिए जब पहली विधानसभा बैठी, किसान सभा के नेतृत्व में किसानों ने विधानसभा को घेर लिया। उनकी सीधी माँग थी कि ज़मींदारी का उन्मूलन करो। बेनीपुरी ने आगे लिखा है, लोगों को पूरी उम्मीद थी कि कांग्रेस मन्त्रिमण्डल किसानों के हित को सर्वोपरि समझेगा। किसानों के लिए एक बिल भी उसने तैयार कराया, जिसमें अच्छी दफ़ाएँ थीं। किन्तु तुरन्त ही हालत बदलती नज़र आयी। ज़मींदारों ने एक बड़ा जलसा पटने में किया, जिसमें एक बड़े ज़मींदार ने कांग्रेस को धमकाते हुए यहाँ तक कह डाला था कि यदि मन्त्रिमण्डल ने हमारे अधिकारों में हस्तक्षेप किया तो 'हम प्रधानमन्त्री के खादी के कुरते को ख़ून से रंग देंगे।' एक ओर यह धमकी दी गयी, दूसरी ओर एक जहाज़ किराया करके गंगा में विचरण करते हुए इन ज़मींदारों ने मन्त्रिमण्डल के सदस्यों को शानदार दावत दी। थोड़े ही दिनों में लोगों ने 'कांग्रेस-ज़मींदार-समझौता' नाम की चीज़ देखी और किसानों के लिए जो बिल पेश थी, उसकी कितनी ही अच्छी दफ़ाओं को एक-एक कर वापस लेते हुए पाया। किसान सभा ने पटना में एक और प्रदर्शन किया। अख़बारों ने प्रदर्शनकारी किसानों की संख्या एक लाख बतायी थी। कांग्रेस और किसान सभा के बीच आर-पार की लड़ाई शुरू हुई। उस वक़्त तो इसकी परिणति बकाश्त आन्दोलन थी, आगे ज़मींदारी उन्मूलन जैसा असम्भव स्वप्न साकार हुआ।

किसान आन्दोलन के अपने अनुभवों को लेकर बाद में नागार्जुन ने 'बलचनमा' (१९५३) उपन्यास लिखा। इसमें ग़रीब किसानों की समूची दुनिया आयी है और प्राणपण से किया उनका संघर्ष भी। इसकी रचना उन्होंने मैथिली में की थी। वह 'शूद्र मैथिली' थी।

१९३४ के भयंकर भूकम्प के बाद जब किसानों को सरकार से आर्थिक सहायता मिली तो इसे किस तरह कांग्रेसी ज़मींदारों और उनके दलालों ने छलछद्म से हड़प लिया, इसकी समूची कथा 'बलचनमा' में आयी है। कांग्रेस की जब सरकार बनी तो ये ज़मींदार आशंकाओं से भर उठे, जिसका कारण चुनावी घोषणा-पत्र था। नया क़ानून बन जाने की आशंका में ज़मींदारों ने बड़ी संख्या में किसानों को बेदख़ल करना शुरू किया ताकि वे जोतवाली ज़मीन पर दावा न ठोक दें। जोतदार से ज़मीन हड़पकर दूसरों को बन्दोबस्त की जाने लगी। महपुरा के किसान आन्दोलन का यही कारण था, और बिहार में सैकड़ों-हज़ारों गाँव थे, जहाँ यही हो रहा था।

इन ज़मींदारों की ताक़त क्या थी, इसके बारे में बालचन बताता है—

> जालिम ज़मींदार का मुक़ाबला अकेले तो कोई कर ही नहीं सकता है। उसके पीठ पर थाने के दरोगा साहब थे, ज़िले के कलक्टर साहब थे, इलाक़े भर के ज़मींदार, पण्डित और मौलवी, सब ज़मींदार के पक्ष में थे। पच्छिम के दस लठैत जवान, नेपाल के पाँच खुखरी बहादुर...।

इस ताक़त के बल पर वे किसानों की तैयार फ़सल पर हमला करवाकर लूट लेते थे। महपुरा में यह हुआ था। सैकड़ों गाँवों में यह हुआ था और अमवारी में भी यही हुआ था।

'बलचनमा' में किसान सभा की समूची गतिविधि आयी है, स्वामी जी आये हैं और उनके सहयोगी—रामनन्दन मिश्र, कार्यानन्द शर्मा आदि भी। स्वामी जी के बारे में बालचन बताता है—

> स्वामी जी नाटे क़द के ज़रा साँवले आदमी थे, कपड़े गेरुआ रंग में रँगे हुए। बोलते थे तो ऐसा बुझाता था मानो भाड़ में मकई का लावा फूट रहा हो।

स्वामी जी गाँव-गाँव में जाकर सभाएँ करते थे। किसानों को समझाते थे—

> माँगने से कुछ नहीं मिलेगा। अपनी ताक़त से ही आप अपना हक़ पा सकते हैं। आपकी ताक़त है एकता और संगठन। घर में रोते-रोते, अकेले हाय-हाय करते हज़ारों साल गुज़र गये। सरकार को रत्ती-भर भी आपकी परवाह नहीं है। सम्मन, नोटिस, वारंट, सज़ा—सब हो

सकता है। मगर ख़बरदार, अपने खेतों से न हटना।

इन निर्बल बेज़ुबान किसानों का सच्चा नेता कौन हो सकता था? स्वामी जी का कहा बालचन दुहराता है—

> बाहरी लीडरों के भरोसे मत रहिये। अपना नेता ख़ुद बनिये। मँगनी और उधार के नेता बहुत देखे मगर कुछ हुआ-हवाया नहीं। आप लोग लीडरों से लाख दर्जे अच्छे हैं। आप सब कुछ पैदा कर सकते हैं तो अपना लीडर भी पैदा कीजिये।

होता यह था कि किसी गाँव में किसान सभा की मीटिंग होती तो उसमें पड़ोस के दस-बीस गाँवों के किसान भाग लेते। फिर यह चर्चा आगे के दस-बीस गाँवों तक फैलती। गाँव-गाँव में बेदख़ली की समस्या थी। किसान सभा की सीख ऐसी थी कि किसानों को धान-गेहूँ की तरह अपना नेता भी अपने बीच से आप पैदा करना था। फिर, पीड़ित गाँवों में किसानों की महापंचायत लगती थी, स्वामी जी आते थे और सीधी कार्रवाई शुरू हो जाती थी। इस महापंचायत, जिसे स्वामी जी मीटिंग कहते थे, की तैयारियों की बनी-बनायी फेहरिश्त कार्यकर्ताओं के पास होती थी। बालचन बताता है—'किसानों का संगठन, अख़बारों से ज़मींदार की ज़ालिमाना हरकतों का प्रचार, कम-से-कम पचास वॉलंटियरों की बहाली, बीस-पच्चीस मन अनाज और सौ ठो रुपया'—बस हो गयी इलाक़े भर के किसानों की भारी मीटिंग। बालचन अपना अनुभव सुनाता है—

> उन दिनों सोशलिस्टों में बड़ी गर्मी थी भैया! वे जो कुछ कहते, उसे करने की भी कोशिश उनकी ओर से होती थी। मजूरों की हड़ताल हो, चाहे किसानों का आन्दोलन—सोशलिस्ट भाई आगे बढ़कर उसमें हिस्सा लेते थे।

लेकिन इन मीटिंगों को विफल और प्रभावहीन करने के लिए ज़मींदार भी कुछ उठा नहीं रखते थे, पूरी ताक़त झोंक देते थे। पहली कोशिश तो यही होती कि मीटिंग के लिए ज़मीन ही नहीं मिलने पाये। अपनी ज़मीन देने का तो सवाल ही नहीं था, वे आम किसानों पर भी भयानक दबाव बनाते। 'बलचनमा' में महपुरा गाँव की एक ऐसी ही घटना का ज़िक्र हुआ है, जिसका किसान आन्दोलन के इतिहास में बड़ा स्थान है। घटना है कि मीटिंग के लिए जब चार सौ किसान नेता स्वामी जी के साथ पहुँच

गये तो ऐन वक़्त ज़मींदार ने अपने लठैत खड़े कर दिये कि अपनी ज़मीन पर हम मीटिंग नहीं होने देंगे। अब क्या हो? प्रतिरोध में खड़ा हुआ लतीफ नामक एक अधेड़ किसान, जिसका पाँच कट्ठे का खेत था, जिसमें मड़ुआ की फ़सल लगी थी, उसने कहा—आओ भाइयो, मड़ुआ काटकर घड़ी-आध घड़ी में जगह बना लेते हैं, मीटिंग वहीं होगी। इस घटना का उल्लेख स्वामी सहजानन्द ने अपनी आत्मकथा में किया है। किसान का वास्तविक नाम नूर मुहम्मद था और खेत में मटर की फ़सल लगी थी। यह घटना चम्पारण के उसी भितिहरवा गाँव की है, जो एक ज़माने में गाँधीजी का कार्यक्षेत्र रहा था, और अब जहाँ किसान सभा का काम आगे बढ़ाने के लिए नागार्जुन को प्रतिनियुक्त किया गया था। स्वामी जी ने लिखा है कि गाँव से विदा होते समय—

> सभी के साथ मैं उस खेत पर गया और उसकी मिट्टी सिर पर लगाकर कहा कि किसान सभा के इतिहास में यह खेत और यह मुसलमान जवान अमर रहेंगे। ऐसे लोग ही इसकी जड़ दृढ़ करेंगे।

जिस इलाक़े में एक बार किसान सभा का आयोजन हो जाये वहाँ के गाँवों में क्या फ़र्क़ पड़ता था? 'बलचनमा' से पता चलता है, कांग्रेसी बाबू-भैयों को देखते ही किसानों का माथा ठनकने लगता कि यह यदि असेम्बली मेम्बर बनेगा तो किसका भला करेगा। सरकारी बन्दरबाँट देखते ही आक्रोश उबलता था। कहीं से अन्याय-अत्याचार की सूचना मिलती तो किसान सभा मीटिंग का सुझाव दिया जाता। गाँव में एक-दो अख़बार आने लगते, साप्ताहिक पत्रिका आने लगती। पत्रिका का नाम उपन्यास में 'क्रान्ति' बताया गया है, जो वास्तव में 'जनता' थी जिसके सम्पादक रामवृक्ष बेनीपुरी थे। इस पत्रिका में गाँव-गाँव के संघर्ष की कथाएँ छपती थीं। महपुरा की बातें भी कई बार छप चुकी थीं। लोग रसीद कटाकर किसान सभा का मेम्बर बनते थे। मेम्बरी शुल्क एक आना था। टोले की मोसमात कुन्ती ने एक इकन्नी बालचन को देते हुए कहा था—'बालो, देवता के परसाद में यह एक चुटकी पिसान इस गरीबिन का!' वहाँ हक़ की लड़ाई इतनी जुनूनी थी कि मौत भी बेमानी लगती थी। बलचनमा के बहाने एक जगह नागार्जुन ने कहा है—

> यहाँ किसी की लाश, कभी भी गिर सकती है। उनमें मैं भी हो सकता हूँ। हैजा-प्लेग पकड़ता है तो उसमें आदमी तड़फड़ मर जाता है, बिखधर

> साँप के काटने पर नाड़ी हमेशा के लिए डूब जाती है, चौमासे में कोसी महारानी या कमला मैया रातोंरात कितनों को अपने पेट में ले लेती है, बिजलता कौंधती है और बज्जर गिरता है तो उसमें भी कभी किसी की जान चली जाती है।

यानी कि बताइये तो भला, ऐसी मौत की क्या परवाह करना!

अक्टूबर १९३८ में राहुल जी अपनी चौथी तिब्बत-यात्रा से लौटे और लौटते ही उन्होंने प्रेस के सामने घोषणा कर दी कि एक बार फिर वह क्रियात्मक राजनीति में सक्रिय होंगे। यह 'क्रियात्मक राजनीति' किसान सभा की राजनीति थी। पहले तो उन्होंने जगह-जगह घूमकर किसानों की दशा, उनकी उबाल और कार्रवाइयों का अध्ययन किया। अधिकांश जगहों पर नागार्जुन उनके साथ बने रहे।

इस बीच एक रोचक घटना हुई। चम्पारण के वरिष्ठ कांग्रेसी नेता प्रजापति मिश्र ने एक बार नागार्जुन को भोजन पर आमन्त्रित किया था। बौद्ध तो सर्वभक्षी होते हैं, इस अनुमान से उन्होंने पूछ लिया था कि मछली चलेगी तो 'हाँ' में जवाब आया था। मिश्र जी मैथिल ब्राह्मण थे। भोजन में रोहू मछली बनी थी और जम्बीरी नींबू भी परोसा गया था। भिक्षु नागार्जुन ने भोजन के इस विन्यास की जमकर तारीफ़ कर दी। जम्बीरी नींबू के रस से सिक्त रोहू के शोरबे का जैसा माहात्म्य मैथिल समाज में था वैसा शायद ही कोई दूसरा खाद्य-पेय हो। उस दिन भोजन भी भिक्षु ने कुछ अतिरेक में किया। प्रजापति मिश्र का माथा ठनका कि हो न हो, यह बौद्ध भिक्षु कोई मैथिल ब्राह्मण है। उन्होंने अपने एक शातिर कर्मचारी को भेद जानने में लगा दिया। पन्द्रह दिनों के भीतर चतुर इन्द्रमोहन ने भेद जान लिया कि भिक्षु तरौनी गाँव का वैद्यनाथ मिश्र है। मैथिल गृहस्थ संन्यास का अकारण शत्रु होता है। इसकी जड़ें पुराने इतिहास में हैं कि मिथिला ने जनक-याज्ञवल्क्य-गौतम के ही ज़माने से कभी संन्यास आश्रम को मान्यता नहीं दी। मिश्र जी ने चुपचाप उधर तरौनी ख़बर भिजवा दी। चचेरे ससुर विश्वनाथ झा (उपेन्द्रनाथ झा व्यास के पिता) और चचेरे भाई शिलानाथ (महिषीवासी) बेतिया आ जुटे।

संयोग था कि मुलाक़ात स्टेशन पर हुई। नागार्जुन पूर्णतः विरक्त थे। वह बहुत क्रोधित हो गये। ससुर को तो उन्होंने बहुत ही ख़राब जवाब दिया था—'बेटी यदि भार हो गयी है तो लेते आइयेगा, किसी मठ में सधुआइन बनवाकर रखवा देंगे।' और, सामने जो गाड़ी गति पकड़ रही थी, उसमें चढ़ गये। अब बेतिया से वह दूर ही रहना चाहते थे।

एक जनवरी १९३९ को नये साल के दिन राहुल और नागार्जुन, पटना में, साथ थे और अगले दिन उन्हें छपरा में मीटिंग करने जाना था। छपरा की इस मीटिंग का बड़ा महत्त्व है। इसमें अन्य गाँवों के साथ-साथ अमवारी गाँव के किसान भी आये थे और उन्होंने वहाँ के ज़मींदारी शोषण और अत्याचार का ऐसा विवरण पेश किया था कि सबका ध्यान उस गाँव की ओर आकृष्ट हुआ था। वहाँ के ज़मींदार चन्द्रेश्वर सिंह यूँ तो एक छोटे ज़मींदार थे लेकिन उनकी ताक़त बड़े-बड़ों से भी कहीं ज़्यादा थी। कारण था कि वे अँग्रेज़ों के गुप्त ख़ुफ़िया थे। उनकी सीधी पहुँच सीवान के एस.डी.ओ. और कलक्टर तक थी। ये दोनों ही ब्रिटिश आई.सी.एस. अधिकारी थे। अँग्रेज़ी साम्राज्य को सबल और समर्थ बनाये रखने के लिए भारत के जो सपूत अपना चिरस्मरणीय योगदान दे रहे थे, सिंह जी भी उनमें से एक थे। राहुल ने चन्द्रेश्वर सिंह पर लिखते हुए स्वयं से प्रश्न किया, 'क्या मेरी यह किताब हज़ार वर्ष तक ज़िन्दा रहेगी ? यदि रही तो क्या मैं इन अत्याचारियों को हज़ार वर्षों के लिए अमर कर रहा हूँ ?' फिर स्वयं ही जवाब दिया है, 'उन्हें तो कोई जानेगा भी नहीं। उनके अपने वंशज भी अपने पूर्वजों का नाम लेने में शरम महसूस करेंगे।'

अमवारी के इस ज़मींदार ने यह नियम बना रखा था कि किसान पहले ज़मींदार की बकाश्त ज़मीन जोत-बो दे, तब अपना खेत जोते। इसे 'हरी-बेगारी' कहते थे। जोतने-बोने का सीजन छोटा होता है, चूके तो गये। रामधनी महतो अपना खेत जोत रहे थे कि ज़मींदार का हुक्म हुआ, पहले हमारे खेत में हल-बैल ले चलो। रामधनी ने जवाब दिया, बस, अभी थोड़ी देर में अपना जोतकर बाबू के खेत में ले चलते हैं। इस पर ज़मींदार के लोगों ने रामधनी की पिटायी कर दी। किसान-जागरण का असर था कि रामधनी ने थाने में रिपोर्ट कर दी। पुलिस ने अपने अनुसन्धान में रामधनी को ही दोषी पाया। पुलिस की रिपोर्ट पर ज़्यादातर किसानों की ज़मीन पर मजिस्ट्रेट ने दफ़ा १४४ लगा दी। किसान

गोलबन्द होने लगे। ज़मींदार ने ऐसे किसानों के खेत छीन लिए। 'सारा मामला एकतरफ़ा था और यह सब कांग्रेसी मन्त्रियों के राज में हो रहा था।' राहुल और नागार्जुन ने वहाँ चलने का कार्यक्रम बनाया। ५ जनवरी को जब ये दो भिक्षु अमवारी पहुँचे तो अमवारी स्कूल के बच्चों ने इन दोनों का पीछा कर ख़ूब गालियाँ दीं। क्यों? क्योंकि उनके मास्टर जी ज़मींदार के नौकर थे, नमकहलाली दिखानी ज़रूरी थी। अमवारी के किसानों से मिलने के बाद अगले दिन वे पड़ोस के गाँव जैज़ोरी गये। वहाँ के किसानों ने संकल्प लिया था कि किसी भी हालत में हम अपने खेत नहीं छोड़ेंगे। सुल्तानपुर गये तो पता चला, वहाँ के ज़मींदार कांग्रेस के बड़े नेता हैं लेकिन किसान उनके अत्याचारों से त्रस्त हैं। छितौली का ज़मींदार असर्फी साहू तो 'धर्मात्मा' कहलाता था लेकिन किसानों का खेत छीनकर उसने खेती कराने के लिए बाहर के असामी ला बसाये थे। उन्होंने सीवान के एस.डी.ओ. को अमवारी व अन्य गाँवों के किसानों की समस्याएँ बतायीं। उसने जाँच करने का आश्वासन दिया लेकिन ख़ुद कभी जाँच करने नहीं गया। वे कलक्टर से भी मिले। कलक्टर ने भी झूठा आश्वासन ही दिया कि जानने की कोशिश करूँगा। अमवारी के किसानों की जो दशा उन्होंने देखी, घर में दाने नहीं, मवेशियों के लिए घास नहीं, दिन-दिन भर करमी का साग, सेवारी का कन्द ढूँढ़कर लाया जाता, उसे उबालकर, नमक के साथ खाकर लोग दिन गुज़ारते थे। यह हालत भूकम्प के बाद से ही चल रही थी। राहुल जी ने 'जनता' में लिखा,

> अमवारी की इस शोचनीय दशा को देखकर किसी भी व्यक्ति का दिल पसीजे बग़ैर नहीं रह सकता।

उन दिनों बड़हिया टाल और रेवड़ा के किसान ज़ालिम ज़मींदारों के विरुद्ध बड़ी बहादुरी से लड़ रहे थे। कार्यानन्द शर्मा और यदुनन्दन शर्मा किसानों का नेतृत्व कर रहे थे। वे उसे देखने, अध्ययन करने गये। लखीसराय के आश्रम में किसान कार्यकर्ताओं का शिक्षण-शिविर चल रहा था। उसमें भाग लिया। बड़हिया टाल के किसान संघर्षियों को देखकर राहुल ने लिखा,

> भूखे थे तो भी अब उनके अन्दर से डर निकल गया था। उनके उत्साह को देखकर मेरी तबीयत बहुत ख़ुश हुई। मैंने कहा—क्रान्ति तुम्हारा

स्वागत है।

औरतें गीत गा रही थीं—चलु चलु सखिया, जेहल के जवैया गे। रेवड़ा में उन्होंने पाया कि हज़ारों किसान एक साथ लड़ने, एक साथ जेल जाने, मार खाने के लिए तैयार थे। रास्ते में उन्होंने सुना कि करनौती (हाजीपुर) की घरेलू नौकरानियों ने हड़ताल कर दी है। उन्होंने लिखा, 'राजर्षियों और ब्रह्मर्षियों का हिन्दुस्तान हिलने लगा है।' फिर वे हथुआ राज के कुआड़ी परगने के गाँवों में गये। दर्जनों गाँवों में जाकर उन्होंने किसानों के साथ मीटिंगें कीं, बड़ी संख्या में किसान उपस्थित हुए। भोरे के पास ज़मींदार ने जो किसानों की ज़मीनें छुड़ा ली थीं, उन पर कई मील लम्बी नहर निकाली गयी थी। नहर के किनारे शीशम के पेड़ लगे थे जिसकी हक़दारी को लेकर लड़ने की ज़रूरत थी क्योंकि राहुल जी की राय में 'अमवारी के एक छोटे-से ज़मींदार से भिड़ने की जगह हथुआ के महाराज बहादुर से लोहा लेने में किसानों का ज़्यादा हित होता।' लेकिन, परिस्थिति ऐसी बनी कि २० फ़रवरी को जब लौटकर वे छपरा पहुँचे, पता चला कि अमवारी में उनके ऊपर दफ़ा १४४ लगा दी गयी है। इसे चुनौती मानकर उन्होंने अमवारी में ही दफ़ा १४४ तोड़कर सत्याग्रह करने का निश्चय किया।

योजना के मुताबिक पहले तो चार दिन आस-पड़ोस के गाँव—जैज़ोरी, नदियाँव, देवपुर-हरिनाथपुर, निखती, रघुनाथपुर में प्रचार-सभा करते रहे और पाँचवें दिन सत्याग्रह के लिए अमवारी पहुँचे। पुलिस रिपोर्ट के मुताबिक उस दिन वहाँ पहुँचने वाले किसानों की संख्या दो हज़ार थी। चारों ओर हल्ला था कि सत्याग्रहियों को कुचलवाने के लिए ज़मींदार ने हाथी तैयार रखा है। हाथी को शराब पिला-पिलाकर मदमत्त बनाया हुआ था। दो सौ की संख्या में लठधर जवान ज़मींदार की ओर से तैयार खड़े थे। कई लोग तो यह सुनकर लाठी लिये दौड़े आये थे कि कुर्मी लोग राजपूत भाई की इज़्ज़त ख़राब कर रहे हैं। कुछ लठधर यह सुनकर आये थे कि चन्द्रेश्वर बाबू को दफ़ा ११० में फँसाया जानेवाला है। गाँव में पुलिसवालों की संख्या भी सौ से कम नहीं थी, लेकिन सत्याग्रह स्थल पर केवल इंस्पेक्टर, दारोगा और सहायक दारोगा थे, बाक़ी जवानों को दो फर्लांग दूर बग़ीचे में ठहराया गया था। राहुल जी ने लिखा है कि सारा मामला ही एकतरफ़ा था, पुलिस चाहती थी कि दंगा-फसाद हो।

सत्याग्रह के लिए महतो जी के जिस खेत को राहुल जी ने चुना, उस पर बरसों–बरस से महतो जी का शान्तिपूर्ण दख़ल–क़ब्ज़ा था, वह हमेशा समय पर लगान चुकाते आये थे और कभी कोई विवाद नहीं था। इस साल उस ज़मीन पर सबसे अच्छी फ़सल हुई थी। फ़सल ईख की थी। ज़मींदार ने ज़ोर–ज़बर्दस्ती दावा ठोक दिया कि यह ज़मीन बहुरिया (ज़मींदारनी) के नाम पर है। जबरन उसे विवाद के भीतर ले आया गया था। राहुल जी ने दस–दस सत्याग्रहियों के पाँच दल बनाये। तय हुआ कि एक दल ईख काटने जायेगा, वह गिरफ़्तार हो जाये तो दूसरा जायेगा। लालजी भगत के बथान पर सारे किसान जमा थे लेकिन सत्याग्रह वाले खेत पर चुनिन्दा दल को ही जाना था। पहले दल का नेतृत्व राहुल ने किया, तीसरे का नागार्जुन ने। राहुल ने दो ही तीन डण्ठल काटे होंगे कि गिरफ़्तार कर लिये गये। बारी–बारी से सभी गिरफ़्तार हुए, जिनकी संख्या ५३ थी, जिनमें महिलाएँ और बच्चे भी थे। जेल केवल ९ को भेजा गया। ज़मींदार के लठैत और कर्मचारी गालियाँ तो लगातार बक रहे थे, झंझट के लिए उत्तेजित कर रहे थे लेकिन जो माहौल था, सीधा हमला नहीं कर पा रहे थे, हाथी से कुचलवाने की तो बात ही दूर थी। आख़िर पुलिस कस्टडी में ज़मींदार के पीलवान ने राहुल जी के सिर पर लाठी मारी। खोपड़ी की बायीं ओर लाठी लगी तो राहुल जी को कोई दर्द महसूस नहीं हुआ, यह चोट का अतिरेक था। ख़ून बह रहा था। उन्होंने लिखा है—

> मुझे इस बात की बड़ी ख़ुशी हुई कि किसानों के उस खेत को काटने में मेरे हाथ के हँसुए ने ही काम नहीं दिया बल्कि मेरे सिर से निकले दो तोले ख़ून में से कुछ बूँदें भी वहाँ ज़रूर पड़ीं।

पुलिस कस्टडी में इस अन्तरराष्ट्रीय ख्याति के महापण्डित पर हमले ने तब बिहार की राजनीति को हिलाकर रख दिया था। फिर वह घटना भी जिसमें सीवान जेल से स्टेशन ले जाने के क्रम में उन्हें हथकड़ी लगायी गयी थी। पुलिस और प्रशासन के नीचे से ऊपर तक के अधिकारी झूठ को बुन–बुनकर इस मामले को दबाने में हलकान थे, ये सारे प्रशासनिक पत्राचार अब प्रकाशित हैं। राहुल जी ने लिखा—

> बिहार का कांग्रेसी मन्त्रिमण्डल, जहाँ तक मेरा ज्ञान है, सभी कांग्रेसी मन्त्रिमण्डलों से अधिक प्रतिक्रियाशील और ज़मींदार–परस्त है। याद

रखिये, यदि क्रान्ति की आग आपके दिल से नहीं गयी है, तो आपको भी इस पुलिस से भुगतना पड़ेगा।

लेकिन,

अमवारी के किसान दबे नहीं, और आसपास के सभी किसान उनकी मदद के लिए तैयार थे। वे हज़ारों की संख्या में जेल आये होते यदि पुलिस ने गिरफ़्तारी बन्द न की होती। वहाँ सत्याग्रह आश्रम में बहुत से स्वयंसेवक रहते जिनके खाने-पीने का इन्तज़ाम आसपास के लोग करते थे। हाटों में स्वयंसेवक जाते तो साग-भाजी बेचनेवाली औरतें उनको तरकारी देतीं। किसानों को यह समझाने की ज़रूरत नहीं थी कि यह उनकी अपनी लड़ाई है।

इस बीच कई बातें ऐसी हुईं जिन्हें किसान सभा ने, 'जनता' और 'सर्चलाइट' ने मुद्दा बनाया था और ये किसानों के लिए जागरण का और सरकार के लिए परेशानी का कारण बनीं। सीवान जेल से छपरा जेल ले जाने के लिए जब उन्हें डोरी में बाँधकर सड़क से पैदल ले जाया जा रहा था तो नारा तो लग ही रहा था, लोग 'राहुल बाबा को सिर फूटे डोरी में बँधे जाते देख यह भी ख़याल कर रहे थे कि यह सब कुछ गाँधी बाबा के राज में हो रहा है।' जेल में साढ़े तीन छटाक आटा का नियम अब भी लागू था। क़ैदियों को भूखे पेट सोना पड़ता। सरकार ने जेलों में रेडियो सेट देने की घोषणा की थी लेकिन अब भी यह घोषणा ही थी। जेल का ठेकेदार ख़राब सामान मुहैया कराता। अस्पताल में न ज़मीन साफ़ न कपड़े। हर कहीं कुव्यवस्था। उन्होंने भूख हड़ताल की, आमरण अनशन की घोषणा कर दी। राहुल-नागार्जुन और उनके साथियों पर दफ़ा ३७९ के तहत चोरी का इल्ज़ाम लगाया गया था। 'जनता' ने लिखा—

राहुल बाबा—चोर, जेल में। और, चन्द्रेश्वर सिंह—नौकरशाही का ख़ुफ़िया, दर्जनों देशभक्त और नौजवानों को फँसाने, जेल में सड़ानेवाला—ज़ालिम और जाली ज़मींदार आज राजपथ पर छाती खोलकर स्वतन्त्र विचर रहा है। पुरानी नौकरशाही में उसकी चाँदी थी, नवीन कांग्रेसी मन्त्रिमण्डल में उसकी चाँदी है...गाँठ में रुपया और दिमाग़ में अक़्ल है तो चाँदी ही रहेगी।

उन्हें जेल से बाहर ले जाया गया तो हथकड़ी लगाकर, बाक़ी मुक़दमे का नाटक जेल में ही रचा गया। पुलिसवाले, ज़िला मजिस्ट्रेट और सीवान के

मजिस्ट्रेट सबने ज़मींदार का पक्ष लेने में कोई कसर नहीं रखी।

> शायद भविष्य के लोगों को यह पढ़कर आश्चर्य होगा कि किसान बन्दी भी उसी तरह अपने अधिकारों के लिए लड़ रहे थे, जैसे किसी समय कांग्रेसी बन्दियों ने लड़ाई की थी, फिर किसानों के चुने हुए कांग्रेसी मन्त्री उचित माँगों को मानने के लिए क्यों तैयार नहीं हुए? लेकिन, यह मामूली-सी बात है—कोई प्रतिद्वन्द्वी अपने विरोधी के साथ रियायत करने के लिए तैयार नहीं होता। ज़मींदार मन्त्री इसे अपने हाथ से अपने पैर में कुल्हाड़ी मारना समझते थे।

जेल में ही भूख हड़ताल के दौरान सात दिनों में राहुल ने 'तुम्हारी क्षय' पुस्तिका लिखी। अब वह कोई उपन्यास लिखना चाहते थे। लिखा है—

> मुझे कुछ दिनों से ख़याल आ रहा था कि राजनीतिक प्रगति और भविष्य के कार्य के सम्बन्ध में एक उपन्यास लिखूँ। मैंने अब तक 'बाईसवीं सदी' ही उपन्यास के ढंग पर लिखा था। 'सतमी के बच्चे' आदि कुछ कहानियाँ लिखी थीं, कुछ अँग्रेज़ी उपन्यासों का भारती करण के साथ हिन्दी अनुवाद भी किया था, मगर अब तक कोई वास्तविक उपन्यास नहीं लिखा था; २५ मार्च से मैं 'जीने के लिए' उपन्यास को लिखवाने लगा—मैं बोलता जाता था और नागार्जुन जी लिखते जाते थे।

उपन्यास के कथा-विकास पर नागार्जुन के साथ चर्चा भी चलती रहती थी। नागार्जुन के लिए यह बड़ा ही यादगार अवसर था।

छपरा जेल में रहते हुए ही राहुल जी अपने पहले बेटे का बाप बने। लेनिनग्राद से लोला ने अपनी और नवजात की तस्वीर भेजी थी। उसे काफ़ी देर तक नागार्जुन देखते रहे थे। हृदय में दाम्पत्य-चाहना का यह पहला आभासी उदय था।

छोटी-छोटी माँगों को स्वीकार कर लिए जाने के बाद जब राहुल जी ने किसान बन्दियों को राजनीतिक बन्दी माने जाने के प्रश्न पर अनिश्चितकालीन अनशन शुरू किया तो सरकार ने कोई उपाय न देखकर राहुल को रिहा कर दिया और उनके साथियों को केन्द्रीय जेल हज़ारीबाग़ ट्रांसफर कर दिया गया। हज़ारीबाग़ जेल में ही नागार्जुन ने 'रजनीगन्धा' कविता लिखी थी, जिसमें यह पंक्ति आती थी—'यह प्रहरी के बूटों की कर्कश टापें/रह-रहकर बहुधा नींद तोड़ जाती हैं/आँखें

खुलतीं तो बस झुँझला उठता हूँ.../ये हृदयहीन, ये नरपिशाच, ये कुत्ते!' उधर, जेल से रिहा होकर राहुल जी फिर से किसान आन्दोलन के अपने काम में सक्रिय हो गये। अगली लड़ाई छितौली के धर्मात्मा ज़मींदार असर्फी साहू के विरुद्ध थी। दफ़ा ११७ के तहत ९ माह की सज़ा पाकर वह भी फिर हज़ारीबाग़ जेल आ गये। उनके पुराने साथी नागार्जुन, ज़लील, मज़हर तो थे ही कार्यानन्द शर्मा और अनिल मित्र भी आ गये थे। आते ही उन्होंने फिर से 'राजनीतिक बन्दी' की माँग पर अनशन शुरू कर दिया। यह निर्णायक लड़ाई थी।

काञ्चीनाथ झा किरण ने लिखा है, एक दिन उन्होंने 'सर्चलाइट' में एक ख़बर पढ़ी कि किसान नेता सहजानन्द सरस्वती के साथ भिक्षु नागार्जुन हज़ारीबाग़ सेन्ट्रल जेल में बन्द हैं। उन्हें समझते देर नहीं लगी कि यह भिक्षु नागार्जुन अपने वैदेह जी हैं। उनके पास वैदेह जी की अनेक अप्रकाशित कविताएँ थीं जो उन्होंने इस उम्मीद में जमा कर रखी थीं कि जब अच्छी सामग्रियों की कमी होगी, इन्हें छापा जायेगा। उन्होंने एक कविता निकाली, उस पर लिखा—रचयिता श्री वैदेह, संकलयिता श्री किरण—और इसे 'मोद' में छाप दिया। पत्रिका जब छपकर आयी, एक प्रति भिक्षु नागार्जुन को हज़ारीबाग़ जेल के पते पर भेज दी। किरण जी बताते थे, नागार्जुन ने उत्तर में एक बड़ा ही मार्मिक पत्र उन्हें भेजा था। लिखा था,

> आपने मेरे पिछले जीवन, घर-परिवार, इष्ट मित्र, मिथिला-मैथिली, सबकी याद दिला दी। जेल से छूटने का समय क़रीब आ रहा है, छूटते ही मैं आपसे मिलने आऊँगा।

जब वह मिलने आये, संन्यासी के भेस में थे, सारनाथ की तरफ़ किसी बौद्ध मठ में टिके थे, किरण जी तमाम समय इसी बात पर ज़ोर देते रहे कि कविता ही आपका मूल क्षेत्र है, और इसे त्यागकर आपको कहीं नहीं जाना चाहिये, कि आपके पुरुषार्थ की सार्थकता साहित्य में है, कि इसके लिए संन्यासी बने रहने की कोई उपयोगिता नहीं। किरण जी ने लिखा है, बहुत आग्रह करने पर नागार्जुन इस बात के लिए राजी हुए थे कि कभी

अवसर मिला तो संन्यास छोड़ने पर विचार करेंगे।

वे ऐसे दिन थे जब दूसरा विश्वयुद्ध सामने था और ब्रिटिश सरकार ने भारत को अनिवार्यतः अपने साथ युद्ध में शामिल घोषित कर दिया था। इधर कांग्रेस ने यह घोषणा कर रखी थी कि भारत युद्ध में शामिल होगा या नहीं, इसका निर्णय भारतीय जनता करेगी और कोई बाहरी शक्ति उस पर अपना फ़ैसला नहीं थोप सकती, कि भारतीय जनता साम्राज्यवादी उद्देश्यों के लिए अपने संसाधनों का उपयोग नहीं होने देगी। ३१ अक्टूबर, १९३९ को कांग्रेसी मन्त्रिमण्डल ने त्यागपत्र दे दिया और उन्हीं समाजवादी किसान नेताओं के साथ सड़क पर उतर आये, जिनको अभी कल तक सत्ता में रहते वे औकात बता रहे थे। सरकार ने भारत रक्षा क़ानून की दफ़ाओं को सख़्ती से लागू किया। और, इमरजेंसी पावर अध्यादेश-१९४० जारी कर इसका खुलकर प्रयोग करने, किसी भी प्रकार के विरोध को सिर उठाते ही कुचल डालने का निर्देश अपने क्षेत्रीय अधिकारियों को दिया। इधर कांग्रेस ने स्वतन्त्रता दिवस मनाने का ऐलान किया, उस दिन प्रतिज्ञा किये जाने को लेकर एक प्रतिज्ञापत्र भी जारी किया, जिसमें व्यवहार किये गये शब्दों को लेकर समाजवादियों को एतराज़ था। फिर भी समझदारी समाजवादियों ने ही दिखायी कि बड़े उद्देश्यों के लिए लड़ते समय छोटे मतान्तरों का कोई अर्थ नहीं।

१५ जनवरी, १९४० को सुभाषचन्द्र बोस पटना आये। नागार्जुन के प्रिय नेताओं में से वह एक थे और उनसे पत्राचार भी होता रहा था। स्वामी सहजानन्द और सुभाष बोस के बीच जो मैत्री और सम्मति थी, नागार्जुन ने शब्द दिया है—'दोनों एकात्म थे।' सहजानन्द ने नेताजी की इस यात्रा में नागार्जुन को उनके साथ-साथ लगा दिया। कहा—'तुम नेताजी के साथ भ्रमण करो।' पटना की दो सभाओं में नेताजी के भाषण हुए। युद्ध में सरकार को अधिकाधिक धन की ज़रूरत थी, और बड़ी संख्या में सैनिक बहाल करने की भी, जिसके लिए घर-घर से चन्दा वसूलने और हर घर से एक युवा को फ़ौज में बहाल करने का सघन अभियान चल रहा था। नेताजी ने नारा दिया—'न एक पायी, न एक भाई।' यानी, न तो किसी घर से सरकार को एक पैसे का भी चन्दा दिया जाये, न ही घर के बच्चों को फ़ौज में भरती होने दिया जाये। बड़ा ही भयानक आह्वान था, सरकार को तिलमिला देनेवाला। लेकिन, नेताजी के कई नारों की तरह

यह भी जनता के दिल में उतर गया। नेताजी ने युवाशक्ति से अनुरोध किया, इस नारे को गाँव-गाँव में, घर-घर में पहुँचाया जाये। एक सभा में उन्होंने कहा कि यदि स्वतन्त्रता दिवस के दिन कहीं गाँधीवादी प्रतिज्ञापत्र पढ़वाया जाता है तब भी अग्रगामी दल के सदस्य इसका विरोध नहीं करें, न विवादी स्वर उठायें। ३ फ़रवरी को बेगूसराय में आयोजित विशाल छात्र सम्मेलन को मुख्य वक्ता की हैसियत से उन्होंने सम्बोधित किया, सभा की अध्यक्षता राहुल सांकृत्यायन कर रहे थे। ८ फ़रवरी को जहानाबाद की सभा में उनका भाषण हुआ। ८ फ़रवरी के 'तिरहुत समाचार' में एक कविता प्रकाशित हुई, जिसका भाव था—

> कितने आश्चर्य की बात है, समस्त अन्न-धन-सम्पत्ति उपजानेवालों के बच्चे भूखों मर रहे हैं और उनके बल पर दूसरे ऐश्वर्य की निधियों पर लोटते हैं। ओ महान्, ओ योद्धा, हमारा तरुण सुभाष, आओ। हमारा विश्वास है कि तुम इस कंटकाकीर्ण पथ पर हमारा नेतृत्व कर सकोगे। तुम अपना शंखनाद करो, हम तलवार खोले स्वतन्त्रता-संघर्ष में कूद पड़ेंगे। दुश्मन तब जान जायेगा कि भारत के वीरपुत्र मातृभूमि के सम्मान की रक्षा किस प्रकार से करते हैं।

लेकिन सरकार की ओर से भी भारत रक्षा क़ानून और इमरजेंसी पावर के प्रावधानों के सख़्त प्रयोग में कोई कोताही नहीं थी। १८ फ़रवरी को जे.पी. गिरफ़्तार किये गये, १९ अप्रैल को स्वामी सहजानन्द। पण्डित रामनन्दन मिश्र, चम्पारण ज़िला किसान सभा के अध्यक्ष महन्त धनराजपुरी, समाजवादी पार्टी के किशोरी प्रसन्न सिन्हा, सब गिरफ़्तार कर लिये गये। रामवृक्ष बेनीपुरी को एक साल की कड़ी सज़ा सुनायी गयी। राहुल सांकृत्यायन को इलाहाबाद में गिरफ़्तार किया गया और हज़ारीबाग़ सेन्ट्रल जेल भेज दिया गया। नागार्जुन पर भी वारंट था। वह भूमिगत हो गये। अमवारी आन्दोलन के दिनों से ही लोकशिक्षण के लिए वैचारिक क्रान्तिकारी लेखन का काम वह कर रहे थे। उन दिनों तो उन्होंने 'किसान-मज़दूर' नाम से एक भोजपुरी पत्रिका निकालने की भी योजना बनायी थी। सरकार से अनुमति न मिलने के कारण नहीं कर पाये थे। अब अनुमति की ज़रूरत नहीं थी। 'न एक पायी, न एक भाई' मुद्दे पर उन्होंने परचे लिखे, छपवाया और बोरे में भरकर जगह-जगह पहुँचाने लगे। ऐसा और लोग भी कर रहे थे। इन सामग्रियों की ज़ब्ती भी बड़े

पैमाने पर की जा रही थी। इसके लिए भी सुसंगत दफ़ाएँ क़ानूनों में डाली गयी थीं। उन दिनों ज़ब्त किये गये परचों/पुस्तिकाओं पर एक नज़र डालें तो वहाँ कई विविधताएँ मिलती हैं। उनमें बंगला, उर्दू, भोजपुरी, अँग्रेज़ी के परचे थे। हिन्दी की सामग्रियाँ सबसे ज़्यादा थीं। उनमें यदि कथात्मक प्रकृति की पुस्तिका 'दयालु मास्टर' थी तो बौद्धिक प्रकृति की 'द्वन्द्वात्मक भौतिकवाद' भी। एक बंगला-पुस्तिका का शीर्षक था—'युद्ध-विरोध केनो।' एक 'राष्ट्रीय गीतांजलि' नाम से थी। एक था—'आख़िरी धावा का मौक़ा आ गया है।' इनमें से ही 'न एक पायी, न एक भाई' था। नागार्जुन बताते थे—

> परचा छपाकर बोरियों में भरकर हम संन्यासी वेश में ट्रेन से जगह-जगह पहुँचा आते थे। पूछने पर बताते थे बोरियों में आलू है या ऐसा ही कुछ बताते थे। लेकिन एक दिन हमें पकड़ लिया गया और जेल में डाल दिया गया।

इस बार जिस जेल में उन्हें डाला गया, वह सेन्ट्रल जेल भागलपुर था। वहीं उनके पुराने साथी केदारमणि शुक्ल भी बन्द थे। इस बार प्रथम श्रेणी के राजनीतिक बन्दी का दरजा मिला जबकि इसी माँग के लिए हज़ारीबाग़ जेल में बड़ा भारी संघर्ष करना पड़ा था और मुश्किल से द्वितीय श्रेणी हासिल हुई थी। इस सुधार में राहुल जी के भूख हड़ताल का बड़ा योगदान था।

जेल में जितने क्रान्तिकारी साथी थे, सबने नियम के अनुसार, आपस में ज़िम्मेवारियाँ बाँट ली थीं। केदारमणि की ज़िम्मेवारी थी कि बन्दियों से मिलने आने वाले मुलाक़ातियों की वह ख़बर रखते ताकि किसी के परिवारीजन यदि मिलने आये हों तो उन्हें टाला न जाये, न असुविधा हो। एक दिन एक वृद्ध ब्राह्मण मुलाक़ाती का ज़िक्र नागार्जुन से करते हुए कहा—'कई दिन से वह चक्कर लगा रहे हैं, मुझे शक है कि वह आपके परिवार के हैं और आपसे ही मिलने की आशा में डटे हैं।' जेल-रिकॉर्ड के मुताबिक कहीं भी कोई नागार्जुन का परिवारी नहीं था, भिक्षुओं का कोई परिवारी नहीं होता। लेकिन झाँकने गये तो वह मुलाक़ाती पिता गोकुल मिश्र निकले।

हुआ यह था कि वैद्यनाथ के आद्यगुरु अनिरुद्ध मिश्र अब रिटायर्ड होकर गाँव आ गये थे। वह कलकत्ता से छपनेवाला अख़बार 'दैनिक विश्वमित्र'

डाक से मँगाते थे। उसी में कभी उन्होंने पढ़ा कि श्रीलंका का एक संन्यासी भागलपुर जेल में बन्द है जिसे लोग बहुत परेशान करते हैं। उन्होंने इसकी चर्चा गुरु भाई से की और उम्मीद ज़ाहिर की कि हो न हो, यह अपना वैद्यनाथ है। पिछले कई वर्षों से गोकुल मिश्र बड़ा ही असहनीय सामाजिक अपमान झेल रहे थे। एक तो जवान बेटा घर से भागा, संन्यासी हो गया, विधर्मी हो गया। इससे भी ज़्यादा परेशानी उनके लिए कंटीर बाबू ने पैदा की थी, जो वैद्यनाथ के भागने की पूरी ज़िम्मेवारी गोकुल बाबू पर डालते थे, तदनुसार ही बर्ताव करते थे। नागार्जुन बताते थे,

> एक-से-एक र्‌यूमर उड़ गया हमारे बारे में। संन्यासी होने की बात छिपायी गयी थी हमारे घरवालों द्वारा। वृद्धावस्था में कोई गृहस्थ वानप्रस्थ हो जाये, ठीक है, किन्तु भरी जवानी में घर-द्वार छोड़कर जोगी बन जाये, यह घोर कलंक माना जाता है।

जेल के मुलाक़ाती कक्ष में जो पिता-पुत्र का मिलन हुआ, शोभाकान्त ने लिखा है,

> भिक्षु के बन्दी मित्रों और जेल के अधिकारियों से रो-रोकर अपनी व्यथा-कथा से ज़्यादा वैद्यनाथ की पत्नी की व्यथा-वेदना का वर्णन करते रहे। उन्होंने कहा, मुझे छोड़ दिया, घर छोड़ा, इसकी मुझे परवाह नहीं है। इस भगोड़े के भरोसे मेरी ज़िन्दगी क्या चलेगी। पर इसके साथ बछिया-जैसी निरीह ब्राह्मणी का जीवन बँधा है, उसका क्या होगा ? वह बछिया ब्राह्मणी क्या आजीवन इसका नाम ले-लेकर रोती रहेगी ?

सबको उनकी बात वाजिब लगी, सबने उनका पक्ष लिया। नागार्जुन भी इस बीच काफ़ी हद तक नम हो चुके थे। सबकी राय उन्होंने मानी कि जेल से छूटने के बाद वह घर जायेंगे, पत्नी को अपनायेंगे, लेकिन आन्दोलन नहीं छोड़ेंगे। तय हुआ कि जेल से रिहायी का जब समय आयेगा, पहले ही जेल अधिकारी गोकुल मिश्र को चिट्ठी भेज देंगे; यहाँ तक कि यदि वह सही समय पर न आ पायें तो भिक्षु को किसी जेल अधिकारी के घर रोककर रखा जायेगा। संन्यास के विरुद्ध गृहस्थों का यह मानो साझा अभियान था। उस छोटी और तनावपूर्ण मुलाक़ात में भी पिता यह पूछना नहीं भूले कि जनेऊ पहनते हो या नहीं ? नहीं पहनते थे, जिसका उन्हें पूरा शक था। वह उनके लिए जनेऊ लेकर आये थे।

सही समय पर उन्हें ख़बर हुई, गोकुल मिश्र भागलपुर पहुँचे और भिक्षु नागार्जुन जब जेल से निकले, उन्हें साथ किये सीधे हरिपुर पहुँच गये, जहाँ वैद्यनाथ की पत्नी पितृगृह में निवास करती थीं। ऐसा करते हुए मानो उन्होंने सभी अभियोगों, कलंकों से मुक्ति पा ली हो। वैद्यनाथ के आगमन पर उनकी ससुराल में उत्सव मनाया गया, सत्यनारायण कथा हुई, ग्रामदेवता के समक्ष बलि दी गयी, ब्राह्मणों और कुमारियों को भोजन कराया गया। पर, तरौनी के पुराने पण्डितों की प्रतिक्रिया बहुत ही उग्र थी—'एक तो संन्यास से वापस आया और दूसरा समुद्र पार कर गया, तीसरी बात कि बौद्धधर्म में दीक्षित हुआ। बौद्ध तो आधा मुसलमान होता है आधा ईसाई। वे गाय भी खाते हैं और सूअर भी। यह लड़का ब्राह्मणों के समाज में फिर से वापस लिया ही नहीं जा सकता।' लेकिन, अपराजिता ने मानो अपने पूजा-पाठ, व्रत-उपवास, देव-पितर आदि से अपने सौभाग्य को जीत लिया था। उपेन्द्रनाथ झा व्यास ने लिखा है,

> नागार्जुन जब लौटकर आये थे, वह माघ का महीना था। उन्होंने वही संन्यासियों वाले वस्त्र पहन रखे थे। बावजूद इसके, गाँव के लोगों ने बड़े हर्ष से उनका स्वागत किया। एक-दो दिन के भीतर शुभ दिन तलाशकर उनके केश कटवाये गये, चोटी रखवायी गयी, विधानपूर्वक जनेऊ पहनाकर उन्हें हिन्दू ब्राह्मण बनाया गया और गृहस्थाश्रम में प्रवेश कराया गया। मैं भी उन दिनों छुट्टी में, गाँव में ही था। रोज़ दिन कई-कई घण्टे उनसे मेरी बात होती थी। सारे क़िस्से उन्होंने सुनाये कि कैसे-कैसे क्या सब करना पड़ा था।

बौद्ध संन्यासियों वाले गेरुआ वस्त्र नागार्जुन को प्रिय थे। जेल में जब राहुल सांकृत्यायन को कहा गया कि क़ैदियों वाले कपड़े पहनें तो इसमें उन्हें कोई आपत्ति नहीं हुई। गेरुआ त्यागकर वरदी चढ़ा ली, निकलते समय फिर से गेरुआ पहन लिया। नागार्जुन को आपत्ति थी। उन्होंने बाद में कृष्णा सोबती को बताया था, 'तुम स्वामी सहजानन्द के सीताराम आश्रम में जाओ तो मेरा चीवर अभी भी तुम्हें वहाँ मिलेगा।' चौथेपन में एक बार फिर से चीवर धारण करने का उनका मन हुआ था। इसका गहरा अर्थ था। इसलिए अब जब वह गेरुआ त्याग रहे थे तो यह भी अर्थ रखता था।

ससुराल के लोगों को पूरा सन्देह था कि चूँकि वह जबरन गृहस्थ बनाये गये हैं अत: कभी भी मौक़ा पाकर भाग सकते हैं। उन पर कड़ी निगरानी

रखी गयी। गाँव में भी बाह्यभूमि आदि की ओर निकलना हो तो कई लोग उनके साथ बने रहते। दरभंगा या मधुबनी जाते तब भी दो-तीन साकांक्ष रखवाले साथ लगे रहते। पर, यह सन्देह व्यर्थ था। पूरे सोच-विचार के साथ उन्होंने प्रत्यावर्तन चुना था। गार्हस्थ्य और संन्यास के अलगाव को लेकर जो उनके असमंजस थे, उनका सटीक समाधान राहुल की संगति ने कर दिया था। अपनी 'प्रत्यावर्तन' कविता में जो उन्होंने यह लिखा कि 'हो सका मुझको न अब तक ज्ञात उस दिन/तुम उठा लायी कि मैं ही स्वयं आया'—वहाँ रहस्य-जैसी कोई बात नहीं थी, मानव-हृदय की सहज प्रेमास्पदता थी, जिसकी ओर उनका ध्यान भिक्षु राहुल के जीवन-प्रसंग से आकृष्ट हुआ था। वह लौट आये थे तो यह प्रेम और पारिवारिकता का अंगीकार था, जो कि वास्तव में भिक्षुओं के लिए, राहुल और नागार्जुन जैसे भिक्षुओं के लिए वर्जित नहीं बल्कि अपरिहार्य था। यह कर लेने पर भी भीतर का संन्यास, फकीरों वाला आनन्द खण्डित नहीं होता था।

अपने एक मैथिली लेख में नागार्जुन ने लिखा—

> सृष्टि का सर्वोत्तम अवदान है मनुष्य, जीवन का सर्वाधिक महत्त्वपूर्ण काल है यौवन, और रचनात्मक दृष्टि से सर्वोपरि स्थायीभाव है नर-नारी की परस्पर प्रीति।

ये दिन इसी परस्पर प्रीति के दिन थे। पिछले सात वर्षों के बीहड़ जीवनानुभव ने एक ऐसे समझदारी भरे स्थैर्य तक उन्हें पहुँचाया था जहाँ अब इस परस्पर प्रीति को जिया जा सकता था। उधर अपराजिता ने इन सात वर्षों में परित्यक्त कुलीन मैथिल विवाहिता बनकर जो अनुभव बटोरे थे, उन्होंने उनकी कई लघुताओं को धो-पोंछ दिया था। अब वे एक मोहक 'जुगल जोड़ी' थे। शोभाकान्त ने लिखा है, उन्होंने जब भी अपने माता-पिता को साथ बैठे देखा, पाया कि 'दोनों को बातें न करके गप्पें लड़ाना ज़्यादा पसन्द' था। 'किसी पुराने प्रसंग को लेकर घण्टों आत्मविभोर होकर दोनों बतियाते रहते।' उन 'पुराने प्रसंगों' की बिनाई के ये दिन थे। यहाँ वे अनुभव थे जिनके वशीभूत नागार्जुन ने स्वकीया प्रेम की, दाम्पत्य की एक-से-एक विरल, मोहक कविताएँ लिखीं। वहाँ पत्नी के मर्म को पति महसूस करता है—'हृदय में पीड़ा दृगों में लिये पानी/देखते पथ काट दी सारी जवानी।' और, पति की चिन्ताओं का

निराकरण पत्नी करती है—'की करबैक ले एहिना एलैए ह्वैत/एक आँखि कनैत अछि जग, एक आँखि हँसैत।' बाद के अपने एक लेख में नागार्जुन ने इसे हिन्दी प्रदेश के अविकास का एक स्पष्ट लक्षण माना कि जीविका के लिए पुरुष और स्त्री को अलग-अलग रहना पड़ता है। लेकिन, उनकी प्रेम कविताओं में हम स्वकीया को अपना यह अनुभव बाँटते हुए देखते हैं कि इस वियोग से परस्पर प्रीति बढ़ती है! एक-दूसरे के संघर्ष को समझ पाने की वहाँ सहृदयता है। बाद में अपने लम्बे दाम्पत्य का क़िस्सा कृष्णा सोबती को सुनाते हुए नागार्जुन ने कहा था—

> उसे दूर-पास से, आमने-सामने और गहरी बारीक़ी से भी देखता हूँ, तो एक ही तस्वीर उभरती है—हक़ पर अड़नेवाली एक निडर व्यक्तित्व की मालिक।

नागार्जुन की जैसी निर्मिति थी, यहाँ यह परस्पर प्रीति अपरिहार्य थी। नागार्जुन ने कृष्णा जी को बताया—

> हमारा ब्याह हुआ तो अपराजिता के आसपास चौदह सहेलियों का गुच्छा। मज़ा यह कि उनमें से छह लड़कियों की बारात भी उसी रात चढ़ी।

बकौल कृष्णा जी,

> हमने बाबा के चेहरे पर पूरी निगरानी रखी। इस उम्मीद में कि देखें तो उन चौदह मैथिल सुकुमारियों में से कितने सतरंगी मुखड़े बाबा की आँखों में उभरते हैं, लेकिन दोस्तो, वहाँ अपराजिता ही अपराजिता थी। मुखड़ा एक। मुद्राएँ अनेक।

इन दिनों के तीन-चार प्रसंग नागार्जुन जब-तब सुनाते थे और कुछ प्रसंगों के बारे में तो दूसरे लोगों ने भी लिखा है। एक प्रसंग 'आर्यावर्त' या 'मिथिला मिहिर' में नौकरी को लेकर है। प्रस्ताव आया कि दैनिक या साप्ताहिक पत्रों में नौकरी कर लें। दोनों ही पत्र महाराज दरभंगा के स्वामित्व के थे, जिनसे नागार्जुन का विरोध जगज़ाहिर था। पर, महाराज दयालु राजा थे। अपने कृपापात्र ब्राह्मणों को यूँ भी बिना कुछ किये-

कराये वह चार आने का वज़ीफ़ा देते रहते थे जिसे मिथिला में 'चौअनियाँ खोरिस' कहा जाता था। यदि किसी प्रतिष्ठित वरिष्ठ को साथ लेकर वह महाराज के पास जाते और पिछली ग़लतियों के लिए माफ़ी माँग लेते तो इतने भर से भी उनको नौकरी मिल सकती थी। लेकिन नागार्जुन दूसरी तरह से देखते थे। उन्हें यह दिखता था कि देश के तमाम शोषक ज़मींदारों में दरभंगा नरेश सर्वश्रेष्ठ हैं, जिनके कर्मचारी किसानों से किसी-न-किसी बहाने अठासी प्रतिशत तक उपज लूट लाते हैं। किसान आन्दोलन के दौर में उन्होंने यह भी देखा था कि 'आर्यावर्त' मुखर रूप से ज़मींदारों का पक्षधर अख़बार था। और, 'मिथिला मिहिर' तो एक तरह से दरभंगा राज का मुखपत्र था जिसे राज के तहसीलदार और अमले पढ़ते थे। अपराजिता के हवाले से कहा जाय तो नागार्जुन तो ऐसे थे कि 'महाराज ने कई बार कविता पढ़ने के लिए बुलवाया पर ये कभी गये ही नहीं।' घर आयी नौकरी इस तरह लौटी थी।

दूसरा क़िस्सा पुस्तिका-प्रकाशन का है। नागार्जुन इसे 'कितबिया' कहते थे। यानी कि कविताओं की छोटी किताब, आठ पेज, सोलह पेज की। इसका संस्कार उन्होंने जनान्दोलन से पाया था। किसान आन्दोलन के दिनों के परचे, या फिर फॉरवर्ड ब्लॉक के दिनों के। कविताई में गम्भीर हुए तो गद्य का स्थान पद्य ने ले लिया, बाक़ी उद्देश्य वही रहा। गद्य-पद्य तो कवि के शाश्वत साथी होते हैं। शेखर जोशी ने लिखा है, पचास के दशक में कभी एक बार नागार्जुन उनसे मिलने हॉस्टल-टाइप डेरे में चले गये थे तो जोशी जी के पंजाबी साथी ने दरवाज़े से ही पुकारकर कहा था—'ओए जोशी, तेरा कोई गद-पद आया है।' सामने नागार्जुन को भी सुनते देख जोशी जी भले घबराये हों, नागार्जुन तो मुस्कुरा ही रहे होंगे। गद्य-पद्य यही था।

पहली कितबिया का आइडिया कैसे आया था? जब उन्होंने 'आर्यावर्त' वग़ैरह की नौकरी नहीं स्वीकारी तो घर के लोगों का सहज प्रश्न था—'तब बचुवा, तुम्हारा लिखना-पढ़ना परिवार के किस काम का?' नागार्जुन बताते थे—

> ताव में हमने अपनी मैथिली कविताओं का छोटा पम्फलेट छपवाया और उसे रेलगाड़ी में गा-गाकर बेचने लगे। चना ज़ोर गरम वाला जैसा बेचता है न! दिन में बारह आना—एक रुपया तक ले आते थे। पिताजी समझें

> कि दम है लड़के की कविता में।

ये वे दिन थे जब नागार्जुन ने बड़ी ही गम्भीरता से कविताई की दूसरी पारी शुरू की थी। मानो उन्होंने तय कर लिया था कि उन्हें कवि ही बनना है। इन्हीं दिनों उन्होंने 'रवि ठाकुर' कविता लिखी थी, जिसमें उनके संकल्प और आत्मविश्वास को देखा जा सकता था। अपने को वहाँ उन्होंने 'दबी हुई दूब का रूपक' बताया। सन्दर्भ दीन-हीन-अभावग्रस्त कृषकपुत्र का था। वहाँ उन्होंने सर्वसुविधा-सम्पन्न विश्वकवि की भिड़न्त इस दबी हुई दूब से करा दी थी कि 'मुझको भी मिली है प्रतिभा की प्रसादी/मुझसे भी शोभित है प्रकृति का अंचल।' उन्होंने कविगुरु से आशीष माँगा कि 'मेरा मन स्थिर हो', यानी कि कविताई में। यह कविता रवि ठाकुर के निधन पर लिखी गयी थी। यह और बात है कि उन दिनों इस कविता की ओर किसी का भी ध्यान नहीं गया था। 'मोद' के अप्रैल १९४१ अंक में उनकी 'कविक स्वप्न' कविता छपी। यह कविता 'अन्तिम प्रणाम' से भी आगे की चीज़ थी। वंचितों के प्रति प्रेम और न्याय की भावना को वहाँ इतनी गहरी संवेद्यता के साथ पेश किया गया था कि वज्रहृदय को भी ठहरकर विचार करने को विवश करता था। ख़ास विशेषता यह थी कि अन्दर ही अन्दर उसमें एक क़िस्सा पिरोया गया था। कविता का अन्तर्लय कथात्मकता से गुँथा था और सम्प्रेषणीयता इतनी कि सीधे श्रोताओं के दिल तक पहुँचती थी। फिर उन्होंने 'बूढ़ वर' और 'विलाप' कविताएँ लिखीं। इनमें क्षत-विक्षत मनुष्यता, जिसमें मातृभूमि भी बराबर की साझीदार थी, की पीड़ा इतनी मार्मिकता के साथ व्यक्त की गयी थी कि किरण जी ने लिखा है—

> यह लिखनेवाले कवि का हृदय एक भिक्षु संन्यासी का हृदय नहीं हो सकता। वह सच में बदल गये थे।

नागार्जुन तरौनी से काशी गये। वहाँ उन्होंने किरण जी को मन की बात बतायी कि पुस्तिका छप जाने से कविताई के साथ-साथ रोज़ी-रोटी का मामला भी हल हो सकता है। सबने मिलकर 'बूढ़ वर' और 'विलाप' की अलग-अलग पुस्तिकाएँ हज़ार प्रतियों में छपायीं। वे सौराठ-सभा के दिन थे। सभा में तो उसका 'छुहुक्का उड़ गया' यानी कि बहुत बिक्री हुई। डेढ़-दो सौ प्रतियाँ तो अकेले चन्द्रनाथ मिश्र अमर ने गा-गाकर बेच दी थीं, अमर जी ने लिखा है। नागार्जुन बताते थे—

पहले दिन बेचकर लौटे, पैसे पिता के हाथ पर रख दिये। पिता ने तो हमें नाकारा साबित करना चाहा था, सो पैसे पाकर लाड़ हो आया। ठुड्डी छूकर कहा—बेटे, पिता पर ग़ुस्सा नहीं करते। यही और यही एक क्षण याद कर सकता हूँ जब पिता से प्यार पाया हो!

अपनी ये कविताएँ वह एक ख़ास लय में बाँधकर गाते थे। कविता की ये धुनें उन दिनों समूचे इलाक़े में प्रसिद्ध हो गयी थीं। शोभाकान्त ने लिखा है, बहुत वर्षों बाद उन्होंने पेठिया में किसी को यात्री की वे कविताएँ उसी लय में गाते सुनी थीं, जो पीढ़ियों की श्रुति-परम्परा से उस आदमी तक पहुँची होंगी। आज तो वे कविताएँ थियेटर के कलाकारों की भी पसन्दीदा हैं।

यात्री की ये कविताएँ सुस्पष्ट रूप से ब्राह्मणवादी-पुरुषवर्चस्ववादी समाज-व्यवस्था के विरुद्ध थीं, बावजूद इसका बड़े पैमाने पर स्वागत हुआ था, यह विशेष बात थी। वे बहुत मार्मिक थीं। वह चाहते तो ऐसी और भी पुस्तिकाएँ निकालते रह सकते थे जो उनके आर्थिक उपार्जन के लिए भी सही होता। लेकिन दो कारण हुए कि तत्काल उन्होंने इस बारे में नहीं सोचा। पहला तो यह कि अपराजिता को उनका यह काम पसन्द नहीं था। वह इसे अर्थोपार्जन का अधम उपाय मानती थीं। नागार्जुन के शब्दों में—

उसे यह गीतफ़रोशी-सरफ़रोशी पगलेटों वाले काम ही मालूम होते थे। अरे कोई मर्दों वाला काम करें! यह क्या है, रजनी-सजनी।

दूसरी बात यह हुई कि दोनों पुस्तिकाओं की लोकप्रियता से उत्साहित होकर एक दिन वह दरभंगा गये और आचार्य रमानाथ झा से मिले। रमानाथ झा दरभंगा राज के पुस्तकालयाध्यक्ष और प्रभावशाली राजपुरुष थे। मैथिली साहित्य के तो वह सर्वदिग्पाल थे। आज भी उन्हें मैथिली का सबसे महान् आलोचक माना जाता है। उन दिनों वह मैथिली साहित्य को अनुशासित कर क़ायदे में ढालने का काम कर रहे थे। मैथिली आलोचना की प्रमुख चिन्ता उन दिनों यह थी कि श्रोत्रिय ज़्यादा अच्छा लिख रहे हैं या ब्राह्मण। महाराज श्रोत्रिय थे और रमानाथ झा भी। बाक़ी श्रोत्रिय अगर कुछ कमज़ोर भी लिख रहे हों तो उन्हें ब्राह्मणों से बढ़ाकर तोला जाता था। बावजूद इसके उन्हें मिथिला-समाज में 'नीर-क्षीर-विवेकी' की पदवी हासिल थी। किरण जी ने लिखा है, श्रोत्रिय कोई जातिगत मामला

नहीं दरअसल राजनीतिक संस्था थी, राजभक्ति की। नागार्जुन की स्थिति देखी जाये तो इस पूरे परिदृश्य में वह कहीं भी नहीं आते थे। लेकिन, काव्यपुस्तिकाओं की सफलता से उत्साहित होकर वह आचार्य के घर तक पहुँच गये और पुस्तिकाएँ उनके हाथ में दीं। आचार्य ने उलट-पुलटकर देखा और क्रोधित हो गये। बरस पड़े—'क्या अंट-संट लिखते हैं आप! कोई अच्छा विषय दिमाग़ में नहीं आता?' नागार्जुन दुखी हुए। बहुत दुखी हुए। चुपचाप लौट आये।

रमानाथ झा की कही बात दरअसल एक राजनीतिक कार्रवाई थी। स्वयं नागार्जुन भी अब तक एक राजनीतिक जीव बन चुके थे। लेकिन यह 'माँ मिथिला', 'माँ मैथिली' का विषय था, जिसमें उनकी राजनीतिक बुद्धि किसी काम नहीं आयी। कई वर्षों तक वह व्यथित रहे। १९४१ में रमानाथ झा ने काव्य-संग्रह का प्रकाशन किया। इसमें जाने कितने ही ज्ञाताज्ञात कवि आये, घर-घर से ढूँढ़कर जमा किये गये, कई तो ऐसे जिनका फिर कभी नाम तक नहीं सुना गया, इसके लिए उन्हें 'अज्ञात कवियों का उद्धारकर्ता' कहा गया। लेकिन इस संग्रह में यात्री जी की कविताएँ नहीं ली गयीं। किरण जी ने लिखा है—

> यात्री जी की कई मार्मिक कविताएँ तब तक प्रकाशित हो चुकी थीं। मैथिली कविता में यह नये युग का संकेत था। लेकिन उन्हें संकलित नहीं किया गया, तभी मुझे लग गया था कि रमानाथ बाबू की दृष्टि पक्षपाती दृष्टि है, नीर-क्षीर-विवेकी नहीं। लेकिन उन्हीं रमानाथ बाबू ने उन्हें बीस-पच्चीस वर्ष बाद महाकवि का दरज़ा दिया। देंगे कैसे नहीं आप? जो सच है उसे तो कबूल करना ही पड़ेगा। लेकिन समय पर आप अपना कर्तव्य तो पूरा नहीं कर पाये न? पहचान ही नहीं पाये।

तीसरा क़िस्सा नागार्जुन यह सुनाते थे कि कैसे पत्नी को साथ लेकर वह गाँव से भागे थे। हुआ यह था कि घर-वापसी के थोड़े ही दिनों में नागार्जुन का मोह फट गया। वह पिता जो महानाटक करके भागलपुर जेल से उन्हें पकड़ लाये थे, थोड़े ही दिनों में उनकी यह उम्मीद हवा हो गयी कि पिता बदले हैं। वह नहीं बदले थे। तमाम स्वच्छन्दताएँ और स्वेच्छाचारिताएँ बदस्तूर जारी थीं। शोभाकान्त ने लिखा है—

> मोह का सूत्र जो एक बार टूटने पर जोड़ा गया था, पुनः टूटने को हो आया। लेकिन सम्भवतः गाँठ में कुछ ज़्यादा ही लपेट लग गयी थी।

यह लपेट अपराजिता की थी। स्थिति यह थी कि गाँव में मन नहीं लगता था। जीवन-यापन का जुगाड़ भी ज़रूरी था। उधर, अपराजिता साथ छोड़ने को तैयार नहीं, तब दोनों प्राणी ने मिलकर गाँव से निकलने की योजना बनायी। मनोहर श्याम जोशी को उन्होंने बताया था—

> बहुत असम्भव क़िस्म का काम था यह। पहले पत्नी को राजी करना पड़ा। राजी हुई तो समस्या आयी कि कैसे लेकर जायें। उसका मर्द का भेस बनाकर निकाला उसे रात के वक़्त गाँव से। जैन-महन्तों के साथ चले। पटना में छिपकर रहे। वहाँ से गये लुधियाना। सोचा, ट्यूशन का काम मिलेगा बहुत, उससे कमाई होगी, कुछ लिख-लिखाकर कमा लेंगे। गँवई, गाँव से बाहर आकर ब्राह्मणी को युगबोध होगा। रत्न-भूषण-प्रभाकर वग़ैरह हिन्दी परीक्षाएँ स्त्रियों में तब बहुत लोकप्रिय थीं। वह कर लेंगी।

पटना के कदमकुआँ में छिपकर रहने के दौरान एक दिन गंगा स्नान की घटना का ज़िक्र शोभाकान्त ने किया है कि कैसे एक युवा स्त्री नदी में नहा रही थी, और घाट पर खड़े पुरुषों की जमात एकटक निहार रही थी और उस वक़्त कैसे नागार्जुन को गोर्की की वह कहानी याद हो आयी थी, जिसमें एक स्त्री को निहारनेवाले छब्बीस मर्द थे। अमृतसर के एक 'लाल' का ज़िक्र नागार्जुन ने 'आईने के सामने' में किया है कि कैसे वह इन पति-पत्नी को निरा भोंदू मान बैठा था।

> अपराजिता को रिझाने की बेचारे ने कोशिश की, सैकड़ों रुपये ख़र्च कर डाले। उसे आशा थी कि अपने गँवार पति को छोड़कर यह युवती उसकी जीवन-संगिनी बनना स्वीकार कर लेगी। बरेली, मुरादाबाद, हरिद्वार, सहारनपुर जाने कितने दिनों तक यह पंजाबी युवक हमारे साथ चिपका रहा।

लुधियाना के सिविल लाइन्स में आदिनाथ जैन मन्दिर था। वहाँ उपाध्याय मुनि हेमचन्द्र विजय के पास उन्हें जैन साहित्य के सम्पादन का काम मिला। मुनि हेमचन्द्र सम्पादित एक पुस्तक 'सर्वज्ञसिद्धि' कलकत्ते से प्रकाशित हुई थी, और भी जहाँ-तहाँ से प्रकाशित हुई होंगी। मुनि जी उन्हें सौ रुपये मासिक देते थे। वह उनके लिए काफ़ी था। बताते थे 'उन दिनों एक रुपये का सोलह सेर चावल आता था।'

इस प्रकरण के बारे में कृष्णा सोबती ने लिखा है—

> नागार्जुन के इस मौलिक अभियान से प्रभावित होकर हम अपने सभी दोस्तों को मशविरा देते हैं कि वे भी कम-से-कम एक बार तो हिम्मत बाँधकर इज़्ज़तदार गृहस्थियों से ज़रूर भाग निकलने की कोशिश करें। हम यक़ीन के साथ कह सकते हैं कि ऐसी बाज़ी लगाकर आप नागार्जुन के इस ठोस रोमानी प्रयोग से ज़रूर आध्यात्मिक लाभ उठा पायेंगे...।

लेकिन हम पाते हैं कि स्वयं नागार्जुन के साथ यह प्रयोग उलटा पड़ा था। अपराजिता के लिए नागरिक जीवन का यह पहला अनुभव था। अच्छी लगनेवाली चीज़ें यहाँ निहायत कम थीं और ज़्यादातर चीज़ें असहमति पैदा करती थीं। मज़ाक़-मज़ाक़ में एक दिन बात शुरू हुई और अन्ततः अपराजिता ने तरौनी लौटकर ही दम लिया। कृष्णा सोबती ने पूरा क़िस्सा लिखा है। लिखा है कि किसी दिन नागार्जुन ने अपराजिता से कहा—'देखो, यहाँ जितने दिन हो, आँखें खुली रखो, नज़ारे देखो और अपना जनम सफल करो।' उनका इशारा पंजाबी जीवन-शैली के खुलेपन की ओर था। लेकिन अपराजिता ने समझा नहीं। पूछा—'क्या मतलब?' 'मतलब यह कि यहाँ देखने को तुम्हें इतने ख़ूबसूरत नौजवान मिलेंगे कि आँखें तृप्त हो जायेंगी।' अपराजिता को बुरा लगा। कोप करती बोलीं—'क्या कहते हो? मति ठिकाने है तुम्हारी?' 'मेरी तो बराबर है पर तुम्हारे दिमाग़ में ही खलल है। पंजाबनों को नहाते देखो। गोरे-चिट्टे पिण्डों को यह कैसे मल-मल के नहाती हैं। ऐसे दिव्य दृश्य तुम्हें और कहाँ नसीब होंगे!' अपराजिता मौन बनी घूरती रहीं। रात को बड़ी गम्भीरता से बोलीं—'मेरे दिल में डर उठता है। यह है न, एक बार सौतेली माँ ने तुमसे शिकायत कर दी थी कि मैं खुले नदी में नहायी थी। उस पर तुमने जो रुद्र रूप धारण किया था, एक तो वह थे तुम, और एक यह आज हो। किसी ने तन्त्र-मन्त्र तो नहीं कर दिया?' नागार्जुन ने प्यार की चपत दी—'कब की पुरानी बात कर रही हो! इनसान का बच्चा तो हर दिन बदलता है। हर सुबह नया होता है।' अपराजिता को बुरा लग गया—'ऐसा? तो देखते रहो पंजाबनों को। सेंकते रहो अपनी आँखें! कुछ है भी इनमें? घोड़े के माफ़िक चलती हैं अकड़ कर।' नागार्जुन ने फिर से छेड़ा—'यहाँ आकर मेरे तो दिमाग़ के दरवाज़े-पट सब खुल गये हैं।' अपराजिता और भी चिढ़ गयीं—'क्यों नहीं! तभी तो ललचाये जा रही हैं वह साटन की औरतें तुम्हारी! अरे, बदन में कहीं कोई लचक, कोई घुमाव है जो उन पर

मस्त हो रहे हो!'

मतलब मामला इतना बिगड़ गया कि मनोहर श्याम जोशी के शब्दों में—

> ब्राह्मणी ने सोचा, पगलेट हो गया! यह आशंका भी हुई कि यहाँ घर से दूर कहीं हमें बेच-बाच तो नहीं देगा! उन्होंने कहीं से सुना था कि पंजाब से लड़कियाँ भगाकर काबुल में बेच दी जाती हैं।

बहुत मुश्किल से नागार्जुन उन्हें समझा पाये कि उनका ऐसा कोई इरादा नहीं है। लेकिन बात फिर भी नहीं बनी। अपराजिता का मन उखड़ गया। लुधियाना से वे दोनों अमृतसर गये। फिर पटियाला गये। फिर स्वामी केशवानन्द के पास अबोहर। उन्होंने भी काफ़ी कुछ समझाया-बुझाया। लेकिन बात फिर भी नहीं बनी। न भूषण हुआ, न प्रभाकर। अपराजिता अपने आप को रत्ती भर भी नहीं बदलने पर अड़ गयीं। युगबोध का यहाँ कोई प्रश्न ही नहीं उठना था। और छह माह बीतते-बीतते नागार्जुन को उन्हें फिर से तरौनी पहुँचा देना पड़ा। शोभाकान्त ने लिखा है, किसी शहर में डेरा लेकर घर-परिवार बसाने की सोच उन्हीं दिनों सदा के लिए समाप्त हो गयी। आगे जहाँ भी कहीं नागार्जुन ने अर्द्धस्थायी क़िस्म का डेरा डाला, अपराजिता का आना-जाना अतिथिवत् ही रहा। अपराजिता का मन कहीं नहीं रमा और तरौनी ही उनका 'चारों धाम' बना रहा। वह कहती थीं—'मैं इनके साथ दिल्ली या पटना नहीं गयी। यदि मैं इनके साथ रहकर इधर-उधर भटकती रहती तो बच्चे पढ़ते कैसे? मैंने घर सँभाला, बच्चों को देखा, इन्होंने बाहर साहित्य और राजनीति की। दोनों का काम ज़रूरी था।' यह तो ख़ैर बाद की बात थी। अभी तो यही हुआ था कि एक बार फिर वह तरौनी लौटे ताकि नयी यायावरी पर फिर से प्रस्थान कर सकें।

इस बार जो नागार्जुन घर से निकले, अपराजिता के बारे में उन्होंने जोशी जी को बताया है—

> वह अपने पिताजी के पास चली गयी थीं छह महीना बाद। गर्भवती थीं। पितृगृह में सुव्यवस्था थी। हमारा तो कुछ पता न था। ख़बर कोई न थी हमारे बारे में।

ऐसा प्रतीत होता है कि १९४२ का आन्दोलन जब शुरू हुआ, यद्यपि उसमें नागार्जुन की सक्रियता न के बराबर थी, कम्युनिस्टों और किसान-

सभाईयों पर सरकार की कड़ी नज़र थी, सो नागार्जुन की गिरफ़्तारी के लिए भी कोई वारंट निकला हुआ था। इसका पता त्रिलोचन के एक संस्मरण से चलता है। नागार्जुन फ़रारी का जीवन जी रहे थे। उनकी सोच यह थी कि चूँकि उन्होंने कुछ किया नहीं है, इसलिए जेल भी नहीं जायेंगे। त्रिलोचन बनारस के एक दूरदराज के मुहल्ले में रहते थे। ख़ुद उनपर भी सी.आई.डी. की निगरानी थी। सामने की दुकान में सी.आई.डी. का कोई-न-कोई आदमी हमेशा मौजूद रहता जो उनकी गतिविधियों पर, उनके घर आने-जाने वालों पर नज़र रखता था। नागार्जुन आये और त्रिलोचन उनकी स्थिति से अवगत हुए तो घबराये। उधर ग़ैर ज़मानती वारण्ट था और इधर हमेशा सी.आई.डी. की नज़र थी। पहले ही दिन सी.आई.डी. वाला आ पहुँचा तो नागार्जुन खैनी बना रहे थे। उन्होंने पहले उसी अधिकारी की ओर खैनीवाला हाथ बढ़ाया। सी.आई.डी. वाले ने पूछा—क्या नाम है? त्रिलोचन बोले—ख़ूब ज़ोर से बोलिये तब सुन पायेंगे, ऊँचा सुनते हैं। नागार्जुन अनपढ़ पुरोहित बने हुए थे जिसे सिर्फ़ अवधी बोलना आता था और जो गंगा नहाने के लिए यजमान के शहर में आया हुआ था। चार बार चिल्ला-चिल्लाकर पूछा तो नागार्जुन ने कहा—'गंगा नहाय आवा है।' अगले दिन सी.आई.डी. वाला पुलिस मुख्यालय से आये एक बेतार-सन्देश के साथ पहुँचा। उर्दू में लिखा हुआ था, जिसमें 'नागराजन' की फ़रारी की ख़बर थी। पूछने आया था कि क्या आप इस आदमी को जानते हैं? त्रिलोचन ने बेतार-सन्देश देखा, अधिकारी ठीक-ठीक पढ़ नहीं पाया था। उसमें नागार्जुन का नाम लिखा था। उन्होंने बताया कि इसमें तो नागार्जुन लिखा है। पूछा, क्या आप इसे जानते हैं? बोले—अच्छी तरह जानता हूँ। —कौन हैं? —बहुत बड़े बौद्ध दार्शनिक थे, दो हज़ार साल पहले हुए। सी.आई.डी. वाले ने सिर पीट लिया। वह पहले भी अफ़सरों की सनक से परेशान हो चुका था। गालियाँ देते बोला—देखिये, दो हज़ार साल पहले मरे आदमी का वारण्ट आज निकल रहा है! लेकिन, त्रिलोचन ने चुटकी ली—'बौद्ध विद्वानों और श्रद्धालुओं का विश्वास है कि वह आज भी जीवित हैं। कहीं पकड़ में आ गये तो देश का गौरव बढ़ेगा।' लेकिन, ख़तरा दोनों ही समझ गये कि जगह बदल देनी चाहिये। नागार्जुन तीन महीना सोचकर आये थे। उनका अनुमान था कि एक वारण्ट निकला है तो दूसरा भी अवश्य निकलेगा। कहीं उसमें कोई ज़मानती दफ़ा हुई तो बात बन जायेगी। वह

उसमें ज़मानत लेकर प्रकट हो जायेंगे।

त्रिलोचन के मित्र थे महेन्द्र कुमार न्यायाचार्य। ज्ञानपीठ प्रकाशन में काम करते थे और ज़िम्मेवार माने जाते थे। उनके घर में चौथे तल्ले पर एक कमरा था, उसमें नागार्जुन ठहराये गये। महेन्द्र जी संस्कृत के आदमी और जैन साहित्य के विद्वान थे। नागार्जुन की काव्य-प्रतिभा देखी तो आग्रह किया कि 'दो महाश्रमण' नाम से एक मोटा काव्य-ग्रन्थ वह लिख दें। नागार्जुन ने कोशिश भी की। 'कपिलवस्तु में' जैसी कविता इसी कोशिश की देन है। लेकिन नागार्जुन के तो ये दिन ही कुछ और थे। मोटा ग्रन्थ लिखने की न उनकी स्थिति थी, न मन। मैथिली लेखक मणिपद्म ने इस दौर की एक और घटना का उल्लेख अपने संस्मरण में किया है। यह उनके अपने शहर पटना की घटना थी। कहीं बड़ा जानदार कवि सम्मेलन हो रहा था। नागार्जुन श्रोताओं में छिपकर आनन्द ले रहे थे। अचानक उनकी कविता सुनाने की तबीयत हो आयी। उन्होंने संचालक को एक चिट भेजा। अपना नाम लिखा—बतहू पाठक। चिट लिखने में ही कुछ बात रही होगी, पाठक जी मंच पर बुला लिये गये। नागार्जुन ने सुन्दर कविता विलक्षण अन्दाज़ में सुनायी। वाह वाह हो गया। समापन के बाद शाबाशी देने के लिए बतहू पाठक खोजे गये, नागार्जुन फ़रार थे।

आगे का एक अध्याय नागार्जुन ने स्वयं लिखा है। वह बाद में लेख के रूप में 'हुंकार' में छपा था, जबकि था वह संस्मरण—'सिन्ध में सत्रह महीने'। लिखा है—

> सत्रह महीने तक सिन्ध से मेरा सम्पर्क रहा—हैदराबाद की सारस्वत ब्राह्मण पाठशाला में प्रधानाध्यापक पद पर कुछ दिन, और कुछ दिन सिन्ध की राष्ट्रभाषा प्रचार समिति के मुखपत्र 'कौमी बोली' के सम्पादक-रूप में।

इन्हीं सत्रह महीनों का अवलोकन इस संस्मरण में आया है। यहाँ पता चलता है कि नागार्जुन समाज को और सभ्यता को कैसे देखते थे। इस संस्मरण का महत्त्व इसलिए भी है कि विभाजन के बाद अब यह समूचा प्रान्त पाकिस्तान में है। ३७ के चुनाव में वहाँ मुस्लिम लीग की सरकार बनी थी, जिसे उन्होंने कांग्रेस की ही तरह धूर्तों, मुनाफ़ाख़ोरों और शोषकों का ही संरक्षण और संवर्द्धन करते पाया था। सिन्ध के ९५

प्रतिशत किसान मुसलमान थे, जो इतने उद्यमी थे कि सिन्ध की समूची ज़मीन यदि आबाद हो सकती, अभी तो मुश्किल से १० प्रतिशत थी, तो ये किसान ही अपनी उपज से भारत के अनेक प्रान्तों का भरण-पोषण कर सकते थे। किसानों की दुर्गत अवस्था के बारे में लिखा है कि बड़े-बड़े जागीरदारों और गद्दीनशीन पीरों की हुकूमत के अन्दर वे कराह रहे थे। पीरों के प्रति जनता की बड़ी श्रद्धा थी जबकि ये पीर चाहते थे कि किसान इसी प्रकार दुर्गत अवस्था में बने रहें ताकि उनके भोग-राग में कोई खलल पैदा न हो।

एक दिन नागार्जुन सक्खर का पूर्णिमा मेला देखने गये। वहाँ जो दृश्य था, वैसा उन्होंने पहले कभी न देखा था। जलदेवता वरुण के उपासकों का वह देश था। देखा कि हज़ारों की संख्या में जमा लोग दोने में कुमकुम और अक्षत डालकर, दीप जलाकर उसे सिन्धु नदी में छोड़ रहे थे, जो अरब सागर की ओर समूह में बहा चला जा रहा था। इन श्रद्धालुओं में हिन्दू और मुस्लिम दोनों थे। मुस्लिम सिन्धु नदी को दरियाशाह का सम्मानसूचक नाम देते। वहीं एक वृद्ध ने उन्हें संस्कृत का एक अनुष्टुप सुनाया था कि दुनिया में लोग या तो साकार की उपासना करते हैं या निराकार की, लेकिन हम नीराकार के उपासक हैं। सिन्धी मुसलमानों को बहुधा उन्होंने हिन्दू मन्दिर और वरुण चैत्यों, गुरुद्वारों में सिर झुकाते देखा, इसी तरह हिन्दू भी पीरों के दरगाहों में नतमस्तक होते दिखे। लिखा है—'हिन्दू हो या मुसलमान, सिन्धी का हृदय प्रेममार्गी होता है।' इतिहास गवाह है कि विभाजन के दंगों में यहाँ मुसलमान पड़ोसी हिन्दू परिवारों की रक्षा में खड़े हुए थे। धार्मिक सहिष्णुता के उन्होंने कई प्रसंग दिये हैं। लेकिन यह भी था कि इन्हें नष्ट करने की शातिर चालें भी चली जा रही थीं। अभी चालीस वर्ष पहले तक सिन्धी भाषा नागरी लिपि में लिखी जाती रही थी। अब अरबी में लिखने की जिद थी। लोग माँग करते कि उनके बच्चों को नागरी लिपि में हिन्दुस्तानी पढ़वायी जाये, लेकिन इसे सुननेवाला कोई नहीं था। हिन्दुस्तानी के नाम पर प्रान्तीय सरकार निखालिस उर्दू चलाये रखने पर अड़ी थी। सिन्धी भाषा के सूक्ष्म उच्चारण-भेदों को प्रकट करने में अरबी लिपि असमर्थ थी, कि सिन्धी के अस्सी प्रतिशत शब्द तद्‌भव होते थे जिनका प्रयोग समान रूप से हिन्दू-मुस्लिम आम जनता करती थी, लेकिन नागरी प्रचारिणी सभा या

साहित्य सम्मेलन–जैसी संस्थाएँ इस ओर से उदासीन क्या, विमुख थीं। सिन्धी साहित्य की सृजनात्मक चहल–पहल से भी नागार्जुन परिचित हुए। उन दिनों की एक सिन्धी कविता की पंक्तियाँ उन्होंने कोट की हैं। वह गाँधी के बारे में है। कवि वेकस ने वहाँ कहा है कि—

> जो भी कुछ तुम्हारे पास था, सब तुमने भारतमाता के चरणों में भेंट चढ़ा दी, एक छदाम भी नहीं बचा, सिवाय लँगोटी के क्या रहा? सारा अंग नंगा था। तब तुम पर माता की आशीष हुई, उसने तुम्हारी पदवी बढ़ा दी।

सिन्ध की जिस जाति में उन्होंने जीवन्तता के पूरे लक्षण देखे, वह वहाँ का व्यापारी–वर्ग था। वे सारी दुनिया में फैले थे। 'भाईबन्द' कहे जाते थे। नागार्जुन ने लक्ष्य किया था कि नानकपन्थी और सूफ़ी भावना के कारण उनमें हद दरजे की धार्मिक सहिष्णुता थी और बाहरी दुनिया से निरन्तर सम्पर्क के कारण उनका स्वभाव युगधर्मा बन गया था। सारस्वत ब्राह्मण पाठशाला में अध्यापन के दिनों में उन्होंने जिन भाईबन्द तरुणों को पढ़ाया, चार साल बाद सूचना देते हैं कि उनमें एक कोलम्बो में, दूसरा गायना में, बाक़ी अरब और चीन में है। एक श्राद्ध–भोज का प्रसंग उन्होंने अपने संस्मरण में दिया है। भाई चेलाराम ढोलनमल का भतीजा शंघाई में रहता था। विश्वयुद्ध में उन दिनों वह नगर जापान के अधिकार में आ गया था। उसी दौर में वह मारा गया था। तीन मास बाद ख़बर आ पायी थी, तो उसकी स्मृति में गुरुग्रन्थ और गीता के अखण्ड सप्ताह के बाद अब पाँच ब्राह्मणों और पाँच संन्यासियों को भोजन कराया जा रहा था। भाई चेलाराम से बात होने लगी, जिनका रेशमी कपड़ों का व्यापार था और ख़ुद भी शंघाई और टोकियो में रह आये थे। नागार्जुन ने लिखा है—

> सिन्धियों के साथ बात करने पर जब दुनिया के छोटे–बड़े शहरों के नाम निकल आते हैं और ऐसा बहुधा होता है, तो मेरा घुमक्कड़ मन उछलने लगता और अन्त में उसी लोमड़ी की भाँति बैठ जाता है; जिसने निराश होकर कहा था—अंगूर खट्टे हैं।

निराश लोमड़ी की भाँति उनका मन बैठ क्यों जाता था? वह तो भीतर से संन्यासी थे, और एक बार फिर घर से भाग ही चुके थे तो मन बैठने की क्या बात थी? वास्तविक बात यह थी कि चेतना से अब वह गृहस्थ थे और सद्गृहस्थ साबित होने की आकांक्षा भीतर सर उठा रही थी। शोभाकान्त ने ज़िक्र किया है, आगे के दशक भर बाद तक यह आकांक्षा

उनमें बनी रही। वह अपनी नियमित आय के प्रति सावधान रहते और हर माह घर पैसा भेजते थे। परिवार की आवश्यकताएँ सीमित थीं, लेकिन यह भी था कि सौ रुपये भेज पायें तो दो सौ की माँग हाज़िर रहती थी। पर, जब उनका संन्यासी मन प्रबल होता, और ऐसा समय-समय पर होता रहता था, समूचे परिदृश्य से वह अपने को ग़ायब कर लेते थे और वहाँ किसी की भी पहुँच नहीं रहती थी। 'अति दुर्लभ मैं अति दुर्लभ मैं।' फिर अचानक भुक से वह प्रकट होते कि लोग चकित रह जाते थे। अपनी इस प्रकृति पर बाद में उन्होंने मैथिली में एक कविता 'हे हमर आद्या' भी लिखी थी। सामान्य गृही जनों की एक दुनिया होती है— सुख-दुख, राग-विराग सब उसी एक दुनिया में सिमटे रहते हैं, जबकि नागार्जुन ने शुरू से ही अपने लिए दो दुनिया बना रखी थी, जहाँ एक-दूसरे के बीच आवाजाही चलती रहती थी।

आगे के कई महीनों का समय नागार्जुन ने राहुल सांकृत्यायन के साथ बिताया। यूँ तो आख़िरी दिनों के अपने एक लेख में वह कहते हैं कि 'राहुल के साथ लम्बे समय तक रहने का अवसर मुझे नहीं मिला', लेकिन यह तथ्य से अधिक चाहत की भाषा थी। छोटे-छोटे अवसर जो मिले थे, उनमें जो बड़ी-बड़ी बातें थीं, इसे नागार्जुन ही समझ सकते थे। अकेले राहुल पर छोटे-बड़े मिलाकर उन्होंने चार लेख लिखे, जबकि मनोहर श्याम जोशी ने बाद में कभी जब समझना चाहा था कि क्या राहुल आपके गुरु या गुरुवत् थे, तो उन्होंने उन्हें डाँट दिया था। वहाँ गुरुआई जैसा कुछ नहीं था, एक प्रकार की मैत्री थी, जिसका स्वाद वे युवा बेहतर जानते होंगे, जिन्हें नागार्जुन की सोहबत मिली थी।

लम्बे जेल-प्रवास के बाद जब राहुल २३ जुलाई, १९४२ को वापस लौटे तो फिर एक बार राजनीति के आमने-सामने थे। लेकिन बाहर का माहौल ठीक नहीं था। 'अगस्त क्रान्ति' के बारे में उन्होंने लिखा है कि 'क्रान्ति के साथ मज़ाक़ किया जा रहा है।' स्वामी सहजानन्द ने उन्हें 'हुंकार' के सम्पादन का ज़िम्मा दिया, जिसे दिसम्बर तक वह जारी रख पाये। फिर कलकत्ता-छपरा-सारनाथ चलता रहा। फिर बम्बई चले गये।

इन दिनों उनका मन अनुवाद में रमा था, एक बार फिर से। पर, इस बीच वह दिन सामने आ गया, जिसका इन्तज़ार स्वयं उन्हें भी पिछले सत्ताईस साल से था। वह था उनका जन्मदिन ९ अप्रैल, १९४३। उस दिन उनकी एक प्रतिज्ञा पूरी होने वाली थी। उस दिन वह जीवन के पचास वर्ष पूरे करने वाले थे और अब अपनी प्रतिज्ञा के अनुसार, अपनी मातृभूमि के ज़िले में पाँव रख सकते थे। यह प्रतिज्ञा एक दुखद प्रसंग से जुड़ी हुई थी। वह साधू भेस में सत्ताईस साल पहले आख़िरी बार, आजमगढ़ आये थे तो पता पाकर उनके पिता उनसे मिलने आये, आग्रह किया कि घर लौट चलें। माने तो नहीं ही, दुखी भी बहुत हुए और पिता को भी दुखी किया, पिता गोवर्धन पाण्डेय भी लौटकर घर नहीं गये, संन्यासी हो गये, उधर ही कहीं मर-खप गये। यह प्रतिज्ञा उसी अवसर की थी कि अब पचास की उमर तक गृहज़िले में पाँव नहीं धरूँगा। राहुल को ज़रा-सा भी भरोसा नहीं था कि इस ऋणमुक्ति अहसास के बावजूद इस साल वह आजमगढ़ जा पायेंगे! लेकिन, पंजाब-सिन्ध-गुजरात-मराठा घूमते नागार्जुन भी राहुल से मिलने चले आये और तय हुआ कि आजमगढ़ चला जाये। इस साल का जन्मोत्सव उन लोगों ने अमवारी के किसानों के बीच मनाया। किसान अपना युद्ध जीत चुके थे और अब तो स्थिति यह थी कि आन्दोलन के समय जिन लोगों ने उन पर लाठियाँ चलवायीं वे ही उनके स्वागत में तत्पर थे और सभा कराने में सहयोग दे रहे थे।

सत्ताईस साल ठीक-ठीक कितने होते हैं, इसका समय-बोध, राहुल ने लिखा है, उन्हें भी पहले मालूम नहीं था। इतने दिनों में चीज़ें किस तरह बदल जाती हैं, अब उनका रूप और प्रभाव किस तरह का हो जाता है और इस बदलाव को देखकर द्रष्टा में किस प्रकार के भाव-विचार आते हैं, इसका कुछ विवरण उन्होंने 'जीवनयात्रा' में दिया है। कितनी ख़ुशी की बात थी कि ऐसे अवसर पर नागार्जुन उनके साथ थे, जिनकी उम्र ही अभी बत्तीस साल हुई थी। चीज़ों को उसकी पृष्ठभूमि के साथ देखने की प्रवृत्ति तो पहले से भी उनमें थी, लेकिन ठीक सत्ताईस वर्ष बाद चीज़ों को देखने के गणित और राहुल-जैसे व्याख्याकार की उपस्थिति ने मिलकर उन्हें दुर्लभ अवसर मुहैया कराया था। जब वे मऊ स्टेशन पर ट्रेन से उतरे, एक बजे दिन की 'तपती भूमि पर भी पैर रखने में' राहुल को 'एक तरह का आनन्द मालूम होता था।' मालूम हो रहा था, वह किसी

'न्यामत से वंचित थे' जो उन्हें आज मिल रहा था। एक दिन आजमगढ़ रुककर तीर्थयात्री के भाव से शहर घूमे। रानी की सराय गये, जहाँ के मदरसे में राहुल ने प्राथमिक शिक्षा पायी थी। फिर, जन्मग्राम पन्दाहा गये। पितृग्राम कनैला चलने का आग्रह भाई ने किया तो अगली बार के लिए टाल रहे थे। लेकिन, केदार के इतने वर्ष बाद प्रकट होने की ख़बर जब कनैला पहुँची और अथबल बूढ़े-बुज़ुर्ग पन्दाहा पहुँचने लगे, यह वृत्तान्त चलने लगा कि कौन-कौन पुराने लोग मृत्युलोक गमन कर चुके हैं और कौन-कौन अब तैयारी में हैं, राहुल पिघल गये, और चार घण्टे के लिए ही सही कनैला चलने का प्रोग्राम बन गया।

राहुल ने उस यात्रा के कई चित्र दिये हैं। वह जगह जहाँ उनका पुराना मदरसा था, सामने आते ही, उन दिनों में हर साल की जानेवाली पुताई के बाद की झक-झक सफ़ेद भीत आँखों के आगे आकर खड़ी हो गयी, यहाँ तक कि चहारदिवारी के भीतर जाड़े में लगाये गये गेंदा फूल की ख़ुशबू नाक में आने लगी थी; जबकि अब मदरसा नहीं था, कँटीले जंगल थे, उस जगह का उपयोग लोग खुले पाखाने के लिए करते थे। मदरसा के रास्ते में ठुंठवा पीपल था, जिसे समूचे इलाक़े में आतंकपूर्वक बाबा कहकर पूजा जाता था, क्योंकि उस पर हज़ारों भूतों, प्रेतों का बसेरा था। बाबा की महिमा अब समाप्त थी। पक्की सड़क बन गयी थी। हज़ारों पेड़ सड़क किनारे लग गये थे, जिनके बीच बाबा गुम हो गये थे। पुराने कुओं, गड़हियों और तलैयों के बीच का अन्तर घटकर अब एक तिहाई भर गया था। जहाँ पहले भूत बसते थे, हड्डियाँ गाड़ी गयी थीं, वहाँ भी अब लोगों के घर गुँजरित थे। देवताओं का माहात्म्य काफ़ी हद तक कम हो गया था। कनैला के राजभरों ने सूअर पालना बन्द कर दिया था, और अब तो स्थिति थी कि ग्रामदेवता के कई वर्ष बिना छौनों की बलि लिये बीत जाते थे। बसई के सैयद का टोला, जिसका वैभव-सूर्य बादशाही ज़माने में बहुत चढ़ा हुआ था, अब उसका नामोनिशान तक नहीं बचा था, ढही दीवारों की ईंटें ही जहाँ-तहाँ बिखरी नज़र आती थीं। जब राहुल ने घर छोड़ा था, कनैला में बहुत मुश्किल से तीन-चार घर ही सुखी-सम्पन्न थे, अब सभी की हालत अच्छी थी। गाँव की दो-तिहाई भाग ज़मीन पहले बंज़र थी, जिन्हें काफ़ी हद तक अब खेती लायक बना लिया गया था। पुराने कनैला की बस्ती में हरी पत्ती देखने के लिए पहले आँखें तरसती थीं,

अब हर किसी के द्वार पर पकड़ी से नीम तक के पेड़ थे, हर ओर हरा-भरा दिखता था। पहले गाँव में मिडिल पास लड़कों का दर्शन दुर्लभ था, अब वे हर गाँव में कई-कई मिलते थे। तब यह भी था कि शिक्षा के प्रचार के साथ-साथ छल-कपट और मुक़दमेबाज़ी में बड़ी वृद्धि हुई थी।

पुराने धार्मिक रिवाज़ किस तरह शिथिल होते जाते थे, राहुल ने बछबल के अपने रिश्तेदार दोस्त के घर भोजन का प्रसंग लिखा है—

> तीस साल पहले एक बार हम दोनों (राहुल और योगेश) ने कुर्ता पहने रोटी खायी थी, जिसे देखकर उनकी माँ ख़ूब रोयी थी। आज अपने पुत्र को मेरे और नागार्जुन जैसे सर्वभक्षी के साथ बैठकर दाल-भात खाते देखकर उनकी स्वर्गीय आत्मा किस तरह तड़फड़ा रही होगी। हाँ, उनको यह देखकर धैर्य ज़रूर होगा कि कनैला के सरपंच श्यामलाल भी साथ ही बैठे खा रहे हैं।

पन्दाहा में थे तो वे एक दिन निज़ामाबाद गये, जहाँ के स्कूल से राहुल ने उर्दू-मिडिल पास किया था। स्कूल में कोई परिचित नहीं मिला। पता चला, उनके प्रिय अध्यापकों में से एक पण्डित सीताराम श्रोत्रिय जीवित हैं, घर पर ही रहते हैं। अपने इस यशस्वी शिष्य को देखकर वह गद्गद् हुए। श्रोत्रिय जी कवि आदमी थे, हरिऔध जी के साक्षात् शिष्य। नागार्जुन के बारे में जब जाना कि ये भी कवि हैं, शाम को उन्होंने अपने घर पर काव्य-गोष्ठी रख दी। आसपास के कई कवि जुटे। राहुल ने लिखा है, उस गोष्ठी में नागार्जुन ने अपनी ताज़ा कविता 'जातिगौरव गंगदत्त' सुनायी थी। उसमें था कि स्वजन-परिजन से मनमुटाव या झगड़ा हो जाये तब भी इनसान को हिंसक शत्रुओं की सहायता नहीं लेनी चाहिये वरना अनर्थ होगा। कविता कथा-शैली में थी, और उसके राजनीतिक अभिप्राय स्पष्ट थे।

पन्दाहा से जब कनैला जाने को हुए, उन्हें ले जाने के लिए हाथी की व्यवस्था की गयी थी, यद्यपि दूरी बहुत थोड़ी थी। बाबा रघुनाथ, राहुल और नागार्जुन हाथी पर बैठे। राहुल ने लिखा है—'हम दोनों—राहुल और नागार्जुन—हल्के शरीर के थे। नागार्जुन को यह समझते देर न लगी कि हाथी पर चलने की अपेक्षा पैदल चलना उनके लिए कहीं अधिक आराम का रहेगा।' समूचा रास्ता नागार्जुन ने पैदल ही पार किया।

राहुल के गाँव में थे तो नागार्जुन अकेले गाँव के भ्रमण पर निकल पड़े। राजभरों के दोनों टोले वह घूम आये, लोगों से गपशप भी ख़ूब हुआ। वहाँ उन्होंने देखा कि बीड डीह पर टूटी-फूटी प्राचीन मूर्तियों का ढेर जमा था। उन्होंने मूर्तियों को गहरायी से देखा और आकर राहुल को बताया। राहुल ने लिखा है—

> बचपन में मैंने भी इन मूर्तियों को देखा होगा। मगर उस वक़्त उनकी आपबीती सुनने के लिए कान नहीं थे। वहाँ जाकर देखा तो तान्त्रिक बौद्धधर्म (वज्रयान) के एक घोर देवता (वज्रभैरव) की छोटी-सी किन्तु सुन्दर मूर्ति के दो खण्ड पड़े थे—आग की ज्वाला की तरह लहराती केश-शिखाओं और गोल-गोल आँखोंवाला मुण्ड एक ओर पड़ा था और कटि से नीचे दोनों पैर दूसरी ओर। नौ-दस सौ वर्ष पहले कनैला में भी उन देवताओं की पूजा होती थी, जिन्हें तिब्बत के अनेक मन्दिरों में मैंने देखा है। आज कनैलावालों, ख़ासकर वहाँ के पुराने निवासी राजभरों, को यह पता नहीं कि उनके पूर्वज हज़ार वर्ष पहले उन देवताओं को पूजते थे जो हिमालय के उस पार अब भी जीवित हैं।

मुश्किल से चार घण्टे वे कनैला में रुके होंगे। राहुल के भाई श्यामलाल के घर भोजन का इन्तज़ाम था। जब वे भोजन कर चुके, राहुल ने लिखा है, 'कपड़ों से ढँकी एक मूर्ति ने मेरे पैरों पर गिरकर रोना आरम्भ करना चाहा।' यह मूर्ति उनकी पहली पत्नी थीं। राहुल द्रवित न हुए। उनके नाम से 'शैशव में घरवालों ने जो ब्याह किया था, उसे घर के साथ ही तीन दशाब्दियों पहले' वह छोड़ चुके थे, वह कैसे द्रवित हो सकते थे? राहुल तुरन्त उठ खड़े हुए, मूर्ति का रोना भी वहीं रुक गया। राहुल तेज़ी से आँगन से बाहर निकल गये। नागार्जुन से उस झटकारे के साथ बाहर निकलना सम्भव नहीं हो सकता था, एक तो अपने सहृदय सामाजिक कवि-स्वभाव के कारण, दूसरे इस कारण भी कि वे राहुल के साथी थे लेकिन कनिष्ठ थे इसलिए स्त्री-समाज का रौब-दाब उन पर चल सकता था। नागार्जुन ने लिखा है—

> उस स्वस्थ, सुन्दर और प्रौढ़ ग्रामीण महिला ने मुझसे कैफ़ियत तलब की थी—मेरा क्या कसूर है? क्यों छोड़ रखा है उन्होंने? जवाब में एक भी बोल इस मुँह से नहीं फूट रहा था। मैं चुप्पी साधे, निगाहें नीची किये था...छोटी-बड़ी उम्र की अनेक स्त्रियाँ खुले जंगले से बाहर खड़ी थीं,

पैने सवालों से मुझे छेद-बेध रही थीं...तैश में आकर एक वृद्धा ने उस महिला की कलाई पकड़ ली, खींचती हुई चीख़ी—'छोड़ो, छोड़ो। चलो यहाँ से। यह भी किसी को छोड़कर भाग आया होगा। केदार ने भगोड़ों की जमात कायम कर रखी है।

कनैला की उस वृद्धा का वह आक्रोश नागार्जुन कभी नहीं भूल पाये कि किस तरह वह 'भाभीजी को खींचकर मेरे सामने से उठा ले गयी थी।' यह घटना उन्होंने जाने कितने लोगों को सुनायी होगी। राहुल जी को भी सुनायी थी। और बाद में एक बार अपराजिता को सुनायी तो वह बोली थीं—'ठीक ही तो कहा था बुढ़िया ने। तुम नहीं मुझे छोड़कर भागे थे?'

बहुत दिनों से नागार्जुन की साध थी कि राहुल जी के साथ पश्चिम की ओर से तिब्बत की चढ़ायी की जाये और ख़ास उस मठ में पहुँचा जाये जहाँ युगों पहले भारत के महापण्डित दीपंकर श्रीज्ञान पहली-पहली बार पहुँचे थे, और तीन वर्ष रहे थे। दीपंकर-जैसों के ही किये का फल था कि इतने युगों बाद महापण्डित राहुल कुछ अवदानों को तिब्बत से वापस ले आ पाये थे। दीपंकर के लिए नागार्जुन के मन में गहरी श्रद्धा थी, और वह चाहते थे कि इस अविस्मरणीय यात्रा में राहुल उनका साथ दें। राहुल की योजना अलग थी। पिछली यात्रा से ही जनमा काम अभी पूरा नहीं हुआ था। यह भी था कि जब कभी वह तिब्बत जाते, व्यवस्थापूर्वक जाते थे। उसकी अभी योजना नहीं थी। आजमगढ़ से राहुल और नागार्जुन साथ-साथ इलाहाबाद आये। इलाहाबाद की गरमी से परेशान होकर आख़िरकार राहुल ने हरिद्वार चलने का तय किया। लेकिन गरमी वहाँ भी बहुत थी, उसपर से बढ़ती भीड़ और घटती शान्ति। धर्मशाला में जगह मिलनी मुश्किल थी। वहाँ हर की पैड़ी पर अवस्थित एक ऊँची दीवार पर भक्तों ने गेरू-पेंसिल-कोयला आदि से तरह-तरह के भक्तिवचन लिख रखे थे। वहीं राहुल ने लिखा—'तामीरे हैं, ख़ैरात हैं औ तीरथ-हज भी होते हैं/यों ख़ून के धब्बे दामन से ये पैसेवाले धोते हैं।' वे ऋषिकेश चले आये। इस यात्रा के विलक्षण संस्मरण राहुल और नागार्जुन दोनों ने लिखे हैं। ऋषिकेश का परम धार्मिक अशान्त वातावरण उन्हें बिलमा नहीं सका। लिखा है, इन दिनों साधू लोग निमुच्छे चेले रखना ज़्यादा पसन्द करते थे जबकि भगतिनें और साधिकाओं की कमी न थी। साधुओं के व्यभिचार के चरचे आम थे, फिर भी शिक्षिता तरुणियाँ भी मठों की

प्रदक्षिणा करती पायी जाती थीं। कोढ़ियों की संख्या इतनी अधिक थी कि इसे ऋषिकेश के बदले कोढ़ीकेश कहना कहीं ज़्यादा सही होता। जो योग्य और यशस्वी साधू इन मठों में हो गुज़रे थे, उनके वर्तमान उत्तराधिकारियों का मत था कि 'ऊ त बौराय गया था।' और, इन धार्मिकों के बीच असहयोग का वातावरण ऐसा था कि कामगार-मज़दूरों ने इन्हें चटाई और बरतन न दिये होते तो ये बिना सुस्ताये प्यासे गुज़र जाते। वहाँ से वे टिहरी गये, फिर कल्याण, फिर नगुण। नगुण में उन्होंने एक मन्दिर के बरामदे में रात बितायी, सामने भागीरथी कलकल-छलछल बह रही थी। वहाँ मिले एक रिटायर्ड जज साहब का क़िस्सा दोनों ने अपने संस्मरणों में लिखा है। जज साहब अपनी पत्नी से परेशान थे, जो अपने कुनबे के साथ इस आशंका में उनका पीछा कर रही थी कि कहीं ये साधू न हो जायें। जज साहब की कही बात वर्षों बाद भी नागार्जुन को याद रह गयी थी—'हमारे पूर्वज अपने वानप्रस्थ जीवन में पत्नी को साथ रखकर भला कौन-सी शान्ति पाते होंगे, समझ में नहीं आता! देखिये न, मेरा मन करता है गंगा के किनारे जाकर कुछ देर एकान्त में बैठने का, मगर इन्होंने मुझे डेरे में क़ैद कर रखा है—स्वीटर, मफलर, बनरमुँहा टोपी और मौजे, नीचे-ऊपर कम्बल और तिसपर भी कड़ा अनुशासन कि ख़बरदार जो थूक फेकने को भी उठे! इतना कहकर जज साहब ने पास रखी पीकदान में ज़ोर से थूक फेंका था।' टिहरी में मिली एक अवधूतिन का क़िस्सा भी रोचक था। चालीस-पैंतालिस की वह स्त्री स्वतन्त्र विचरण करती थी। उसने बताया था—'एक नाथ थे जो गुरु और पति दोनों का काम करते थे, अब न रहे...।' इनलोगों का जो किराये का भरिया था, ब्राह्मण घनानन्द, बड़ी उमर बीतने पर भी उसकी शादी नहीं हो पायी थी। उसकी नज़र उसी अवधूतिन पर थी। वह कहता था—'साल-डेढ़ साल के लिए मैं भी अवधूत बन जाऊँगा, उसी अवधूतिन से मन्त्र लूँगा।'

धरासू, डूंडा और मातरी होते हुए वे उत्तरकाशी पहुँचे तो जम गये। वहीं रहते राहुल ने 'नये भारत के नये नेता' पूरी की, फिर एक उपन्यास 'गँवार' लिखने में व्यस्त हो गये। उसके चालीस पेज लिख चुके थे जब चर्चा में बात खुली कि मामला जम नहीं रहा, तो उसे फाड़कर फेंक दिया। वह असल में 'दर्शन-दिग्दर्शन' के प्रूफ़ का इन्तज़ार कर रहे थे जो

डाक से आनेवाला था। यहाँ जब वे ज़्यादा दिन रुक गये तो पुलिसवाले खोजबीन में आये, उन्हें बताया गया कि डाक का इन्तज़ार है इसलिए रुके हैं। नागार्जुन का ध्यान पूरी तरह तिब्बत-यात्रा की ओर था। अपना सारा समय वह तिब्बती सीखने और वहाँ से हो आये लोगों की संगत में बिताते थे। राहुल जी ने एक समूचे दिन का समय लगाकर एक नक्शा तैयार कर दिया जिसमें उत्तराखण्ड के तमाम रास्ते, कैलास मानसरोवर की परिक्रमा, लेह, स्पिति, थोलिङ्, गतांक और बिचले तिब्बत का सारा इलाक़ा अंकित था। तय यही हुआ कि राहुल थोलिङ् तक नागार्जुन के साथ चलेंगे ज़रूर लेकिन दो-चार दिन रुककर लौट आयेंगे।

उत्तरकाशी का मूल नाम 'बाड़ा हाट' अभी भी राजस्व अभिलेखों में चला आ रहा था। उन्होंने पाया था कि धार्मिक पर्यटकों से बेहतर आमदनी पाने के लालच में पिछले पचास वर्षों में जाने कितने ही काशी-प्रयाग और विश्वनाथ-अन्नपूर्णा उत्तराखण्ड में निर्मित किये जा चुके थे। बाड़ा हाट का प्राचीन इतिहास बड़ा ही रोचक था, जिसके अवशेष उन्होंने घूम-घूमकर देखे। जाहिल साधू तो चारों ओर भरे थे लेकिन कहीं-कहीं विद्वान साधू भी दिख जाते। पर, उन्हें कुरेदने पर पता चलता कि अपने सम्प्रदाय की असंगत मान्यताओं के ही वे प्रचारक थे, जैसे यह कि चौरासी सिद्धों में से सभी शंकराचार्य के ही चेले थे। स्वामी आनन्द इन सबमें, सबसे अलग थे। वह स्वामी रामतीर्थ के साक्षात् शिष्य रह चुके थे और इग्लैण्ड-जर्मनी आदि से हो आकर अब उत्तरकाशी में निवास कर रहे थे। स्वामी आनन्द के कहने पर ही वे दत्तात्रेय मन्दिर गये थे, जिसे पहले छोटा समझकर उन्होंने छोड़ दिया था। स्वामी आनन्द ने बताया था कि भगवान दत्तात्रेय के पादपीठ पर एक ऐसी लिपि का लेख है जिसे कोई नहीं पढ़ सकता, क्योंकि इसे डाक्टर पन्नालाल भी नहीं पढ़ पाये थे। उत्सुकता में देखने गये तो वहाँ बुद्ध की त्रिभंगी, पीतल की अत्यन्त सुन्दर प्रतिमा विराजमान थी, जिसे दत्तात्रेय बताकर श्रद्धालुओं को मूँड़ा जा रहा था। लिपि में जो लिखा था, उसे फटाफट पढ़कर राहुल ने सुना दिया। राहुल का 'अगाध ज्ञान' देखकर स्वामी आनन्द के आश्चर्य की सीमा न रही। नागार्जुन अभी तिब्बती सीख ही रहे थे लेकिन उन्होंने भी जब साफ़-साफ़ पढ़ दिया तो स्वामी आनन्द का भ्रम टूटा। हज़ार वर्ष पुराना वह लेख एक अद्‌भुत ऐतिहासिक घटना की मार्मिक याद दिलाता

था। शिलालेख पर देवभट्टारक नागराज का नाम अंकित था, जो तिब्बत के शासक ज्ञानप्रभ (११वीं सदी) के दो राजकुमारों में से एक था। ऐसा प्रतीत होता है कि उस ज़माने में बाड़ा हाटा तक भोटियों का राज था। तिब्बती इतिहास में इस बात का उल्लेख मिलता है कि ज्ञानप्रभ को किसी पड़ोसी राजा ने क़ैद कर लिया। राजकुमार ने विजेता को काफ़ी सोना देकर पिता को छुड़ाना चाहा। लेकिन बन्दी पिता ने छूटने से इनकार कर दिया, पुत्र को कहला भेजा कि यह सोना भारत से किसी महापण्डित को बुलाने में ख़र्च करो, मैं अब बूढ़ा हुआ, यहीं जेल में मर जाऊँगा तो क्या हर्ज़ है! इसी रकम से विक्रमशिला महाविहार से आचार्य दीपंकर श्रीज्ञान तिब्बत बुलवाये गये थे। बाद में राजा ज्ञानप्रभ भी मुक्त कर दिये गये। दत्तात्रेय की पादपीठिका पर लिखा था कि उसी राजकुमार देवभट्टारक नागराज ने मुनि की यह प्रतिमा बनवायी।

नगुण में चावल रुपये का दो सेर और आटा ढाई सेर था, जबकि मातरी में चावल ढाई सेर और आटा तीन सेर। लौटते वक़्त तक जब भाव चढ़ गया था तो राहुल जी ने कहा—'शहरवालों को कहीं पता तो नहीं चल गया कि उत्तराखण्ड में खाने-पीने की चीज़ें सस्ती और सुलभ हैं!' अख़बार पढ़ने के लिए वे सनातन धर्म प्रतिनिधि सभा के पुस्तकालय में जाते थे। डाक तीन दिन पर आती थी। एक दिन 'वीर भारत' (उर्दू) और 'विश्वबन्धु' (हिन्दी) के पैकेटों के साथ 'लोकयुद्ध' (कम्युनिस्ट साप्ताहिक) का पैकेट देखकर राहुल ने हँसते हुए कहा—'देखो, कलयुग अब उत्तराखण्ड को भी नहीं छोड़ेगा।' उत्तरकाशी से वे गंगोत्री गये। वहाँ गरम पानी का एक चश्मा था, उसमें दोनों ने नहाया। इतनी ठण्डी जगह पर यह गरम पानी का चश्मा कैसे है, इसपर पहाड़ी भरिया ने ज्ञानवर्द्धन किया कि शंकर भगवान ने यहाँ लघुशंका की थी, यह वही जल है। लेकिन पण्डों ने उसे डाँट दिया और 'सही बात' बतायी कि वशिष्ठ और पराशर ने यहीं बैठकर तपस्या की थी, उसी के प्रभाव से पानी गरम है। लेकिन, राहुल और नागार्जुन की हँसी से प्रोत्साहन पाकर पहाड़ी ने पण्डे को फटकारा था—'गरम पानी के पास बैठकर ठण्डी झूठ क्यों बोलते हो?' पण्डों का तो अब सीजन शुरू होनेवाला था। नीचे से आनेवाले हर यात्री से वे पूछते—'यात्री कितने आ रहे हैं? कहाँ तक आ गये होंगे? मारवाड़ी लोग भी उनमें हैं या नहीं?' इन पण्डों का मुख्य धन्धा गंगोत्री

का जल ले जाकर शहरों में बेचना था। राहुल सोचने लगे थे—'राह के शहरों में जब इनका गंगाजल ख़त्म हो जाता होगा तो ये क्या करते होंगे? लौट तो हरगिज़ न आते होंगे!'

गंगोत्री से लौटते में उन्हें नौ रोज़ हरसिल में रहना पड़ा। इसकी वजह थी कि थोलिङ् के लिए उपयुक्त भरिया, जो मार्गदर्शक का भी काम कर सके, इसी इलाक़े में मिल सकता था। उन्होंने लक्ष्य किया कि हरसिल भी अब 'हरिप्रयाग' बनने की ओर अग्रसर था। वहाँ के भगवान को प्याज का भोग लगता था, जिस पर राहुल की टिप्पणी थी—'उत्तराखण्ड के नारायण प्रगतिशील हैं।' राहुल जी ने तो कई छोटी-छोटी मामूली-सी बातें भी अपने संस्मरण में नोट कीं। जैसे, नागार्जुन की चप्पल टूट गयी तो कैसे वह जूते की खोज में निकले। जूते तो कहाँ मिलते, ग्यान्सू में जो एक मोची मिला उसके पास चमड़ा ही नहीं था, आदि-आदि। यात्रा के लिए जो मार्गदर्शक उन्हें मिला, वह रोङ्पा शिवदत्त था। रोङ्पा मंगोल मुखाकृति वाले, मातृभाषा तिब्बती, लामाओं की पूजा करनेवाले होते थे लेकिन सिर पर चोटी भी रखते थे। राहुल जी ने इन्हें 'हिन्दी-तिब्बती जाति' का बताया है। किन्तु समन्वयधर्मिता की इसी प्रवृत्ति के कारण टिहरी राज में उन्हें नीच मानुस बनाकर रखा गया था। शिवदत्त कई बार थोलिङ् आता-जाता रहा था। उसी के चाचा की घोड़ी भी किराये पर ले ली गयी।

ये चार प्राणी जब थोलिङ् की यात्रा पर निकले, नागार्जुन ने लिखा है, भोट-गंगा के किनारे-किनारे चलते घोर निर्जन में पहली रात कटी थी। हिमालय के घोर निर्जन का कोई नाम नहीं होता, भले भू-अभिलेखों में हो तो हो। लेकिन, नागार्जुन ने कालिदास की कविता से उस निर्जन की पहचान की थी। लिखा है—'भोट गंगा यहाँ ऊपर से गिरती थी, शिलाओं पर आहत होकर उसकी तरंगें छोटी-छोटी फुहियों में उड़ती थीं।' ठीक यही चित्र कुमारसम्भव में कालिदास ने खींचा था—'भागीरथी निर्झर-शीकराणां वोढा मुहुः कम्पित देवदारूः।' कहीं और का यह चित्र होता भी कैसे? वहाँ देवदार कहाँ से आते? लिखा है, उस समूची रात घोड़ी धूनी के पास खड़ी रही, जबकि उसे चरने के लिए खोल दिया गया था। वहाँ भूरे और काले भालू बहुतायत में थे, तेन्दुए थे, उनकी गन्ध ने रात भर उस बेचारी को आग से हटने नहीं दिया था।

अगला पड़ाव नेलिङ था जहाँ नागार्जुन को दस दिन तक रुके रहना पड़ा।

इसकी वजह वह दुर्घटना थी, जिसके बाद राहुल जी ने अपना विचार बदल लिया और हरसिल लौट आये, नागार्जुन अकेले ही आगे बढ़े। नागार्जुन के ही शब्दों में—

> दुर्घटना यह हुई कि घोड़ी भोट गंगा पार करते समय प्रवाह में भसिया गयी और दो दिन तक धार के बीच एक छोटे दियारे पर क़ैद रही। उसका वहाँ से निकलना मुश्किल था। तय था कि चारे के अभाव में बेचारी उसी जगह मर जाती। घोड़ीवाले का यह बहुत बड़ा नुक़सान होता। परन्तु, तीसरे दिन तीन-चार भोटियों ने उस घोड़ी का उद्धार किया। पानी बेहद सर्द था और बिलकुल तीव्र। वे लोग कमर में एक-दूसरे से बँधकर नदी में धँसे और घोड़ी के पास पहुँचे। उसकी गर्दन में मज़बूत रस्सी बाँधकर रस्सी की दूसरी छोर परली ओर फेंक दी। वहाँ दूसरे चार-पाँच आदमी खड़े थे जिन्होंने रस्सी पकड़ ली। इस प्रकार घोड़ी का उद्धार किया गया।

मतलब कि घोड़ी गंगा पार न कर सकी। तीन-चार रोज़ खाने-पीने के बाद वह स्वस्थ हुई तब तक राहुल जी ने अपना विचार बदल लिया।

राहुल जी ने लिखा है—

> नागार्जुन जी तो अनिश्चित काल के लिए तिब्बती भाषा के अध्ययनार्थ जा रहे थे, किन्तु मैं तीन-चार हफ़्ते से ज़्यादा समय नहीं दे सकता था। मेरा इरादा था थोलिङ् जाकर लौट आने का। लेकिन अब मैंने भी लौटने का निश्चय किया। नागार्जुन से कहा—तुम भी चलो, दार्जीलिंग में तिब्बती पढ़ना। लेकिन उनका संकल्प बहुत दृढ़ था, और वह उसे छोड़ना नहीं चाहते थे। पाथेय और उपहार उनके साथ छोड़ १२ जून को शिवदत्त और घोड़ी को लेकर मैं लौट पड़ा।

राहुल ने पाथेय देने की बात लिखी है, नागार्जुन ने लिखा है कि उनके पास जो भी रकम थी, अपना न्यूनतम ख़र्च रखकर बाक़ी उन्होंने नागार्जुन को दे दी थी। यह घुमक्कड़ों की अपनी आचार-संहिता थी।

उस दिन, १० जून १९४३ को, घोड़ी तो इस तरह पार हुई थी जो कि पार न हो सकी, लेकिन ये तीन मनुष्य किस प्रकार पार हुए थे, इसकी कथा राहुल ने लिखी है। लिखा है—

> वहाँ गंगा दो चट्टानों के बीच में बह रही थी। हम सुन चुके थे कि यहाँ

एक विकराल दैत्य रहता है जो हर साल न जाने कितने प्राणों की बलि लेता है। पुल को देखते ही इस बात की सच्चाई पर पूरा विश्वास हो गया। पुल क्या था, दो गोल-गोल लट्ठे रखे थे। वह एक तरफ़ एक हाथ चौड़ा था, और दूसरी ओर एक बित्ता रह गया था। लट्ठों के ऊपर पत्थर के टुकड़े रखे थे। चलने पर लट्ठे हिलते थे, उनसे ज़्यादा टहनियाँ हिलतीं, उनसे भी ज़्यादा पत्थर काँप रहे थे और नीचे प्रलय कोलाहल के साथ गंगा का खौलता पानी बह रहा था, जिसके चार ही पाँच हाथ आगे बड़ी-बड़ी चट्टानें थीं। इसमें गिरनेवाले की मौत ठीक योगियों की मौत होती, ज़रा भी सोचने-समझने का मौक़ा नहीं मिलता, और शरीर के पचासों टुकड़े हो जाते। यह नज़ारा सामने था जब हम पुल पार करने जा रहे थे। शिवदत्त तो सामान पीठ पर लादे बकरी की तरह खट-खट करते पार हो गया। मैंने अपने हृदय के भावों की ज़रा भी छाप चेहरे पर आने न दी और उस पार पहुँच गया—हाथ-पैर तुड़वाकर अपाहिज बनकर जीने की यहाँ सम्भावना ही नहीं थी, फिर ऐसी मृत्यु से डरने की क्या ज़रूरत? लेकिन, नागार्जुन जी के लिए बड़ी समस्या थी। हिम्मत छोड़ देना भी बुरा था, आख़िर दुनिया क्या कहती? लेकिन जब हिलते लट्ठों को देखते, टहनी और पत्थरों को काँपते देखते, नीचे मृत्यु को अट्टहास करते देखते, तो शरीर का सारा ख़ून जमने लगता। मैंने उन्हें मन्तर दिया कि नीचे की ओर मृत्यु के मुख-विवर को मत देखो, लेकिन अट्टहास उनके ध्यान को अपनी ओर आकर्षित किये बिना न रहता। ख़ैर, सोच-साचकर उन्होंने क़दम आगे बढ़ाया। मालूम होता था, एक-एक पैर अस्सी मन के हैं। इस पार आये तो मैंने कहा—'जय अपराजिता मायी की।'

बाद में नागार्जुन हँस-हँसकर बताते कि राहुल जी ने उन्हें क्या मन्तर दिया था। दिया था कि पत्नी अपराजिता का चेहरा ध्यान में लाओ और ज़ोर-ज़ोर से उनका नाम जपो। वह चीज़ उनकी इस कविता में प्रकट होती थी जो उन्होंने सम्भवतः उसी रात लिखी होगी—

ये विकट पगडण्डियाँ ये झूलते पुल
ये भयानक घाटियाँ, चिर-तुहिन संकुल
सामने यह मृत्यु की प्रत्यक्ष छाया
निबट लूँगा सभी से, हे योगमाया!
साथ हो केवल मधुर मुस्कान तेरी
ले सकेगा कौन जग में जान मेरी?

राहुल–नागार्जुन के प्रसंग बताते हैं कि राहुल आरम्भ से ही नागार्जुन को अपराजिता के प्रति प्रेमपूर्ण होने, उनसे मधुर सम्बन्ध बनाये रखने को प्रोत्साहित करते थे, जबकि एक बार नागार्जुन ने ३०–३२ स्त्रियों की एक सूची बनाकर राहुल को दिखायी थी जिनसे राहुल के सम्बन्ध थे। हाँ, उन्होंने इस बात की प्रशंसा भी की है कि जिससे भी राहुल के सम्बन्ध रहे, उसे उन्होंने स्थिति अनुसार पूरी गरिमा दी। नागार्जुन को लेकिन, अपराजिता के लिए प्रोत्साहित करते थे। क्या उनका इस बात पर विश्वास था कि तपस्विनी नारी अपने पुरुष की नियति को प्रभावित करती है? या वैसी नारी, जैसी अपराजिता थीं! अपराजिता बताती थीं, उन्होंने भी राहुल जी को देखा था, वह बहुत अच्छे आदमी थे!

अपनी तिब्बत–यात्रा के बारे में नागार्जुन ने कई संस्मरण लिखे। पहला 'थोलिङ् महाविहार' तो उन्होंने लगता है, यात्रा में ही लिखा। रास्ते से 'सरस्वती' को भेज दिया। फ़रवरी १९४४ के अंक में यह आया था। सन् ४७ तक ये संस्मरण वह यदा–कदा लिखते रहे जो यहाँ–वहाँ प्रकाशित हुए। उस यात्रा के क़िस्से मित्रों को वह बहुत ज़ोरदार सुनाते थे। नागार्जुन के नज़रिये का लाभ लेकर बहुत गहरी–गहरी बातें उन क़िस्सों में आकर मिल जाती थीं। तिब्बत–यात्रा का उनके लिए बहुत महत्त्व था। कई बद्धमूल रूढ़ियाँ जो बहुत बाद तक उनके संस्कार से चिपकी रही थीं, उनसे उन्होंने वहीं जाकर मुक्ति पायी थी। भारतीय नैतिकता, जिसमें छद्म ही अधिक होता है। पवित्रता की वह ग्रन्थि, जो जीवन भर इनसान को अपराध–बोध में ही ग्रस्त रखती है। लोक–लाज का वह सूक्ष्म से सूक्ष्मतम प्रमाद, जो अपने चाहे का लिखना भी मयस्सर होने नहीं देता। तिब्बत की जीवन–शैली में बहुत जीवन्तता थी। नागार्जुन ने लक्ष्य किया था कि ऐसा, भौतिकता और आध्यात्मिकता के सही सन्तुलन के कारण था। वह बताते थे कि भारत के सुदूर गाँवों में किसी यात्री को पैसा या रसोई का कच्चा सामान साथ में रहने के बाद भी भूखों रहना पड़ सकता है, यदि वहाँ कोई अपने परिचय का न हो या किसी भले आदमी से मुलाक़ात न हो जाये। तिब्बत के समाज में ऐसा नहीं था। वहाँ किसी भी घर में ठिकाना मिल सकता था, और कोई चीज़ उपलब्ध हो तो पैसे से पायी जा सकती

थी। तिब्बती लोगों से घनिष्ठता के लिए शराब, नाच और गाना ही काफ़ी था। विद्याप्रेमी व्यक्ति हो तो उससे संलाप द्वारा भी निकटता हो सकती थी। स्त्री–पुरुष सम्बन्धों को लेकर भी उनकी अपनी नैतिकता, अपने रिवाज़ थे जो यहाँ की परम्परित मान्यताओं से बहुत भिन्न थे।

एक क़िस्सा तिब्बत से वापसी के रास्ते का सुनाते थे, जब नम–ग्यल (विजय) और उसकी छोटी माँ शे–रब् (प्रज्ञा) से उनकी मुलाक़ात हुई थी। वह तिब्बती परिवार था, जो उन दिनों मानसरोवर से ल्हासा–वापसी की यात्रा पर था। ऐसा मन मिला उस परिवार के साथ कि भरिया और उसकी घोड़ी को वहीं से वापस कर दिया और पन्द्रह दिन उन्हीं के साथ यात्रा करते रहे थे। उस निर्जन अधित्यका में जमे नम–ग्यल के शिविर के बारे में लिखा है—

> छोटी–छोटी दो छोलदारियाँ लगी हुई थीं। छोलदारियों पर जो ध्वजदण्ड थे, उनमें मोरपंख लपेटे हुए थे। रंग–बिरंगी ध्वजपताकाएँ फहरा रही थीं। पास में एक बड़ा–सा त्रिशूल गड़ा हुआ था, जिसके कण्ठ से डमरू बँधा था। नौजवान कस्तूरी मृगछाले पर बैठा हुआ था। दो याक थे जो दूर की अधित्यका में चर रहे थे।

नम–ग्यल की तीन माँ थीं, दो भाई थे। शादी हो चुकी थी। उसकी तरह दोनों भाइयों का भी उसकी नवोढ़ा किशोरी पर अधिकार था। उसके पिता ऊँचे अधिकारी रह चुके थे। उसकी भी इच्छा थी कि कोई ऊँचा पद मिल जाये। नागार्जुन को उसने दैवज्ञ समझा था और उनसे आशा की कोई बात सुनना चाहता था। अच्छा स्वागत हुआ। शाम हुई तो जो दीप जलाया गया, वह एक मानव खोपड़ी का बना हुआ था। नम–ग्यल ने जानकारी दी कि यह भी एक भारतीय खोपड़ी है जिसे उसके परदादा दोर्जेदन् (बोधगया) में एक भेड़िये से छीनकर लाये थे। महातीर्थ का यह पवित्र स्मारक सौ वर्षों से भी अधिक समय से उस परिवार को रोशनी देता आया था। नागार्जुन ने गणना कर अन्दाज़ लगाया था कि वह गदर के किसी सिपाही का नरमुण्ड रहा होगा। नम–ग्यल की छोटी माँ शे–रब् ने नागार्जुन को बहुत पसन्द किया। वह उन्हें अपनी छोलदारी में सुलाती थी और सबसे अच्छे याक, जिसे वे नन्दी का अवतार मानते थे, पर चढ़ाती थी। एक जगह याक पर चढ़कर नदी पार करनी थी तो नागार्जुन घबराये पर शे–रब् उनके याक पर आ गयी और पीछे बैठकर, बाँहों में

भरकर नदी पार कराया। लिखा है,

> उस प्रौढ़ा के वक्ष-स्पर्श से मैं रह-रह सिहर उठता था। शे-रब् मुझे ढाढ़स बँधाती 'दि ल ल पो रे ङ्', सुगम है घबराओ नहीं।

एक दिन शाम से ही मौसम ख़राब था। ठण्ड बढ़ गयी थी, बर्फ़ की कनियाँ बरस रही थीं। उस रात सोते में नागार्जुन ने महसूस किया था कि कोई नग्न स्त्री शरीर उनके कम्बलों के भीतर घुस आया है। सुबह शे-रब् ने बताया था—रात में इतनी सरदी थी कि तुम ठिठुर गये होते। मैं न गरमाती तो क्या हाल हुआ होता! अपनी माँ की बात सुनकर नम-ग्यल मुस्कुरा कर बोला था—छोटी माँ बहुत दयालु हैं, जाड़े के दिनों में जो भी कोई हमारे यहाँ अतिथि होकर आता है, उसे यह ठिठुरने नहीं देती। नागार्जुन ने लिखा है,

> पहले उसे समझने में मेरे इस भारतीय हृदय को भ्रम हुआ, सदाचार और नैतिकता के अपने ही मापदण्ड से दूसरों को नापते समय यही ग़लती तो हम कर बैठते हैं।

अलग-अलग रास्तों पर मुड़कर जब वे जुदा होनेवाले थे, शे-रब् ने रो-रोकर नागार्जुन से कहा था—

> क्या करोगे हिन्दुस्तान लौटकर लु-डुब् (नागार्जुन) ? चलो हमारे साथ चङ्-युल् (मध्य तिब्बत) के इलाक़े में, वहाँ सैकड़ों की तादाद में अपनी भेड़ें हैं, बीसियों सुरा गायें हैं, दस घोड़े हैं, सत्रह खच्चर। हम तीन बहनें हैं, नयी-नवेली एक पुतोहू है, भगवान अमिताभ की कृपा से तीन-तीन लड़के हैं। तुम्हें ज़रा भी दिक़्क़त नहीं होगी। हमारा हरा-भरा इलाक़ा देखोगे तो ख़ुद भी वहाँ बस जाने का तुम्हारा मन करेगा।

एक क़िस्सा यह सुनाते थे कि थोलिङ् महाविहार में रहने की अनुमति महन्तों से उन्हें किस प्रकार मिली थी। महाविहारों के संचालन के लिए दो-दो महन्त मुख्यालय से पाँच साल के लिए बहाल किये जाते थे। बड़े लामा खेम-बो और छोटे लबरङ् कहलाते थे। लबरङ् कड़क होता था क्योंकि उसे ही अन्ततः पूरे प्रशासन की ज़िम्मेदारी सँभालनी पड़ती थी। नागार्जुन ने रास्ते में ही लामाओं की पूरी कहानी मालूम कर ली थी, यह भी कि कुछ ही महीनों में इनका कार्यकाल ख़त्म होनेवाला है और पाँच साल का सारा हिसाब-किताब मुख्यालय को देना है। लबरङ् था तो

'बिहार के उन्मद ज़मींदार'—जैसा, लेकिन चिन्तित रहता था। नागार्जुन ने कहानी गढ़ी कि वह बड़े दैवज्ञ हैं और जीभ और ललाट देखकर भविष्य बता सकते हैं। लबरङ् के लिए यह बहुत विस्मय की बात थी क्योंकि उसकी समझ से विधाता की लिखी लिपि को एक बस विधाता ही पढ़ सकता है। दूसरी एक तैयारी नागार्जुन ने यह कर रखी थी कि उपायन (उपहार) के लिए जो सामग्री वह दोनों लामाओं के लिए लेकर गये थे—देहरादूनी बासमती, चीनी, छुहारे, किसमिस, सूखा सेव, हमाम साबुन, चीनांशुक का टुकड़ा आदि, उनमें बोधिवृक्ष का एक-एक पत्ता भी शामिल कर लिया था। सावधानी उन्होंने यह भी बरती थी कि अपने को नेपाल-निवासी और सिंहल में दीक्षाप्राप्त बताया था, क्योंकि वहाँ भारतीयों को अक्सर इस कारण सन्देहास्पद माना जाता था कि वे गन्-दी (गाँधी) के आदमी और अँग्रेज़ों के शत्रु हुआ करते हैं। लबरङ् की जो पोल-पट्टी उन्हें मालूम थी, उसके आधार पर उन्होंने भविष्यवाचन भी किया। फिर किताबें दिखाने लगे—प्रमाणवार्तिक, न्यायबिन्दु। लबरङ् ने विनयपूर्वक किताबों को हाथ लगाया और सिर से छुलाया। ये वही किताबें थीं, जिनका उपयोग नागार्जुन तकिये के रूप में करते थे। लबरङ् ने उन्हें खेम्-बो से मिलने की अनुमति दे दी।

बड़े लामा, खेम-बो उनके आने का प्रयोजन सुनकर चकित रह गये। — 'इस ज़रा-सी बात के लिए तुमने इतना परिश्रम क्यों उठाया? श्रद्धावान के लिए भगवान शास्ता सर्वज्ञ का एक बोल पर्याप्त होना चाहिये और जिसने बोधगया और काशी में बहुत दिनों तक अध्ययन किया हो उसके लिए तो गुरु मंजुघोष की कृपा प्राप्त करना बड़ा ही आसान है। जो बात दोर्जे-दन् (बोधगया) में तुमको नहीं मिली, वह कहीं भी नहीं सीख सकते।'

—शास्ता सर्वज्ञ की अपनी मातृभूमि में सर्वसाधारण लोग उनका नाम तक भूल गये हैं। मैं बहुत दिनों तक बोधगया में उस पीपल वृक्ष के नीचे बैठ चुका हूँ। वहाँ निशीथ रात्रि में अन्दर और बाहर यही सुनायी पड़ता था कि जाओ भोट देश में, वहाँ के लामाओं के पास जाकर श्रद्धा-भक्ति सीखो। उनके पास अब भी बहुत कुछ अवशिष्ट है। वे हृदय के उदार होते हैं, बुद्धवचन और परवर्ती आचार्यों के शास्त्रवचन उन्हीं लामाओं से सीख सकते हो। बार-बार ऐसा सुनने पर भोट देश आने का निश्चय किया। एक दिन दोपहर को जब गंगोत्री के पास भैरवघाटी में देवदार की

छाया में थकावट के मारे सो रहा था, तब देखा बोन-छोग-लङ् (आचार्य दिङ्नाग) रोष-भरे स्वर में कह रहे हैं, तुम्हारा जीवन व्यर्थ है यदि तुमने मेरे छ मा कुन तुडि (प्रमाण समुच्चय) का उद्धार नहीं किया।

—'तुम्हें ल्हासा जाकर पढ़ना चाहिये। यहाँ उतनी पढ़ाई नहीं है। आचार्य दिङ्नाग और धर्मकीर्ति का मैंने भी केवल नाम ही सुना है। यहाँ तुम्हें कौन पढ़ायेगा?' —नागार्जुन की सूझ भारी पड़ी थी। बड़े लामा का विस्मय और भी बढ़ गया था।

—अक्षरारम्भ भी मैं यहीं, आपके पास रहकर करना चाहता हूँ। अत्यन्त श्रद्धा से ही मैं इस पवित्र स्थान पर आया हूँ। यहाँ हमारे दीपंकर श्रीज्ञान तीन वर्ष रहे थे। रिन्-जङ् पो (आचार्य रत्नभद्र) की यह लीलाभूमि रही है। मध्यमण्डल और काश्मीर के अनेक दार्शनिकों का यह प्रवास-क्षेत्र रहा है। मैं यहाँ आया हूँ तब कुछ सीखकर ही जाऊँगा। आपकी अनुमति मिले।'

अनुमति मिल गयी। खाने-पीने, रहने-सहने के इन्तज़ाम के साथ यह भी कि सबसे योग्य लामा को उन्हें पढ़ाने के लिए नियुक्त किया गया। इतनी आसानी से अनुमति मिल जायेगी, भरिया रोङ्पा चन्द्रसिंह को इसका अनुमान नहीं था। उसने पूछा—'आपने कौन-सा मन्त्र मारा जो इतनी जल्दी बड़ा लामा मान गया?' नागार्जुन ने जवाब दिया—'यह उस पीपल के पत्ते का चमत्कार है जो मैं बोधगया से लाया हूँ। तुम्हारे पहाड़ी देवताओं में इतना सामर्थ्य कहाँ से आया?'

तिब्बत से लौटकर कई बातें उन्होंने राहुल सांकृत्यायन को सुनायी थीं। यह घुमक्कड़ों का मनोवेद था जहाँ स्मरण भी उपस्थिति हुआ करता है। उनमें से कुछ बातें राहुल जी ने 'जीवन-यात्रा' में शामिल की हैं। एक बात तो पुराने ग्रन्थोंवाली है। हज़ार वर्ष पहले भारत के बौद्धग्रन्थ तिब्बत गये थे। उनके पुराने अनुवादों की पाण्डुलिपियों को इतने सुन्दर ढंग से संरक्षित रखा गया था, राहुल जी का अनुमान था कि वे मूल संस्कृत ग्रन्थ भी कहीं-न-कहीं ज़रूर सुरक्षित रखे गये होंगे क्योंकि उनके नष्ट हो जाने की कोई जनश्रुति तक प्रचलित नहीं थी। अपनी तमाम तिब्बत-यात्राओं में इस बात के लिए सचेत रहने के बावजूद काम की कोई जानकारी उन्हें नहीं मिल पायी थी। नागार्जुन जानकारी लाये थे कि हाँ, उनमें कई ग्रन्थ अब भी बच रहे हैं लेकिन वे तिब्बती सरकार की मुहर

लगकर बन्द चीज़ों के भीतर हैं। उन तक किसी की पहुँच नहीं हो सकती। दूसरा समाचार उस काले दिगम्बर साधु का था जो नागार्जुन को थोलिङ् में भी मिला था। वही, जो गंगोत्री में नंगे शरीर एक बर्फ़ीली चट्टान से लगकर साधना कर रहा था, और राहुल–नागार्जुन उसकी बड़ी तोंद पर चकित हो रहे थे। अब उसे बुख़ार आने लगा था। वर्षों के मौनव्रत को तोड़कर उसने नागार्जुन से बात की थी और बताया था कि अब मैं कभी कैलास नहीं जाऊँगा। वह वहीं से लौट गया था।

थोलिङ् महाविहार में नागार्जुन छह महीने के क़रीब रहे, लेकिन इस कालखण्ड ने दूर तक उनके आचार–विचार को प्रभावित किया। रहन–सहन, खान–पान में तो असर साफ़ दिखता था। अपने एक साक्षात्कार में उन्होंने बताया है कि किस कारण से वह अचानक तिब्बत से लौट पड़े थे। बलराम से बात हो रही थी। साम्प्रदायिकता को लेकर कि तिब्बत में साम्प्रदायिकता नहीं है। कोई बौद्ध युवती किसी भी जाति–धर्म के युवक को अपना पति चुन सकती है, कि रोटी–बेटी का सम्बन्ध किसी भी समाज में होने लगे तो साम्प्रदायिकता टिक ही नहीं सकती! वहाँ के समाज में स्त्री को अपना पति चुनने की स्वतन्त्रता होती है और समाज भी उसके चयन का सम्मान करता है। नागार्जुन वहाँ मठ में थे तो एक व्यक्ति की मृत्यु होने पर उसकी पत्नी ने उन्हें ही अपना पति बनाने का प्रस्ताव रख दिया। छह महीने के भीतर तिब्बती समाज में यह उनके स्पष्ट अंगीकरण का दृष्टान्त था। उन्होंने कहा, 'अब यह और बात है कि उस तिब्बती युवती का प्रस्ताव सुनते ही मैं यकायक घबरा गया और वहाँ से भाग खड़ा हुआ।'

तिब्बत से लौटकर जब नागार्जुन देश आये, पिता गोकुल मिश्र का निधन हो चुका था। ऐन काशी के मणिकर्णिका घाट पर उनके प्राण छूटे थे। काशी भी वह वैद्यनाथ की खोज में ही पहुँचे थे जो एक बार फिर घर से भाग गया था। अच्छी बात केवल यह हुई थी कि बहू घर आ गयी थी, उनका उजड़ा घर बस गया था और उन्होंने अपने पौत्र का भी मुँह देख लिया था, पौत्र शोभाकान्त जिनका जन्म जून १९४२ में हो चुका था। मरते समय भी लेकिन वैद्यनाथ के लिए उनके मन में बहुत शिकायतें थीं। आख़िरी क्षणों में किसी ने वैद्यनाथ की याद उन्हें दिलायी थी तो

सूखे होठों को सिकोड़कर बोले थे—'उस आवारा का नाम ही मत लो।' इकलौते पुत्र के हाथों उन्हें आग नसीब नहीं हुई, श्राद्ध का विधिवत् कर्मकाण्ड नहीं हो सका। कंटीर बाबू की उदार धनिकता और गोकुल मिश्र की दबंग सामाजिकता के प्रभाव में जिस पण्डित-समाज ने नागार्जुन को ब्राह्मण-कुल में फिर से स्वीकार कर लिया था, एक बार फिर उसका क्रोध भड़क उठा। व्यवस्था दी गयी कि वैद्यनाथ गया जाकर पिता का विधिवत् श्राद्ध करें और साक्षी के रूप में गाँव के वरिष्ठ महापात्र को लगा दिया गया कि वही साक्ष्य देगा।

गोकुल मिश्र जिस तरह मरे थे, उन्होंने नागार्जुन को बाध्य कर दिया था कि वह उन्हें क्षमा कर दें। यह उन्होंने किया भी, जिसका पता हमें 'अन्तिम प्रणाम' कविता की परिवर्द्धित पंक्ति से मिलता है। आगे उन्होंने 'आईने के सामने' में लिखा कि

> पितृसुलभ वात्सल्य के आवेग ही शायद अपने पिता-पितामह के प्रति हमें उदार बनाते हैं।

लेकिन, सबके बावजूद उस समय तो यह बात उन्हें बिलकुल फालतू लगी थी कि वह गया जायें और लोभी पण्डितों से कर्मकाण्ड का ड्रामा करवायें।

महापात्र मृत्यु के कर्मकाण्ड की दान-दक्षिणा से जीविका चलानेवाला ब्राह्मण होता है। मिथिला के सम्भ्रान्त समाज में महापात्र का दरज़ा दलितों के बराबर है। ग़रीबी और बदहाली भी वैसी ही। गाँव से जो महापात्र गया के लिए उनके साथ विदा हुआ था, उसके बिवाई पड़े पाँवों में चप्पल नहीं, सारे कपड़े फटे-पुराने चिथड़े। दरभंगा पहुँचकर पहला काम तो उन्होंने यही किया कि उसके लिए जूते, कपड़े, छाता ख़रीदे। फिर अपनी स्थिति बतायी। महापात्र बोला—'आपसे अच्छा पुत्र तो मैंने देखा ही नहीं है। आपके पिता तो सीधे बैकुण्ठ गये। अब किसी क्रियाकर्म का औचित्य मुझे भी नहीं दिखता। आप व्यस्त आदमी हैं, जाइये निश्चिन्त होकर अपना काम कीजिये। गाँव जाकर मैं सब सँभाल लूँगा।'

आगे के एक-डेढ़ साल का समय नागार्जुन ने इलाहाबाद में गुज़ारा, थोड़े दिन काशी के भारतीय ज्ञानपीठ में भी रहे। ये वो दिन थे जब राहुल जी भी इलाहाबाद आकर जमे थे। 'जय यौधेय', 'भागो नहीं दुनिया को

बदलो' किताबें इसी दौर की लिखी थीं। अपनी कविताओं की बदौलत पढ़ने-लिखनेवालों की जमात में नागार्जुन की पहचान तो ज़रूर बन गयी थी, लेकिन जैसा वह चाहते थे कि लिखना-पढ़ना ही उनकी जीविका का साधन भी हो, यह निरन्तर गद्य लिखे बग़ैर सम्भव नहीं हो सकता था। गद्य भी ऐसा जिसे त्वरित पुस्तकाकार छापा जा सके और जो बिके। 'किताब महल' कायदे का एक प्रकाशक था जिसने राहुल सहित बहुत सारे प्रतिष्ठित लेखक-विचारकों की किताबें छापी थीं। अब उसकी योजना हिन्दीतर भाषाओं की चर्चित, लोकप्रिय किताबों का अनुवाद छापने की थी। इलाहाबाद रहकर नागार्जुन ने किताब महल के लिए अनुवाद के बहुत सारे काम किये। उन्होंने शरतचन्द्र की ढेर सारी किताबों और कहानियों का अनुवाद किया। 'दत्ता', 'चन्द्रनाथ', 'विराज बहू', 'परिणीता' आदि उपन्यास छपे। के.एम. मुंशी का गुजराती उपन्यास 'पृथ्वीवल्लभ' भी छपा। नागार्जुन के किये अनुवाद में भी हमें वही बिम्बात्मकता, वही भाव-प्रवणता मिलती है, जिसके लिए बाद को उनके उपन्यास प्रशंसित हुए। उन्हें पाठकों ने ख़ूब पसन्द किया। अपनी योजना में वह सफल हो रहे थे।

इस बीच जून १९४५ में अपराजिता ने अपनी दूसरी सन्तान को जन्म दिया और वह शिशु-कन्या चार मास की होकर अक्टूबर में चल बसी। इस घटना से अपराजिता बहुत दुखी हुईं। पुत्र तीन साल का हो रहा था लेकिन हमेशा बीमार रहता था। पति परदेश बसते थे। ससुर का देहान्त हो चुका था। वह भावनात्मक रूप से ख़ुद को असुरक्षित महसूस करती थीं और चाहती थीं कि भले कमाकर लाये या न लाये, अपनी देह लेकर पति लौट आये। मैथिली कविता 'गामक चिट्ठी' में इस भावना की मार्मिक अभिव्यक्ति हुई है। शोभाकान्त ने लिखा है,

> अपराजिता के अभाव-अभियोग-मिश्रित शोकाकुल मुखमण्डल ने उन्हें बाध्य कर दिया कि पटना तक ही अपने को सीमित करें ताकि बारह घण्टे में तरौनी पहुँच सकें।

सोचा, पटना में ही रहकर कुछ किया जाना उचित है क्योंकि

> कवि हूँ, सच है/किन्तु क्षणिक तथ्यों को यों अवहेलित करके/शाश्वत का सीमान्त कभी क्या छू पाऊँगा?'

अपनी तो यही खेती-बाड़ी है

पटना भारतेन्दु-युग से ही साहित्य का एक प्रमुख केन्द्र था। पिछले युगों में काशी के बाद जिस जगह की सर्वाधिक प्रतिष्ठा थी, वह पटना ही था। इसकी ख़्याति में बाबू रामदीन सिंह के खड्गविलास प्रेस की सर्वोपरि भूमिका थी, जिसकी स्थापना १८८० में हुई थी। खड्गविलास प्रेस के गौरव के दिन तो बीत चुके थे लेकिन कई नये प्रतिष्ठान सामने आ गये थे, जिनकी निरन्तर सक्रियता ने पटना के महत्त्व को बनाकर रखा था। इनमें रामलोचन शरण का पुस्तक भण्डार, रामदहिन मिश्र का ग्रन्थमाला कार्यालय, जयनाथ मिश्र का अजन्ता प्रेस और राजा राधिकारमण प्रसाद सिंह का अशोक प्रेस मुख्य थे। इनमें से हर प्रतिष्ठान पत्रिकाओं का प्रकाशन करता था, किताबें छापता था और खड्गविलास की ही तरह बाहर से आनेवाले लेखकों के लिए ठिकाना और स्थानीय लेखकों के लिए ठौर उपलब्ध कराता था। प्राचीनता और प्रतिष्ठा में ग्रन्थमाला कार्यालय कहीं आगे था जबकि सक्रियता पुस्तक भण्डार की ज़्यादा थी। नागार्जुन आये तो ग्रन्थमाला कार्यालय को ही अपना ठिकाना बनाया। परिचय पुराना था। ग्रन्थमाला से दो पत्रिकाएँ 'पारिजात' और 'किशोर' निकलती थीं। ग्रन्थमाला कार्यालय अपने आतिथ्य और लेखक-सम्मेलनों के लिए भी नामी था। राहुल जी जब भी पटना आते, यहीं ठहरते थे। बाबूराव विष्णु पराड़कर, हजारीप्रसाद द्विवेदी, रामनरेश त्रिपाठी, जैनेन्द्र कुमार के भी स्थानीय ठिकाने यहीं हुआ करते थे। रोज़ी-रोटी की यत्किंचित् व्यवस्था बैठाकर नागार्जुन ने पढ़ना-लिखना शुरू किया। 'पारिजात', 'किशोर' और 'हुंकार' के अधिकांश अंकों में उनकी रचनाएँ आने लगीं। 'ब्राह्मण : बुद्ध युग में' लेख, 'टिहरी से नेलङ' यात्रावृत्त और 'कल्पना के पुत्र हे भगवान'

कविता 'पारिजात' में ही छपी थी। ग्रन्थमाला की पत्रिकाओं का स्तर यह था कि नलिन विलोचन शर्मा के सर्वाधिक महत्त्वपूर्ण लेखों में से एक 'सूरदास', 'किशोर' में छपा था, और हजारीप्रसाद द्विवेदी के नये उपन्यास 'चारु चन्द्रलेख' का 'पारिजात' में धारावाहिक प्रकाशन होता था। और, बाल-साहित्य के अपने काम की विधिवत् शुरुआत भी नागार्जुन ने 'किशोर' से ही की थी, यद्यपि 'दीपक' के बालमंच के लिए छद्मनाम से सम्भव है, पहले भी लिखे हों।

काजीपुर मुहल्ले का कंचन भवन वैष्णव होटल पटना में उन दिनों मैथिलों का सबसे बड़ा अड्डा था। होटल के ऊपरी तल्ले पर कई कमरे बने थे, जिनमें से कुछ में तो स्थायी डेरा डालकर लोग रहते थे, कुछ अस्थायी रूप से मैथिलों को ठहरने के लिए दिये जाते। पटना आने के शुरुआती कुछ महीने तो वह कंचन भवन में टिके, बाद में वहीं काजीपुर में एक डेरा किराये पर ले लिया। पास के मुहल्लों लंगरटोली, मछुआटोली, खजांची रोड, भिखना पहाड़ी, महेन्द्रू आदि की तरह यह निम्न आयवर्ग के साधारण लोगों का बसेरा था। नौकरीपेशा, कुली-मज़दूर, छात्र-अध्यापक, छोटे-छोटे रोज़गार करनेवाले व्यवसायी, ये सब इधर रहते थे। आगे सातवें दशक तक जो नागार्जुन ने भग्नक्रम में अपना डेरा पटना में बनाये रखा, वह इन्हीं मुहल्लों में था। पटना बिहार की सांस्कृतिक विविधताओं का मिलनस्थल था। ग्रामीण भी, नागरिक भी। मैथिली भी, भोजपुरिया भी। निम्न मध्यवर्ग की जीवन लीलाओं की जीवन्त तस्वीरें यहाँ देखी जा सकती थीं। ये लोग ही नागार्जुन के 'अपने लोग' थे। उनके उपन्यास 'कुम्भीपाक' में इन लोगों को देखा जा सकता है।

आख़िरी दिनों की अपनी एक मैथिली कविता में नागार्जुन ने कंचन भवन की स्मृतियों का वर्णन किया था। इससे समझा जा सकता है कि उन पुराने दिनों के जीवन-संघर्ष में इस होटल और वहाँ के माहौल की कैसी उर्वर भूमिका रही होगी। होटल के मालिक थे नवकरही (मधुबनी) के अकलूनाथ झा। ग़रीबी की हालत से उबरकर जमे थे और अद्भुत लोक-संग्रही व्यक्ति थे, यद्यपि धन्धे में पूरे हिसाबी थे। वहाँ कमतौल (दरभंगा) के महाकान्त ठाकुर रहते थे। प्रूफ़ पढ़ने का काम करते और वक़्त ज़रूरत कथावाचन भी कर लेते। अलस्सुबह उनका प्रभाती-गायन शुरू हो जाता था—'जागहु हो ब्रजराज।' केवल ब्रजराज को नहीं, बगल

के कमरे में सोये अपेक्षितों को भी पुकारते—'उठिये जी गजाधर बाबू। आप नौकरिहारा आदमी, दाढ़ी-वाढ़ी बनाइयेगा, नहाइये-धोइयेगा कि सोये ही रहियेगा?' फिर नया भजन शुरू हो जाता था—ठुमुकि चलत रामचन्द्र। बताते—'जानते हैं यात्री जी, पाँच दिनों तक जब दुसंझी अल्हुआ (सस्ता कन्द) पर जीवन चलने लगा तो ब्राह्मणी ने मुझे भगाया कि मैं तो जैसे-तैसे दिन काट लूँगी, आपको पटना जाना पड़ेगा। अब पहली फ़सल आयी होगी और उसने चूड़ा कूटा होगा तो मेरा इन्तज़ार करने लगी होगी।' फिर बताने लगते कि उनकी ब्राह्मणी तो हीरा है, कि अपनी इस प्रिया को छोड़कर सपने में भी कभी हमें दूसरी स्त्री का ख़याल नहीं आया...। महाकान्त बाबू का उन्नत बौद्धिक स्तर था, परोपकारी आदमी थे और सामाजिक संगठन पर हमेशा ज़ोर देते थे। आगे जब नागार्जुन ने मैथिली में 'किरण' नाम से पत्रिका शुरू की तो इन्हीं महाकान्त ठाकुर को सम्पादक बनाया था और सामाजिक संगठन 'चेतना' के लिए गोष्ठियों की जब शृँखला शुरू हुई थी, पहली गोष्ठी की अध्यक्षता इन्हीं महाकान्त बाबू ने की थी।

ग्रन्थमाला कार्यालय को अपने समय की कई विशिष्ट कृतियों को प्रकाशित करने का यश था। पण्डित रामचरित उपाध्याय के 'रामचरित-चिन्तामणि', मोहनलाल महतो वियोगी के 'आर्यावर्त', स्वयं रामदहिन मिश्र के 'काव्य-दर्पण', राहुल सांकृत्यायन के 'सिंह सेनापति' को ग्रन्थमाला ने ही प्रकाशित किया था। युवा रचनाकारों को आगे लाने में भी यह कहीं आगे था। आरसी प्रसाद सिंह का पहला काव्य-संग्रह 'कलापी', हंसकुमार तिवारी का पहला गीत-संग्रह 'रिमझिम', रामइकबाल सिंह राकेश का पहला कविता-संग्रह 'चट्टान'—ये सब किताबें ग्रन्थमाला से ही प्रकाशित हुई थीं। ग्रन्थमाला में आये दिन गोष्ठियाँ होती रहती थीं, जिसकी एक अनिवार्य उपस्थिति नागार्जुन होते थे। उनकी बातें और कविताएँ ध्यान से सुनी जाती थीं। 'किशोर' और 'पारिजात' में छपी उनकी रचनाओं को पाठक अधिकाधिक पसन्द करते थे। किसी गोष्ठी में एक दिन प्रकाशक ने नागार्जुन से उपन्यास लिखने का आग्रह किया कि वह लिखें तो ग्रन्थमाला कार्यालय प्रकाशित करेगा। पहले तो उन्हें लगा कि मज़ाक़ किया जा रहा है लेकिन थोड़े दिन बाद जब फिर से अनुरोध हुआ तो वह गम्भीर हुए। बताया जा रहा था कि उनके लेख और

कविताएँ जब इस तरह पसन्द किये जा रहे हैं, यदि उनका उपन्यास आया तो उसे ज़रूर हाथोंहाथ लिया जायेगा। अपनी पहली किताब के प्रकाशन का प्रस्ताव सुनने के बाद नागार्जुन को कैसा लगा था? शोभाकान्त ने लिखा है—

> मन में बेचैनी और कसमसाहट बढ़ने लगी। किसी से मिलने-जुलने की भी इच्छा नहीं हो रही थी। लगा कि औपन्यासिक घटना के काल और परिवेश में पूरी मानसिकता के साथ प्रवेश करना आवश्यक ही नहीं बल्कि अनिवार्य है।

उपन्यास लिखने की पृष्ठभूमि बाक़ायदा बन चुकी थी। पहले तो उन्होंने राहुल जी के उपन्यासों का डिक्टेशन लिया था, उपन्यास के रूप-गुण पर बहसें की थीं, फिर दर्जन के क़रीब उपन्यासों का अनुवाद कर गये थे। उपन्यास कैसे होने चाहिये, इस पर उनकी राय बन चुकी थी। पठनीयता का प्रश्न उनके सामने प्रमुख था। अपने उन पाठकों की चिन्ता भी उन्हें थी, जिनका स्तर मिडिल-पास हो सकता था। यह भी ज़रूरी था कि किताब छोटी हो ताकि आसानी से पाठक उसे ख़रीद सकें और रुचि लेकर पढ़ सकें। और रचना-प्रक्रिया? स्वयं कहते थे—

> एक सूत्र हम पकड़ लेते हैं। मोटामोटी एक रूपरेखा बनाकर उस रचना को एक सही सन्तुलित परिणति देने में हमको सुविधा होती है। पात्र कभी हम पर हावी हो जाते हैं और कभी हम उन पर हावी रहते हैं। यथार्थ भी कल्पना के परिपाक में ढलता हुआ आगे बढ़ता है और कल्पना में भी कुछ यथार्थ रहता है।

इतना सह-सिंचित जीवन था और संवेदना इतनी उदग्र कि नागार्जुन को अलग से किसी कल्पना की ज़रूरत न थी। दिक़्क़त लेकिन उपन्यास की भाषा को लेकर थी। अपनी जिस कहानी को वह 'पारो' में लाना चाहते थे, उसके लिए मैथिली सही होती। जिस परिवेश में इन दिनों रहना-सहना होता था वह भी मैथिली का ही परिवेश था। मैथिली में लानेवाली चीज़ को वह हिन्दी में ले आ पायें, उस जगह तक पहुँचने में अभी देर थी। उन्होंने अपने प्रकाशक को बताया कि उपन्यास वह मैथिली में लिखना चाहते हैं। प्रकाशक के लिए भाषा का सवाल प्रमुख नहीं था, वे तो बस नागार्जुन का उपन्यास छापना चाहते थे। इधर मैथिली में उपन्यास-लेखन की कोई समृद्ध परम्परा नहीं थी। हरिमोहन झा के दो

उपन्यास—'कन्यादान' और 'द्विरागमन'—हाल के वर्षों में आये थे और धूम मचा दी थी। कहते हैं, कन्यादान पढ़ने के लिए ग़ैर मैथिलों ने भी मैथिली सीखी थी। नागार्जुन लेकिन, इन सब बातों पर नहीं जाते थे, वह रचना की आन्तरिक ज़रूरत पर बल देते थे। यह एक विलक्षण बात थी और शायद ऐसे ही लेखकों के बल पर मामूली भाषाएँ भी समृद्ध हो जाती होंगी। शुरू किया। जिन दिनों लिख रहे थे, शोभाकान्त कहते हैं

> उपन्यास पर चर्चा करने से बचते रहते। कोई सुधी मित्र सुनाने कहते, लेकिन इसके लिए वह तब तक तैयार नहीं थे जब तक काम पूरा न हो जाये। उन्हें लगता कि सुननेवाला कहीं कथा को अपने ढंग से मोड़ने की सलाह न दे दे। किसी भी तरह का व्यतिक्रम उपन्यासकार की मानसिक तैयारी पर पानी फेर सकता था।

वह 'मानसिक तैयारी' कौन-सी थी ? वह उपन्यास की परिणति थी, जहाँ विस्फोट हो सकता था, सर्वनाश तक हो सकता था। वहाँ, बीच में किसी के लिए जगह नहीं थी। महीने भर में उपन्यास पूरा हो गया तो गाँव गये। इस पहले उपन्यास की पहली श्रोता अपराजिता हुईं। उपन्यास में पारो तो मर गयी थी लेकिन उसका खिलाड़ी बूढ़ा पति स्वस्थ सकुशल आबाद रह गया था और नयी शादी की तैयारी में लग गया था। अपराजिता बोली थीं—'न जाने यह बुड्ढा और कितने की जान लेगा...कबतक जियेगा यह बहुखौका...।' मतलब, बात जम गयी थी।

१९४६ में उपन्यास छपा तो पाठकों ने इसका ज़ोरदार स्वागत किया। छह महीने के भीतर सारी प्रतियाँ खप गयीं। 'पारो' पढ़कर विद्वज्जन स्तब्ध रह गये, पण्डितगण क्रोध से काँप उठे। 'मिथिला मिहिर' में पण्डित त्रिलोकनाथ मिश्र ने लिखा—

> स्वच्छन्द प्रोफ़ेसर टाँग-हाथ दन्तावलि पहिनहि तोड़ि देल
> दुर्भाग्य सँ सम्प्रति मैथिलीक 'पारो' कपारो फोड़ि देल।

मतलब हरिमोहन झा ने तो अपने हमले से मैथिली का अंगभंग ही किया था, 'पारो' ने आकर तो इसका सिर ही कुचल डाला। उपन्यास में पारो की हत्या को उन सबने मैथिली की हत्या माना। उन दिनों के मैथिल परिदृश्य के बारे में नागार्जुन बताते थे—

> बहुत कठिन था उन दिनों मैथिली में लिखना। पण्डित और पुरोहितों का

> साम्राज्य था, राजा-महाराजाओं की दरबारी संस्कृति थी। बड़े-बड़े ज़मींदारों के महाभोज थे। ऐसे में कोई क्या लिखता? वही, अभिनन्दन-वन्दन, कीर्तन और भजन।

लेकिन, यह मैथिली की सीमा थी, नागार्जुन की नहीं। उन्होंने अपने साधारण पाठकों के मंतव्य को तरजीह दी। मैथिली का भविष्य भी इसी से खुल सकता था। दूसरी ओर, 'पारो' की भाषा भले मैथिली हो, कवि नागार्जुन बिहार के एक उभरते उपन्यासकार की तरह देखे जाने लगे। वह अपने अगले उपन्यास की तैयारी में लग गये।

दूसरा उपन्यास 'रतिनाथ की चाची' १९४८ में आया। यह हिन्दी में था। छपते ही इसने नागार्जुन को उपन्यासकार की प्रतिष्ठा दिला दी, यद्यपि बड़े आलोचक कन्नी काटते ही दिखे। उपन्यास की ख़बर पाकर तरौनी का पण्डित समाज एक बार फिर उन पर उग्र हो गया और उनके बहिष्कार पर अड़ गया। नागार्जुन के एक पुराने मित्र शंकर मिश्र ने अपने संस्मरण में दिया है कि किस तरह उन्होंने तरौनी जाकर मामले को शान्त किया था और समझा पाये थे कि

> साहित्य में लेखक सर्वोपरि होता है इसलिए आप लोग उनके प्रति दुर्भावना न रखें, यही उचित होगा।

अपने आरम्भिक दौर में नागार्जुन लेखन और प्रकाशन, दोनों ही में हिन्दी-मैथिली के बीच सन्तुलन बनाकर चल रहे थे। पहली किताब मैथिली में और दूसरी हिन्दी में आयी तो फिर तीसरी 'चित्रा' (१९४९) मैथिली में आयी। कविताओं के इस सुसम्पादित संकलन ने उन्हें मैथिली कविता में अपूर्व और अद्वितीय कवि के रूप में स्थापित कर दिया। पर इधर वे लगातार उपन्यास-लेखन में लगे रहे। उनके अगले दो उपन्यास—बलचनमा (१९५२) और नयी पौध (१९५३)—ऐसे आये जिन्हें उन्होंने हिन्दी और मैथिली, दोनों ही भाषाओं में अलग-अलग लिखा। अपने एक लेख में उन्होंने सूचना दी है कि 'बलचनमा' पहले उन्होंने मैथिली में ही लिखा था, लेकिन प्रकाशन-सुविधा के कारण इसका हिन्दी पाठ पहले छपा। दरअसल, उनके सामने भाषा या कथा-भाषा का प्रश्न एक जटिल प्रश्न था। जिस प्रकार का नया काम लेकर वह हिन्दी उपन्यास के क्षेत्र में आये थे, यह स्वाभाविक भी था। 'रतिनाथ की चाची' में उन्होंने कथा-प्रवाह और मर्म की मौलिकता बनाये रखने के लिए मैथिल संस्कृति के

सन्दर्भ तो ख़ूब दिये थे लेकिन व्यापक पाठक-वर्ग की भाषा-सुविधा के लिए उन सन्दर्भों के फुटनोट्स भी दिये थे। बाद में उनके मित्रों ने इसे ग़ैर ज़रूरी माना तो अगले संस्करण में ये हटा लिये गये थे। 'बलचनमा' के साथ यह संकट और भी भारी था। यह एक शूद्र की कथा थी और शैली आत्मकथात्मक। इधर मैथिली के साथ यह था कि पण्डितों की मैथिली अलग, शूद्रों की अलग, मुसलमानों की भी अलग मैथिली थी। नागार्जुन देख रहे थे कि 'बलचनमा' के साथ न्याय केवल तभी हो सकता है जब यह शूद्र मैथिली में लिखा जाये। ऐसा अब तक किसी ने नहीं किया था, पण्डितों की मैथिली ही साहित्यिक मैथिली बनी हुई थी।

नागार्जुन ने स्वयं लिखा है कि 'बलचनमा' उन्होंने मूलतः मैथिली में ही लिखा था। १५-०२-१९५५ को उन्होंने हरिनारायण मिश्र को लिखा था—

> मैथिली का बलचनमा निःसन्देह हिन्दीवाले बलचनमा से अच्छा हुआ है। अनावश्यक विस्तार और बन्धुरता नहीं है। उसकी धड़कन इसमें कई गुनी ज़्यादा उतर आयी है।

लेकिन आज यह घोर विवाद का विषय है कि मैथिली में उन्होंने इसे लिखा था या नहीं। इसे यात्री का मैथिली उपन्यास नहीं मानते हुए शोभाकान्त ने 'यात्री समग्र' में संकलित करने से इनकार कर दिया तो दूसरी ओर इसे मूल मैथिली कृति मानते हुए मैथिली आलोचक मोहन भारद्वाज ने 'बलचनमा : पृष्ठभूमि आ प्रस्थान' लिखा जो उनकी सबसे अच्छी आलोचना-पुस्तकों में से एक है। विवाद की जड़ में बात थी कि कलकत्ता की मैथिलीसेवी संस्था 'मिथिला सांस्कृतिक परिषद्' ने १९५५ में नागार्जुन से पाण्डुलिपि लेकर बारह वर्षों तक इसे नहीं छापा, और १९६७ में परिस्थितिवश जब छापा भी तो इतने फूहड़ ढंग से और संदिग्ध बनाकर कि अनूदित रचना का भ्रम होता था। अब २०१२ में इसका दूसरा संस्करण आया है तो पुरानी बातों के लिए स्पष्टीकरण भी दिया गया है। सच फिर भी दबा रह गया है। नागार्जुन के आरम्भिक दोनों ही उपन्यास मिथिला में घोर विवादित हुए थे, और कोई मैथिल संस्था, जिसका स्वरूप आम तौर पर ब्राह्मण-संगठन से शायद ही अलग होता है, अपने तईं ऐसा क़दम उठाने से बचना चाहती रही होगी। १९६६ में साहित्य अकादेमी में मैथिली शामिल हुई थी, और ६७ का पुरस्कार

उचित पुस्तक के अभाव में क्षेत्रीय इतिहास की एक किताब को दिया गया था। इससे प्रकाशन और चयन दोनों के लिए ज़बर्दस्त दबाव बना था। दूसरी ओर, मैथिलों में संशयबोध इतना था कि ६७ में छपे यात्री के कविता-संग्रह 'पत्रहीन नग्न गाछ' का विमोचन सुमित्रानन्दन पन्त से कराया गया था। 'बलचनमा' मैथिली के प्रकाशन पर भी इस दबाव का असर था। मोहन भारद्वाज के अनुसार, सांस्कृतिक परिषद् वालों ने 'बलचनमा' को बेमन से तो छापा ही था, जिसका साक्ष्य भारी तादाद में प्रूफ़ की ऐसी ग़लतियाँ थीं जो यात्री नहीं, किसी और के लिखे होने का भ्रम पैदा करती थीं। ऊपर से यह कलाकारी कर दी थी कि इनर कवर पर 'मूल लेखक नागार्जुन' छाप दिया गया था। भारद्वाज जी ने सही लक्ष्य किया है कि हिन्दी में नागार्जुन की प्रसिद्धि और व्याप्ति से मैथिल आक्रान्त थे।

उधर हिन्दी की दुनिया में 'बलचनमा' का अच्छा स्वागत हुआ। चन्द्रगुप्त विद्यालंकार के शब्दों में कहें तो अपने इसी उपन्यास के प्रकाशन के साथ नागार्जुन हिन्दी उपन्यासकारों की प्रथम श्रेणी में शामिल कर लिये गये। 'आलोचना'-सम्पादक आचार्य नन्ददुलारे वाजपेयी ने लिखा कि स्पष्टत: यहाँ प्रेमचन्द की परम्परा का विकास है। असहमति के स्वर भी आये, ख़ासकर इस बिन्दु पर कि इसमें उपन्यास की सम्पूर्णता का अभाव है। पर, स्वागत और प्रशंसा का स्वर प्रमुख था। कथाकार अमरकान्त ने एक संस्मरण में अपने उस अनुभव की चर्चा की है जो 'बलचनमा' पढ़कर उन्हें हुआ था—

> उस उपन्यास ने मुझे बदल दिया था। मैं उत्साह और प्रेरणा से काँप रहा था। गहरी संवेदनायुक्त सरल भाषा में ऐसी शक्ति मैंने प्रेमचन्द के अलावा कहीं नहीं देखी थी।

सम्पूर्णता-अपूर्णता के प्रश्न पर युवा साथियों ने पत्रिकाओं में उत्साहजनक लेख लिखे तो एक लेख पर नागार्जुन ने हरिनारायण मिश्र को टिप्पणी दी—

> आँखें मूँदकर चाहे मेरी प्रशंसा ही वह करते-ना करते चले जायें, मैं इस प्रकार की बेशऊर आलोचना यानी 'जगर्नाथी खिचड़ी' की सराहना शायद ही कभी कर पाऊँ।

दरअसल, अपूर्णता वाले आरोप में उन्हें भी कुछ सार दिखा था। उन्होंने

स्वीकार किया कि 'बलचनमा' की कथा असमाप्त है और इसका अन्तिम भाग तो वहाँ जाकर समाप्त होगा जब बालचन अपनी ज़मीन को अपने ट्रैक्टर से जोतेगा। उपन्यास छपने के अगले चार वर्षों तक वह इसका अगला भाग लिखने की चेष्टा से भरे रहे। पत्रों, साक्षात्कारों में यह सब बयान हुआ है। मार्च ५५ बीतने को हुआ, तब भी 'बलचनमा-२' शुरू न हो सका, तो उन्होंने प्रिय हरी को लिखा—

> दिन पर दिन बीतते जा रहे हैं मगर कस्तूरी हाथ नहीं आ रही। मन बेहद परेशान है, किसी काम में मन को जोतना असम्भव लगता है।

लेकिन, दूसरे दूसरे उपन्यास आये, 'बलचनमा-२' नहीं का नहीं आया। इस बीच यह ज़रूर हुआ कि बिहार की यादव महासभा ने नागार्जुन के विरुद्ध मोरचा खोल दिया। बलचनमा दरअसल यादव था, और खवास होने के नाते बाबू-भैयों के जूठन पर पला-बढ़ा था। इस चित्रण के लिए नागार्जुन को दूर की कौड़ी लाने की भी ज़रूरत नहीं थी क्योंकि जिन खवासों को उनके पूर्वजों ने अपनी डीह पर लाकर बसाया था और जिनके साथ खाते-खेलते वह तरुण हुए थे, वे यादव ही थे। लेकिन महासभा का कहना था कि जूठनखोर रूप में चित्रण कर नागार्जुन ने यादवों का अपमान किया है जिसका उन्हें दण्ड दिया जायेगा। मधेपुरा के प्रख्यात यादव नेता शिवनन्दन प्रसाद मण्डल उन दिनों बिहार के क़ानून मन्त्री थे, पढ़े-लिखे संस्कारी व्यक्ति। उन्होंने नागार्जुन को अपने आवास पर बुलवाकर मामले को सलटाया था। कुमार विमल ने वह प्रसंग अपने संस्मरण में दिया है। लिखा है—

> मुझे जानकर प्रसन्नता हुई कि गोकुल मिश्र के वंशज की क़लम पर गोकुल-वृन्दावन के मूल निवासियों की लाठियाँ, बरसाने की लाठियाँ नहीं बरसीं।

'नवतुरिया' (१९५४) मैथिली में उनका तीसरा उपन्यास था, जो 'नयी पौध' की कथा का मैथिली पाठ था। यह उनकी ससुराल हरिपुर बख्शीटोल की कहानी थी, जिसपर उपेन्द्रनाथ झा व्यास ने भी 'वाग्दान' शीर्षक से मैथिली कहानी लिखी थी। मिथिला के पण्डितों, मठाधीशों को अब यह समझने में कठिनाई न रही कि नागार्जुन अपने साहित्य द्वारा क्या करना चाहते हैं। वह बाक़ायदा कम्युनिस्ट थे और पार्टी की गतिविधियों, किसान सभा की कार्रवाइयों में शामिल रहते थे। यह सब पर्याप्त साक्ष्य थे। मैथिल

पण्डितों की तो स्थिति यह थी कि वे इस बात के लिए भी प्रचण्ड निन्दा-अभियान चला देते थे कि यात्री ने पिता को लक्षित कविता में 'मूर्ख' शब्द का प्रयोग क्यों किया, 'निरक्षर' क्यों न कहा! वहाँ तो 'पारो' और 'नवतुरिया' के तेज़ को सँभालना असम्भव कल्पना-जैसा था।

बिहार में कम्युनिस्ट पार्टी (बिहार भाकपा) की स्थापना १९३९ में, मुँगेर के एक मकान में क्रान्तिकारियों की गुप्त सभा में हुई थी। इस सभा में राहुल सांकृत्यायन उपस्थित थे। सम्भव है, नागार्जुन भी रहे हों क्योंकि उन दिनों दोनों साथ-साथ भ्रमण, आन्दोलन कर रहे थे। कम्युनिस्ट छात्र-संगठन ए.आई.एस.एफ. १९३८ में ही गठित हो चुका था। १९४१ में जब सहजानन्द सरस्वती हज़ारीबाग़ जेल में बन्द थे, किसान सभा दो खेमों में विभक्त हो चुकी थी। सोशलिस्ट खेमे का नेतृत्व जहाँ रामवृक्ष बेनीपुरी कर रहे थे, कम्युनिस्ट खेमे के अध्यक्ष जमुना कार्जी थे। इन दिनों नागार्जुन जेल से बाहर थे, लेकिन अपने घर-परिवार को व्यवस्थित करने में लगे थे। फिर वह रोज़ी-रोटी की तलाश में पंजाब-सिन्ध-गुजरात निकल गये। भागलपुर जेल से जब वह घर लौटे थे, तमाम दबावों के बावजूद स्वीकार उन्होंने केवल यही किया था कि घर-परिवार को अपना लेंगे। उसमें यह नहीं था कि अपना राजनीतिक कार्य वह बन्द कर देंगे। दरअसल, राहुल सांकृत्यायन की ही तरह नागार्जुन भी ऐसे लोगों में से थे जिनके लिए कम्युनिस्ट होना बहुत बड़ी बात होती है, कृतार्थता से कम नहीं, भले ही वे पार्टी के औपचारिक सदस्य हों न हों, पार्टी नेतृत्व उनसे सहमति रखे न रखे। अब जब नागार्जुन चारों ओर से घूमघाम कर पटना आ गये और यथासम्भव स्थायित्व की योजना बनाकर डेरा ले लिया तो १९४६ में एक काम उन्होंने यह किया कि पार्टी की स्थायी सदस्यता ले ली। १९४६-४७ पार्टी की अत्यन्त सक्रियता के वर्ष थे। बिहार भाकपा के सदस्यों की संख्या जहाँ १९४२ में केवल २२ और १९४५ में १००० थी, इस साल ४००० पर पहुँच गयी थी। नागार्जुन को किसान सभा की ज़िम्मेवारी दी गयी। दरभंगा ज़िला भाकपा (किसान सभा) के वह अध्यक्ष चुने गये। सचिव युवा नेता भोगेन्द्र झा थे।

बिहार भाकपा के दस्तावेज़ों से पता चलता है, उस वर्ष ज़िला भाकपा

कमिटी ने दो प्रमुख मुद्दों पर एकाग्र रहते हुए काम किया था। एक तो राष्ट्रव्यापी समस्या थी—साम्प्रदायिक दंगे, जिनसे बिहार भी प्रभावित था। ए.आई.एस.एफ. के साथ मिलकर पार्टी ने ज़िले भर में ऐसा माहौल बनाया कि समूचा क्षेत्र दंगे की चपेट में आने से बचा रहा। दूसरा मुद्दा किसान समस्याओं का था। प्रस्ताव पारित किया गया कि ज़मींदारी व्यवस्था को तुरन्त ख़त्म किया जाये, ज़मींदारों को इस एवज़ में कोई मुआवज़ा न दिया जाये, बकाश्त-बटाई की ज़मीनें किसानों में वितरित की जायें, किसानों की बेदख़ली तुरन्त बन्द हो, मालगुज़ारी की दर घटाकर आधी की जाये। लेकिन दरभंगा एक कठिन जगह थी, जहाँ के ज़मींदार ख़ुद को सर्वशक्तिमान से ज़रा भी कम नहीं आँकते थे। कारण, अँग्रेज़ भी उन्हीं के, गाँधी जी भी उन्हीं के, मिथिला में कोई बड़ा नेता नहीं जो राजेन्द्र बाबू के निर्णय को प्रभावित कर सके, अख़बार भी उन्हीं के पास, और समूचे राज का बौद्धिक तबका भी उन्हीं का मुँह ताकने को विवश। फल यह हुआ कि बकाश्त, बटाईदारी के विरुद्ध जो आन्दोलन शुरू हुआ वह बहुत जल्द हिंसक संघर्ष में बदल गया। अशोक कुमार मण्डल ने लिखा है—

> दरभंगा में तो किसान आन्दोलन इतने बड़े पैमाने पर फैला कि ज़मींदारों ने बौखलाकर सचिव पर क़ातिलाना हमला करवा दिया।

ख़तरनाक ढंग से ज़ख़्मी भोगेन्द्र झा तो आश्चर्यजनक ढंग से बच गये, लेकिन उनके साथी पलटू यादव और सन्त खतवे शहीद हुए। किसान-स्वाधीनता आन्दोलन में बिहार भाकपा के वे पहले शहीद थे। यह जनवरी १९४७ की घटना थी। साल के उत्तरार्द्ध में आन्दोलन एक बार फिर तीव्र हो उठा, इसी के साथ सरकारी दमन का सिलसिला भी। भोगेन्द्र झा और उनके साथी जेल में बन्द कर दिये गये। १५ अगस्त को देश जब आज़ाद हो रहा था, भोगेन्द्र झा के ये साथी जेल में काला दिवस मना रहे थे। नागार्जुन ने १५ अगस्त १९४७ की अपनी कविता मैथिली में लिखी थी। वहीं उन्होंने भीषणरूपधारिणी मिथिला-माता का आवाहन करते हुए कहा था—

> शोणित बोकरए जँ ज्वैल जोंक/तँ सफल तोर बरछीक नोंक।
>
> कि हे माता, ये सारे अगरधत्त ज़मींदार जोंक जिन्होंने छककर किसानों का ख़ून पिया है सारा ख़ून वमनकर प्राण त्यागें, तभी मानूँगा कि तुम्हारी बरछी में दम है।

कुछ हिन्दी विद्वान, यथा डॉ. कुमार विमल, आरोप करते हैं कि नागार्जुन हिन्दी के इतने बड़े कवि थे, पन्द्रह अगस्त जैसा दिन कई-कई युगों बाद आनेवाला एक दुर्लभ दिन था, अपनी उस दिन की कविता उन्होंने मैथिली में क्यों लिखी, हिन्दी में क्यों नहीं, ऊपर से तमाम पिछड़ी जातियों की सूची गिनाकर कहा कि ये सब भी मैथिल हैं, इसे उन्होंने नागार्जुन की उप-राष्ट्रीयता और सवर्ण जातिवाद का प्रमाण माना है। पर, हम समझ सकते हैं कि उनका कथन कितना व्यर्थ है!

१९४७ की एक यादगार घटना है कि जब ज़िला भाकपा ने 'ज़मींदार उन्मूलन सप्ताह' का आयोजन किया था। प्रशासन ने शहर में निषेधाज्ञा लागू कर दी थी। क़ानून तोड़कर किसानों का विशाल जुलूस निकला जिसमें राज्य कमिटी के नेतागण भी शामिल हुए थे। पुलिस ने नेताओं को गिरफ़्तार किया तो किसानों ने सत्याग्रह शुरू कर दिया। एक टोली को पुलिस जैसे ही गिरफ़्तार करती, दूसरी टोली सत्याग्रह पर आ बैठती थी। लोगों ने लिखा है, ज़िले की आम जनता पर इसका ख़ासा प्रभाव पड़ा था। लगता था, भारत की आज़ादी पहली-पहली बार जुलूस की शक्ल में सड़क पर उतरी हो और सन्देश दे रही हो कि ज़मींदारों से भय खाने का समय अब नहीं रहा। उन्हीं दिनों नागार्जुन ने जनकवि शब्द का प्रयोग अपने लिए पहली बार किया था और कविता लिखी थी—

> समझ गया हूँ/जीवन में इस धरा-धाम का क्या महत्त्व है/कैसे कहलाता कोई धरती का बेटा/...कैसे जनकवि ज़मींदार के उन अमलों को मार भगाता/हरे बाँस की हरी-हरी वह लाठी लेकर!

पार्टी गतिविधियों में से दूसरा जो उनके पसन्द का काम था, वह था—पार्टी के मुखपत्र 'जनशक्ति' के लिए लिखने आदि का। 'जनशक्ति' का प्रकाशन इसी साल १९ नवम्बर ४७ से शुरू हुआ था। पार्टी-गतिविधियों के समाचार इसमें प्रमुखता से छपते। जन-जीवन से जुड़ी समस्याएँ इसमें इस तरीक़े से प्रकाशित की जातीं कि आम लोग इसे अपना अख़बार समझते थे। समाचारों के शीर्षक भी अक्सर जन-शब्दावली में होते—'माधवपुर में राक्षस राज', 'कांग्रेसी पुलिस ने अँग्रेज़ों को मात किया'। कई बार सरकार के अतिगुप्त दस्तावेज़ भी उसने ज्यों के त्यों छाप दिये थे।

गाँधीजी की हत्या पर नागार्जुन ने दो कविताएँ लिखीं। 'तर्पण' हत्या के अगले दिन ३१ जनवरी १९४८ को लिखी थी। दूसरी 'शपथ' उनके श्राद्ध-कर्म के दिन। इन कविताओं का उनके जीवन-प्रसंग में बड़ा महत्त्व है क्योंकि इन्हीं की वजह से वह आज़ादी के बाद, स्वतन्त्र भारत में पहली बार जेल भेजे गये थे।

'तर्पण' कविता की शुरुआत ही उन्होंने यहीं से की थी कि हे पिता, कल जिस बर्बर ने तुम्हारा ख़ून किया वह 'मराठा हिन्दू' और 'मूर्ख' और 'पागल' नहीं है। नागार्जुन ने पहली ही पंक्ति में सरकार को धो डाला था, क्योंकि सरकार हत्यारे को ऐसा ही बता रही थी, आकाशवाणी से लगातार प्रसारण चल रहा था। हत्यारा यदि यह सब नहीं था तो फिर क्या था, नागार्जुन पूरा पता जानते थे—'वह प्रहरी है स्थिर-स्वार्थों का/वह जागरूक, वह सावधान।' जैसे 'स्थिरचित्त' या 'स्थितप्रज्ञ' होते हैं, उसी जोड़ी का शब्द है स्थिरस्वार्थ। जिन्हें न देश से मतलब है न जनता से, वे अपनी स्वार्थ-साधना में ही एकाग्र हैं। अपनी सुरक्षा के लिए उनने प्रहरी रखे हैं, जागरूक और सावधान प्रहरी। वह वही प्रहरी था। कविता में आगे वह वर्ग-पति को और उसके इन तुच्छ प्रहरियों को साथ मिला देते हैं, हिरण्यकशिपु-अहिरावण से लेकर महाराहु तक के सारे ब्राह्मणशास्त्रीय मिथक उठा लाते हैं, एक उस बर्बर का जाति-भेद मालूम करने के लिए, जो कि वह असल में है। यानी 'मानवता का महाशत्रु'। —

> जो कहते हैं उसको पागल/वह झोंक रहे हैं धूल हमारी आँखों में/वह नहीं चाहते परम क्षुब्ध जनता घर से बाहर निकले/हो जायें ध्वस्त/इन सम्प्रदायवादी दैत्यों के विकट खोह/वह नहीं चाहते पिता, तुम्हारा श्राद्ध, ओह!

जनता की आँखों में धूल कौन झोंक रहा है? कौन नहीं चाहता कि गाँधी जी का 'श्राद्ध' हो? पटेल नहीं चाहते, नेहरू नहीं चाहते। अर्थात् सरकार नहीं चाहती। सरकार ही देश है। देश नहीं चाहता?

कविता के आरम्भ में जिसे 'पिता' कहा, पिता तो इसलिए कहा कि वह राष्ट्रपिता थे, आगे वह उन्हें 'वृद्ध पितामह' कहते हैं। पितरों की परम्परा में जो जितना पूर्ववर्ती हो, उतना ही श्रद्धेय माना जाता है क्योंकि उसका आलोक ज़्यादा दूर तक, ज़्यादा पीढ़ियों में फैल चुका होता है। एक ही जीवन में गाँधी ने यह हैसियत हासिल कर ली थी। वह कहते हैं—

> हे वृद्ध पितामह/तिल-जल से/ तर्पण करके/हम तुम्हें नहीं ठग सकते हैं/ यह अपने को ठगना होगा।

यहाँ राजनीति के पार जाकर गाँधी को समझने की विनम्रता है। यह चीज़ नागार्जुन में थी। अपनी कविताओं में उन्होंने कभी गाँधी की दुर्दशा नहीं की। यहाँ गोडसे के 'हिन्दुत्व' और गाँधी के 'हिन्दू धर्म' के प्रकारता-भेद पर भी प्रकाश है। फिर, अपनी परम्परा में गाँधी के लिए जगह बनाने की श्रद्धा भी है। गाँधी की कुछ ऐसी विरासतें भी थीं जो उनके लिए भी उतनी ही महत्त्वपूर्ण थीं, जो प्रकट तौर पर गाँधी के विरोधी थे। उनके लिए तिल-जल दे देने से बात ख़त्म नहीं हो सकती थी।

आगे की पंक्ति थी—

> शैतान आयेगा रह-रह हमको भरमाने/अब खाल ओढ़कर तेरी सत्य-अहिंसा का।

शैतान कौन? मज़े की बात थी कि उसी रोज़ के अपने रेडियो-प्रसारण में उपप्रधानमन्त्री-सह-गृहमन्त्री पटेल ने देश की जनता से अपील की थी कि 'महात्मा जी के द्वारा दिये गये प्रेम और अहिंसा के संदेशों को ग्रहण करें।' पर, नागार्जुन समझ पा रहे थे कि यह सब एक अराजनीतिक हो चुके महात्मा की हत्या का राजनीतिकरण है ताकि इस हत्या के सबक अपनी परिणति को प्राप्त न कर सकें। लेकिन, नागार्जुन ने कहा—

> एकता और मानवता के/इन महाशत्रुओं की न दाल गलने देंगे/हम एक नहीं चलने देंगे।

सरकार के आका जो चाह रहे हैं उसे आप नहीं चलने देंगे? इतनी मज़ाल? लेकिन फिर करेंगे क्या आप? वह कहते हैं—

> मैदानों के कंकड़ चुन-चुन/पथ के रोड़ों को हटा-हटा/तेरे उन अगणित स्वप्नों को/हम रूप और आकृति देंगे/हम कोटि-कोटि/तेरी औरस सन्तान पिता!

गाँधी की विरासत को वह कोटि-कोटि जनता में निमज्जित करते हैं और ख़ुद भी उन्हीं में से एक बन जाते हैं।

तेरह दिन के राष्ट्रीय शोक के बाद दिल्ली के यमुना तट पर गाँधी जी का श्राद्ध हुआ। 'शपथ' कविता उन्होंने उस दिन लिखी। इसमें तो उन्होंने

साफ़ लिखा—

> क्या करते थे दिल्ली में बैठे पटेल सरदार/ जिसके घर में कोई घुसकर साधु को दे मार/ उस गृहपति को धिक्कार!

अब मुश्किल बात यह थी कि अपनी अन्तिम प्रार्थना-सभा में जाने से ठीक पहले तक गाँधी जी सरदार पटेल के ही साथ थे, उस दिन प्रार्थना सभा पहुँचने में उन्हें देर भी इसी कारण हुई। पटेल और नेहरू की जो अन्दर-अन्दर लड़ाई चल रही थी, उसी को सुलझाने में गाँधी लगे थे। अब सरकार कह रही थी कि लोग शान्त रहें और सरकार को अपना काम करने दें। लेकिन 'क्रुद्ध क्षुब्ध प्रज्वलित' देश के 'कोटि-कोटि कण्ठों से निःसृत सुन-सुनकर आक्रोश/भगवा ध्वजधारी दैत्यों के उड़े जा रहे होश'। यह स्थिति थी।

इस कविता में उन्होंने गाँधीजी के आख़िरी पलों का एक चित्र भी दिया था—

> तीन-तीन गोलियाँ, बाप रे/मुँह से कितना ख़ून गिरा है/महामौन यह पिता, तुम्हारा/ रह-रह मुझे कुरेद रहा है।

कुरेद रहा था कि गाँधी को तो आख़िरी दिनों में सबने छोड़ दिया था, कोई उनकी सुनता न था, किसी के लिए वह प्रासंगिक भी नहीं रह गये थे, मतलब इन लोगों के लिए। गाँधी भी किसी से कुछ अपेक्षा नहीं करते थे न अब ज़्यादा दिन जीना चाहते थे। एकमात्र कोशिश थी कि जब तक जीवित हैं, कुछ अच्छा करते रहें। ऐसे आदमी को कहीं इस तरह मारा जाता है? नागार्जुन समझ पा रहे थे कि इस हत्याकाण्ड को एक महागठबन्धन बनाकर ही अंज़ाम दिया जा सका है, वह यह भी देख पा रहे थे कि इन 'क्रूर कुटिलमति चाणक्यों का/हृदय नहीं परिवर्तित होगा।' अभी कुछ ही महीने पहले, आज़ादी के दिन जो कविता उन्होंने लिखी थी, क्या सपने थे उसमें! मध्यरात्रि के अपने सम्बोधन में जवाहरलाल नेहरू ने जो सपने देखे थे लगभग सारे वही सपने नागार्जुन ने अपनी कविता में देखे थे, जनता का 'सत्य' और सत्ता का 'सत्य' उस दिन मिलकर एक हो गया था। लेकिन, इन्हीं थोड़े दिनों में वे सपने चकनाचूर हुए। 'शपथ' कविता के अन्त में नागार्जुन ने संकल्प लिया—

> हिटलर के ये पुत्र-पौत्र जब तक निर्मूल न होंगे/हिन्दू-मुस्लिम-सिक्ख

> फ़ासिस्टों से न हमारी/मातृभूमि यह जब तक ख़ाली होगी/सम्प्रदायवादियों के विकट खोह/जबतक खण्डहर न बनेंगे/तबतक मैं इनके ख़िलाफ़ लिखता जाऊँगा/लौह-लेखनी कभी विराम न लेगी...।

अशोक कुमार मण्डल ने लिखा है, आम दिनों में 'जनशक्ति' २५०० से ५००० प्रतियाँ बिकती थी। गाँधी हत्याकाण्ड के बाद इसकी बिक्री ८००० पर पहुँच गयी। जितने लोगों ने अख़बार ख़रीदा उससे कई गुना ज़्यादा लोगों तक यह कविता पहुँची। इस कविता में जो स्टैण्ड लिया गया था, वही अख़बार का स्टैण्ड बन गया। फिर, हत्याकाण्ड वाली कविताओं की पुस्तिका 'शपथ' छपकर आ गयी। दूर-दराज़ तक वह पहुँच गयी। जहाँ तक नागार्जुन के संकल्प का प्रश्न है, उनकी लौह-लेखनी ने कभी विराम नहीं लिया, इस तरह संकल्प तो उनका ज़रूर पूरा हुआ। लेकिन, थोड़े ही दिन बाद वह गिरफ़्तार कर लिये गये। 'जनशक्ति' पर सेंसरशिप लगाकर उसे बन्द कर दिया गया। सम्पादक गंगाधर दास बताते थे—

> मैं उस समय प्रेस में ही था। एकबारगी बारह बजे रात के बाद चारों तरफ़ से पुलिस ने प्रेस को घेर लिया और पार्टी सदस्यों को गिरफ़्तार करने लगी।

पार्टी सदस्यों के एक चौथायी भाग को किसी-न-किसी बहाने जेल भेज दिया गया। इन्द्रदीप सिन्हा ने वाज़िब प्रश्न रखा था—

> कम्युनिस्टों का इस प्रकार दमन करके और गाँधी जी की हत्या करने वाले आर.एस.एस. के १८०० सदस्यों को जेल से रिहा करके कांग्रेसी सरकार न जाने किस प्रजातन्त्र की रक्षा कर रही थी।

लेकिन मुख्यमन्त्री डॉ. श्रीकृष्ण सिंह का तर्क अलग था—

> इस पार्टी का सिद्धान्त ही इसे जनतन्त्र के दायरे से बहिष्कृत कर देता है, क्योंकि इसका उद्देश्य है क्रान्ति के ज़रिये वर्तमान राज्य को नष्ट कर वर्ग विशेष के राज्य की स्थापना करना। कम्युनिस्टों की गतिविधियों पर काबू पाने के लिए उन्हें सुरक्षा क़ानून के तहत बन्द रखना आवश्यक है।

नागार्जुन की इस बार की जेलयात्रा ऐसी थी कि एक ही समय, अलग-अलग जेलों में, गाँधी का हत्यारा गोडसे बन्द था और गोडसे पर ग़ुस्सा करनेवाले नागार्जुन भी बन्द थे। इस सीरीज़ की एक कविता 'वाह

गोडसे' में उन्होंने जेल में मिलने वाली सुविधाओं के आधार पर सरकार की सहानुभूति का आकलन किया था—

> वाह गोडसे/जिनको तुम पर ग़ुस्सा आया/उन्हें माफ़ नहीं सरकार करेगी/पकड़कर बन्द कर दिया है हाजत में/सज़ा मिलेगी कड़ी से कड़ी/बड़भागी तुम, बने हुए हो शाही क़ैदी/उन गुस्ताख़ों का बदमाशों में शुमार है!/तुम सुनते हो रोज़ रेडियो/पर उनको तो/मामूली अख़बार भी नहीं मिलता होगा।

पर, गाँधी-हत्या-सीरीज़ की कविताओं के पाठ का असली मज़ा तो जब है कि इन्हें उनकी मैथिली कविता 'कांग्रेसी कानवासर' के साथ रखकर पढ़ा जाये। वह कविता उन्होंने देश के पहले आम चुनाव (१९५२) के दिनों में लिखी थी। उसमें है कि कांग्रेस का कनवासर वोटरों को अपने पक्ष में क्या-क्या बातें बताकर वोट माँगता है। रोचक है कि वह गाँधी जी को वोट देने कहता है।—पता है न, गाँधीजी ने मरते वक़्त क्या कहा था? कहा था, जो हमको वोट नहीं देगा, हमें मारनेवाले सोशलिस्टों और कम्युनिस्टों को वोट देगा, उसके घर पर गिद्ध बैठेगा और उसका बँधा बैल मरेगा! 'बँधा बैल मरना' या 'घर पर गिद्ध बैठना' कोई घटना भर नहीं है, पूरा कर्मकाण्डीय मकड़जाल है उसके भीतर, जिसका मतलब किसान का सर्वनाश है, और सात पीढ़ियों तक पीछा करनेवाली कलंक-कथा भी। उस कविता में कम्युनिस्टों का परिचय भी दिया गया है। कहा है, हिरण्यकशिपु आजकल रूस देश में राज कर रहा है और ये लोग उसके दूत-भूत हैं।

तीन-तीन सफल उपन्यास नागार्जुन के आये। यश भी हुआ और माँग भी बनी। वह बताते थे कि प्रकाशक उनके पीछे पड़े रहते थे। योजनाएँ भी उनके पास थीं। नागार्जुन ने कुल मिलाकर जितने उपन्यास लिखे, उनसे कहीं ज़्यादा संख्या में अलिखित उपन्यास उनके पास थे। वह चाहते तो उनकी पूरी कथा सुना सकते थे। एक उपन्यास 'निराश्रित' था, जिसे शरणार्थी-समस्या पर केन्द्रित किया जाना था। 'विशाखा-मृगा' भी दरअसल उपन्यास ही था, जिसके बीस अध्याय होने थे। एक उपन्यास

का नाम 'ठूँठ और कोंपलें' रखनेवाले थे। और भी जाने कितने थे। वह चाहते तो इन सब को लगातार लिखते रहकर आय का नियमित स्रोत पा सकते थे। लेकिन मुश्किल थी कि 'नयी सृष्टि के नये विधाता कोटि कोटि जन' उन्हें पुकारते रहते थे, अपने बीच खींचते रहते थे। उनके समूचे साहित्य में इसकी प्रतीति मिलती है। इसलिए उन जगहों का बड़ा महत्त्व है जहाँ रहकर वह लिख सके, ख़ासकर उपन्यास। वरना, जनता के बीच होना, यात्रा में होना उनकी सहज अवस्था थी।

जेल से छूटने के बाद राहुल जी इलाहाबाद रहने लगे तो वहाँ आना-जाना तेज़ हुआ। फिर वह प्रिय लगने लगा। लिखा है, 'यहाँ आते ही मेरी निब मानो बिजली से छू जाती है।' एक अन्य पत्र में लिखा है,

> पटना रहते समय कितना बर्बाद जाता है, इसका अन्दाज़ ऐसे ही (अभाव के) क्षणों में लगा पाता हूँ। जब लेखनी पर ही समूचा परिवार निर्भर है तो साल में ६ महीने भी तो लिखना चाहिये। इस दृष्टि से इलाहाबाद ही में मुझे जम जाना चाहिये।

वहाँ दारागंज को उन्होंने अपना ठिकाना बनाया, जहाँ निराला जी रहते थे। निराला जी के सघन सान्निध्य का ही असर था कि आगे वह उनके देहान्त पर 'एक व्यक्ति : एक युग' जैसी किताब लिख सके। १९५० में उन्होंने दारागंज में एक कमरा किराये पर ले लिया। वह 'हरभजन दास का मन्दिर' था, यद्यपि मठ या मन्दिर-जैसा माहौल वहाँ कभी-कभी ही, गंगा उत्सव आदि के समय बनता था। रामविलास शर्मा को उन्होंने लिखा,

> मकान में बिजली और बम्बा नहीं है। रामजी के आसरे और सब ठीक है। सामने पीछे की खिड़की खोल दो तो गंगा भागीरथी पुण्या और छोटी लाइन का पुल बिलकुल क़रीब है। यहाँ पुजारी के परिवार में खाना बनवाता हूँ, सो तुम्हारा आटा-सीधा दे दिया करूँगा, वहीं बन जायेगा।

रामविलास जी ने लिखा है,

> मैं उस घर में गया हूँ और खिड़की खोलकर गंगा और छोटी लाइन के पुल का दृश्य भी देखा है। गंगा भागीरथी पुण्या मानो पुरानी दुनिया की याद दिलाती और छोटी लाइन नयी दुनिया की। नागार्जुन का सम्बन्ध पुरानी दुनिया से था और नयी दुनिया से भी।

'गीले पाँक की दुनिया गयी छोड़', 'झुक आये कज़रारे मेघ' आदि कविताएँ उस अनुभव का वितान रचती हैं। मन्दिर का पुजारी ऑर्डिनेन्स फ़ैक्टरी का कर्मचारी था, बाक़ी बचे समय में पूजा-पाठ का काम करता। उसकी पत्नी को नागार्जुन भाभी कहते। अपनी इसी पुजारन भाभी से उन्होंने एक बार कहा था कि—

> पाँच साल के लिए मैं महिला होना चाहता हूँ। मरदों की रुलाई के जो विषाक्त आँसू होते हैं, मातृत्व के आँसू उससे बिलकुल अलग होते हैं। उसका अनुभव करूँगा।

अपने उन दिनों के दौर में जब भी वह समस्याग्रस्त होते, और ऐसा अधिकतर होता था, बच्चा बीमार रहता था, काम बन्द होता तो आमदनी भी बन्द हो जाती, वह यही सोचते थे—

> इलाहाबाद की उसी कोठरी में बैठकर मुझे कोई उपन्यास लिखना होगा ताकि ५०० हाथ आ सकें।

'बलचनमा' भी यहीं घोर आर्थिक दबाव के बीच पूरा हुआ था। उन दिनों शोभाकान्त बहुत बीमार थे और पटना में उनका आपरेशन होना था।

इधर, पटना का वर्तमान साहित्यिक माहौल बहुत ही ख़राब था। जो सम्मानित लोग उन दिनों परिदृश्य पर हावी थे उनमें राधिकारमण प्रसाद सिंह, शिवपूजन सहाय, लक्ष्मीनारायण सुधांशु, रामवृक्ष बेनीपुरी, केदारनाथ मिश्र प्रभात आदि थे। इनमें एकमात्र बेनीपुरी ही थे जिनकी थोड़ी सहानुभूति नागार्जुन के प्रति थी। नयी रचनाशीलता में जो प्रगतिवाद का ज़ोर था उसके प्रति दिनकर ज़रूर सहानुभूति रखते थे लेकिन इस मलाल से भरे मिलते थे कि ख़ुद उन्हें क्यों नहीं प्रगतिवादी माना जाता। मुख्यमन्त्री श्रीकृष्ण सिंह की नज़र साहित्यिक गतिविधियों पर रहती थी और इस पर पूरा नियन्त्रण बनाये रखने की कोशिश करते थे। मुख्यमन्त्री की षष्ठिपूर्ति पर जो अभिनन्दन ग्रन्थ निकला था, उसका सम्पादन दिनकर ने ही किया था। नागार्जुन वहाँ अनुपस्थित थे। आगे राजेन्द्र प्रसाद, अनुग्रह नारायण सिंह आदि पर जो ऐसे ग्रन्थ निकले, उन तमाम जगहों पर नागार्जुन अनुपस्थित थे।

तो फिर नागार्जुन कहाँ थे ? उन्हीं दिनों उन्होंने सरकार और उनके मन्त्रियों को लेकर 'श्रीकृष्ण चालीसा' लिखा था। उन्होंने एक जोड़ी झाल ख़रीदी

थी, जिसे कुरते की जेब में लेकर चलते थे। कहते हैं, यह कविता उन्होंने अपने बीमार बच्चे के मनबहलाव के लिए लिखी थी। सुरेश्वर झा ने लिखा है—

> वह दृश्य देखने लायक होता था जब बालक शोभाकान्त को कन्धे पर बिठाये झाल बजा-बजाकर श्रीकृष्ण-चालीसा गाते। इस मुद्रा में वह अक्सर अशोक राजपथ पर दिख जाते थे।

अब यह चालीसा कहीं नहीं मिलता। सुरेश्वर झा को उसके दो पद याद थे—

> फटेहाल रो रहे बिचारे देहातों के वे स्कूल/बदरी बाबू नहीं करेंगे कभी उधर जाने की भूल/सबसे आगे रामचरित्तर, जिनकी मूँछ कही न जाय/सबसे पीछे चंवर डुलाती है उनकी महमूदी गाय।

पर, प्रतिष्ठित लेखक जो परिदृश्य पर हावी थे, नये लेखकों के द्वारा उनका विरोध भी ज़ोर-शोर से किया जा रहा था। यह विरोध पुराने और नये साहित्य—रूमानियत और यथार्थवाद का विरोध था, जिससे माहौल कोलाहलपूर्ण बना रहता था। उन दिनों के पटना के साहित्यिक माहौल के बारे में विष्णु किशोर बेचन ने लिखा है—

> वृद्ध साहित्यकारों का दल नयी पीढ़ी के विकास को किसी भी प्रकार मान्यता देने के लिए तैयार नहीं है। वह उन्हें डिसकरेज करता और भ्रान्त बतलाता है। दूसरी ओर, उसे कुछ पैसे देकर किताबें लिखा अपने नाम से छपवाता है, घटिया पुस्तकों को पाठ्यक्रम और पुस्तकालय के लिए स्वीकृत करवाता है। बिहार के जितने पत्रकार हैं, वे अपने को आलोचक, निबन्धकार, कवि-कहानीकार समझते हैं जबकि शायद ही उनकी चीज़ें बिहार से बाहर ख़्याति प्राप्त कर सकी हैं। यह गुट बिहार के अंचल में फैले जनवादी साहित्यकारों की चीज़ों का बिना मूल्यांकन किये निरादर करता है। बिहार का साहित्य आज पटना की गलियों में सिसक रहा है और उसके भाग्य का फ़ैसला वे सम्पादक करते हैं जो नागार्जुन के शब्दों में, या तो अयोग्य हैं या मेहनतचोर, फलत: नवयुवक कलाकार गुमराह होते हैं।

युवा लेखक जो पूरी तरह नागार्जुन से सम्पर्कित थे, आग्रह करते कि नागार्जुन युवाओं का नेतृत्व करें। लेकिन किसी नये मंच के निर्माण में

नागार्जुन की रुचि नहीं थी। युवाओं के जितने भी मंच, ग्रुप, दल थे, नागार्जुन सबसे जुड़े हुए थे। यहाँ तक कि 'विविधा' जमात के युवाओं से भी उनका सहज सम्बन्ध था, बावजूद इसके कि यह जमात इलाहाबाद के 'परिमल' से जुड़ा था। दूसरी ओर, ख़ुद 'परिमल' की गोष्ठियों में भी उनके शामिल होने का रिकार्ड मिलता है। हाँ, मुरली मनोहर प्रसाद सिंह जैसे तरुण लेखकों के दल से कहीं गहरा जुड़ाव था, जिन्होंने नागार्जुन के प्रधान सम्पादकत्व में 'सीमान्त' नाम से पत्रिका निकाली थी। नागार्जुन अपनी पत्रिका भी निकालने की लगातार योजना रखते थे। शुरू में उन्होंने हिन्दी में 'उदयन' और मैथिली में 'किरण' निकाली थी। अब भी नयी पत्रिका के बारे में सोच रहे थे। ३०-०६-१९५५ को नागार्जुन ने हरिनारायण मिश्र को लिखा—

> राष्ट्रभाषा परिषद् मुझे अपने दायरे में लेना चाहती है। विद्यापति के बारे में काम करने के लिए बिहार सरकार ८००० वार्षिक अनुदान की घोषणा कर चुकी है। तदर्थ कुछ नियुक्तियाँ होनेवाली हैं। शिवपूजन बाबू मुझे चाहते हैं।

लेकिन यह उनका भ्रम था। शिवपूजन सहाय उन्हें नहीं चाहते थे, बावजूद इसके कि पदावली की जो आधार पाण्डुलिपि थी 'तरौनी पोथी', वह नागार्जुन के गाँव से ही मिली थी और विद्यापति को संकलित-सम्पादित कर सकनेवाला, नागार्जुन से अधिक योग्य शायद ही उन दिनों बिहार में कोई दूसरा हो। उनका कम्युनिस्ट और व्यवस्था-विरोधी होना शायद उनकी अयोग्यता का प्रमुख कारण था। लेकिन विद्यापति के काम के लिए उनकी जगह पर जिन महाशय को योग्य पाया गया था, बाद में उनका सर्टिफिकेट जाली निकला और महाशय बर्ख़ास्त कर दिये गये। इसका प्रसंग कुमार विमल ने लिखा है।

साहित्य का कोई नया मंच बनाने से नागार्जुन बच रहे थे, इसका कारण था मैथिलीभाषियों का वह चेतना-मंच, जिसे मूर्त और व्यवस्थित रूप देने में पिछले कई वर्षों से वह लगे हुए थे। पटना की 'चेतना समिति' आज दुनिया भर में मैथिलीभाषियों की सबसे बड़ी संस्था के रूप में प्रसिद्ध है। यह नागार्जुन के इसी श्रम और ज़िद का परिणाम है। इसकी स्थापना के लिए पहली सभा उन्होंने १२ मार्च १९५० को कंचन भवन की छत पर बुलायी थी, जिसकी अध्यक्षता महाकान्त ठाकुर ने की थी, जिसमें 'तरुण

मैथिल गोष्ठी' की स्थापना हुई थी। नागार्जुन का सम्बोधन था—

> मैथिल समाज आज तक इस लायक न हो सका कि मिथिला के साहित्यिक और सांस्कृतिक उत्थान की ओर ध्यान दे। पुराने महारथीगण अपनी-अपनी अकर्मण्यता का भरपूर परिचय दे रहे हैं। लेकिन हमें इस स्थिति से निराश नहीं होना होगा। हर देश और हर काल में देखा गया है कि राजनीतिक, सांस्कृतिक एवं साहित्यिक विकास के लिए नयी पीढ़ी को ही आगे आना पड़ता है।

'किरण' भी उन्होंने तभी शुरू की थी। वह बन्द हो गयी तो नयी सम्भावनाओं की तलाश में उन्होंने 'पटना विश्वविद्यालय मैथिली क्लब' की स्थापना करायी। यह क्लब बहुत दिनों तक चला। उन्हें तभी यह ज़रूरी लगने लगा था कि संस्था की कोई अपनी जगह, अपना सांस्कृतिक केन्द्र हो, क्योंकि प्रायः हर साल वह पाते कि परीक्षा के बाद पुराने विद्यार्थी लौट जाते थे, फिर नये सिरे से खोज-अभियान चलाना पड़ता था। अब इसके लिए प्रभावशाली लोगों को जोड़ना भी आवश्यक लगा। उन्होंने डॉ. लक्ष्मण झा के साथ मिलकर एक नयी सभा का आमन्त्रण-पत्र जारी किया। इस सभा की अध्यक्षता जस्टिस सतीशचन्द्र झा ने की थी। तय हुआ कि संस्था का नाम 'मिथिला परिषद्' रखा जाये। संस्था ने नया टोला के आर्यसमाज हॉल में विद्यापति सप्ताह मनाया। यह नवम्बर १९५१ की बात है। निरन्तरतापूर्ण प्रयास के बाद आख़िरकार यह हुआ कि १८ जुलाई १९५४ को संस्था को 'चेतना गोष्ठी' के नाम से स्थायित्व देने का निर्णय लिया गया। इसकी जो औपचारिक सभा हुई थी, पण्डित गोविन्द झा याद करते हैं—

> १९५४ में चेतना समिति की स्थापना के लिए गंगा के तट पर काफ़ी अच्छी जगह सभा हुई। उस समय के कई दिग्गज समिति में आये। उनमें जयनाथ मिश्र, भवनाथ मिश्र, भवानन्द झा, श्रीकान्त ठाकुर विद्यालंकार, तारानन्द झा, विद्याकर कवि, वैद्यनाथ झा व्यास, बिलट पासवान विहंगम, जटाशंकर दास आदि प्रमुख थे। इस सभा के संयोजक सुरेश्वर झा थे। अध्यक्ष स्वयं नागार्जुन ने बनना कबूल किया। सचिव सुशील झा बनाये गये।

इसने अपना पहला विद्यापति पर्व ८ नवम्बर ५४ को मनाया था, जिसका उद्घाटन राज्यपाल आर.आर. दिवाकर और अध्यक्षता डॉ. अमरनाथ झा ने

की थी, जो तब बिहार लोक सेवा आयोग के अध्यक्ष थे। मैथिली लेखक गोपालजी झा गोपेश ने इस आयोजन को याद करते हुए लिखा है—

> कहीं भी कोई तामझाम नहीं था। कुल ख़र्च आये थे ३८ रुपये १२ आने। बड़े-बड़े गायकों ने भी नाममात्र का पारिश्रमिक लिया था। यात्री जी पर्व के सूत्रधार तो थे ही, बैठकों में भी जो निर्णय वह करते, सर्वमान्य माना जाता था। उनका व्यक्तित्व ऐसा था कि बड़े-से-बड़े राजनेता या विद्वान भी उनसे भिड़ने का साहस नहीं करते थे।

शुरू में चेतना गोष्ठी का कार्यालय नागार्जुन के कमरे में चलता था जहाँ उन्होंने 'विद्यापति वाचनागार' भी बनवाया हुआ था, बाद में अजन्ता प्रेस में एक कमरा जयनाथ मिश्र ने दिया। १९५५ में जब निबन्धन की प्रक्रिया के लिए संस्था का विधान आदि बनने लगा तो इसका नाम गोष्ठी से बदलकर समिति किया गया। बाद में, सरकार ने, पटना उन्नयन न्यास ने इसे ज़मीन आवंटित की, फिर भवन बना।

मातृभाषा के प्रति उनके अनुराग और सक्रियता को भाकपा नेतृत्व नापसन्द करता था। स्वयं राहुल की भाषा-नीति से भी उसकी गहरी असहमति थी। राहुल से इसके लिए पार्टी ने शो-कॉज किया था और बाद में तो निष्कासित भी किया गया था, नागार्जुन ने लिखा है, राहुल के मानसिक आघात में पार्टी की इस कार्रवाई का भी बड़ा योगदान था। शो-कॉज नागार्जुन को भी हुआ लेकिन वह तैश में आ गये। दुखी होकर उन्होंने निर्णय किया कि वह त्यागपत्र दे देंगे। उस प्रसंग का ज़िक्र सुरेश्वर झा ने अपने संस्मरण में किया है। लिखा है—

> उस दिन सुबह-सुबह मैं उनके डेरे पर पहुँचा था। वह बहुत विचलित और क्रोधित थे। बोले, पार्टी से मेरे इस्तीफ़े का तार डाकघर में दे आओ। मैं तो सोशलिस्ट पार्टी का सदस्य और भाकपा का विरोधी था। मन-ही-मन बड़ी ख़ुशी हुई कि इस्तीफ़ा दे रहे हैं। गपशप के बाद डाकघर चलने को हुआ तभी डाकप्यून आया और उसने राहुल जी का एक पोस्टकार्ड उनके हाथ में थमाया। कार्ड में राहुल जी ने लिखा था कि कम्युनिस्ट पार्टी की भाषा-नीति बड़ी संकीर्ण है और मेरी भाषा-नीति के कारण उसने मुझ पर भी अनुशासनात्मक कार्रवाई की थी। आप हड़बड़ी में पार्टी के विरुद्ध कोई क़दम न उठाइयेगा। यात्री जी ने मुझे रोक दिया और इस्तीफ़े का काग़ज़ वापस ले लिया।

पार्टी की ही भाषा-नीति रखनेवाले अपने परम प्रिय मित्र रामविलास शर्मा से इस मुद्दे पर उनका बहुत भारी विवाद हुआ था। 'मैथिली और हिन्दी' को लेकर दोनों के लेख देखे जाने लायक हैं। नागार्जुन के लेख को तो मैथिली अनुरागी किसी मूल्यवान दस्तावेज़ की तरह महत्त्वपूर्ण मानते हैं।

विवादों से नागार्जुन ज़रा भी परहेज़ नहीं करते थे। अपने विवेक को सबसे बड़ा स्थान देते और रुख़ पर अड़ते, इसलिए कई बार विवाद झगड़े का रूप ले लेता था। कहते थे—

> ग़लत बात को हम ग़लत कहते हैं। अब इससे झगड़ा होता हो, तो हो। आपने ठप्पा लगाया, मैंने भी बग़ैर पूछे लगा दिया। आपने कहा अँगूठा टेको, हमने अँगूठा टिका दिया यह हमसे नहीं होता।

उन दिनों के उनके कुछ झगड़े बड़े नामी हैं। एक झगड़ा तो उनके गुरुभाई आनन्द कौसल्यायन के साथ ही हुआ था। बीच में राहुल सांकृत्यायन थे। आनन्द जी उन दिनों राष्ट्रभाषा प्रचार समिति, वर्धा के प्रधानमन्त्री थे। समिति की गतिविधियाँ उत्साहजनक थीं। राहुल जी को लगा था कि जब काम हो रहा है, तो क्यों न कुछ ऐसे गुणात्मक मूलभूत काम किये जायें जिनसे राष्ट्रभाषा की मज़बूती बढ़े। उन्होंने आनन्द जी को कुछ सुझाव दिये। इनमें भारतीय भाषाओं के गौरव-ग्रन्थों के हिन्दी अनुवाद, विश्व-भाषाओं की प्रख्यात कृतियों के हिन्दी अनुवाद तथा विविध भाषाओं से हिन्दी का कोश-निर्माण आदि थे। राहुल जी की सोच थी कि एक निश्चित समय-सीमा के भीतर यदि ये सारे काम एक साथ सामने आयें तो हिन्दी का बहुत भला होगा, भविष्य के कार्यों पर भी इसका सकारात्मक असर पड़ेगा। आनन्द जी ने प्रस्ताव समिति के समक्ष रखे तो सारे प्रस्ताव स्वीकार कर लिये गये और राहुल जी को ही साहित्यकारों की टीम बनाकर काम पूरा करने की ज़िम्मेवारी दी गयी। इस बीच राहुल जी डाइबिटीज से ग्रस्त हो गये थे, अपनी गतिविधियाँ कम कर दी थीं और मसूरी में एक बंगला ख़रीदकर वहीं रहने लगे तथा घोषणा कर दी थी कि अब वह क्षेत्रन्यास ले लेंगे। नागार्जुन को उनका यह निर्णय बड़ा

ही बेतुका लगा था और इसी को लेकर उन्होंने 'पक्षधर' कविता लिखी थी, जिसमें यह पंक्ति आती थी—

> इतर साधारण जनों से अलहदा होकर रहो मत/कलाधर या रचयिता होना नहीं पर्याप्त है/पक्षधर की भूमिका धारण करो।

कविता तो उन्हीं दिनों उन्होंने पन्त जी पर भी लिखी थी—'कलित कलकण्ठ विकल वेदनामय गाना/पौरुष नदारद, स्त्रैण सवा सोलह आना', और अज्ञेय पर भी—'मांजो और मांजो, मांजते जाओ।' पर ख़ैर, राहुल जी ने तय किया था कि बहुत सारे साहित्यकार एक साथ मसूरी में रहेंगे और अपना-अपना काम करेंगे, जिससे बहुत सारा काम एक साथ हो सकेगा। राहुल की इस टीम के एक सदस्य नागार्जुन भी थे। बकौल राहुल,

> नागार्जुन जी के पत्र से कभी मालूम होता आयेंगे, कभी नहीं आयेंगे। दूसरे परिचितों पर नज़र दौड़ायी लेकिन अभी किसी के आने का निश्चय नहीं था। वर्धा भी लिख दिया था कि जो मिलें, उन्हें भेजें।

नागार्जुन की कई परेशानियाँ थीं। पटना की पत्रिकाओं में लिखने का काम नियमित था, जिससे आय होती थी। बेटा अक्सर बीमार रहता था, जिसके लिए सारा प्रबन्ध करना पड़ता। दूसरी ओर १९४७ से ही दमा ने साथ पकड़ लिया था जो आये दिन परेशान करता रहता था। मसूरी ठण्डी जगह थी, निर्णय नहीं कर पा रहे थे कि जायें कि नहीं जायें। लेकिन मार्च १९५१ में, ठण्ड जब कम हुई, वह मसूरी पहुँच गये। कन्हैया लाल मिश्र प्रभाकर, डॉ. सत्यकेतु, प्रो. मोती सिंह, महेन्द्र कुमार न्यायाचार्य, माधव वाजपेयी आदि वहाँ पहुँच चुके थे। टीम सदस्यों की अधिक संख्या होने पर एक और बंगला किराये पर ले लिया गया और काम शुरू हो गया।

यहाँ तक तो सब ठीक था। लेकिन एक महीने में जब राहुल जी ने पाया कि मसूरी का काम तो काफ़ी आगे बढ़ चुका है लेकिन वर्धा का, मुद्रण-प्रकाशन का काम सही तरीक़े से अब तक शुरू भी नहीं हो पाया, तो उनकी चिन्ता बढ़ी। अप्रैल में नागार्जुन वर्धा गये। बहुत ही ख़राब हालत थी। उन्होंने पाया कि स्वयं प्रबन्धन ही नहीं चाहता कि काम हो। यमदूत की तरह नागार्जुन पीछे पड़े तब भी पन्द्रह दिनों में एक फर्मे की छपायी हो सकी। उन्होंने राहुल जी को सूचित किया—

> एक कम्पोज़ीटर है और प्रूफ़रीडर है ही नहीं। यदि राष्ट्रभाषा का प्रेस नागपुर में होता तो कोई दिक़्क़त नहीं होती। अधिक काम होने पर वहाँ दूसरे प्रेसों को भी दिया जा सकता था। प्रेस की मशीन बिगड़ने पर वहाँ मिस्त्री मिल जाता। ज़रूरत के मुताबिक कम्पोज़ीटर और प्रूफ़रीडर भी मिल जाते।

राहुल जी ने प्रेस को नागपुर ले चलने का अनुरोध किया लेकिन आनन्द जी क़तई तैयार नहीं हुए। कई साहित्यकार तब तक वहाँ नागार्जुन के पीछे जुट चुके थे। स्थिति यह थी कि एक पक्ष काम को आगे बढ़ाना चाहता था, दूसरा उसे रोके रखना चाहता था, ऐसे में टकराहट को कब तक टाला जा सकता था? दोनों पक्षों के बीच संघर्ष शुरू हो गया। समिति के असन्तुष्ट कर्मी भी आ मिले होंगे। नेतृत्व नागार्जुन कर रहे थे। समिति प्रबन्धन ने कई साहित्यकारों को काम से निकालने का निर्णय लिया। मामला पोस्टरबाज़ी और ज़िन्दाबाद–मुर्दाबाद तक पहुँच गया। मज़े की बात यह कि साहित्यकार–पक्ष आक्रामक और प्रबन्धन–पक्ष बचाव की मुद्रा में था। नागार्जुन की कई ख़ामियाँ प्रचारित की गयीं। उनकी कविता 'कैसे अमरित बरसाऊँ' में उस अनुभव की कुछ झलकियाँ आयी हैं—

> पण्डित की मैं पूँछ आजकल कवित–कुठार कहाऊँ/जालिम जोकों की जमात पर कस–कस लात जमाऊँ/तुम्हीं बताओ मीत कि मैं कैसे अमरित बरसाऊँ।

यह सब क्यों हो रहा था? सम्भव है कि राहुल जी के कम्युनिस्ट प्रभामण्डल से प्रभावशालियों को राष्ट्रभाषा की पवित्रता पर आँच लगती प्रतीत हुई हो और गुरुभाई तीसरा रास्ता अपनाने पर बाध्य हुए हों। राहुल जी ने लिखा है—

> समिति के साहित्य का काम अब उत्साहजनक नहीं रह गया था। आन्द्रे ज़ीद के उपन्यास 'ला योत्वा' (संकरा द्वार) के बारे में किसी ने आनन्द जी को सम्मति दी कि वह अश्लील है। हद हो गयी। मैं सोचने लगा, क्यों खामखाह की यह बला मोल ली? जितनी ही जल्दी वह टले, उतना ही अच्छा।

बहुत आगे चलकर एक बार जब महेश दर्पण ने नागार्जुन को सूचना दी थी कि गुणाकर मुळे को फ़ेलोशिप मिले, उन्हें वह पुराना प्रसंग याद आ गया था—

> गुणाकर मुळे को भदन्त आनन्द कौसल्यायन ने घेर रखा था। वह उनका झोला ढोने का काम करते थे। हमने एक रोज़ उनसे कहा—कब तक झोला थामते रहोगे? यहाँ कोई भविष्य नहीं है। भाग जाओ। २०० रुपये दिये और इलाहाबाद में रह रहे एक मित्र के नाम एक पत्र लिखकर दिया। वहाँ पढ़ते हुए गुणाकर ने सीखा-समझा। अब विज्ञान-लेखक के रूप में प्रसिद्ध है।

नागार्जुन का ऐसा ही एक झगड़ा इलाहाबाद में अपने मित्र उपेन्द्रनाथ अश्क से हुआ था। १९५६ में अश्क जी ने कमलेश्वर और मार्कण्डेय के साथ मिलकर 'संकेत' संकलन निकाला था। प्रगतिशील साहित्य के प्रतिष्ठापन में इस संकलन का अपना महत्त्व है। अक्टूबर ५५ में राजेन्द्र यादव को नामवर सिंह ने लिखा था—'आजकल इलाहाबादी 'संकेत' की यहाँ बड़ी धूमधाम है। बड़ी तैयारियाँ हो रही हैं। सम्पूर्ण प्रगतिशील लेखक इसके पीछे अपनी ताक़त लगा रहे हैं। सवाल जवाब देने का है।' जवाब यह कि प्रगतिशीलों में दम है। कि 'निकष' पर 'संकेत' भारी पड़ेगा। इस संकलन के लिए ख़ासतौर पर एक उपन्यास लिखवाने की योजना सबसे पहले मार्कण्डेय के मन में आयी थी। इसके लिए मोहन राकेश इच्छुक थे किन्तु अवसर नागार्जुन को दिया गया था। तय हुआ था कि नागार्जुन अश्क जी के घर, जो कि नीलाभ प्रकाशन का दफ्तर भी था, ठहरकर उपन्यास लिखेंगे। पहले नागार्जुन ने इस उपन्यास का नाम 'श्रमदान' चुना था, किन्तु यह 'वरुण के बेटे' नाम से 'संकेत' में फिर अलग से प्रकाशित हुआ। हिन्दी की जो पहली युवा पीढ़ी गहरे लगाव के साथ नागार्जुन से जुड़ी, वह यही इलाहाबाद की पीढ़ी थी। इसमें मार्कण्डेय, कमलेश्वर, अमरकान्त, अजित पुष्कल, बद्रीनाथ तिवारी, दीनानाथ सरोदे, शिव कुमार सहाय आदि थे। मार्कण्डेय को वह 'लल्लू' पुकारते थे, कमलेश्वर उनके 'कमल' थे और अजित पुष्कल 'इक़बाल'। यह मुख्यतः कथाकारों की पीढ़ी थी, लेकिन नागार्जुन के वे दिन भी उनकी दुर्लभ कथाकारिता के ही दिन थे।

झगड़े की पृष्ठभूमि उसी दिन तैयार हो गयी थी, जिस दिन नागार्जुन ने अश्क के घर पदार्पण किया। अश्क जी सपत्नीक बाहर थे। उनके प्रकाशन में काम करनेवाली लड़की देशी सेठ और अश्क जी का बड़ा लड़का घर में थे। नागार्जुन के ठहरने की व्यवस्था उन्होंने की, और तो

जो किया, उन्हें ओढ़ने के लिए वह रेशमी दुलायी दे दी जो कौशल्या जी ने ख़ास तौर पर अश्क जी के लिए नियत की हुई थी। सम्भ्रान्त मिज़ाज के अश्क और उनकी पत्नी का मन तभी भिन्ना गया था।

यह लड़की देशी सेठ ही झगड़े का कारण बनी थी। देशी के बारे में अभी हाल में नागार्जुन ने प्रिय हरी को लिखा था—

> बीस साल की पंजाबी लड़की। बेहद बोल्ड, स्वनिर्भर, ईमानदार और ऐसी कि ख़ुद का भी एहसान लेने को तैयार नहीं। पश्चिम पाकिस्तान में अपना सबकुछ खो आयी है, माँ मात्र साथ हैं। उच्चवर्गीय चोंचलों के प्रति सख़्त नफ़रत मैं पा रहा हूँ देशी के अन्दर।

वह अपनी माँ के साथ अश्क-भवन के आउट हाउस में रहती थी। अश्क जी ने लिखा है, अश्क की ज़िन्दगी पेचीदा थी और कई कारणों से गदराये बदन वाली इस सुन्दर लड़की, कमलेश्वर के शब्दों में 'अनिन्द्य सुन्दरी', को उन्होंने इतना सिर चढ़ा रखा था कि वह न केवल मेहमानों की देखभाल करती थी, वरन अश्क जी की मेज़ साफ़ करने से लेकर बिस्तर तक बिछाती थी। समस्या तब हुई जब छठी दफ़ा घर से भागा हुआ उनका बड़ा बेटा घर लौटा और इस लड़की से मुहब्बत करने लगा। देशी के कितने ही क़िस्से थे, जिन्हें कमलेश्वर ने अलग से भी लिखा है। घर में झगड़ा शुरू हो गया। अश्क जी का आरोप था कि देशी ने जान-बूझकर उस रात नागार्जुन को उनकी रेशमी दुलायी दिलायी थी ताकि बाप-बेटे के बीच झगड़ा हो। अब झगड़ा यहाँ पहुँच चुका था कि अश्क ने देशी को नौकरी से निकाल दिया और फ़रमान जारी किया कि आउट हाउस वह ख़ाली करे। इसका भी एक अलग पाठ कमलेश्वर ने दिया है। वह है कि अश्क का साला पुश्शी वहशी दरिन्दा था। देशी उसे बिलकुल भी पसन्द नहीं करती थी। एक रात उसने देशी के साथ ज़बर्दस्ती कर दी। ग़ुस्से में देशी ने उसे दरवाज़ा-दीवार के बीच चाँप दिया। बौखलाकर वह हल्ला करने लगा और उसके सामान बाहर फेंकने लगा। नागार्जुन का प्रवेश इस झगड़े में तभी हुआ था। उनका कहना था कि यह शरणार्थी बेकसूर लड़की कहाँ जायेगी?

नागार्जुन से अश्क की जो शिकायतें थीं, अश्क जी ने अपनी किताब में उनका भी ज़िक्र किया है। पहला तो यही कि १०० रुपये पर लिखने की बात थी, ३०० ले लिये। दूसरी, स्टडी-रूम में बैठकर लिखने के बदले

अक्सर उस लड़की की निहायत मामूली कोठरी में बैठकर लिखते या जो भी करते। पूछने पर बताते कि वहाँ सघन एकान्त मिलता है। लेकिन, अश्क को सन्देह था कि 'बे-गिनती के तथाकथित प्रगतिशीलों की तरह' वह भी उस गदरायी लड़की के रूप के दीवाने थे। तीसरी, भूख जब उन्हें लगी होती तो खाना-नाश्ता के लिए हल्ला मचाने लगते थे। कौशल्या जी को उपदेश देने लगते थे। एक बार तो यह देखकर 'अश्क को इतना क्रोध आया कि उसने कहा, 'मैं इस साले का बोरिया-बिस्तर उठाकर बाहर फेंक देता हूँ।' पत्नी ने ही उन्हें शान्त किया।

उस दिन अश्क जब अपने वास्तविक साले के साथ मिलकर लड़की की कोठरी का सामान बाहर फिंकवा रहे थे, नागार्जुन ने धमकी दी थी—'इस अन्याय के विरुद्ध सारे प्रगतिशीलों को इकट्ठा करके उसे उचित दण्ड देंगे।' अश्क जी ने इसे मज़ाक़ समझा था और हँसे थे। लेकिन, उन पर जो पड़ा था, राजेन्द्र यादव को लिखे कमलेश्वर के एक पत्र में उसका थोड़ा खुलासा हुआ है—

> अरे हाँ, नागार्जुन जी वाली बात रह गयी। अश्क जी ने अपने सारे रूप प्रदर्शित कर दिये थे, सुना है अब वे गुरुमुखी में लिखेंगे, हिन्दी वालों ने परेशान कर दिया—यह ज़्यादती है।

नागार्जुन के लिए इस मामले का ज़रा भी महत्त्व नहीं था, इसलिए उनकी पूरी रचनावली में इसके बारे में हमें एक वाक्य तक नहीं मिलता। लेकिन अश्क जी के लिए यह इतना ख़ास था कि तीस वर्ष बाद १९८६ में ऐसे प्रसंगों को लेकर उन्होंने न केवल किताब छपवायी बल्कि अपने साथी लेखक का नाम सही से लें, यह स्वस्थचित्तता भी हासिल न कर सके थे। वहाँ उन्होंने नागार्जुन को 'बिहार का अष्टावक्र उपन्यासकार', 'नितान्त औघड़', 'घनघोर प्रगतिशील', 'कुटिल', 'ठग', 'अष्टावक्र बाबा' आदि नामों से सम्बोधित किया है। अश्क जी की यह किताब 'चेहरे अनेक' जब छपी थी, ज्ञानरंजन ने टिप्पणी की थी—

> बाबा नागार्जुन कितने-कितने समय इलाहाबाद रहे-बसे और उनकी एकतरफ़ा कहानी उपेन्द्रनाथ अश्क लिख चुके हैं। दूसरा पक्ष अभी बयान किया जाना बाक़ी है। यह पक्ष बहुत ही दिलचस्प, तिलिस्म से भरा और कामोत्तेजक है। इसमें इश्क़-मुहब्बत और स्त्री के उत्थान-पतन की कहानी है।'

कुछ भिड़न्त तो नागार्जुन जान-बूझकर भी मोल लिया करते थे, तब भी जब उन्हें ज़्यादा सम्भावना दिखती कि मात खायेंगे। कई बार तो यह आन्तरिक प्रेरणावश होता था। जैसे वह अपना प्रेम नहीं छिपा पाते थे उसी तरह अपनी नफ़रत भी नहीं। सम्भ्रान्त लोग और उनकी जीवन-शैली उनमें क्रोध और विक्षोभ पैदा करते। कई बार तो ऐसा भी होता कि कविताओं में विक्षोभ अभिव्यक्त कर देने के बाद भी वह इसके आवेग से उबर नहीं पाते और यह उनके आचरण तक में उतर आता था। इन्हीं सब कारणों से उनके कवि-मित्र केदारनाथ अग्रवाल उन्हें 'हीरा आदमी' कहते थे। यानी कि बिलकुल पारदर्शी, लेकिन मज़बूत। इन सब गुणों की प्रतीति रामविलास शर्मा को भी थी, जिन्होंने १९५५ के आसपास उन्हें 'बाबा' और 'नागा बाबा' का सम्बोधन दिया था यूँ नागार्जुन बताते थे कि ब्राह्मण होने के कारण और बौद्ध भिक्षु होने के भी कारण छोटी उमर में भी लोग उन्हें 'बाबा' कह लेते थे। पर, सम्भ्रान्तता-प्रदर्शन के प्रति उनकी चिढ़ इतनी अनियन्त्रणाधीन थी कि जिस एम.एल.ए. जनककिशोरी देवी से उन्होंने 'उदयन' पत्रिका के लिए बढ़िया आर्थिक सहयोग पाया था, उन्हीं के बच्चों की उद्धत सम्भ्रान्तता पर 'विजयी के वंशधर' कविता लिखी थी।

१९५६-५७ के दौरान नागार्जुन बच्चों की प्रतिष्ठित पत्रिका 'बालक' का सम्पादक बने, जो कि उनके लिए एक अच्छी, सुविधाजनक स्थिति थी। इसे पुस्तक भण्डार प्रकाशित करता था और इसका प्रसार समूचे देश में था। पहले सम्पादक की जगह रामलोचन शरण का नाम जाता था, अब नागार्जुन का जाने लगा। वेतन भी वे अच्छा दे रहे थे। उन दिनों बिहार के शिक्षामन्त्री कुमार गंगानन्द सिंह थे। वह न केवल मैथिल थे, मैथिली के लेखक भी थे, स्वयं भी ज़मींदार थे, महाराज दरभंगा के भी नितान्त क़रीब थे और राजनीति में तो कैबिनेट मन्त्री थे ही। मैथिल समाज पर भी उनकी पूरी पकड़ थी। चेतना समिति के गठन में बहुत सारे मैथिलों ने नागार्जुन की मदद की थी, उनमें कुमार साहब का नाम नहीं आता था जबकि उनके किये से मामला और भी आसान हो सकता था। एक बार किसी सभा में नागार्जुन ने कुमार साहब को सुना। उनकी आँखों में ख़राबी थी और हाथ का काग़ज़ आँखों के बिलकुल क़रीब लाकर ही वह पढ़ पाते थे। उस सभा में लेकिन क़रीब लाकर भी अपना भाषण

ठीक–ठीक नहीं पढ़ पाये थे। नागार्जुन को एक सूझ गयी। 'अभी–अभी उस दिन' वही कविता है, यद्यपि कि सम्पादित करके उसकी तीक्ष्णता को झाड़ दिया गया है। जब 'बालक' के सम्पादक थे, एक बार कभी हिन्दुस्तानी प्रेस में कविगोष्ठी थी जिसमें शिक्षामन्त्री आनेवाले थे और कवि के रूप में नागार्जुन भी आमन्त्रित थे। वह वही कविता लेकर पहुँचे। मन्त्री तो न आ पाये थे लेकिन काव्य–पाठ के बाद नागार्जुन ने यह वक्तव्य जोड़ दिया कि मैं तो मन्त्री जी की उम्मीद में यह कविता याद करके आया था। अब अगर इस गोष्ठी में उनका कोई मुसाहिब हो तो उन्हें जाकर बता देना उसका फ़र्ज़ बनता है। मुसाहिब थे। अगले दिन रामलोचन शरण को शिक्षा मन्त्रालय से फ़ोन आ गया कि नागार्जुन को नौकरी से निकालें। शरणजी आना–कानी करें यह उनसे न हो सकता था। नागार्जुन जानते थे। उस दिन वह दफ़्तर नहीं आये। फिर कभी नहीं गये।

मिथिला के साहित्यिकों के साथ उनका सम्बन्ध इस दौर में, एक–दूसरे ही तनाव से भरा हुआ था। मैथिली लेखक उपेन्द्र दोषी के संस्मरण की ये पंक्तियाँ इसका कुछ पता देती हैं। लिखा है,

> यात्री जी के अक्खड़पन, जिद्दी स्वभाव और व्यंग्योक्तियों के कारण उनकी अग्रज पीढ़ी ने उन्हें स्थान नहीं दिया। अपने समकालिकों से भी उन्हें वह स्नेह और सम्मान नहीं मिला, जिसके वह हक़दार थे। उनके बीच वह काकु और आलोचना के पात्र बने रहे। पर यात्री के लिए न हर्षो न च विस्मयः। वह अपने काम में लगे रहे। प्रतिष्ठा और विश्वास मिला उन्हें अपने अनुजों से जो हमेशा मिलता रहेगा।

आगे तो जो होता, ये दिन तो काकु और आलोचना के दिन थे। और यह केवल मैथिली की बात नहीं थी, हिन्दी में भी जब बुज़ुर्ग उन्हें देखते तो उन्हें लगता था 'विष का मटका इधर डोलता आ रहा है'। नागार्जुन के प्रति मैथिलीशरण गुप्त की यह उक्ति कि

> संस्कृत का विद्वान होने पर भी इसके अन्दर ज़हर भरा हुआ है। ब्राह्मण वंश में जन्म हुआ, विद्यापति की मिथिला में पैदा होने से अमृत इसके लिए सहज लभ्य था लेकिन यह तो विषकीट निकला।

इस उक्ति पर गुप्त जी जैसे किसी एक व्यक्ति का कापीराइट नहीं हो सकता था, असल में उनका यह कहना तो एक तरह से डुप्लीकेट था,

ऑरिजनल तो यहाँ मिथिला में निवास करते थे, अमृतमय जीवन के साथ। इनका सामना नागार्जुन कैसे करते थे? ख़ास करके तब, जबकि मिथिला पर ही उनका जी टंगा रहता था! 'फिर भी प्रवासी ही कहेंगे हाय'—जैसी कविताओं में प्रवास-पीड़ा की बड़ी गहरी गूँज सुनी जा सकती थी। मैथिली की ऐसी कुछ कविताओं में गाँव की 'अमृतमय' जीवन-शैली भी आयी है, लेकिन तब भी वहाँ गाँव की याद बड़ी बेधक है। सब कुछ तो उनका वहीं था, यहाँ तक कि परिवार और बच्चे भी। गाँव में जो उनका 'सब कुछ' था, उनमें उनकी मातृभाषा भी थी और उनका साहित्य, उनके विद्यापति। उनका वह सब कुछ, जिसका कुछ पता केदारनाथ अग्रवाल ने अपनी कविता 'नागार्जुन के बाँदा आने पर' में पाया था। १९५६ में लिखी इस कविता में केदार बताते हैं कि नागार्जुन को गले लगाने का मतलब दरअसल किन हज़ार चीज़ों और मूल्यों को गले लगाना होता है—

> आओ साथी, गले लगा लूँ/ तुम्हें, तुम्हारी मिथिला की प्यारी धरती को/ तुमने व्यापे विद्यापति को/ और वहाँ की जनवाणी के छन्द चूमत लूँ/ और वहाँ वहाँ के गढ़पोखर का पानी छूकर नैन जुड़ा लूँ/ और वहाँ के दुखमोचन, मोहन माँझी को मित्र बना लूँ/ और वहाँ की आब-हवा से वह सुख पा लूँ/ जो गीतों में गाया जाकर कभी न चुकता/ जो नृत्यों में नाचा जाकर कभी न चुकता/ जो आँखों में आँजा जाकर कभी न चुकता/ जो ज्वाला में डाला जाकर कभी न जलता/ जो रोटी में खाया जाकर कभी न कमता/ जो गोली से मारा जाकर कभी न मरता/ जो दिन दूना रात चौगुना व्यापक बनता/ और वहाँ नदियों में बहता/ नावों को ले आगे बढ़ता/ और वहाँ फूलों में खिलता/ बागों को सौरभ से भरता...

किरण जी जैसे लोगों के उद्यम से अब विद्यापति जयन्ती गाँव-गाँव में होने लगी थी। उस अवसर पर साहित्यिकों का जुटान होता। जब भी नागार्जुन ज़रा भी सुविधा में होते, इन आमन्त्रणों पर चल दिया करते थे। बीस-बीस कोस ज़मीन पाँव-पैदल धांग देने में उन्हें ज़रा भी दिक़्क़त नहीं होती थी। लेकिन इन काकुवाले साहित्यिकों का सामना वह कैसे करते थे? एक क़िस्सा अमरजी ने लिखा है। क़िस्से को इतना मूल्यवान समझा कि अपनी आत्मकथा में दिया है। पूर्णियाँ में विद्यापति पर्व था। उद्‌घाटन मुख्यमन्त्री ने किया था और मुख्य अतिथि लक्ष्मीनारायण

सुधांशु थे। कवि-सम्मेलन सम्पन्न हुआ और इधर कविगण भोजन पर जुटे। माछ-भात, दही-रसगुल्ले की प्रशस्त व्यवस्था थी। जब घण्टे-दो घण्टे में नाक तक कविगण भोजन कर चुके तो सभी उठने को थे। लेकिन उठते तो तब, जब पाँत से हर कोई साथ उठता। लोगों ने देखा, नागार्जुन ने पत्तल पर दो रसगुल्ले रख छोड़े हैं और उन्हें खाने की प्रत्याशा में बैठे हैं। पास बैठे मधुप जी ने कहा—'भाई यात्री, नहीं सध रहा है तो छोड़ दो। अब कमर दुखने लगी।' नागार्जुन ने उत्तर दिया—'कहिये भला, पत्तल पर आये रसगुल्ले को जुठाकर उठ जाऊँ?' मधुप बोले—'तो फिर खाओ। अगोड़कर क्यों बैठे हो?' नागार्जुन ने कहा—'इसपर ज़रा माछ का झोर पड़ जाये, तब खाऊँगा।' लोगों को लगा कि नागार्जुन मज़ाक़ कर रहे हैं। लेकिन वह ज़्यादा गहरा मज़ाक़ कर रहे थे। बैठे रहे। अब मुश्किल यह थी कि भोज के कार्यकर्तागण बरतन-बासन समेटकर रंगारंग कार्यक्रम देखने निकल गये थे। दर्शकों की भीड़ से उन्हें ढूँढ़ लाना भी एक कठिन काम था। लेकिन ढूँढ़ लाना पड़ा। रसगुल्ले पर 'परिपूरित नीर' पड़ा तभी नागार्जुन ने खाया, और तबतक सारे आदरणीयों, माननीयों को दुखती कमर के साथ बिठाये रखा।

लेकिन यह नागार्जुन के व्यवहार का स्थायीभाव हो, ऐसा नहीं था। पुरानी पीढ़ी के ही एक लेखक मुंशी रघुनन्दन दास के निधन का समाचार उन्हें मिला तो वह उनके गाँव गये। अपने पिता के भी श्राद्ध में जिसने मुण्ड न मुड़वाया, उसी नागार्जुन ने मुंशी जी के परिजनों के साथ नह-केश कटवाया था। उनके श्राद्ध में जुटे साहित्यकारों से कहा था कि मुंशी जी के असल उत्तराधिकारी तो हमीं लोग हैं। भड़कते थे वह किसी बात पर या बातों की शृँखला पर। पर, मुश्किल थी कि उन्हीं बातों को सामाजिक स्वीकृति प्राप्त थी। इसलिए वहाँ उन्हें समझने-लिखनेवाला कोई नहीं था। बातें काकु और कुचर्चा में घुलकर विलीन हो जातीं। नागार्जुन का स्वभाव ऐसा था कि वह अपनी प्रतिक्रिया व्यक्त करके ही मुक्त हो जाते। अधिक हुआ तो उस पर कविता लिख लेते। अलग से उन्हें इतिहास लिखने की ज़रूरत नहीं पड़ती थी।

वल्लीपुर गाँव की एक सम्भ्रान्त-सभा में उनकी जो प्रतिक्रिया हुई थी वह तो और भी अधिक उग्र थी। आज भी लोग याद करते हैं तो मुस्कुराये बग़ैर नहीं रहते। वल्लीपुर उनके आद्यमित्र सुरेन्द्र झा सुमन का गाँव था।

गाँव ज़मींदारों का। सुमन जी 'मिथिला मिहिर' के सम्पादक। सम्पादक जी के पुत्र का उपनयन था, जिसमें बड़े-बड़े महारथी पधारे थे। दरभंगा राज के मैनेजर गिरीन्द्र मोहन मिश्र थे, दुर्गानन्द झा, आचार्य रमानाथ झा—सबों का काफ़िला पहुँचा था। नागार्जुन भी पहुँचे थे। बात क्या हुई थी, इसे किसी ने नहीं लिखा है। लेकिन, लिखा है कि समावर्तन संस्कार चल रहा था, सारे लोग भरे आँगन में बैठे थे। शास्त्रीय गायक का गायन चल रहा था। गायक ने किसी राग में मूर्च्छना के साथ एक आलाप लिया कि उसी गम्भीर वातावरण में अचानक नागार्जुन ज़ोर से चिचियाते हुए उठ खड़े हुए। लोग उनके पास पहुँचे कि क्या हुआ? गायन बाधित हुआ। नागार्जुन चिल्ला-चिल्लाकर बोलने लगे—'मेरे गाँव में एक बकरी इसी गवैये की तरह मिमिया-मिमियाकर मर गयी थी', और बोलते-बोलते आँगन से बाहर निकल गये।

मिथिला के उच्चवर्गीय बौद्धिक समाज की जहालत भले ही ज़्यादा बड़ी हो, लेकिन नागार्जुन ने उन्हें यूँ ही छोड़ दिया हो, ऐसा भी नहीं था। युवा लेखकों का विश्वास और उनकी दी प्रतिष्ठा उनके साथ थी। रामकृष्ण झा किसुन, राजकमल चौधरी, सोमदेव, हंसराज, ललित, धीरेन्द्र आदि की समूची पीढ़ी उनके पीछे खड़ी थी। आगे फिर नयी-नयी पीढ़ियाँ आयीं। लेकिन वह प्रगतिशील परम्परा के केन्द्र में बने रहे। हिन्दी के साथ यह सुयोग नहीं था। वहाँ साहित्य के नये प्रतिमान आ बिराजे थे। सो, अनुवर्ती पीढ़ी को प्रकट होने में अभी बहुत देर थी।

इतनी सारी गतिविधियों से भरे थे, बावजूद इसके सद्गृहस्थ होने की महत्त्वाकांक्षा अब भी नागार्जुन के भीतर पल रही थी। अपराजिता ने नब्बे के दशक में इब्बार रब्बी को यह जो बताया था—

> यात्री जी ने घर की देखभाल कभी नहीं की। घर को झंझट मानते हैं। कभी साधु हो गये, कभी कम्युनिस्ट, कभी इधर-उधर घूमते रहे। घर से कोई मतलब ही नहीं। उनका जीवन फ़रारी का रहा।

यह परिणति भले ही हो, उनका प्रयास इसके विरुद्ध ही चलता रहा था। वाचस्पति की दी रिपोर्ट है—

कहीं भी रहें चार पुत्रों और दो पुत्रियों के परिवार का योगक्षेम उन्होंने सदा सोचा। अनियमित जीवन में परिवार का हितलाभ नियमित हो, इसकी भरसक कोशिश की।

नागार्जुन की गृहस्थी दरअसल, दो भागों में विभक्त हो गयी थी। गाँव में बँधे नहीं रह सकते थे, इसके कई कारण थे, पहला तो आर्थिक ही था। अपराजिता गाँव को छोड़ नहीं सकती थीं। मिथिला के वे दिन पढ़े-लिखे रोज़गारियों के लिए बाहर कमाने के दिन थे, जबकि उनका परिवार गाँव रहता। नागार्जुन परिवार को साथ रखना चाहते थे, लेकिन इसमें अपराजिता की रुचि नहीं थी। नागार्जुन का जैसा स्वभाव था, उनमें वह अव्यवस्था पाती थीं और अकबका जातीं। वह उन्हें प्रोत्साहित करते जिस तरह कि बाद में भी तमाम लड़कियों, महिलाओं को प्रोत्साहित करते देखे जाते। लेकिन लक्ष्य उनका यही रहता कि वह ज़िम्मा लें। अपराजिता की सोच थी कि ज़िम्मा ही लेना हो तो उनके लिए अपना गाँव ही सही है। वहाँ उनकी अपनी पहचान है, चीज़ें वहाँ आसान रहेंगी। क्या यह सही था? शोभाकान्त ने लिखा है—

बाबूजी से कम दोषी मैं माँ को नहीं मानता। माँ ने कभी साथ रहने की इच्छा ज़ाहिर नहीं की और बाबूजी ने कभी उन्हें बाध्य नहीं किया।

क्यों बाध्य नहीं किया? इसलिए कि

सात-आठ वर्षों के सधुक्कड़ी जीवन से सद्गृहस्थ हुए थे। यह सोचकर रह गये होंगे कि इस बेचारी को बहुत सताया है, अब जहाँ प्रसन्नता से रहे वहीं रहे।

नागार्जुन की स्थिति देखें तो उनके लिए 'कन्धे से कन्धा मिलाकर चलने वाला उनके परिवार में कोई भी नहीं था।' फल था कि

मुण्डन, जनेऊ, शादी, पर्व-त्योहार आदि के फालतू और अनावश्यक ख़र्चों से उनका परिवार उसी प्रकार परेशान रहा, जिस प्रकार पचास वर्ष पूर्व का रूढ़िवादी ब्राह्मण परिवार रहता होगा।

अपने युवा शिष्य हरिनारायण मिश्र को नागार्जुन ने 'ईमानदारी की बात' बतायी थी। लिखा था—

समय, साधन और सुविधा मिले तो अपने कविकर्म के साथ पूरा न्याय

कर सकूँगा। अभी तो कई देगचियों में कलछी-चमच चलाना पड़ता है! अभी कुछ वर्षों तक यही क्रम रहेगा।

क्रम क्या था? २९-११-१९५३ को लिखा—

शोभाकान्त का ऑपरेशन फिर होगा। दरभंगा में या पटना में—कहीं-न-कहीं अस्पताल में उसे दाख़िल कराना ही होगा। बायीं जाँघ में भारी-सी एक गुठली निकल आयी है। बैठने-लेटने और चलने में बड़ी दिक़्क़त का सामना करना पड़ता है बेचारे को...।

०२-०५-१९५४ को लिखा—

'मेघदूत' के ३००, दस अप्रैल को मिले। २०० अपराजिता को भेज दिये थे। बाक़ी इधर के उधार-पैंच निबटाने में ख़रचे गये।

१८-०५-१९५४ को—

डेढ़ महीने के अन्दर ही दौ सौ या ढ़ाई सौ रुपये अपराजिता के हवाले करने होंगे। इस कर्तव्य को पूरा करने का दूसरा कोई रास्ता है ही नहीं। इलाहाबाद की उसी कोठरी में बैठकर मुझे कोई उपन्यास लिखना होगा ताकि ५०० हाथ आ सके।

०१-०६ को फिर लिखा—

१५-२० मन धान की व्यवस्था करके और ५० रुपये अपरा के हाथों के हवाले करके सम्भवतः इधर ही कहीं डेढ़ महीने के लिए मैं अज्ञातवास करूँ और इस प्रकार १५० पृष्ठ तक की कोई कथावस्तु हिन्दी-जगत् को दे सकूँगा।

इन दिनों वह तरौनी में थे। आख़िरकार पटना जमे। ०१-०८-१९५४ को हरि को लिखा—

८ को तरौनी जा रहा हूँ। सिर्फ़ एक रोज़ के लिए। शोभा को ले आना है।

और ०९-०८ को—

३० का किराया लगता है, एक डेरा लिया है। शोभाकान्त को ले आना है।

यह बच्चे की पढ़ाई की चिन्ता थी। कुछ साल बाद, १८-०१-१९५८ को

लिखते हैं—

> आज ही (तरौनी से) लौटा हूँ। अपराजिता अब के भी नहीं आ सकीं...कई कारण आ पड़े। सुकान्त को साथ ले आया हूँ। वह १० साल का हो गया लेकिन पढ़ने में शून्य है, अबतक। शोभा मिसर भी अभिभावकत्व की गरिमा अपने अन्दर महसूस करेगा।

जुलाई में थोड़े दिन के लिए दिल्ली गये तो ख़बर आयी कि बच्चा बीमार है, १५-०७-१९५८ को हरि को लिखा—

> रात कानपुर जा रहा हूँ। परसों लौट आना है। पटने में सुकान्त बीमार है। हालत ठीक नहीं। रकम पास होती तो ठीक था—लगता है, शोभा और अपरा वग़ैरह घबरा गये हैं। लौट आऊँगा हफ़्ते के अन्दर ही।

लौट आये। आर्थिक अभाव ऐसा रहा कि अफ्रीकी-एशियायी साहित्यकार सम्मेलन ताशकन्द में भाग लेने के लिए प्रतिनिधि घोषित हुए, पर जा न सके, १५०० का ख़र्च था। दिक़्क़त इतनी बढ़ गयी कि २४-११-५८ को लिखा—

> दिसम्बर बीस के लगभग समूचा परिवार पटने से वापस देहात चला जायेगा। शोभा वहीं नेहरा हाई स्कूल में एडमिशन लेंगे, सुकान्त और श्रीकान्त डीह तरौनी वाले मिडिल स्कूल में। मतलब यह कि पटने का पारिवारिक अड्डा टूट जायेगा...।

एक उदासी थी इस कथन में, लेकिन वह फिर भी निभा ले चलनेवाले आदमी थे। जिस किसी ने कभी कहीं उनको देखा, कभी अधीर या विकल होते नहीं देखा। अड्डा नहीं टूटा। १७-०१-५९ को लिखा—

> परिवार अभी तक पटना ही है। मैं किसी बड़े काम में हाथ नहीं लगा सका हूँ। यह स्थिति बड़ी उबाऊ है। सभी लोग जबतक तरौनी वापस नहीं जाते और पटने का असन्तुलित व्यय जब तक चालू है तब तक यही हाल रहेगा। शायद १५ फ़रवरी तक परिवार देहात जा सके। शोभाकान्त फिर भी पटना ही रहेंगे। फ़रवरी में एडमिशन तो होगा नहीं। और, साल-साल स्कूल बदलवाना ठीक भी तो नहीं।

वह जो उदासी थी, दरअसल तात्कालिक थी। वह लिखने में रम नहीं पा रहे थे। उन्होंने 'कुम्भीपाक' शुरू कर रखा था, लेकिन उसे पूरा नहीं कर पा रहे थे। भावदशा ही नहीं बन पा रही थी। अब तक के लिखे अपने

उपन्यासों से वह हिन्दी–साहित्य में एक ज़रूरी जगह बना चुके थे, लेकिन इस धन्धे में जीविका नहीं थी। पैसा जितना चाहिये न्यूनतम, उतना भी नहीं था। वह सक नहीं पा रहे थे। लेकिन, रास्ता कहीं बाहर से नहीं खुलना था। उसे भीतर से ही प्रकट होना था। ३०–०१–५९ को लिखा—

> व्यक्तिगत एवं पारिवारिक अव्यवस्था के चलते लिख नहीं पाया हूँ। गद्य लिखने को तबीयत मचल–मचल के रह जाती है। अब सोचा है, झंझटें साली जहन्नुम तक पीछा करेंगी, इनकी ऐसी–तैसी...रोज़ चार–छ: पेज लिखा करूँगा। मूड के फेर में पड़ा रहकर सारा जीवन थोड़े बर्बाद कर डालना है! ...कल खीजकर २० कापियाँ ले आया हूँ बाज़ार से। आज मुहूरत खुल गयी है...।

१९५५ के छात्र–आन्दोलन और गोलीकाण्ड पर 'ख़ून और शोले' पुस्तिका छपायी। इसकी बिक्री उत्साहजनक रही। १९५८ में 'प्रेत का बयान' छपायी, जिसकी ५००० प्रतियाँ उन्होंने घूम–घूमकर बेच लीं। इसी अनुभव से उन्हें प्रकाशन–व्यवसाय में उतरने का पहला ख़याल आया था। उनका पहला कविता–संग्रह 'युगधारा' १९५३ में जनसेवा प्रकाशन, इलाहाबाद से आया था, जिसका वितरण कायदे से न हो पाया। नागार्जुन ने हरि को लिखा था—

> 'युगधारा' को बड़ा फिसड्डी प्रकाशक मिला। अभी तक वह मार्केट में नहीं आयी है। क्या करूँ? युगसंकट 'युगधारा' के प्रचार–प्रसार की राह में आ पड़ा है। ग़नीमत यही है कि कापीराइट नहीं बेच डाली मैंने इसकी।

ये दोनों अनुभव परस्पर विरोधी थे, लेकिन लागू थे। उन्होंने अपनी किताबें आप छापने का निर्णय लिया। प्रकाशन का नाम पहले 'चित्रा' फिर 'शब्दशिल्प' सोचा, अन्ततः यात्री प्रकाशन तय हुआ। 'सतरंगे पंखोंवाली' यात्री प्रकाशन का पहला पुष्प था, जो कायदे से वितरित भी हुआ और प्रतिक्रिया भी काफ़ी उत्साहजनक रही। अगले कुछ वर्ष वह इसी काम में व्यस्त रहे। पर, उनका धन्धा उनके मित्र उपेन्द्रनाथ अश्क के धन्धे के बिलकुल विपरीत था, जैसा कि स्वयं अश्क बताते थे— अधिकारी के पास गये, बैठे, कॉफी पी और पाँच हज़ार का चेक लिये लौट आये। नागार्जुन का धन्धा कैसा था? रामविलास शर्मा को लिखा उनका यह पत्र काफ़ी प्रसिद्ध है—

> मैं क्या कर रहा हूँ इन दिनों? झख नहीं मार रहा हूँ भाई! एक धन्धा ज़ोरों से शुरू कर दिया है। यानी? एक प्रख्यात साहित्यकार हैं नागार्जुन साहब। मैं उन्हीं की चाकरी बजा रहा हूँ आजकल। नागार्जुन-साहित्य के प्रचार-प्रसार का ठेका ले लिया है। बुकसेलरी कर रहा हूँ। बिहार के सतरह ज़िले हैं, पता है न? एक-एक करके सभी ज़िलों की धूल छानने का संकल्प लिया है। अभी पूर्णियाँ से लौटा हूँ। दो सप्ताह के अन्दर दो हज़ार की पुस्तकें बेची हैं। ततःपरम् सहरसा। ततःपरम्? दो महीने का विश्राम। यानी जाड़ों में पटना बैठकर लिखाई चलेगी। होली के बाद छोटानागपुर ज़िलों की ख़ाक छानने का इरादा है।

जीविका चलाने भर उपार्जन करना था, साहित्यिकों के बीच गोष्ठी-जलसे करने थे, फिर घुमक्कड़ी थी, राजनीति थी, लेकिन घर-परिवार और बच्चों की सुधि साथ बनी रहती थी। अतिव्यस्त कार्यक्रमों में भी बच्चों की मान-रक्षा न भूल पाते। १६-०९-१९६० को रामविलास शर्मा को लिखे अपने पत्र में आगामी कार्यक्रम बताते हैं—

> २५ को कलकत्ता जा रहा हूँ—ओम प्रकाश आर्य के छोटे भाई की शादी है २६ की रात में। वर-यात्रा में साथ चलने के लिए वचनबद्ध हूँ। २८ की सुबह पटना लौट आऊँगा। २९ और ३० को दशहरा के धूम-धड़ाके हैं। यहाँ हमारे 'सुपुत्र' (शोभाकान्त-सुकान्त-श्रीकान्त) माँ से अलग अपने पू.पा. (पूज्यपाद) पिता की निगरानी में पढ़ाई कर रहे हैं। उन्होंने पहले से ही कह रखा है कि कई साल बाद अबकी हम आपके साथ नगर-भर की प्रतिमाओं को देखने निकलेंगे...।

यह केवल बच्चों का मन रखने तक सीमित नहीं था। तरुण सुकान्त घूमने-फिरने शोकहरा (हरिनारायण मिश्र के गाँव) गये तो खोद-खोदकर उनका यात्रा अनुभव सुना, और हरिनारायण को लिखा—'सुकान्त को शोकहरा ख़ूब पसन्द आया।' मैट्रिक के बाद जब शोभाकान्त ने कॉलेज में प्रवेश लिया तो नागार्जुन ने स्वयं उन्हें सिगरेट जलाना सिखाया। झेंपने पर बोले—'सत्संग में पीना पड़ सकता है।' समुचित जीवन का पाठ बच्चों को इस तरह पढ़ाते थे—

> कभी अपनी तुलना ऊपरी वर्ग से मत करो, नीचे देखो तब समझ आयेगा कि जीवन क्या है। तुमसे ऊपरवालों की संख्या सीमित है और नीचेवालों की गिनती नहीं कर पाओगे। ऊपर देखने से असन्तोष बढ़ेगा,

> नीचे देखने से जीने के लिए राह खोजने में मदद मिलेगी। तुम्हें तो किसी तरह दोनों समय रूखा खाना मिल जाता है, अपने आसपास देखो, कितने ऐसे लोग हैं जिन्हें दो-दो दिनों तक अन्न देखने तक को नहीं मिला है। उनकी क्या दशा रहती है, वे कैसे जीते हैं।

और, कुछ करने की दिशा में बच्चे जब क़दम बढ़ाते, उन्हें बेहद ख़ुशी होती थी। यात्री प्रकाशन के उनके उद्यम से प्रभावित होकर अठारह साल के तरुण शोभाकान्त ने जब इन कामों में रुचि लेनी शुरू की, नागार्जुन ने हरिनारायण मिश्र को लिखा—

> शोभाकान्त भी अब व्यापारी की दृष्टि से सोचने लगा है। उसने कहा है कि सितम्बर तक उसे मैं एक हज़ार रुपये उधार दूँ तो वह पटना में बुक डिपो स्टार्ट करेगा और कोर्स की किताबें कमीशन पर बेचेगा। साथ ही पढ़ाई भी अपनी चालू रखेगा। मैंने उसके इस संकल्प का समर्थन किया है।

और, इतना लिखते-लिखते अपने बेटे के उत्साह में जैसे उन्हें देशभर के नौजवानों का गन्तव्य दिख गया। उन्होंने पंक्ति जोड़ी—

> लगता है अगले पन्द्रह वर्षों के अन्दर साक्षर-शिक्षित नौजवान मामूली नौकरियों की तरफ़ वितृष्णा की लापरवाही से देखेंगे। युग की विषम परिस्थितियाँ उन्हें स्वतन्त्र पेशों की ओर धकेलती जायेंगी।

बेटे की तरक्की पर कुछ साल बाद लिखा—

> शोभाकान्त प्रकाशन शुरू कर रहे हैं। अगले तीन महीनों के अन्दर ही ४३ रुपये का पहला सेट उनका निकल आयेगा।

सुकान्त जब युवा हुए, कविताएँ लिखने लगे। इसे उन्होंने जीवन के एक साफल्य के रूप में लिया। नन्दकिशोर नवल ने अपने पत्र में जब सुकान्त की कविताओं की प्रशंसा की तो उन्होंने उत्तर दिया—

> सुकान्त की रचनाओं के बारे में तुम्हारा मन्तव्य प्रामाणिक ही मानता हूँ। ...लेकिन हाँ, ज़रूरत समझो तो सुकान्त की इन रचनाओं में तुम अपनी लेखनी का 'ईषत् स्पर्श' का जादू भिड़ा देना। सुकान्त शायद ही बुरा माने।

लेकिन, बच्चे जब लापरवाही करते, उन्हें बहुत दुख होता था और यह

दुख कई बार प्रचण्ड ग़ुस्से के रूप में प्रकट होता। इन्हीं सुकान्त के लिए एक बार बिगड़कर उन्होंने कहा था—'पढ़ना-लिखना तुम लोगों के वश की बात नहीं है। छोड़ो पढ़ाई, जाओ देखो, पंजाब में लोग कैसे आलू की खेती करते हैं।' बावजूद इन सबके जब भी नागार्जुन अपनी पारिवारिक भूमिका के बारे में सोचते, अपने आपको एक अभियुक्त की जगह पाते थे। 'आईने के सामने' उन्होंने देखा—

> शोभाकान्त ने पटना से कई बार लिखा है—'आपने पिताजी, ऊर्मिला के बारे में शायद तय कर लिया है कि उसे मूर्ख ही रखेंगे!
>
> '—नहीं बेटा, तुम ग़लत समझ रहे हो। मैं भला अपनी पुत्री को मैट्रिक भी नहीं करवाना चाहूँगा!
>
> '—तो यों ही मैट्रिक हो जायेगी ऊर्मिला?'
>
> 'मैट्रिक में फर्स्ट डिवीजन लाया है। पटना कॉलेज प्रि-यूनिवर्सिटी क्लासेज का छात्र है। बचपन में वर्षों तक बोन टी.बी. से आक्रान्त था। एक टाँग शक्तिशून्य है, इसी से लंगड़ाकर चलता है। उन्नीस साल का यह तरुण अपने बाप की रग-रग पहचानता है। उसे भलीभाँति पता है, पिताजी बातें बहुत करते हैं, काम नहीं करते। समूचा परिवार पटना या इलाहाबाद कहीं जमकर रहता, तो ऊर्मिला भी पढ़ जाती और मंजू भी।'

आज़ादी बाद के शुरुआती दो दशक नागार्जुन की रचनाशीलता के सर्वाधिक उर्वर कालखण्ड थे। एक के बाद नयी-नयी परतियाँ वह तोड़ते गये, और उनके पाठक विस्मित, विभोर होते हुए उन्हें सराहते रहे। जिस अदम्य आत्मविश्वास के साथ वह लगातार आगे बढ़ते गये, आलोचकों की परवाह किये बग़ैर, पाठकों के स्नेह के बग़ैर वह सम्भव भी नहीं हो सकता था। दरअसल, वह पाठकों के लिए ही बने थे, उन्हीं को सम्बोधित थे। 'कीर्ति का फल' कविता वह १९५८ में ही लिख चुके थे, जिसमें उन्होंने आलोचना की बेईमानी को नंगा करते हुए कलाकार के साथ उसका अन्तर्सम्बन्ध उद्घाटित किया था। उनके सामने यह बात शुरू से ही साफ़ थी कि रचना के प्रति समझदारी में इजाफ़ा करने का गुण आलोचना में सिरे से ग़ायब है और इसका उद्देश्य हमेशा साहित्येतर

या निजी कारणों से किसी को बड़ा तो किसी को छोटा करने की संकुचित वृत्ति से परिचालित है। बाद में, आलोचकों की बोध-व्याख्या करते हुए नागार्जुन ने महेश दर्पण से एक बार कहा था—

> आलोचकों ने अपनी कठिनाइयाँ हमसे बतलायी हैं कि प्रचलित पारम्परिक पद्धति के मुताबिक मेरी कविताओं का विवेचन नहीं हो पाता, किया ही नहीं जा सकता। तो हम उनसे बतलाते हैं कि कुल जमा दस-पन्द्रह कविताएँ हमारी ऐसी हैं जो पाठ्यक्रम में आती-जाती रहती हैं। अपनी उन कविताओं को हम सुहागिन कविताएँ कहते हैं, क्योंकि उनसे हमें द्रव्य-लाभ होता है।

कवियों को नाथे रहना है? नाथो!

नागार्जुन का पहला उपन्यास 'पारो' जब मैथिली में छपा, यह सामाजिक यथार्थ के साथ मैथिल बौद्धिकों का पहला गम्भीर साक्षात्कार था। नागार्जुन निश्चय ही, सत्तर साल पुराने अपने उन दिनों की भूमिका के प्रति सचेत थे और इसलिए वर्जित क्षेत्र में घुसते हुए रचनात्मक रूप से जितने संयत थे उतना ही सन्तुलन साधकर उपन्यास को निकाल ले गये थे। फिर भी इसके प्रकाशन से बहुत कुछ अघटित घट गया था। बहुत सारे बड़े लेखकों ने स्त्री की दशा पर उपन्यास लिखे थे। इनमें हिन्दी के प्रेमचन्द थे तो मैथिली के हरिमोहन झा भी। उनकी वर्णित स्त्री-दुर्दशा गहन संवेदना से भरी थी और मर्म को छूती थीं। पर, नागार्जुन ने मामले को यहीं तक नहीं रहने दिया था। इस दुर्दशा के पीछे जो कारक मौजूद थे, नागार्जुन ने उन्हें निकालकर सामने ला रखा था। वे सांस्कृतिक कारक थे, जिनकी जड़ें दूर तलक इतिहास में फैली थीं। उनकी शैली इतनी सरल-सहज थी और क़िस्सागोई इतनी संक्रामक कि तमाम ऐतिहासिक परिप्रेक्ष्य आगे आकर खड़े हो जाते थे। यह नयी चीज़ थी, जिसे लोगों ने उनके उपन्यास की 'ताज़गी' के रूप में पहचाना। निश्चय ही नागार्जुन अपनी धारणा के प्रति प्रखर और लक्ष्य के प्रति विश्वस्त रहे होंगे कि विरोध ने उनमें और अधिक तेजस्विता भरी। १९४८ में 'रतिनाथ की चाची' आयी, जिसे आज भी कई लोग उनके सर्वश्रेष्ठ उपन्यास के रूप में देखते हैं। मिथिला-समाज की सामन्ती और पुरुष-वर्चस्वी संरचना की समझ के लिए आज भी हमारे पास इस उपन्यास से बेहतर कोई समाजशास्त्र उपलब्ध नहीं है। १९४८ में ही उन्होंने 'गीतगोविन्द' का

हिन्दी अनुवाद किया। १९४९ में मैथिली कविता–संग्रह 'चित्रा' छपा। इन दिनों वह पटना से लघुपत्रिका 'उदयन' का सम्पादन कर रहे थे, जिसके दूसरे अंक में 'बलचनमा' का अंश छपा था। १९५२ में 'बलचनमा' आ गया। इसी साल उन्होंने 'नयी पौध' का काम पूरा किया, जो ५३ में हिन्दी में तथा ५४ में मैथिली में 'नवतुरिया' नाम से प्रकाशित हुआ। ५३ में ही उन्होंने 'मेघदूत' का मुक्त छन्द में अनुवाद किया, जो 'साप्ताहिक हिन्दुस्तान' में छपा, बाद में १९५५ में पुस्तकाकार प्रकाशित हुआ। १९५३ में 'बाबा बटेसरनाथ' लिखा, जो ५४ में छपा। १९५६ में 'वरुण के बेटे' 'संकेत' में छपा, अगले साल पुस्तकाकार प्रकाशित हुआ, आगे उसका पॉकेट बुक संस्करण आया। १९५६ में ही उन्होंने आकाशवाणी के लिए 'दुखमोचन' लिखा, जो जुलाई से सितम्बर ५६ के बीच लखनऊ–इलाहाबाद केन्द्र से धारावाहिक प्रसारित हुआ।

प्रकाशकों के साथ नागार्जुन का बड़ा ही जटिल सम्बन्ध था। वह उन्हें अपनी लेखन–योजनाओं से ललचाते रहते और वे प्रकाशक भी लाभकारी प्रस्तावों से उन्हें थिरकाते रहते। कभी सम्बन्ध ख़राब होता तो 'चिकवा' के रूप में परिभाषित करते हुए गोत्रेच्चारण होता, कभी तो मुक़दमेबाजी तक बात चली जाती थी। स्थिरस्वार्थों के लिए नागार्जुन को बर्दाश्त कर पाना एक कठिन बात थी। लेकिन, इस–उस की फ़रमाइश पर किताब लिख देना नागार्जुन के लिए भी कोई कम कठिन बात नहीं थी। ऐसे ढेर प्रसंग हैं जब लाख जतन के बावजूद वह फ़रमाइशी चीज़ लिख नहीं पाये और लोगों ने इसे नागार्जुन की धोखेबाज़ी के रूप में लिया। पर वह विवश थे। अपनी सहज भावदशा से नीचे उतरकर लिखी गयी चीज़ उन्हें घोर असन्तोष से भर देती थी, जो कहीं ज़्यादा कष्टकर था।

'दुखमोचन' लिखे जाने की कहानी वह अक्सर मित्रों को सुनाते थे। इसे उन्होंने भारतभूषण अग्रवाल, जो रेडियो में अधिकारी भी थे, के अनुरोध पर लिखा था। पहले तो जब भारतभूषण जी ने आग्रह किया था, नागार्जुन ने उसे मज़ाक़ समझा था। पर, वह सीरियस थे। नागार्जुन ने आनाकानी की कि मेरा उपन्यास प्रसारित करने से तुम्हारी नौकरी ख़तरे में पड़ जायेगी। पर, भारत जी का कहना था—'प्रतिबद्ध लेखकों को आकाशवाणी के अधिकारी इसीलिए तो गरियाते हैं कि वैसे तो वह आग उगलते रहेंगे लेकिन संचारमाध्यमों पर मौक़ा दो तो साफ़ मुकर जायेंगे।' ख़ैर,

नागार्जुन ने लिखा तो ज़रूर, लेकिन 'उसे लिखते समय मेरे मन पर भारतभूषण की नौकरी जाने का ख़तरा बराबर बना रहा, इसलिए उपन्यास का स्वर वैसा नहीं हो पाया।' दूसरा क़िस्सा उपन्यास के प्रकाशन के बाद का है। पटना में मुखिया-सरपंच-सम्मेलन में उनके एक पाठक ने उन्हें घेर लिया। उसे 'दुखमोचन' से निराशा हुई थी। पाठक का कहना था—'आपकी लेखनी के प्रति हमारे मन में बड़ी श्रद्धा है। आपकी हर किताब हम ढूँढ़-ढूँढ़कर पढ़ते हैं। आते ही 'दुखमोचन' हमने ख़रीदी और पढ़ी। आप तो आग उगलनेवाले लेखक हैं, लेकिन यह किताब तो एकदम ठण्डी है। हमरा श्रम, समय और धन सब बरबाद हुआ। लीजिये यह अपनी रद्दी किताब और लौटाइये हमारा पैसा।' पाठक के ग़ुस्से से विचलित नागार्जुन ने जेब से पैसे निकाले। पैसे तो उसने नहीं लिए, लेकिन कहा : 'कान पकड़िये कि दुबारा फिर कभी ऐसी रद्दी किताब नहीं लिखेंगे।'

नागार्जुन का लगभग समूचा बाल साहित्य इन्हीं दिनों लिखा गया। 'मर्यादा पुरुषोत्तम राम' १९५४-५५ में पहली बार प्रकाशित हुआ और इसके अगले तीन संस्करण तीन विभिन्न नामों से प्रकाशित हुए। 'वीर विक्रम' १९५६ तथा 'कथामंजरी' १९५८ में प्रकाशित हुए। इस बीच, १९५५-५६ में उन्होंने पटना के 'योगी' (साप्ताहिक) में 'होनहारों की दुनिया' स्तम्भ लिखा। १९५७ में 'वैदेही' (मैथिली मासिक) में 'यत्र तत्र सर्वत्र' नाम से तथा 'मिथिलादर्शन' (मैथिली मासिक) में 'यत्किंचित्' नाम से कॉलम लिखी। इसी 'यत्किंचित्' नाम से बाद में उन्होंने 'जनयुग' (साप्ताहिक) में भी लिखा। अपना प्रसिद्ध उपन्यास 'कुम्भीपाक' उन्होंने १९५७ में लिखना शुरू किया था जो १९५८ के अन्त में आकर पूरा हुआ, और १९६० में छपा। १९५९ में उनका दूसरा कविता-संग्रह 'सतरंगे पंखोंवाली' आया। 'हीरक जयन्ती' १९६२ में आया। इसी वर्ष उन्होंने महाकवि निराला पर 'एक व्यक्ति : एक युग' लिखा जो १९६३ में प्रकाशित हुआ। बच्चों के लिए लिखी प्रेमचन्द की जीवनी भी १९६२ में प्रकाशित हुई। १९६२ में ही उनका तीसरा कविता-संग्रह 'प्यासी पथरायी आँखें' आया। १९६३ में 'उग्रतारा' प्रकाशित हुई और १९६४ में 'विद्यापति की कहानियाँ'। 'विद्यापति के सौ गीत' का प्रकाशन भी १९६४-६५ में हुआ, जो बाद में 'विद्यापति के गीत' के रूप में प्रसिद्ध

हुआ। १९६४ से ६७ के बीच 'ज्योत्स्ना' (मासिक) में उन्होंने 'मुखड़ा क्या देखे दरपन में' नाम से स्तम्भ लिखा। १९६६ में बालकथाओं का संग्रह 'अद्‌भुत टापू' छपा, जो बाद में 'अनोखा टापू' के रूप में जाना गया। १९६७ में उन्होंने 'जमनिया का बाबा' लिखा, जो अगले साल दो अलग-अलग प्रकाशन-गृहों से अलग-अलग नाम से प्रकाशित हुआ। १९६७ में ही उनका दूसरा मैथिली कविता-संग्रह 'पत्रहीन नग्न गाछ' छपा, जिसके लिए १९६९ में उन्हें साहित्य अकादेमी पुरस्कार दिया गया और भारतीय लेखकों के प्रतिनिधि-मण्डल में रूस-यात्रा पर भेजा गया।

जिन भारी आर्थिक दिक़्क़तों, पारिवारिक अनिश्चितता तथा आलोचकों की उदासीनता के बीच नागार्जुन लगातार अपना काम करते जा रहे थे, किसी ने लिखा कि समय और समाज ने यदि उनका साथ दिया होता तो भारत को एक शोलोखोव मिल सकता था, कोई उन्हें भारत का बर्तोल्त ब्रेख़्त बताता। लेकिन, नागार्जुन अलग तरह से सोचते थे। १९५० में भारतेन्दु पर लिखी अपनी प्रसिद्ध कविता में उन्होंने अपने बारे में कहा था कि सिर पर चार प्राणियों की चिन्ता लिए दीन-दुखी मैं बेबस हूँ और महाकाल का गर्जन सुन रहा हूँ। वहाँ आप्तजन के साथ सुख-दुख बतियाने का भाव था। फिर, कहने लगे थे कि

> मैं न अकेला, कोटि-कोटि हैं मुझ-जैसे तो/सबको ही अपना-अपना दुख है वैसे तो/पर दुनिया को नरक नहीं रहने देंगे हम/कर परास्त छलियों को, अमृत छीनेंगे हम।

दरअसल, छलियों को परास्त कर अमृत छीनने की कार्रवाई ही नागार्जुन का लेखन-उपक्रम थी, जिससे वह कभी विरत नहीं हुए। उसी जगह उन्होंने अपना यह संकल्प भी व्यक्त किया कि

> लो आज तुम्हारी याद में लेता हूँ मैं यह शपथ/अपने को बेचूँगा नहीं, चाहे दुख झेलूँ अकथ।

वह १९५० का वर्ष था, लेकिन १९९० में भी उन्हें ठीक उसी जगह खड़ा देखा जा सकता था। अपने लिए अलग से उनमें कोई महत्त्वाकांक्षा नहीं

थी, इसलिए स्थापत्य का प्रयास भी नहीं था। वह सीधे-सरल तरीक़े से जनता के हक़ का सोचते थे, और उनकी नज़र में साहित्य की इयत्ता यही थी कि वह जनपक्ष को सबल करे। किसानों की भाँति कुदाल नहीं चला सकते थे, इसे अपनी कमी की तरह लेते और अपने लेखन के बारे में बताते—'न कुदाल तो खुरपी सही/अपनी तो यही खेतीबाड़ी है।' केदारनाथ अग्रवाल कहा करते थे कि 'नागार्जुन ने कविताई को किसान की तरह बोया और पाया है।' न उनकी काव्यान्दोलनों में रुचि थी, न साहित्यिक वादों और फ़ैशनों में। ज़माना 'नदी के द्वीप', 'अपने-अपने अजनबी' की ओर बढ़ रहा था, पर वह वरुण के बेटों का, कभी बाबा बटेसरनाथ का क़िस्सा सुना रहे थे। और मज़ा यह कि आईने के सामने अपनी कपालक्रिया भी ख़ुद ही कर रहे थे—

> आधुनिकता या मॉडर्निटी को अँगूठा दिखाने में तुम्हारी आत्मा को जाने कौन-सी परितृप्ति मिलती है! ओ आंचलिक कथाकार, तुम्हारी आँखें सचमुच फूटी हुई हैं क्या?

नागार्जुन को हिन्दी का पहला आंचलिक कथाकार माना गया है, जबकि उनकी समझ थी कि 'आँचलिक' शब्द आलोचकों के आपसी व्यवहार के लिए 'सुविधाजनक परिभाषा' मात्र है, यानी इसका कोई गम्भीर अभिप्राय नहीं, और यह भी कि 'महानगरों की गोद में तिलमिलाते हुए सौ-सौ ग्रामीण अंचल दुबके पड़े हैं।' अपने उपन्यासों में नागार्जुन की दृष्टि नितान्त भारतीय रहा करती थी और वह उस अभारतीय के प्रति भी उतने ही सचेत पाये जाते थे, जो भारत की सच्ची पहचान करना चाहता हो। उनके उपन्यासों के अनुवाद अँग्रेज़ी के अतिरिक्त भी कई भाषाओं में हुए। इसमें भारतीय उपन्यास को उठाने की दृष्टि थी। भारतीय उपन्यास की विकास-यात्रा रेखांकित करते हुए सुरेश सलिल प्रश्न उठाते हैं कि हिन्दी में इस चीज़ को आगे बढ़ाने और हमारे आज के समय तक लाने का काम जिस निष्ठा और रचनात्मकता से लोक चेतना-सम्पन्न यथार्थवादी रचनाकारों ने किया, वह अन्तश्चेतनावादी मनोलोकवादी न कर सके। मनोलोकवादी लेखकों में न वह खाँटी देशज मौलिकता मिलेगी, न वैसी जिजीविषा। अभारतीय अध्येता जब भारतीय उपन्यास को समझना चाहेगा तो उसे यथार्थवादी धारा का अवगाहन करना होगा, अन्यथा लॉरेन्स, जेम्स जॉयस, मार्सेल प्रूस्त की कई छोटी-मोटी अन्तश्चेतनावादी

परम्पराएँ तो उनके पास ही हैं।

नागार्जुन अपने उपन्यासों में हमेशा ही तत्कालीन राजनीतिक धारा को सामने रखकर चलते थे। उसका अपना क्रम भी होता था। आम आदमी की कथा चलती रहती थी और उसके साथ-साथ राजनीति और उसके असर की दृश्यावलियाँ भी जारी रहती थीं। ये चीज़ें इतनी स्पष्ट होतीं थीं कि मानो इसके ज़रिये नागार्जुन अपने पाठकों को अवगत कराते चलते कि भारत की समकालीन राजनीतिक चेतना का विकास किन रास्तों से चलकर हो रहा है। उनका प्राय: हर उपन्यास भविष्य के यात्रा-पथ को इंगित करता हुआ समाप्त होता। वहाँ अतीत की ओर उन्मुखता का स्पष्ट निषेध था और समझदारी इस बात में कि अतीत के अनुभवों से हम वर्तमान को अधिक से अधिक सरोकारी, अधिक जुझारू बना सकते हैं। प्रेमचन्द के होरी-धनियाँ की तरह नागार्जुन के पात्र घुट-घुटकर मरने को अभिशप्त नहीं थे। उनमें राजनीतिक चेतना थी और प्रतिरोध की क्षमता भी। वे संगठन कायम करते। १९४८ में प्रेमचन्द पर लिखी अपनी कविता में वह उन्हें कहते हैं—

> हे अन्तर्यामी हे कथाकार/गोबर महगू बलचनमा और चतुरी चमार/सब छीन ले रहे स्वाधिकार/आगे बढ़कर सब जूझ रहे/रहनुमा बन गये लाखों के/अपना त्रिशंकुपन छोड़ इन्हीं का साथ दे रहा मध्यवर्ग...।

नागार्जुन के गाँवों में अख़बार आते, रेडियो सुने जाते, और साथ मिलकर लड़ा भी जाता था। वहाँ नवजागरण की चेतना थी। सबसे विशेष यह कि नागार्जुन के पात्रों को सामन्तवादी-पूँजीवादी 'कूटयान्त्रिकी' की समझ थी, जिसके ज़रिये शोषण और उपेक्षा का यह सिलसिला सदियों तक चलाया जानेवाला था। उसे वह जगह-जगह नंगा करते चलते थे। इस कूटयान्त्रिकी की समझ, इस प्रकार का उद्घाटन ऐसी नयी चीज़ थी कि प्रभाकर श्रोत्रिय जैसे आलोचक मानते हैं कि हिन्दी में ग्रामीण सर्वहारा के राजनीतिक उपन्यास की नींव नागार्जुन ने रखी।

जिस परिवेश और जीवन के जिस पक्ष का वह चित्रण करते थे, वे पहले से ही उनके भीतर आत्मसात् रहते थे। 'वरुण के बेटे' लिखने के दिनों की उनकी संयोजना का क़िस्सा कमलेश्वर ने अपने संस्मरण में दिया है। लिखा है, दिन-पर-दिन बीतते जा रहे थे, नागार्जुन का उपन्यास शुरू नहीं

हुआ था। कमलेश्वर पूरा ख़याल रखते कि क्या ला दूँ? काग़ज़? कापियाँ? स्याही? पर नहीं, उन्हें तो चाहिये होता था अमरूद या फिर दफ़्ती, गोंद, पेंसिल, पैमाना। कई दिन बाद कमलेश्वर ने देखा, दफ़्ती में छेदकर, तागा पिरोकर, ताबीज़ की तरह कमरे की एक कील पर उसे लटका दिया गया था। चिपके काग़ज़ पर बारह खाने बने थे। वे उपन्यास के विभिन्न अध्याय थे। उन पर अलग-अलग चित्र बने थे, किसी में बकरी, किसी में मछली। वे सब उन कथा-भागों के प्रतीक थे जो उस अध्याय में आनेवाले थे। बाक़ी जो था, सारा नागार्जुन के भीतर था। बकरी कहो तो वह बकरियों वाला परिवार अपने समूचे गाँव-टोले के साथ, समूचे कलरव-कोलाहल के साथ उपस्थित हो जाता था। जैसे, गाछ को उखाड़िये तो उस ज़मीन की मिट्टी भी साथ लगी चली आती हो। सहज, स्वाभाविक। ग्रामीण-जीवन की समग्र स्वाभाविकता को, कथ्य या शिल्प किसी भी स्तर पर वह ज़रा-सा भी कहीं आँच नहीं आने देते और वह उन कृतकार्य लेखकों में से एक थे जिन्होंने भारतीय ग्राम-जीवन को औपन्यासिक केन्द्र बिन्दु बनाने में ऐतिहासिक भूमिका निभायी है। ज़मींदारी उन्मूलन, नव औद्योगिकीकरण, कृषि के आधुनिकीकरण, भूमि-सुधार, पंचवर्षीय योजनाएँ, आपदा साहाय्य योजनाएँ आदि की विसंगतियाँ अक्सर उनके उपन्यासों में चित्रित होतीं। वहाँ साफ़ दिखता कि ये नेता लोग आज़ादी से पहले ज़मींदारों और पूँजीपतियों के हितरक्षक थे, और आज़ादी के बाद भी उन्हीं के हितरक्षक बने रहे। इस तरह जनता के विरुद्ध एक बड़े षड्यन्त्र को वह बेनकाब करते चलते। किसी ने बिलकुल ठीक लिखा है कि नागार्जुन की रचनाएँ जनता के साथ किये गए अपराधों के विरुद्ध एफ.आई.आर. की तरह है।

दुस्साहस और आत्मदीप्ति से भरपूर स्त्री-पात्रों के लिए भी नागार्जुन का बहुत मान था। वह पार्वती से चलकर उग्रतारा तक पहुँचते थे, जहाँ उनकी स्त्रियाँ कहीं भी स्त्री-स्वाधीनता की भीख माँगती नहीं दिखायी देतीं, और स्त्री-स्वाधीनता का प्रश्न ही नागार्जुन के अधिकांश उपन्यासों का मूल स्वर था। ज़रूरत पड़ने पर उन्होंने धार्मिक प्रतीकों का उपयोग भी बिना किसी संशय के साथ किया। इस बारे में बड़ा अच्छा तो प्रभाकर श्रोत्रिय ने लिखा है—

वही लेखक पूजा-माध्यम को क्रान्ति-माध्यम के रूप में इस्तेमाल कर

सकता है, जिसके मन में जनता की सम्पूर्ण संलग्नताओं यानी उसकी आस्था, परम्परा, ख़ामियों के प्रति भी आदरभाव हो, क्योंकि जनता को अपमानित करते हुए, उसके संस्कारों, परम्पराओं, रूढ़ियों पर फूहड़ टिप्पणियाँ करके जनता से प्रेम दर्शानेवाले लेखक वास्तव में जन संवेदना का दिखावा भर कर सकते हैं, उसे बदलने की सम्यक् भूमिका का निर्माण उसके बस का नहीं।

१९९४ में प्रश्नकर्ताओं ने नागार्जुन से पूछा था—'कभी आत्मकथा लिखने की इच्छा नहीं हुई?' उन्होंने हाँ, ना कुछ भी न कहते हुए प्रश्न को सीधे रि-डाइरेक्ट कर दिया था—'मेरी सारी कविताएँ मिला दीजिये, आत्मकथा हो जायेगी।' लेकिन, प्राश्निक भी कम न था। आगे बढ़ आया—'कविताएँ ही? उपन्यास नहीं?' नागार्जुन ने कहा था—'उसमें अलग मूड है, विधाएँ ही अलग-अलग हैं' और, बच्चन की आत्मकथा 'क्या भूलूँ क्या याद करूँ' के प्रकाशन के बाद का वाकया सुनाने लगे थे कि उसमें आयी यशपाल की चर्चा से प्रकाशवती (यशपाल की पत्नी) किस तरह आहत हुई थीं और बच्चन की पिटायी करने की योजना बनाने लगी थीं। यानी कि उपन्यास से काम नहीं चल सकता था क्योंकि उसकी विधा ही अलग थी, और सहज स्वभाववश किसी एक कालखण्ड में आकर उसे ठहर जाना था। नागार्जुन की आत्मकथा तो कविताएँ ही हो सकती थीं, जिनमें सतत प्रवाह था, और उन तमाम लोगों के दृश्य थे, जो स्थान और काल-समेत उनके भीतर आकर फूटते थे। इतने सारे लोग थे कि उनमें से तरौनी वाले वैद्यनाथ की सुनिश्चित पहचान तक कठिन थी। वह अपने आप को जातीय समूह-मन की दहाई और दहाई की सम्पूर्ण अभिव्यक्ति बताते। यानी कि उनकी जो आत्मकथा होती, उसे समूह मन की ही कथा होना होता। उनका 'व्यक्ति' 'व्यक्त' भले हो ले, लेकिन कथा बनाने के लिए सारी कविताएँ मिला देनी होतीं। अपनी कविताओं को लेकर इतना भरोसा शायद ही हम किसी व्यक्ति-कवि में पा सकें।

नागार्जुन की अपनी कुछ प्रतिबद्धताएँ थीं, जिन्हें उन्होंने बड़ी तपस्या से सिद्ध किया था। कहते थे—

> वैचारिक प्रतिबद्धता को किसी पार्टी या राजनीति की परिधि में नहीं समझा जा सकता। वह धरती की तरह विराट और समुद्र की तरह गहरी होती है।

उनकी मुश्किल यह थी कि सच में किसी पार्टी से उनकी पटरी नहीं बैठी। ऐसा भी नहीं कि इस पटरी बिठाने के लिए उन्होंने कम कोशिश की हो। पार्टी का कार्यकर्ता बनकर वह खटे। राजनीतिक भूमिका से बँधकर सांस्कृतिक कार्य (कविता-लेखन) किया। इसके लिए बार-बार वह अपनी कविताई को ख़तरे में डालते रहे। झाल-खंजरी बजाकर जनसभाओं में नारेनुमा कविताओं का नाच-नाचकर पाठ करना, उनकी प्रतिबद्धता की ही वजह से था, जहाँ वह एक राजनीतिक कार्यकर्ता की भूमिका में दिखायी देते थे और काव्यमर्मज्ञों के लिए अपना मूल्यांकन स्वयं कठिन बना लेते थे, यद्यपि अपने काम के प्रति यह समझ तब भी थी कि—

> अगले पचास बरसों बाद जब हिन्दी कविता की जीवन्तता के प्रमाण खोजे जायेंगे तो हमारी वे पंक्तियाँ उद्धृत की जायेंगी जो चलताऊ ढंग से आन्दोलनों को लक्ष्य करके लिखी गयी हैं।

कहते थे—

> हम हमेशा ग़रीब किसान के साथ हैं, मज़दूर और हरिजन के साथ हैं, सर्वहारा के साथ हैं, लेकिन किसी के दबाव में नहीं।

उन्होंने स्वयं बतलाया है कि वामपन्थी नेता संकीर्ण थे और लेखक-कवि के मुक़ाबले अपने को बहुत बड़ा मानते थे। प्रतिबद्धता के नाम पर वैचारिक चाटुकारिता नागार्जुन को सह्य नहीं हो सकती थी। चीनी आक्रमण (१९६२) तक वह सी.पी.आई. के सदस्य रहे। उन्होंने चीन के ख़िलाफ़ कविता लिखी और पार्टी की सदस्यता छोड़ दी। यह मन माने की बात थी। पार्टी से अलग हो जाना प्रतिबद्धता से अलग होना नहीं था। दरअसल, यह अपनी प्रतिबद्धता के साथ न्याय था, और उसका संरक्षण था। पार्टी अपनी शर्तों पर लेखक को पाना चाहती थी, जबकि वह स्वयं किसी स्टैण्ड पर कितने दिन कायम रहेगी, इसका ठिकाना नहीं रहता था।

नागार्जुन की जो दिक़्क़तें थीं, उन्हीं को लेकर बाद में उन्होंने 'प्रतिबद्ध हूँ' कविता लिखी। जिन चीज़ों के प्रति उन्होंने अपनी प्रतिबद्धता बतायी थी—बहुजन-समाज की अनुपल प्रगति, संकुचित 'स्व' की आपाधापी

का निषेध, अविवेकी भीड़ की 'भेड़िया-धसान' के ख़िलाफ़, अन्ध-बधिर 'व्यक्तियों' को सही राह बतलाने के लिए, अपने आपको भी 'व्यामोह' से बारम्बार उबारने की खातिर—समस्या यह थी कि इनमें से अधिकांश चीज़ों के लिए पार्टी के पास कोई परवाह नहीं थी। फिर संकट यह भी कि वह इन चीज़ों के प्रति न केवल प्रतिबद्ध थे, बल्कि इन-जैसी हज़ार विधेय चीज़ों के प्रति 'सम्बद्ध' और 'आबद्ध' भी थे। प्रभाकर श्रोत्रिय ने लिखा है—

> सब कुछ भोगते हुए और सबसे बँधकर भी सबसे बाहर आ खड़े होने का साहस नागार्जुन में था। कविता की शाश्वतता की उन्हें चिन्ता नहीं रही। जो चीज़ें जनता को उलझातीं, भीरु बनातीं, शोषित-पीड़ित करतीं, नागार्जुन की कविताएँ उनका हिम्मत के साथ विरोध करती थीं। उनकी कविता का जो राग-पक्ष है, वह भी आत्म-राग न होकर लोक-राग है। उनके भीतर महाकरुणा का निवास है, जो आत्मवंचना से नहीं, आत्मपीड़न की पराकाष्ठा से ही सम्भव होता है।

एक बार जब किसी ने उनसे पूछा था कि कविता आप क्यों लिखते है, तो उन्होंने आनन्दवर्धन को कोट करते हुए मानो प्रतिप्रश्न ही कर दिया था—'यह कोई जानता है? कविता तो बस हो जाती है। महान् कवियों की वाणी से वह चूती, टपकती रहती है। हाँ, उस लिखने के साथ यदि प्रेरणा जुड़ी हो तो वह औरों के भी काम आती है।' और, जब पूछा कि अपने पूर्ववर्त्ती किन हिन्दी कवियों से आप प्रभावित हुए तो उन्होंने कहा था—'किसी से भी नहीं', और बताने लगे थे कि वह तो संस्कृत के विद्यार्थी थे, और गुरुजनों के प्रेरणावश उधर से भाषा-कविता के क्षेत्र में आ गये थे। 'हिन्दी कविता तो हम पढ़ते ही नहीं थे। आपको सुनकर आश्चर्य होगा, हमें हमारे मित्रों ने बाद में 'फाइंड आउट' किया।' कालिदास से वह सर्वाधिक प्रभावित थे। बताते थे कि भारतीयता के प्रतीक के रूप में यदि किसी एक कवि का नाम लेने को कहा जाये तो वह कालिदास का नाम लेंगे। वहाँ उन्हें मानव-हृदय और प्रकृति की गहरायी और व्यापकता मिलती थी। शैली और प्रयोग दोनों ही दृष्टियों से कालिदास उन्हें बेजोड़ लगते। राष्ट्रीय एकात्मकता का वहाँ अनुपम उदाहरण दीखता था। कहते थे—

> हमारा साहित्य पण्डितराज जगन्नाथ के बाद कुण्ठित-सा हो गया है।

पठन-पाठन-प्रणाली और विद्वानों का मिलना-जुलना सब कुछ कुण्ठाग्रस्त हो गया है और इसका प्रसाद हम समझते हैं कि हिन्दी कवियों को मिला है। यही कारण है कि कुण्ठा प्रसाद शर्मा, कुण्ठा प्रसाद दुबे हिन्दी में भरे पड़े हैं।

संस्कृत की परम्परा में जो प्रतिगामी चीज़ें थीं उनका उन्होंने बड़े परिश्रम से परिहार किया था, और वह भी मैथिल दार्शनिकता के साथ, अतः वह काफ़ी टिकाऊ था—'आप कहियेगा कि यह घड़ा है' तो वे कहेंगे 'यह घड़ा नहीं है', फिर 'घ' में क्या है, तीन दिन तक यही चलेगा—नव्यन्याय के इस वितण्डा के विरुद्ध वह बौद्ध दार्शनिक परम्परा का विस्तार बन उभरे थे। बचपन का एक क़िस्सा उन्होंने विजय बहादुर सिंह को सुनाया था—

> मैं नानी के गाँव में पढ़ता था। मामी हमारी बड़ी सुन्दर थीं। मैं 'रघुवंश' वग़ैरह पढ़ता था, तो चौखट के पास खड़ी होकर कहती थीं—हमें भी सुनाओ। मैं पढ़ता रहता था और वो सुनती रहती थीं—'रानी सुलक्षणा गर्भवती हैं। जैसे-जैसे प्रसव का समय निकट आ रहा है, रानी सुलक्षणा के कुचों का अग्रभाग सँवलाता जा रहा है, राजा दिलीप उसे सूँघते हैं।' तो मामी यह सब सुनकर बहुत क्रोध में आ गयीं। कहा—'आने दो मामा को, मैं पूछती हूँ कि यही सब पढ़ाते हैं तुम्हें? यही संस्कृत है?

यह संस्कृत की एक और परम्परा थी।

यह काव्य-परम्परा नागार्जुन की कविताई को न केवल सीधे प्रभावित करती, बल्कि नये-नये प्रयोगों के लिए उकसाती भी रहती थी, चाहे शब्द-निर्माण चाहे छन्दों का बहुविध प्रयोग। उनकी ऐसी ही एक रचना 'मन्त्र कविता' थी, जिसे सुनकर काशी के पण्डित-पण्डे इतने बौखला गये थे कि उन पर शारीरिक हमले की योजना बना ली थी। उनकी गहन मानवीय संवेदना, मानव-प्रकृति के व्यापक आयाम, प्रेम, वियोग, प्रकृति-सौन्दर्य के एक से एक प्रतिमान रचते चित्रण—ये सब उन्हें अपने इस काव्य-संस्कार से प्राप्त हुए थे। लगातार प्रतिरोध रचते हुए भी यह भावदशा भीतर कहीं बनी रहती थी। १९६० की उनकी एक कविता है—'दूर बसे उन नक्षत्रों पर'। १९६० वह वर्ष था जब सोवियत संघ ने अन्तरिक्ष मिशन की शुरुआत की थी। प्रथम अन्तरिक्ष यात्री यूरी गगारिन की अन्तरिक्ष-यात्रा तो अप्रैल १९६१ में हुई लेकिन ६० का लगभग समूचा वर्ष इस अभियान की चर्चा और उत्तेजना से भरा हुआ था।

पृथ्वीग्रह के वासियों के लिए यह बहुत बड़ी ख़बर थी। नागार्जुन ने इस विषय पर यह कविता लिखी थी। बड़े ही रचनात्मक होकर वह मानव-जाति के सुन्दर भविष्य की यहाँ कल्पना करते हैं। कहते हैं कि

> दूर बसे उन नक्षत्रों पर/टहल बूलकर/मानव वापस आ जायेंगे/ग्रह-उपग्रह अविजित न रहेंगे/अन्तरिक्ष के उद्यानों में/निर्भय-निरातंक मानव-शिशु/निशिदिन मुक्त-विहार करेंगे।

फिर उन्हें त्रिशंकु का मिथक याद आता है तो कहते हैं कि अब तो उसे जन्म-जन्म के अभिशापों से मुक्ति मिल जायेगी। जाने कितने नये विश्वामित्र पैदा होंगे और कई-कई सृष्टियाँ खड़ी कर लेंगे। मानव सुखी होगा। विज्ञान के उद्यमों की वजह से स्थान-काल की सीमाएँ टूटेंगी। किसी भी मौसम के फूल कभी भी खिल सकेंगे। दूर अन्तरिक्ष में भी अब दिव्यधाम सुशोभित हो सकेंगे। ठीक यहीं उन्हें कालिदास की याद आ जाती है, जिन्होंने अलकापुरी का वर्णन करते हुए बताया था कि वहाँ के नर-नारी सुखी हैं। नागार्जुन लिखते हैं—

> आँसू होंगे, सुख के होंगे/दुख के आँसू कहीं न होंगे/सारी उम्र जवानी होगी। छेड़छाड़ होंगे प्रियतम के/और प्रिया के/वर्ना यों तो जनजीवन में/कहीं कलह का नाम न होगा।

कालिदास का सपना अब विज्ञान की मदद से पूरा होगा। यह नागार्जुन के उन्हीं दिनों की कविता है जब उन्होंने 'मेरी भी आभा है इसमें', 'द्याक्चो खोकोन ओइ जे गाँधी महात्ता', 'पुरानी जूतियों का कोरस', 'बीते तेरह साल' आदि कविताएँ लिखी थीं। उनकी चिन्ताएँ सब जगह मुखर हैं। उन्हीं के बीच एक यह कविता भी आती है। देखने की बात है कि मानव के सुन्दर भविष्य की जब वह कल्पना करते हैं तो उन्हें अपना 'सुन्दर' भी दीखता है।

'बीते तेरह साल' उनकी देश-दशा-विषयक कविता थी, जो उन्होंने आज़ादी की तेरहवीं वर्षगाँठ के अवसर पर लिखी। यह उनकी पुरानी आदत थी। पहली वर्षगाँठ पर उन्होंने लिखा था—

> आज क्या है/कुछ नहीं, बस/जन्मभूमि शिशु-राष्ट्र का है/आज ही तुम मिल गये थे दुश्मनों से गुनाहगारों से/छोड़कर संघर्ष का पथ/भूलकर अन्तिम विजय की घोषणाएँ।

ज़ाहिर है, इस कविता में स्वतन्त्रता संग्राम के महान् आदर्शों के ध्वस्त होने की धधक थी, जो एक साल बीतने के बावजूद अब भी बहुत बाक़ी थी। उन्हें साफ़ लगता था कि पराये लोगों ने सत्ता हथिया ली है। विभाजन से भी वह दुखी थे। पाकिस्तान-युद्ध १९६५ पर जो कविता उन्होंने लिखी थी, उसमें उन्होंने यह सद्भावना ज़ाहिर की थी कि भारत और पाकिस्तान को फिर से मिलकर एक हो जाना चाहिये। प्रधानमन्त्री नेहरू से वह असन्तुष्ट रहते थे। उन्होंने उनके विरुद्ध काफ़ी कविताएँ लिखीं। उनकी ऐसी कविताओं की संख्या अस्सी से भी ज़्यादा है, जिन्हें यदि सिलसिले में रखा जाये तो नेहरू के प्रधानमन्त्रित्व का मुकम्मल मूल्यांकन हो जाये।

आज़ादी की दूसरी वर्षगाँठ पर उन्होंने लिखा—'लाज-शरम रह गयी न बाक़ी गाँधीजी चेलों में/फूल नहीं लाठियाँ बरसतीं रामराज की जेलों में।' यहाँ पुरानी स्मृतियाँ हैं। आज़ादी के संघर्ष के दिनों में जनता के हक़ के लिए लड़नेवालों के लिए जेलों में भी एक सम्मानजनक व्यवस्था थी। यह महसूस किया जाता था कि यदि आप जनहित के लिए लड़ रहे हैं तो भले सरकार आपकी विरोधी हो, पर राजनीतिक क़ैदी का दरजा दिया जाता था। अब वह भी न रहा। नागार्जुन प्रश्न करते हैं—'समझ न पाता हूँ कि हुकूमत गोरी है या काली है/खादी ने मलमल से अपनी साँठ-गाँठ कर डाली है।' मलमल प्रतीक था पूँजीपतियों का, जिनके घर तीसों दिन दिवाली रहती है। और खादी? वह कहते हैं—'अन्दर अन्दर विकट कसायी बाहर खद्दरधारी हैं/ज़मींदार हैं साहुकार हैं बनिया हैं व्यापारी हैं।' सब हैं, लेकिन कोई नेता नहीं है, सबके सब अपने असली रूप में आ गये हैं। और ये उड़-उड़कर लन्दन-वाशिंगटन जाते रहते हैं। पण्डित नेहरू का जय-जयकार हो रहा है लेकिन नागार्जुन इसे 'वतनफ़रोशी' बताते हैं और कहते हैं कि इस देश का भाग्यविधाता यदि आज सच में कोई है तो वह अमेरिका का राष्ट्रपति ट्रूमैन है। यह कविता उन्होंने जून १९४९ में लिखी थी। अगस्त में 'जन-वंदना' लिखी, जिसमें जनता को कोटिशीर्ष, कोटिबाहु, कोटिचरण, महाप्राण बताया है और उसके संघर्षों की वंदना करते हुए कहा कि इसी संघर्ष के बलबूते अब भी वह 'उज्ज्वल भविष्य का उपोद्घात' देख पा रहे हैं। १५ अगस्त १९५१ के शुभ अवसर पर उन्होंने सूचना दी कि 'खद्दरधारी घड़ियालों की पलटन तिनरंगा चबा गयी/सत्य अहिंसा की प्रतिमा को दीघा की मेंढ़की खा

गयी।' लेकिन १९५२ में आम चुनाव हुआ, जिसमें कांग्रेस फिर से जीतकर सत्ता में आ गयी। चुनाव जीतने की तिकड़में जो भिड़ायी गयी थीं, उनका विवरण उनकी अनेक कविताओं में आया है। वहाँ साफ़ दिखता है कि दबंगई से लोगों को ठग-फुसला कर किस प्रकार वोट बटोरे गये थे। इस चुनाव-परिणाम के बाद उन्होंने अपनी प्रसिद्ध कविता 'जयति जयति जय सर्वमंगला' लिखी थी। वहाँ उन्होंने प्रधानमन्त्री को चेतावनी दी थी—'सम्भलो, सम्भलो पण्डित नेहरू, दानवदल से नाता तोड़ो' और पूछा था कि 'वतन समूचा रेहन रखकर क्या पाओगे ?/किस मुँह से फिर गाँधी जी के गुण गाओगे ?' वह कामनवेल्थ में भारत की सदस्यता को नापसन्द करते थे और कश्मीर-मुद्दे सहित देशहित के अन्य मामलों को लेकर नेहरू के असमंजस और धीमी चाल से नाराज़ थे। २६ जनवरी १९५३ को उनकी 'पूरी आज़ादी का संकल्प' प्रकाशित हुआ। किसानों के हालात का इसमें ख़ास चित्रण है। कविता की भाषा भी देसी मुहावरे की है। किसान का दर्द बयान करते हैं—'बीज नहीं है, बैल नहीं है, वर्षा बिन अकुलाते हैं/नहर रेट बढ़ गया, खेत में पानी नहीं पटाते हैं/नहीं खेत में कनमा भर भी दाना उपजा पाते हैं/पिछला क़र्ज़ चुका न सके, साहू की झिरकी खाते हैं।' इन किसानों ने विवेक से हो या भय से, वोट कांग्रेस को ही दिया था। चन्द महीने बाद ही अब वे 'लीडर लोगों की खुदगरजी देख-देख घबराते हैं/कांग्रेस को वोट दे दिया लेकिन अब पछताते हैं।' किसान यदि अपने दुखों की बाबत आवाज़ उठाते हैं तो उनकी आवाज़ सुनने के बदले कम्युनिस्ट बताकर उन्हें यातना दी जाती है। ऐसे में, इसके सिवाय कोई रास्ता नहीं बचता कि वे 'ध्वजा खड़ा करते हैं ख़ुद ही झण्डा लाल उड़ाते हैं/फिर पूरी आज़ादी का संकल्प आज दुहराते हैं।' और, बारह साल बीतते-बीतते तो नागार्जुन नेहरू के सामने यह प्रश्न खड़ा कर देते हैं कि 'वे सोशलिज़्म की बातें बोलो कहाँ गयी ?/ सपनोंवाली वे रातें, बोलो कहाँ गयीं ? वे वादे ख़ुशहाली के, बोलो कहाँ गये ? वे झाग अमृत-प्याले के, बोलो कहाँ गये ?'

'बीते तेरह साल' इनमें से एक किन्तु महत्त्वपूर्ण कविता है। उनकी आशाओं के केन्द्र प्रधानमन्त्री नेहरू थे, उस कोटि-कोटि जनता की ही तरह। उन्हें ही इस देश को उठाकर खड़ा करना था। उनके प्रधानमन्त्रित्व के बारह वर्ष बीत गये। दस वर्ष तो उनका निष्कंटक राज रहा, वह जो

चाहते वही कर सकते थे। अब वह बूढ़े हो चले, संकट के दिन भी आ गये—'अन्दर संकट, बाहर संकट, संकट चारों ओर'—शान्तिकाल का तो वह पूरा दशक बीत गया, नेहरू यदि अब तक कुछ ख़ास न कर पाये तो आगे उनसे क्या उम्मीद की जा सकती थी! नेहरू की प्रशंसा में भी उन्होंने बहुत सारी बातें लिखी थीं यानी उनके वह अन्धविरोधी हों, ऐसा भी नहीं था। जनता की ओर से उनसे उम्मीद पाल रखी थी, वह टूटती थी तो सीधे विक्षोभ उपजता था। वह मानो टूट पड़ते थे। एक 'रिक्तहस्त' कवि का देश के शासक पर इस प्रकार टूट पड़ने का साहस उन्हें दो स्रोतों से मिलता था—स्वतन्त्रता-संग्राम के आदर्शों से, जिसके चलते वह नेहरू को 'अपने बीच का एक' मानते थे, अपनी कई कविताओं में उन्होंने उन्हें 'भैया' 'भाई' आदि कहा भी है। आज़ादी के संकल्पों को पूरा करना वह उनका कर्तव्य समझते थे। टीका-टिप्पणी इसलिए थी कि ग़लती पर हैं तो चेतें। दूसरे, जनता से। जनता को भले वोट देने का अधिकार पाँच साल में केवल एक बार हो, लेकिन बात वह हर दिन करती थी क्योंकि नीतियों से प्रभावित होने का प्रारब्ध हर दिन उसी के माथे था। नागार्जुन जनता के थे तो हर दिन की उनको ख़बर थी और उसकी व्याप्ति का भी पता था। 'जनकवि' वह इस अर्थ में भी थे।

कविता की शुरुआत उन्होंने विधि-व्यवस्था की विफलता से की थी। केन्द्रीय शासन के साथ-साथ प्रान्तीय शासन को भी घसीट लिया था, उपाय नहीं था। समूचे देश की जनता एक-सी थी, जो दुखी थी। उस पर से यह भी कि अपना दुख व्यक्त करो तो यातना देंगे। अभिव्यक्ति पर भी संकट। यहाँ भारतमाता को 'जीभ-कटी' बताया गया है कि वह शोर भी नहीं मचा पाती। नौकरशाही बेलगाम है। महँगाई, बेरोज़गारी लगातार बढ़ रही है। श्रम-क़ानून फेल हो चुके हैं। श्रमिकों की गर्दन रेती जा रही है, खेतिहरों के खेत छीने जा रहे हैं। भूमि-सुधार की ओर कोई भी ठोस क़दम उठाया नहीं जा सका। भ्रष्टाचार लगातार बढ़ रहा है, और सत्ता का समर्थन उसे प्राप्त है। सरकार ऐसी नीतियाँ बना रही है जिनसे पूँजीपतियों का हित-साधन हो रहा है। तीन-तीन पंचवर्षीय योजनाएँ बनायी जा चुकीं लेकिन वे सब 'काग़ज़ के फूल' साबित हुईं। धाँधली करके चुनाव जीते जा रहे हैं। गुण्डे निरीह लोगों का शिकार कर रहे हैं, और पुलिस तमाशा देख रही है। अग्निकाण्ड में लाशें गिर रही हैं, सड़क पर यमराज

ताल ठोक रहा है, लेकिन राज-भवन में राग-रंग जारी है। समूची कविता में नागार्जुन ही यह टेक गूँजती रहती है—'देखो धँसी-धँसी ये आँखें, पिचके-पिचके गाल/कौन कहेगा, आज़ादी के बीते तेरह साल ?' जिसकी ओर वह दिखा रहे हैं, वह नागार्जुन की जनता है। कोटिशीर्ष, कोटिबाहु।

नागार्जुन की कविता में वर्तमान का ही नहीं, तत्काल वर्तमान का बड़ा महत्त्व था। जिस समय वह कविता लिख रहे होते थे, वह काल, उनकी कविता में किसी-न-किसी बहाने ज़रूर चला आता था। उनका यह 'तत्काल' अज्ञेय के 'क्षण' या मुक्तिबोध के 'काल' से भिन्न था। कविता-लेखन उनके लिए सामाजिक भूमिका और राजनीतिक कार्यवाही थी, क्या इसलिए ? या, अपने आपको नगण्य करके आँकते थे, अपनी ही 'उनींदी घड़ियों में चुरते' रहनेवाला मन उनका मन नहीं था, समूची परम्परा को अपने पीछे पाते थे इसलिए ? जो भी हो, लेकिन इसी कारण से उनके तत्काल की व्याप्ति बड़ी दूर तक चली जाती थी। अन्तरराष्ट्रीय राजनीति तक आ जाती थी, समाज भी, घटनाएँ भी, क्योंकि उनकी संवेदना में सभी शामिल थे। मादा सूअर, बच्चा चिनार, मिट्टी का तेल, सभी। लिबर्टी मैया की प्रतिमा भी, लुलुम्बा भी, इगोर राहुलोविच भी, सभी।

इस कविता में भी पूरा तत्काल आया था। कुछ तो पूर्ण, कुछ निर्माणाधीन, जो थोड़े धुँधले नज़र आते थे, और जिनकी परिणति का निर्णय होना अभी बाक़ी था। इनमें एक प्रमुख मामला चीन का था। चीन अपनी सीमा से ७० मील आगे तक भारत में घुस आया था और लगभग बारह हज़ार वर्गमील ज़मीन को क़ब्ज़ा कर चुका था। अक्सइ चिन के इलाक़े में वह हाइवे का निर्माण कर रहा था। इस बात की सूचना, गोपनीय सूत्रों से भारत सरकार को काफ़ी पहले मिल चुकी थी, लेकिन सरकार ने इसे पाँच साल तक देश से छिपाये रखा। दोनों देशों के बीच अन्दर-अन्दर राजनयिक पत्राचार चलता रहा। लेकिन, न संसद को कुछ मालूम था न प्रेस को। नेहरू के निकटवर्ती उन्हें चेता रहे थे लेकिन वह विश्वास नहीं कर पा रहे थे कि वाकई चीन उन्हें धोखा दे सकता है। अब यह बात प्रकाश में आ गयी थी। सितम्बर १९५९ में सरकार ने श्वेतपत्र जारी कर दिया था, जिसमें चीन के साथ पिछले पाँच वर्षों के पत्राचार का ब्योरा था। विपक्ष और प्रेस ने मुद्दे को हवा दी और समूचा देश ग़ुस्से से उबलने लगा। लोगों की माँग थी कि सरकार चीन द्वारा क़ब्ज़ा की गयी एक-एक ईंच ज़मीन मुक्त

करवाये। स्वयं राष्ट्रपति राजेन्द प्रसाद ने आम लोगों की इस भावना का सार्वजनिक रूप से समर्थन किया था और कहा था कि इस मामले में सरकार के किसी भी ग़लत क़दम को वह बर्दाश्त नहीं करेंगे।

सीमा पर होनेवाली छोटी-मोटी गोलीबारियों की बात छोड़ दें तो चीन ने निर्णायक हमला इसके दो वर्ष आगे जाकर १९, २० अक्टूबर १९६२ को किया। इस बीच नेहरू अनेक छोटे-बड़े दूसरे कामों में लगे रहे। तीसरा आम चुनाव हुआ। फिर से नेहरू प्रधानमन्त्री बने। नागार्जुन ने भी इन दो वर्षों में ढेर सारी कविताएँ लिखीं। और, चीन उधर अपनी योजना पर काम करता रहा।

'बीते तेरह साल' में नागार्जुन ने चीन-संकट पर भी बात की थी। राष्ट्रपति का सम्बोधन भी उन्हें नागवार गुज़रा था। वह चीन के पक्ष में थे, और कल्पना भी नहीं कर सकते थे कि उसके जैसा एक कम्युनिस्ट देश भारत पर हमला कर सकता है। उन्होंने लिखा 'भले भले मुख उगल रहे हैं चीन-विरोधी आग।' इसका कारण उन्होंने बताया कि 'जाने क्या-क्या बकवाता है सेठों का अनुराग।' यानी कि पूँजीपति के हितसाधकों की प्रचार-बुद्धि ही चीन-विरोध का कारण थी। चूँकि नेहरू की सरकार को भी वह इससे अलग नहीं देखते थे इसलिए उस पर भी नाराज़गी थी कि हिमालय के झरनों के झाग को आज धुआँ बना दिया गया है, यानी कि आत्मरक्षा के लिए भी सीमा पर गोलीबारी उन्हें अनावश्यक दीख रही थी। मार्च १९५९ में दलाइ लामा अपने अनेक समर्थकों के साथ चीन से बचकर भारत आ गये। भारत सरकार ने उनका स्वागत किया और स्वयं नेहरू भी उनसे मिले। इसपर नागार्जुन ने लिखा—'दूध पिलाओ तिब्बत से भागे हैं सौ-सौ नाग।' स्पष्टतः वह नितान्त दृढ़ थे कि कम्युनिस्ट चीन भारत पर हमला नहीं कर सकता है, यहाँ तक कि बढ़ावा देनेवाली कार्रवाइयों पर वह अपनी ही सरकार की आलोचना से भी बाज़ नहीं आ रहे थे। दूसरी तरफ़ देखें तो ठीक यही स्थिति नेहरू की थी। वह इसकी कल्पना नहीं कर सकते थे कि अपना समाजवादी पड़ोसी चीन, जिसको आगे बढ़ने में कई अवसरों पर भारत ने दिल खोलकर सहायता की थी, भारत पर हमला कर सकता है। रामचन्द्र गुहा और कुलदीप नैयर ने अपनी किताबों में कई ऐसे प्रसंग दिये हैं। चीन के तेवर को नेहरू एक ऐसे युवा कम्युनिस्ट देश के उत्साह की तरह देख रहे थे, जिसने अपने

अतीत से मुक्ति पा ली थी और भविष्य की तरफ़ दृष्टि रखता था। वह अक्सर यह कहते हुए पाये जाते थे कि चीन कभी भी भारत के साथ लड़ाई नहीं करेगा, और यदि ऐसा हुआ तो यह एक विश्वयुद्ध होगा। वास्तविकता इसके ठीक विपरीत थी। जब जवाबी कार्रवाई का आदेश नेहरू ने तत्कालीन सेना–प्रमुख जनरल पी.एन. थापर को दिया तो उन्होंने वास्तविकता बताते हुए कहा था कि भारतीय सेना के पास इतनी ताक़त नहीं है, एक भारतीय जवान की तुलना में छह चीनी सैनिक थे, और रक्षा–उत्पादन की बात तो दूर, भारत इस स्थिति में भी नहीं था कि ज़रूरी हथियारों के पुरजे जोड़ सके। फिर भी नेहरू यही दुहराते रहे कि यदि भारत अपनी चौकियाँ ख़ाली करवाने की कार्रवाई करेगा तो उन्हें विश्वास है, चीन जवाबी हमला नहीं करेगा। दरअसल, 'उन्होंने चीन पर इस हद तक भरोसा किया था कि सुरक्षा–परिषद् में वह सीट चीन को देने की सिफ़ारिश की थी जो पश्चिम के देश भारत को देना चाहते थे। उनका ख़याल था कि एक कम्युनिस्ट तीसरी दुनिया के किसी देश के साथ शत्रुता नहीं करेगा ख़ासकर एक ऐसे देश के साथ जो समाजवादी आदर्शों में विश्वास रखता हो।' नागार्जुन जनकवि थे। कवि तो पीछे थे, पहले तो सिर्फ़ जन थे। और नेहरू अभिजन। उनकी तमाम चीज़ें नागार्जुन से अलग थीं। लेकिन उस वक़्त की दुनिया भी क्या थी कि समाजवादी आदर्शों को दोनों ही ऐसा स्थान देते थे कि अन्यथा कुछ सोच तक नहीं सकते थे। चीन पर भरोसा था इसलिए कि बीच में समाजवादी आदर्श थे। इस आदर्श का टूटना बहुत बड़ी घटना थी। इस घटना के बाद नेहरू का जीने का उत्साह ही ख़त्म हो गया और इधर नागार्जुन ने जीवन–भर के लिए कम्युनिस्ट पार्टी–पॉलिटिक्स से तौबा कर ली।

उन्हीं दिनों चन्द्रभूषण तिवारी के यह पूछने पर कि क्या आपकी चीन–विरोधी कविताएँ द्वितीय श्रेणी की नहीं हैं, और कि ये कविताएँ प्रतिक्रियावादी शक्तियों को अतिरिक्त बल नहीं देतीं, नागार्जुन ने बताया था—

> उन पन्द्रह दिनों के अन्तर्गत, जब चीनी आक्रमण चल रहा था, केवल नागार्जुन की कविताएँ ही सामने आयीं। अन्य प्रगतिशील चुप रहे। किन्तु, बाहर की आक्रमणकारी शक्तियों और घर के चूहे–छुछन्दरों को नष्ट करना ही होगा। यदि 'नेहरू–माओ' फिर से भाई–भाई कहकर गले मिल भी जायें तो भी माओ के लिए मुझसे एक भी पंक्ति नहीं लिखी

जा सकती। जब तक पेकिंग अपना स्टैण्ड ठीक नहीं कर लेता, तब तक उस पर कुछ भी सोचा नहीं जा सकता।

और, इसके दस साल बाद वह विजय बहादुर सिंह से कह रहे थे—

सन् ६२ में मैंने चीन के ख़िलाफ़ लिखा। मेरे लिए ज़रूरी नहीं था कि मैं पार्टी–महन्तों का मुँह ताकूँ। विडम्बना तो यह कि चीन को गाली छापनेवाला सम्पादक चीन हो आया। अपने यहाँ ऐसे राष्ट्रवादियों की कमी नहीं है—गंगा गये गंगादास, जमुना गये जमुनादास। पर ईमानदार कवि यह नहीं कर सकता। उसे अपनी आवेगशीलता की इज़्ज़त तो करनी ही होगी। और ऐसे में वह अथर्ववेद की अभिशाप–शैली से पनघट की गलियों तक उतर सकता है। अन्तरराष्ट्रीय साम्यवाद जब राष्ट्रीय हो लेगा न, तभी वह 'राष्ट्रीय मार्क्सवाद' की संज्ञा पा सकेगा। मेरे लिए इसका मतलब स्थानीय समस्याओं और निकट के संघर्षों से जुड़ना है। बाहर–बाहर तो हम प्रगतिशील बने रहें और भीतर वही प्रतिक्रियावाद काम करता चले तो फिर कैसी राष्ट्रीयता और कैसी साम्यवादिता?'

प्रतिबद्ध हूँ, सम्बद्ध हूँ, आबद्ध हूँ

प्रगतिशील लेखक संघ के स्थापना-अधिवेशन (१९३६) में नागार्जुन शामिल हुए थे कि नहीं, इस बारे में कुछ स्पष्ट तथ्य नहीं मिलता। १९३८ के कलकत्ता अधिवेशन में भी वह उपस्थित नहीं थे, यद्यपि संस्थापक सज्जाद ज़हीर से उसी वर्ष 'समर स्कूल ऑफ़ पॉलिटिक्स' में उन्होंने मार्क्सवाद पढ़ा था। प्रथम अध्यक्ष प्रेमचन्द से तो वह अपने छात्र-जीवन से ही जुड़े हुए थे। रामविलास शर्मा ने लिखा है कि नागार्जुन से उनका प्रथम परिचय प्रगतिशील लेखक संघ के सम्मेलन में हुआ था। उनके प्राचीन मित्र केदारनाथ अग्रवाल से भी प्रथम परिचय का यही स्रोत था। हरिनारायण मिश्र को लिखे उनके एक पत्र से पता चलता है कि यह सम्मेलन १९४१ में इलाहाबाद में हुआ था।

नितान्त आरम्भिक दिनों से ही प्रगतिशील लेखक संघ को वह अपना संगठन मानते थे। वह उनके विचारों के अनुरूप था और वे तमाम लेखक जिनसे जुड़कर उन्हें सन्तोष हो, अपनापन लगे, इसी संगठन से जुड़े हुए थे। बाद के दिनों में कई बार अपनी वार्ताओं में वह कहते हुए पाये जाते थे कि ख़ुशी-ख़ुशी हो या मजबूरी में, जुड़कर तो उन्हें इसी संगठन से रहना है, क्योंकि उनकी सही जगह यही है। १९९१ में जब सोवियत संघ में गोर्वाच्योब की नीतियों को विपुल समर्थन मिला और राष्ट्रपति को सर्वोच्च अधिकार दे दिये गये तो नागार्जुन की प्रतिक्रिया थी—

> अच्छा हुआ। अब यहाँ के लोग भौंचक्के रह गये होंगे। भीतर ही भीतर परेशान होंगे। बोलेंगे कुछ नहीं। यहाँ की कम्युनिस्ट पार्टियों में यह ख़ास बात है। मैं तो इसका शिकार रहा हूँ। वो भी मेरी मजबूरी रही है और

मैं भी जैसे-तैसे उनकी मजबूरी बना रहा। मेरा भरोसा तो मार्क्स के रास्ते पर ही था। पर मैं 'ओलन-खोलन, में भी विश्वास करता था। और, यहाँ के कम्युनिस्ट अभी भी बन्द रखने और गुपचुप-गुपचुप करने में यक़ीन करते हैं। रूस में उसी के चलते बहुत सारा सड़ान्ध, ढेर सारा कचरा इकट्ठा हो गया था।

सत्ता चाहे रहे या जाये, जनसंघर्ष, संगठन और मानवीय गरिमा बनी रहे, आम जनता की बेहतरी का लक्ष्य सदा सामने रहे, एक खुलापन हो जिसमें न्याय रहे और वह दिखे भी, वह यही कामना करते थे।

भारतीय कम्युनिस्ट पार्टी के साथ सबसे बड़ी समस्या थी कि वह इसी में अपने को कृतार्थ समझती कि सोवियत यूनियन के आदेशों का पालन वह दृढ़ता से करती है। १९४२ के आन्दोलन का विरोध कर कम्युनिस्ट पार्टी ने अपने पैर पर स्वयं कुल्हाड़ा मार लिया था, अब उसके लिए एक अथक दीर्घ प्रयास की आवश्यकता थी। लेकिन १९४८ में आकर सोवियत यूनियन की नीति बदल गयी। अब बात यहाँ आ गयी कि पूँजीवाद का समाजवाद से अन्तिम और निर्णायक युद्ध शुरू हो चुका है अतः सरकार को, जिस भी प्रकार हो, गिराने की कोशिश की जाये। हथियारबन्द गुरिल्ला युद्ध, निर्णायक लड़ाई। लेकिन १९५० में आकर फिर नीति बदल गयी और अब कहा गया कि केन्द्र की कांग्रेस सरकार का समर्थन किया जाये और यदि उसे किसी संकट का सामना करना पड़ता है तो ऐसे में कम्युनिस्ट पार्टी उसके बचाव में खुलकर खड़ी हो। आगे १९६४ में कम्युनिस्ट पार्टी का विभाजन हो गया, जिसका कोई स्पष्ट सैद्धान्तिक आधार न के बराबर था। चीन में, १९४९ में सत्ता में आने के बाद वहाँ की कम्युनिस्ट पार्टी ने सोवियत वर्चस्व तोड़ने का अभियान चलाया। १९६२ के भारत-चीन युद्ध के समय भारतीय कम्युनिस्ट पार्टी का एक बड़ा भाग चीन-समर्थक था। विभाजन के बाद एक नयी पार्टी—मार्क्सवादी कम्युनिस्ट पार्टी बनी, जिसका आधार कहीं ज़्यादा व्यापक था। चीन की कम्युनिस्ट पार्टी ने अब यह कहना शुरू किया कि जो पार्टी सशस्त्र संघर्ष के लिए तैयार हो वही असली कम्युनिस्ट पार्टी है। मार्क्सवादी कम्युनिस्ट के भीतर फिर विभाजन हुआ। सशस्त्र गुरिल्ला युद्ध लड़नेवाले आन्दोलन का सूत्रपात हुआ। मुख्यधारा की जो कम्युनिस्ट पार्टियाँ थीं, वे अब क्रान्ति की पार्टी के बदले

व्यवस्था-सहयोग की पार्टी रह गयीं जो अपनी मर्ज़ी से न तो साम्राज्यवाद से लड़ सकती थीं, न अन्दर की प्रतिगामी शक्तियों से। जहाँ भी मौक़ा मिला कमोबेश उन्होंने भी वही किया जो दूसरे करते। नक्सलबाड़ी वाले गुट ने भारतीय शासकवर्ग के चरित्र को नये सिरे से विश्लेषित करते हुए घोषित किया कि ये सभी सिर्फ़ साम्राज्यवाद के दलाल हैं, जिनका अपना कोई उत्पादन तन्त्र नहीं, और सारा कुछ कैप्राडोर पूँजीपति के हाथ में है। भारतीय जनतन्त्र को उन्होंने 'बन्दरिया का तमाशा' बताया और वर्ग-शत्रु के ख़ात्मे को 'क्रान्ति' नाम देते हुए चरमपन्थ के रास्ते चल पड़े।

१९७८ में रणवीर रांग्रा के यह पूछे जाने पर कि अपने उपन्यासों में उन्होंने हँसिया हथौड़े वाले (कम्युनिस्ट पार्टियों) के द्वारा ही शोषितों के उद्धार की बात कही है, और ये पार्टियाँ आज इस तरह बँटी हुई हैं, नागार्जुन ने कहा था—

> हँसिया हथौड़ेवालों के जो मौजूदा रूप हैं—अलग-अलग दल हैं और वामपन्थी पार्टियों का जो हाल देखता हूँ, तो मुझे लगता है कि असल वामपन्थी अभी पैदा नहीं हुआ है, अनागत है। ...अभी तो वामपन्थी पार्टियों में मध्यवर्गीय नेतृत्व है, लेकिन शोषित वर्ग जब ख़ुद ही उसका नेतृत्व करेगा, तभी वह ज़्यादा सही वामपन्थी होगा।

प्रगतिशील लेखक संघ की स्थापना वामपन्थी विचारधारा के युवा लेखकों के द्वारा, जिनका दृष्टिकोण वैश्विक था, सज्जाद ज़हीर के नेतृत्व में १९३५ में लन्दन में की गयी थी, और अगले साल १९३६ में इसका प्रथम राष्ट्रीय अधिवेशन लखनऊ में हुआ। इसकी स्थापना और विकास के पीछे सज्जाद ज़हीर का श्रम और समर्पण-भाव था। अली सरदार जाफ़री, जो प्रलेस के एक महत्त्वपूर्ण अंग थे, ने लिखा है—

> १९४२ से १९४८ तक प्रगतिशील लेखकों के आन्दोलन का सुनहरा दौर था, जो सारी भाषाओं तक फैला हुआ था और उसने साहित्य का बहुत अच्छा संकलन प्रस्तुत किया। भारत में इतना ज़बरदस्त सांस्कृतिक आन्दोलन इससे पहले कभी नहीं उठा। हमारे स्वाधीनता संग्राम से उसका घनिष्ठ सम्बन्ध था। 'प्रगतिशीलता' का शब्द गर्व का प्रतीक बन गया था।

लेकिन, भारत के विभाजन के बाद सज्जाद ज़हीर पाकिस्तान चले गये

ताकि वहाँ कम्युनिस्ट पार्टी को संगठित कर व्यापक बनाया जाये। भूमिगत रहकर संगठन-कार्य करते हुए गिरफ़्तार कर लिये गये, उनके बीवी-बच्चे यहाँ लखनऊ में थे, और पाकिस्तान की जेल से छूटने के बाद जब वह वापस भारत आये, तब तक प्रगतिशील लेखक संघ विघटित होकर इतिहास बन चुका था। किसने विघटित किया? रामविलास शर्मा १९४९ से १९५३ तक इसके राष्ट्रीय महासचिव थे। तीव्र विरोध के बाद उन्हें यह पद छोड़ना पड़ा था। आरोप था कि कट्टर कम्युनिस्ट लाइन की शर्त वह लेखकों पर डालते हैं और वरिष्ठों को भी उपदेशात्मक सुनाते हैं। आख़िरी महासचिव कृश्न चन्दर हुए, जिन्होंने संगठन के लिए कुछ भी न करना ही अपने लिए निरापद समझा। और, अन्ततः भारतीय कम्युनिस्ट पार्टी ने उसे विघटित कर दिया। कर्ण सिंह चौहान के यह पूछे जाने पर कि उस समय पार्टी की सांस्कृतिक नीति क्या थी, रामविलास शर्मा ने बताया था—

> उस समय पार्टी की एक अलिखित सांस्कृतिक नीति थी कि प्रगतिशील लेखक संघ का विसर्जन होना चाहिये। ...अजय घोष ने प्रगतिशील लेखक संघ के विसर्जन के बारे में उन्हें पत्र लिखा था। मैंने पूछा कि यह अजय घोष की राय है या पार्टी के पोलिट ब्यूरो की? ई.एम.एस. (नम्बूदिरीपाद) ने जवाब दिया कि वह पत्र उन्हें व्यक्तिगत रूप में लिखा गया है। मैंने पूछा कि फिर आपकी राय क्या है, तो जवाब दिया कि इस बारे में मेरी कोई राय नहीं है। अब, पार्टी अनुशासन में जो व्यक्ति काम करता है, आप सोचिये कि वह ऐसी स्थिति में क्या करे? लेखकों के बीच जाकर कह दे कि भाइयो, प्रगतिशील लेखक संघ की दुकान बन्द कर दो?

बाद में कभी किसी प्रसंग में नागार्जुन ने विजय बहादुर सिंह से प्रश्न किया था—

> ई.एम.एस.और सी.पी.आई. में ही राजेश्वर राव को भी अपनी भाषा के साहित्य का कितना पता है? सुरजीत भी क्या निराला या मुक्तिबोध को जानते हैं? और, वे तुम्हारे संगठन के सुपर गाइड हैं! कठमुल्ले, चाटुकार छुटभैये लेखक उनको ख़ुश करके रूस, चीन, वियतनाम हो आयेंगे! बस यही न हो रहा होगा?

इसके आगे की कहानी इप्टा के महारथियों में से एक सलिल चौधरी के

शब्दों में—

> भारत में और बाहर, वामपन्थी राजनीतिक आन्दोलनों के भीतर क्रमशः बढ़ती हुई दरारों ने हमारे बुद्धिजीवियों के भीतर भयंकर हताशा को जन्म दिया। हमने देखा कि चीन और रूस के बीच कलह चल रहा है, युगोस्लाविया ने ख़ुद को पूर्वी यूरोप की राजनीति से अलग कर लिया, और वियतनाम में राजनीति ने अलग ही रंग-ढंग अपना लिया। हमने यह भी देखा कि फ्रांस और इटली की कम्युनिस्ट पार्टियाँ अपनी ख़ास राह चल रही हैं और बिलकुल अलग तरह की चीज़ें प्रस्तावित कर रही हैं। इन घटनाओं ने हमारे बुद्धिजीवियों के बीच बहुत भ्रम और हताशा फैलायी और अलग-अलग रंग-ढंग की अनेक कम्युनिस्ट पार्टियों को जन्म दिया, जैसे सी.पी.आई., सी.पी.आई. (एम.), नक्सलाइट (लेनिनवादी-माओवादी) इत्यादि, और इसका हमारे प्रगतिशील सांस्कृतिक आन्दोलनों पर बहुत असर पड़ा। वामपन्थी बुद्धिजीवियों और कलाकारों में आये इस भ्रम और हताशा ने कला में दुबारा अमूर्तन को उभरने में और 'कला कला के लिए' को मज़बूत होने में मदद की।

इस नकारात्मक परिस्थिति को सलिल चौधरी, सांस्कृतिक कार्यक्रमों के सन्दर्भ में अश्लीलता, नक़ली मुद्दे आदि के बढ़ने, यहाँ तक कि जात्रा-कार्यक्रमों में भी कैबरे डांस को घुसाने की प्रवृत्ति से जोड़ते हैं। साहित्य में यह सब मोहभंग, कुण्ठा, संत्रास, अस्मिता, सापेक्ष स्वायत्तता आदि का रूप धरकर आया।

कहने की ज़रूरत भी क्या है कि इस अमूर्तन को उभारकर और कला को मज़बूत करके कविता के नये-नये प्रतिमान खड़े करनेवाले कोई दूसरे नहीं थे इसी जमात के लोग थे, भ्रम और हताशा के शिकार। लेकिन, जिन थोड़े-से तपे-तपाये लोगों को यह भ्रम और हताशा छू भी नहीं पायी थी, उनमें से एक नागार्जुन थे। स्वयं रामविलास शर्मा ने नागार्जुन के बारे में यह लिखा है—

> नागार्जुन घर-गृहस्थी वाले आदमी थे इसलिए समझना कि वे अस्थिर थे, उनकी राजनीतिक समझ अस्थिर थी, सही नहीं है। वे सुसंगत रूप से साम्राज्यवाद के विरोधी थे, सम्प्रदायवाद के विरोधी थे, जात-बिरादरीवाद के विरोधी थे और जनता के बारे में, किसानों के बारे में, खेत-मज़दूरों के बारे में, शहर के मज़दूरों के बारे में जितनी जानकारी

> रखते थे, उतनी बहुत-से साहित्यकारों को ही नहीं, राजनीतिज्ञों को भी शायद ही हो। इसके सिवाय वे जो कुछ देखते थे, उस पर बहुत सीधी राजनीतिक प्रतिक्रिया उनकी होती थी। कम-से-कम १९४८ से अब तक मैं यह देखता रहा हूँ कि जनता से उनके लगाव में कोई परिवर्तन नहीं हुआ है। ...नयी कविता का बवण्डर उठा, उसमें वे अडिग रहे, सोवियत संघ के विघटन के बाद चारों तरफ़ मस्ती फैल गयी, उसमें वे अडिग रहे। ऐसी वैचारिक दृढ़ता कम लोगों में देखी जाती है।

एक बार की बात है कि 'रूपाम्बरा' (कोलकाता) की एक गोष्ठी में सुदर्शन चोपड़ा ने अपने वक्तव्य में बहुत चलते ढंग से यह कह दिया कि मार्क्सवाद तो अब पुराना पड़ चुका है। मधुरेश ने उसका संस्मरण लिखा है। सुदर्शन चोपड़ा के साथ रमेश बक्षी और दूसरे भी कई लेखक थे जिन्हें मधुरेश ने 'अँधेरे बन्द कमरों के दिल्ली संस्करण साहित्यकार' बताया है जो 'शराब और औरत में गर्क सामाजिक सत्य को नकारने की कोशिश' करते थे। स्वाभाविक ही नागार्जुन को चोपड़ा की यह बात बुरी लगी। व्यंग्य करते हुए, गोष्ठी में आगे ही बैठे सुदर्शन चोपड़ा और रमेश बक्षी को वह सीधे सम्बोधित करने लगे—'सुन रहे हो रमेश?' या 'क्यों सुदर्शन, है न?' फिर, कहने लगे—'तुमलोगों को मालूम ही नहीं है कि तुम्हारे आसपास दिल्ली में ही, मज़दूरों और झुग्गियों में रहने वाले लोगों की ज़िन्दगी क्या और कैसी है। चूँकि तुम्हें शराब और मनचाही औरत के साथ सोने की सुविधा है, इसलिए थोड़े-से पैसों के लिए मज़दूरों का संघर्ष, हड़ताल और तालाबन्दी आदि का तुम्हारे लिए क्या अर्थ हो सकता है? और फिर हँसकर, कुछ-कुछ शरारत-भरे अन्दाज़ में रमेश बक्षी को सम्बोधित करते हुए बोले—'क्यों रमेश, है न?'

नागार्जुन को 'जनकवि' या जनता का कवि कहा गया। मार्क्सवाद की पारिभाषिकी में जन शब्द का ठीक वही अर्थ नहीं है जो सर्वहारा का है। आम तौर पर 'जन' कहा गया है श्रमजीवी जनता को जो भौतिक उत्पादन करती है, इसमें छोटे किसान से लेकर तरह-तरह के शिल्पकार और वंचित-पीड़ित दलित भी शामिल हैं। 'सर्वहारा' है कारखाने का मज़दूर। बेलिंस्की का कथन है कि सच्ची कविता वही है जो जनता के साथ रिश्ता व्यक्त करती है, कि 'जन' ही वह क्षेत्र है जहाँ विचारधारा और कविता अपने को व्यक्त करती है। रामविलास शर्मा ने अपने लेख

'एशिया का प्राचीन शब्द 'जन' में इस शब्द की व्यापकता का लम्बा आख्यान प्रस्तुत किया है कि ऋग्वेद में अनेकशः व्यवहृत यह शब्द भारत की तमाम भाषाओं में ठीक इसी अर्थव्यंजना के साथ प्रयुक्त होता है। मार्क्सवादियों के यहाँ 'मार्क्सवाद' और 'जनवाद' बिलकुल अलग-अलग चीज़ें हैं। एक जगह रामविलास शर्मा कहते हैं—

> हर मार्क्सवादी लेखक जनवादी लेखक है, किन्तु हर जनवादी लेखक मार्क्सवादी लेखक नहीं है और यह स्थिति हमारे देश की परिस्थितियों द्वारा निर्धारित होती है।

नागार्जुन जब मार्क्सवादियों की संकीर्णता पर रंज होते थे तो कई बार झल्ला उठते थे कि 'मुझे प्रगतिशील समझो, कम्युनिस्ट नहीं' और राष्ट्रीय मार्क्सवाद का आग्रह करते पाये जाते थे।

नागार्जुन जब कहते थे कि 'जनता मुझसे पूछ रही है क्या बतलाऊँ' तो ऐसा नहीं कि मानो पूछ रही हो, जनता सच में पूछ रही होती थी। जनता में जाकर ही वह रमते थे। तंग बौद्धिकों की संगोष्ठियों से कहीं अधिक उनका मन धोबीघाट में लगता था जहाँ नये शब्द भी मिलते थे, नयी सूझ भी। दिनेश कुमार शुक्ल ने एक जगह बड़ा अच्छा लिखा है कि

> वैसे तो मेले-ठेले में, आन्दोलन-हड़ताल में, भीड़-भड़क्का में बाबा के पाये जाने की सम्भावना अधिक रहती है, किन्तु क्या पता कभी किसी गली के मोड़ पर नाई की दुकान पर बैठे बड़ा-सा लेंस लिए बाबा आपको अख़बार पढ़ते हुए मिल जायें।

नागार्जुन के जन की व्याप्ति दूर तक जाती थी। वह रिक्शावाला जिसके पसीने का गुणधर्म पूछकर वह आपको निरुत्तर कर सकते थे या फिर वह जिसने 'प्रेम प्रकाश' नाम धारण किया था। कविताओं में जन के साथ उनकी संलिप्तता कितनी थी? रिक्शेवाले पर लिखी उनकी उस प्रसिद्ध कविता को सुनने का अनुभव रामविलास शर्मा ने एक जगह बयान किया है—

> नागार्जुन जब कलकत्ते में थे, तब उन्होंने वहाँ के रिक्शा चलानेवालों पर एक कविता लिखी थी, वह कविता उन्होंने मुझे सुनायी थी। वह तब तक प्रकाशित नहीं हुई थी। वह दृश्य मुझे अब तक याद है, कैसे वह कविता सुना रहे थे ओर सुनाते समय कैसे उनका कण्ठावरोध-सा हो जाता था।

एक तरफ़ रिक्शेवाले के फटी बिवाइयों वाले खुरदरे पैर थे, दूसरी तरफ़ कवि का कोमल मन।

वे कारखाना–मज़दूर जिनके साथ ट्राम में बैठे बाबूसाहब के घिन लगने का वह मज़ा ले रहे थे, वह दलित जिसने पानी माँगने पर पूछा था कि हमारा पानी आप पियेंगे मालिक, तो नागार्जुन ने डाँटा था कि पानी क्या तुमने बनाया है? या फिर वे, जिन्हें दबंगों ने सामूहिक नरसंहार के उत्सव–स्वरूप काट दिया था, वह लड़की जिसे बेटी कहते हुए उन्होंने सुझाव दिया था कि 'रमा लो माँग में सिन्दूरी छलना/फिर बेटी विज्ञापन लेने निकलना', वह बबुआ दीनानाथ जो सरकार की गोली खाकर मर गया, या मेहतर संघ के वे नौजवान, जिनपर कभी भी गोली चल सकती थी, वे गँवई किसान जिन्हें सलाह देते कि बाज़ारू टेकनीक हमारी खेती को चौपट कर देगी। यह संगत दूर–दूर तक जाती थी और कविता की दुनिया से अब तक बाहर रहे जन–टाइप कछुआ, नेवला, बिलौटा, कटहल आदि पूरी गरिमा के साथ उनकी कविता की नागरिकता पाते थे।

एस.डी.ओ. की गुड़िया बीवी, जो सपने में इस डर से घिघिया उठी थी कि भुक्खड़ के हाथों में बन्दूक कहाँ से आ गयी, उसे तसल्ली देते हुए यह कहनेवाला कि अकालवाला थाना काफ़ी दूर है, वह नौकर भी 'जन' का ही आदमी था। यह उसका विवेक–स्तर था, कि कहता है 'नाहक ही डर गयीं हुज़ूर'। जन के बरक्स नागार्जुन के यहाँ बाबू भैया भी हैं, वे विजयादशमी पर जुलूस निकालते हैं, कभी दलितों का सामूहिक नरसंहार करते हैं, कभी चेतावनी देने आते हैं। उनकी कविता में बाबू भैयों का प्रतिनिधि गोडसे है, जिसका विवेक–स्तर भी सामने है। अन्तरराष्ट्रीय बिरादरी में जिस गाँधी की क़ीमत उसके काल्पनिक राष्ट्र से कहीं बहुत–बहुत ज़्यादा है, उस पर गोली चलाने से वह ज़रा भी नहीं हिचकिचाता—यह उसका विवेक–स्तर है। ये सब तो उनकी कविताओं में आते हैं, और उन्हें जनाकीर्ण, जनसंकुल बनाये रखते हैं। बाक़ी हज़ारों ऐसे जन हैं जो हमारे–आपके शहरों–कस्बों में हमारे आसपास निवास करते हैं, लेकिन उनके बारे में हम उतना नहीं जानते, जितना नागार्जुन जानते थे—कई बार तो हम कुछ भी न जानते होते थे, जबकि नागार्जुन मीन–मेष समेत जानते थे।

गंगाराम राजी का एक प्रसंग उल्लेखनीय है। जलेस के बनारस अधिवेशन में वह पहली बार नागार्जुन से मिले थे। वह उनके उपन्यासों पर शोध कर

रहे थे इसलिए ज़्यादा दिलचस्पी थी। जब नागार्जुन ने जाना कि वह हिमाचल के मण्डी के रहनेवाले हैं, उनकी भी दिलचस्पी राजी में बढ़ी।

> फिर क्या था, उन्होंने मण्डी के बारे में ढेरों प्रश्नों की बौछार लगा दी। मेरा आश्चर्यचकित होना स्वाभाविक ही था, यह जानकर कि वे मण्डी में भी कुछ दिन रहे हैं। वहाँ की गलियों से, वहाँ के व्यक्तियों से व्यक्तिगत रूप से परिचित थे। ...मेरी जिज्ञासा बढ़ती जा रही थी यह जानने के लिए कि मण्डी के बारे में वे और क्या जानते हैं, तभी उन्होंने एक प्रश्न और कर दिया—'हमारा मित्र महाशय कैसा है? मुझे उसके हाथ की चाय का स्वाद आज तक नहीं भूला। जब कभी पहाड़ों की याद आती है तो बहुत याद आता है महाशय।' महाशय चायवाले का एक छोटा-सा स्टाल मण्डी शहर में था। शहर के लेखक चाय-कॉफी पीने हर शाम वहाँ बैठते। मैंने महाशय का कुशल-क्षेम, बिना कुछ जाने उन्हें बताया।...मैं प्रसन्न था, क्योंकि सोचता था कि महाशय जी से मिलूँगा। परन्तु, वापस जब मण्डी गया तो मुझे मालूम हुआ कि उन्हें गुज़रे हुए एक वर्ष से ऊपर हो गया है।

नागार्जुन जनता के साथ थे, उन्हीं में समाये हुए, उन्हीं में डूबे हुए। वह उनके कोटिबाहु कोटिशीर्ष के वैश्विक रूप का पूरा पता रखते थे। बड़े गर्व के साथ कहते थे कि जन-जन में जो ऊर्जा भर दे मैं उद्‌गाता हूँ उस रवि का। बड़े ही सन्तोष से वह सुनाते थे कि 'मेरी जितनी भी अच्छी व चर्चित कविताएँ हैं—जिनकी वजह से मैं आज कुछ हूँ—वे सब जनसंघर्षों से ही जुड़ी कविताएँ हैं।'

वह सारी ज़िम्मेवारी अपने ऊपर लेते थे—पोलिट ब्यूरो पर नहीं, शीर्ष नेतृत्व पर नहीं, यहाँ तक कि संगठन की इकाई पर भी नहीं। वह जो भी निर्णय लेते, कविताएँ लिखते, शत-प्रतिशत अपनी ज़िम्मेवारी पर करते थे और कहते थे कि हाँ, ग़लतियाँ मुझसे भी हो सकती हैं लेकिन मैं 'अपने आपको भी व्यामोह से बारम्बार उबारने की खातिर प्रतिबद्ध हूँ, शतधा प्रतिबद्ध हूँ।' उन्हें जनान्दोलनों का कवि कहा गया। ख़ुद की भी गहरी इच्छा रहती कि 'मुन्ना, मुझको पटना-दिल्ली मत जाने दो/भूमिपुत्र के संग्रामी तेवर लिखने दो।' यह सही है कि मूलतः वह कवि थे और राजनेता नहीं थे और अपना प्रमुख काम कविता लिखकर जनान्दोलन को बढ़ावा देना समझते थे, लेकिन उन्हें जाननेवाले लगभग सभी जानते हैं

कि वह एक असम्भावित इनसान थे और कविता और कार्रवाई के बीच का यह फ़ासला कब ख़त्म हो जाये और सड़कों पर उतरकर वह सीधे जेल पहुँचा दिये जायें, कोई नहीं कह सकता था, यहाँ तक कि वह स्वयं भी नहीं कह सकते थे।

किसान आन्दोलन शुरुआत थी। 'न एक पाई न एक भाई' आन्दोलन में जेल में डाले गये। तेलंगाना (१९४८) की कार्रवाई में वह गये और उस आग में जितना घी, अपनी कविता की मार्फ़त डाल सकते थे, डाला। मालावार (केरल) के किसानों ने ऐतिहासिक संघर्ष किया ज़मींदारी व्यवस्था के ख़िलाफ़। नागार्जुन शामिल हुए और लिखा—'मालावार के खेतिहरों को अन्न चाहिये खाने को/दण्डपाणि को लट्ठ चाहिये बिगड़ी बात बनाने को।' वायलार के सशस्त्र किसान आन्दोलन की आभा उन्होंने अपनी कविता में भरी और अभिव्यक्ति दी। १९५१-५३ के ज़माने में कलकत्ता की ट्राम कम्पनी ने भाड़ा एक पैसा बढ़ा दिया। पहले तीन पैसा लिया जाता था, अब चार पैसे लिये जाने लगे। इस पर बहुत बड़ा जनान्दोलन छिड़ा। नागार्जुन इसमें भाग लेने गये। एक आन्दोलनकारी पुलिस की गोली से मारा गया। महीनों तक यह आन्दोलन चलता रहा। उन्होंने कविता लिखी—'क्या ही रंग लायी, एक पैसे की लड़ाई।' १९५५ के पटना छात्र-आन्दोलन में भागीदारी के बीच उन्होंने एक कविता में लिखा था—'अदना अदना-सी बातों की खातिर भड़को, गोली मारो, ख़ून बहाओ।' १९५९ में पश्चिम बंगाल का ऐतिहासिक खाद्य आन्दोलन हुआ था। महीनों तक पूरा बंगाल जलता-सुलगता रहा था। अस्सी आन्दोलनकारी पुलिस की गोली से मारे गये। नागार्जुन ने कविता लिखी—'आओ पण्डित, देखो आकर कलकत्ते का हाल/खींच रही है पुलिस किस तरह प्रजातन्त्र की खाल।' इसी वर्ष केन्द्र सरकार ने धारा ३५६ का सहारा लेकर केरल की कम्युनिस्ट सरकार को भंग कर दिया। नागार्जुन ने उस जनान्दोलन में भी अपनी भागीदारी निभायी। लिखा

> नेहरू, लोहिया, मेहता, मुंशी सभी गये थे केरल/जयप्रकाश, ढेबर श्री मन्ना पहुँचे थे दल के दल/कलकत्ता के उथल-पुथल को नहीं किसी ने देखा/दूर उधर ही रही उभरती भृकुटिभंग की रेखा/उड़कर आयी नहीं इन्दिरा पहुँची नहीं सुचेता/ऐन वक़्त पर नहीं पधारे सर्वोदय के नेता।

फिर जब, १९६० में केरल में मध्यावधि चुनाव हुए, नागार्जुन देखने

गये—'चिन्ता में पक गये नेहरू की भौहों के बाल, चीन विरोधी बकवासों से हल होगा न सवाल।' उन्होंने केरल के मतदाताओं से अपील की—'दक्षिण के नारियल कुंज, तुम रचो नया इतिहास/हृदय-हृदय में आशा उमगी, छलक रहा विश्वास।' 'आओ रानी हम ढोयेंगे पालकी' वाला प्रसंग तो जगज़ाहिर है, जिसमें उन्होंने प्रधानमन्त्री से निराश होकर ब्रिटेन की मल्लिका को सम्बोधित किया था—'भारतमाता के भूखे हाथों को चूम लो/प्रेसिडेंट की लंच-डिनर में स्वाद बदल लो, झूम लो।'

१९६६ में सरकार ने डालर के मुक़ाबले रुपये का पहली बार अवमूल्यन किया। महँगाई चरम पर थी। कालाबाज़ारी और तमाम ग़लत धन्धे निष्कंटक फल-फूल रहे थे। भारतीय कम्युनिस्ट पार्टी ने लोकसभा के सामने प्रदर्शन की घोषणा की। समूचा देश तकलीफ़ में था, सबने अपने हिसाब से समर्थन किया। नागार्जुन इसमें शामिल हुए। इस मौक़े पर जो उन्होंने कविताएँ लिखीं उन्हें बुकलेट के रूप में प्रकाशित किया गया। पटना से जो आन्दोलनकारी चले, ट्रेन में पूरे रास्ते इन कविताओं को गाते चले—'काग़ज़ का रुपया रोवे या लगे आग बाज़ार में/ऊब-डूब करते हो बुद्धू नाहक ही मझधार में/चलो-चलो, धरना दें चलकर दिल्ली के दरबार में।' श्रीकाकुलम का किसान-संघर्ष हुआ, नक्सलबाड़ी के लड़ाके भूमिगत रहकर जनता के विद्रोह को दिशा देते रहे, तो नागार्जुन उनके साथ भी हुए। संबलपुर विश्वविद्यालय के छात्रावास में श्रीकाकुलम के भूमिगत विद्रोहियों से मिलने के बाद ही उन्होंने वह कविता लिखी थी—

> मैं तुम्हारा ही पता लगाने के लिए/घूमता फिर रहा हूँ/सारा-सारा दिन : सारी-सारी रात।/ आगामी युगों के मुक्ति-सैनिक, कहाँ हो तुम ?/निपीड़ित-शोषित मानवता के उद्धारक, कहाँ हो तुम ?/आओ, सामने आओ बेटे !/मैं तुम्हारा चुम्बन लूँगा/मैं तुम्हें अपना चुम्बन दूँगा।

बिहार-आन्दोलन में अपनी सक्रिय भागीदारी और जेल-यात्रा के बाद भी वह भोजपुर के इलाक़े में आन्दोलनरत साथियों के साथ बने रहे, उनका मनोबल बढ़ाते रहे।

अपनी 'भोजपुर' कविता में उन्होंने दिया है, वहाँ के संग्रामी भूमिपुत्रों से जब वह मिले, सिर सूँघकर और दिल छूकर परख लिया, तो ठीक-ठीक यही पाया था कि 'भगत सिंह ने एक नया अवतार लिया है', जिनके साथ आज़ाद चन्द्रशेखर भैया, बैकुण्ठ शुक्ल और बाघा जतीन भी अपनी आग और ऊर्जा के साथ अवतरित हैं। भिक्षु नागार्जुन उसी आग और ऊर्जा के बीच से होकर यहाँ तक आये थे, इसलिए यह सब पहचान सकते थे। उन्होंने वहाँ की माटी का तिलक किया और लिखा—'यही मृत्तिका जनकवि में अब प्राण भरेगी।'

भारतीय कम्युनिस्ट पार्टी ने पटना के आर.ब्लॉक चौराहे पर एक विशाल सत्याग्रह आयोजित किया। सत्याग्रह कई-कई दिनों तक लगातार चलता रहा। नागार्जुन हर रोज़ आते और सत्याग्रहियों में शामिल होते। कई कार्यकर्ता पकड़कर जेल भेजे गये। नागार्जुन ने बयान प्रकाशित कराया कि इस आन्दोलन को और अधिक उग्र होना चाहिये। जब वी.पी. सिंह ने कांग्रेस से और लोकसभा से त्यागपत्र दे दिया था और मध्यावधि चुनाव में इलाहाबाद से निर्दलीय खड़े हुए, उन्हें जिताने के अभियान में चुनाव-प्रचार के लिए नागार्जुन इलाहाबाद पहुँच गये। एक धर्मशाला में टिककर सारी गतिविधियाँ चलाते रहे। वी.पी. सिंह को पता चला तो यह उनके लिए भी चकित होनेवाली बात थी। कहा—'चलें, आपको होटल में टिकवाता हूँ।' बोले—'नहीं, यहीं ठीक हूँ। आप अपना काम देखें, आपका जीतना ज़रूरी है और आप जीतेंगे भी।'

जनान्दोलन के प्रति राग उनके मन में कितना गहरा था, देहरादून की एक घटना है। किसी बड़े कार्यक्रम में भाग लेने वह वहाँ गये थे। महेश दर्पण साथ थे। उनके ठहरने की व्यवस्था किसी बड़े होटल में की गयी थी। अब संयोग ऐसा कि उस होटल के कर्मचारियों ने उस रोज़ हड़ताल कर रखी थी और होटल के बाहर धरने पर बैठे थे। होटलवाले परेशान कि इतने बड़े आदमी के लिए कमरा बुक था पहले से, अब इनकी सेवा कौन करेगा! उन्हें पिछले रास्ते से कमरे में पहुँचाया गया और उन लोगों ने कहा कि आप परेशान मत होइयेगा। यहाँ थोड़ा अनरेस्ट चल रहा है लेकिन आपको कोई कमी नहीं होने देंगे। हम आपकी सेवा में तत्पर रहेंगे। लेकिन नागार्जुन बोले—'कमी-वमी छोड़िये। दर्पण जी, थैला रखकर चलिये, हम उन्हीं लोगों के साथ चलकर बैठते हैं।' और वह

भूख-हड़ताल में जाकर शामिल हो गये। दूसरे दिन देहरादून के सारे अख़बारों में सचित्र ख़बर थी कि जनकवि नागार्जुन होटल कर्मचारियों के साथ धरने पर। उन्हें कर्मचारियों से जान-पहचान तक नहीं थी, लेकिन वह जानते थे कि लोग भूख-हड़ताल पर कब और क्यों बैठते हैं, और ऐसी अधिकार की लड़ाई में दूसरों की मदद की ज़रूरत कितनी पड़ती है! स्वाभाविक था कि इस तरह मामला उछल जाने से होटल-प्रबन्धन को झुकना पड़ा और कर्मचारियों की माँगें मान ली गयीं।

बड़े कवि होने के बावजूद ख़तरनाक ढंग से अपने आपको जनान्दोलन के नारों तक, तात्कालिक मुद्दों से भरे उद्‌बोधनात्मक आप्तवचनों तक कविता को उतार लाते थे। इसे कविता का एक अनिवार्य गुण-धर्म वह समझते थे। एक बार जब वह पटना में थे, नन्दकिशोर नन्दन उनसे मिलने आये। दोनों के बीच बातचीत होने लगी। थोड़ी देर बाद राणा प्रताप वहाँ पहुँचे तो देखा नागार्जुन भयंकर उत्तेजित हैं और नन्दन जी भागने को तत्पर। नन्दन गये तो नागार्जुन कहने लगे—'देखो, यह नन्दन अपने को मार्क्सवादी कहता है! प्रचार-साहित्य का विरोध कर रहा था। कह रहा था, प्रचार-साहित्य नहीं लिखना चाहिये।'

—हाँ, कुछ लोग तो इसी तरह बुर्जुआ प्रचार का शिकार हो जाते हैं!

—भाई, साहित्य जब छपता है तभी प्रचार हो जाता है। संगीत, साहित्य, कला सभी तो प्रचार ही है। यहाँ तक कि ओम् शब्द भी जब मुँह से निकलता है तो प्रचार हो जाता है!

उनका आशय था कि बाबू-भैया अपने सुगन्धित सरोकारों की ढोल बजायें तो वह साहित्य हुआ, और जन की बात करो, जन-समस्याओं, जन-आकांक्षाओं, जनसंघर्षों की, तो वह प्रचार-साहित्य हो गया, हद है!

अजय तिवारी के साथ चर्चा करते हुए, रामविलास शर्मा ने यह बात कही थी—

> नागार्जुन की ये बहुत बड़ी विशेषता है कि उन्होंने हमेशा जन-आन्दोलनों के साथ चलने की कोशिश की है। सम्भव है कि जन-आन्दोलन के साथ चलने में वे बहुत जगह भटके हों। सवाल यह है कि जन-आन्दोलन के नेता भटके हैं कि नहीं? मेरा ख़याल है कि नेताओं से नागार्जुन कम ही भटके हैं। जो उनका भटकाव है वह सहज है। वे समझ

> नहीं पाये हैं। उन्होंने बेईमानी की नीयत से कोई काम नहीं किया, जबकि जन-आन्दोलन के नेताओं के बारे में यह ईमानदारी के साथ कहना बहुत मुश्किल बात होगी।'

साहित्य में अमूर्तन की प्रतिष्ठा का दौर जारी था यद्यपि धकामुकी भी जारी थी। नागार्जुन संगठन पर ज़ोर देते थे, लेखक-शिविरों पर, सम्मेलनों पर, जहाँ नवागंतुक युवा लेखक साहित्य के मूलभूत सरोकारों पर खुलकर बातें कर सकें और विधेय चुन सकें। १९७० में नन्दकिशोर नवल ने एक भारी युवा लेखक सम्मेलन की योजना बनायी। नागार्जुन दिल्ली में थे। जानकर नागार्जुन बहुत प्रसन्न हुए—'यह कित्ता बड़ा यज्ञ तुम ठान बैठे हो...मैं तो परम पुलकित हूँ इस समाचार से।' उन्होंने सुझाव दिया—'बस पुराने मनीषियों की आयु-सीमा तुम पचास ही रखना। मैं यह नहीं चाहूँगा कि पचास से ऊपर की पीढ़ीवाले हमारे-जैसे लोग तुम्हारी इस यज्ञस्थली में डोलते दिखायी पड़ें।' कार्यक्रम के लिए एक व्यापक दृष्टिकोण अपनाने की राय दी—'बौद्धिक धरातल पर अतिवाम-वामातिवाम, सहज वाम एक ओर...दूसरी तरफ़ अतिदक्षिण, दक्षिणातिदक्षिण, सहज दक्षिण...और मध्यवर्ती...सभी प्रकार के युवा साहित्यकारों को आमन्त्रित करो। दो, तरुण यदि सामयिक प्रवृत्तियों की नक्सली मीमांसा से श्रोता-समूह को प्रभावित करना चाहें, करने दो प्रभावित। मगर, मधोक-गोलवल्कर वाली दर्शन पद्धति का सहारा लेकर यदि कोई अति-दक्षिण रुझान श्रोताओं में पैदा करना चाहे तो उसे भी छूट दो...वादे वादे जायते तत्त्वबोधः। ...केवल विधाओं की बहस में या अनुकरणमूलक प्रवृत्तियों की श्रुतिरंजनी चर्चा में न उलझ जाना, या उलझा देना।' थोड़े दिन बाद उन्होंने जिज्ञासा की—'कर्मक्षेत्र-कुरुक्षेत्र के मैदान में कौन-कौन महारथी धनुर्धर उतरनेवाले हैं? दलीय दृष्टि के प्रखर वामपन्थी चन्द्रभूषण तिवारी-विमल वर्मा भी उतर रहे हैं मैदान में? मध्यवाम सुरेन्द्र चौधरी? साम्यसूत्रों के चतुर महाभाष्यकार आचार्य नामवर सिंह आ रहे हैं न?' इन चतुर आचार्य को बुलाये जाने पर उनका ख़ासा ज़ोर था। आयोजन २७-२८ दिसम्बर १९७० को सम्पन्न हुआ। किन्हीं कारणों से वह इसमें उपस्थित न हो सके। उन्होंने लिखा—

> मेरी तरफ़ से तुम सभी तरुण एवं युवक एवं प्रौढ़ साहित्यकारों को इस बात का पक्का वादा कर सकते हो कि यह बूढ़ा बन्दर पागल हो जायेगा तब भी उन्हीं का पक्षधर बना रहेगा—यानी बहुजन के पक्षधरों का पक्षधर बना रहेगा।

लेकिन, हताशा और भ्रम की स्थिति केवल अमूर्तन और ओलन-खोलन को बढ़ावा ही नहीं देती, साहित्यकारों में एक यश-लिप्सा, व्यक्तिगत महत्त्वाकांक्षा को भी जन्म देती है, जिससे समेकन और संगठन का काम मुश्किल होता जाता है।

१७-२० नवम्बर १९७० को दिल्ली में बड़े ही विराट तामझाम के साथ अफ्रो-एशियायी लेखक सम्मेलन का आयोजन किया गया। इसके आयोजक मुल्कराज आनन्द और सज्जाद ज़हीर थे। बड़ी व्याप्ति का आयोजन था, कई देशों के लेखक आ रहे थे, स्वयं प्रधानमन्त्री के हाथों इसका उद्घाटन होना था। ८ नवम्बर को नागार्जुन ने रामविलास शर्मा को लिखा—

> अफ्रो एशियाई का बड़ा ज़ोर है इन दिनों...तुम तो नहीं आ रहे? युवक साहित्यकारों ने १६ वाली मीटिंग में मुल्कराज की बड़ी रगड़ायी की...शिवदान और सज्जाद ज़हीर भी खींचे गये।

अतिवामपन्थी हल्कों में इस आयोजन को लेकर बड़ी नाराज़गी थी, इसका पता भी नागार्जुन के पत्र से चलता है। लिखा है—

> अभी गुरुमुखी में एक पम्फलेट चण्डीगढ़ से निकला है 'बुर्ज़ुआ हैडक्वार्टर नुं उड़ा द्यो'...और राइटर्स फ्रंट दिल्ली की तरफ़ से अँग्रेज़ी में एक परिपत्र प्रसारित हुआ है, कुछ-कुछ इसी क़िस्म का...यह साफ़ है कि इन्दिरापन्थी और रूसपन्थी साहित्यपुरोहितों की अगवानी में बाहर के काफ़ी मेहमान यहाँ जुटेंगे। बाहर के गुरिल्ला जनपुत्रों के बारे में भले ही दो-चार शब्द कह-सुन लिए जायेंगे, मगर श्रीकाकुलम में, बंगाल में और अन्यत्र सैकड़ों की तादाद में जो धरती-पुत्र मारे जा रहे हैं, उनकी याद तक न की जायेगी। ठीक है, सरकारी हिंसा हिंसा न भवति।

ज़ाहिर है, नागार्जुन इस सम्मेलन में शामिल नहीं होना चाहते थे। उन्होंने १३ नवम्बर को नन्दकिशोर नवल को लिखा—

> अफ्रो-एशियाई साहित्यकारों का मजमा लगेगा, १७ से २० तक। पटना

> से भी हमारे कन्हैया जी लेखकों का काफ़िला ला रहे हैं...भारी जुटान होगा। कई कारणों से अपन लेकिन 'तटस्थ' रहेंगे। इन कारणों पर अभी मैं ज़रा भी प्रकाश नहीं डालूँगा। हो सकता है, बाद को किसी पत्रिका में तुम्हें इन कारणों का पता चलेगा।

बाद में इस बारे में तो उनका लेख सम्भवतः प्रकाशित नहीं हुआ लेकिन उनकी तटस्थता भी बरकरार नहीं रही। हिन्दी के जो लेखक इसमें भाग ले रहे थे—भैरव प्रसाद गुप्त, अमृत राय, चन्द्रभूषण तिवारी, मार्कण्डेय, हृषीकेश, और भी कई लोग—सबने मिलकर हिन्दी प्रतिनिधिमण्डल का नेता नागार्जुन को चुना। मधुरेश ने अपने संस्मरण में लिखा है कि सम्मेलन में देशी-विदेशी क़रीब पाँच सौ लेखक मौजूद थे लेकिन उनके ठहराये जाने की समुचित व्यवस्था न किये जाने के कारण लेखकों का एक बड़ा वर्ग नाराज़, क्षुब्ध और असन्तुष्ट था। इस स्थिति के विरोध में दिल्ली के कुछ युवा लेखकों ने बाक़ायदा प्रदर्शन भी किया था। रूस, पोलैण्ड और कोरिया आदि से आये प्रतिनिधियों को बड़े-बड़े होटलों में टिका दिया गया था और इस बात की कोई सम्भावना नहीं थी कि आपस में मिल-बैठकर कोई बातचीत की जा सके। भारतीय भाषाओं के प्रतिनिधियों का भी कमोबेश यही हाल था। लोग अपनी-अपनी सुविधा से ठहरे हुए थे। विज्ञान भवन में, एक ही समय में अलग-अलग विषयों पर कई गोष्ठियाँ होती थीं, जिनमें लोग बँट जाते थे और जो लोग अन्दर गोष्ठियों में नहीं जाते थे, वे बाहर गलियारों में खड़े आपस में हँसते-बतियाते रहते थे। आयोजक मुल्कराज आनन्द, सज्जाद ज़हीर से नागार्जुन घोर असन्तुष्ट थे। आपस में लोग आयोजन की कमियों और कुव्यवस्था को लेकर बातें करते थे। सब लोगों ने तय किया कि इस असन्तोष को सार्वजनिक तौर पर व्यक्त किया जाना चाहिये और चूँकि प्रतिनिधि मण्डल के नेता नागार्जुन थे, यह ज़िम्मेदारी उनकी थी और देखना था कि वह कैसे इस काम को अंज़ाम देते हैं। दो दिन से ये लेखक मुल्कराज आनन्द की गतिविधियों को परख रहे थे। उद्घाटन-सत्र में वह प्रधानमन्त्री इन्दिरा गाँधी के आगे-पीछे घूम रहे थे और इस बात के लिए ख़ास तौर से सचेष्ट थे कि खींचे गये फ़ोटो में आसपास कहीं वह भी अवश्य हों। दो-एक बार लोगों ने देखा कि वह चेलिशेव या चंगेज आइत्मानोव को सामने से आते देख रुक जाते थे, बड़ी स्निग्ध मुस्कान से मुस्कराते थे और जब आस-पास किसी फ़ोटोग्राफ़र को

देखते तो उनके हाथ में हाथ डालकर या क़द में लम्बा होने के बावजूद चेलिशेव के कंधे पर हाथ रखकर फ़ोटो खिंचवाने में वे विशेष दिलचस्पी लेते थे। या फिर, कभी अरुणा आसफ अली या किसी अन्य महिला के साथ हँसते-बतियाते दिखायी देते थे। लोग जब आपस में बात करते तो नागार्जुन हमेशा मुल्कराज आनन्द को 'मूर्खराज आनन्द' कहते। सुनकर सब लोग हँसते थे। मुल्कराज आस-पास खड़े हैं और वह मूर्खराज कहकर आपस में बात कर रहे हों, ऐसा भी कई बार हो चुका था। उनके हाव-भाव से भी स्पष्ट हो जाता कि वह अपने नये सम्बोधन से अवगत हो चुके हैं, पर हर बार सामने पड़ने पर वह सकपकाकर निकल जाते थे।

वक्ताओं के भाषण समझने योग्य भाषा में सुने जा सकें, इसके लिए अनुवाद-यन्त्र लगाये गये थे। इसमें पाँच भाषाओं की सुविधा थी—अँग्रेज़ी, रूसी, जर्मन, फ्रेंच और पोलिश। आश्चर्यजनक था कि इसमें हिन्दी नहीं थी न अन्य कोई भारतीय भाषा। सम्मेलन की भाषा-नीति पर भदन्त आनन्द कौसल्यायन रोषपूर्ण ढंग से अपना असन्तोष व्यक्त कर चुके थे। उन्होंने मुल्कराज पर हिन्दी की उपेक्षा का आरोप लगाया था और कहा था कि सम्मेलन भारत में हो रहा है, अतः हमें इसकी सुविधा अवश्य मिलनी चाहिये थी कि हम अपनी बात अपनी भाषा में कह-सुन सकें। मुल्कराज ने सैद्धान्तिक रूप से इसमें अपनी सहमति भी ज़ाहिर की लेकिन लाचारी दिखायी कि अब हम कुछ नहीं कर सकते।

अगले दिन हिन्दी प्रतिनिधि-मण्डल की ओर से नागार्जुन को बोलना था। नागार्जुन मंच पर जाकर माइक पकड़कर खड़े हो गये। उनके आने की श्रोताओं में कोई ख़ास प्रतिक्रिया नहीं हुई क्योंकि उनके असन्तोष से लोग अवगत नहीं थे, कम ही लोग जानते थे। पहला ही वाक्य वह यह बोले—'पता नहीं, किसने इनका नाम मुल्कराज आनन्द धर दिया है, ये तो मूर्खराज आनन्द हैं।' ख़ैर, उन्होंने वे सारे असन्तोष सार्वजनिक किये जो हिन्दी लेखकों के मन में था। उन्होंने आरोप लगाया कि यह लेखकों का सम्मेलन नहीं, राजनीतिक आयोजन है जिसमें किन्हीं ख़ास देशों और उनके कुछ ख़ास सरकारी प्रतिनिधियों को सारी ग़ैर-मामूली सुविधाएँ देकर सामान्य लेखकों से उन्हें काटकर दूर रखने का षड्यन्त्र रचा गया है। उन्होंने कहा, यदि हमसे कहा गया होता तो बिहार के सांसदों से मिलकर सारे लेखकों को एक जगह ठहराये जाने की व्यवस्था करते

ताकि लोग आपस में मिल-बैठकर अपनी समस्याओं और संघर्षों पर बात कर सकते और इतने बड़े सम्मेलन को पूरी तरह निरर्थक होने से बचाया जा सकता। मधुरेश ने लिखा है,

> जैसे ही नागार्जुन ने बोलना ख़त्म किया, पूरा सभागार तालियों की गड़गड़ाहट से गूँजने लगा और हम में से प्रायः हर एक को लग रहा था कि जैसे हमारी बात ही कह दी गयी है। सम्मेलन इसके बाद भी एक दिन चला लेकिन फिर हमारे बहुत आस-पास कहीं मुल्कराज आनन्द दिखायी नहीं पड़े।

जेनुइन लेखकों के वाज़िब असन्तोष को सार्वजनिक रूप से अभिव्यक्ति देने की, नागार्जुन की यह आदत बहुत पुरानी थी और बिलकुल अन्त-अन्त तक बनी रही। अपनी ऐसी आक्रामक भूमिका के वक़्त वह बिलकुल ही भूल जाते थे कि व्यवस्था इसे किस रूप में लेगी, और अपने हित-अहित का तो उन्हें ख़याल तक नहीं रहता था। एक बार हिन्दी साहित्य सम्मेलन के विशाल अधिवेशन में इलाहाबाद गये। वहाँ उन्हें सम्मानित करने का कार्यक्रम था। लेकिन वहाँ जाकर देखा कि साहित्य सम्मेलन तो दो साँढ़ों की लड़ाई का अखाड़ा बना था, जहाँ साहित्य की औकात न्यूनतम से भी नीचे थी। अधिवेशन में देश-विदेश के तथाकथित हिन्दीसेवी इकट्ठे किये गये थे लेकिन उनके भाषणों में कहीं हिन्दी साहित्य नहीं था, सिर्फ़ और सिर्फ़ श्रीधर शास्त्री, सम्मेलन के कर्ता-धर्ता, की प्रशस्ति और विरुदावली थी। सम्मान-समारोह में नागार्जुन मंच पर बुलाये गये। उन्हें सम्मानित किया गया। फिर कुछ बोलने के लिए माइक पर आमन्त्रित किया गया। सम्मानार्थ प्राप्त शॉल, मालाएँ, मानपत्र आदि वहीं मंच के किनारे उन्होंने रख दिया और वक्ता के माइक पर न जाकर संचालक, स्वयं श्रीधर, के माइक से कहने लगे—

> हमें ज़्यादा कुछ नहीं कहना। लेकिन जो कहना है, उसे अवश्य कहेंगे। ...हम कल से सुन रहे हैं, देख रहे हैं कि यहाँ चूतियापा हो रहा है हिन्दी के नाम पर, हिन्दी साहित्य के नाम पर। बहुत सारी दुकानें हैं हिन्दी की, उन्हीं में आज हिन्दी साहित्य सम्मेलन भी शामिल है। हिन्दी तो एक गाय की तरह है—सम्मेलन के साँढ़ों से घिरी हुई। साहित्य की तो यहाँ बात ही छोड़िये। साहित्यकारों के नाम पर सिर्फ़ कुछ भाँड़ इकट्ठा कर लिए गये हैं। नयी रचनाशीलता से श्रीधर का कोई रिश्ता नहीं। होता तो

इलाहाबाद के ही अनेक ख़्यातिलब्ध साहित्यकार यहाँ मौजूद होते। ...साहित्य के नाम पर यहाँ निरी दुकानदारी है और हिन्दी के नाम पर पण्डागीरी चल रही है, इसलिए मैं इनका सम्मान-वम्मान सब यहीं लौटा रहा हूँ...।

किसी प्रसंग में नागार्जुन ने कहा था कि साहित्यकार जब सिद्धि प्राप्त कर लेता है तो—

> बहुधा साहित्य पीछे छूट जाता है। वैसी स्थिति में वह दो विसंगतियों का शिकार होता है। अब तक जिन रूढ़ियों का भंजन करने के नाते उसने ख़्याति प्राप्त की, तथाकथित भले और सम्भ्रान्त व्यक्तियों की बिरादरी में सम्मिलित होने की उतावली में जाने-अनजाने वह उन्हीं या वैसी ही रूढ़ियों की गिरफ़्त में जकड़ जाता है। दूसरी विसंगति यह होती है कि अपना फ्यूज होना वह कबूल नहीं करता है और बूढ़े मोर की भाँति अपने को पंखविहीन, मात्र सींकों वाला पूँछ उठाये स्खलित गतियों और यति-भंगों की साकार प्रतिमा बनकर डोलता रहता है।

एक बार तो उन्होंने, जब कि वह ख़ुद भी बूढ़े थे, बूढ़ों के बारे में यह कहा—

> बूढ़े बड़े पाजी होते हैं। अगर धूर्तता पर उतर आये तो उनका पाजीपन बड़ा घातक होता है समाज के लिए। क्या राजनीति, क्या साहित्य—सब जगह यही हो रहा है। इस समाज को कंटकित करने में बूढ़ों का बड़ा हाथ है।

अशोक वाजपेयी ने ज़िक्र किया है कि कविता के क्षेत्र में सद्यः प्रवेशी किसी युवा की डायरी में नागार्जुन ने जो ऑटोग्राफ़ दिया था, वह उन्हें कितना चमत्कारी लगा था—'बुज़ुर्गों को अपनी छाती पर नहीं, सामने की आराम कुर्सी पर बिठाओ—नागार्जुन।' वह कहते थे—'बीती हुई, चूकी हुई पीढ़ी से क्या लेना है? हमको नयी उम्र के लड़के-लड़कियों से अगर उपेक्षा भी मिलती हो, हमारे ऊपर थूक भी दें, तो हम कहेंगे कि ठीक है। अपना आक्रोश ज़ाहिर करने का हमारा तरीक़ा ठीक होगा, उनको भी अपना आक्रोश ज़ाहिर करने का तरीक़ा आना चाहिये।'

इसलिए 'मेरे मन में तरुणतम पीढ़ी से भी परिचय प्राप्त करने की ललक रहती है और जहाँ कहीं प्रतिभा के अंकुर दिखते हैं, उन्हें और निकट से जानने को उत्सुक हो उठता हूँ।' नागार्जुन ऐसे ही थे और अन्त तक रहे। युवाओं के लिए इस तरह सोचना कि 'नवतुरिये आबओ आगाँ वैह करत रूढ़िभंजन' दरअसल साहित्य के हक़ में सोचना था, जबकि लोग आत्मकेन्द्रित होकर अपने लाभ-लोभ के हिसाब से सोचने के व्यसनी थे।

१९७० के बाद देश के जो हालात बन रहे थे, प्रगतिशील प्रकृति के लेखक किसी संगठन की ज़रूरत शिद्दत से महसूस कर रहे थे। इस दिशा में पहल केदारनाथ अग्रवाल और उनके मित्रों रामविलास शर्मा, नागार्जुन ने की। 'प्रगतिशील साहित्यकारों का सम्मेलन' नाम से यह आयोजन फ़रवरी १९७३ में बाँदा में आयोजित हुआ, जिसमें काफ़ी बड़ी संख्या में लेखकों का जुटान हुआ। इस आयोजन के पीछे आयोजक के कितने अरमान जुड़े थे, इसका कुछ पता हमें 'मित्र-संवाद' के पत्रों से चलता है—

> प्रगतिशीलता के अब तक क्या-क्या रूप हुए हैं या नहीं हुए उस विषय पर भी तो एक लेख होना चाहिये। पिछले बीस-बाइस साल में (यानी कि प्रलेस के विसर्जन के बाद) जो साहित्यिक विस्तार और विकास हुआ है, उसके मूल्यांकन का भी प्रश्न महत्त्वपूर्ण है।... संगठन का सवाल भी आयेगा। उसका कितना व्यापक क्षेत्र समेटा जायेगा, यह कम महत्त्वपूर्ण नहीं है। ...फिर राजनीति की ओर और सरकार की ओर सब का कहाँ तक कैसा रुख़ रहेगा। ...व्यक्तिगत आरोप और प्रत्यारोप का माहौल सर्वथा विपरीत होगा। पता नहीं दूसरे लेखक कितना क्या ज़हर उगलें। ...इसे किसी पार्टी के इशारे पर आयोजित नहीं किया गया। न पार्टी से कोई निर्देश लिया गया है। ...मैं जानता हूँ कि पार्टी ऐसे मसलों में राजनीति से चाल चलेगी। लेकिन उसे झकझोरा तो जा ही सकता है। ...घटिया लेखकों के कृतित्व के विरुद्ध हमें अपने ही लोगों की आँखें भी तो खोलनी हैं और दूसरे नयों को उधर जाने से बचाना भी तो है।'
> (रामविलास शर्मा के नाम केदारनाथ अग्रवाल का पत्र)

आयोजन में रामविलास शर्मा नहीं गये, शायद यह उनकी रणनीति की माँग हो। मार्क्सवादी पार्टी के लोगों ने भी इसे शक की निगाह से देखा। गुटबाजियाँ मुखर रहीं। कर्ण सिंह चौहान ने लिखा है—

> इलाहाबाद में पार्टी के लेखकों की इस विषय पर हुई बैठक में तय किया

> गया कि यह आई. वालों की साजिश है और हमें इसका बायकाट करके नये लेखकों को साफ़ सन्देश देना चाहिये। इसलिए वे नहीं आये। केवल गतिविधियों का ब्योरा रखने के लिए चन्द्रभूषण को भेजा गया। ...हम इस तरह की गुटबाजियों से सहमत नहीं थे इसलिए इसमें शामिल हुए। यह सम्मेलन हालाँकि बहुत गहमागहमी वाला रहा लेकिन उसने नये लेखकों में सी.पी.एम. की शक्ति का परिचय सबको दे दिया। इस सम्मेलन में जो प्रस्ताव पारित हुए या जो समन्वय समिति बनी उसमें एम. वालों का प्रभाव साफ़ दिखता था।

सम्मेलन में खगेन्द्र ठाकुर भी थे। लिखा है—

> बिहार से हम लोग गये थे—कन्हैया जी, प्रवासी जी, ब्रजकुमार पाण्डेय, राजनन्दन सिंह राजन, चन्द्रभूषण तिवारी, श्यामसुन्दर घोष, अंकिमचन्द्र, रामकृष्ण पाण्डेय आदि। वहाँ बाबा भी आये थे। शायद दिल्ली से। त्रिलोचन जी भी थे। शमशेर भी। युवा लेखकों की संख्या बहुत ज़्यादा थी। सज्जाद ज़हीर भी दूसरे दिन पहुँचे थे। मन्मथनाथ गुप्त भी थे। एक गोष्ठी में विचारधारा और कविता के सम्बन्ध पर बोल रहे थे। उन्होंने कहा कि यह सम्बन्ध बड़ा जटिल है। कविता में विचारधारा होती है, लेकिन जीवन उससे ज़्यादा महत्त्वपूर्ण है। बोलते-बोलते सज्जाद ज़हीर ने कहा, देखिये नागार्जुन जी एक बड़े कवि हैं, लेकिन विचारधारा की दृष्टि से उनका हाल यह है कि छह महीने इधर रहते हैं तो छह महीने उधर। कहने का मतलब यह कि वामपन्थ में ही कई टुकड़े थे और बाबा कभी इस टुकड़े का साथ देते, कभी उस टुकड़े का साथ देते। बात तीख़ी थी। लेकिन बाबा के चेहरे पर कोई ग़ुस्सा नहीं था। गोष्ठी समाप्त होने पर उन्होंने इतना ही कहा, आज तो बन्ने भाई ने दीक्षान्त भाषण करके मुझे डिग्री दे दी।

सज्जाद ज़हीर के आरोप को वह 'दीक्षान्त भाषण' कह रहे थे।

ऐसे ही एक सम्मेलन में सुरेश चन्द्र त्यागी की नागार्जुन से पहली मुलाक़ात हुई थी । जयपुर में प्रगतिशील लेखक संघ का अधिवेशन था। नागार्जुन, त्रिलोचन, मन्मथनाथ गुप्त, भीष्म साहनी आदि थे। जाड़े की रात थी। सभी लिहाफ़ में दुबके-लिपटे वाम विचारधारा के बिखराव पर, विभिन्न खेमों में बँटकर एक-दूसरे की टाँग-खिचाई पर चिन्ता कर रहे थे। तभी उन्होंने नागार्जुन को बोलते सुना था, ऐसा कि जिसे भूल पाना

उनके वश का नहीं रहा। नागार्जुन बोले थे—'चौत्य की पराकाष्ठा है साहब!' त्यागी जी ने लिखा है, वह सहसा समझ नहीं पाये कि इस 'चौत्य' शब्द का क्या अर्थ है। तब, जिज्ञासा करने पर, नागार्जुन ने उन्हें प्रकृति-प्रत्यय खोलकर इसकी व्युत्पत्ति बतायी थी।

बिखराव की जड़ में सत्ता-सुख की लिप्सा थी, जो नीचे से दिखायी नहीं पड़ती क्योंकि शीर्ष पर थी, और लेखक इधर बहुत दूरी पर, परिधि के छोर पर निवास करते थे और विचारधारा की व्याख्या के नाम पर एक-दूसरे को क़त्ल करने के शाब्दिक सुख में लीन थे। नागार्जुन कहते थे—

> मैंने देखा, इधर के वामपन्थी काफ़ी असहिष्णु होते जा रहे हैं। वे लेखक को पार्टी की शर्तों पर पाना चाहते हैं जबकि आजकल पार्टी ख़ुद साल-छह महीने में अपने को बदल लेती है। उसे वे लोग बुरा नहीं कहते। तर्क यह देते हैं कि कई दिमाग़ों के मिले-जुले निर्णय के तहत यह बदलाव आता है। पर उन्हें कौन बताये कि लेखक तो हज़ार दिमाग़ों का प्रतिनिधि होता है। इस रूप में वह अगर पार्टी से हट जाये तो कोई हर्ज़ नहीं। १९१७ की क्रान्ति में गोर्की ख़िलाफ़ थे, पर लेनिन ने उन्हें दुश्मन घोषित नहीं किया। अपने यहाँ स्थिति और है। रामविलास शर्मा—जैसे घनघोर मार्क्सवादी भी निस्पृह-स्लीपिंग पार्टनर—हो गये हैं। सज्जाद ज़हीर जैसे लोग हैदराबाद के पार्टी कार्यकर्ता का हालचाल पूछने तो चले जायेंगे, पर आगरा (रा.वि.श. के शहर) नहीं।

लेकिन, पार्टी संगठन का हरेक लेखक वीरगति को ही प्राप्त होता हो, ऐसा नहीं था। ऐसे लेखकों की भी अच्छी तादाद थी जो अपना प्रमुख काम शीर्ष नेतृत्व के प्रति वफ़ादारी समझते थे और उसी के हिसाब से बाक़ी गतिविधियाँ करते थे। खगेन्द्र ठाकुर ने मज़ेदार लिखा है कि एक बार आरा (बिहार) में कोई लेखक-सम्मेलन था। नागार्जुन पटने में थे। खगेन्द्र ठाकुर और चन्द्रभूषण तिवारी उनसे मिलने आये और तीनों ने तय किया कि साढ़े बारह की ट्रेन से आरा चलेंगे। तिवारी जी ने यह कहते हुए कि कुछ काम निबटा लें, फिर स्टेशन पर मिलते हैं, तत्काल विदा ली। नागार्जुन और खगेन्द्र नियत समय पर स्टेशन पहुँचे। गाड़ी आयी, चढ़े, गाड़ी खुल गयी। चन्द्रभूषण नहीं पहुँचे। रात को वे लोग आरा में ही ठहरे। दूसरे दिन शाम को चन्द्रभूषण जी नागार्जुन से मिलने आये। बोले—बाबा गाड़ी छूट गयी थी। नागार्जुन ने सुनते ही जवाब दिया—

'अरे भई, स्लोगन होगा नक्सलबाड़ी का और प्रोग्राम होगा राइटर्स बिल्डिंग का, तो गाड़ी तो छूटेगी ही।' राइटर्स बिल्डिंग यानी ज्योति बसु सरकार का मुख्यालय। और, ख़ुद खगेन्द्र जी के बारे में नन्दकिशोर नवल ने अपनी संस्मरण-पुस्तक में बताया है कि जब बिहार-झारखण्ड बँटवारा हुआ तो खगेन्द्र जी ने झारखण्ड में जाकर संगठन-कार्य सँभालने का सायास ज़िम्मा इस उम्मीद में लिया था कि वहाँ से राज्य सभा की सांसदी प्राप्त करना आसान होगा। बड़े ही सन्तोष के साथ उन्होंने बताया है कि इसमें वह सफल नहीं हुए। नागार्जुन कहते थे—'अतिचातुर्य तब गुण है जब जनमुखी हो। अगर उसका गुण सिर्फ़ अपना स्वार्थ सिद्ध करना है तो रोग है, जिसके उदाहरण हमारे बहुत सारे मित्र हैं।'

वामपन्थी लेखक संगठनों की दुर्दशा का स्वर्णकाल इमरजेंसी के दौर को कहा जाता है। कुछ वामपन्थी लेखकों ने गया में एक राष्ट्रीय सम्मेलन आयोजित कर 'नेशनल फेडरेशन ऑफ़ प्रोगेसिव राइटर्स' की स्थापना की। उनके हिसाब से यह प्रगतिशील लेखक संघ को पुनर्जीवित करने की कार्रवाई थी। इसका प्रमुख उद्देश्य था—प्रचण्ड बहुमत से जीती और लाठी-गोली के बल पर तानाशाही कायम करने की ओर अग्रसर इन्दिरा गाँधी की सरकार को सहयोग करना। तर्क खोज-खोजकर इस वर्ग-सहयोग के औचित्य को प्रमाणित किया गया। वर्ग-सहयोग का विरोध करनेवाले जो वामपन्थी थे, उन्हें इस सम्मेलन में बुलाया ही नहीं गया। देश के कई क्षेत्रों में इस फेडरेशन की शाखाएँ बनायी गयीं, जिनमें कांग्रेस के समर्थक भी शामिल किये गये जबकि जन-आक्रोश पूरे देश में कांग्रेस पार्टी के ख़िलाफ़ उमड़ रहा था। उन दिनों के कुछ प्रसंग राजेश जोशी ने अपने संस्मरण में दिये हैं। संजय गाँधी भोपाल के सर्किट हाउस में बुद्धिजीवियों को उपदेश पिलाने आये थे, सर्किट हाउस तो पहुँचना ही पड़ा, हाँ, मुश्किल से उपदेश पीने से बच पाये थे। उन्होंने लिखा है—

> सितम्बर १९७६ में भोपाल ही में लेखकों का बड़ा सम्मेलन हुआ। मक़सद आपातकाल को लेखकों का समर्थन था, भारतीय कम्युनिस्ट पार्टी की लाइन पर। नामवर जी, परसाई जी, त्रिलोचन जी, रघुवीर सहाय, श्रीकान्त वर्मा, प्रमोद वर्मा, प्रभात त्रिपाठी सहित कई लेखक जुड़े थे। मैं भी था। मेरे वक्तव्य में समर्थन नहीं, इसको लेकर प्रश्न था। ...बाद में श्रीकान्त वर्मा कुछ भी हो गये हों, बाहर प्रमोद जी और मैं खड़े

थे। वे भी सिगरेट पीने आये और बोले—'परसाई जी को यह क्या हो गया है?

परसाई जी को जो हुआ था, उसका पता बहुत हद तक नागार्जुन को था। २६ जनवरी ७५ को जनता गणराज्य दिवस के मौक़े पर झण्डोत्तोलन करने के बाद उन्होंने जो सम्बोधन किया था, उसमें परसाई की चर्चा थी। बोले थे कि 'कथाकार फणीश्वरनाथ रेणु के घर के पास एक चाय-दुकान है, जिसमें सी.आई.डी. का एक आदमी चौबीसों घण्टे बैठा रहता है। हरिशंकर परसाई अगर पटना आयें और रेणु से मिलें तो पुलिस उनके पीछे भी लग जायेगी और उन्हें जगन्नाथ सरकार या सुनील मुखर्जी (बिहार भाकपा के नेता) से कहलवाना पड़ेगा कि ये हमारे आदमी हैं। उन्होंने फटकारते हुए कहा था कि परसाई के नाक के नीचे शरद यादव जीते हैं, पर उन्हें हम अभी भी फ़ासिस्ट ही नज़र आ रहे हैं।' युवा शरद यादव १९७४ के मध्यावधि चुनाव में जबलपुर से सांसद चुने गये थे। जे.पी. ने उन्हें प्रथम 'हलधर किसान' चुना था और उन दिनों वह मध्यप्रदेश में ही जेल में बन्द थे। नागार्जुन का आशय था कि परसाई की जनता जहाँ है, वहाँ से वह कोसों दूर जा चुके हैं। कहते हैं, इमरजेंसी के दिनों में किसी वामपन्थी नेता ने त्रिलोचन से शिकायत की थी कि 'नागार्जुन गुमराह हो गये हैं।' त्रिलोचन ने छूटते ही जवाब दिया था—'हाँ, क्योंकि सही राह तो केवल कुरसी की ओर जाती है।'

जनता सरकार के गठन के बाद असहमत वामपन्थियों के बीच संगठन कायम करने की ज़रूरत बहुत तेज़ महसूस की गयी। 'जनवादी विचार मंच' का एक सम्मेलन १९७९ में दिल्ली में हुआ। फिर, प्रेमचन्द जन्म-शताब्दी के मौक़े पर १९८० में बार-बार इसका अनुभव किया गया और लोगों को एक मंच पर लाने की कोशिश तेज़ हुई। अन्ततः फ़रवरी १९८२ में 'जनवादी लेखक संघ' प्रकाश में आया। इसके घोषणापत्र में था—

> आज स्थिति यह है कि हमारे पास ऐसा कोई संगठन नहीं है जो सारे देशभक्त और जनवादी लेखकों को एकजुट कर उन्हें अपने साहित्य की गौरवपूर्ण और जनवादी परम्परा को आज की नयी परिस्थितियों में आगे बढ़ने के लिए प्रेरित और आन्दोलित कर सके। ...हमारे अधिकांश लेखक आज अपना एक ऐसा संगठन चाहते हैं जो किसी भी हालत में

जन-विरोधी शक्तियों के प्रति अवसरवादी और समझौता-परस्ती का रुख़ न अपनाये।

फिर, अक्टूबर १९८५ में 'जन संस्कृति मंच' की स्थापना हुई। जनता पार्टी में बिखराव और इन्दिरा गाँधी की सत्ता में वापसी के बाद लोकतान्त्रिक ताक़तों की बड़े पैमाने पर गोलबन्दी हुई थी। ऐसे वातावरण में बनारस में १९८० के एक सम्मेलन में राष्ट्रीय जनवादी सांस्कृतिक मोर्चा और पटना के एक सम्मेलन में नव-जनवादी सांस्कृतिक मोर्चा का गठन हुआ था। इसी तरह के अनेक संगठनों के निर्माण और उनकी आपसी कार्यनीति का समेकन जसम के रूप में सामने आया। ये सभी मोर्चे हिन्दी में नक्सलबाड़ी के प्रभाव को प्रतिबिम्बित करते थे। नागार्जुन की आवाजाही हर जगह थी।

—प्रगतिशील लेखक संघ के बारे में आपकी क्या राय है? —१९८४ में नीरद जनवेणु-अशान्त भोला सिंह ने नागार्जुन से पूछा था।

नागार्जुन का कहना था—'जिसका वास्तविक लेखन से कोई वास्ता नहीं रह जाता है, वही लोग आज आगे हो जाते हैं। सिर्फ़ जय लेखक संघ जय लेखक संघ चिल्लाने से काम चलेगा?'

—लेकिन ह्रास की वजह?

—जो निर्वाचनमुखी पार्टियाँ हैं और निर्वाचन पर ही जिनका सारा दारोमदार टिका है, वैसी राजनीतिक पार्टियाँ लेखक संघों को कंट्रोल करती हैं। सोचिये, निर्वाचन पर ही जिनका उदय-अस्त निर्भर है, वैसी राजनीति द्वारा निर्देशित रचनाकार भला क्या प्रभाव पैदा कर सकते हैं? लेखक में अन्दर से ताक़त ही पैदा नहीं हो पाती। भीड़ इकट्ठा कर लेना आन्दोलन को बढ़ाना नहीं होता।

—और जो निर्वाचनमुखी नहीं हैं, बल्कि उसके विरोधी हैं? जैसे सी.पी.आई. (एम-एल)?

—देश में जो बेकारी, भुखमरी, भूमिहीनता का भयंकर माहौल है, इस परिस्थिति में क्रान्तिकारिता की आयु भी क्षीण होती चली जाती है, क्योंकि लोग लगातार झेलते और टूटते रहते हैं। लेकिन, मैं देखता हूँ कि क्रान्तिकारी पार्टी में भी कई ग्रुप और उपग्रुप हो गये हैं। देखकर दुख

होता है। वहाँ तो किसी को मुखिया नहीं होना है न तात्कालिक पावर के लिए खींचतान है। लेकिन वहाँ भी लगता है, कुछ त्रुटियाँ और व्यक्तिवादी प्रवृत्ति हावी हो जाती है। फिर भी कुल मिलाकर निराश होने की स्थिति नहीं है। दलित साहित्यकारों को आगे आना चाहिये।

१९९१ में उन्होंने विजय बहादुर सिंह से जब कहा—'प्रगतिशील लेखक संघ क्या है? बुढ़ापे का तरल वीर्य है, शुक्र-मोचनी संस्था है।' तो उनका दुख समझा जा सकता था। लेकिन, समझने को कोई तैयार नहीं था। सबके अपने-अपने मठ थे, जिनसे उनके स्वार्थ जुड़े थे। उनके एजेंडे से बाहर कोई नहीं जा सकता था। आलोचकों की अपनी-अपनी कसौटियाँ थीं, जो मानो उनके लिए सर्वस्व थीं। हिन्दी क्षेत्र और हिन्दी साहित्य पुनरुत्थान के किसी ब्लैकहोल में निमज्जित होने के लिए मानो नित नवीन रीति से अधोगति को प्राप्त हो रहे थे। नागार्जुन ने जीवन के महत्त्वपूर्ण पचास साल इन्हीं लक्ष्यों के लिए खपा दिये थे, देश को देख पा रहे थे, समझ पा रहे थे, सबके लिए सदा सुलभ भी थे, लेकिन उन्हें कोई समझ नहीं पा रहा था। लोग उन्हें खींचकर पार्टी लाइन पर लाना चाहते थे, और ले आने के बाद ही उन्हें 'देखने' के लिए आँखें खोलने के लिए राजी थे। पटना प्रगतिशील लेखक संघ की पुस्तिका 'नागार्जुन की राजनीति' (अपूर्वानन्द-नन्दकिशोर नवल) भी तो यही थी। चुन-चुनकर नागार्जुन के झोल वहाँ गिनाये गये थे, चतुराई से कविताओं की पृष्ठभूमि को छिपाते हुए, ताकि बीच में जनता न चली आये, राजनीति ही राजनीति रहे केवल—लेकिन, अन्त में कहा क्या गया था? कहा गया था कि—

> नागार्जुन ने अपने आपको ऐसे निम्न-पूँजीवादी, प्रतिभाहीन बुद्धिजीवियों से घिर जाने दिया है, जो नक़ली लेखक-कवि हैं। ...अपने हृदय की सारी शक्ति के साथ हम यह चाहते हैं कि वे जल्दी से जल्दी टुटपुंजिया बुद्धिजीवियों के उस परिवेश से अपने आपको दूर कर लें, जो उन्हें भारतीय और अन्तरराष्ट्रीय राजनीति को वस्तुपरक रूप में नहीं देखने देता।

यह कहते हुए अपूर्वानन्द का आत्मविश्वास साक्षात् कृष्ण के स्तर का था—'मामेकं शरणं व्रज' क्योंकि दूसरे वामपन्थी संघों के जो लेखक थे वे उनकी दृष्टि में निम्न-पूँजीवादी, प्रतिभाहीन बुद्धिजीवी और नक़ली

लेखक-कवि थे। यह आत्मविश्वास सत्ता से हासिल होता था, जहाँ भारतीय राजनीति को वस्तुपरक ढंग से समझने का अर्थ इमरजेंसी का समर्थन वग़ैरह होता था। अपूर्वानन्द ने तो फिर भी जो किया वाचिक किया था, पूना साहित्य सम्मेलन में तो प्रलेस के एक कामरेड शराब के नशे में दैहिक आक्रमण पर उतर आये थे। विश्वम्भरनाथ उपाध्याय ने अपने एक लेख में उसकी कथा कही है।

लेकिन, नब्बे के दशक में आकर महाबीर अग्रवाल ने नागार्जुन से पूछा था—'वैचारिक धरातल एक ही होने के बावजूद ये लोग इस तरह बँटे हुए क्यों हैं? व्यक्तिगत महत्त्वाकांक्षा की भूख ही है, या और कुछ?

नागार्जुन बोले थे—'एक चने की दो दाल हैं। किसे अपना कहूँ, किसे पराया? सभी अपने हैं। दोनों आँखों की पुतलियाँ हैं ये। जनवाद, प्रगतिवाद, मानवतावाद ये सब सरलीकरण हैं। ये सब नानारूप हैं। अनेक कारण होते हैं इनके पीछे। लेकिन, प्रगतिशील हों या जनवादी, लेखकों को सबसे पहले ज़मीन से जुड़ना चाहिये। सब साथ चलें तो अच्छा है।'

—लेकिन इनके आयोजन तो बस उत्सवधर्मी होते जा रहे हैं!

—प्रगतिशीलता की सही पहचान संघर्ष के समय होती है। जगह-जगह भीड़ इकट्ठी करना और चर्चा करना ही उद्देश्य न हो। नयी पीढ़ी के लिए कुछ करें अन्यथा बहुत जल्दी उनका मोहभंग हो जायेगा!

साहित्य अकादेमी का पुरस्कार मिलने के बाद अकादेमी ने नागार्जुन को तीन सप्ताह की सौहार्द्र यात्रा पर सोवियत संघ भेजने का निर्णय लिया। पुरस्कार उन्हें वर्ष १८६९ का मिला था। इस हिसाब से यात्रा १९७० में हो जानी थी, लेकिन नागार्जुन बराबर टालमटोल करते रहे। उनके पुराने मित्र प्रभाकर माचवे साहित्य अकादेमी के सचिव थे। वह चाहते थे कि नागार्जुन यह यात्रा ज़रूर करें। हर बार वह दबाव बनाते लेकिन नागार्जुन हर बार किसी-न-किसी बहाने फिसल निकलते। राजकमल प्रकाशन की शीला सन्धू भी यही चाहती थीं। १९७१ में इन लोगों ने 'संयुक्त

मोर्चा' भी बनाया कि इस साल उनका बचना मुश्किल होगा। यात्रा का दिन निर्धारित हो गया, टिकट बन गया। फिर आगे जो हुआ, स्वयं नागार्जुन की ज़ुबानी—

> दिल्ली के दरियागंज मोहल्ले में फलों की बढ़िया दुकानें हैं। आम मेरी कमज़ोरी है। सो एक दुकान पर बढ़िया लंगड़ा आम बिक रहा था। मैंने दो आम ख़रीदे और आधा किलो दूध लिया तथा पास के बग़ीचे में बैठकर दोनों का जमकर पान किया। उसके बाद सुस्ती आयी तो वहीं बग़ीचे की बेंच पर सो गया। ३-४ घण्टे बाद उठा तो राजकमल प्रकाशन की दुकान पर गया। वहाँ शीला सन्धू मिलीं। मुझे देखते ही उन्होंने सिर पकड़ लिया और बोलीं—'बाबा, क्या आप पागल हो गये हैं? आज ही आपको रूस के लिए फ्लाई करना था। चार बार फ़ोन आ चुके। एरोड्रम पर आपके नाम की घोषणा हुई। लाचार प्लेन चला गया।' मैंने कहा— चलो अच्छा हुआ, रूस जाने से छुट्टी मिली। वे बोलीं—हम आपको सहज छोड़नेवाले नहीं हैं। उन्होंने तुरन्त साहित्य अकादेमी के सचिव प्रभाकर माचवे को फ़ोन किया और कार से उनके यहाँ भिजवाकर उनसे कहा कि दो दिन बाबा पर निगाह रखना और जब प्लेन जाये तब उसमें बिठाकर ही छोड़ना। इस तरह मैं बुक होकर रूस पहुँचा। वहाँ सुमन जी आदि शिष्टमण्डल के साथी मिले। बोले—वाह महाराज, हम आपके लिए रुके हैं। कहाँ ग़ायब हो गये थे?'

रूस जाते तो जहाज़ से उड़कर जाते। वहाँ उतरते ही कार लगी मिलती। कोई-न-कोई अवांछित पीछे पड़ा रहता। सम्भ्रान्त, भव्य-भाव्य माहौल में वह अपने को असहज पाते थे। फिर, यह था कि आपको पुरस्कार मिल गया तो आप प्रदर्शन की वस्तु हो गये—'आपने 'नन्दी' (बैल) देखा होगा। उस पर झूल डालकर उसे गली-मोहल्ले में घुमाते हैं। सो पुरस्कार-प्राप्त व्यक्ति को भी झूल और फूल डालकर देश-विदेश में घुमाते हैं।' और क्या था कि सोवियत संघ स्वप्न और आदर्श की भूमि था। वहाँ से आये दिन निराशा-भरी ख़बरें मिलती थीं। अभी पिछले साल ब्रेझनेव के निर्णयों से इतने कुपित हुए थे कि मुकम्मल कविता लिखी थी—'क्रान्ति तुम्हारी तुम्हें मुबारक/भ्रान्ति तुम्हारी तुम्हें मुबारक/कूट-कपट की भीतरघाती/शान्ति तुम्हारी तुम्हें मुबारक।' उसमें यहाँ तक लिखा था कि 'धन्य क्रेमलिन, धन्य क्रेमलिन/लेकिन, यह तो अन्य क्रेमलिन/शरणागत का वधिक क्रेमलिन/क्रूर अधिक से अधिक क्रेमलिन।'

ऐसे में, उसका आतिथ्य स्वीकार न करना ही उचित बनता था। लेकिन, भारत सरकार को और उलटे 'अराजक' कहने वाले इन मित्रों को कौन समझाये ?

लेकिन, २५ जुलाई, १९७१ को सुबह नौ बजे पालम अड्डे से जब विमान उड़ा, अकेले थे, खिड़की के पासवाली सीट दी गयी थी, नीचे देखा तो अरब सागर की विस्तृत जलराशि नज़र आ रही थी। अच्छा लगा और धीरे-धीरे मूड में आने लगे। बादलों के पर्त-दर-पर्त को चीरकर बीचोबीच निकलते दृश्य का अवलोकन अपनी नोटबुक में लिखा—

> ऊपर-ऊपर अति नील गगन/नीचे बादल हैं विसुध मगन/हम भूतल से मीलों ऊपर/उनचास पवन के पंखों पर।

जब विमान-परिचारिका ने बताया कि अब हम ईरान के आसमान से गुज़र रहे हैं, उन्होंने फिर लिखा—

> फैली हैं दूर-दूर, बहुत दूर-दूर तक/मलिन धूसर, निचाट सूखी पहाड़ियाँ/सित-विरल ओढ़कर घन-पटल मालाओं के झीने वितान/दीख जाते हैं बीच-बीच में/भूरे सैकत-अंचल।

और, जब बताया गया कि हम काकेशस के ऊपर से गुज़र रहे हैं, उन्होंने भर आँख देखा दृश्य, नोटबुक पर लिखा—

> जार्जिया से आगे/दिखायी पड़ने लगीं/तुषारावृत्त पहाड़ियाँ/यत्र-तत्र देवदार के जंगल/यत्र-तत्र सामूहिक उत्पादन वाली नयी बस्तियाँ/पहाड़ और पहाड़ और पहाड़/बर्फ़ और बर्फ़ और बर्फ़/हरे-नीले-भूरे-सन्दली-कत्थई/बिछे हैं छोटे-बड़े-मझोले कालीन.../अक्सर चौकोर, लम्बे, आयताकार-प्रलघु/रंगीन धोतियों के थान जैसे बिछे हैं सामूहिक खेत...।

और जब 'मास्को-टाइम' से दो बजे वह मास्को पहुँचे, सोवियत संघ को देखने के पूरे मौज़ में आ गये थे। विमान की उस साथिन परिचारिका पर बाद में मैथिली में उन्होंने कविता भी लिखी थी।

अगले दिन मास्को से लेनिनग्राद चले। जो ट्रेन पकड़ी, उसका नाम था 'लाल तीर'। अनन्त जिज्ञासाएँ थीं, पैनी निगाह। रास्ते का विवरण नोटबुक में लिखा—

भूर्जवृक्ष के जंगलों के बीच से यह ट्रेन हमें ले जा रही है। ...लकड़ी के ढलवाँ दु-छत्ता मकान। मकानों से लगी हुई फूलों और सब्ज़ियों की क्यारियाँ। फिर जंगल। फिर खेत। फिर जंगल। फिर खेत। ये खेत अवश्य ही सामूहिक खेतियोंवाले 'कोल खोज'—'सोव खोज' होंगे। खेतों के बीच-बीच में पुआलों-सूखी डंठलों के 'टाल' नज़र आ रहे हैं। ...आसमान नीला है, साफ़-स्वच्छ। धूप खिली हुई है। ...अब हम लेनिनग्राद के निकट आ गये हैं।

सेर्गेई के बारे में—

सेर्गेई साथ चल रहे हैं। वो हमारे दुभाषिया सहचर हैं। हँसमुख। अँग्रेज़ी-हिन्दी-बंगला बोल लेते हैं। २४-२५ की उम्र होगी।

लेनिनग्राद स्टेशन के बारे में—

स्टेशन बड़ा विशाल। बम्बई (सेन्ट्रल) जैसा, लेकिन सफ़ाई और विशालता में उससे कहीं अच्छा।

कुली के बारे में—

इधर स्टेशनों पर कुली नहीं हुआ करते। विदेशी अतिथियों के लिए पोर्टर का प्रबन्ध हो जाता है, आमन्त्रण देनेवाली संस्थाओं की तरफ़ से। पोर्टर छोटे ठेले पर लादकर आपके बैग आदि बाहरी कक्ष में पहुँचा देता है।

व्यवस्था के बारे में—

लेनिनग्राद स्टेशन के निकट ही मास्कोब्काया होटल है। वहीं हमारे ठहरने की व्यवस्था थी। फ्रेंच जाननेवाली इन्टरप्रेटर स्टेशन से ही हमारे साथ थीं।

भोजन के बारे में—खाना बेहद सस्ता और पौष्टिक होता है।' सुविधा के बारे में—'यहाँ की राइटर्स यूनियन वालों ने हमारे घूमने के लिए एक कार की व्यवस्था कर दी है।'

लेनिनग्राद, जिसका नाम अब सेंट पीटर्सबर्ग है, में नागार्जुन तीन दिन रहे। इस बीच वह पर्यटकीय महत्त्व के कई सारे स्थल—समर पैलेस, हर्मिटेज म्यूजियम, पैलेस उद्यान, सैनिकों के समाधि-स्थल आदि घूमते रहे। लेनिनग्राद को रूस की सांस्कृतिक राजधानी कहा जाता था। रोज़ दिन कई-कई सांस्कृतिक गतिविधियाँ चलती रहतीं। उनमें से कई में शरीक

हुए। हर्मिटेज म्यूज़ियम में वह वॉन गॉग और कई सारे 'महत्तर' कलाकारों की कलाकृतियाँ घण्टों देखते रहे। एक ज़माने में यह जार का शिशिरकालीन प्रासाद था। 'भारत में इतना विशाल प्रासाद नहीं है।' जारकालीन सैन्य अधिकारी, सामन्त, पादरी आदि...वस्त्र, आभूषण, बरतन, अस्त्र-शस्त्र आदि। यहाँ १५०० कमरे हैं, सारे म्यूज़ियम के हिस्से। उन्होंने पसन्द किया कि समाजवादी व्यवस्था अपने इतिहास का संरक्षण इस प्रकार करती है। फिर, वह सैनिकों की समाधि पेस्करेव्को मेमोरियल देखने गये। प्रवेश द्वार पर ही माँ की प्रतीकात्मक विशाल मूर्ति। यह १९४१-४३ के दौरान शहीद हुए लगभग पाँच लाख शहीदों की समाधि है। 'लेनिनग्राद पर हिटलर की फ़ौज का घेरा १६ महीने रहा। नागरिकों ने जमकर प्रतिरोध किया।' 'मदर' की प्रतिमा के अतिरिक्त न 'बुझनेवाली लपटें' हैं, गुलाबों की क्यारियाँ हैं।' भरी आँखों से शहीदों को नमन करते, फूल चढ़ाते सैकड़ों लोग! भावुक कर देनेवाला दृश्य था। फिर रजले गये, जहाँ १९१७ के जुलाई-अगस्त में लेनिन ने छिपकर निवास किया था। वे इस शहर के लिए बड़े भारी दिन थे।

अगले दिन २८ जुलाई को वह स्मोल्नी घूमने गये। वही वह जगह थी, जहाँ क्रान्ति के बाद लेनिन ने राज्यादेश जारी किया था—'मज़दूरों, सैनिकों और किसानों के इच्छानुसार पेत्रेग्राद (लेनिनग्राद) में हुए मज़दूरों और नगर-सेना के विजयी विद्रोह का समर्थन पाकर कांग्रेस सत्ता अपने हाथ में लेती है...सैनिको, मज़दूरो, कर्मचारियो! क्रान्ति और जनवादी शान्ति का भाग्य तुम्हारे हाथों में है। क्रान्ति ज़िन्दाबाद!' यहीं से भूमि सम्बन्धी वह राज्यादेश भी निकला था, जिसके अनुसार सारी भूमि अब जनता की थी। यहीं दूसरी कांग्रेस में लेनिन के नेतृत्व में देश की बागडोर कम्युनिस्ट पार्टी को सौंपी गयी थी। लेनिन की, १९२७ में बनी वह आदमकद प्रतिमा भी नागार्जुन ने सम्भवत: यहीं देखी, जिसकी आँखों का ज़िक्र—भास्वरे तवलोचने—'लेनिन स्तोत्रम्' में आता है। फिर ओरियंटल इंस्टीट्यूट गये, वहाँ कई रूसी भारतविदों—तोमकिन, दोराइ, कन्योनोव—के साथ चर्चा हुई।

स्मोल्नी में देखने लायक ढेर सारी चीज़ें और जगहें थीं, लेकिन लोला इवानोव्ना (राहुल जी की पत्नी) और उनके बेटे इगोर राहुलोविच का घर भी इसी मुहल्ले में था, और नागार्जुन के लिए यह कहीं ज़्यादा बड़ा

आकर्षण था। उन्होंने उस दिन अपनी नोटबुक में लिखा—'लोला सांकृत्यायन से मिलने का प्रयास सफल नहीं हुआ। उनके मुहल्ले तक जाकर कालोनी के उस 'सामूहिक निवास' के समक्ष खड़ी की गयी कार। सेर्गेई अन्दर तक जाकर ढूँढ़ आया। वापस आकर बोला—

> कमरे के भीतर से कोई जवाब नहीं मिला। शायद बीमार हों, शायद सोई हों। हमने हिसाब लगाया, लोला अब ७३-७४ की होंगी। इगोर से भी मुलाक़ात हो जाती! काश!!

लेकिन उस दिन दरअसल वैसा नहीं हुआ था, जैसा सेर्गेई ने नागार्जुन को बताया और नागार्जुन ने नोटबुक में दर्ज किया था। सेर्गेई असल में अपना सोवियत शिष्टाचार निभा रहा था। सम्भव है मास्को लौटकर उसने पूरी बात उन्हें बतायी हो और अप्रिय जानकर या यूँ भी उन्होंने नोटबुक में दर्ज न की हो। वह बात सामने आयी बाईस बरस बाद, जब १९९३ में भारत में साहित्यिक लोग धूमधाम से राहुल सांकृत्यायन की शतवार्षिकी मना रहे थे, और नागार्जुन ने पाया था कि किसी को भी लोला या इगोर की याद तक न आयी थी। नागार्जुन ने ५ सितम्बर, १९९४ को अपनी 'इगोर राहुलोविच्' कविता में लिखा—

> इगोर इन्दुश्की तेरी माँ लोला इवानोव्ना/सच्चे अर्थों में अपने पति की अर्धांगिनी थी!/हम सन् ७१ में तीन सप्ताह के लिए सोवियत भूमि गये/तब, तुम्हारी माँ से मिलना चाहा था/तुम्हारे अपार्टमेंट के उस कमरे तक पहुँचे थे/एक युवती अपने रूम से निकलकर बोली/इवानोव्ना आपसे नहीं मिलेगी/वो रूखी और चिड़चिड़ी हो गयी है/हिन्दुस्तान का ज़िक्र आते ही/वो ग़ुस्से में आ जाती है/हाँ, ५ बजे शाम को आओ तो उसके बहू-बेटे से/मिलोगे, तब वे इवानोव्ना के कानों में/ज़ोर-ज़ोर से कहेंगे—'ये इन्दुस्की तूरिस्त हैं/तुम्हें सलाम करने आये हैं'/इस पर लोला चीख़ के बोलेगी/सिर हिलता रहेगा/इनकार की मुद्रा में—'न्येत् न्येत् (ना ना) हमारा/ वहाँ कोई नहीं है, तुम वापस जाओ/हटो सामने से...' और तब हम वापस आ गये थे/सेर्गेई (हमरा दुभाषिया) बोला—'चलिए यहाँ से निकलिए/बाहर कहीं चाय लेते हैं।

उसी शाम नागार्जुन ने कियेव शहर के लिए उड़ान भरी। कियेव में काजिमिरोव उन्हें हवाई अड्डे पर लेने पहुँचे थे, ठहराव मस्क्वा होटल के सातवें तल्ले पर। कियेव में दो दिन रुके। यह शहर यूक्रेन की राजधानी

है, जो उस ज़माने में पश्चिम के साथ गठबन्धन के लिए सर्वाधिक उतावला पाया जाता था। सांस्कृतिक शहर है। गुफाओं वाला चर्च लावरा यूक्रेन के सात आश्चर्यों में शामिल है और अब तो यूनेस्को द्वारा संरक्षित भी। ग्यारहवीं सदी में इसका निर्माण हुआ था। इसकी गुफाओं में ईसाई साधुओं के शव अब भी सुरक्षित हैं। कियेव नीपर नदी के किनारे उद्यानों, हरियाली से आच्छादित है। कहते हैं, गर्मियों में सड़क होके समूचा शहर आप घूम लें, सिर पर धूप नहीं पड़ने पायेगी, इतने सघन वृक्ष हैं। चर्च से ही लगा म्यूज़ियम है। यूक्रेन की सांस्कृतिक शैक्षणिक परम्परा के साथ ही धार्मिक परम्परा के अवशेष यहाँ सुरक्षित हैं। कियेव अपने बैले और नाट्यशालाओं के लिए भी प्रसिद्ध है। नागार्जुन ने उस रात चार घण्टे लम्बा एक बैले देखा।

दूसरे दिन भी दो अन्य चर्च—सेन्ट एन्ड्रयू एवं सेन्ट सोफिया केथेड्रल देखे। लिखते हैं—

> बाइबल के आख्यानों पर आधारित छवियों से उसकी दीवारें जगमगा रही थीं। दो-ढाई सौ वर्ष पहले के गाये हुए धार्मिक भजन रिकार्डों के ज़रिये सुनने का अवसर मिला।

शाम की गोष्ठी यूक्रेनी लेखकों के साथ थी। लेखक संघ के दफ़्तर में। ये ऐसे दफ़्तर थे, जहाँ लेखकों को मिलनेवाली तमाम सुविधाएँ निःशुल्क दी जाती थीं, चाहें तो वहाँ बैठकर लेखन-कार्य भी किया जा सकता था। प्रकाशन, पत्रिका, गोष्ठियाँ, सेमिनार चलते रहते थे। वहाँ 'सोवियत यूक्रेन' पुस्तक तथा वोदका की एक बोतल उपहार में मिली। शाम में नीपर नदी में जल-विहार का कार्यक्रम था। '३० कि.मी. मोटर बोट ले गयी और वापस ले आयी'। उसी शाम वापसी का कार्यक्रम था। आगे का पड़ाव ताशकन्द।

ताशकन्द में जो जगह नागार्जुन के सर्वाधिक आकर्षण का केन्द्र थी, वह था—राजकीय अतिथि-निवास, जहाँ १०-११ जनवरी, १९६६ की रात प्रधानमन्त्री लाल बहादुर शास्त्री का निधन हुआ था। निर्धारित होटल में रात्रि विश्राम के बाद अगले दिन नागार्जुन अतिथि-निवास पहुँचे। यह जगह शहर से आठ किलोमीटर पर है। अब वहाँ शास्त्री स्मारक है और वह गली शास्त्री स्ट्रीट के नाम से जानी जाती है। जिस रात शास्त्री जी का

निधन हुआ था, कुलदीप नैयर भी साथ थे। उन्होंने लिखा है—

> विशाल कमरा। उतने ही विशाल पलंग पर शास्त्री की निर्जीव देह और भी नन्ही प्रतीत हो रही थी। पास ही तरतीब से उनके स्लीपर पड़े हुए थे। उन्होंने इन्हें नहीं पहना था। कमरे के एक कोने में पड़ी ड्रेसिंग टेबल पर एक थरमस लुढ़का पड़ा था। ऐसा लगता था कि शास्त्री ने इसे खोलने की कोशिश की थी। कमरे में कोई घण्टी नहीं थी। इस चूक को लेकर जब संसद में सरकार पर हमला किया गया था तो सरकार साफ़ झूठ बोल गयी थी। ...सरकारी फ़ोटोग्राफ़र चोपड़ा के साथ मिलकर मैंने ड्रेसिंग टेबल के पास तह करके रखे गये तिरंगे झण्डे को शास्त्री की पार्थिव देह पर फैला दिया। अपनी श्रद्धांजलि के रूप में मैंने उस पर कुछ फूल भी रख दिये। कुछ देर बाद मैं उनके सहयोगियों के कमरे में गया। वह उनके कमरे से थोड़ा दूर था, जहाँ एक खुले बरामदे से होकर जाना पड़ता था। शास्त्री के निजी सचिव जगन्नाथ सहाय ने मुझे बताया कि शास्त्री ने आधी रात के आसपास उनके दरवाज़े पर दस्तक दी थी और पानी माँगा था। इसके बाद दो स्टेनोग्राफ़रों के साथ मिलकर जगन्नाथ उन्हें कमरे तक छोड़ आये थे। डॉ. चुग के अनुसार, यही कसरत जानलेवा साबित हुई थी।'

नागार्जुन ने अपनी नोटबुक में लिखा है—

> शास्त्री जी और उनके डॉक्टर के पलंग आसपास ही रखे हुए हैं। आंध्र बैंक और एन. सुब्बाकृष्णन द्वारा अर्पित चित्र टँगे हैं। चित्रकला संगम (दिल्ली) की ओर से अर्पित आवक्ष प्रतिमा सामने ही स्थापित है।

ताशकन्द के 'दोम लितरेतुरा' (साहित्य-निकेतन) में स्थानीय लेखकों-कवियों के साथ एक सम्मेलन का कार्यक्रम रखा गया था। इसमें कई साहित्यकार आये थे, कई के नाम भी नागार्जुन ने नोट किये हैं। इनमें उज़्बेक भाषा की महत्त्वपूर्ण कवयित्री जुल्फिया भी थीं, जिन्हें बाद में 'ऑर्डर ऑफ़ लेनिन' तथा 'हीरो ऑफ़ सोशलिस्ट लेबर' आदि सम्मान मिले थे। कथाकार वोरिस बरमुजिम तथा कवि एर्किन नसीरोफ के नाम लिखे हैं। इस सम्मेलन में अफ्रो एशियन कमेटी के वाइस चेयरमैन तथा स्थानीय मन्त्री भी शामिल थे। वैलेरी नियाजमातोव के बारे में लिखा है कि वह उर्दू भी जानते थे। उज़्बेक भाषा के आदिकालीन साहित्यकारों में बाबर का नाम भी आता है। अली शेर नवाइ म्यूज़ियम गये तो देखा

अलग से एक बाबर सेक्शन भी है। वहाँ उर्दू जाननेवाले नौजवान इब्राहिम से दोस्ती हुई। सेर्गेई साथ था ही, उज़्बेक की जानकार दुभाषिया भी थी। सेन्ट्रल एशिया एण्ड उज़्बेकिस्तान मुस्लिम बोर्ड गये तो पाया कि वह एक मस्जिद के भीतर संचालित है। उर्दू की जानकारी रखने वाले बहुत सारे युवक वहाँ मिले। नोटबुक में लिखा—'कर गच (काला गाछ) की यहाँ सर्वत्र बहुतायत है। लिन्दन और बर्च और मेपल भी मिलते हैं। कल पहाड़ियों में चीड़-देवदार के भी दर्शन हुए।' लौटते समय डिपार्टमेंटल स्टोर से एक उज़्बेक टोपी ख़रीदी।

अगला पड़ाव अल्मा अता था। उस ज़माने में अल्मा अता कज़ाकिस्तान की राजधानी थी। कज़ाकिस्तान का सबसे बड़ा और सम्पन्न नगर। यहाँ की सम्पन्नता के बारे में नागार्जुन ने लिखा है—'सामने-सामने सड़कों के किनारे-किनारे तो नवनिर्मित भवनों की सजीली कतारें दिखती हैं, लेकिन छोटी सड़कों से अन्दर घुसने पर जीर्ण-शीर्ण कुटीर दिखते हैं।' यानी कि घुसकर देखा। नदी देखी, पहाड़ देखा। अल्मा अता झिगो (नदी) के जल का स्पर्श किया। इसका उद्दाम प्रवाह अलकनन्दा की शाखा नदी की याद दिलाता था। राइटर्स यूनियन में कज़ाख़ साहित्यकारों से मुलाक़ात करायी गयी। वहाँ कज़ाख़ के महान् कवि अवाई कुननयाएव (१८४५-१९०५) की कविताओं का अँग्रेज़ी संकलन उपहार में मिला। निवास 'होतेल अल्मा अता' में यात्रा-प्रबन्धक मिरियम सोग्दानियाँ मिलने आयीं, हिन्दी-उर्दू-अँग्रेज़ी जानती हैं, एक ज़माने में पण्डित नेहरू की दुभाषिया रह चुकी हैं। रात में 'एक अज्ञात हीरो' शीर्षक ड्रामा देखा, कज़ाख़ भाषा में। चार महिला पात्र और पाँच पुरुष पात्र। द्वितीय विश्वयुद्ध की पृष्ठभूमि में तत्कालीन पारिवारिक जटिलताओं को आधारित करके यह नाटक तैयार किया गया था। 'कलाकारों से हमें मिलवाया गया। वे बड़े प्रसन्न हुए। हमें भी बेहद ख़ुशी हुई।'

७ से १४ अगस्त तक पूरे एक सप्ताह का समय नागार्जुन ने मास्को में बिताया। अधिकतर अकेले। वह कई जगहों पर घूमे, कई लोगों से मिले, कविताएँ लिखीं, चिन्तन-मनन किया, मित्रों को पोस्टकार्ड डाले। 'देख आया हूँ पुराने ग्राम्यतन्त्रों को टूटते' लिखनेवाले मैथिली कवि यात्री जी अपने चिर स्वप्न सोवियत सभ्यता के रू-ब-रू थे। ८ अगस्त की रात उन्होंने अपनी नोटबुक में लिखा—

> लगता है सोवियत भूमि के मौजूदा शासकों ने बाहरी तड़क-भड़क में अमरीकी शासकों से होड़ लगा रखी है। तभी तो तीस-तीस, चालीस-चालीस मंज़िलों के महाप्रासाद बनवाते चले जा रहे हैं। उधर दूसरी ओर सामान्य श्रमजीवी लोगों के लिए यथाकथंचित् निर्वाहोचित अधिकाधिक फ़्लैट्स बने ज़रूर हैं...मगर मध्य मास्को में तथाकथित उच्च एवं उच्च-मध्यवर्गों के लिए बेहद शानदार फ़्लैटों की अभिनव इन्द्रपुरी भी तो खड़ी होती जा रही है। समरकन्द-बोखारा में हम भीतोंवाले कच्चे मकान भी देख ही आये हैं।
>
> गंदे गलीचों पर बैठकर शतरंज खेलनेवाले अतिसाधारण वे एशियाई जन अवश्य सम्प्रति पूर्वापेक्षया कहीं अधिक सुखी होंगे, लेकिन उनके उस पिछड़ेपन की तुलना में मास्को महानगर का यह 'विपुल वैभव' कैसा लग रहा है? निश्चय ही मास्को-लेनिनग्राद-कियेव दिनानुदिन सुन्दरतम होते जा रहे हैं। मगर, फैक्टरियों-कारखानों-सामूहिक खेतों की उपलब्धियों का अधिकतम भाग क्या उत्पादकों पर ही ख़र्च हो रहा है?

उन्होंने दुखती रग पर उँगली रख दी थी। अधिकतम भाग उत्पादकों पर ख़र्च नहीं हो रहा था। वे एशियाई इलाक़े जिन्हें वह घूम आये थे, राष्ट्रीय उत्पादन में ९ फीसदी का योगदान कर रहे थे जबकि ख़र्च उन पर मुश्किल से २ फीसदी हो रहा था। जो बढ़ रहे थे वे बढ़ते ही चले जा रहे थे जबकि पिछड़ेपन की गिरफ़्त में पड़े लोगों का भविष्य अथाह दिखता था। समाजवादी व्यवस्था पूँजी-सन्तुलन नहीं कर पा रही थी और विकास और उत्पादन दिनोंदिन पिछड़ रहे थे। 'डॉलर' के प्रति ललक बढ़ रही थी। इसकी वजह से सामाजिक सम्बन्ध की तो बात छोड़िये, लोगों के व्यक्तिगत समायोजन पर भी विपरीत प्रभाव पड़ रहा था। नागार्जुन की मुलाक़ात एक ऐसे अध्यापक से हुई, जिसने छिप-छिपाकर बहुत से पैसे जमा कर रखे थे। अब वह धन उसकी परेशानी का कारण बना हुआ था कि—

> जो पैसा उसने जोड़ा है, उसे ख़र्च कैसे करे। वह उसे बेहतर कपड़ों पर ख़र्च कर सकता था लेकिन अपने सामाजिक स्तर के और व्यक्तियों से अलग तथा बेहतर पहनने में उसे जगहँसाई का डर था। उस पैसे से वह हीरे की अँगूठी ख़रीद सकता था लेकिन तब उसे बुर्ज़ुआ तौर-तरीक़े अपना लेने की लानत-मलामत उठानी पड़ती। वह सचमुच नहीं समझ

पा रहा था कि उस पैसे का आख़िर करे तो क्या करे!

बाद में नागार्जुन ने जगदीश वोरा को एक और बात बतायी थी—

> वहाँ के लोगों में एक ख़ास क़िस्म की घुटन मुझे उमड़ती प्रतीत हुई। अमेरिका, ब्रिटेन, फ्रांस, पश्चिमी जर्मनी, जापान, आस्ट्रेलिया आदि के आबालवृद्ध जन हर मौसम में हज़ारों की तादाद में सोवियत भूमि की यात्रा करते हैं। पर्यटन का यह धन्धा ख्रुश्चेव के बाद शुरू हुआ था। अब इन दिनों काफ़ी विकसित हो रहा है। इसमें सोवियत नागरिक भी अन्यान्य देशों की यात्राएँ करने की लालसा न रखते होंगे अपने मन में?

प्रश्नवाचकता का मामला नहीं था, लोग पूरी लालसा रखते थे मगर उपाय नहीं था। और मनोहर श्याम जोशी ने जब उनसे सोवियत यात्रा के अनुभव सुनाने का आग्रह किया था, वह कुल एक वाक्य बोले थे—

> वहाँ और सब है, स्वतन्त्रता नहीं है मित्र, बहुत टाइट है मामला, समझ गये न?

ये सब चीज़ें संस्कृति को किस प्रकार प्रभावित कर रही थीं, एक वाकया उन्होंने नोटबुक में दर्ज किया है। वहीं मास्को की घटना है, ९ अगस्त की—

> रेस्तराँ की परिचारिका मुस्करा नहीं रही थी। सुमन को बड़ा ही अखर रहा था। सेर्गेई ने कहा—यह प्रकुपिता है। हमने अधिक मूल्यवाले भोज्य पदार्थों का आर्डर नहीं दिया है। विदेशियों से ज़्यादा से ज़्यादा रकम खींचने में ही इनकी कृतार्थता है। ...आज चावल अच्छी क़िस्म के मिले। साथ में माँस तो था ही। बीयर को यहाँ 'पिवा' कहते हैं। वो भी था। सलाद, सूप, कॉफी (अन्त में) लगभग ढाई-ढाई रूबल लगे। ...अन्त में सेर्गेई ने सुमन की ओर इंगित करके परिचारिका से कहा—चाहे दुगना दाम लो, मगर इनके लिए मुस्करा ज़रूर दो एक बार! वह बोली—हमें फुर्सत कहाँ है मुस्कराने की...इतना कहते समय आख़िर वो मुस्करा ही पड़ी।

समूची यात्रा के दौरान, जहाँ भी अवसर मिला, लगभग हर प्रान्त में नागार्जुन वहाँ के गिरजाघरों में ज़रूर गये। जनता के इस कवि को वहाँ की जनता के परम स्वरूप के दर्शन वहीं हो सकते थे। यूँ तो धर्म अफ़ीम था लेकिन ज़मीनी हक़ीक़त कुछ और थी। उन्होंने पाया कि लोगों के

जीवन में चर्च पूरी तरह शामिल था और उसके संरक्षण, व्यवस्थापन, संचालन में सरकार द्वारा भी पूरी संवेदनशीलता बरती जाती थी। लोगों से बातें हों या न हों, अथवा आंशिक ही बातें हो पायें, इस पारखी कवि की नज़र से उन दुखों, कष्टों, लालसाओं और मन्नतों को नहीं छिपाया जा सकता था, जिन्हें लेकर लोग प्रभु के दरबार में आते थे। मास्को-चर्च के बारे में उन्होंने नोटबुक में लिखा—

> चर्च देखने गये। पादरी मन्त्रपाठ कर रहा था। आज रविवार होने से वहाँ बड़ी भीड़ थी। भीड़ में ज़्यादातर बूढ़ियाँ ही थीं। बूढ़े भी कुछ थे। युवक-युवतियाँ भी दिखायी दे रहे थे। बपतिस्मा के लिए नवजातकों को एक अन्त:कक्ष में जमा कर लिया गया था। मस्क्वा नदी के किनारे एक टीले पर यह चर्च शायद १४ वीं शताब्दी में बना था। पास ही सम्राट का 'कुटी प्रासाद' था। 'काष्ठ प्रासाद' के कई नमूने बाद में यहाँ जमाये गये हैं।

दो-तीन दिन बाद—

> फिर एक चर्च देखने गये। युवक पादरी (दाढ़ीवाला) पाठ कर रहा था, सामने दो मृतक 'सद्‌गति' के लिए शवाधारों में रखे हुए थे। वयस्क महिलाओं और पुरुषों में से बहुतों की आँखें रह-रहकर गीली हो रही थीं, जिन्हें वे बीच-बीच में पोंछ ले रहे थे। उधर एक नवेली वधू के परिधान में बैठी थी, आशीर्वाद की प्रतीक्षा में। लगता है, ईसाई पुरोहितों का धन्धा यहाँ फिर से ज़ोर पकड़ रहा है।

लेकिन, इस परिदृश्य का दूसरा पहलू भी वह देख पा रहे थे। बाद में उन्होंने विजय बहादुर सिंह को बताया—

> भीतर के सारे माहौल को नज़रअन्दाज़ करके सिर्फ़ बाहर के भरोसे कोई संस्कृति कब तक ज़िन्दा रहेगी? रूस गये तो वहाँ हम लोगों को गिरजाघर ले जाया गया। मैंने देखा—चार-छह लाशें थीं जिनको दफ़नाने के पहले पादरी के द्वारा मन्त्र पढ़ा जाना था। कुछ नये तरुण जोड़े थे जो शादी के इन्तज़ार में थे कि पादरी निपटें तो विवाह की रस्म पूरी हो। यहाँ तो यह सब होने पर हम घटिया क़िस्म के बुद्धिजीवी कहे जाते हैं।

एक दिन वह टॉल्सटाय का मास्कोवाला घर देखने गये। उत्तरार्ध के बीस वर्ष काउण्ट ने इसी मकान में गुज़ारे थे। यहीं उन्होंने जीवन के चार

आदर्श तय किये थे, शारीरिक श्रम और आम जन से गहन सम्पर्क-सामीप्य की सोच यहीं की देन थी। उन्होंने ६७ की उम्र में यहीं रहते पहली बार साइकिल चलायी थी और अपने लिए जूते बनाये थे। इसे अब संग्रहालय का रूप दिया गया है जहाँ उनके द्वारा उपयोग की गयी तमाम वस्तुएँ संगृहीत हैं। नागार्जुन ने नोटबुक में लिखा—

> लकड़ी का मकान है। अन्दर से वैसा का वैसा रहने दिया गया है। यहाँ तक कि बिजली तक नहीं लगायी गयी है। घूम-घामकर भीतर-बाहर देखा। साथ लगी हुई बगिया भी।

एक दिन मास्को में अवस्थित चेखव का हाउस-म्यूज़ियम देखने गये। १८८६ से १८९० तक चेखव ने इस घर में निवास किया था। सारी चीज़ें यथावत् रखी हुई हैं। आगे एक दिन उन्होंने मेलिखोवो गाँव की भी यात्रा की। यह मास्को से ७० कि.मी. की दूरी पर है। चेखव ने यहाँ अच्छी-ख़ासी जायदाद ख़रीदी थी और १८९२ से १८९९ तक यहाँ रहे थे। यहीं रहते हुए उन्होंने अपनी प्रख्यात रचनाएँ 'सीगल' और 'अंकल वान्या' लिखी थीं। उनका कॉटेज, जिसे क्षतिग्रस्त होने के बाद मरम्मत कराया गया, यथावत् रखा गया है। यहाँ उनके मित्रगण अक्सर आते रहते थे, जिनकी सुविधा के लिए उन्होंने दोमंज़िला अतिथिगृह बनवाया हुआ था। वह तालाब, जिसके किनारे वह मछलियाँ पकड़ते थे, उनका वह विशाल पियानो, जिस पर जिप्सी गाने सुनने के वह शौक़ीन थे। १८९९ में चेखव ने इसे बेच दिया था लेकिन क्रान्ति के बाद इसे राष्ट्रीय धरोहर घोषित किया गया। नागार्जुन ने उस दिन अपनी नोटबुक में लिखा—

> मेलिखोवो वह गाँव है जिसके अन्दर चेखव ने अच्छी-सी जायदाद ख़रीद ली थी। वहाँ वह वर्षों रहे। अच्छा-सा बाग़ है, जिसके अन्दर कई मकान हैं। हम लगभग साढ़े ग्यारह बजे वहाँ पहुँचे। वह प्राइमरी स्कूल देखा, जिसे चेखव ने स्थापित किया था। इन दिनों ग्रीष्मावकाश के कारण स्कूल बन्द था।

बाद में नागार्जुन ने वेदप्रकाश वाजपेयी को बताया था—

> अँग्रेज़ी की न तो अन्धभक्ति ठीक, न अन्धविरोध। अँग्रेज़ी के सहारे अन्तरराष्ट्रीय स्तर पर संवाद कायम होता है। रूस-यात्रा में चेखव के गाँव मैं गया, उस गाँव में अँग्रेज़ी की पढ़ाई इसलिए होती है कि विश्व

के कोने–कोने से पर्यटक वहाँ आते हैं। वहाँ एक युवती ने मुझसे अँग्रेज़ी में पूछा—खीरा खायेंगे? दूसरी भाषा में उसे दिक़्क़त होती कि नहीं?'

वहाँ समकालीन भारतीय कविता की जानकारी रखनेवाले एक रूसी युवक से मुलाक़ात हुई। युवक ने नागार्जुन से दुभाषिये की मदद से पूछा—'हमारे देश के कवि प्रेम प्रकृति और सौन्दर्य पर इतना लिखते हैं। आपके देश की कविता में भूख-ग़रीबी के चित्र ही ज़्यादा क्यों है?' नागार्जुन ने उसे जवाब दिया—आपके देश की कविता खाये-पीये अघाये लोगों की कविता है, जबकि हमारे देश की कविता अभाव और दर्द से पीड़ित आम जन की कविता है।

एक दिन महान् लेखकों की समाधियाँ देखने की सुविधा हुई तो मास्को के प्रख्यात नोवोदिविची सिमेट्री पहुँचे, जहाँ सैकड़ों हस्तियों की समाधियाँ हैं। विशाल उद्यान में अवस्थित इस भव्य क़ब्रगाह में वह घण्टों समाधि-दर्शन करते रहे। निकोलायी गोगोल, चेखव, मायकोव्स्की, इल्या एरेनबर्ग, मिखाइल बुल्गाकोव आदि की समाधियाँ देखीं। विवरण लिखते हुए नोटबुक में नागार्जुन ने एक पंक्ति और लिखी है—'समाधियों के इसी उद्यान में स्तालिन की प्रथम पत्नी की समाधि देखी। यही स्वेतलाना की माँ थी।' स्वेतलाना का ज़िक्र यूँ है मानो हर कोई जानता हो। स्वेतलाना ने कालाकांकर के राजकुमार बृजेश सिंह से प्रेम और विवाह किया था और भारत आकर कालाकांकर में बसने की इच्छा की थी। ख्रुश्चेव सरकार के दबाव में इन्दिरा गाँधी ने उन्हें शरण देने से इनकार किया था, और बृजेश सिंह की अस्थियाँ गंगा में प्रवाहित करने के बाद भारत से ही सीधे वह अमेरिका चली गयी थीं, उसने उन्हें शरण दी थी। इस कारण उन दिनों भारत-सोवियत संघ-अमेरिका का सम्बन्ध तनाव में घिर आया था। नागार्जुन ने आगे लिखा है—'स्वेतलाना के नाना-नानी, मामा-मामी आदि भी यहीं सो रहे हैं।' स्वेतलाना अपने पिता 'स्टालिन महान' से घृणा करती थीं और उन्होंने अपनी माँ का कुलनाम धारण किया था।

एक दिन जाकर मास्को विश्वविद्यालय देखा। वह विशाल स्टेडियम भी, जो मस्क्वा नदी के किनारे बना है। दो दिन राइटर्स यूनियन में गये। बहुत सारे लेखकों से वहाँ मिलना-जुलना हुआ। एक दिन 'सोवियत लिटरेचर' के कार्यालय गये। सम्पादिका से देर तक बातें होती रहीं। एक दिन ओरियंटल इंस्टीट्यूट देखने गये। वहाँ प्रख्यात भारतविद्याविद् चेलीशेव

से मुलाक़ात हुई। एक दिन रेलवे स्टेशन घूमने गये। पाँचों स्टेशन घूम आये। लौटते समय टैक्सी नहीं मिली तो मेट्रो से लौटे। एक शाम सरकारी उद्यान में आयोजित विविध मनोरंजन कार्यक्रम देखा। एक शाम क्रेमलिन प्रांगण में कांग्रेस-भवन के अन्दर जाकर पुश्किन का नाटक 'हुकुम की बीवी' देखा। एक शाम 'स्पार्टाकस' का मूक अभिनय देखा। रेड स्क्वायर गये। लेनिन की समाधि का दर्शन किया। उस रात लौटकर उन्होंने 'लेनिन स्तोत्रम्' कविता लिखी—

> स्वच्छस्फटिक मंजूषा सा मयाप्यवलोकिता/धन्योऽस्मि कृतकृत्योऽस्मि सुफले मम चक्षुषी।/बहुमूल्याश्मखचिता शवाधानी तवाद्भुता/विराजते गुफागर्भे क्रेमलिन-प्रासाद प्रांगणे।।

एक दिन भोजन पर श्री सक्सेना (भारतीय दूतावास) के घर गये। भोजन के बारे में लिखा है—

> १५-१६ रोज़ बाद आज अरहर की दाल सामने आयी तो दिल खिल गया। चपातियाँ, दाल, बड़ी, भरवाँ टमाटर, अचार, शोरबा वाला कबाब—सब कुछ भारतीय स्वाद से ओतप्रोत था। अन्त में मलाई मिली, अनन्नास और कॉफ़ी। और हाँ, पहले डेनमार्क वाले बीयर से स्वागत किया गया था।

एक दिन दुभाषिया युवा मित्र सेर्गेई के घर गये। उसके परिवार के बारे में—

> शाम को साढ़े सात बजे सेर्गेई अपनी माँ से मिलाने ले गया, अपने घर। उसकी नानी अर्ध-विक्षिप्त दशा में है लेकिन स्वस्थ। बयासी साल की उम्र है बुढ़िया की। सेर्गेई की एक बहन है छोटी, बीस-बाईस वर्ष की। वह काले सागर के तट स्वास्थ्य-सुधार के लिए गयी है।

इस यात्रा के दौरान जिस भी किसी संस्थान, लेखक संघ या म्यूज़ियम में वह गये, अनेक जगह अपना विचार प्रकट करने के लिए सम्मति-पुस्तिका उनके आगे रखी गयी। हर जगह अपने विचार उन्होंने मैथिली में लिखे। कई गोष्ठियों में उनसे काव्य-पाठ का अनुरोध किया गया। वहाँ भी उन्होंने अपनी मैथिली कविताएँ सुनायीं। सेर्गेई को भी काम-भर मैथिल बना लिया था जो हिन्दी-पाठ के सहारे रूसी में कविताओं का भाव स्पष्ट कर देता। लौटने पर जब एक साक्षात्कार के क्रम में

जगदीश वोरा ने कवि नागार्जुन से उनका अनुभव सुनना चाहा तो उन्होंने टोका था—

> पहली बात मैं यह बतलाना चाहूँगा कि सोवियत भूमि के इस प्रवास का शुभ अवसर आपके नागार्जुन को कभी नहीं मिला। एतदर्थ यहाँ मैथिली भाषा के कवि वैद्यनाथ मिश्र यात्री को धन्यवाद मिलना चाहिये।

साक्षात्कर्ताओं को उन्होंने सोवियत संघ के बारे में कई अच्छी बातें बतायी थीं। स्त्री-पुरुष सभी शत-प्रतिशत काम में जुटे थे। सबके चेहरे स्वस्थ दिख रहे थे। मनोरंजन की सुविधा सबको प्राप्त थी। अनुशासन चरम कोटि का था। उपभोक्ता वस्तुओं की क़ीमत हर जगह समान थी। शिक्षा व्यवस्था अच्छी, आधे शुल्क में सबके लिए सुलभ थी। साठ वर्ष आयु के बाद सबको पेंशन मिलती थी। चिकित्सा के लिए अतिरिक्त ख़र्च उठाने की ज़रूरत कभी-कभार ही पड़ती थी। 'रूस में दर्जा दस से कम पढ़ा-लिखा कोई नहीं है। झाड़ू लगानेवाली भी। वह टाल्सटाय और प्रेमचन्द का नाम जानती है। मैंने पूछा तो उसने गोर्की की दस किताबों के नाम बताये। अपने यहाँ तो सिर्फ़ किताबी पढ़ाई हो रही है। वहाँ तो काम भी कर रहे हैं, पढ़ भी रहे हैं।' दुभाषिया सेर्गेई ने किसी दिन बातों-बातों में उन्हें कहा था कि आपके देश में बेरोज़गारी ही सबसे बड़ी समस्या है, क्योंकि रोज़गार न होने के कारण लोग नेताओं के पीछे, राजनीतिक पार्टियों के पीछे-पीछे दौड़ते हैं। यदि सबको रोज़गार मिल जाये और पसन्द की लड़की से शादी हो जाये तो राजनीतिक दलों को कोई पूछनेवाला न मिलेगा। यह बात नागार्जुन को इतनी अच्छी लगी कि इसकी चर्चा उन्होंने कई साक्षात्कर्ताओं से की है। एक बात उन्होंने विजय बहादुर सिंह को बतायी थी—

> अब आपकी गली में सूअर फिरते रहते हैं, हड्डी चूसते रहते हैं; लगता है खाने को नहीं मिलता। रूस में हमने देखा कि चढ़े चले आ रहे हैं, लाल लाल, मोटे मोटे। तो हमें जिज्ञासा हुई। हमने पूछा कि कहाँ जा रहे हैं सब? तो वहाँ के लोगों ने कहा—क्यों चिन्ता करते हैं? तीन दिन बाद प्लेट में आ जायेंगे सज के—तो मैं हँसा।

वर्षों बाद जब 'जनसत्ता' के लिए कर्ण सिंह चौहान, वाचस्पति और मंगलेश डबराल ने मिलकर उनसे इण्टरव्यू लिया था, आख़िरी प्रश्न था कि 'आपके जीवन की सबसे जीवन्त स्मृतियाँ क्या हैं, जिन्हें आप बताना

चाहेंगे' तो, पहले तो नागार्जुन ने कहा कि 'अब कुछ बातें तो ऐसी हैं कि जिनको बताना और पाना ज़रा मुश्किल है', फिर भी उन्होंने जो घटना बतायी थी, वह इसी सोवियत यात्रा की थी—

> रूस में एक महिला ने हमारा चुम्बन लिया। हम ठहरे गाँधी के देश में रहने वाले लोग। बड़ा ग़ुस्सा आया। लिफ़्ट से आ रहे थे। दसवीं मंज़िल पर वे महिलाएँ—एक मुटल्ली और एक पतली—चढ़ीं। हम अकेले। तभी यह घटना घटी। दुभाषिये ने बताया कि यहाँ तो चुम्बन लेना सहज है। यह तो नमस्ते है यहाँ की। हम बोले तो हमको पहले क्यों नहीं बताया। फिर हम अपनी मर्ज़ी से महिला चुनते! हमने सुझाया कि आपकी नियमावली में 'डू' और 'डू नॉट' होता है, वहाँ इसे लिख दीजिये। फिर वह महिला बुलायी गयी। वह आयी, फिर चुम्बन ले लिया और बोली कि इस बूढ़े बकरे को दो दिन हमारे साथ छोड़ दो, यह रूसी बोलने लगेगा। हमने उसको प्रणाम किया। फिर पूछा कि यह कौन महिलाएँ थीं! उसने बताया कि १९४२ का जो युद्ध था उसमें क़रीब डेढ़ करोड़ महिलाएँ विधवा हो गयी थीं। उस समय वे तरुणी रही होंगी। अब ये दिन भर कहीं काम करती हैं और बाक़ी समय विदेशियों से चुहलबाज़ी करके मन बहला लेती हैं। नयी शादी हुई होगी, पति लाम पर गया और वहीं मर गया।

नागार्जुन ने राजनेताओं पर जो कविताएँ लिखी थीं, सबसे ज़्यादा ग़ुस्सा, सबसे ज़्यादा फ़ज़ीहत जिन कविताओं में व्यक्त हुई थी, वे उन्होंने इन्दिरा गाँधी पर लिखी थीं। इसके बहुत सारे कारण थे। देश को फ़ासिज़्म के तहखाने में निर्ममतापूर्वक घसीट लाने की मंशा वाली पहली राजनेता वही थीं, जबकि वह जवाहरलाल जी की बेटी थीं और पहली पीढ़ी की प्रतिनिधि भी, जिसने स्वतन्त्रता-संग्राम के आदर्शों को बनते अपनी बालपन-युवापन की ताज़ा आँखों से देखा था। लेकिन 'उन्होंने बेटे को ताड़ दिया और बाप को बोर दिया था।'

इन्दिरा को उन्होंने मौक़ा न दिया हो, ऐसा भी नहीं था। १९६९ के राष्ट्रपति-चुनाव में जब कांग्रेस के दक्षिणपन्थी धड़े का दबाव पराकाष्ठा पर आया, इन्दिरा ने समाजवाद का रास्ता चुना था। बैंकों का राष्ट्रीयकरण,

रजवाड़ों के विशेषाधिकारों का अन्त आदि इसकी कड़ियाँ थे। तो, नागार्जुन ने खुलकर इन्दिरा गाँधी की तारीफ़ की थी—

> नये हिन्द में आ धमका है नया ज़माना/मुश्किल होगा इसको अब पीछे लौटाना/देख-देखकर इसकी गति-मति/हाथ मलेगा लगातार निक्सन का नाना।

इन्दिरा में दुर्गा-रूप भी पहली बार उन्होंने तभी देखा था—

> महिषमर्दिनी के त्रिशूल का तगड़ा-तगड़म्। नहीं चलेगी अगड़म-बगड़म्!'

सिण्डीकेट के घाघ कांग्रेसी महाप्रभुओं की भी उन्होंने ख़ूब ख़बर ली थी कि—

> गाँधी-तिलक-सुभाष, सभी से परिचित उनकी आँत!/वही इन्दिरा की गर्दन पर चले गड़ाने दाँत!

और, आगाह किया था कि 'अभी और निखरेगा इनका वो ख़ूँख़ार चरित्र/ ख़बरदार, तुम इनकी माया भूल न जाना मित्र!' राजाओं के प्रिवी पर्स की समाप्ति पर उचित ही, नागार्जुन ने अपनी ख़ुशी ज़ाहिर की थी—'इन पर बालू करूँ निछावर/करूँ निछाबर खारा पानी/उनके उन काने मित्रों पर/ करूँ निछावर सुरमादानी' और, १५ अगस्त, १९४७ की अर्द्धरात्रि को देखे गये अपने स्वप्न का विस्तार पाया था—

> ख़ाक बन गये सूर्यवंश-चन्द्रवंश के ठूँठ/तलवारें गल गयीं आँच में, बिकी रत्नमय मूँठ!

कांग्रेस के विभाजन और १९७१ के मध्यावधि चुनाव के बाद इन्दिरा गाँधी सर्वशक्तिसम्पन्न होकर उभरीं। वही अब कांग्रेस की अध्यक्ष थीं और प्रधानमन्त्री भी, स्वाभाविक रूप से वह निरंकुशता की ओर बढ़ रही थीं। बाङ्लादेश की जीत ने उनकी लोकप्रियता में चार चाँद लगा दिये थे और स्वयं उन्होंने अपने आपको भारतरत्न से सम्मानित भी कर लिया था। सारी शक्तियाँ अब इन्दिरा में आकर निमज्जित थीं। स्वयं कांग्रेस के आन्तरिक संगठन में कोई लोकतन्त्र नहीं रह गया था, वह स्वयं प्रदेश अध्यक्षों, मुख्यमन्त्रियों को मनोनीत करती थीं। भ्रष्टाचार चरम पर था। कैथरिन फ्रैंक ने हिसाब दिया है कि भ्रष्टाचार नेहरू और शास्त्री के

शासन-काल में भी था लेकिन इन्दिरा गाँधी के समय तो सरकार के प्रत्येक कामकाज में भ्रष्टाचार ने महामारी का रूप ले लिया। अवैध उगाही के धन यदि प्रधानमन्त्री आवास तक पहुँचते थे तो स्वाभाविक ही था कि महँगाई, कालाबाज़ारी, बेरोज़गारी, अपराध बेतहाशा बढ़ रहे थे। मुख्यमन्त्रियों को एक निश्चित राशि पहुँचाने के आदेश मिलते थे, और यह सब पार्टी को चन्दा देने के नाम पर होता था। प्रधानमन्त्री के छोटे बेटे संजय संवैधानिक ढाँचे के लिए एक बड़ा ख़तरा बन गये थे, जबकि उनके पास कोई वैधानिक पद तक नहीं था। कुलदीप नैयर ने संजय की हिम्मत बताते हुए ज़िक्र किया है कि अपनी जायज़-नाजायज़ पैरवी को स्वीकार करने के लिए वह प्रधानमन्त्री को थप्पड़ भी मार सकते थे। चुनाव आयोग, सर्वोच्च न्यायालय जैसी संस्थाओं का उपयोग मनमाफ़िक करने के लिए उनकी मर्यादायें बेहिचक तोड़ी जा रही थीं। वरिष्ठ जजों की अवहेलना करते हुए जब ए.एन. राय को मुख्य न्यायाधीश बनाया गया और विरोध में तीन वरिष्ठ न्यायाधीशों ने त्याग-पत्र दे दिया, और जयप्रकाश नारायण ने प्रधानमन्त्री को पत्र लिखा था कि 'इस तरह की प्रक्रिया देश के लोकतान्त्रिक ढाँचे को हानि पहुँचा सकती है' तो इन्दिरा गाँधी ने उन्हें जवाब दिया था कि 'आपका पत्र मेरी छवि और जवाहरलाल नेहरू द्वारा रखी गयी बुनियाद को कमज़ोर करने के प्रयासों का एक हिस्सा है।' नागार्जुन ने लिखा था 'ठगों-उचक्कों की मलिकाइन/प्रजातन्त्र की ओ हत्यारी/अबके हमको पता चल गया/है तू किन वर्गों की प्यारी।' और, 'अपने भोलेपन के चलते/मायी, हम तो मात खा गये/तेरे पालित पशु फसलों की/एक-एक पत्ती चबा गये।' अब इन्दिरा उन्हें सुरसा नज़र आने लगी थीं और चण्डी भी, जिसके सेवादार चण्ड-मुण्ड थे, यहाँ तक कि नये महिषासुर भी बहाल कर लिये गये थे।

१९७२ के विधानसभा चुनाव के समय नागार्जुन कलकत्ता में थे। लोकतान्त्रिक प्रक्रियाओं में उनकी बहुत दिलचस्पी रहती थी सो मतदान देखने गये थे। हावड़ा के नन्दी बागान, फकीर बागान, पिलख़ाना बस्ती आदि मतदान केन्द्रों पर गये। यह वही चुनाव था, जिसमें कांग्रेस ने बड़े पैमाने पर रिंगिंग की थी। बी.बी.सी. ने रिपोर्ट किया था कि पुलिस और कांग्रेसी गुण्डों ने बूथों पर क़ब्ज़ा कर सारे मतपत्र कांग्रेसी उम्मीदवार के पक्ष में डाल लिये थे। मुख्यमन्त्री सिद्धार्थशंकर राय, जो नागार्जुन के

शब्दों में चण्डी के दुलरुआ चण्ड–मुण्डों में से थे और जिनका नामकरण इन्दिराचरण शुक्ल की ही तर्ज पर उन्होंने इन्दिराशंकर राय किया था, के मस्तान कलकत्ते पर राज करते थे। हज़ारों लोगों को रातोंरात उठा लिया जा सकता था, मारकर लाशें ग़ायब की जा सकती थीं। नागार्जुन ने पाया, बूथ से निकलकर एक वोटर चिल्ला रहा था—'मुझे वोट देने नहीं दिया। मेरा वोट डालकर बोलता है, घर जाकर आराम करो!' वह बहुत दुखी हो गये। घर आकर सो गये। इसी पृष्ठभूमि पर उन्होंने कविता लिखी थी 'अब तो बन्द करो हे देवी यह चुनाव का प्रहसन।' कलकत्ते की पत्रिका 'सामयिकी' में तभी यह प्रकाशित भी हुई। कलकत्ते की कई गोष्ठियों में उन्होंने इस कविता का पाठ किया। एक गोष्ठी में तो ज्योति बसु भी मंच पर उपस्थित थे। कविता में नागार्जुन ने इन्दिरा को भयावह नरमाला-विभूषिता चण्डी के रूप में चित्रित किया था। उसके गले में कारतूसों की माला है। सारे हाथ हथगोलों, स्टेनगनों से सज्जित हैं। आरती के श्लोक फ़ौजी अध्यादेश हैं। देवी के इशारे पर मतपेटियाँ आकाश में नाच रही हैं। मतपत्रों पर लहू के दाग जमे हैं। उसका बाघ तिरंगे को चाँपे खड़ा है। देवी की जीभ इतनी लम्बी हो गयी है कि स्वयं काली भी देखकर चकित है। देश के कंकालों से महाजनों की रखवाली करनेवाली इस देवी से प्रार्थना करते हैं कि अब तो चुनाव का प्रहसन बन्द करने की कृपा करें। इस कविता की एक समीक्षा सुधीश पचौरी ने 'नयी दुर्गासप्तशती' शीर्षक से लिखी थी। लिखा था कि कविता शायद अपने समय की सबसे बड़ी समीक्षा ही नहीं, भविष्यवाणी भी हो सकती है, बाबा की कविता इसका प्रमाण है कि फ़ासिज़्म के कांग्रेसी रिहर्सल को बाबा ने इतना कसकर बाँधा था कि कविता में ग़ुस्से की एक अनूठी लय बन गयी थी। कि

> कविता में कुछ अतिरिक्त व्यंजक थे जो बाद में ही स्पष्ट हुए। मसलन, इस कविता में तानाशाही का जो वातावरण खींचा गया है वह पचहत्तर में पूरे देश में ही नज़र आया। बंगाल में जनतन्त्र के साथ जो हुआ, बाबा ने जनतन्त्र की मृत्यु इतने पहले देख ली थी। आपातकाल की मानो भविष्यवाणी ही कर दी थी इस कविता ने। यह इस कविता का उत्तरपाठ था जो आपातकाल में ही खुला। यह भविष्यवाणी या ऐसा विश्लेषण उस वक़्त के किसी पार्टी या किसी बुद्धिजीवी ने किया हो, याद नहीं पड़ता।'

कि—

> बाबा ने सिर्फ़ अपने बल पर सत्ता से पंगा लिया और एजीटेशन को उस बिन्दु तक पहुँचा दिया जहाँ से कविता जीवित नहीं लौटती। लेकिन बाबा की कविता विजेता के गर्व से लौटती थी।

कि

> बाबा ने फ़ासिज़्म की जो रिहर्सल बंगाल में देखी थी, उससे मुठभेड़ भी वे ही कर सकते थे। हरेक के बस की यह बात नहीं थी।

१९७३ में नागार्जुन ने अपनी वह प्रसिद्ध कविता 'पता नहीं दिल्ली की देवी गोरी है या काली है' पर लिखी। इसमें यह पंक्ति आती थी—

> नये राष्ट्र की नव दुर्गा है/नये ख़ून की प्यासी/नौ मन जले कपूर रात-दिन/फिर भी वही उदासी।

इस पंक्ति का उपयोग बिहार आन्दोलन में नारे की तरह किया जाता था। नौ मन कपूर रात-दिन जलते रहने के बावजूद यहाँ देवी के चेहरे पर जो उदासी देखी गयी थी, वह एक राष्ट्रव्यापी रूपक था। 'स्टेट्समैन' और 'इण्डियन एक्सप्रेस' में उन दिनों जो इन्दिरा की छवि छपी थी, या विवान सुन्दरम् ने पेंसिल चारकोल से उनका जो चित्र बनाया था, उनमें यह उदासी, तमाम क्रूरताओं, लिप्साओं और वितृष्णा के बावजूद देखी जा सकती थी। वहाँ नागार्जुन ने कहा था कि बुढ़िया भारतमाता को ठौर-ठौर पर भीख माँगते हुए देखा जा सकता है, पता नहीं चलता कि ख़ुद को भारतपुत्री बतानेवाली इस देवी से उसका किस प्रकार का नाता है!

बिहार आन्दोलन यदि एक महान् ऐतिहासिक घटना न भी हो तो एक बहुत बड़ी राजनैतिक उथल-पुथल तो अवश्य था। कम-से-कम वैसा तो नहीं ही था, जैसा कि भूतपूर्व कम्युनिस्ट नन्दकिशोर नवल ने बताया है कि 'छात्र रिवॉल्वर लेकर दुकानदारों से चन्दा वसूलते थे और पटना बन्द का आह्वान करते थे, तो उनके डर के मारे सारी दुकानें और सवारियाँ बन्द हो जाती थीं।' दरअसल, कम्युनिस्ट इस आन्दोलन से अलग थे। अलग ही नहीं, बल्कि इसे दबाने में कांग्रेसी शासन का साथ पूरी आक्रामकता के साथ दे रहे थे। किशन पटनायक ने एक केन्द्रीय कम्युनिस्ट नेता को ओडिसा में पार्टी कार्यकर्ताओं की बैठक में यह कहते हुए उद्धृत किया है कि 'इन्दिरा गाँधी हमारी शरणागत हो चुकी हैं।'

दरअसल, यह प्रधानमन्त्री की उस विदेश नीति का व्याख्यान है, जिसके तहत सोवियत संघ से भारत की मैत्री चल रही थी। पटनायक ने यह कहते हुए कि 'कम्युनिस्टों की किताब में दो प्रकार की रणनीति थी : क्रान्तिकारी और लोकतान्त्रिक। १९५६ के बाद क्रान्तिकारी रणनीति किताब में ही रह गयी, लोकतान्त्रिक रणनीति के व्यवहार में उन्होंने शासक दल का साथ देने की रणनीति अभी तक चला रखी है', आश्चर्य व्यक्त किया था कि कांग्रेस के वर्गचरित्र की समझ और संजय गाँधी के उदय के बावजूद कम्युनिस्टों ने यदि इस भ्रम को पाला; तो यह सिर्फ़ भ्रम नहीं हो सकता था।' 'कठिन रास्ता न अपनाने के लिए कुछ भ्रमों को पालना ज़रूरी होता है।' पटनायक ने उचित ही 'जेपी आन्दोलन की ऐतिहासिकता' शीर्षक अपने लेख में यह प्रश्न उठाया है कि

> उथल-पुथल के समय में, भविष्य-निर्माण के समय में कोई बौद्धिक-राजनैतिक वर्ग क्या करता है? सिर्फ़ यह नहीं कि किसका पक्ष ले रहा है? सफलता और असफलता—दोनों के काल में उसको जोख़िम उठाने का काम करना होगा। तभी जन-असन्तोष का सही राजनीतिकरण हो सकेगा।

जब नागार्जुन ने बिहार आन्दोलन में शामिल होने का निर्णय लिया, अनशन पर बैठने की घोषणा की, तो खगेन्द्र ठाकुर ने यह वास्ता देते हुए कि आप तो हमारे साथी हैं, कम्युनिस्ट रहे हैं, आप अनशन पर नहीं बैठें तो नागार्जुन को यह कहकर मौन तोड़ते हुए उद्धृत किया गया है कि 'तुम लोग भी तो कुछ नहीं कर रहे हो, मतलब यह कि कोई आन्दोलन छिड़े।' यह क्या था? जोख़िम की बौद्धिक-राजनीतिक तड़प थी।

बिहार आन्दोलन में शामिल होने की परिस्थितियाँ बताते हुए स्वयं नागार्जुन कहते हैं—

> पिछली फ़रवरी और मार्च (१९७४) में हमने देखा कि विद्यालयों और महाविद्यालयों के छात्र अपने-अपने दलीय संगठनों के आचरण से ऊब गये हैं और विकल्प की टोह में भटक रहे हैं। गुजरात का छात्र आन्दोलन वहाँ की विधानसभा विघटित करने की माँग को पूरी करवाकर विश्राम कर रहा था। पटना विश्वविद्यालय छात्र संगठन के नेताओं ने जयप्रकाश जी से मिलना-जुलना शुरू किया तो शासक चौकन्ने हो उठे। मैं यह स्वीकार करता हूँ कि मेरा ध्यान अब तक बिहार के छात्रों की ओर नहीं

> गया था। ऐसे में आया १८ मार्च। अशान्ति न होने देने की सरकार की घोषणाओं के बावजूद सरकार समर्थक गुण्डों ने जिस प्रकार का अग्निकाण्ड और हत्याकाण्ड किया, उससे सभी परिचित हैं। अप्रैल के प्रारम्भ में गया के तरुणों, छात्रों और नागरिकों पर जिस प्रकार का फ़ासिस्ट आक्रमण हुआ, उसने हमारे दिल और दिमाग़ को झकझोर दिया। तभी हमें लगा कि बिहार की तरुण पीढ़ी सांस्कृतिक क्रान्ति के दरवाज़े पर खड़ी हो गयी है। हमें लगा कि बाध्य होकर ही सही हमें अपने विवेक की रक्षा के लिए इस क्रान्ति में तरुणों का साथ देना ही है। मुझे समर्थ गुरु रामदास की वह वाणी याद आयी, जिसका भाव है कि गाँव पर गुण्डे हमला करें तो सन्त को अपनी माला खूँटी में टाँगकर गुण्डों को भगाने में गाँववालों का साथ देना चाहिये।

जे.पी. भी इसी तरह इस आन्दोलन में शामिल हुए थे। इस आन्दोलन में नागार्जुन के साथी रहे मगही कवि बाबूलाल मधुकर ने आन्दोलन के शुरुआती दौर का यह विवरण अपने संस्मरण में लिखा है—

> अठारह और उन्नीस मार्च को बिहार में कोई सरकार नहीं थी। बेलगाम हो गया था बिहार। पटना में आग लगी हुई थी। बाँकीपुर में होटलें लहक-लहककर जल रही थीं। छात्रों के नाम पर असामाजिक तत्त्वों और सरकारी गुण्डों ने हर ओर लूटपाट मचा रखी थी। अश्रुगैस से पटना अन्धकार में बदल गया था। पटना में कर्फ़्यू लग गया था। तब छात्रों ने जे.पी. से मिलकर नेतृत्व का अनुरोध किया। जे.पी. ने शर्त रखी कि सुनूँगा सबकी, लेकिन मेरे निर्णय पर चलना होगा। फिर जे.पी. ने देश के बुद्धिजीवियों को आवाज़ दी थी। धीरे-धीरे बुद्धिजीवी वर्ग का आगमन हुआ। फणीश्वरनाथ रेणु और नागार्जुन के नेतृत्व में नुक्कड़ गोष्ठी आरम्भ हुई।

१७ अप्रैल, १९७४ को नागार्जुन पहली बार अनशन पर बैठे। वाचस्पति को लिखे पत्र में उन्होंने उल्लेख किया—

> १७ को हम छह जने (फणीश्वरनाथ रेणु, दामोदर अम्बष्ठ, मधुकर सिंह, रवीन्द्र राजहंस, जुगनू शारदेय और नागार्जुन) प्रतीक-अनशन पर थे। अम्बष्ठ मूर्ति-निर्माता और चित्रकार हैं। जुगनू शारदेय पत्रकार हैं। रवीन्द्र राजहंस यहाँ कॉमर्स कॉलेज में अँग्रेज़ी पढ़ाते हैं। मधुकर सिंह कथाकार से परिचित ही हो। आम जनता शान्तिपूर्ण विरोध प्रकट कर

रही है—प्रतीक अनशन, मौन जुलूस, धरना, रात्रि की नीरवता में घड़ियाल-थाल आदि बजाना...यह प्रक्रिया छोटे-छोटे क़स्बे तक में पहुँच रही है।

२९ अप्रैल के अंक में 'चौरंगी वार्ता' ने लिखा—

अख़बारों में काम करनेवाले कर्मचारी पिछले कई दिनों से अनशन, धरना दे रहे थे। अब पत्रकारों ने धरना देना शुरू किया है। डाक्टरों ने भी आन्दोलन का समर्थन करने का फ़ैसला किया है। जगह-जगह रिक्शेवाले छात्रों के समर्थन में जुलूस निकाल रहे हैं। कोई भी छूटना नहीं चाहता। १८ अप्रैल को वकीलों का मौन जुलूस निकला। तख़्तियाँ लिये हुए वकीलों ने मीलों परेड की। लेखकों ने अनशन तो किया ही, अब नुक्कड़ों पर कवि-गोष्ठियाँ कर रहे हैं। जगह-जगह हर ज़िले में लेखक अनशन पर बैठे। पटना की कवि गोष्ठियों में आपको फणीश्वरनाथ रेणु, नागार्जुन, बाबूलाल मधुकर, डॉ. रामवचन राय और जुगनू शारदेय ज़रूर मिल जायेंगे। कविता-पाठ और अपनी विलक्षण बातों से ये कवि-लेखक जन-जागरण का अजीब समां बाँध रहे हैं। इन कवि-गोष्ठियों की चर्चा पटना के नागरिकों में ही नहीं, सुदूर देहातों में भी हो रही है। पटना आये देहाती ग्रामीण बाबा नागार्जुन की बातें अपने गाँव में जाकर सुनाते हैं। कला महाविद्यालय के छात्रों ने चित्रों की प्रदर्शनी लगायी है। प्रदर्शनी के अलावा आन्दोलन को कुचलने के हथकण्डों के भी चित्र हैं।

इसके अलावा, नुक्कड़ नाटकों की भी शुरुआत हुई जिसकी कमान सतीश आनन्द ने सँभाली थी।

रोज़-रोज़ होनेवाली, बल्कि दिन में कई बार कई जगह होनेवाली इन नुक्कड़-गोष्ठियों का ख़र्च कैसे जुटता था? बाबूलाल मधुकर अपने संस्मरण में बताते हैं—

बाबा मंच पर झूम-झूमकर, नाच-नाचकर पढ़ते थे। हज़ारों की संख्या में श्रोता जमा हो जाते। नागा बाबा, कविवर रामप्रिय मिश्र लालधुआँ, मैं, सचिवालय में कार्यरत गोपीवल्लभ सहाय, रवीन्द्र राजहंस और सत्यनारायण मंच पर कविता पढ़ते और नीचे फणीश्वरनाथ रेणु और डॉ. रामवचन राय श्रोता के सामने गमछा या कुरता फैला देते। उस पैसे से माइकवाले आदि को देकर जो बचता तो रेणु जी बाबा को, लालधुआँ को और मुझे दे देते क्योंकि हम तीनों के आगे नाथ न पीछे पगहा था।

> सरकारी नौकरी करने का प्रश्न ही नहीं था। उसी पैसे से उस शाम चूल्हा सुलगता।

यह तो नन्दकिशोर नवल ने भी अपने संस्मरण में दिया है कि भयंकर बीमार और जर्जर शरीर होकर जब नागार्जुन जेल से छूटे थे और नवल जी उनसे मिलने गये थे तो देखा, केवल प्याज के साथ रोटी खा रहे थे। यानी कि सब्ज़ी तक नसीब नहीं थी। यहाँ एक और पंक्ति लिखी है नवल जी ने—'यह दशा थी उनकी!' यानी कि इस दशा के बावजूद...

'चौरंगी वार्ता' में छपे अपने इण्टरव्यू में नागार्जुन ने कहा—

> वर्तमान आन्दोलन के सिलसिले में मेरे बहुत सारे मित्रों को ठेस लगी कि मैं नुक्कड़ों और चौराहों पर संघर्ष के समर्थन में खड़ा हो गया। ढेर सारे हितैषियों ने सुझाया कि बौद्धिक समर्थन ही काफ़ी था, छोकड़ों के साथ आसमान के नीचे खड़े होने की क्या ज़रूरत थी। लेकिन व्यावहारिक तौर पर गवाह की सशरीर उपस्थिति को ही अदालत मानती है। पक्षधरता प्रमाणित करने के लिए यह आवश्यक है कि आप उस व्यक्ति या समूह के साथ खड़े हों जिसको आपने वाणी से समर्थन दिया है।

और यह भी कि 'हमारे डांगेपन्थी लाल भाइयों ने हमें नफ़रत की निगाहों से देखा। 'पेट्रियट' से सम्बन्धित एक पत्रकार बन्धु ने कहा—'आपके दिमाग़ का स्क्रू अब अच्छी तरह से ढीला हो गया है। राम! राम! इसकी क्या ज़रूरत थी, चौराहे पर बैठे बिना भी आप तरुणों को सहानुभूति दे सकते थे।' और स्थानीय अख़बारों में नागार्जुन ने अपना वक्तव्य प्रकाशित कराया—

> सत्ता प्रतिष्ठान की दुर्नीतियों के विरोध में एक जनयुद्ध चल रहा है, जिसमें मेरी हिस्सेदारी सिर्फ़ वाणी की ही नहीं कर्म की हो, इसीलिए मैं आज अनशन पर हूँ, कल जेल भी जा सकता हूँ।

नागार्जुन बिहार आन्दोलन में शामिल हुए, लेकिन जे.पी. की वजह से या उनके आह्वान पर नहीं। उनकी प्रेरकशक्ति भिन्न थी। वह आम जनता थी जो महँगाई, कुशासन, भ्रष्टाचार से त्रस्त थी, और छात्र थे जो इस स्थिति को बदलना चाहते थे। बाद में नागार्जुन ने अपने एक साक्षात्कार में विजय बहादुर सिंह को बताया था—

> मेरा जे.पी. के व्यक्तित्व के प्रति कभी अनुराग नहीं रहा। सन् ४० और

> ७० के बीच जे.पी. के विरोध में दसियों व्यंग्य-कविताएँ मेरी छपी होंगी। उनमें से कुछेक ही अब प्राप्य हैं। फिर घटनाचक्र कुछ ऐसा घूमा कि ७१-७२ के बाद सत्तारूढ़ पार्टी के नेतृत्त्व में तानाशाही मनसूबे साफ़-साफ़ उभरने लगे। श्रमजीवी वर्ग और प्रखर बौद्धिक जमात पर शासन का शिकंजा कसने लगा। गुजरात की नयी पीढ़ी ने 'नव निर्माण आन्दोलन' के ज़रिये एक प्रतिरोध खड़ा किया। उसी की अगली कड़ी बिहार की तरुण पीढ़ी ने थाम ली।

यथास्थिति के विरुद्ध ठानी गयी किसी भी लड़ाई में, न्यूनतम सहमति-बिन्दु के आधार पर भी, शामिल होने में वह कोई बुरायी नहीं देखते थे। बिहार आन्दोलन के ही दौरान, उन्होंने 'पूछते हैं विज्ञजन परस्पर' शीर्षक कविता लिखी थी। तथाकथित 'विज्ञजन' जो ऊँची-ऊँची डिग्रियाँ धारण करते हैं, ऊँचे पदों पर आसीन होते हैं, स्वाभाविक रूप से यथास्थिति के समर्थक होते हैं। बिहार आन्दोलन ने किस प्रकार इन सबके 'संशय के शतदल' खिला दिये कि अपनी-अपनी गुफा से निकलकर बार-बार परस्पर पूछताछ करते हैं, अनुमान बिठाते हैं कि 'जे.पी. अब आगे क्या करेंगे/अगला पद अपना वो कहाँ धरेंगे ?' यहाँ यथास्थिति के पक्षधरों को 'काँप-काँप उठते हैं प्रतिपल' बताया गया है। नागार्जुन इस कम्पन से आनन्दित होते हैं और भभाकर हँसते हैं। यथास्थिति से मुक्ति की हर कोशिश, एक साधारण आदमी की ही तरह नागार्जुन को सर्वथा काम्य और वर्तनीय लगती थी, वरना जे.पी. के प्रति उनके मन में कुछ ख़ास श्रद्धा बच नहीं गयी थी। उन्होंने उस जे.पी. को देखा था, जिन्होंने १९३८ में समर स्कूल ऑफ़ पॉलिटिक्स में प्राचार्य की भूमिका निभायी थी, किन्तु बाद को भूदान और हृदय परिवर्तन का पथ बरतने वाले जे.पी. से किसी भी तरह वह सहमत नहीं हो सकते थे। मैथिली में उन्होंने उनके विरुद्ध घोर मारक कविता 'आजुक महाकारुणिक बुद्ध' लिखी थी और 'तीनों बन्दर बापू के' में एक जिस बन्दर को 'सर्वोदय का नटवरलाल' बताया गया था, वह भी जे.पी. ही थे। चम्बल के डाकुओं के आत्मसमर्पण-मामले में उन्होंने अपनी असहमति साफ़ ज़ाहिर की थी—'तरुणों को डाकू बनने दो/फिर करवाना आत्मसमर्पण/अपराधों की राख मलो तो/चमके प्रजातन्त्र का दर्पण।' इस आन्दोलन के दौरान भी जे.पी. को देखने का उनका नज़रिया आलोचनात्मक रहा। उन्होंने 'अगले पचास वर्ष और...' कविता लिखी जिसमें सम्पूर्ण क्राति में स्वार्थी तत्त्वों के

घुसपैठ, भ्रष्टाचारियों, अवैध व्यापारियों से दान प्राप्त करने आदि पर कटु टिप्पणी थी और एक बार फिर यह भविष्यवाणी की कि ऐसा ही चलता रहा तो फिर से 'भारतपुत्री' के वापस आने और धनकुबेरों की मनचाही पूर्ण करने से नहीं रोका जा सकेगा। यह नागार्जुन का कविधर्म था जिसने निरन्तर आलोचनात्मक विवेक से लैस बने रहने का स्वभाव पाया था। अपनी एक संस्कृत कविता 'वाग्विभूतिः' में, बाद में उन्होंने अपनी कविता के बारे में कहा भी था कि मंगल की कामना से उपजे क्रोध से यह पैदा होती है, विक्षोभ का उद्रेक ही इसका रूप है और स्वभाव इसने ऐसा पाया है कि निद्रा (यथास्थिति) को यह चीड़-फाड़ डाले। तब, जनान्दोलन में शामिल थे जिसके नायक जे.पी. थे, तो इसका ख़याल हमेशा उन्हें रखते हुए पाया गया।

४ नवम्बर, १९७४ को जब अब्दुल गफूर की कांग्रेसी सरकार ने जे.पी. पर लाठी चलवायी, वह भी इस तरह जैसे उनकी जान मारने का इरादा हो, नागार्जुन ने 'जयप्रकाश पर पड़ी लाठियाँ लोकतन्त्र की' कविता लिखी। इसे उन्होंने भूरी बिल्ली के रंग उतर चुकने का लक्षण बताया और लक्षित किया कि पटना आते-आते दिल्ली का दम पूरी तरह टूट चुका है। इसे उन्होंने एक बहुत बड़ी घटना का दरजा दिया और कहा कि बिहार अब नव बिहार है, जहाँ राष्ट्रतत्त्व सान पर चढ़ा है, जनगणमन की एक भावना है, तरुणों की आन पर बन आयी है और अब तो यहाँ अवश्य ही लोकतन्त्र संशोधित होकर रहेगा। इस घटना का जो चारों ओर तुमुल विरोध हुआ उसे उन्होंने 'अश्रुतपूर्व प्रस्थान घोष' की संज्ञा दी और इसका जयकार किया। आगे यह कविता समूचे आन्दोलन के दौरान नारे की तरह गुंजित होती रही। स्वयं जे.पी. भी इस कविता की भावनाओं को पा नितान्त गह्वरित हुए। आगे १८ नवम्बर को जब गाँधी मैदान में विशाल जनसभा हुई, जिसमें भागीदारों की संख्या पाँच लाख बतायी जाती है और कहा जाता है कि इसके पहले कभी इतने लोग गाँधी मैदान में नहीं जुटे थे, नागार्जुन भी मंच पर जे.पी. के साथ थे, रेणु भी, उसमें जे.पी. की रुलायी छूट गयी थी भावुकतावश, और उन्होंने अपना सम्बोधन यूँ शुरू किया था—'परम आदरणीय नागार्जुन जी, बहनो, भाइयो, और युवको...' इसी जनसभा में रेणु ने पद्मश्री सम्मान वापस करने की घोषणा की थी, और दोनों ने ३०० की अपनी-अपनी वृत्तियाँ त्यागने का निर्णय सुनाया

था। जे.पी. बोले थे—

> रेणु जी ने और नागार्जुन जी ने देश के तमाम लेखकों के सामने एक उदाहरण रखा है, एक रास्ता बताया है कि क़लम भी किस प्रकार न्याय के, क्रान्ति के संघर्ष में हथियार बन सकती है।

४ नवम्बर की घटना के दिन योगेन्द्र पाल देवरिया से शामिल होने आये थे। घटनाक्रम का विवरण उन्होंने 'चौरंगी वार्ता' को भेजा था। उसमें लिखा है कि ३ नवम्बर की रात १२ बजे संघर्ष समिति के कार्यालय पहुँचे तो ताज़ा ख़बर थी कि पाटलिपुत्र स्कूल में सत्याग्रही भोजन करने को बैठे तभी केन्द्रीय पुलिस बल ने हमला किया और सबको पंगत से उठा ले गये। सर्वोदय प्रकाशन प्रतिष्ठान में हज़ारों सत्याग्रही एकत्रित थे, यहाँ नागार्जुन, लालधुआँ के साथ बाङ्ला कवयित्री रेखा राय भी काव्य-पाठ कर रही थीं। पता चला कि पुलिस ने साढ़े आठ बजे यहाँ भी हमला किया था और सत्याग्रहियों को पकड़ ले गयी थी। नागार्जुन में उन्हें विशेष दिलचस्पी थी सो रात को उनके साथ वहीं रुके। रात में नागार्जुन को बुख़ार था लेकिन अगली सुबह सात बजे ही तैयार होकर निकल पड़े। नागार्जुन के साथ उनकी लगातार गपशप होती रही। लिखा है कि—

> बात-बात में उन्होंने कहा कि बिहार आन्दोलन की तीन उपलब्धियाँ तो स्पष्ट हैं— (१) जनता की यह मानसिकता टूटी है कि कहीं कुछ नहीं हो सकता; (२) गाँधी समाप्त या विकृत हो चुका था, उसकी पुनः स्थापना हुई है और उसके मार्ग के प्रति आस्था उत्पन्न हुई है। (३) युवा और वृद्ध-पीढ़ियाँ एक स्थान पर एक साथ खड़ी हुई हैं तो दूसरे स्थान पर आमने-सामने आयी हैं।

और, वापस जब योगेन्द्र देवरिया लौटे, पता चला कि केन्द्रीय मन्त्री केशवदेव मालवीय 'लोकतन्त्र बचाओ।

सभा करने आये थे लेकिन छात्रों ने उन्हें स्टेशन पर ही घेर लिया। इस पर लाठी चार्ज हुआ और गोली चली। लिखा है कि

> हर जगह गाँव, क़स्बा, बाज़ार, शहर, जहाँ चार आदमी इकट्ठे होते हैं एक ही चर्चा होती है—बिहार आन्दोलन और जयप्रकाश। पूर्वी यू. पी. तो अब बिहार का अंग बन गया है—बलिया, बनारस, गाजीपुर और आजमगढ़ यह अभी बन्द है।

उन दिनों के हालात पढ़ें तो साफ़ दीखता है कि छात्र उस पीड़ा और आक्रोश को अभिव्यक्ति दे रहे थे, जिससे जनता का हृदय भरा हुआ था। ऐसे में नागार्जुन ने यह पंक्ति लिखी थी—'होंगे दक्षिण होंगे वाम/जनता को रोटी से काम।' सुनते हैं कि यह एक मुकम्मल कविता थी जो अब कहीं नहीं मिलती। इस पंक्ति को आन्दोलन में नारे के रूप में प्रयोग किया जाता था, बल्कि यह सबसे प्रचलित नारों में से एक था, जिसे संघर्ष समिति द्वारा प्रकाशित नारों की पुस्तिका में भी शामिल किया गया था, जहाँ नागार्जुन द्वारा रचित और भी कई नारे थे। कम्युनिस्टों को सबसे ज़्यादा चोट इसी पंक्ति से लगती थी, मानो इन्दिरा के साथ उनका गठजोड़ ही जनता के लिए अपने आप में पर्याप्त हो और रोटी का माँगा जाना फ़ालतू। १९४२ के आन्दोलन से अलग-थलग रहने के बाद अब यह दूसरा मौक़ा था जब वे देश की साधारण जनता की स्मृति से अपने आपको मिटा देने का उपक्रम कर रहे थे, लेकिन या तो इसकी उन्हें ख़बर नहीं थी या फिर यही उनका 'जोख़िम' था। खगेन्द्र ठाकुर ने लिखा है, यह पंक्ति लिखने के विरुद्ध स्पष्टीकरण के लिए वह नागार्जुन के पास पहुँचे थे, पूछा भी था। लिखा है कि बाबा चुप रह गये। चुप तो इसलिए रह गये होंगे कि वह समझ नहीं सकते थे, न नागार्जुन के पास समझाने का वक़्त रहा होगा, लेकिन उन्होंने इसे ऐसे लिया मानो वह कोई अपराध कर रहे हों, जिसकी सज़ा एक-न-एक दिन ज़रूर देनी है।

नागार्जुन के लिखे और भी कई नारे पूरे प्रदेश में बहुत प्रचलित थे। एक नारा था—'बेटा कार बनाता है/माँ बेकार बनाती है।' 'बेकार' की ध्वनि यहाँ दूर तक जाती थी, जो बेरोज़गारों के साथ-साथ उन लोगों को भी शामिल कर लेती थी जो लाठी या गोली से घायल हुए होते थे। बिहार की भाषा में अपंग होने को बेकार होना भी कहा जाता है। यह नारा नागार्जुन की उस कविता-पंक्ति को मूर्तिमान कर देता था—'तानाशाही तामझाम है/सोसलिज़्म का नारा/पार्लमेंट पर चमक रहा है/मारुति का ध्रुवतारा।' एक नारा था—'माँ की गोद सूनी है/इन्दिरा गाँधी ख़ूनी है।' एक और था—'क्षुब्ध हृदय है बन्द ज़ुबान, मूक हमारी वाणी है/झूठी आकाशवाणी है।' और यह—'गेहूँ के बदले गोली है/यह शैतानों की टोली है।' शासन द्वारा जब आन्दोलन को साम्प्रदायिक रंग देने की कोशिश की गयी तो नागार्जुन ने एक यह नारा लिखा था—'अब्दुल गफ़ूर

चूर है कुरसी के खेल में/अख़्तर हुसैन बन्द है पटना के जेल में।' उन्नीस–बीस बरस के अख़्तर हुसैन समाजवादी युवजन सभा के सचिव थे और संघर्ष समिति के संचालक मण्डल के सदस्य। प्रभावी इतने कि किसी–न–किसी बहाने सरकार उन्हें अधिकतर जेल में ही ठूँसे रखती। इस नारे की व्याख्या करते हुए संघर्ष के एक प्रमुख साथी बजरंग सिंह ने यह टिप्पणी लिखी थी—

> बिहार गरमा रहा है, ५ जून नज़दीक आ रहा है और मुझे नागार्जुन की ये पंक्तियाँ बार–बार याद आती हैं, शायद इसलिए कि अख़्तर हुसैन बिहार की युवा और छात्र–शक्ति के प्रतीक हैं तो अब्दुल गफ़ूर (मुख्यमन्त्री) कांग्रेस की सत्तालोलुप राजनीति के। नागार्जुन ने ये पंक्तियाँ कांग्रेस के साम्प्रदायिक प्रचार के ख़िलाफ़ लिखी थीं, अब ये बिहार की दीवारों पर लिखी जा रही हैं। कितने ही सीताराम केशरी और जलीलुर रहमान (कांग्रेसी सांसद) इन्टरव्यू देकर साम्प्रदायिकता भड़काने की कोशिश क्यों न करें, बिहार का मुसलमान और ख़ासकर जवान मुसलमान जानता है कि यह आन्दोलन उनका अपना है, और यह सफल हुआ तो ऐसा नया हिन्दुस्तान बन सकता है जिसके प्रधानमन्त्री अख़्तर हुसैन जैसे चपरासी के बेटे हुआ करेंगे।

अख़्तर हुसैन ने अपने एक लेख में साहित्यिक जनों की भूमिका को इन शब्दों में व्यक्त किया—

> बिहार में लेखकों और पत्रकारों को देवकान्त बरुआ ने राज्यपाल रहते काफ़ी भ्रष्ट किया था। इस आन्दोलन के चलते लेखक और पत्रकारों का भी चेहरा साफ़ हुआ है। बिहार के लोग आज उन लोगों को लेखक–पत्रकार मानने को तैयार ही नहीं जो सरकार के साथ हैं। रेणु और नागार्जुन तो अखिल भारतीय नाम हैं, पर बिहार में कितने ही लेखक आज सरकारी नौकरी में रहते हुए भी आन्दोलन में भाग ले रहे हैं। इन लेखकों और कवियों की भूमिका भी गौण नहीं। ये नुक्कड़ और सम्मेलनों में जनता में ग़ुस्सा और उमंग दोनों बढ़ाते हैं।

नुक्कड़ की कविताई के बारे में नन्दकिशोर नवल की टिप्पणी है—

> इस आन्दोलन ने कविता में एक नयी विधा को जन्म दिया—नुक्कड़ कविता को। नुक्कड़ों पर कविगोष्ठियाँ होने लगीं और उनके लिए कविताएँ लिखी जाने लगीं। इन गोष्ठियों में दो (नये) अच्छे कवि

उभरे—सत्यनारायण और रवीन्द्र राजहंस।

और ये नुक्कड़ गोष्ठियाँ किन-किन परिस्थितियों के बीच होती थीं, एक रपट का अंश—

> २ अक्टूबर को राष्ट्रपिता के जन्मदिन पर बिहार भर में गाँधी जी की शेष लड़ाई को उसके लक्ष्य तक पहुँचाने का संकल्प लिया गया। बन्द से एक सप्ताह पहले ही बिहार भर में आतंक का घनघोर वातावरण बना दिया गया था। पटना में पोलो ग्राउण्ड में एक सप्ताह पहले से ही केन्द्रीय रिजर्व पुलिस और सीमा सुरक्षा बल के जवानों की कवायद शुरू कर दी गयी थी। हर जगह पुलिस और बल के जवान दीख पड़ते थे। ऐसे आतंक के बीच नुक्कड़ कवि सम्मेलनों का दौर फिर शुरू हुआ। २७ सितम्बर को राजेन्द्रनगर चौराहे पर पहला कवि सम्मेलन हुआ। इसके बाद रोज़ किसी-न-किसी नुक्कड़ पर होने लगा। नागार्जुन, लालधुआँ, बाबूलाल मधुकर, सत्यनारायण, परेश, गोपीवल्लभ, रघुवंश नारायण सिंह कविताएँ सुनाते, आन्दोलन के बारे में बताते। नागार्जुन केन्द्रीय पुलिस के जवानों को गुज़रते देखते तो कहते, सुनो, एक कविता सुन लो। और सुनाने लगते—'इन्दु जी, इन्दु जी, क्या हुआ आपको/ सत्ता की मस्ती में भूल गयी बाप को/छात्रों के ख़ून का चस्का लगा आपको/ काले चिकने माल का मस्का लगा आपको/किसी ने टोका तो ठस्का लगा आपको।

१-२ अक्टूबर को तो पूरी नुक्कड़ गोष्ठी को केन्द्रीय पुलिस ने घेर लिया। कवि गण कविता पढ़ते रहे—'देश में कविता आज सचमुच ही क़ैद है।' ३ अक्टूबर को सचिवालय पर धरना शुरू हुआ तो कवि लोग भी पहुँचे। नागार्जुन सत्याग्रहियों को कविता सुनाने लगे। सत्याग्रही जयप्रकाश ने कहा कि अहिंसक कविताएँ सुनायें। इस पर बाबा ने सहज भाव से कहा—'कवियों को छूट होनी चाहिये।' जे.पी. ने बाबा की बात स्वीकार की और कविता सुनते रहे।'

एक दिन की घटना का ज़िक्र आनन्दवर्धन ओझा ने अपने संस्मरण में किया है—

> कर्फ़्यू के दिन थे। कर्फ़्यू में जब कभी घण्टे भर की ढील होती, हम अपने अड्डे से बाहर निकल आते—समाचारों का संग्रहण होता, चर्चाएँ होतीं, और चौराहों पर गोलबन्द होकर हम नागार्जुन जी के नेतृत्व में आन्दोलन

समर्थित अपनी-अपनी कविताएँ पढ़ते, नारे लगाते। वे अजीब ऊर्जा और उत्साह से भरे दिन थे। एक बार कर्फ़्यू में ढील का लाभ उठाकर हम नुक्कड़ गोष्ठी कर रहे थे। हम युवा कवियों का काव्य-पाठ समाप्त हुआ तो बाबा उठे और वह तन्मय होकर अपनी काव्य-पंक्तियाँ गाने लगे। समय पर किसी का ध्यान न था, सभी मन्त्रमुग्ध थे। एक घण्टे का वक़्त कब बीत गया, पता ही न चला, अचानक सायरन बजातीं बी.एस.एफ. की गाड़ियाँ चौक पर आ पहुँचीं। देखते-देखते भीड़ गलियों में गुम हो गयी। हम युवा साथी भी भागकर सिटी स्वीट हाउस में जा छिपे, लेकिन वृद्ध बाबा बी.एस.एफ. के हत्थे चढ़ गये। हम सभी ने होटल के दरवाज़ों से झाँककर देखा—जवानों ने बाबा को पकड़ लिया था, उनमें कुछ बातें हुईं, फिर अचानक बाबा ने विचित्र मुद्रा बनायी और चुटकियाँ बजा-बजाकर नृत्य करने लगे। हमने देखा, जवान बाबा को दुत्कार रहे हैं। बाबा ठुमकते हुए धीरे-धीरे हमारे पास आ पहुँचे। हमने शीघ्रता से दरवाज़ा खोलकर उन्हें अन्दर खींच लिया। नायक के आते ही हमारी टोली होटल की कुर्सियों पर फिर से जम गयी। हमारी जिज्ञासा पर बाबा ने बताया—'आज तो बाँकीपुर जेल की खिचड़ी खानी पड़ती, लेकिन मैंने भी चालाकी से काम लिया। बी.एस.एफ. वालों ने मेरा नाम पूछा तो 'बैजनाथ मिसिर बैजनाथ मिसिर' कहते हुए मैं चुटकियाँ बजाने और नाचने लगा। एक जवान ने कहा—'लगता है पागल है'। दूसरे ने कहा—जाने दो। कभी-कभी लादिमाग़ हो जाना कितना सुखकर होता है। देखो, मैं उनकी पकड़ से छूटकर नाचता-ठुमकता तुम लोगों के पास आ पहुँचा। बाबा की बात सुनकर हम सभी उस दिन हँस पड़े थे। लेकिन, बाबा का बचा रहना बहुत दिनों तक हो न सका, उन्हें गिरफ़्तार कर लिया गया। वह अपनी कविताओं, आग उगलते व्याख्यानों और चुटकियाँ लेती फब्तियाँ कसती क्षणिकाओं के कारण हिटलिस्ट में थे।

सम्पूर्ण क्रान्ति की अवधारणा को ज़मीनी हक़ीक़त में बदलने के लिए जे.पी.ने 'जनता सरकार' गठन का रास्ता अपनाया था। यह त्रिस्तरीय सरकार थी, जिसके विभिन्न स्तर गाँव, पंचायत तथा प्रखण्ड थे। मूल रास्ता गाँधी के सपने के स्वराज की ओर जाता था। यह कोई समानान्तर सरकार नहीं थी, न ही सरकारी संस्थाओं की नक़ल। यह दरअसल सिविल नाफ़रमानी को अमली जामा पहनाने के लिए, सरकारी योजनाओं

के क्रियान्वयन की निगरानी के लिए और बिलकुल आख़िरी आदमी तक पहुँचने के लिए बनायी गयी रणनीति थी। इसका आधार था गाँव, जहाँ जनसंघर्ष समिति गठित की जाती थी और इसी के प्रतिनिधि क्रमशः पंचायत तथा प्रखण्ड स्तर तक जनता सरकार में शामिल होकर दायित्व का निर्वाह करते थे। नवम्बर १९७४ से ही जनता सरकार बिहार के प्रखण्डों में आकार लेने लगी थी। नवादा ज़िले के चण्डी प्रखण्ड में गठित जनता सरकार की गतिविधियों पर 'दिनमान' ने २३ मार्च, १९७५ के अंक में लिखा था—

> बासगीत ज़मीन का पर्चा दिलाने, भूदान की ज़मीन को ग़लत क़ब्ज़े से निकालकर उचित व्यक्तियों को दिलाने, जलाशयों को भरने से रोकने, ठेकेदारी मुखिया या उनके सगे-सम्बन्धियों को न मिलकर शिक्षित बेरोज़गारों को मिले, इसके लिए जनता सरकार संघर्षात्मक रुख़ अख़्तियार करती है। सरकारी कार्यालयों तथा पुलिस थाने में फैले भ्रष्टाचार को रोकने के लिए जनता सरकार की तरफ़ से चौराहे पर 'भ्रष्टाचार निरोध पट्ट' लगाया गया है। भ्रष्टाचार सम्बन्धी जितनी शिकायतें आती हैं, जनता सरकार के सदस्यगण छानबीन करते हैं और उसे उक्त पट्ट पर दर्ज कर देते हैं। मुक़दमों को गाँव और पंचायत स्तर पर ही सुलझाया जाता है और दण्ड प्रक्रिया संहिता के बदले प्रेम और मेलजोल का रास्ता अपनाया जाता है। मौजूदा सरकार को ठप करने के लिए करबन्दी और लगानबन्दी जनता सरकार का एक प्रधान मुद्दा है।

मई १९७५ में जे.पी. ने 'अगले तीन महीने : चालू और भावी कार्यक्रम' नाम से एक बुलेटिन प्रकाशित किया। इसमें तय किया गया कि १० जून के पूर्व राज्य के सभी प्रखण्डों में जनता सरकार का गठन पूरा कर लिया जाये ताकि उस दिन की आम सभा में इसकी घोषणा की जा सके। संगठन के सभी नेताओं, कार्यकर्ताओं के लिए कार्यक्षेत्र निर्धारित कर दिये गये। बाबूलाल मधुकर के संस्मरण से पता चलता है कि सीवान ज़िले की ज़िम्मेवारी छात्र-नेता लालू प्रसाद यादव को सौंपी गयी थी, किन्तु लालू जी ने जे.पी. से विशेष अनुरोध करके अपने साथ नागार्जुन तथा मधुकर को ले जाने की अनुमति प्राप्त कर ली थी। स्वयं नागार्जुन भी इसके लिए तैयार हो गये थे। बाबूलाल मधुकर ने लिखा है—

> हम लोग गंगा किनारे जहाज़ पर चढ़ चुके थे कि उसी समय मोहिनी झा

(एक सक्रिय संगठन नेत्री) हाँफती हुई आयी और हम दोनों को कहने लगी कि सौराठ सभा चलना है। तब बाबा ने रास्ता निकाला कि मैं सीवान जाता हूँ, मधुकर तुम्हारे साथ जायेगा। जहाज़ खुलने लगा। मैं बाबा को प्रणाम कर उतर गया। बाबा चिनियाँ बदाम फोड़ते हुए झोला लटकाये सीवान के लिए प्रस्थान कर गये।

१ जून, १९७५ को सीवान के पचरुखी प्रखण्ड में जनसभा हो रही थी, जिसमें जनता सरकार का गठन होना था। जनसभा पर पुलिस ने हमला किया और सारे नेता गिरफ़्तार कर लिये गये। नागार्जुन भी गिरफ़्तार हुए। गोपेश्वर सिंह ने लिखा है—

नागार्जुन को पहली बार १९७५ में इमरजेंसी लगने के पहले देखा था। बिहार के सीवान में छात्रों-युवाओं की एक सभा को वे सम्बोधित कर रहे थे। अपनी कविताएँ भी सुना रहे थे। उस सभा में मैं भी था। वहीं पुलिस ने उन्हें गिरफ़्तार किया और बक्सर जेल में डाल दिया। कुछ दिन बाद ही इमरजेंसी लग गयी और जे.पी. सहित विरोधी दलों के नेता गिरफ़्तार कर लिये गये। प्रेस पर सेंसरशिप लागू हो गयी।

नागार्जुन ने अपने एक साक्षात्कार में बताया है कि इमरजेंसी लागू होने के पहले ही जब जे.पी. को आशंका थी कि वे गिरफ़्तार किये जा सकते हैं तो उन्होंने नागार्जुन को पत्र लिखा कि जेल से निकलने की सोचें क्योंकि 'बाहर आपकी बहुत ज़रूरत है।' तय यह था कि जे.पी. यदि जेल चले जाते तो ये लोग 'आन्दोलन में जो कमी आती थी, उसको हम लोग पूरा करते थे। एक रिक्शा करते थे। एक भोंपू होता था और प्रतिदिन तीन-चार चौराहों को कवर करते थे।' यही चीज़ और लोग भी करते तो कमी पूरी हो जाती थी। जेल से बाहर होने का तरीक़ा आसान था कि लिखित रूप से माफ़ी माँग ली जाये और आगे के लिए वचनबद्ध हुआ जाये। लेकिन, नागार्जुन ने जे.पी. की राय मानने से इनकार किया—

हमने तर्क दिया कि सरकार ने अपने ढंग से गिरफ़्तार किया है अपने ढंग से छोड़ेगी, हम लिखकर क्यों देंगे कि अब हम बाहर आना चाहते हैं। यह तो छिनाली हुई।

लेकिन आगे बहुत तेज़ी से परिस्थिति जटिल होती चली गयी। १२ जून को इलाहाबाद उच्च न्यायालय ने इन्दिरा गाँधी के लोकसभा चुनाव को

अवैध घोषित कर दिया। प्रधानमन्त्री की हिंस्रता में इससे और अधिक वृद्धि हुई, जिसे नागार्जुन ने अपनी कविता में भी आँका। फ़ैसले के दो दिन पहले ही नागार्जुन ने 'इर्द-गिर्द संजय के मेले जुड़ा करेंगे' कविता लिखी जिसमें सम्भावना व्यक्त की कि इन्दिरा यदि हार जायें और राजनारायण (वादी) जीत जायें तो क्या होगा! जे.पी. के पत्र की छाया भी यहाँ दिखती है। इन्दिरा हिली है, दल में भगदड़ मच जानेवाला है, सब उसे डायन कहनेवाले हैं, इसका भी संकेत है। ऐसे में वह कहते हैं— 'देवि, तुम्हारी प्रतिमा से मैं दूर खड़ा हूँ/छोटा हूँ पर उन बौनों से बहुत बड़ा हूँ।' फिर यह भी कि—'जनकवि हूँ मैं क्यों चाटूँगा थूक तुम्हारी/ श्रमिकों पर क्यों चलने दूँ बन्दूक तुम्हारी!' २५ जून को दिल्ली के रामलीला मैदान में जे.पी. ने विशाल जनसभा को सम्बोधित करते हुए सेना-पुलिस से नाफ़रमानी की अपील की और इन्दिरा गाँधी के इस्तीफ़े को लेकर सत्याग्रह का एलान कर दिया। उसी रात इमरजेंसी घोषित कर दी गयी और गाँधी शान्ति प्रतिष्ठान में सोये जे.पी. को पुलिस पकड़ ले गयी। मीसा और डी.आई.आर. का सहारा लेकर हज़ारों नेताओं, संगठनकर्मियों को गिरफ़्तार कर लिया गया। इमरजेंसी पर नागार्जुन ने जेल में कविताएँ लिखीं—'लगता है/हिन्द के आसमान में/अब सूरज सहमकर उगेगा/अपनी किरणें बिखेरेगा डरता-डरता काँपता-काँपता' और वह प्रसिद्ध कविता 'सत्य' भी—

> सत्य को लकवा मार गया है/वह लम्बे काठ की तरह/पड़ा रहता है सारा दिन, सारी रात/वह फटी-फटी आँखों से/टुकुर-टुकुर ताकता रहता है सारा दिन, सारी रात/कोई भी सामने से आये-जाये/सत्य की सूनी निगाहों में ज़रा भी फ़र्क़ नहीं पड़ता/पथरायी नज़रों से वह यों ही देखता रहेगा/सारा-सारा दिन, सारी-सारी रात।

यह लेकिन इमरजेंसी का एक पक्ष था, जो लोकतान्त्रिक सभ्यता की बुनियाद हिला देनेवाला और सदा-सर्वदा के लिए देश की कटु स्मृतियों में शामिल होनेवाला भले हो, लेकिन अकेला पक्ष नहीं था। भूमिगत होकर आन्दोलन जारी था, जीवट और प्रतिरोध से भरा। आये दिन इसकी छवियाँ भूमि-आगत भी दिखती रहती थीं। इन सबके प्रति नागार्जुन पूरी उत्सुकता से भरे मिलते थे और जहाँ तक शक्य था, मार्गदर्शन भी करते थे। उन्होंने कविता लिखी—

धज्जी-धज्जी उड़ा दी छोकरों ने इमरजेंसी की/घूमते फिरे लगातार चार घण्टे/गलियों में, सड़कों पर, चौराहों-तिराहों पर/अवाम ने मज़ा लिया/साथ-साथ स्लोगन मारे/मुट्ठियाँ उछलीं हवा में साथ-साथ/साथ-साथ पसीना बहा इनका-उनका/साथ-साथ पसीना सूखा इनका-उनका/सारा नगर घूम आया विरोध का काला झण्डा/पुलिस ने कहीं भी छेड़खानी नहीं की उनसे/जाने दिया उन्हें/आने दिया उन्हें/लगाने दिये मनमाने नारे/चायवालों ने उस रोज़ पहली बार/निडर होकर तरुणों को चाय पिलायी/जे.पी. के बारे में पूछा, बहुत कुछ जानना चाहा /पानवालों ने पान के बीड़े ऑफ़र किये...

तफ़सील में सारी बातें सुनकर नागार्जुन ख़ुश हुए, ख़ूब ख़ूब ख़ुश हुए और हँसे।

जेल प्रवास के दौरान नागार्जुन पूरे रचनाशील बने रहे। उन्होंने ढेर सारी कविताएँ लिखीं जिनमें से कई तो चर्चित स्थान रखती हैं। कुछ कविताएँ हैं—खिचड़ी विप्लव देखा हमने, सिंके हुए दो भुट्टे, हुकूमत की नर्सरी, लालू साहू (१९७५) चन्दू मैंने सपना देखा, इन सलाखों से टिकाकर भाल, प्रतिबद्ध हूँ, वसन्त की अगवानी, फिसल रही चाँदनी, हिंसा-महिमा, नेवला (१९७६) आदि।

'सिंके हुए दो भुट्टे' जेल-जीवन की गतिविधियों के बारे में है। एक क़ैदी है अखिलेश, जो दूसरे क़ैदियों की तरह ताश या शतरंज खेलने में, लम्बी-चौड़ी हाँकने, हवाई क़िले बनाने में अपना वक़्त जाया नहीं करता। उसने वार्ड नं. १० के आगे-पीछे की ज़मीन में ढाई महीने पहले मकई की फ़सल लगायी थी, जिसके भुट्टे अब तैयार हुए हैं। सिंके हुए दो भुट्टे कवि के हिस्से आते हैं तो तबीयत खिल जाती है, उन्हें दूधिया दानों का ताज़ा स्वाद मिलता है तो मानो दाँतों की मौजूदगी का सुफल प्राप्त होता है। अखिलेश की मेहनत ने उनका मन मोह लिया है और वह इसे 'फलित मेधा' कहते हैं, उसकी उद्यमशीलता के प्रति प्रणत हैं। कहते हैं—

पसीना-पसीना हो जाते हैं तरुण लगाते-लगाते सम्पूर्ण क्रान्ति के नारे/फूल-फूल जाती हैं गर्दनों की नसें.../काश, वे भी जेल के पिछवाड़े क्यारियों में/कुछ-न-कुछ उपजा के चले जायें/भले, दूसरे ही उनकी उपज के फल पायें!

यह सृजन की शुभाकांक्षा थी, और उद्यम के स्थान-काल-निर्धारण का विवेक भी।

जेल-जीवन भी गहमागहमियों से भरा समूचा संसार वहाँ है। बिस्तर खटमलों से भरे हैं—

> अभी-अभी मारा, फिर कैसे/निकला यह पाताल से/तरुण गुरिल्ला मात खा गये/शिशु खटमल की मार से।

पूरा खिलंदड़ापन उनमें उभर आता है—

> हम भी भागे छिपकलियाँ भी भागीं सारी रात/हम भी जागे छिपकलियाँ भी जागीं सारी रात/जीत गयीं छिपकलियाँ लेकिन, हमने मानी हार/अपने बूते सौ-पचास भी, खटमल सके न मार।

जेल में मच्छरों का उत्पात भी हद से ज़्यादा है। वे मसहरी के भीतर घुस आते हैं और यूँ अधिकारपूर्वक काटते हैं जैसे सत्ता के खुर्राट अफ़सर हों जिन्हें इमरजेंसी ने जनता के ऊपर छोड़ दिया हो जैसे शिकारी कुत्ते छोड़े जाते हैं। जेल के अस्पताल में एक दिन मर्तबान की छोटी मछली उछली और सीधे नीचे रखी गरम दूध की बालटी में गिर पड़ी। झटपट कर्मचारियों ने उसे निकालकर ठण्डे पानी में रखा, मालिश की, लेकिन बेकार। वह शहीद हो गयी। कर्मचारी मक़बूल की प्रतिक्रिया है—'हाय राम, यही लिखा था इसकी क़िस्मत में!' भद्रासन सिंह कहते हैं—'बड़ी भागमंत थी दूध में डूबकर मरना था।' मोती सिंह लेकिन अलग तरह से सोचते हैं—'आग होती मकबुलवा तो अभी इसी वक़्त इसको भूनकर खा जाता।' शैलियों की पूरी चहल-पहल भरी है जेल-जीवन में। एक मुर्गा है, जिसे रोज़ समय पर दड़बे में बन्द कर दिया जाता है लेकिन जवान रात के ठीक ढाई बजे बुलन्द आवाज़ में बाँग की टेर लगाता है कि अलार्म की घड़ी फेल है उसके सामने। नागार्जुन को मुर्गे का जीवन दीखता है—'क्या वो सात-साढ़े सात घण्टे सोया ही रहा होगा?' 'नहीं, कुछ वक़्त उसने चोंच भी सहलायी होगी/प्रणयिनी की गर्दन को खुजलाया हो शायद/दड़बे के अन्दर भला उन्हें स्वच्छन्द क्रीड़ा के अवसर तो क्या मिले होंगे?' जेल में एक गाय भी है, जो जमनापारी नस्ल की दो ब्यान की है, मधुमती नाम है, वह सबकी चहेती है, हर वार्ड में, ठीक समय पर आकर दर्शन देगी और हर चीज़ खायेगी, अलग-अलग

सब्ज़ियों के अलग-अलग स्वाद उसे मालूम हैं। उस दिन इनके वार्ड का गेट तो बस ज़रा-सा खुला था कि वह पधार गयी। असल में, 'इन दिनों कड़ा पहरा है न/ मगर मधुमती पर कहीं कोई पाबन्दी थोड़े है!' फिर, दशकों से हिन्दी कविता-प्रेमियों का दुलारा 'नेवला' तो वहाँ है ही।

१९७६ के जाड़े और वसन्त में नागार्जुन ने प्रकृति के अवलोकन की ख़ूब सारी कविताएँ लिखीं। उनकी मशहूर कविता 'सुबह सुबह' और 'फिसल रही चाँदनी' इसी समय की है। कई में जेलबद्धता की पीड़ा भी गुंजित हुई है। पतझड़ की एक कविता है कि 'नंगे तरु हैं, नंगी डालें/इन्हें कौन से हाथ सँभालें', कि पता नहीं इनमें टुस्से कब निकलेंगे और 'हरियाली का छाजन होगा/आसमान कब साजन होगा।' कामना करते हैं कि अब पतझड़ थक जाये क्योंकि दूसरा कोई उपाय नहीं है—'क़ैदी की लंगड़ी मनुहारें/कैसे इनकी सनक उतारे!' एक कविता चाँदनी और सीखचों के बारे में है कि इस दूधिया माहौल का इन सीखचों के साथ कोई मेल नहीं बैठ रहा। घर और स्वजनों की स्मृति में उदास होने और सलाखों से भाल टिकाकर चिरकाल तक सोचते रहने की भी कविताएँ हैं। इमरजेंसी के दौर में लिखी उनकी कविताओं के बारे में प्रेमशंकर रघुवंशी ने टिप्पणी की है—

> उनकी कविता जातीय चेतना से भरी कविताएँ थीं, जो ऐतिहासिक सन्दर्भों में पगे प्रतीकों के साथ अपने समय और अवाम की वाणी को जन-मन तक सम्प्रेषित करने का हौसला लिये एक प्रकार से लोकतन्त्र के सही रचाव का आह्वान करती थीं। इस काल की रचनाओं में बाबा ने पाब्लो नेरुदा और चेग्वारा जैसे विश्वकवियों की तरह अपने सांस्कृतिक प्रतीकों का इस्तेमाल जन-जन की मुक्ति और उसके अन्तर्बाह्य संघर्षों को खुलकर प्रकट करने में किया।

नागार्जुन की गिरफ़्तारी सीवान ज़िले में हुई थी। यह एक नवनिर्मित ज़िला था, जिसकी स्थापना अभी तीन बरस पहले १९७२ में हुई थी। जो आइ.ए.एस. ऑफ़िसर इन दिनों वहाँ का कलक्टर था, उसने उन्हें पढ़ रखा था और जानता था। लेकिन, घटनाक्रम की जो जानकारी हमें मिलती है, यह पढ़ना और जानना किसी काम का नहीं था। जेल में मिलनेवाली सुविधाओं से जोड़कर इसे देखें तो देखें, अन्यथा एक राजनीतिक क़ैदी की हैसियत रखते हुए किन उपायों से जेल-सुविधाएँ

मिलती हैं, इसका पूरा अनुभव उन्हें ख़ुद था। सीवान की जेल को नागार्जुन ने अपने एक पत्र में 'छोटी अति छोटी' बताया है, जहाँ बिजली तक नहीं पहुँचायी जा सकी थी। अधिक सुविधा के दृष्टिकोण से अन्य राजनीतिक क़ैदियों के साथ उन्हें छपरा जेल, और सेन्ट्रल जेल बक्सर भी स्थानान्तरित किया गया, जहाँ पहले भी वह रह चुके थे। लेकिन, उनका मुक़दमा सीवान ज़िले में था। उसका निबटारा सीवान में ही होना था, अतः समय-समय पर यूँ भी (सुनवायी के लिए) या आग्रहपूर्वक (ताकि मुक़दमे का शीघ्र निबटारा हो) वह बार-बार सीवान जेल में लाये गये। वह उम्मीद करते थे कि दो-चार महीनों की यह बात है, फिर तो शासन उन्हें बाहर कर ही देगा। उनकी गिरफ़्तारी इमरजेंसी लागू होने के लगभग एक माह पहले हुई थी। इमरजेंसी के दौरान गिरफ़्तारियाँ काफ़ी बढ़ गयी थीं, जगह की भी समस्या थी, क्षमता से दस-दस गुना ज़्यादा क़ैदी जेलों में थे, इसलिए यह सम्भावना अधिक थी कि पूर्व के क़ैदियों को जल्द छोड़ दिया जाये। लेकिन, एक-एक कर पाँच महीने बीत गये, मुक़दमे के निबटारे का कोई लक्षण नहीं था। २.११.१९७५ को सीवान जेल से उन्होंने अपने दामाद रत्नेश चौधरी को लिखा—

> यहीं के कोर्ट में हमारा मुक़दमा लटका पड़ा है। इसीलिए यहाँ आग्रहपूर्वक आये हैं। ज़िला अधीक्षक को हमने (मैंने, व्यक्तिगत) कल एक चेतावनी दी है—१५ नवम्बर तक अगर मुझे रिहा नहीं किया गया तो १६ नवम्बर से मेरा अनशन होगा—अनिश्चितकालीन। ...इस बात की सूचना आज मैं चीफ सेक्रेटरी (मुख्य सचिव, बिहार सरकार) को भी भेजनेवाला हूँ। ...लगता है, यहाँ के छोटे-बड़े हाकिम तानाशाह हैं। मुझे गिरफ़्तार करके जेल के अन्दर डाल दिया और फिर मुझे भूल गये। पाँच महीने तक मैं धैर्यपूर्वक उनकी लापरवाही का नाटक देखता रहा! इमरजेंसी के बाद दूसरे ज़िला-जेलों से काफ़ी संख्या में लोग छूटे हैं, फिर यहाँ क्यों नहीं छूटेंगे। ...ख़ैर, अब इस नाटक का आख़िरी दृश्य निकट आ पहुँचा है। अब मैं 'तटस्थ निर्लिप्त' रहकर सरकारी मेहमान नहीं बना रहूँगा।

लेकिन, इन सबका कोई परिणाम नहीं हुआ। वह सेन्ट्रल जेल बक्सर स्थानान्तरित कर दिये गये। वो भी ऐसे नहीं। बहाना सेन्ट्रल जेल पटना का बनाया गया, जिसके लिए वह सहर्ष तैयार भी हुए। लेकिन, वह

धोखा था। उन्हें बक्सर में डाल दिया गया।

आम तौर पर साल में दो-तीन बार दमे की उग्रता बढ़ती थी। यह उनके लिए परेशानी का समय होता था। लेकिन, जेल में बरसात शुरू होते ही दमे की जो भीषणता बढ़ी, वह कम होने का नाम नहीं लेती थी। वह कमज़ोर होने लगे, एनीमिया का प्रकोप बढ़ता गया। सन् '७६ की एक जनवरी को जेल में जो पार्टी मनी थी, उस पर उन्होंने कविता लिखी है— 'नये वर्ष की अगवानी में।' उसमें है कि ३१ की रात सभी जुटे, चाय की चुस्कियाँ लीं, सिगरेट जलाये, सब मिलकर नाचे-गाये, थालियाँ बजायीं, ठहाके लगाये।—

> कौन कहेगा कि मेरा दम फूलता था कल!/कौन कहेगा कि रामदास बाबू कल रात मुझे देखने आये/कौन कहेगा कि दमा के डर से रात का खाना नहीं लेता हूँ/कौन कहेगा कि शाम को ५ बजे ही दड़बे में आ जाता हूँ/ कौन कहेगा कि इन दिनों दीवानगी नहीं आ सकती मुझ पर!/कौन कहेगा कि चौदह-चौदह घण्टे महदूद रखता हूँ अपने को बिस्तर पर/ कौन कहेगा कि अखलाक और मुद्रिका और अखिलेश ही हाथ-पैर हैं इन दिनों!

लिखा—'मध्यरात्रि में हमने मनाया जागरण-पर्व/बटुर आये थे ऋग-यजुः साम-अथर्व।' मतलब, आम जन से भरी जेल की दुनिया में मस्त थे। उत्साह ऐसा था कि रोग को दाब देता था, सर्जना को उकसाता था। ६.८.१९७५ को उन्होंने हरिनारायण मिश्र को लिखा था—

> प्रियवर हरि, हम तो यहाँ 'कृष्णा मन्दिर' में विराजमान हैं। सरकारी 'आतिथ्य' का सेवन कर रहे हैं। 'आतिथ्य' इसलिए कि मुक्ति का दिन अज्ञात है। अच्छा लगता है। ढेर सारी रचनाएँ तैयार हुई हैं। बिलकुल नये प्रकार की। प्रखर। सामयिक। अग्निगर्भी।

और पत्र के अन्त में लिखा है—

> अभी और क्या लिखूँ? बातें तो ढेर सारी हैं। रात के दो बजे हैं। अस्पताल वार्ड में आराम और एकान्त (अपेक्षाकृत) और शान्ति है। रचनात्मक स्वार्थ के कारण ही मैं इस वार्ड में रह रहा हूँ। यों 'दमा' अपना चिर-सखा ही ठहरा न।

१३ सितम्बर को उन्होंने 'छूट रहे हैं प्राण' कविता लिखी—

> दिलायेगा कौन मुझे इस दमा से त्राण ?/मिल न पायेंगे यहाँ पर पथ्य/हवा में अनुगूँज बनकर डूब जायेंगे यहाँ पर कथ्य।

लेकिन जेल से छूटने में अभी काफ़ी देर थी और अभी उन्हें और भी बहुत सारी कविताएँ लिखनी थीं।

जेल की कविताओं में कई सारे लोगों के नाम आये हैं—अखिलेश, अखलाक, इकबाल, रामवचन, मुन्द्रिका, नौशाद, दसई, हकेन्दू आदि। ये ही लोग थे, जिनसे नागार्जुन 'मर्ज़ी-मुताबिक बोलते-बतियाते' थे, कभी ताल ठोककर ज़ोर-आजमाइस चलती थी, ठहाके छूटते थे, 'तरुणायी लूटती थी जवानी की बहार' और जिनके लिए नागार्जुन हफ़्ते में दो दिन दिमाग़ी खुराक वाले क्लास चलाते थे। ये ही लोग थे जिनके उद्यम से सिंके हुए दो भुट्टे उत्पादित हो सकते थे, मधुमती गाय, मोतिया नेवले के साथ सहजीवन घटित हो सकता था और भारत के भविष्य को लेकर चिन्तन-मनन चल सकता था। जेल में ऐसे लोग कम थे। नागार्जुन के शब्दों में कहें तो दाल में नमक के बराबर। बाक़ी जो लोग थे, जिनकी संख्या नागार्जुन ने ८० फीसदी बतायी है; उन्हें लेकर उन्होंने 'अच्छा हो' शीर्षक कविता लिखी। उसमें है कि अच्छा हो यदि मैं भी अब बन्दरों की त्रिमूर्ति अपने सामने रखूँ और उन्हें अपना शिक्षक मान लूँ। इन ८० फीसदी वालों ने अन्दर के माहौल को जैसा बनाकर रख दिया है, उसका वर्णन है—

> छिद्र-ही-छिद्र नज़र आते हैं सर्वत्र/क्या-क्या देखूँ क्या-क्या न देखूँ ?/अनाप-शनाप बकते हैं लोग/क्या-क्या सुनूँ क्या-क्या न सुनूँ ? क़दम-क़दम पर खीज उठती है दिल के अन्दर/कितना चीख़ूँ, कितना चिल्लाऊँ ? किस-किस को फटकारूँ ?/किसे-किसे डाँट पिलाऊँ ?/क्या-क्या बकूँ/क्या-क्या न बकूँ/अच्छा हो, अब मैं भी/बन्दरों की उस त्रिमूर्ति को अपना गुरु मानूँ।

लेकिन कौन थे ये लोग ? ये आज़ादी-बाद के इन २७ वर्षों में जवान हुई पीढ़ी थे। उत्पाद तो कांग्रेस का था, लेकिन खेल अब ये किसी दूसरे के हाथों में रहे थे। बड़े दुख के साथ बाद में नागार्जुन ने स्वामीशरण स्वामी को बताया था—'कई बार मैंने जेल-यात्राएँ की हैं पर ऐसे प्रतिगामी लोग कभी नहीं मिले जो राजनीतिक बन्दी होकर भी सिर्फ़ सेक्स और क्राइम ही पढ़ते हों।' खगेन्द्र ठाकुर को उन्होंने अन्दर के राजनीतिक बन्दियों का

हिसाब दिया था—

> सीवान, छपरा और बक्सर की जेलों में सम्पूर्ण क्रान्ति के जो कार्यकर्ता थे, उनमें अस्सी प्रतिशत जनसंघी और विद्यार्थी परिषद् वाले थे। सोशलिस्ट पार्टी के कार्यकर्ता दाल में तैरते हुए जीरे के बराबर। औद्यौगिक और खेत-मज़दूर न के बराबर थे। हरिजन भी इक्के-दुक्के ही थे। यह सब देखकर मैं समझ गया कि यह आन्दोलन किन लोगों का था।

छात्र संघर्ष समिति, जिसने बिहार आन्दोलन का प्रवर्तन और संचालन किया था, कई छात्र संगठनों से मिलकर बनी थी। इसमें समाजवादी युवजन सभा, तरुण शान्ति सेना, अखिल भारतीय विद्यार्थी परिषद्, युवा कांग्रेस (संगठन) तथा अन्य कई ग़ैर-कम्युनिस्ट संगठन शामिल थे। शुरू में ही तय था कि सभी संगठन संघर्ष समिति में विलयित हो जायेंगे जैसे बाद में राजनीतिक दलों का विलय जनता पार्टी में हुआ था। लेकिन, रजी अहमद के शब्दों में विद्यार्थी परिषद् और आर.एस.एस. ने अपने दोहरे चरित्र का परिचय दिया। अपने-अपने संगठनों को समाप्त करने की बात वे कहते रहे, पर उन्होंने उन संगठनों को कायम रखा। उन्होंने जेल और जेल के बाहर अपनी सदस्यता अभियान को जारी रखा। आगे चलकर जनता पार्टी इसी दोहरी सदस्यता के सवाल पर टूटी। कम्युनिस्ट पार्टियों से सम्बद्ध छात्र-संगठनों ने तो १८ मार्च की घटना के बाद ही ख़ुद को आन्दोलन से अलग कर लिया था। नतीजतन विद्यार्थी परिषद् और आर.एस.एस. की संगठनात्मक रणनीति के सामने सोशलिस्ट नौजवान विफल सिद्ध हुए। ...और जे.पी. ने ख़ुद ठगे जाने की बात कही है।

वास्तव में जे.पी. के ठगे जाने का दृष्टान्त 'बिहारवासियों के नाम' उनकी चिट्ठी में ही मिल जाता है, जो उन्होंने अपनी रिहाई के बाद लिखी थी। वहाँ उन्होंने दावा किया था कि आज आर.एस.एस. वही नहीं है जो पहले था। कि अपने सम्पूर्ण क्रान्ति आन्दोलन में उसे शामिल करके उन्होंने उसे 'डि-कम्युनलाइज़' किया है। कि इससे सेक्यूलरिज़्म की बुनियाद मज़बूत हुई है और वह मानते हैं कि 'सम्प्रदायवाद को मिटाने की जो कोशिशें अब तक हुई हैं, उनसे भिन्न मेरी यह कोशिश है और मैं मानता हूँ कि मेरी यह कोशिश अधिक रचनात्मक है।' ज़मीनी हक़ीक़त इसके बिलकुल उलट थी। जेल में या जेल के बाहर जहाँ भी आर.एस.एस. के लोग थे, वे अपना अलग वजूद दिखाने की सायास चेष्टा करते पाये जाते

थे, जबकि उनका संस्कार ही उन्हें अलग दिखाने के लिए काफ़ी होता था। इस तथ्य की जानकारी जे.पी. को भी थी। उन्होंने १० अप्रैल, १९७६ को 'छात्र-युवा सैनिकों के नाम' जो पत्र लिखा था, वह इस अनुच्छेद पर जाकर पूरा होता था—

> मैं सुनता हूँ जेल में हमारे साथी अलग-अलग अपना कार्यक्रम चलाते हैं, ऐसा क्यों होता है? आर.एस.एस. की अलग शाखा क्यों लगती है? जो भी कार्यक्रम हो, ड्रिल, वर्ग का, वह सम्मिलित क्यों न हो? हमें एक-दूसरे की बात सुननी और समझनी चाहिये। यह अलगाव क्यों? इससे संघर्ष का अहित होगा, इससे बचना निहायत ज़रूरी है।

आर.एस.एस. के छात्रों को जेल के अन्दर भी अलग शाखा लगाने का आदेश कौन दे रहा था? सरसंघचालक देवरस तो बिलकुल ही अलग दावा कर रहे थे। १० नवम्बर, १९७५ को देवरस का इन्दिरा गाँधी के नाम लिखा पत्र अब प्रकाशित है। सर्वोच्च न्यायालय ने सर्वसम्मति से इन्दिरा गाँधी के चुनाव को वैध ठहराया था और देवरस ने इसकी बधाई देने के लिए यह पत्र लिखा था। इस पत्र में दावा किया गया था कि बिहार आन्दोलन के साथ संघ का नाम अकारण जोड़ा जा रहा है कि उससे संघ का कुछ भी सम्बन्ध नहीं है। बहुत जटिल खेल चल रहा था, जिसमें बड़े-बड़े ठगे जा सकते थे। इसका निकृष्टतम समाधान यही हो सकता था कि चुपचाप सत्ता के साथ बने रहकर इमरजेंसी का समर्थन किया जाये, जो सबके बूते की बात नहीं थी। छात्रों को अकेले लड़ने-मरने के लिए छोड़ा नहीं जा सकता था, ख़ासकर तब जबकि वे बुज़ुर्गों से मार्गदर्शन की अपील कर रहे थे। छोड़ा जाता तो कम्युनिस्ट-ग़ैर कम्युनिस्ट आपस में ही मर-कट जाते, जैसा कि १८ मार्च को हुआ था, और बाक़ी बचों को शासन चाँप लेता और इस तरह तानाशाही वैधता प्राप्त कर लेती। इधर आर.एस.एस. छद्मों के सहारे अपनी वैधता प्राप्त कर लेने की लड़ाई लड़ रहा था। नागार्जुन ने लिखा—

> अविवेकी भीड़ की भेड़ियाधसान के ख़िलाफ़/अन्ध-बधिर 'व्यक्तियों' को सही राह बतलाने के लिए/प्रतिबद्ध हूँ, जी हाँ, शतधा प्रतिबद्ध हूँ।

मार्च १९७६ नागार्जुन की रचनाशीलता के लिहाज़ से सर्वाधिक उर्वर महीना था। उन्होंने ढेर सारी कविताएँ लिखीं। उनकी प्रसिद्ध कविताएँ

'प्रतिबद्ध हूँ' 'नेवला', 'फिसल रही चाँदनी', 'सुबह सुबह' इसी माह की कविताएँ हैं। जे.पी. की रिहाई पर उन्होंने 'अच्छा, अब अगर आप...' लिखी, जिसका स्वर नितान्त आलोचनात्मक है। कविता का आवेग लम्बे-लम्बे दिनों तक उन पर बना रहता था। 'नेवला' को वह १० मार्च से २९ मार्च तक तैयार करते रहे। संस्कृत कविता 'हिंसा-महिमा' १० मार्च को पूरी कर चुके थे, लेकिन ११ मार्च को उसमें फिर एक श्लोक जोड़ा, जिसमें हिंसा देवी (इन्दिरा गाँधी) की वंशावली दी। फिर भी मन कसमसाता रहा तो १५ मार्च को एक श्लोक और जोड़ा, जिसका आशय था कि तानाशाही का विकल्प लोकशाही नहीं हो सकती, न हिंसा का विकल्प अहिंसा हो सकती है।

लेकिन, रोग ने उन्हें अन्दर से खोखला कर दिया था। ख़ून की कमी हो गयी थी। इतने दुर्बल हो गये थे कि चलना-फिरना भी कायदे से नहीं हो पाता था, बोलने-बतियाने तक की ताक़त नहीं रह गयी थी। इलाहाबाद-दिल्ली के उनके कुछ मित्र-साहित्यकारों की राय हुई कि उनकी रिहाई के लिए प्रधानमन्त्री से अपील की जाये। तय हुआ कि पहले बिहार के रचनाकारों की ओर से अपील जारी हो फिर अन्य लोग करेंगे। लेकिन हालात ऐसे थे कि जिन्हें सब दिन अपना माना, जिनके साथी बनकर सब दिन गौरवान्वित होते रहे, वे भी अभी शंकाशीलता से भरे थे। फणीश्वरनाथ रेणु ने एक मसौदा तैयार किया, लेकिन ज़रूरत-भर हस्ताक्षर भी नहीं प्राप्त किये जा सके। शोभाकान्त बताते हैं—

> फिर, पटना हाइकोर्ट में उनके स्वास्थ्य को आधार बनाकर एक 'हेवियस कार्पस-कम-वेल पेटीशन' दायर किया गया। मुझे अच्छी तरह याद है कि उस दिन हाइकोर्ट के उस कमरे में लगभग ६० वकील एक रचनाकार की ओर से क़ानूनी लड़ाई के लिए तैयार थे। सरकारी वकील ने हल्का-सा विरोध किया फिर चुप्पी मार गये।

इस तरह, इमरजेंसी रहते ही नागार्जुन २६ अप्रैल, १९७६ को कारामुक्त हुए। कुछ बरस बाद रामनारायण उपाध्याय को, उन्होंने दमे के अन्तर्सम्बन्ध की कहानी सुनायी थी। पूछा गया कि बाबा आपको दमा है? बोले—'हाँ, वर्षों से है। अब तो वो मेरा दोस्त हो गया है। कभी मैं उसकी बात मान लेता हूँ, कभी वह मेरी बात मान लेता है।' फिर दृष्टान्त दिया—

> मैं जयप्रकाश जी के आन्दोलन से एक माह पूर्व डी.आई.आर. में बन्द

हो गया। उसके बाद आपातकाल आया तो क़रीब ११ माह जेल में रहा। एक दिन रात को सपने में दमा आया और बोला—'मैं आपको छुड़ाना चाहता हूँ।' मैंने पूछा—'क्या मतलब? बोला—'मैं आपको जेल से भगाना चाहता हूँ।' दूसरे दिन सुपरिन्टेन्डेन्ट आया और बोला—'बाबा, आपको दमा है, आपको छूटना चाहिये।' मैंने कहा—'क्या मैं माफ़ी माँगू—यह मुझसे नहीं होगा।' उन्होंने मेरे लड़के से कहा—'हम बाबा को छोड़ना चाहते हैं, आप कुछ प्रयत्न कीजिये। अपनी माताजी से कहिये कि वे कुछ वकीलों के दस्तख़त दें कि मेरे पति को दमा है, उन्हें रिहा किया जाये—क़रीब ७५ वकीलों ने हाईकोर्ट में दरख़ास्त दी और मैं रिहा हो गया। यह सब दमे का प्रताप है!

जेल से छूटने के महीनों बाद जाकर नागार्जुन का स्वास्थ्य थोड़ा ठीक हो सका था। छूटने के बाद १७-५ को उन्होंने वाचस्पति को लिखा—

मैं गत महीने में २६ को कारामुक्त हुआ। ठीक ग्यारह महीने बाद। दमा के मारे बेहद अस्वस्थ रहा। अब ठीक हो रहा हूँ।

३१-५ को सरिता माहेश्वर को लिखा—'अब एक महीना विश्राम कर चुकने के बाद घूमने-फिरने लायक हुआ हूँ।' ४-९ को नरेन्द्र कोहली को लिखा—'गनीमत है कि अब लगभग, कामचलाऊ हेल्थवाला चोला हो गया है।' इस बीच डॉ. नन्दकिशोर नवल और डॉ. खगेन्द्र ठाकुर का लिया इण्टरव्यू प्रकाशित हुआ, जिसमें नागार्जुन को इमरजेंसी का समर्थन करते हुए, जे.पी. को लगभग देशद्रोही बताते हुए, सम्पूर्ण क्रान्ति के अश्वमेध-घोड़े को नाथने के लिए कम्युनिस्ट पार्टी को धन्यवाद देते हुए और यह कहते हुए उद्धृत किया गया कि 'मैं वेश्याओं और भड़ुओं की गली से लौट आया हूँ।' शोभाकान्त की टिप्पणी है—

रचनाकार तो सबकी चालाकियाँ समझता है, भले उसे प्रकट करने का साहस सबके पास न हो। इस रचनाकार को अच्छी तरह पता है कि उसका उपयोग कहाँ-कहाँ और कैसे-कैसे होता है।

पर रहेंगे वह फिर भी प्रगतिशीलों और जनवादियों के ही साथ, यह ध्वनि है। इस घटना को कितने वर्ष बीत गये पर नवल जी और खगेन्द्र जी अभी तक सफ़ाई देते चलते हैं कि वह नागार्जुन की ही कही बात थी, उनकी नहीं थी। पर नागार्जुन थे कि मान लिया तो मान लिया! कहते हैं,

जे.पी. इस वाक्य से बेहद दुखी हुए थे और कहा था कि नागार्जुन से हमारे मतभेद हो सकते हैं, लेकिन उनसे उस भाषा की उम्मीद नहीं थी, जिसका प्रयोग इन्टरव्यू में किया गया है। यह भी कहते हैं कि सम्पूर्ण क्रान्तिवालों ने मामले को सँभालने की पूरी कोशिश की थी, लेकिन नागार्जुन अपनी असहमति पर अडिग रहे। स्वामीशरण स्वामी ने उनसे पूछा था—'बाबा, मैंने एक ज़िम्मेदार व्यक्ति से सुना था कि जनता पार्टी के शासन में आपसे राज्यसभा की सदस्यता का प्रस्ताव शायद जनता पार्टी के अध्यक्ष चन्द्रशेखर ने स्वयं किया था, पर आपने अस्वीकार कर दिया। क्यों?' तो नागार्जुन ने बताया था—'इसलिए कि हमने जे.पी. की सम्पूर्ण क्रान्ति को 'भ्रान्ति-विलास' कहा। उस वक़्त हमसे कई लोगों ने कहा कि बाबा, कुछ दिन मौन रहो! लेकिन हम विनोबा थोड़े हैं! हमने कहा—चुप रहेंगे तो दिमाग़ में जाने कितना धुआँ भर जायेगा। और इसीलिए हमने साफ़-साफ़ कहा—'हम उन मसखरों के बीच बैठकर अपना उपहास कराना नहीं चाहते, इसीलिए...।' बाद में उन्होंने अपनी एक टिप्पणी में जे.पी. की भूमिका के बारे में लिखा—

> जयप्रकाश की कमी यह थी कि जब उनसे कहा गया कि आप सत्ता में आ जाओ तो मना कर दिया। कहा, इससे छवि धूमिल होगी। यानी उनको अपनी छवि की चिन्ता थी। अपने को महापुरुष में ढालने की प्रक्रिया में कई नाटक हो जाते हैं।

नागार्जुन से जब मनोहर श्याम जोशी ने यह जानना चाहा था कि उनकी आगे की क्या योजनाएँ हैं, उन्होंने बताया था—'हमारी अपनी घुमक्कड़ी की पचासों ललक हैं।' जबकि वह ख़ुद बताते थे, कश्मीर से कन्याकुमारी तक जो भी उनकी प्रिय जगहें थीं, और ऐसी जगहें सैकड़ों में थीं, वहाँ वह कम-से-कम दो बार ज़रूर हो आये थे। कहते थे—

> यात्रा क्या है? यह हमारे स्व की आपाधापी से बाहर निकलने की जुगत है। यह एक नितान्त परिचित वातावरण से अचानक हमें हमारे-जैसे देश के दूसरे वातावरण से जोड़ देती है।

उन्हीं दिनों उनकी कही यह बात भी किम्वदन्ती की तरह प्रसिद्ध हो चुकी

थी कि 'जब भी बीमार पड़ूँ तो किसी नगर के लिए टिकट लेकर ट्रेन में बैठा देना, स्वस्थ हो जाऊँगा।' स्वाभाविक ही पचासों ललक अब भी बाक़ी थीं, क्योंकि यह घुमक्कडी़ उनके जीवन का ही पर्याय थी। अपनी घुमक्कड़ी का चेहरा चीन्हाते हुए उन्होंने कहा था—

> घुमक्कड़ होने का यह मतलब नहीं कि हम घरेलू आदमी नहीं हैं। जहाँ रहते हैं वहाँ हमारा घर ही होता है। नितान्त पारिवारिक दृष्टिकोण है हमारा। जितने भी मित्र हैं, स्नेहभाजन नये साहित्यकार हैं, सबसे बिलकुल घरेलू नाता है।

घरेलू आदमी थे, ढेर सारे मित्रों वाले, लेकिन इसके बाहर जाकर भी घुमक्कड़ थे—सधुक्कड़ी-फक्कड़ी भी और घरेलू आदमी भी; तभी तो केदारनाथ अग्रवाल जैसे उनके मित्र बताते थे, तीन-चार बार वह बाँदा गये अपने मित्र के घर, और इस यात्रा में बाँदा के उन टोलों, मुहल्लों, उपनगरीय गाँवों में भी गये जहाँ केदार कभी न जा पाये थे। और केवल गये नहीं, उन मुहल्लों में उनके कई पुराने मित्र भी पाये जाते थे जो उनकी पहली यात्रा से ही जुड़े थे और उनके बार-बार आगमन की प्रतीक्षा करते थे। दरअसल, घाट पर पहुँचकर कुघाट होना नागार्जुन बख़ूबी जानते थे, और इसके अनगिनत फायदों से भी वाकिफ़ थे। उनकी कई कविताएँ भी इसका पता देती हैं। 'नीम का यह पौधा' कविता में शिवाला घाट गये तो थोडा़ और आगे बढ़कर 'लघुवृक्षों के सघन झुरमुट' अपने कंधे पर उगाये उस भग्न मन्दिर के खण्डहर पर पहुँच गये, जहाँ के देवताओं को अब जल चढ़ाने कोई भक्त नहीं आता था। वहाँ देखा, बच्चा पीपल, जिसका नामकरण उन्होंने हरितकेतु किया है, शान से फहर रहा है, थोड़ा और अन्दर गये तो देखा, इस झुरमुट में नीम भी छिपा है। सोचने लगे कि बड़भागी है कि यहाँ है। नीचे गली के किनारे होता तो कबके लोग उसे दतुअन बनाकर चबा गये होते! नागार्जुन की कविता-यात्रा का ही नहीं, वास्तविक यात्राओं का भी यही ढंग था। जहाँ तक हर कोई जाता, वह थोड़ा और आगे बढ़ जाया करते, सीमान्त को छू आया करते थे। कई बार तो घाट को भी कुघाट की तरह ग्रहण करते थे। कलकत्ते का कालीघाट घूमने गये तो काली की मूर्ति देखकर साथी लेखक राजकमल चौधरी से पूछा—'काली की जीभ तैयार करने में कितने तोले सोना ख़र्च हुआ होगा फूलबाबू?'

नागार्जुन की घुमक्कड़ी का यह तीसरा चरण था जो आख़िर तक जारी रहा। पहले की 'बाध्यतामूलक घुमक्कड़ी' से यह कई अर्थों में अलग था। यह लगभग 'विहार' की कोटि का था। एक ज़माने में उन्होंने बुद्ध के विहार को लेकर ये पंक्तियाँ लिखी थीं—

> पैंतालीस वर्ष तक जिस महामानव ने गाँव-गाँव और नगर-नगर घूम-घूमकर दलित से दलित जनता को, सम्पन्न से सम्पन्न जनता को अपनी वाणी सुनायी, जन्मगत उच्चता और नीचता जिसकी दृष्टि में निहायत मामूली वस्तु रही, अपने युग के मुताबिक मानव-समाज के विकास-क्रम को जिसने दो क़दम और आगे बढ़ाया...

ये बातें कमोबेश उनकी यात्राओं पर लागू देखी जा सकती थीं। वह कहते थे—

> आज साहित्य पर अज्ञात हमला चल रहा है। किताबें ख़रीदी जाती हैं और बोरियों में भरकर जंगलों में, पुस्तकालयों में फेंक दी जाती हैं। सो हमने तय किया कि हम इनके लिए नहीं लिखेंगे। हम लिखेंगे और अपनी रुचि की रचनाएँ, समानशील, समानधर्मा श्रोताओं तक नगर-नगर में घूम-घूमकर सुनायेंगे। हमें कोई जल्दी नहीं है। हम जहाँ भी जायेंगे कम-से-कम तीन रात्रि ठहरेंगे। अगर ज़रूरत हुई तो फिर जायेंगे। हम पाठक को खिलौना नहीं मानते। यह जो प्राणवान सम्बन्ध है, रचनाकार का श्रोताओं से और श्रोताओं का रचनाकार से, यह बहुत बड़ी चीज़ है, बहुत बड़ी शक्ति है। डायनोमेटिक। इससे हम ऊर्जा ग्रहण करते हैं, एक-दूसरे को समझते हैं और परस्पर ऊर्जा का आदान-प्रदान होता है।

जब भी कहीं कोई उनसे कहता—आप यहाँ आये, हम आपके अनुगृहीत हैं तो जवाब देते—भाई, अनुगृहीत तो मैं भी हूँ आपका। एक-दूसरे की भावना को गहरायी से महसूस करते हुए दोनों ही आगे बढ़ें। नये लेखक जब भी कहते—आपने इतना महत्त्व दिया, मेरा सौभाग्य है। उनका जवाब होता—सौभाग्य तो हमेशा फिफ्टी-फिफ्टी होता है। किसी भी तरुण लेखक से पहली बार मिलते, उसका डाक-पता ज़रूर नोट करते थे और कहते—'मैं तुम्हें पत्र लिखूँगा।' इतने बड़े लेखक और वही आगे बढ़कर पत्र लिखेंगे—अक्सर युवा भरोसा नहीं कर पाते। लेकिन अगले हफ़्ते सच में उनका पत्र उपस्थित रहता था।

यात्राएँ लगभग अन्तहीन होती थीं। दो यात्राओं के बीच एक स्थान तो ज़रूर आता था, जिसे हम पड़ाव कह सकते हैं, लेकिन वहाँ भी आवश्यकतानुसार अव्यवस्था पैदा करने की जुगत वह भिड़ा लेते थे। कहीं पहुँचने के बाद पहला काम यह करते कि अगले पड़ाव का निर्धारण कर लेते। इसका कोई व्यवस्थित नियम नहीं था। अक्सर तो यह होता कि जिस मित्र की याद आ रही होती, जिस जगह से जुड़ी कोई स्मृति जाग रही होती, वहीं चलने का कार्यक्रम बन जाता। पहला काम यह करते कि वहाँ के मित्रों, परिचितों को पोस्टकार्ड डाल देते और पहुँचने का सम्भावित समय बता देते। लेकिन इसमें भी बदलाव की पूरी गुंजाइश होती। कई बार यह होता कि वह उसी स्थान पर रम जाते और निर्धारित अवधि पूरी होने के बाद तक रमे रहते। कई बार होता कि कोई नया मित्र सामने आ जाता और नयी ललक जगा जाता। उसके साथ निकल पड़ते थे। दोनों ही स्थितियों में अगले मेज़बान को पोस्टकार्ड डाल दिया जाता था। 'अब ज़हरीखाल रहेंगे पाँच महीना, तो पाँच महीना वहीं थोड़े ही बैठे रहेंगे? नैनीताल जायेंगे, पिथौरागढ़ जायेंगे, रामनगर जायेंगे, धर्मपुर में पता चला है कि पर्यावरणविद् सरला देवी ने कोई आश्रम बनाया है तो वहाँ जायेंगे। वहाँ जाकर देखेंगे।' यह क्रम चलता रहता था। अब किसी नदी पर यदि कोई किताब छपी है तो वह उन्हें ज़रूर पढ़नी है। मित्रों को भी पढ़वायेंगे क्योंकि 'इससे कई पक्ष खुलते हैं।'—'अरे भाई, बिलासपुर-कटनी से होकर जाते हुए जो अंचल मिलता है, आरण्यक अंचल—सोन नदी की पाँच-छह जगहें हैं, जिन पर पुल हैं। सीधी जाते हुए एक बहुत बड़ा पुल मिलता है, जो चुरहट और सीधी के बीच में है...' आदि-आदि। या फिर—

> आपने देखा होगा, पहाड़ों में या इधर भी कहीं, वृक्ष की सूखी छाल होती है न, उसमें भी बहुत सूक्ष्म तृण-घास निकलता रहता है। देवदार की टहनियाँ तो टहनियाँ, मौसम-कुमौसम देवदार, चीड़ या बड़े-बड़े वृक्ष जो हैं, उनकी छाल पर जो काई छा जाती है, उस काई में से घास निकलती है। छूकर देखिये तो लगे। ये जो चमत्कार है, वह जो जीवन की अविराम अक्षय उदात्तता है, उसकी माया अपरम्पार है। वो फूट-फूटकर निकली है, जिसको लोग मृत घोषित कर चुके हैं, दम नहीं बचा है, फिर भी एकाएक कभी उसमें से कुछ फूटने लगता है ...कभी-कभी ऐसा होता है कि सूखा बाँस, उसमें से कल्ला फूटता है। एक साधु था

> जो कल्ले वाला बाँस उठाये चलता था। यह बक्सर डिविजन में तमाशा देखा हमने। अब आप देखिये। प्रकृति कितनी लीला करती है! लेकिन आदमी भी लीलाधर है। रामलीला, रासलीला यही है।

साधुलीला भी। या फिर यह कि—

> जनजीवन की लय को पकड़ना आसान नहीं है। इसके लिए नदियों, तालाबों, पगडंडियों, बग़ीचों तक आना-जाना पड़ता है। बेतवा किनारे जाकर सिर्फ़ टहल आने से काम नहीं बनेगा। मोजा उतारकर पाँवों को लहरों में डुबाना होगा। फिर एकाध दिन तक किसी गीत की पंक्ति गुनगुनानी पड़ेगी। तब कहीं लय हाथ लग पाती है। 'थीम' तो ख़ैर बहुत बाद में आ पाती है। पर, जो चीज़ महँगी है उसे भी ख़रीदना पड़ता है, अगर उसकी ज़रूरत है तो। 'तीन दिन तीन रात' कविता लिखने के लिए मुझे तीन दिन उस माहौल में रहना पड़ा था।'

कभी यह भी होता कि किसी देहात में गये हैं। वहाँ टिके हैं किसी मित्र के घर कि बीच में पड़ोसी गाँव का कोई दूसरा मित्र मिल गया, जो बहुत दिनों से उनके इन्तज़ार में था। कहने लगा—'अहा, मिले! आओ, तुम्हें एक बात बताते हैं। तो हम कहते हैं—हाँ हाँ, बताओ। तो कहता है जल्दी-जल्दी न होगा। काम-वाम करके फुर्सत से बैठो हमारे पास। कितने दिन हैं आप यहाँ पर? तो हमने कहा—आठ-दस दिन रहेंगे। तो कहा, कोई बात नहीं, एक दिन खाना-वाना रहे, फिर बात करेंगे उसी दिन...। बहुत स्टोरी रखे हैं आपके लिए।' कहते थे—'देहाती क्षेत्र के हमारे कुछ मित्र हमको कथा-बीज़, कविता-बीज सप्लायी करते रहते हैं। हमारे इन्तज़ार में रहते हैं।' कभी-कभी तो उनकी आगामी रचनाओं के पात्र स्वयं चलकर उनके पास पहुँच जाते और कहते—'आप लोग घटनाओं से भरे हुए परस्पर विरोधी पात्रों की टोह में रहते हैं, हम आपके कई उपन्यास पढ़ चुके हैं। उसमें हमारे जैसा आदमी आपको नहीं मिलेगा, हम भी एक नमूना हैं। हम पर लिखिये न आप!' अनिवार्य रूप से ये लोग भी उनके यात्रा-पथ-निर्धारण को प्रभावित करते थे।

यात्रा के कार्यक्रम इस प्रकार भी तय होते थे—नागार्जुन, विजय बहादुर सिंह से—'देखो, मान बहादुर की चिट्ठी आयी है न? मुझे पढ़कर सुनाओ। मैं एक बार उसके गाँव जाना चाहता हूँ।'

—उन्होंने आपको बुलाया है। लिखा है कि बाबा जब चाहें आ सकते हैं। उन्हें ख़ुशी होगी।

—हाँ, लेकिन तुम कब चलोगे?

—सर्दी ज़रा ज़्यादा ही पड़ती है उधर। इसलिए फागुन या चैत ठीक रहेगा। पर उस वक़्त मुझे छुट्टी नहीं रहती। अगर आप क्वार का प्रोग्राम तय करें तो अच्छा रहेगा। क्वार में धान के खेत महकते रहते हैं। पूरा सिवान बाजरे, अरहर और गन्ना की फ़सल से भरा रहता है। धरती एकदम हरी कच। वही मौसम ठीक रहेगा।

—तो तुम उन्हें लिख दो कि हमलोग अगले क्वार में आयेंगे।'

लेकिन कभी इसके ठीक उलट भी होता था। वह किसी प्रेमी मित्र के घर टिके होते, सुबह की चाय पीकर पत्रिकाएँ ख़रीदने बाहर निकलते, मित्र नाश्ते पर उनका इन्तज़ार करते रह जाते और वह ग़ायब। शाम तक जाकर ख़बर मिलती कि वह अमुक साहित्यकार के यहाँ पहुँच गये हैं और दो-तीन दिन रहेंगे। यूँ, इसके भी उलट होता था। एक बार कलकत्ते में शंभुनाथ के घर से विदा होते समय गमछा छोड़कर जाने लगे तो उन्होंने टोका—आप गमछा ले जाना भूल रहे हैं। उनका हँसता जवाब था—'मैं जान-बूझकर छोड़ रहा हूँ ताकि फिर लेने आऊँ।' शंभुनाथ ने लिखा है—

> उनका जीवन नदी का बहता पानी था। यह पानी सभी घाटों को जोड़ता था। जहाँ से देखो, वह एक नदी की तरह थे, रिश्तों को ढूँढ़ते और बचाते।

मेज़बानों की सुविधा का पूरा ख़याल उन्हें रहता था। अपने दरजी-मित्र बैकुंठनाथ झा के साथ टिके थे कलकत्ता में, दरजी-मित्र खाना खाकर सो रहे थे। इसी बीच शील जी के साथ विजय बहादुर सिंह आ गये। चुपचाप उठे और हाथ से दोनों को इशारा किया कि यहाँ नहीं, वहाँ चायघर में बैठकर बात करेंगे। क्यों? क्योंकि मज़दूर आदमी की नींद बहुत क़ीमती होती है। कई बार जब वह अपने युवा मित्रों के साथ यूनिवर्सिटी के होस्टलों में टिके होते, जैसे पंकज सिंह के साथ जे.एन.यू. में, तो वह अक्सर कोशिश करते कि कुछ पैसा वह प्रकाशकों से लेकर आयें या बीच में कभी निकल पड़ते और रॉयल्टी के पैसे वसूल लाते थे। लौटकर कहते चलो, आज मैं तुम्हें मिठाई खिलाऊँगा। उनकी यह आदत निराला

से मिलती थी। एक बार मैनेजर पाण्डेय के घर टिके हुए थे तो सोयी रात में उन्हें भूख लग गयी। पाण्डेय जी सो रहे थे। उन्हें जगाना उनके नियम में नहीं था। वह उठे और स्वयं किचन में जाकर, हीटर ऑन कर ब्रेड सेंकने लगे। पाण्डेय जी बाबा को पहले भी बता चुके थे कि हीटर में कभी-कभी करेंट आता है। आहट पाकर वह उठे और किचन में आकर नागार्जुन को देखा तो उनके होश उड़ गये। चरम प्रेमवश उन्होंने उन्हें लगभग डाँटते हुए कहा—'यह क्या कर रहे हैं आप? मुझे जगा दिया होता।' क्यों? आप स्विच ऑन कर सकते हैं तो मैं क्यों नहीं कर सकता। मुझे करेंट लग सकता है तो आपको भी तो लग सकता है।

—यह हमारा घर है। कुछ हो जाये तो कोई कुछ कहने नहीं आयेगा। पर मैं यह नहीं चाहता कि हिन्दी साहित्य के इतिहास में यह दर्ज हो कि महाकवि इस तरह यहाँ स्वर्गीय हुए।

—आपने तो अभी ज़्यादा काम नहीं किया है। मैंने तो बहुत कर लिया, इसलिए मेरे रहने या न रहने से क्या फ़र्क़ पड़ेगा!'

एक बार भोपाल में बालकवि बैरागी के घर टिके थे। अलस्सुबह उठे कि उन्हें अपने कपड़े साफ़ करने थे। बाथरूम में जाकर देखा कि बैरागी जी के कपड़े भी भिगोये पड़े हैं। अपने कपड़ों के साथ लगे हाथों उन्हें भी साफ़ करने लगे। आवाज़ सुनकर बैरागी जी की नींद खुली और आकर देखा तो दंग रह गये। हाथ जोड़ लिये—यह क्या कर रहे हैं आप? बोले—भाई, तुम लोग बालबच्चे हो मेरे! इन्हें भी धो देने से मर जाऊँगा क्या? जाओ, अपना काम करो!

लेकिन वह औपचारिकता से बहुत घबराते थे। ऐसी जगहों पर उनका टिकना मुश्किल हो जाता था। पाश सम्मेलन में भाग लेने जालंधर गये, कार्यक्रम समाप्ति के बाद ढेर सारे कारवाले बंगलावाले 'मेरे यहाँ बाबा, मेरे यहाँ बाबा' अनुरोध करते रह गये लेकिन वह रुके जाकर तरसेम गुज़राल के घर। इसी प्रकार, उज्जैन में प्रतापी राजा शिवमंगल सिंह का अनुरोध ठुकरा दिया, और ठहरे जाकर राममूर्ति त्रिपाठी के दो कोठरियों वाले घर में। एक बार जामिया में असग़र वजाहत के साथ टिके थे तो उनके विभागाध्यक्ष मुजीब साहब ने इच्छा व्यक्त की कि बाबा आज हमारे घर रहेंगे। गये। रात तो बीती लेकिन सुबह जब मुजीब साहब ने

उनसे पूछा—नाश्ते में क्या लेंगे आप? आमलेट खायेंगे? टोस्ट खायेंगे, पराठा, सब्ज़ी खायेंगे? पूड़ी-जलेबी खायेंगे? दलिया खायेंगे? दूध पीयेंगे? नागार्जुन बिलकुल चुप। कोई प्रतिक्रिया नहीं। मुजीब साहब ने घबराकर असग़र वजाहत को ख़बर की। वह दौड़े आये। उन्हें देखते ही नागार्जुन उठ खड़े हुए। बोले—चलो, तुम्हारे घर चलते हैं। मुजीब साहब कहते रह गये कि नाश्ता तो करके जाइये लेकिन वह नहीं माने। बाद में उन्होंने बताया—भाई, इतनी पूछताछ की क्या ज़रूरत थी! कुछ भी ले आते। असग़र साहब ने कहा—मैं तो अकेला रहता हूँ। घर में केवल बिस्कुट है। चाय बना देता हूँ। नागार्जुन बोले—हाँ हाँ, ठीक है। असग़र वजाहत ने लिखा है—

> उनका बिलकुल रमता जोगीवाला हिसाब-किताब था। जहाँ मन करता था, चले जाते थे। वे पूरे देश में घूमते थे लेकिन उनको ठहरने की समस्या तो क्या, लोग उनको अपने यहाँ रखने के लिए काम्पिटिशन करने लगते थे। कहते थे, भाई बाबा हमारे यहाँ ठहरेंगे। जितने ज़्यादा लोगों को वे जानते थे, उतनी ही ज़्यादा उनकी लोकप्रियता भी थी।

लेकिन शोभाकान्त एक भिन्न दृष्टान्त देते हैं। पटना में उषाकिरण खान के पास काफ़ी बड़ा सरकारी बंगला था। वहाँ जीवनोपयोगी तमाम सुविधाएँ उपलब्ध थीं। उषा जी की इच्छा भी रहती थी कि उनके पितृतुल्य चाचा जब भी पटना रहें, उनके पास ही रहें। नागार्जुन उन्हें मानते भी बहुत थे। लेकिन, एक-दो दिन में ही वहाँ की सुविधाएँ और बेफिक्री उनके मूड को ख़राब करने लगती थीं। फिर तो वहाँ से निकल भागकर हफ़्ते-दस दिन उन जगहों में जाकर रहते थे, जहाँ रोज़मर्रे की परेशानियाँ हों...जहाँ मेहनत-मज़दूरी के बाद भी लोगों को प्राथमिक सुविधाओं का अभाव रहता हो।

पंकज बिष्ट कहते हैं कि जिस तरह नागार्जुन देश भर में घूमते रहे, एक फक्कड़ आदमी की तरह, यह दुनिया को समझने का उनका तरीक़ा था। जो आदमी दुनिया को देखना जानता है, वही दुनियावालों के लिए भी अपना माना जाता है। इसी तरह बाबा समाज को समझना चाहते थे और उसको आत्मसात् करना चाहते थे। नागार्जुन कहते थे—

> जनता के बीच समाज में अपने व्यक्तित्व को घुला दीजिये जैसे शक्कर अपने आपको शरबत में पूरी तरह घुला देती है। फिर भी मौजूद रहती

है और अपना काम करती जाती है। आप जिस विषय पर जिस घटना पर लिखना चाहें, उसमें डूब जाना चाहिये।

ज़ाहिर है इस डूब का असर कई बार उनकी यात्रा पर पड़ता था, और यहाँ तक कि वह उनका यात्रा-पथ निर्धारित करती थी।

एक बार नागार्जुन खण्डवा पहुँचे, अचानक। राम नारायण उपाध्याय के पास।

उपाध्यायजी ने पूछा—आप सतना से आ रहे हैं?

—हाँ। सतना के पास एक गाँव में कवि-सम्मेलन था—सोचा यहाँ से खण्डवा चला जाये।

—बड़ी अच्छी बात।

—लेकिन जानते हैं, मित्र पूछने लगे—आप खण्डवा क्यों जा रहे हैं? क्या वहाँ कोई कार्यक्रम है? तो मैंने कहा—नहीं। मैं तो वहाँ बिना किसी कार्यक्रम के जाना चाहता हूँ। लोगों को विश्वास नहीं हुआ, सोचने लगे कि ज़रूर बाबा कुछ छिपा रहे हैं। तो, मैंने कहा कि वहाँ मेरे एक रिश्तेदार हैं, उनसे मिलने जा रहा हूँ। तब जाकर पिण्ड छूटा। सोचिये, आदमी आदमी से सहज मिल सकता है, इसका लोग विश्वास नहीं करते।'

—सही बात है।

—क्या कविता करना ही साहित्य है? आदमी आदमी से मिलकर ऊर्जा प्राप्त करता है। हम परस्पर एक-दूसरे से मिलकर शक्ति प्राप्त करते हैं, प्रेरणा प्राप्त करते हैं। मैं जहाँ भी जाता हूँ, सबसे मिलना चाहता हूँ। किसान-मज़दूर से, वकील-डाक्टर से, बाबू-चपरासी से। यही तो साहित्य के प्रेरणास्रोत हैं। जहाँ भी एक नदी दूसरी नदी से मिलती है, वे परस्पर बतियाती हैं—अपना दुख-दर्द और इतिहास सुनाती हैं, इसी से इनके किनारे ज्ञान की प्राप्ति होती है। जौहरी की दुकान पर डिब्बों में रत्न पड़े रहते हैं। जब जौहरी उनमें से एक टुकड़े को उठाता है तो वह गुर्राता है और कहता है—अब आये हो हमारी ख़बर लेने! जौहरी कहता है—मैं तुम्हारी क़ीमत करता हूँ, तुम्हें तीन हज़ार दिलवाऊँगा। वह कहता है—सिर्फ़ तीन हज़ार? जौहरी रिरिया कर कहता है—अच्छा तो छह हज़ार

दिलवाऊँगा, और रत्न के चेहरे पर चमक आ जाती है। एक किसान खेत में जाता है तो पौधे से बात करता है, उसके सुख-दुख पूछता है। उसे नींदता-गोड़ता है और खाद-पानी देता है तब फ़सल में प्राण आते हैं। इसी तरह हमें भी शब्द से मिलना चाहिये। वह शब्दकोश में बैठा है। हम उससे मिलने जाते हैं तो कभी वह नाराज़ होता है। कभी डाँटता है, कभी प्यार करता है, तो कभी दोस्ती निभाता है। शब्द बड़ा तेजस्वी है, हमें उसका सही उपयोग करना चाहिये। शब्द का सही उपयोग ही साहित्य है और वह जनता की कर्मशाला से ही अपनी वास्तविक शक्ति के साथ पाया जा सकता है।

जिन मेज़बानों के घर उनका ठहराव होता था, उनका अनुभव कैसा था? ख़ैरागढ़ में नागार्जुन रमाकान्त श्रीवास्तव के घर ठहरते थे। रमाकान्त बताते थे—

> बाबा कभी विदिशा को याद करते, कभी पटना की बातें करते, कभी ज़हरीखाल की चर्चा करते। मैं अनुभव करता कि इस विशाल देश के कितने स्थानों पर उनका परिवार फैला हुआ है। लगता कि किसी बहुत बड़े कुनबे का बुज़ुर्ग बैठकर रिश्ते-नातों की जानकारियाँ दे रहा है। जाने कितने परिवार बाबा के, घर आने की प्रतीक्षा करते होंगे। हिन्दी का शायद ही कोई ऐसा रचनाकार होगा जो एक आत्मीय रिश्तेदार की तरह इतने परिवारों का सदस्य होगा। जहाँ औरतें-बच्चे बाबा को कवि-रूप में नहीं, अपने बुज़ुर्ग के रूप में याद करते हैं, चाहते हैं, उनकी प्रतीक्षा करते हैं।

त्रिलोचन ने जो नागार्जुन पर अपनी कविता लिखी थी, उसका आरम्भ इसी प्रसंग से होता था कि महिलाएँ और आमजन, किसान-मज़दूर नागार्जुन को किस रूप में याद करते थे—

> कहा एक महिला ने, नागार्जुन तो कवि-से/नहीं जान पड़ते। आये तो ज्यों ही आये/त्यों ही घुल-मिल गये। ढंग ऐसे कब पाये/थे हमने कवियों के। मुँह खोला तो रवि से/नीचे उतरे नहीं और मिट्टी की छवि से/निपट अपरिचित मिले, हवाई महल बनाये/अपने सुख-स्वप्नों के दल पर जमे जमाये/रहे, स्वाद कब उन्हें मिला जीवन की हवि से?/एक मजूर ने कहा, नागार्जुन ने मेरे/बच्चे को बहलाया फिर रोटियाँ बनायीं/खायीं और खिलायीं खुशियाँ साथ मनायीं/गम आया तो आये। टोह-टाह की। घेरे।

> खड़े रहे असीस बनकर/हठ हारा फेरे/फिरे नहीं, चिन्ताएँ मेरी गनी गनायीं।

मदन कश्यप ने कहीं बिलकुल ठीक लिखा है कि हिन्दी प्रदेश के सभी प्रमुख शहरों में उनके कई-कई घर होते थे। जिस घर में भी वह जाते वह पूरा ही उनका हो जाता था और वह उस घर के हो जाते थे। और बाक़ी सब उनकी सन्तानें। 'इस उपद्रवी समय में भी यह जो विशाल हिन्दी परिवार उन्होंने बनाया, आगे चलकर इसपर विश्वास करना कठिन होगा।' जिस भी शहर में जाते, उसके चतुर्दिक निवास करनेवाले हर छोटे-बड़े लेखक, युवा और तरुण लेखक तक, की जानकारी पहले ही जुटा लेते। जालंधर गये तो वहाँ जगदीश चन्द्र को खोजते फिरे, बाद में लोगों ने बताया, वह तो अब होशियारपुर रहते हैं। इसी प्रकार, एक जगह से दूसरी जगह पहुँचते तो वहाँ के हर एक का समाचार विस्तारपूर्वक सभी को सुनाते। जैसे भोपाल से दिल्ली लौटे हैं तो हरिशंकर परसाई का स्वास्थ्य-समाचार सुना रहे हैं और ज्ञानरंजन की संगत की बातें। नागपुर से आये हैं तो भाऊ समर्थ विशेषांक चल रहा है। वह अपने आत्मीयजनों के लिए मानव-मन का जैसे शाश्वत संवाद-सूत्र थे।

यात्रा के कुछ ठिकानों की सूची विजय बहादुर सिंह ने दी है—पटना में खगेन्द्र ठाकुर, ज़हरीखाल में वाचस्पति, दिल्ली में कर्णसिंह चौहान, सुधीश पचौरी, मैनेजर पाण्डेय, कोलकाता में उनके दरजी मित्र (बैकुंठनाथ झा) या एकदम तरोताज़ा युवा लेखक पलाश विश्वास और विदिशा में विजय बहादुर सिंह। कहा है—

> वह अपनी ही शर्तों पर डेरा-डण्डा जमाते। सुरुचि, आत्मीयता, सहजता, उन्मुक्तता और प्रतिबन्धमुक्त दिनचर्या का रंगारंग और विभोरकारी आस्वाद ही उन्हें इन जगहों और ठिकानों तक जब-तब खींच लाता। रहने और जाने को तो वह कहाँ नहीं जाते और रहते थे, पर उनका मन तो ऐसी ही जगहों पर रमता था जहाँ पारिवारिक व्यवस्था का उत्पीड़क दबाव और स्थूल औपचारिकताओं के दुर्वह झमेले न हों।

आतिथेय के रूप में वह अपना अनुभव बताते हैं—

> मैं कह सकता हूँ इस बूढ़े कवि का मन आकाश जितना विस्तृत और समुद्र जितना गहरा है। धरती जितना हरा-भरा, रंगीन और प्रकृति जैसा

उन्मुक्त और सहज है।

या फिर यह कि—

> उनका अपना कोई मठ नहीं। न वे कोई भभूत ही अपने भक्तों को बाँटते चलते हैं। पर उनकी उपस्थिति से जो रस झड़ता है, उनकी मुस्कान से जो सन्तई आभा फूटती है, निरी सहज दुर्बल और क्षीण काया से जो प्राण महकता है, वही उनके प्रेमियों को तन्मय और विभोर किये रहता है।

लेकिन, उनका आतिथ्य पा लेना कोई आसान चीज़ भी नहीं था। यह उनकी पुरानी आदत थी जो सनक की हद तक उनमें मौजूद थी। एक बार, पुरानी बात है, कलकत्ते में वह विमल वर्मा के साथ टिके हुए थे। दिनकर जी भी उन दिनों कलकत्ता आये थे तो विमल से कहा कि चलो, आज तुम्हें दिनकर से मिलाते हैं। दोनों जनवाणी प्रेस में दिनकर जी से मिलने पहुँचे। उन्होंने रसगुल्ले खिलाये। पूछा—'नागार्जुन, आजकल तुम कहाँ रह रहे हो?'

—इसी लड़के के साथ राम बागान में।

—ओह, कहाँ पड़े हो? चलो, मेरे साथ, साहू निलय अलीपुर में रहो।

इतना सुनना था कि नागार्जुन का पारा चढ़ गया। तैश में उठकर खड़े हो गये। बोले—'दिनकर, तुम मुझे डोम समझते हो?' और, विमल से कहा—चलो। वह चले आये। उसी रात उन्होंने वह कविता लिखी थी—सीता हुई भूमिगत...(भूले स्वाद बेर के)। अगले दिन फिर जनवाणी में कविता के साथ उपस्थित—'भाई दिनकर जी, कल की दुर्घटना ने मुझसे एक कविता लिखवा ली, सुनिये।'

इसी प्रकार का एक वाकया तब का है जब उन्हें साहित्य अकादेमी पुरस्कार मिला था। वह नवल (बालकृष्ण शर्मा नवीन के पुत्र) के पास आते-जाते थे। नवल ने विस्मय से पूछा—'आपने मैथिली में मिलने वाला पुरस्कार कैसे स्वीकार कर लिया?' नागार्जुन ने उन्हें समझाने की कोशिश की—'देखो, तुम्हारी भी मातृभाषा खड़ी बोली नहीं, मेरी भी नहीं। तुम अपनी मातृभाषा में नहीं लिखते, मैं लिखता हूँ। तो मातृभाषा मैथिली के नाम पर मिलने वाले पुरस्कार पर क्यों झेंपूँ?' लेकिन नवल सन्तुष्ट नहीं थे। उनकी समझ थी कि इससे नागार्जुन का क़द छोटा हुआ

है। उन्होंने फिर समझाया—'तुम भरे-पूरे परिवार में पैदा हुए हो, इसलिए पूछ रहे हो! जानते हो, पाँच हज़ार रुपये में गाँव में कितनी ज़मीन मिलती है?' लेकिन नवल फिर भी सन्तुष्ट नहीं हुए तो उन्होंने उनसे मिलना-जुलना तक बन्द कर दिया। बाद में शिकायत करने पर बोले—'काम किरानी का करते हो और अकड़ महलों की है! तुमसे क्यों मिलूँ?'

महावीर अग्रवाल ने लक्ष्य किया था कि नागार्जुन की ये यात्राएँ आम आदमी से जुड़ने और उनकी मृतप्राय जिजीविषा को शक्ति और दिशा देने का उद्यम थीं। लिखा है—

> बाबा के सान्निध्य में मैंने यह जाना कि मनुष्य बनने और बनाने की उनकी साधना कितनी दारुण, दुस्सह और एकाकी है।

वास्तव में दारुण थी। कभी बीमार पड़ जाते। दमा या फिर पेट की बीमारियाँ। खानपान के सारे नियम लागू रखते थे। लेकिन, घुमक्कड़ी में सब कुछ सदा अपने ही हाथ में नहीं होता। बीमार पड़ जाया करते थे। दमे का दौरा कितना भयानक होता था, पंकज सिंह ने अपना अनुभव बताया है—

> कई बार तो मुझे लगता कि आज की रात कैसे गुज़रेगी! उनकी पीड़ा देख के इतनी अन्दर से तकलीफ़ होती थी और रात-रात भर जगा रहता था और उनका सिर सहलाना, पाँव सहलाना, बदन दबाना, कि किसी तरह इनको थोड़ी राहत मिले और दम फूलना जिसे कहते हैं, वह लगातार बना रहता था। गरम पानी पीते थे वे थोड़ा-थोड़ा करके, उससे उनको थोड़ी राहत होती थी और बीच में कई बार इतनी तबीयत ख़राब होने के बावजूद उनकी जो दिल्लगी थी, वे कहते थे, चिन्ता मत करो, मैं मरूँगा नहीं तुम्हारे कमरे में। तुम्हें कोई परेशानी नहीं होगी।

पंकज सिंह को यह दिल्लगी लगती थी, लेकिन नागार्जुन सच कहते थे। उन्हें अपने आपको सँभालना पड़ता था। ज़ोर लगाते थे और जीवनीशक्ति पूरी देखते थे भीतर, लेकिन शरीर बाहर कष्ट में था तो मित्र को यह बता देना ज़रूरी होता था। वह उनकी उस वक़्त की भाषा थी। उस भाषा में किसानी कसावट थी। लेकिन, भीतर विश्वास था कि मरेंगे नहीं।

कभी पेट की गड़बड़ियाँ होतीं, तब भी बहुत कष्ट पाते थे। एक बार विदिशा में किसी नये दोमंज़िले मकान के ऊपरी तल में उन्हें ठहराया

गया था। रामप्रकाश त्रिपाठी ने उसका प्रसंग दिया है। रात की पहली ही पहर में उन्होंने कहा कि लाइट बुझा दो, सोऊँगा। उनकी तबीयत ख़राब थी। लाइट बुझाकर लड़के नीचे उतर गये और मकान में ताला लगाकर किसी और काम में उलझ गये। रात को उन्हें पेट की मरोड़ उठी और हाजत हुई। कमरा अँधेरा। स्विच बोर्ड का पता नहीं, न शौचालय का अनुमान! बालकोनी से जो थोड़ी रोशनी आ रही थी बाहर की, उसी के सहारे बाहर उन्होंने एक गमला ढूँढ़ा, उसकी आधी मिट्टी निकालकर फारिग हुए और मिट्टी फिर से भर दी। लेकिन, यह भी था कि उनकी प्राणशक्ति बहुत प्रबल थी और विपरीत-से-विपरीत परिस्थिति को नियन्त्रित कर लेने का उत्साह भी था। चितरंजन के लेखक-शिविर में गये तो गौतम सान्याल के घर टिके थे। उनकी तबीयत बहुत ख़राब हो गयी। खिचड़ी खायी थी, लेकिन वह भी नहीं टिकी। उल्टी पर उल्टी होने लगी। लस्त-पस्त और नीम बेहोशी के आलम में। उसी शाम कार्यक्रम होना था। सभी चिन्तित। संजीव और गौतम के तो हाथ-पैर फूल गये थे। नागार्जुन सो गये। शाम को उठे तो सीधा प्रश्न किया—'गोष्ठी कितने बजे शुरू होनी है? चलो, चलें।'

एक बार युवा लेखकों ने उन्हें मुरादनगर आमन्त्रित किया। उत्साह में चल पड़े। सुभाष नीरव पर उन्हें साथ ले जाने की ज़िम्मेवारी थी। परिस्थितिवश टैक्सी की व्यवस्था हो न सकी और उन्हें बस से सफ़र करना पड़ा। बस में बैठने की जगह नहीं। भारी भीड़ के कारण चैन से खड़े होने में भी दिक़्क़त। विकट गरमी का मौसम। वह गंतव्य पर पहुँच तो गये लेकिन लस्त-पस्त। बहुत ग़ुस्सा हुए। लेकिन वे भी तो उनके अपने ही थे, कितनी देर ग़ुस्सा रहते!

कई बार यात्रा के क्रम में विचित्र स्थितियाँ भी उपस्थित होतीं। एक बार रात की बस से जबलपुर से ख़ैरागढ़ के लिए विदा हुए। साथ में कई युवा मित्र। रास्ते में दोपहर रात को ऐसा हुआ कि मण्डला के आगे बिछिया के पास बीच सड़क पर बस रुक गयी। आगे भीषण जाम था। पचासों गाड़ियाँ फँसी हुईं। आगे दो ट्रक टकरा गये थे और दोनों तरफ़ की कच्ची, बरसात की वजह से गीली मिट्टी में छोटी सवारियाँ आगे निकलने के चक्कर में फँस गयी थीं। यात्रियों के आग्रह पर बस वापस मण्डला शहर लौटायी गयी। रात भर सभी रोडमास्टरी करते रहे। अलस्सुबह

निवृत्त होने की बात आयी तो साथ के लोगों ने दिमाग़ भिड़ाया कि इतने भर के लिए होटल में कमरा किराया लेने में कोई तुक नहीं है। वे बसस्टैण्ड के पास के एक होटल में गये और दिग्गज साहित्यकार के नाम पर, शहर की इज़्ज़त का वास्ता देकर बाथरूम का उपयोग करने देने के लिए मैनेजर को राजी कर लिया। नागार्जुन लेकिन उन दिनों स्वस्थ थे और आनन्द में थे। उन्होंने रमाकान्त श्रीवास्तव से दिल्लगी की—'क्यों रमाकान्त, कैसा मज़ा रहा! आज एक अनजाने नगर में नागार्जुन का नाम संडास जाने के काम आया। मानते हो न?'

कई लोग उनकी घुमक्कड़ी को उनके भगोड़ेपन से जोड़कर देखते थे। स्वयं नागार्जुन भी इसे स्वीकार करते और इसमें कोई आपत्ति नहीं पाते थे। कई जगह उन्होंने भगोड़ेपन और आवारगी की तारीफ़ में बहुत कुछ कहा और लिखा है। उन्होंने स्वीकार किया है कि

> प्रत्येक प्रकार के बन्धन से छुटकारा पाने की कोशिश में, किसी प्रकार के दायित्व को न निभा पाने की निराशा में आहिस्ता-आहिस्ता औघड़ बन जाना ही मैं अपने लिए सहज मानता आया हूँ।

अपने एक साक्षात्कार में उन्होंने बताया—

> हमको कोई पलायनवादी कहे तो हम इसे प्रतिष्ठा में लेते हैं। पलायनवाद यानी कि जहाँ दुष्ट ज़्यादा हों वहाँ सिवा पलायन के क्या रास्ता है। जहाँ लगे कि अकेले इससे पार नहीं पा सकते, वहाँ थोड़ा-सा अलग-थलग हो जाना चाहिये, फिर भले ही कोई कलंकित करे कि देखो, भाग गया। बहुत सारी प्रतिकूलताओं से अपनी रचना-शक्ति और अपने शरीर दोनों को बचाकर ले आना ज़रूरी है।

भगोड़ेपन के दो कारक दिखायी पड़ते थे। एक तो परिवार की ज़रूरतें, जिन्हें पूरा करने की भरसक कोशिश वह करते लेकिन कर नहीं पाते थे। वे असीम दिखती थीं। विष्णुचन्द्र शर्मा बताते हैं—

> नागार्जुन का परिवार उनकी पत्नी अपराजिता सँभालती थीं। नागार्जुन इस मामले में ग़ैर ज़िम्मेदार थे, या आप कहिये कि जिसके पास कुछ है नहीं, आप उससे कहिये कि पाँच सौ रुपये दो तो वह क्या करेगा? बच्चे की फीस को भी पैसा चाहिये, कपड़े को भी पैसा चाहिये तो इस तरह नागार्जुन स्थितियों का सामना तो करते थे, लेकिन भाग जाते थे।

शोभाकान्त ने भी लिखा है—

> इस व्यक्ति ने पारिवारिक ज़िम्मेदारी निभाने के लिए कर्तव्यबोध की शिक्षा ली ही नहीं है। मुझे ख़ुद आश्चर्य होता है कि हमारा परिवार आख़िर किस तरह आज की हालत तक आया है।

सही है कि अपनी सर्वतन्त्र स्वतन्त्रता पर वह ज़रा-सी आंच भी बरदाश्त नहीं करते थे। इसके लिए उन्होंने कर्पूरी ठाकुर-सरकार के ज़माने में रिलीफ रिपोर्टिंग अफ़सर-जैसी सरकारी नौकरी भी तीन महीने के भीतर छोड़ दी थी। लेकिन, स्थितियों का सामना तो वह ज़रूर करते थे। यात्राओं के क्रम में भी घर से यदि चिट्ठी आती कि इतने पैसे चाहिये, कई बार वह स्थानीय स्कूलों, कॉलेजों और संस्थाओं तक में पहुँच जाते और बताते कि आपके यहाँ काव्य-पाठ करूँगा, सौ रुपये लूँगा। संस्थाओं के लिए यह ख़ुशी की बात होती और अधिकतर वे मान जाते थे। एक बार तो कलकत्ते में, दो सौ रुपये की नितान्त ज़रूरत होने पर, एक साहित्यप्रेमी सेठ को कविताएँ सुनाने को राजी हो गये थे। यह और बात है कि वहाँ मूड उखड़ जाने की वजह से कविताएँ सुनाने से इनकार कर दिया। मतलब, शक्य भर कोशिश तो ज़रूर करते थे। पार नहीं पाते थे। जोशी जी से भी वह यह कहते हुए पाये जाते हैं कि 'प्रकाशकों से पैसा वसूलें तो दो बोरा धान डलवा आयें गाँव में, फिर निश्चिन्त निकल जायें घुमक्कड़ी पर।' या फिर यह कि 'शादी करनी है छोटे वाले की। कुछ भी न करो तो भी दस हज़ार-तेरह हज़ार ऐसा ख़र्च हो ही जाता है। उगाही पर निकले हैं। प्रकाशकों से पुराना हिसाब ले रहे हैं।' १९९० के दिनों में अपने बेटे श्रीकान्त के साथ दिल्ली के मॉडल टाउन में रहते थे। वहीं रहते श्रीकान्त की शादी हुई। वह डेरा छोटा था, एक और कमरे की ज़रूरत हुई तो यमुना विहार शिफ्ट हुए। श्रीकान्त ग्रन्थशिल्पी में काम करते थे, मामूली आय थी तो नागार्जुन ने तय किया कि मकान का किराया हर माह वह देंगे। श्रीकान्त बताते हैं कि 'जब तक हम यमुना विहार में रहे, किराया उन्होंने ही दिया।'

भगोड़ेपन का दूसरा कारक हिन्दी संसार के तात्कालिक माहौल से आता था। अपने समकालीन रचनाकारों के बीच नागार्जुन सर्वाधिक मुखर थे। राजनीतिक रूप से सचेत, और साहित्यिक राजनीति की भी पूरी ख़बर रखते थे। बातों, स्थितियों पर खुलकर प्रतिक्रिया देते जो बहुतों के लिए

तिलमिला देनेवाली होती थी।

> तुमसे क्या झगड़ा है/हमने तो रगड़ा है। इनको भी उनको भी/लंगड़ा सवार क्या/बनना अचार क्या/सनको भी, अकड़ो भी, तुनको भी।

यह केवल कविता की बात न थी, उनके व्यवहार में भी यह शामिल था। नयी जगहों पर, नये काव्यप्रेमियों, विद्यार्थियों के बीच काव्य-पाठ करने को खड़े होते तो अपना परिचय देते—'मेरा नाम वैद्यनाथ मिश्र है। मैं सत्य का पक्षधर हूँ। किसी से डरता नहीं हूँ। मेरा कोई क्या कर लेगा? जो आँखों से दिखता है, उसकी नक़ल कर लिखता हूँ।' इसी प्रकार, आलोचकों पर भी वह खुलकर हमला करते, प्रतिष्ठानों पर भी। किसी में कोई निन्दा लायक बात दिखती, भले ही वह कितना बड़ा आदमी क्यों न हो, दस लोगों के बीच आमने-सामने खरी-खोटी सुना देते थे। एक बार भरी गोष्ठी में किसी आदरणीय की ख़बर ले रहे थे तो किसी ने धीमे से टोका कि 'वो इसी जगह बैठे हैं' तो बोले—'बैठे हैं तो क्या हुआ? लेखक कोई कुम्हड़बतिया होता है कि आलोचना सुनेगा तो मुरझा जायेगा?' एक सभा में, प्रसंग आने पर एक युवा लेखक ने विष्णुकान्त शास्त्री पर कड़ा हमला किया। शास्त्री जी नागार्जुन के मित्र। लेकिन समापन के बाद वह युवा लेखक मिलने आया तो पीठ ठोककर उसे शाबासी दी और बोले—'बुढ़ऊ की विचारधारा की तुमने अच्छी व्याख्या की।' बिना इस बात की परवाह किये कि इन बातों को पास ही बैठे शास्त्री जी भी देख-सुन रहे हैं। यह सब बातें उनके विरुद्ध जाती थीं और उनके समकालीनों के लिए जो लाभ सहज उपलब्ध थे, उनके लिए वह भी कठिन हो जाता था। फिर यह भी था कि कुछ दुष्ट क़िस्म के साहित्यिक जीव उनके पीछे पड़े रहते थे। गपशप के बहाने, इण्टरव्यू के बहाने उनके मुँह से कुछ ऐसा कहलवा लेने की जुगत में लगे रहते कि जो उनकी महत्त्वाकांक्षाओं की पूर्ति में सहायक हो, और कुछ नहीं तो तनातनी कायम रहे। वह कहते थे—'भाई, क्या करूँ! लोग अनावश्यक रूप से उत्तेजित करके अंटशंट बोलने को विवश कर देते हैं। लेकिन अब मैं अपनी ज़बान पर लगाम लगाऊँगा। यह सब अनर्थकारी है।' कई बार इन वजहों से उन्हें अपने तयशुदा कार्यक्रम में फेरबदल करना पड़ता और जगह तक बदल लेनी पड़ती थी। यही बात मैथिलीशरण गुप्त सम्मान के समय हुई थी जब प्रायोजित प्रेस-मीट से बचने के लिए उन्हें हरिशंकर

परसाई के पास जबलपुर चला जाना पड़ा था। वह कहते थे—

> हर भले आदमी को अपना अखाड़ा बदलते रहना चाहिये। यही कालधर्म है। ...नहीं तो लोग इतने काइयाँ हैं कि कहीं-न-कहीं से आपका इस्तेमाल करने लग जायेंगे। हमने तय कर लिया है कि हम अपना इस्तेमाल न होने देंगे। भले ही हम अज्ञात कोने में अनिर्दिष्ट काल तक रहकर ख़त्म हो जायें पर वो हमारा इस्तेमाल अपनी शर्तों पर नहीं कर सकते।

लेकिन, कुछ लोग ज़्यादा अधिक काइयाँ थे। इसके बाद भी कर लेते थे। जैसे, पॉपुलर उपन्यासों के लेखक प्यारेलाल आवारा बरसों से उनका पीछा किये आ रहे थे कि दो पंक्तियाँ उनके उपन्यासों के बारे में लिख दें। अन्ततः ग़ुस्से में नागार्जुन ने एक पंक्ति लिखी—'काश, मुझे यह क़लम मिली होती, तो मैं इसे पकड़कर तोड़ देता।—नागार्जुन।' प्यारेलाल की किताब जब आयी तो उसपर छपा था—'काश, मुझे यह क़लम मिली होती...नागार्जुन।'

पर, मुश्किलें जितनी भी हों, यात्रा के बिना उनका काम नहीं चलता था। कहते थे—पैर में शनीचर का वास है। मैथिली में एक मुहावरा है—पैर कुड़ियाना (खुजलाना)। ऐसे व्यक्ति के लिए इसका प्रयोग किया जाता है जो थोड़े दिन भी एक जगह टिककर नहीं रह पाता। इस मुहावरे का प्रयोग वह अपने लिए करते थे। ऐसा ही एक और मुहावरा है—चूतड़ में कबाछ लगना। इसका भी प्रयोग करते थे। जब उनसे संगठनों में उनकी सहभागिता और परित्याग के बारे में पूछा जाता तो बताते थे कि जब हम किसी एक जगह टिककर बसे ही नहीं तो किसी एक संस्था से जुड़े हुए कैसे रह सकते थे? 'आदमी किसी एक जगह में रहता है, तभी न लगकर काम कर सकता है पार्टी का। ढोलक-मजीरा बजाने का काम ले भले, लेकिन सुबह-शाम आरती के समय ढोलक-मजीरा बजाने के लिए उपलब्ध तो हो!' शोभाकान्त ने बताया है—

> बाबूजी यात्रा या घुमक्कड़ी के शौक़ीन ही नहीं हैं, बल्कि यात्रा-प्रसंग शुरू होते ही उठ बैठते हैं एटेंशन की मुद्रा में मानो। क्विक मार्च के लिए पाँव उठाने को उद्यत। यात्रा-प्रसंग या यात्रा में जितना मन और समय लगा है अथवा लगता है उतना इस उम्र में भी, और किसी काम में नहीं।

एक बार कड़ाके की ठण्ड में उन्होंने ज़हरीखाल जाने का कार्यक्रम बना

लिया तो त्रिलोचन–नामवर–केदारनाथ सिंह ने उन्हें घेरा—'बाबा, इस विकट मौसम में आप वहाँ हिम–समाधि लेने जा रहे हैं क्या? लैंस डाउन तो मसूरी से भी अधिक सर्द पहाड़ी स्थान के रूप में बदनाम है।' नागार्जुन ने मुस्कुरा भर दिया, बस। अब नामवर सिंह ने शोभाकान्त को पकड़ा—'शोभाकान्त, तुम भी इन्हें मना नहीं करते? लगता है तुम्हारे पिता अपनी सनक के समक्ष किसी की बात पर ध्यान नहीं देते।' वास्तव में वह ध्यान नहीं देते थे। केवल नागार्जुन जानते थे कि कब उन्हें कहाँ जाना है और क्यों? मृत्यु का भी डर उन्हें नहीं रहता था। कहते थे 'जब मरूँ तो मेरी लाश को दशरथ की लाश की तरह भरत के आने तक तेल में डुबाकर न रखा जाये। मेरे पुत्रों और सम्बन्धियों तक को भी ख़बर न दी जाये तो कोई हर्ज़ नहीं। जो मेरे प्रियजन हैं, वही उसका कर्म वहीं करें दें। मेरी इच्छा यही है।'

उनकी घुमक्कड़ी का सीधा सम्बन्ध उनकी रचनाशीलता से था। कहते थे—'जिसने जनजीवन को नज़दीक जाकर देखा नहीं, बार–बार नहीं देखा, वह भला अच्छी रचनाएँ कैसे लिख सकता है? हर लेखक को साल में न कुछ तो एकबार घुमक्कड़ी ज़रूर करनी चाहिये।' भले ही कुछ लिख रहे हों या नहीं, भीतर से रचनाशील न महसूस कर रहे हों, तो वह उखड़ा हुआ फील करते थे। उनकी सृजनशीलता केवल उनके लेखन में नहीं, उनकी उस बातचीत में भी पूरी अभिव्यक्ति पाती थी जो वह अपने संगतियों के साथ करते थे। शायद यही कारण है कि नागार्जुन के जीवन और लेखन पर यूँ तो सौ से भी ज़्यादा किताबें छप चुकी हैं लेकिन सर्वश्रेष्ठ शायद वे हैं जिनमें उनके संवाद संकलित हैं।

नागार्जुन की रचनाशीलता के प्राण ऊर्जा के आदान–प्रदान में बसते थे। वह जब भी किसी से, चाहे मामूली से मामूली आदमी से, जीवन की शुरुआत कर रहे अनुभवहीन तरुणों से, बच्चों से मिलते थे तो बहुत ही गर्मजोशी से मिलते थे। ऊर्जा का प्रवाह सीधा चलने लगता था। यह दोनों ओर से होता था। इतने अनुभवसिद्ध थे कि हर ज़रूरी चीज़ जो ऊर्जा के परस्पर प्रवाह को सुगम करे, चट ढूँढ़ लेते थे। यह दोनों ही ओर के सहस्त्रदल खिला देता था। यह उन्हें बार–बार, हर बार चाहिये होता था। इसे वह जीवन की सार्थकता मानते थे। कहते थे—'बुजुर्गों को और चाहिये ही क्या ताराबाबू? नवागन्तुक पीढ़ी आपसे कुछ मनोरंजन पाये,

कुछ शिक्षण पाये, कुछ प्रेरण पाये—यही आपके जीवन की सार्थकता है।'

एक बार हरदा में उनका सम्मान-समारोह आयोजित किया गया। कार्यक्रम के आरम्भ में निमाड़ी लोकनर्तकों का एक दल मंच पर आया। अपने समूह-नृत्य की प्रस्तुति उन्होंने सकल समाज को विनयमुद्रा में प्रणाम करने से शुरू की। भावपूर्ण दृश्य बन रहा था। श्रोताओं की प्रथम पंक्ति में नागार्जुन बैठे थे। वह अपनी जगह खड़े हुए और उन्होंने भी उसी विनयशीलता, उसी भावपूर्ण मुद्रा के साथ नाट्यदल को प्रणाम किया। कई लोग नागार्जुन के इस प्रकार के व्यवहार में उटपटांगपन ढूँढ़ते थे। लेकिन सिर्फ़ नागार्जुन जानते थे कि वह ऐसा क्यों और किसलिए कर रहे हैं। प्रदाता ऊर्जा का जो प्रवाह चलकर आ रहा होता, उसके प्रति आदाता ऊर्जा का यह धन्यवाद-निवेदन होता था। अपनी एक प्रसिद्ध कविता में नागार्जुन यह जिसे कहते हैं—'मैं तुम्हारा ही पता लगाने के लिए/घूमता फिर रहा हूँ/सारा-सारा दिन : सारी-सारी रात'—वह केवल आगामी युगों के मुक्ति-सैनिक और निपीड़ित-शोषित मानवता के उद्धारक ही नहीं हैं, स्वयं नागार्जुन की मुक्ति और उद्धार भी यहीं कहीं निहित है। अपना सौभाग्य वह इसी में मानते थे कि वह अपनी ओर से भी यथाशक्य उनके काम की ऊर्जाएँ उन्हें निवेदित करें। उसी जगह वह कहते भी हैं—'मैं तुम्हीं को अपनी यह शेष आस्था अर्पित करूँगा/मैं तुम्हारे ही लिए जिऊँगा, मरूँगा।' हम पाते हैं कि जैसे-जैसे नागार्जुन की उम्र ढल रही थी, शरीर कमज़ोर पड़ रहा था, वैसे-वैसे घुमक्कड़ी की ज़रूरत उनके लिए बढ़ती जा रही थी। उन्हें वे समूह चाहिये होते थे जिनमें वह अपनी मुक्ति पा सकें और जिन्हें वह अपनी शेष आस्थाएँ अर्पित कर सकें। किसी भी घुमक्कड़ को घुमक्कड़ी की ज़रूरत ही शायद इसीलिए पड़ती हो।

यात्रा का जब वह प्रोग्राम बनाते या कहीं यात्रा के लिए आमन्त्रित किये जाते, उनकी योजनाएँ या शर्तें कई बार बहुत विचित्र होती थीं, वह उनकी मन:स्थिति, उनकी ज़रूरत के हिसाब से होतीं। क्षमा कौल ने एक बार उन्हें कश्मीर आमन्त्रित किया तो उन्होंने तीन शर्तें रखी थीं—कवि दीनानाथ नादिम से बार-बार मिलूँगा, चिनार वृक्ष के साथ अधिक से अधिक समय बिताऊँगा और वितस्ता के जल से आचमन करूँगा। सब जानते हैं कि चिनारवाली अन्य कविताओं के साथ 'बच्चा चिनार' और संस्कृत कविता 'शीते वितस्ता' उसी यात्रा की कविताएँ हैं।

राजेश जोशी ने अपने एक लेख में संकेत किया है कि—

> नागार्जुन की सारी कविताएँ एक घुमक्कड़ कवि की यात्रा-डायरियाँ हैं।

इसके विस्तार में वह नहीं जा पाये हैं, केवल कहा है कि कभी-कभी उन्हें ऐसा लगता है क्योंकि—

> उसमें हमारे भूगोल, हमारे रहन-सहन, हमारी बोली-बानी, हमारे सुख-दुख, हमारी प्रतिपल परिवर्तित होती प्रकृति और आसपास घटती राजनीतिक-सामाजिक-सांस्कृतिक घटनाएँ सभी कुछ दर्ज हैं।

राजेन्द्र यादव के कथन में अपेक्षाकृत अधिक निश्चय है—

> देश का शायद ही कोई कोना हो जहाँ की यात्राएँ उन्होंने न की हों। पर्यटक की तरह नहीं, तीर्थयात्री की तरह। वे ज़िन्दगी भर यात्राएँ करते रहे। तय करना मुश्किल है कि उनकी ये यात्राएँ भौगोलिक अधिक थीं या मानसिक और रचनात्मक। इन यात्राओं से जो स्मृतिचिह्न (सोवेनियर) वे लाये, वह आज हमारे साहित्य की अमूल्य धरोहर है।

सोचने की बात है कि यात्राओं के ये स्मृतिचिह्न अपनी बहुलता में स्थानवाची क्यों नहीं हैं और नामी या बेनामी व्यक्तिवाची ही अधिक क्यों हैं और इतने-इतने रूप धरकर प्रकृति क्यों हाथ थामने बार-बार पहुँच जाती है और क्यों इन व्यक्तियों को और प्रकृति को निपीड़ित अवमूल्यित करनेवाले ज़ालिमों के विरुद्ध विक्षोभ रस का ऐसा महाविस्फोट सतत चलता रहता है।

स्वामी सहजानन्द ने कभी कहा था—'क्या करोगे पुरातत्त्व का? पुरालेख का? राहुल मरे मुरदों की खोज में लगा है, तुम ज़िन्दा मुरदों की सुधि लो!' पर, वास्तव में वे ज़िन्दा मुरदे नहीं थे। वे तो ऐसे थे कि नागार्जुन अपनी सौ-सौ ज़िन्दगियाँ उन पर कुर्बान कर सकते थे। और, वे केवल मनुष्य ही नहीं थे, सम्पूर्ण चराचर थे। केले के नये-नये, हरे-हरे, चिकने पत्ते तक को वहाँ अखण्ड नागरिकता प्राप्त थी—'विदा-वेला में/अनुमति में हिलते-से कोमल पात!/'फिर कब आओगे?'/हल्की जिज्ञासा थी इंगितमय—'बुजुर्ग यायावर,/सच सच बतलाना/अब कब आओगे?' जवाब में आँखें गीली हो जाती थीं और चुपचाप, ऊपर पगडण्डियों की ओर बढ़ते जाते थे पाँव...

कमलेश्वर ने नागार्जुन पर लिखे अपने व्यक्तिचित्र में एक दिलचस्प बात लिखी है। लिखा है—

> असम, उड़ीसा से राजस्थान या मध्य प्रदेश के अन्तरालों में या गंगोत्री की चढ़ाई में या कश्मीर के रास्ते में, या लोनावला के चायघर में, या बोरीबन्दर स्टेशन पर—हर जगह एक-न-एक ऐसा व्यक्ति ज़रूर मिला है, जो नागार्जुन-सा लगता रहा है।

वह प्रश्न करते हैं—

> ऐसा क्यों है कि हिन्दुस्तान के हर पड़ाव पर एक-न-एक नागार्जुन नज़र आता है? यह सपने की बातें नहीं, सच्चाई है कि बाबा नागार्जुन हर जगह दिखायी पड़ जाते हैं। यशपाल दिखायी नहीं देते। अमृतलाल नागर भी नहीं, भगवती बाबू भी नहीं। पर मुक्तिबोध और नागार्जुन दिखायी पड़ जाते हैं। एक बार किसी सूने छोटे-से स्टेशन से गाड़ी चली, केबिन गुज़रा और दिखायी दिया कि नागार्जुन खिड़की की पाटी से लगे झण्डी झुकाये खड़े हैं।

उन्होंने जगह-जगह नागार्जुन के मिलने के और भी कई प्रसंग इस लेख में दिये हैं—

> भर्तृहरि की समाधि पर जब खड़ा था तो देखा वहाँ छोटे-से पीपल के नीचे यह बैठा था। चारों तरफ़ अरावली पहाड़ियाँ और सूखे हुए दरख़्तों के जंगल, जोगिया। पूछा—अरे बाबा, तुम यहाँ? उसने 'लल्लू' कहकर बात शुरू नहीं की। समझ गया कि यह कोई और है। आस्था के लिए वह यहाँ क्यों आयेगा?' 'और अभी परसों ही, केफोर्ड मार्केट के मछली बाज़ार के पास से गुज़र रहा था। देखा, बाबा मछलियों की पेटी में बरफ़ की तहें लगा रहे थे। दिसावर में भेजने के लिए।

कमलेश्वर ने अपने लेख में बड़ी ही मुग्धता के साथ इस असाधारण व्यक्तित्व की साधारणता पर बात की थी। वहाँ वह संकेत भी था जो नागार्जुन के पुराने संगतियों के संस्मरणों में हम कई जगह पाते हैं। नागार्जुन जब युवाओं को पुराने लोगों से मिलाने ले जाते, जैसे खगेन्द्र ठाकुर को जानकीवल्लभ शास्त्री से मिलाने ले गये थे, तो वे पुराने लोग नये युवाओं से नागार्जुन को लेकर कहते—'ये बहुत काम के आदमी हैं। इन्हें आप लोग सँभालकर रखिये।' वह चीज़ यहाँ भी है—साधारणता के

बीच छिपे असाधारणता का संकेत। कमलेश्वर उन्हें 'शब्द-ब्रह्म के बारूद का डिपो' बताते हैं और सुझाव देते हैं कि—

> नागार्जुन से मिलना तो भीतर की आग माँगना। बहुतों के पास नहीं होती यह। वह ख़ुद नहीं देगा। किसी सुबह या शाम उसके साथ लग जाना, तब वह जलता हुआ शहर तुम्हें दिखायेगा। और ग़ौर से देखना, उस शहर के बीचोबीच वह ख़ुद भी जल रहा होगा।

वह बताते हैं कि—

> नागार्जुन हमारे-तुम्हारे भीतर पायी जानेवाली आन्तरिक कौंध हैं, जो सबके भीतर चमकती-कड़कती रहती है, जो निहायत सहज है, पर जिसे जी पाना निहायत मुश्किल है। यह जो बनजारा मन है, वही है ये। इसे नागार्जुन न कहें तो क्या कहें?

वहाँ उन्होंने नागार्जुन की घुमक्कड़ी का ज़िक्र किया है, जिसे वह 'हमारी-तुम्हारी आत्मा की भटकन' बताते हैं और कहते हैं कि इतिहास से पूरा-पूरा भागकर भी यह आत्मा चैन नहीं पा रही है।

> किसी स्टेशन पर दरी में बँधा अपना सामान लिये। कभी साहित्य सम्मेलन में बैठकर बौद्धग्रन्थों का सम्पादन करते हुए। कहीं कालिदास पर भाषण देते हुए और कभी मज़दूरों के बीच बीड़ी पीकर हो-हो हँसते हुए। इसका कोई ठिकाना नहीं। यही वह व्यक्तित्व है जिसने शिवपूजन सहाय की परम्परा को आत्मसात् किया है और हर तरह के प्रभामण्डलों को नोच-नोचकर फेंकता रहा है। कहाँ-कहाँ पूर्ति खोजता है मन? जब भी यह आदमी आपके घर पहली बार आयेगा तो आपकी माँ को खोजेगा। या बड़े भाई को या पिता को। उनसे घुले-मिले बिना यह तुम्हारा अन्तरंग कभी नहीं हो पायेगा। अगर लगे तो विश्वास मत कर लेना। वक़्त ने इसे इतना तो सिखाया ही है।

नागार्जुन के साधारणता की जो डंका पीटती थी, वह थी उनकी धज। उनके कितने ही प्रेमियों ने शब्दों से उनका पोर्ट्रेट बनाया है। महानगरीय कुम्भीपाकों का रजिस्टर्ड बाशिन्दा, एडवांस ग्रामीणता भी जिसे देखे तो हँसे बिना न रह सके। रूप जैसे कि शबर-समाज का सदस्य हो। वेश जैसे नगरपालिका के चुंगी नाके का रिटायर्ड नाकेदार। जैसे खैनी-तम्बाकू का कोई बूढ़ा व्यापारी। वह स्वयं भी अपनी धज से वाकिफ थे

क्योंकि वह उन्हीं की बनायी थी। अपनी नुची मूँछों के ठूँठ आलम के बारे में कहा कि प्राकृत और अपभ्रंश का संयुक्त व्याकरण है। कपड़ों का यह हाल कि भदेसपन और कंजूसी का सनातन इश्तिहार जैसे चहलकदमी कर रहा हो। आते-जाते कहीं कोई अपरिचित आदमी परिचय पूछ लेता तो बताते—'सफ़ाई विभाग में दारोगा थे, अब रिटायर्ड हो गये हैं।' तर्क करो तो भिड़ जाते—'आख़िर भगवान राम के मन्त्रिमण्डल में भी सफ़ाई विभाग तो कोई होगा न! मान लो शबरी का हसबैंड कहीं का इंचार्ज होगा। उससे हम किस मायने में कम हैं?' हरिपाल त्यागी उन्हें याद करते हैं—

> अपने रहन-सहन में इतने साधारण थे कि उनको तो बहुत से लोग पढ़ा-लिखा भी नहीं समझते थे और वे वैसे ही बात करते थे, जैसे किसी भी आम आदमी से कोई बात करता है, राह चलते। एक दफ़ा कहीं जा रहे थे। उनको देखकर किसी ने पूछा कि कौन हैं? उन्होंने सुन लिया, कहने लगे हम तो ज़मादारों के हेड हैं। वाचस्पति जी साथ में थे। उन्होंने बताया कि ये नागार्जुन हैं। तब पूछने वालों ने कवि नागार्जुन के नाम से उन्हें पहचाना।

कई लोगों ने लिखा है, नागार्जुन को देखकर हम अनुमान कर सकते थे कि अपने ज़माने में सरहपा, कबीर या तुलसी कैसे रहे होंगे।

उन्होंने अपना आत्मचित्र बनाया—

> थकी-पकी तनी-घनी भौंहें, बेतरतीब बालों का जंगल, झुर्रियों भरा कुंचित ललाट, खिचड़ी दाढ़ी का उजाड़ घोंसला और दाँतों तक खिंच आती हँसी।

लीलाधर मण्डलोई ने बताया—

> यह काव्यबिम्ब किसी और कवि का नहीं बनता। जैसे कमज़ोर देह-यष्टि में असीम ताक़त का बिम्ब गाँधी का बनकर अमर हो गया है, वैसा ही नागार्जुन का बनता है। गति से भरा हुआ। यायावरी वाला चित्र।

लेकिन, इस चित्र ने कई बार कैसी लीलाएँ खड़ी कीं! वह अपना एक पुराना क़िस्सा सुनाते थे—'एक बार एक बनारसी भक्त की भक्ति के कारण हमारी फज़ीहत होते-होते बची। हुआ यह कि उसने पहले दर्जे का टिकट कटा दिया। हम भी ख़ुश कि देखें फर्स्टक्लास कैसा होता है। डिब्बे में चढ़े तब तक ट्रेन चलने लगी थी। हमारे प्रवेश करते ही डिब्बे में

खुसुर-फुसुर शुरू हो गयी। महिलाएँ कहने लगीं, कोई उठाईगीर मालूम होता है। जल्दी जंजीर खींचो। पुरुषों ने डपटा—बेटा, अगले स्टेशन पर उतर जाना नहीं तो पुलिस को दे देंगे। बात यह थी कि उस वक़्त हम हॉफ पैंट पर लम्बा कुरता पहने हुए थे। पैर में हवाई चप्पल थी। हमने जब उन्हें नाम बताया और टिकट दिखाया तो वे शान्त हुए। कवि जानकर कुछ महिलाओं ने टिफिन के सुस्वादु व्यंजन भी खिलाये।' उस बार तो फज़ीहत होते-होते बच गयी थी, कई बार तो हो भी जाती थी। एक बार किसी ख़ुशी के मौक़े पर सरिता माहेश्वर और उसके दोस्तों को खिलाने-पिलाने कनॉट प्लेस के किसी रेस्टोरेंट में ले गये तो दरबान ने प्रवेश देने से ही इनकार कर दिया था। यह और है कि ऐसे में बुरा भी नहीं मानते थे और माजरे का पूरा-पूरा आनन्द लेते रहते थे।

अपने पहनावे के साथ प्रयोग भी वे एक-से-एक करते रहते थे। एक बार मैथिली लेखक कुणाल ने अपने क़ैमरे से उनका फ़ोटो खींचा। उन्हें दिखाया तो उनका कमेंट था—'एह, लगता है मियाँ जी सीधे हज करके आ रहे हों।' खादी भण्डार से मोटा कम्बल ख़रीदकर एक बार ओवरकोट बनवाया, जिसे अप्रैल अन्त तक लगातार पहने रहते। ठण्ड बीतने के बाद भी उन्हें अक्सर मंकी कैप पहने देखा जा सकता था। गमछे से गले और सिर को अच्छी तरह ढाँपे रखते। कम्बल ओढ़कर यदि आराम कर रहे हैं और बाज़ार जाना हो या किसी से मिलने जाना हो तो वही कम्बल ओढ़े विदा हो जाते थे। हफ़्तों-महीनों कपड़े नहीं बदलते थे। कोई कपड़ा पहनकर वह सोये हैं तो वही कपड़ा पहने किसी सभा, किसी सम्मेलन में अध्यक्षता तक करने चले जाते थे। लेकिन, इसके ठीक उलट भी कभी होता था। एक बार वाचस्पति के साथ खादी भण्डार से चादर ख़रीदने गये। उन्होंने मोटी खादी के गहरे रंगों के कपड़े ख़रीदे। वाचस्पति थोड़े चकित दिखे तो कहा—'यात्राओं के हिसाब से हम कपड़ों के रंग तय करते हैं। कुछ भी, कैसा भी नहीं चल सकता।' एक दिन दरभंगा में नीता झा ने उन्हें स्टील के गिलास में नींबू-पानी पेश किया तो बिगड़ पड़े कि शीशे के गिलास में लाओ। नीता सोचने लगीं—'अरे बा, बगे-बान ही इनका ऐसा है, बाक़ी तो भारी स्टाइलिश हैं।'

शुद्ध मैथिल परिधान में भी उन्हें कम ही देखा गया। एक बार गाँव गये तो श्रीकान्त की ससुराल जाना पड़ा। वहाँ विदाई मिली। खादी की साफ़-

सुथरी धोती, धुला-धुला कुरता, पैर में बढ़िया-सी चप्पल और कन्धे पर सफ़ेद गमछा। शोभाकान्त ने लिखा है, उनके घर के बच्चों ने पहली ही बार उन्हें इस मैथिल परिधान में देखा था, और सभी चकित थे। एक बार रायपुर गये, जहाँ उनके मातृपक्ष के बहुत सारे रिश्तेदार थे। वहाँ मैथिलों का एक साहित्यिक-सांस्कृतिक आयोजन था। पता नहीं कैसे, आयोजक संस्था के पास पहुँचे तो वह धोती पहने थे। सभी ख़ूब ख़ुश कि बाबा मैथिल परिधान में हैं। लेकिन, जब मंच पर जाने का वक़्त आया, उन्होंने धोती बदलकर पाजामा पहन लिया। आयोजकों के प्रबल अनुरोध पर उनका उत्तर था—'नयी पीढ़ी को समझने दीजिये कि पाजामा भी हमारा मैथिल परिधान है।'

एक शान्तिनिकेतनी झोला हमेशा नागार्जुन के पास पाया जाता था, कभी वह उनके कन्धे से लटका मिलता, कभी पास रखा। वह उनके धज का अनिवार्य हिस्सा था। झोले में एक पुरानी टॉर्च, पॉकेट ट्रांजिस्टर, कविता की डायरी, फ्रुटसाल्ट की शीशी, कई भाषाओं की नयी पत्रिकाएँ, और कोरे पोस्टकार्ड होते थे। साथ में यदि लाख रुपये की भी नगदी हुई तो वह वहीं रखी मिलती थी, जबकि 'सार्वजनिक सराय के फाटक' की तरह झोले का मुँह खुला रहता था। झोले में एक मैग्नीफाइंग गिलास भी ज़रूर रहता था, जिसकी मदद से वह पढ़ते थे। मैग्नीफाइंग गिलास से पढ़ने का सुझाव कभी उन्हें शमशेर बहादुर सिंह ने दिया था। गिलास से उन्हें पढ़ते देख राजेश जोशी को कभी यह अजीब ख़याल आया था कि 'अगर शब्द मैग्नीफाइंग गिलास की दूसरी तरफ़ से नागार्जुन को देख रहे होंगे तो उन्हें नागार्जुन कैसे नज़र आते होंगे?' उनका अहसास था कि मैग्नीफाइंग गिलास एक उपकरण मात्र नहीं है, 'यह जैसे उनकी दृष्टि और उनकी कविता का एक रूपक भी है।' केवल दृश्य ही नहीं, गन्ध और ध्वनियाँ भी उनके पास आकर आवर्धित हो जाती थीं, विद्रूपताएँ भी, अच्छाइयाँ तो स्वाभाविक ही। पर, यह अध्ययन कृष्णा सोबती के उस आकलन के बिलकुल उलट था कि दुनिया-जहान की तमाम भौगोलिक दूरियाँ नागार्जुन के पास आकर बहुत ही छोटी हो जाती थीं और वह उन्हें 'अपनी आत्मा में सँजोये चले जाते थे, अपने दिल-दिमाग़ और अनुभव का हिस्सा बनाते हुए।'

नागार्जुन की स्नान-भीरुता के भी बड़े-बड़े क़िस्से मशहूर थे। वह महीनों

तक, कभी-कभी तो वर्षों तक नहीं नहाते थे। नहीं नहाने के पीछे का कारण उनकी स्वास्थ्य-सजगता था। मामूली-से एक्सपोजर से भी दमे का दौरा शुरू हो सकता था। सावधानी के लिए वह स्नान से परहेज़ करते थे। सोते समय भी अपने शरीर को वह सूती और ऊनी कपड़ों से इस तरह ढककर रखते कि ठण्ड न लगने पाये। लेकिन, स्नान से उन्हें कुछ अधिक ही परहेज़ था। शोभाकान्त लिखते हैं—

> तान्त्रिक कुल के महापण्डित वैद्यनाथ मिश्र के ऊपर औघड़ नागार्जुन ने वह लगाम लगाया कि पूजा-पाठ-ध्यान आदि कौन कहे, पिछले अनेक वर्षों से स्नान तक भूल गये। फिर भी नागार्जुन की सफ़ाई ऐसी है कि बाबूजी का स्नानरहित देह स्वच्छ है और गन्धहीन।

एक बार किसी ने पूछा—'जनश्रुति है कि आप महीनों नहीं नहाते। क्या पानी से एलर्जी है?' ठठाकर हँसे। बोले—'अरे ग़ज़ब! हमसे ज़्यादा प्रसिद्ध हमारा अस्नानी हो गया। काशी-प्रयाग जाकर भी हम कभी गंगा-स्नान नहीं करते।' एक बार सर्दियाँ बीतने के बाद दिल्ली में मुरली मनोहर प्रसाद सिंह के घर पहुँचे तो उनकी पत्नी रेखा अवस्थी ने कहा—'बाबा, पानी पूरा गरम है, आप नहा लीजिये।' रेखा नयी थीं, उन्हें इस प्रसंग की जानकारी नहीं थी जबकि नागार्जुन जाड़ा बीतने के बाद अब भी मोटा कोट, मंकी कैप धराये हुए थे। उन्होंने मुरली बाबू को जवाब दिया—'हमारी मौगी (पत्नी) तो कहती है कि हमने बाबा को आज तक अँगोछे में नहीं देखा और देखो, यह कहती है कि नहा लो।' पटने में नन्दकिशोर नवल के घर टिकते तो उनकी पत्नी कभी-कभार नल के पास बिठाकर मग से नहला देती थीं और पूरे शरीर में साबुन लगा देती थीं। दिल्ली में मैनेजर पाण्डेय के घर ठहरते तो उनकी पत्नी प्रेमवश कभी गर्मी के दिनों में, ज़बर्दस्ती साबुन लगाकर हाथ-पैर धो देतीं, मैल छुड़ा देतीं। नहाने से लेकिन फिर भी कन्नी काट जाते थे। पंकज सिंह का तरीक़ा लेकिन सबसे अलग होता था। वह शास्त्रार्थ करने लगते थे—'सच है कि आप गौरवर्ण के हैं। गौरवर्ण पर सारा कुछ अच्छा जँचता है। लेकिन, स्वास्थ्य के नज़रिये से स्नान को वर्जित भी तो नहीं किया जा सकता।' तब नागार्जुन शर्तें रखते थे, अजीब-अजीब शर्तें। पंकज सारी शर्तें पूरी करते थे। उनकी महिला-मित्र मल-मलकर, साबुन लगाकर उन्हें नहला लाती थीं। और, चर्चा फैलती कि पंकज सिंह ने नागार्जुन को बहला-फुसलाकर नहला

दिया। विदिशा में नागार्जुन का लोक-सम्मान होना था तो ज़रूरी समझा गया कि वह नहा लें। किसी तरह कौआ-स्नान तो उन्होंने कर लिया लेकिन नाख़ून कटवाने पर फिर भी राजी न हुए। सविता भार्गव अपनी मित्र वंदना को बुला लायीं। वंदना ने कहा—'लाओ बाबा, आपके नाख़ून काट दें। कितने बढ़ गये हैं। आपको सुन्दर बना दें।' हँसते हुए नागार्जुन ने अपने हाथ बढ़ा दिये—'अरे आप ही के हैं ये हाथ। लीजिये काट दीजिये नाख़ून और हमें भी।' एक बार महेश दर्पण के घर थे तो उनकी पत्नी ने ज़िद पकड़ ली—बाबा, परात में पानी पड़ा है, इसमें आप पैर डालिये। आधा घण्टा उन्हें अपने पैर डुबाये रखने पड़े। फिर सफ़ाई हुई तो बोलते हैं—'देखिये, हमारे पैर तो हमारे लग ही नहीं रहे हैं।'

नागार्जुन ने अपना समूचा जीवन घुमक्कड़ी में बिताया था। तब से, जब वह अबोध बालक थे और पिता के कन्धे पर चढ़कर इस गाँव-उस गाँव घुमाये जाते थे, और तब तक, जब वह मृत्युशय्या पर चेतन थे और मिलने आनेवाले लोगों के साथ इस जगह-उस जगह चलने की ललक बताया करते थे। उनके व्यक्तित्व में ढेर सारी चीज़ें ऐसी थीं जो किसी ख़ास भौगोलिक या मानसिक सीमा में बँधे लोगों के लिए उन्हें पहचानने में अड़चन पैदा करती थीं। इस पर कायदे से कोई काम अब तक नहीं हुआ है, यद्यपि कई लोगों का ध्यान इस ओर गया है। कृष्णा सोबती जब यह कहती थीं कि 'नागार्जुन की पूरी शख़्सियत में अखिल भारतीय प्रभाव जज़्ब होते चले गये हैं' और यह भी कि 'हिमालय-तिब्बत-बनारस-कलकत्ता-दक्षिण-श्रीलंका-सिन्ध-हैदराबाद-लाहौर-अमृतसर-लुधियाना-पटियाला-अबोहर—कोई भी घुमक्कड़ दूर-पास की सिर्फ़ दूरियाँ ही नहीं नापता, वह दूरियों को छोटा करके अपनी आत्मा में सँजोये चला जाता है' या फिर यह कि 'मैथिल गाँव के विद्यागोत्री दिमाग़ ने एक विशाल भूखण्ड को आत्मसात् कर लिया है।'—तो दरअसल वह इसी ओर संकेत कर रही होती थीं। अनवर जमाल, जिन्होंने एन.सी.ई.आर.टी. के लिए नागार्जुन पर फ़िल्म बनायी थी, इसी कारण उन्हें एक अन्तरराष्ट्रीय व्यक्ति मानते हैं।

नागार्जुन के रहन-सहन की शैली पर तिब्बती संस्कृति का पूरा प्रभाव था। शुचिता के सन्दर्भ में भी तिब्बती समाज का मानदण्ड उन्हें अपने क़रीब लगता था। काफ़ी पहले तिब्बती रहन-सहन की सहानुभूति में

मैथिली में उन्होंने एक कहानी लिखी थी। उस कहानी में आता है कि नागार्जुन अपने दो मैथिल संगतियों के साथ ट्रेन के उस डिब्बे में यात्रा कर रहे हैं, जिसमें तिब्बतियों का एक पूरा परिवार जा रहा है। वहाँ एक गन्ध है। संगतियों ने धोती की खूँट से नाक बन्द कर रखी है। लेकिन नागार्जुन को कोई फ़र्क़ नहीं पड़ता क्योंकि इस गन्ध से उनका अपनापा है। फिर यह होता है कि एक छोटे-से स्टेशन पर गाड़ी रुकती है और बूढ़ा तिब्बती नीचे उतरकर रेलवे लाइन के किनारे से फारिग हो आता है। पानी वहाँ कहाँ मिलता, लेकिन उसकी ज़रूरत भी उसे नहीं है। संगतिये देखते हैं और जुगुप्सा से भर उठते हैं। नागार्जुन की गन्धचेतना कितनी तीक्ष्ण थी, सभी जानते हैं। गन्धों को लेकर उन्होंने ऐसी कविताएँ लिखीं कि कायदे से पढ़ें तो वह विशेष गन्ध सच में आने लगे। लेकिन जहाँ स्वीकार-भाव होता है, वहाँ चीज़ें हमारे ऐन्द्रिय सहचर की तरह प्रकट होती हैं। ठीक यही बात उनकी स्पर्श-चेतना को लेकर थी। पानी और नागार्जुन के सम्बन्धों को लेकर अनेक क़िस्से प्रचलित थे। उनकी कविताओं में पानी अनेक रूप धरकर अनेक बानों में आता था और हर बार चकित करता था। कहते हैं, जिन चीज़ों से आदमी बचने की कोशिश करता है, मतलब है कि वे चीज़ें उसके लिए उतनी ही तीक्ष्णतापूर्वक इन्द्रियग्राह्य हैं। जिनकी देह पानी के प्रति लगभग अभ्यस्त हो चुकी हैं, वे शायद ही यह मर्म समझ पायें।

पटने में एक बार नन्दकिशोर नवल के घर टिके थे। गर्मी बढ़ती तो नवल जी उन्हें टेबुल फैन लगा देते थे, जिसे वह शायद ही कभी चलाते। एक दिन नवल जी ने पूछा कि इसे चलाते नहीं हैं? उत्तर दिया—'हाँ, कभी-कभी उसका आनन्द लेता हूँ।' नवल जी का ध्यान इस 'आनन्द' शब्द ने खींचा। उन्होंने लिखा है—

> पंखे से मिलनेवाली हवा को तो मैंने कभी उससे मिलनेवाला आनन्द समझा ही नहीं था। ये बाबा थे, जिनकी ऐन्द्रिय संवेदना इतनी तीव्र थी कि वे प्रत्येक वस्तु का गुणधर्म अलग-अलग महसूस करते थे।

इसलिए जो कुछ उनका देखा-भोगा, पूरी तरह जज़्ब हो चुका और उनके शारीरिक-मानसिक सहजता के अनुकूल था, उस पर इतर संस्कृति की ओर से यदि कोई आपत्ति आती थी, तो उसे वह सीधा ख़ारिज करते थे। प्रेमपूर्वक आग्रह पर भले वह स्नान करना स्वीकार कर लें, लेकिन यही

बात यदि शुचिता के दम्भ के साथ कही जाये तो वह बिगड़ पड़ते थे। एक बार कलकत्ता-प्रवास के समय उजड्ड तरीक़े से नहाने का प्रस्ताव करने पर उन्होंने पानी से भरा गिलास गीतेश शर्मा के मुँह पर दे मारा था और सम्भवत: उसके बाद वह आगे कभी उनके घर नहीं ठहरे। दाँत की तकलीफ़ होने पर एक बार डेन्टिस्ट ने जब उन्हें ब्रश न करने की हिदायत दी तो उसके बाद मुँह धोने का प्रचलित तरीक़ा भी उन्होंने छोड़ दिया और गुनगुने या सामान्य पानी के साथ कुल्ला कर लेने से ही काम चलाने लगे। इसमें भी उन्हें कभी कोई असहजता नहीं हुई। एक बार अपर इण्डिया ट्रेन में यात्रा पर थे और सुबह बाथरूम का पानी ख़त्म हो गया, जो कि भारतीय रेल के लिए एक दैनन्दिन बात थी, उनके सारे संगतिये पानी के अभाव में निवृत्त होने से वंचित कष्ट महसूसते रहे, नागार्जुन बड़े इत्मीनान से फ़ारिग़ हो आये। आकर बताया—'पानी न रहने पर मैं ऐसे ही अख़बार से काम चलाता हूँ।'

रहन-सहन की अपनी शैली से वह सन्तुष्ट हों और उसके प्रति व्यर्थ का आक्रमण करनेवाले के प्रति आक्रामक, लेकिन दूसरे लोगों की भावनाओं की कद्र करना वह बेहतर जानते थे। कलकत्ते में जब वह शम्भुनाथ के घर टिके होते, उनकी एक बूढ़ी मझली दादी थीं, अकेली, वह प्रतिदिन पौ फटने के पहले रामनामी ओढ़कर गंगा नहाने जाती थीं और उधर से लौटकर हर कमरे में, प्रांगण में गंगाजल छिड़कती थीं। नागार्जुन जब वहाँ टिके होते, वह जानती थीं कि वह कभी नहीं नहाते और इसे बुरा मानती थीं, उनके कमरे में वह प्रवेश नहीं करतीं लेकिन ज़रा-सा झाँककर जल्दी से गंगाजल छींटकर चली जातीं। शम्भुनाथ ने लिखा है—

> नागार्जुन ने एक दिन मझली दादी का चित्र खींचा, कैसे वह हर अँधेरी सुबह उन्हें कमरे में झाँककर कुतूहल से देखतीं, कैसे वह ख़ुद उचककर उन्हें देखते।' कहते थे—'कोई गंगाजल छींटकर सुख पाता है तो उससे नाराज़ नहीं होना चाहिये। जनता की भावना का मज़ाक़ उड़ाना ग़लत है।

उनकी नज़र में धार्मिक कट्टरवाद और जनता की धार्मिक भावना में फ़र्क़ था। निरूपा जोशी बताती हैं—

> कहते हैं कि कविवर त्रिलोचन सालों में एक बार नहा लेते हैं तो नागार्जुन दस बरस में एक बार। यह ज़रूर मज़ाक़ होगा क्योंकि नागार्जुन ने आजीविका के लिए ख़ुद को कभी मैला नहीं किया और न अपने लेखन

को मैला होने दिया। निश्चित ही वे रोज़ नहाने-धोने और चकाचक रहने वालों से करोड़ गुना स्वच्छ और निर्मल हैं।

नागार्जुन के अस्नानी होने की ही तरह और भी कई चीज़ें थीं, जो किंवदन्तियाँ बनकर विख्यात थीं। इनमें एक था उनका ग़ुस्सा। वह कहते थे—'पुराने महर्षियों में सबसे ज़्यादा मेरा मूड दुर्वासा से मिलता है।' दुर्वासा अपने उस विध्वंसक क्रोध के लिए प्रख्यात थे, जिसका प्रयोग उन्होंने शकुन्तला की ज़िन्दगी बर्बाद करने के लिए किया था। ऐसा कि भारत की स्मृति से उस घटना की पीड़कता को कम करने के लिए कविकुलगुरु कालिदास को अपनी पूरी प्रतिभा लगानी पड़ी। नागार्जुन का क्रोध ऐसा नहीं था। इसने कभी किसी के जीवन को आघात पहुँचाया हो, इसका कोई उदाहरण नहीं मिलता। बची प्रतिष्ठा, तो इसे वह बेकाम की चीज़ मानते थे। स्वयं अपने लिए भी प्रतिष्ठा की कामना उन्हें कभी नहीं रही। कभी किसी काम को लेकर सुचर्चित प्रतिष्ठित होने लगते तो अपने पर हँसते थे—'सोचता हूँ', कोई ऐसा तगड़ा कुकर्म करूँ कि'...उनके लिए अपनी 'प्रतिष्ठा' का महत्त्व नहीं था, कहते थे—कवि सच्चा हो तो 'कालक्रम में ये तमाम विशेषण झड़ते चलते हैं', इसलिए जो प्रतिष्ठित कहलाते, उनकी प्रतिष्ठा को लेकर भी कोई दबौट नहीं थी। वे बिगड़ते तो बिलकुल धो डालते थे। इसलिए बड़े-बड़े लोग भी उनसे ख़ौफ़ खाते और सँभल जाते, ख़ास तौर पर सार्वजनिक सम्मेलनों में।

लेकिन यह लोगों की ओर का नज़रिया था। स्वयं उनकी ओर से देखें तो यह केवल एक रेचन-पद्धति थी, जिसका प्रयोग वह अपनी भीतरी प्रतिक्रिया को व्यक्त करने के लिए करते थे। वह रखना नहीं जानते थे। यह उनकी जीवन-शैली में शामिल ही नहीं था। इसे वह जीवन-दर्शन की मैथिल पद्धति मानते थे, जिसकी ओर वह तिब्बती संस्कृति, ख़ास तौर पर मठों की पारम्परिक ध्यान-पद्धति के संसर्ग में आने के बाद सजग हुए। बचपन में कभी एक बार ग़ुस्से में उन्होंने शोभाकान्त को पीट दिया था। पीट देने के बाद कई दिनों तक वह परेशान रहे थे—'हमने मारा! कारण वह बच्चा था या स्वयं मैं था? कारण तो सदा हमारे ही भीतर होता है। बहुत पश्चात्ताप हुआ, बहुत अनुताप।' उस दिन के बाद उन्होंने कभी किसी बच्चे को नहीं पीटा। लेकिन ग़ुस्सा दूसरे रास्तों से निकलता था ज़रूर। शोभाकान्त बताते थे—

> बाबूजी जब ग़ुस्सा करते हैं, तब कम-से-कम मेरे लिए वह क्षण बहुत उलझनों से भरा होता है। उस क्षण वह किसी भी तरह की सफ़ाई सुनना पसन्द नहीं करते। उनका रूप एक अन्य तरह का रहता है। रौद्र रूप रहता है उस समय। यह भी सही है, यह ग़ुस्सा-काल बहुत ही अल्पकाल का होता है। मुश्किल से बीस-पच्चीस मिनट का। उस समय जवाब देना किसी भी स्थिति में ठीक नहीं होता। चुप रह जाना ही श्रेयस्कर है। बीस-पच्चीस मिनट तक वह ग़ुस्सा के मारे वह सब सुना देंगे जिसकी कल्पना भी न की थी सामनेवाले ने। काफ़ी समय से मन के भीतरी परत में बैठी वे सब बातें निकल जाती हैं, जिनके बारे में सामनेवाले ने सोच रखा था कि भूल ही गये होंगे। सब कुछ सुनाने के बाद अचानक ही परिवर्तित होंगे और चाय या पान खाने के लिए चल पड़ेंगे। रास्ते में समझायेंगे कि क्यों ग़ुस्सा हुए थे। आपकी कैफ़ियत भी पूरी सुनेंगे...। वह यह उम्मीद कर लेते थे कि सामनेवाला समझ गया है और इसे ठीक कर लेगा।

उनके पुत्र श्रीकान्त बताते हैं कि उनका ग़ुस्साना एक तरह की काउंसिलिंग होती थी। अपनी नाराज़गी की वजह वह समझाते थे और उसका परिणाम, दुष्परिणाम सब स्पष्ट करते थे। बात इतने तक ही रहती थी। आगे वह बात कहीं या कभी व्यवहार में नहीं आती थी। मदन कश्यप ने यह बिलकुल ठीक लिखा है कि

> मनुष्य और मनुष्यता को इतना प्यार करनेवाला आदमी दुर्लभ है। वे कितना प्यार करते थे, कितना कर सकते थे, इसका सही पता तब चलता था जब वे किसी को डाँटते होते थे। उनकी तरह डाँटनेवाला ही टूटकर प्यार कर सकता है।

उनका क्रोध कैसे चढ़ता और उतरता था, इसका एक उदाहरण जांजगीरवाली घटना है। वहाँ एक कवि सम्मेलन में नागार्जुन गये थे। स्थानीय कवियों की भरमार थी। संचालन भी बहुत घटिया ढंग से हो रहा था। नागार्जुन मुख्य अतिथि थे। उन्हें उकड़ूँ लग रहा था। श्रोता-समूह अच्छे जुटे थे, लेकिन मंच ही संस्कारहीन था। एक-दो बार नागार्जुन ने इशारा मारा— 'गुरुजी, कार्यक्रम शुरू करो।' 'थोड़ा और आगे बढ़ो उस्ताद!' अपनी बॉडी लैंग्वेज से भी इशारा किया। फिर, उखड़ पड़े। संचालक हर कवि को बुलाने के पहले दो लाइन का स्वरचित तुक्कड़ पढ़ता। वह इतना

घटिया होता कि बस जी जल जाता। नागार्जुन ने चीख़कर डाँटते हुए उससे कहा—'ये क्या दो-दो पंक्तियों में टुच्च-टुच्च मार रहे हो! बीच-बीच में अपनी तुकबन्दी घुसेड़ रहे हो। अब कवियों को सीधे उनके नाम से बुलाओ।' अब अगले जो कवि बुलाये गये वह युवा बलदेव थे। बलदेव ने जो कविता सुनानी शुरू की, वह दूसरी तरह से घटिया थी। पहले सुनायी गयी कविताएँ रसवादी-अलंकारवादी थीं तो बलदेव की कविता दुष्कविता-कुकवितावादी। उसमें स्त्री की योनि आती थी, योनिगन्ध और मादा पशुओं की पूँछ उठाने का प्रसंग आता था। नागार्जुन बुरी तरह उखड़ गये। वह चीख़ते हुए उठे—'बन्द करो, मुझ बूढ़े के सामने ऐसी कविता सुनाते हुए तुम्हें शर्म नहीं आती?' और सीधे जाकर कवि का कान पकड़कर उमेठने लगे—'अभी बहूरानी होती तो क्या-क्या गन्ध होती है, बतलाता। बन्द करो।' उनके इस आक्रमण से सारी सभा दहल गयी। बलदेव अकबका गये। उन्होंने कविता पढ़नी बन्द कर दी। आयोजकगण आये। उन्होंने हाथ जोड़कर माफ़ी माँगी।

बलदेव ने भी माफ़ी माँगी। फिर उनमें साहस का कुछ संचार हुआ। और उन्होंने भी भरी सभा में नागार्जुन से प्रश्न करना शुरू कर दिया—बाबा माफ़ करें, आपसे कुछ पूछना चाहता हूँ।

—हाँ, पूछो।

—शलभ श्रीराम सिंह क्या आपके पास रहते हैं?

—हाँ। तो? उन्होंने दागते हुए पूछा।

—उन्होंने मरी हुई औरत के साथ सम्भोग लिखा, तब तो आपकी कोई प्रतिक्रिया नहीं आयी!

—अच्छा! तो तुम शलभ श्रीराम सिंह बनना चाहते हो?

—नहीं, मेरा मतलब...

—मतलब-उतलब कुछ नहीं। मैं चाहता हूँ, हमारी नयी पीढ़ी अच्छी से अच्छी कविता लिखे; सिर्फ़ प्रयोग के लिए प्रयोग न करे!

यह सब सनसनी सुनकर जो श्रोता बाहर निकलकर अच्छी कविता आने की प्रतीक्षा में टाइमपास कर रहे थे, वे सारे सभा के अन्दर बटुर आये। इतने लोगों को आया देख नागार्जुन का ग़ुस्सा शान्त हो गया। बलदेव से

बोले—'चलो, अब तुम अपनी कविता पूरी कर लो...।' नागार्जुन ने अपनी भी ढेर सारी कविताएँ सुनायीं, भावपूर्ण होकर। लोगों को वह बहुत पसन्द आये। सभा से विदा होने लगे तो बहुत सारे लोग उनके साथ लग गये। सबने अपनी कृतज्ञता कही। नागार्जुन भी पूरे आत्मीय भाव में थे। कहने लगे—'हाँ भई, मैं बहुत दूर से आया हुआ हूँ। आप लोगों से शायद पहली बार मिल रहा हूँ। मैं बिहार में जन्मा लेकिन समूचा देश मेरा अपना है। मेरे यायावरी जीवन में कभी अहसास नहीं हुआ कि मैं तरौनी गाँव से दूर हूँ। आप सब मेरे अपने हैं। इसीलिए मैं अपनी बात बिना लाग-लपेट के कहता हूँ। मुझमें आत्मविश्वास है। इसे कोई बुरा नहीं मानता।' फिर उन्होंने पुकारा—'बलदेव!' दरअसल वहाँ उस रोज़ बलदेव के ही घर उन्हें ठहरना था, उनके बच्चों को आशीष देना था।

इसी तरह की एक घटना सतना की 'प्रसंग' संस्था के कार्यक्रम के दौरान हुई। कार्यक्रम नागार्जुन के सम्मान-समारोह का था। कवि-सम्मेलन में एक स्थानीय कवि मंच पर आया और उसने काव्य-पाठ शुरू किया—'मिल गयी ददऊ कर्कशा नारि।' दो-चार पंक्तियाँ सुनते-सुनते ही नागार्जुन बिफर पड़े। चीख़ते हुए पूछा—'क्या तुमने किसी कर्कश पुरुष पर कविता लिखी है?' कवि ने कहा—'नहीं।' नागार्जुन और भी उत्तेजित हो गये। बोले—'पुरुष होने के बावजूद यदि तुम पुरुष की जड़ता और क्रूरता पर नहीं लिख पाये तो तुम्हें औरत की क्रूरता पर लिखने का कोई हक़ नहीं है। बैठ जाओ।' पूरी सभा में सन्नाटा छा गया।

युवाओं पर उनको ग़ुस्सा ज़्यादातर उनकी लापरवाही या नासमझी पर आता था। या फिर जब उन्हें लगता कि उद्दण्डतापूर्वक अनुशासन भंग किया जा रहा है। युवाओं को वह बहुत मानते थे और छूट बहुत देते थे। जो काम उनसे करवाने में बड़े-बड़े अतिरथी असमर्थ रहते थे, तरुण युवा आसानी से सफल हो जाते थे। एक बार भागलपुर में थे तो उनका मूड उखड़ा हुआ था। गंगेश गुंजन आकाशवाणी में उनका कार्यक्रम करवाना चाहते थे, बार-बार अनुनय-विनय किया, लेकिन उन्होंने इनकार कर दिया। रविभूषण अपने कॉलेज में उनका काव्य-पाठ करवाना चाहते थे, उन्होंने इनकार कर दिया। तब उन्होंने तरुण-युवाओं का सहयोग लिया। वे युवा उनसे अपने कॉलेज चलने का अनुरोध करने लगे। आश्चर्यजनक रूप से वह मान गये। लेकिन, कोई युवा जब किसी कार्यक्रम में शरीक

होने का आमन्त्रण देने घर आता, वह उसकी पूरी परीक्षा लेते थे। कविता के बारे में, समकालीन कविता के बारे में उससे तरह-तरह के प्रश्न करते और यदि वह उन्हें सन्तुष्ट नहीं कर पाता तो डाँट देते थे—'बैल हो तुम निरे। साहित्य से कोई मतलब नहीं है तुम्हारा। जाओ, भागो।'

अपने बच्चों पर भी ग़ुस्सा करने का उनका यही तरीक़ा था। सुकान्त जब सहरसा में पढ़ते थे, ऐसे ही एक ग़ुस्से का प्रसंग महाप्रकाश ने अपने संस्मरण में लिखा है। बी.ए. की परीक्षा में सुकान्त ने ऑनर्स पेपर छोड़ दिया था, जबकि नागार्जुन की सख़्त हिदायत थी। सच का पता करने के लिए उन्होंने महाप्रकाश से पूछा। इधर दोनों मित्रों के बीच पहले से तय था कि पूछेंगे तो झूठ बोल देना। उन्होंने झूठ बोल दिया। लेकिन नागार्जुन के सूत्र बहुत पुख़्ता हुआ करते थे। जब तक वह ख़ुद न चाहें, उन्हें ठगा नहीं जा सकता था। वह महाप्रकाश पर बिगड़ पड़े—'झूठ बोलते हो, सब तरह से झूठ बोलते हो। कवि बनते हो, जहाँ कहीं भी छौंड़ी देखी नहीं कि कविता का ज्वार चढ़ा। दो-चार कविताएँ लिखीं और खलास। पढ़ना-लिखना तुम लोगों के वश की बात नहीं है। छोड़ो पढ़ाई, जाओ देखो पंजाब में लोग आलू की खेती कैसे करते हैं...। यहाँ नहीं वहाँ पढ़ूँगा, जैसा कहा वैसा किया, दिया। अब क्या हुआ?' सारी बातें वह सुकान्त के लिए बोल रहे थे, लेकिन कह महाप्रकाश को रहे थे। दूसरे कमरे में बैठे सुकान्त सुन्न पड़े थे। जितनी भी शिकायतें पिछले अनेक दिनों में उनके कान तक पहुँची होंगी, इस ग़ुस्से में सब आकर मिल गयी थीं। पत्नी ने रोका—'हुआ तो, बच्चे को कितना बोलते हैं?' कहने लगे—'बोलता हूँ? अपने लिए बोलता हूँ?'

सार्वजनिक मंचों को वह श्रोताओं के अधिकार की चीज़ समझते थे। उनका मानना था कि मंचों पर ऐसे कार्यक्रम होने चाहिये, जिनसे जनरुचि तृप्त हो और उनकी वैचारिक, भावनात्मक समृद्धि बढ़े। इसमें कहीं खलल देखते तो उग्र हो जाया करते थे। मथुरा में एक गोष्ठी नागार्जुन के काव्य-पाठ की थी। बहुत सारे काव्य-प्रेमी श्रोता इकट्ठा हुए थे। कार्यक्रम का स्वरूप था कि पहले आनन्द प्रकाश नागार्जुन पर, उनकी कविताओं पर बोलेंगे फिर काव्य-पाठ होगा। उन्होंने बोलना शुरू किया तो घण्टे भर से ज़्यादा बोलते ही चले गये। नागार्जुन को ग़ुस्सा आ गया। आनन्द प्रकाश से तो उन्होंने कुछ नहीं कहा। मंच पर खड़े होकर

चीख़ने लगे—'यह कोई बात हुई? यह तो युवा है, बाद में भी अपनी बात कह लेगा। मेरी उम्र बढ़ रही है तो मुझे कविता सुनाने के लिए वक़्त मिलना चाहिये।' अपने बारे में बेशऊर प्रशंसा सुनना तो उनके लिए और भी असह्य होता था। एक बार दरभंगा में उनके सम्मान में एक कार्यक्रम हो रहा था। वह थोड़े बीमार भी थे। एक प्रोफ़ेसर साहब नागार्जुन पर अपना परचा पढ़ रहे थे, जो ख़त्म होने का नाम ही नहीं ले रहा था। उन्होंने मंच पर बैठे ही बैठे विद्रोह कर दिया—'अब ये महाशय अपना बस्ता बन्द करें वरना मैं यहीं मंच पर सो जाऊँगा।'

पर, यही सलीका उन्हें दूसरों में भी चाहिये होता था। एक बार वह रामनगर में शिरीष कुमार मौर्य के घर टिके थे तो एक दिन कुमाऊँनी कवि मथुरादत्त मठपाल सपत्नीक उनसे मिलने आये। नागार्जुन उनसे घर-परिवार की बातें कर रहे थे लेकिन मठपाल जी बार-बार बात को घुमाकर कुमाऊँनी कविता की ओर ले जायें। आख़िर तय हुआ कि कविताएँ सुनायें। कविताएँ बेहद घटिया थीं। उस पर से क्या हुआ कि मठपाल जी बार-बार नागार्जुन से इन कविताओं पर दो शब्द कहने का अनुरोध करें। उनका पारा चढ़ गया। बोले—'जैसे बछड़े को दागकर साँड़ बनने और लोगों के बीच आतंक फैलाने के लिए शंकर जी के नाम पर आवारा छोड़ दिया जाता है, वैसे ही तुम्हें भी कुमाऊँनी के नाम पर किसी ने छोड़ दिया है।' इसके बाद मठपाल की ओर उन्होंने देखा तक नहीं और उनकी पत्नी से बात करते रहे कि ऐसे ज़िद्दी और ज़बर्दस्त कवि के साथ रिश्ता निभाने में उन्हें किन मुश्किलों का सामना करना पड़ता होगा! ऐसे ही एक बार कलकत्ते में कवि सकलदीप सिंह ने कोई बेतुकी बात कही तो उनका चश्मा लेकर रख लिया था और काफ़ी मिन्नत के बाद तीसरे दिन जाकर लौटाया था।

एक बार उन्होंने गोविन्द सिंह को अपना इण्टरव्यू ख़ुद डिक्टेट करवाया था—

> प्रश्न—क्या आपको कभी ग़ुस्सा आता है? आता है तो क्यों आता है?
>
> उत्तर—हाँ जी हाँ, हमें ग़ुस्सा आता है। बहुत ज़ोरों से ग़ुस्सा आता है। लगता है कि दिमाग़ फट जायेगा। ऐसा ग़ुस्सा तब आता है जब सामनेवाला कोई नौजवान, बूढ़ा या स्त्री-पुरुष ऊटपटांग काम करता है। लगता है छड़ी उठाऊँ और पीट दूँ। ग़ुस्सा आना सहज प्रवृत्ति है, ग़ुस्सा

न आये तो आदमी हलुवा हो जाये, आदमी की तमाम गतिविधियों से भी ग़ुस्सा नापा जाता है। सवाल है कि ग़ुस्सा क्यों आता है? कभी-कभी वाज़िब भी आता है, पीठ ठोकते हैं ख़ुद। कभी ग़लत बात पर भी आता है। कभी रोने का मन करता है।

तब उन्होंने गोविन्द सिंह को दो पुरानी घटनाएँ सुनायीं बिहार आन्दोलन के दौर की। बक्सर जेल में थे तो जेल के कर्मचारियों ने क़ैदियों को परेशान करने की नीयत से उनके बिस्तरों पर गरम पानी डाल दिया। नागार्जुन को काफ़ी ग़ुस्सा आया। उन्होंने पानी डालने वाले का जाकर हाथ पकड़ा और तय किया कि बाल्टी-भर गरम पानी इसके सिर पर डालेंगे। लोग मना करने लगे—मर जायेगा। दूसरी घटना पूना साहित्य सम्मेलन की है। तीन दिनों के सम्मेलन में खाना खिलाने की ज़िम्मेवारी नये लड़के-लड़कियों को सौंपी गयी थी। कुछ लोग उन पर रौब गाँठते और तरह-तरह से परेशान करते। जैसे जुगनू शारदेय। वह जे.पी. के शिष्य थे और अपने को 'बड़ा प्रगतिशील' समझते थे। नागार्जुन ने कड़ा बयान देकर जे.पी. आन्दोलन से किनारा किया था। जुगनू शारदेय बात-बात में जुमला उछालते कि 'हम तो किसी को भी कुछ नहीं समझते हैं।' इसके बाद जो हुआ, बकौल नागार्जुन—'हम उठे। जुगनू को पकड़ा—चार तमाचे इधर और चार तमाचे उधर, सब लोग उठे। लोग उसे उठाकर होटल ले गये तब हमारा ग़ुस्सा शान्त हुआ।'

यात्रा के क्रम में उनके ग़ुस्से का एक वाकया सुवास कुमार ने लिखा है। नागार्जुन को वातानुकूलित डिब्बे में आसनसोल से पटना का सफ़र करना था। ढेर सारे लेखक वहाँ उन्हें विदा करने आये। उनका आरक्षित केबिन खोलकर देखा तो सामने की बर्थ पर पुलिस का एक इंस्पेक्टर हैट से अपना सिर ढाँपे सो रहा था। ट्रेन खुलने में अभी आधे घण्टे की देर थी। सबने नागार्जुन का सामान उनकी सीट पर रखा। लेकिन पुलिस वाले को इस तरह सोया देख नागार्जुन भड़क गये। सबसे पहले तो उन्होंने उसका हैट उतारकर सीट पर फेंका फिर ज़ोर से डपटकर बोले—'अबे उठ, निकल यहाँ से। बिना टिकट ए.सी. कोच की सवारी करता है!' सारे संगतिये सकते में आ गये कि पता नहीं अब आगे क्या हो! इंस्पेक्टर ने धीरे से आँख खोलकर भाँपने की कोशिश की कि माज़रा क्या है। केबिन में इतने सारे लोगों को देखकर चुपचाप उसने अपना बैग उठाया और

बिना कुछ कहे डिब्बे से उतरकर चलता बना। इधर ज़ोरदार ठहाके लगे।

सुवास ने कहा—'आपने बेकार ही उसे डाँट दिया। कुछ बिगाड़ तो नहीं रहा था, और मान लीजिये कहीं उसके पास सही टिकट होता तो?'

नागार्जुन हँसकर बोले—'पुलिसवाले को टिकट से मतलब! अरे, कोई ठीक था? कहीं बीच रास्ते में मेरा झोला लेकर उतर जाता तो?'

सुवास कुमार ने लिखा है—

> असल बात थी कि छोटी-छोटी बातों और घटनाओं में भी नागार्जुन का समझौता-विरोधी तेवर महसूस होता था। उनके हृदय में लोगों के लिए जितनी गहरी आत्मीयता थी, उतना ही उनकी असंगतियों के प्रति उनका दो-टूक मिज़ाज था। उनकी हँसी जितनी निश्छल थी, उतना ही निश्छल था उनका क्रोध।

लेकिन कभी-कभी नागार्जुन का क्रोध ग़लत गिरता था और बाद में ख़ुद उन्हें भी अफ़सोस से भर देता था। छोटी-छोटी बातों पर। जैसे विजय बहादुर सिंह साथ के यात्रा पर, ट्रेन में हैं। किसी स्टेशन पर विजय बाबू सन्तरे ले आये। लेकिन वे खट्टे हैं। डाँट—'उँह, आप भी न! इतनी उमर हो गयी लेकिन अब तक सन्तरे ख़रीदना नहीं आया!' कभी विजय बाबू ने अपने हाथों उनके लिए रोटी बनायी, थोड़ी सख़्त और मोटी हो गयी तो डपट पड़े—'सारे प्रयोग आपको आज ही कर लेने थे?' नन्दकिशोर नवल के साथ रिक्शे पर चले जा रहे हैं। रास्ते में नवलजी ने पूछ दिया—'आप दिल्ली कब जा रहे हैं?' बस बिगड़ पड़े। जाने किन बातों से जोड़कर देखा, क्या समझा, इतनी ज़ोर से बिगड़ पड़े कि नवल जी को भय हुआ, कहीं ये रिक्शे से उतार न दें और कहें 'तुम दूसरे रिक्शे से आओ।' उनके ये ग़ुस्से कई बार पूरी तरह तात्कालिक कारणों पर निर्भर होते थे। भीतर कुछ दिक़्क़त होती, या तो स्वास्थ्य की दिक़्क़त या फिर पहले से ही उखड़ा हुआ मूड। कई बार छोटी-छोटी अनभिव्यक्त प्रतिक्रियाएँ भी जमा हुई रहतीं। या फिर उन्हें तेज़ भूख लगी हुई होती। भूखे होने पर वह ज़िद्दी बच्चे की तरह प्रतिक्रिया करते थे। लेकिन कभी-कभी यह भी होता कि सामनेवाले की समस्याओं से अनजान बने हुए वह उस पर चढ़ बैठते। ऐसा क्षण मुश्किलों-भरा होता था। एक बार ऐसा हुआ कि नागार्जुन को सादतपुर से विश्वनाथ त्रिपाठी के घर

दिलशाद गार्डन आना था। दिन, समय तय था। तय था कि अमुक समय में त्रिपाठी जी सादतपुर आकर उन्हें ले जायेंगे। नागार्जुन नियत समय पर तैयार बैठे थे। लेकिन वह दिन त्रिपाठी जी का परेशानियों भरा दिन था। वह सुबह ही घर से निकले थे, अपनी नौकरी निभाते, चक्कर खाते, सादतपुर पहुँचे तो थोड़ी देर हो गयी थी। नागार्जुन को जल्दी थी, त्रिपाठी जी परेशान थे। वह रिक्शा लेकर उन्हें ले जाने को आये थे, नागार्जुन उम्मीद करते थे कि ऑटो लेकर आयेंगे।

—ऑटो से अब तक हम दिलशाद गार्डन पहुँच जाते।

—इससे भी पहुँच ही जायेंगे थोड़ी देर में।

—आप आज छुट्टी नहीं ले सकते थे?

—मैं कक्षाएँ प्राय: नहीं छोड़ता।

—मुझे घर ले जाना था तो एक दिन की छुट्टी नहीं ले सकते थे?

—ग़लती हो गयी।

—मानिये कि ग़लती हो गयी।

—हाँ, मानता हूँ, ग़लती हो गयी।

—मानिये नहीं, महसूस कीजिये।

—हाँ, महसूस कर रहा हूँ।

—क्या महसूस कर रहे हैं? ठीक से महसूस कीजिये।

त्रिपाठी जी का धैर्य अब जवाब दे गया। वह भी ग़ुस्से से भर आये। लिखा है—'मैंने तीन बार कहा कि ग़लती हुई, ग़लती हुई। फिर भी वे पे-पे बे-बे करते जा रहे थे; तो मैंने कहा कि उतरिये रिक्शे से। मैं नहीं ले जाऊँगा कहीं। बड़ी भावुकता में मैं रोने भी लगा। मैं सबेरे से घूम रहा हूँ और आपको आराम से ले जा रहा हूँ, फिर भी आप डाँट रहे हो बेमतलब का। आप कुछ होंगे तो अपने घर में।' अब परेशान होने की बारी नागार्जुन की थी। वह उन्हें चुमकारने, मनाने लगे। प्यार-व्यार किया—'नहीं-नहीं, ग़ुस्सा नहीं करते!' आदि आदि। इसी प्रकार की एक घटना का ज़िक्र 'तुमि चिर सारथि' में आया है। और भी कितने ऐसे प्रसंग होंगे।

अपने ग़ुस्से का रहस्य बताते हुए वह कहते थे—'यह जो हमारा क्रोध है न, यह दो तरह से हमारी रक्षा करता है। एक हमारी भड़ास निकल जाती है, दूसरे अगर कोई हमारा कच्चा प्रेमी है तो एक-दो डाँट में ही भाग खड़ा होता है और हम फ़ुज़ूल की भीड़ से बच जाते हैं।' फ़ुज़ूल की भीड़ से बचने की कई कलाएँ वह जानते थे। कई बार सार्वजनिक रूप से ऐसे बयान देते, आग्रहपूर्वक अख़बारों में छपाते, जिससे बहुत सारे लोग एक ही साथ उनके विरोधी हो जाते थे। अक्सर यह तब होता जब वह नहीं चाहते होते कि किसी प्रकरण-विशेष से जुड़े लोग उनके समीप आयें। लेकिन, व्यक्तिगत स्तर का प्रयोग तो चलता ही रहता था।

एक बार जब वह सादतपुर में थे, दिल्ली विश्वविद्यालय के एक बुज़ुर्ग प्रोफ़ेसर उनसे मिलने आये। इण्टरव्यू चाहते थे। किसी बात पर नागार्जुन उखड़ गये। वह दुर्गति की कि जनम भर याद रहे। लेकिन, इसी बीच पड़ोसी महेश दर्पण आ पहुँचे। उन्होंने देखा—नागार्जुन उन्हें बुरी तरह डपट रहे हैं और प्रोफ़ेसर रो रहे हैं, रो-रोकर कह रहे हैं—बाबा हम आपसे बहुत प्यार करते हैं, आपकी कविताएँ छात्रों को पढ़ाते हैं। महेश दर्पण को बुरा लगा। उन्होंने नागार्जुन का ग़ुस्सा शान्त करने की कोशिश की, प्रोफ़ेसर साहब को विदा किया, यह कहकर कि आज तो जाइये, लेकिन बाद में कभी आपकी बात बाबा से हो जायेगी। प्रोफ़ेसर गये तो दर्पण जी ने नागार्जुन से कहा—'कोई आदमी आपके पास आता है तो बहुत तैयारी करके आता है। नागार्जुन से मिलने का मतलब है एक ऐसे कवि से मिलना जो कालिदास के समय से लेकर इन्दिरा गाँधी, राजीव गाँधी, मायावती तक पर राजनीतिक टिप्पणियाँ करता है, तो उस आदमी को आपसे बात करने के लिए बहुत तैयारी करनी होती है। आपको ऐसा व्यवहार नहीं करना चाहिये।' नागार्जुन का ग़ुस्सा उतर गया। बोले—'चलिये, फिर किसी दिन उनको बुला लीजियेगा।' सम्भव है, उनका असल ग़ुस्सा विश्वविद्यालय के हिन्दी विभागों पर हो।

लेकिन, कूढ़मगजों को दूर भगाने के उनके कुछ तरीक़े ऐसे भी होते थे, जिनकी तारीफ़ सामनेवाला भी करता था। एक बार निर्मला गर्ग के घर गये तो वहाँ उनके पति के एक उम्रदराज़ मित्र पधारे हुए थे। नागार्जुन अपने बाने में थे और उनकी दाढ़ी भी काफ़ी बढ़ी हुई थी। तो मित्र महोदय को लगा कि बाबा वग़ैरह जैसे होते हैं, यह भी वैसे ही कोई

बाबा–वाबा हैं। लेकिन नागार्जुन एक बाङ्ला पत्रिका पढ़ रहे थे। मित्र ने कृत्रिम विनम्रता से कहा—'आप बाङ्ला पढ़ रहे हैं?' नागार्जुन बिगड़ गये—'क्यों? क्यों नहीं पढ़ सकता?' मित्र बोले—'आप तो बाबा हैं, आपको ग़ुस्सा नहीं करना चाहिये।' नागार्जुन चिल्लाये—'क्यों नहीं ग़ुस्सा करना चाहिये? ग़ुस्सा तो आदमी को इतना करना चाहिये कि अपने बाल नोच ले। और सुन लो, जिस व्यक्ति को ग़ुस्सा नहीं आता न, वह बहुत ख़तरनाक होता है।' मित्र महोदय खिसियाकर चले गये। निर्मला गर्ग बताती हैं—'मुझे अच्छा लगा। वह पहचानते थे लोगों को। उनकी घुच्ची आँखें लोगों का पूरा एक्सरे कर लेती थीं।'

वह कहते थे—'हर स्वस्थ व्यक्ति को ग़ुस्सा आना ही चाहिये। जो कहता है कि मैं कभी ग़ुस्सा नहीं होता, अजातशत्रु है, वह उल्लू है। हम जीवन में कई तरह की डबल डीलिंग पाते हैं, तब लगता है कि इन लोगों के मुक़ाबले कोई गुण्डा ज़्यादा अच्छा है। कथित भद्रलोक, सुगन्धित व्यक्तित्ववाले हमको बहुत ही ग़ुस्से में डालते हैं।' एक बार जनरल डिब्बे में बैठकर भारी भीड़ के बीच अकेले सफ़र कर रहे थे। रास्ते में चलती ट्रेन में उन्हें डॉ. बच्चन सिंह मिले। प्रणाम किया तो उन्होंने भी नाम लेकर पुकारा। ख़ुद एक कोने में सरक गये और उन्हें पास बिठाया। कुशल–क्षेम के बाद बच्चन सिंह ने उनसे पूछा—'बाबा, कहाँ चल रहे हैं?' बस उनका मूड उखड़ गया। बच्चन सिंह ने लिखा है—'उनका चेहरा रक्ताक्त हो उठा, आँखों में आकुंचन आ गया, भृकुटियाँ तन गयीं। माथे पर झुर्रियों का सैलाब आया और ग़ायब हो गया। वे चुपचाप एकटक देख रहे थे। देखते जा रहे थे। मेरे एक छोटे–से सवाल की ऐसी प्रतिक्रिया होगी, मुझे अन्दाज़ नहीं था।' अगले स्टेशन तक वे अजनबी की तरह एक–दूसरे को पहचानने की कोशिश करते रहे और अन्ततः बच्चन सिंह ऊब गये और गाड़ी खुलने के साथ ही जगह बदलने के लिए उठकर खड़े हो गये। लेकिन नागार्जुन ने उन्हें हाथ पकड़कर बैठा लिया। अपने झोले से एक पैम्फलेट निकालकर उन्हें देते हुए पूछा—'पढ़ा है इसे?' उन्होंने पढ़ा था। नागार्जुन बोले—'तब क्यों मुझसे पूछते हैं कि कहाँ जा रहा हूँ। इसके पहले कि मैं अपना ठौर–ठिकाना बताऊँ, मैं यह बताना चाहूँगा कि आप कहाँ जा रहे हैं!' और, फिर तो आगे वह फट ही पड़े—'आप दिल्ली जा रहे हैं। कोई मौखिकी होगी, सेमिनार होगा,

सरकारी कमेटी की बैठक होगी या दूतावासों का बुलावा होगा या किसी विदेश-यात्रा का तिकड़म। आप नाक की सीध में देखते हैं। इधर-उधर की टेढ़ी-मेढ़ी जटिल ज़िन्दगी से कोई मतलब नहीं रखते हैं। ज़िन्दगी के संघर्ष में उतरने का साहस नहीं करते। किताबी प्रैक्टिस का पहाड़ा रटते हैं, आँकड़ों का आतंक पैदा करते हैं। क्या लगाव है जनता से आपका? आपके पास न तो आन्तरिक जीवन है न गम्भीर नैतिक व्यक्तित्व। न तो आप जनता का हितसाधन कर सकते हैं, न साहित्य का मार्गदर्शन। समझे?'

लगभग इसी प्रकार की बात तब हुई थी जब विदिशा में एक दिन विजय बहादुर सिंह ने उनसे पूछा था—'क्या आप लायन्स क्लब वालों के बीच काव्य-पाठ करना पसन्द करेंगे?' सुनते ही नागार्जुन का मूड उखड़ गया था—'आप ज़बान तो नहीं दे आये हो? कौन होते हो आप बिना मुझसे पूछे मेरा प्रोग्राम तय करनेवाले? ठेकेदारी करने के लिए मुझे यहाँ पकड़ के रखते हो?' वे पूरे बौखला गये थे। क्यों? क्योंकि 'पुराने अभिजात में रसिकाई थी जबकि नये अभिजात में ख़ाली प्रदर्शन है। समझें चाहे कुछ नहीं पर मूड़ सबसे ज़्यादा हिला-डुलाकर बतायेंगे कि वे ही समझ रहे हैं।' क्योंकि यह नवधनाढ्यों और अफ़सरों का मिलन-मण्डप है और 'समाज का यह सुरक्षित मेल-जोल एक और भ्रष्टाचार को जन्म देता है। जिन्हें निगरानी रखनी है, वे ही ऐसे मौक़ों पर लिहाज़ में निगाह मूँद लेते हैं।'

लेकिन, उनका असल ग़ुस्सा भड़कता था जब वह देश-दशा से आहत होते। देखते, आम आदमी की आज़ादी तो आयी नहीं, तमाम सामन्त और धनकुबेर उस पर पहले की तरह काबिज थे। आये दिन कुछ-न-कुछ उनका तिकड़म चलता रहता था। वहाँ एक कवि की औकात भी क्या हो सकती थी? क्रोध पीड़ा में परिणत हो जाता था। कहते थे—'मेरे भीतर की पीड़ा किसने देखी है? मैं दीन-दुखियों की दरिद्रता और उनके शोषण से भीतर-ही-भीतर सुलगता रहता हूँ।' ये चीज़ें उनकी कविताओं में आती थीं। कई बार इतनी भीषणता से आतीं कि वह अपने सिर के बाल नोचने लगते थे—'सर्वोदय के नटवरलालों' को 'आजुक महाकारुणिक बुद्ध' बोल जाते, या फिर कह जाते कि मार्क्स की दाढ़ी में जूँ ने अण्डे दिये हैं। फिर यह भी कहते कि आदमी भारी विक्षोभ में हो तो बाप-दादा-परदादों को भी गालियाँ देता है। इसीलिए जब विजय

बहादुर सिंह ने एक बार उनसे पूछा था कि आप कविता कब लिखते हैं तो बोले थे—'जब ग़ुस्से में होता हूँ तब लिखता हूँ।' तात्कालिकता से आक्रान्त कह लीजिये या व्यंग्यात्मकता से भरपूर, या फिर राजनीतिक कहकर पिण्ड छुड़ाइये, एक-न-एक दिन इस 'विक्षोभ रस' को अनावृत्त करने का काव्यशास्त्र हिन्दी को विकसित करना ही होगा।

अपने बुरे ग़ुस्से के लिए भले वह कुख्यात हों, लेकिन ग़ुस्सा उनका सहज स्वभाव नहीं था, इसीलिए ज़्यादा देर ठहरता भी नहीं था। उनका सहज स्वभाव था फक्कड़पन और मस्ती। एक दुर्लभ क़िस्म का खिलंदड़ापन हमेशा उनके पास पाया जाता, और बच्चों वाली वह शरारत भी जो उनकी आँखों की चमक के साथ आसन जमाये रहती थी। नयी उम्र के लड़के-लड़कियों को वह पूरा स्थान देते थे, यहाँ तक कि बच्चों को भी। कहते थे, यह परस्पर है। युवाओं को उनका साथ मज़ेदार लगता था तो यह बात स्वयं उनके लिए भी सच थी। किसी ने बिलकुल सही लिखा है कि 'नागार्जुन जहाँ रहते हैं, गाजा-बाजा होता रहता है।'

एक बार भोपाल गये तो रामप्रकाश त्रिपाठी से कहा—'लउये, आज शाम तुम्हारे यहाँ खिचड़ी विप्लव होगा।' खिचड़ी विप्लव यानी खिचड़ी का भोजन। 'कितने लोग रहेंगे?' 'बस, तुम्हारे परिवारवालों के अलावा दो लोग और, एक मैं एक सोमदत्त।' रामप्रकाश ने अपना माथा लगाया—वह आयेंगे तो युवाओं की पूरी फ़ौज जुट जायेगी। उन्होंने बीस लोगों के लिए बनाने को कहा। उनकी श्रीमती ने इसके बाद भी बाजरे के पुए, मलीदा और मुंगोड़ों की व्यवस्था की। और जब गाजा-बाजा जुटा, उन्होंने लिखा है, 'हमें बरतन में बची ठुर्री और झाड़ पर गुज़ारा करना पड़ा था।' पटने में एक बार मोहन भारद्वाज के घर कुछ मैथिली लेखकों के साथ नागार्जुन की बातचीत होने वाली थी, बात फैल गयी और पचास से भी अधिक लेखकों का जुटान हो गया। मैथिली में कहें तो थई-थई हो गया।

नयी पीढ़ी के प्रति वह दुर्निवार आकर्षण रखते थे। इतना कि कई बार तो बिना आगा-पीछा सोचे रिएक्ट करते थे। मथुरा की एक गोष्ठी में उन्होंने

मनमोहन की कविताएँ सुनीं तो बहुत ख़ुश हुए। कहा—'इसे कहते हैं कविता! हम लोगों से अब कविता लिखना छूट भी जाये तो अफ़सोस नहीं रहेगा।' अजिल पुष्कल ने कभी युवा कवि नरेन्द्र पुण्डरीक का परिचय यह कहते हुए कराया कि ये अच्छी कविताएँ लिखते हैं। नागार्जुन ने चट से अपनी पीठ नरेन्द्र की तरफ़ घुमा दी और कहा—'इस पर भी हाथ रख दो, जिससे मैं भी अच्छी कविताएँ लिखने लगूँ।' युवाओं के लिए ऐसे प्रसंग अविस्मरणीय होते थे। एक बार चीन के विद्यार्थियों का एक दल परिभ्रमण के क्रम में जे.एन.यू. आया। नागार्जुन भी वहीं मैनेजर पाण्डेय के घर टिके थे। उनसे उनकी मुलाक़ात करायी गयी। एक चीनी युवक ने नागार्जुन की दाढ़ी की तारीफ़ की। प्रसन्न होकर बोले—छूकर देखो। दल में एक युवती थी। उसने पूछा—मैं भी छूकर देखूँ? बोले—'अरे ज़रूर। सभी छूकर देखो।' सभी छू-छूकर देखने लगे। बातें जो हुईं, वो तो हुईं ही। दूरदर्शन के एक साक्षात्कार में प्राश्निक ने उनसे पूछा—'आपको लिखने की प्रेरणा कब मिलती है?' उनका उत्तर था—'जब कोई अबोध बच्चा मेरी दाढ़ी को कौतूहलवश छूकर भाग जाता है।'

बिलकुल नयी उमर के लड़के जब उनके संसर्ग में आते, वह उनकी अभिव्यक्ति-सामर्थ्य टटोलते। तुम्हारी कक्षा में तो लड़कियाँ भी पढ़ती होंगी? —हाँ। —तो तुम ऐसा करो, जो लड़की तुम्हें सबसे अच्छी लगती है, उसके नाम एक लम्बा-सा प्रेमपत्र लिखकर मुझे दिखाओ। लड़का यदि शरमीला या डरपोक हुआ, या फिर रिश्ते या उम्र की वजह से संकोच करता हुआ पाया गया, वह डाँटते—'अरे मूर्ख, मैं सिर्फ़ लिखने को कह रहा हूँ, उस लड़की को देने को नहीं। तुम पूरे सुरक्षित रहोगे, लिखो।' मैथिली कथाकार शैलेन्द्र कुमार झा ने लिखा है—'उनके इसी प्रयोग ने हमें कथाकार बना दिया।' पर, शिरीष कुमार मौर्य का अनुभव है, कवि भी इसी तरह बनाते थे।

लड़कियों का उत्साहवर्द्धन लेकिन दूसरे तरीक़े से होता था क्योंकि वहाँ संकट अभिव्यक्ति का नहीं, आत्मविश्वास का होता था। महेन्द्रू (पटना) में जब सपरिवार रहते थे, एक दिन भतीजी उषाकिरण हॉस्टल से मिलने आयी। दिनभर रहकर जब शाम को हॉस्टल जाने का वक़्त आया, उन्होंने भाई शोभाकान्त को साथ चलने का आग्रह किया। नागार्जुन भड़क उठे—'साहस तुम्हारी ढाल है, प्रत्युत्पन्नमति, बुद्धि-विद्या-विवेक इतने आयुध

तुम्हें मिले हुए हैं। मूर्ख लड़की, चुपचाप रिक्शे पर बैठो और अकेली जाओ।'

'नयी पीढ़ी' का जो उनका विस्तार था, वह भी बहुत व्यापक था। उसमें कई-कई पीढ़ियाँ समाहित हो जाती थीं, यहाँ तक कि सद्य:जात शिशु भी उसकी सदस्यता रखते थे। कहना चाहिये कि पीढ़ी जब तक घिसकर पीढ़ा न बन जाये, वह उसके साथ बने रहते थे। बूढ़ों से अपना सम्बन्ध वह सीमाबद्ध कर लेते थे। अन्तरराष्ट्रीय बालवर्ष आया तो उनका संकल्प हुआ कि साल भर में कम-से-कम एक सौ नवजातों से उन्हें अपनी दाढ़ी नुचवानी है और श्रीगणेश उन्होंने कुबेरदत्त की नवजात बिटिया से नुचवाकर की थी। किसी के घर टिके हों और वहाँ बच्चे भी हों तो कलाकारी कर-करके बच्चों का ध्यान अपनी ओर आकृष्ट करते, उन्हें ललचाते। झोला उठाना है तो उसे ख़ास अन्दाज़ में उठाते, उसमें कुछ इस तरह खोजते मानो वह कोई रहस्यमय गुफा हो। मैग्निफाइंग ग्लास से पढ़ते तो इस अन्दाज़ में कि बच्चे सोचें—काश, इसे ज़रा छूने, देखने को मिल जाता! एक बार किसी के घर टिके थे तो पाया वहाँ एक शर्मीला बच्चा है जो बुलाने पर उनके पास नहीं आता लेकिन वह सोये हों तो दरवाज़े पर खड़े होकर उन्हें देखता रहता है। उन्होंने एक दिन नींद का बहाना किया, खर्राटे भरने लगे, बच्चा जब निश्चिन्त हो गया कि सो रहे हैं तो पास आया और बड़ी देर तक उनकी दाढ़ी सहलाता रहा। इस पर उन्होंने बाङ्ला में कविता भी लिखी थी, जो उन्हीं दिनों खो गयी। अपनी पोती कणिका पर उन्होंने कविता लिखी जिसकी किलकारियों से उन्होंने नवजातकों की बोलियों का व्याकरण सीखा था। वह जब बड़ी हुई, और उसका पसन्दीदा काम काग़ज़ किताब फाड़ना हो गया, स्वयं नागार्जुन काग़ज़ के बण्डल बनाते और उसे सौंपकर उत्साहित करते—लो, और फाड़ो। रमाकान्त श्रीवास्तव के बेटे रोहित से उनकी दोस्ती थी तो किसी मौक़े पर उन्होंने रोहित को सुझाव दिया—'देख, कल अगर तेरा दोस्त मिले तो उसको बोलना—बे, सी. में डी. है तो आ जा। सी. में डी. क्या? सीने में दम। रोहित ने दोस्त से यह कहा या नहीं पता नहीं, उसने अपने पिता को रिपोर्ट किया—'पापा, कुछ भी कहिये। अपने बाबा हैं ज़ोरदार आदमी! मुझे ऐसी बात और किसी बुज़ुर्ग ने नहीं बतायी!'

नीता झा के बच्चों को चकराने के लिए एक दिन पूछ लिया—आँख का

चश्मा तो तुमने बहुत देखा होगा, कान का चश्मा कभी देखा है? मैं दिखा सकता हूँ। बच्चे तो परेशान—दिखाइये, प्लीज़ दिखाइये। उन्होंने अपना हियरिंग एड झोले से निकाला। बोले—'देखो, ये रहा!' लेकिन कभी-कभी यह मज़ाक़ उन पर भारी पड़ जाता था। एक बार जब वह खगेन्द्र ठाकुर के घर थे, उन्होंने उसी रात वह प्रसिद्ध कविता लिखी थी—'किसकी है जनवरी किसका अगस्त है/कौन यहाँ सुखी है कौन यहाँ मस्त है/कौन है खिला-खिला, बुझा-बुझा कौन है/कौन है बुलन्द आज, कौन आज पस्त है?' सुबह की चाय लेने के बाद नागार्जुन कविता सुनाने के मूड में आ गये। सुनाते हुए आवेग बढ़ा तो नाचने लगे। नाच-नाच कर सुनाने लगे। खगेन्द्र जी का बेटा भास्कर सो रहा था। कविता सुनकर आँखें मलते सीधे वह वहीं पहुँचा। नागार्जुन पर नाचने की मस्ती थी। कह दिया—जाओ तुम, भीतर जाओ। भास्कर भीतर तो आ गया लेकिन मूड उसका बुरी तरह उखड़ गया। दिन भर वह बाबा से कटा रहा। शाम को उसने अपने पिता से कहा—'बाबूजी, मैंने भी कविता लिखी है, सुनिये।' उसने कविता सुनायी—'बाबा की है जनवरी, बाबा का अगस्त है/हम हैं पस्त यहाँ, बाबा यहाँ मस्त है/मैं हूँ बुझा-बुझा, बाबा है खिला-खिला...।' रात को खगेन्द्र जी ने नागार्जुन को सारी बात बतायी। भास्कर उन पर भारी पड़ गया था। दूसरे दिन सुबह-सुबह प्यार-पुचकार के साथ लम्बे भ्रमण और जी भर गुलाब जामुन के बाद ही वह उसे मना पाये।

एक बार राधाकान्त भारती के घर गये। उनके बेटे विभूति (८ वर्ष) ने 'नमस्ते अंकल जी' कहा तो सबक सिखाया—'तुम मुझे नाना कहोगे, नाना। समझे?' चौके में पहुँचकर उनकी पत्नी से पूछा—'क्या खाना बना रही हो?' पहली मुलाक़ात थी। जो बना रही थीं, बताया। बोले—'खीर और आम खाऊँगा, और कुछ नहीं।' भारती जी आम लाने बाज़ार निकले। पत्नी खीर बनाने लगीं। इसी बीच झमाझम बारिश शुरू हो गयी। आम लेकर भारती जी लौटे तो देखा, नागार्जुन लापता। विभूति भी ग़ायब था। छत पर जाकर देखा, वहाँ अद्‌भुत दृश्य था। बाबा और विभूति दोनों जलवर्षा में नहा रहे थे, सारे कपड़े पहने के पहने। भारती जी ने लिखा है, 'उन दोनों के चेहरे पर भाव-विभोर कर देनेवाली प्रसन्नता की चमक थी।'

उनकी मस्ती का एक क़िस्सा पंकज सिंह ने लिखा है। उन दिनों वह दिल्ली में मैनेजर पाण्डेय के घर टिके थे। एक दिन प्रसिद्ध पत्रकार-

लेखक जनार्दन ठाकुर ने उन्हें अपने घर भोजन पर आमन्त्रित किया। पंकज सिंह साथ थे। वहाँ क्या था कि जनार्दन के आई.ए.एस. भाई ने जॉनी वाकर ब्लैक लेबल की एक बोतल जापान से ला रखी थी। उसे खोला गया। तभी जनार्दन की पत्नी ने आकर कह दिया कि इन्हें (नागार्जुन को) मत दीजियेगा, मैं इनके लिए चाय बनाती हूँ। गृहणियाँ उन्हें बेहतर जानती थीं, शायद इसलिए। लेकिन लड़के कब माननेवाले थे, या फिर नागार्जुन ही। चाय का मग उठाकर बोले, 'इसी में डाल दो कि उस महिला को भी पता न चले और मैं इसका आनन्द भी ले सकूँ।' चाय के साथ मिलकर व्हिस्की न जाने कैसा स्वाद बना रही होगी, लेकिन इधर वह भी तो औघड़ ही थे।

भोजन वग़ैरह के बाद जनार्दन की गाड़ी उन्हें छोड़ने जे.एन.यू. गयी। वहाँ मुख्य सड़क पर उतरकर उत्तर की ओर थोड़ा पैदल चलना था। वह एक दिव्य चाँदनी रात थी, शायद पूर्णिमा की। चाँदनी के बारे में पंकज सिंह ने बताया है, 'उस खुले खुले माहौल में इतनी तेज़ चाँदनी थी कि उसमें आप पढ़ सकें। मुझे ठीक-ठीक याद है कि उनके पके बाल कैसे चमक रहे थे।' बस, नागार्जुन पर मस्ती सवार हो गयी। वह अपनी कविताएँ गाने लगे और नाचने लगे। भावावेश में बार-बार वह पंकज से लिपट जाते, पंकज उनसे। अहोभाग्य से भरे ये पल देर रात तक कायम रहे। पंकज सिंह बताते थे—नृत्य करते, गीत गाते उस अल्हड़, बीहड़ फक्कड़ कवि की यह स्मृति इस तरह उनके मन में बसी थी कि नागार्जुन जब आख़िरी बार बीमार पड़े, उस अवस्था में उन्हें देखने की हिम्मत पंकज नहीं जुटा सके—'मेरी आँखें नहीं देखना चाहती थीं, क्योंकि जिस उल्लास और मस्ती में मैंने उनको छोड़ा था, अपने उस कवि को, अद्वितीय कवि को...'

उनकी असल मस्ती दिखती जब वह युवाओं की संगत में होते थे। चहकते रहते थे बिलकुल से। बात-बात में ठहाके लगते। हर युवा अपने को खिला-खिला, खुला-खुला महसूस करता था। और नागार्जुन के सुख का तो ठिकाना नहीं रहता था। ऐसी संगतों में साहित्य के बारे में, यानी गम्भीर मंथनात्मक बात कम ही होती थी। वह कहते थे—'साहित्यकार कहीं आपसी चर्चा में साहित्य पर बात करे? उस पर बात करने के लिए तो गोष्ठियाँ होती हैं।' बातों के केन्द्र में अक्सर युवा ही

रहते थे। उनकी रचनाएँ सुनी जातीं या उनके अनुभव पर बात होती। युवा लोग जब उनसे कुछ पूछते, या फिर जिज्ञासा रखते तो नागार्जुन बोलते थे। उनके इस बोलने में उनके अनुभव का सार अधिक आता था। अपना संस्मरण-प्रसंग या महान् हस्तियों के जीवन-प्रसंग या उनके कथन—इनका उपयोग वह अधिकतर दृष्टान्त के रूप में करते थे। कई लोगों ने अपने संस्मरणों में लिखा है कि नागार्जुन युवा पीढ़ी को काफ़ी छूट देते थे और काफ़ी छूट लेते भी थे। जो छूट वह लेते थे, उसपर कुछ लोगों ने आपत्ति भी की है, मतलब कि अधिक लेते थे। लेकिन, देते कितना अधिक थे, यह युवाओं में उनके प्रति पाया जानेवाला आकर्षण बताता था।

ऐसी अनौपचारिक बैठकियों में जब नागार्जुन मुखर होते तो अक्सर उनकी कही बात या उनकी प्रतिक्रिया वर्षों तक सुनने-देखने वालों के लिए अविस्मरणीय बनी रहती थी। ऐसे वक़्त उनके द्वारा प्रयुक्त शब्द भी अद्‌भुत व्यंजना लिये होते थे। कम्युनिस्ट नेताओं की चुटकी लेते तो उन्हें 'जनता छाप महाप्रभु' कहते। बड़े लोगों की बड़ी ग़लतियों के लिए उन्हें 'सुगन्धित मूर्ख' का विरुद मिलता। किसी आयोजन के लिए इतनी भव्य तैयारी की जाये कि उसमें मौलिकता के लिए गुंजाइश न बचे, उसे वह 'आडम्बरी कर्मकाण्ड' ठहराते थे। सेठ-साहूकार जो जब-तब क्रान्तिकारियों की आर्थिक मदद करते, उसे वह 'ग्रह शान्ति' बताते। ऑफ़िसरों को मिलनेवाली मोटी पगार उनकी शब्दावली में 'सिग्नेचर-सनिचरा' होती थी। किसी को गाली देना, दरअसल उसका 'गोत्रोच्चारण' होता, और टेलीफ़ोन के चोंगे को उठाकर अलग रख देना उसका 'कण्ठावरोध'। अँग्रेज़ी के समर्थकों को 'मैकाले के वंशधर' बताते और प्रकाशकों के झमेले को 'बुकसेलरीय नागफाँस'। उनके शब्दों में उन पुराने दिनों के सम्पादक 'तपोधन' होते थे जबकि आजकल के सम्पादक 'गमलागोत्रीय'। ग्रामकथा में जिस चीज़ की रत्ती-भर गुंजाइश नहीं होती, वह 'स्त्रैण नफ़ासत' कहलाती थी। 'बबुआ' गीतकारों और 'ढपोरशंखी' कथाकार से साहित्य कोई उम्मीद नहीं कर सकता था। उनके यहाँ तो 'प्राभातिक खुमारी' होती थी और 'रतुठिया मुस्की'। उनकी गालियाँ भी अद्‌भुत मौलिकता लिये होतीं, जिनमें गाली का कारण भी सूत्र-भाषा में गुँथा मिलता था—चिबिल्ला, जीभ-घसीटन, वचन-बहत्तर, बिसुनबिलाड़, वंशबुड़ावन, फटकचन्द, गिदराभकोल...। कई बार तो ऐसा भी होता कि

सामान्य शब्दों की विशेष पुनरुक्ति इस प्रकार करते कि वह गाली बन जाता। समन्दर किनारे डाभ बेचनेवाले लड़के ने उन्हें 'सेठ' कहकर बार-बार एक डाभ ख़रीद लेने का आग्रह किया, तो बोले—'सेठ, सेठ, सेठ, सेठ, सेट्ठिस, सेट्ठुस, सेट्ठीस कहीं का...।' लड़का बोला—'नहीं लेना तो मत लो साहब, गाली क्यों देता है!'

कई हिन्दी आलोचकों के बारे में उनकी बड़ी ख़राब राय थी। जब-तब बैठकियों में वह उन्हें परिभाषित करते। एक आलोचक के बारे में एक दिन कहा—'उनकी आलोचना सफ़ेद तरबूज की तरह है। काटो तो कोई रंग नहीं, खाओ तो बेस्वाद। हाजमा अलग से ख़राब।' दूसरे आलोचक के बारे में—'ये महाशय हाथी-छाप आलोचक हैं। इनकी आलोचना धम्म-धम्म चलती है, हाथी की तरह। कोई गति नहीं है।' एक और महाशय के बारे में—'ये हिरण-छाप आलोचक हैं। यूँ सूँघा, यूँ उछला।' एक दिन सुरेश पाण्डेय ने कहा—'नवल जी उद्धरणजीवी आलोचक हैं।' बोले—'उद्धरण रखना भी बुरा नहीं है। मगर वह तो उद्धरण भी ऐसे रखता है, जैसे बेले का गज़रा कुत्ते की दुम में बाँध दिया जाये। क्यों?' सब लोग ठठाकर हँस पड़े।

ऐसी बैठकियों में प्रत्युत्पन्नमति भी जैसे उनकी जिह्वा पर आ बिराजती थी। दिल्ली की किसी बैठकी में किसी ने पूछा आप पटनावाले राणा प्रताप को जानते हैं? बोले—'अभी सूँघकर नहीं देखा है।' सूँघकर नहीं देखा हुआ होना बहुत सारा अर्थ अपने भीतर छिपाये था, जिसे समझनेवाले ही समझ सकते थे, लेकिन न समझनेवाले भी हँसने को मजबूर हो जाते। रामचन्द्र भारद्वाज की शादी में गये तो मित्रों से कहा—'भई, रामचन्द्र ने धनुष तोड़ने के बाद विवाह करने में बहुत देर लगा दी।' इसमें भी वही बात थी—पृष्ठभूमि यदि आप समझते हों तो उक्ति पर दिल बाग़-बाग़ हो जाये, न समझते हों तब भी हँसी लगती थी। ज़हरीखाल में एक दिन 'राजतरंगिणी' के पन्ने गाय चबा गयी तो उन्होंने वाचस्पति को सूचित किया—'विदुषी गाय को समकालीन साहित्य पसन्द नहीं आया।' एक बार चित्रा मुद्गल और अवधनारायण मुद्गल मिलने आये। चित्रा जी ने उनके पाँव छूने चाहे तो रोकते हुए कहा—'अरे सीता मैया भी किसी के पाँव छूती हैं!' सीता मैया? उनका इशारा पति अवधनारायण की ओर था। एक दिन कभी पटना में फुटपाथ-किनारे के

मज़दूर होटल में रोटी-सब्ज़ी खा रहे थे। गोपेश्वर सिंह ने देखा तो हैरत में पड़ गये। अभी हाल में रेणु जी का निधन हुआ था। गोपेश्वर जी ने पूछा—'बाबा, फणीश्वरनाथ रेणु यहाँ रोटी खाते या नहीं?' बोले—'नहीं। रेणु यहाँ रोटी नहीं खाते, लेकिन वे इन लोगों के लिए गोली ज़रूर खा लेते।'

मौज़ के क्षणों में कोई नवागन्तुक आये तो उनकी उक्ति होती—'आइये, आइये आदरणीय नवीन जी, फादरणीय नागार्जुन से मिलिये।' कभी-कभी तो और भी हद करते। दोनों हाथों को लाठी समेत उठाकर प्रणाम की मुद्रा बनाते, और बोलते—प्रणाम। नवयुवकों से अति विचित्र प्रकार के प्रश्न पूछते—'बताइये तो, घोड़े का सौन्दर्यबोध कब जाग्रत होता है?' या, 'बस एक पंक्ति में बताइये अन्न और फल में क्या भेद है?' कभी-कभी तो युवकों का विचित्र नामकरण-संस्कार कर डालते थे। विदिशा में माँझी अनन्त के गीत सुने तो कहा—'भई, एक तो शलभ (शलभ श्रीराम सिंह) थे ही यहाँ, अब यह 'कलभ' (हाथी का छोटा बच्चा) भी हो गये।' वहीं एक दिन विजय बहादुर सिंह की अनुपस्थिति में उनके एक शोधछात्र ने उनके लिए खाना बनाया। उसके पिता आयुर्वेदाचार्य थे। खाना ख़राब बना था, तो उन्होंने विजय बाबू के पूछने पर कहा—'भई, तुम्हारा यह शिष्य तो 'आयुर्वेद दशानन' है।'

सादतपुर में साहित्य अकादेमी का फंक्शन हो रहा था, जिसमें उनके कई प्रकाशक आये थे। राजकमल प्रकाशन की ओर से कोई नहीं था, तो बोले—'शीला सन्धू नज़र नहीं आ रही। इस गन्दे-से गाँव में क्यों आयेगी? उधर (नयी दिल्ली में) कहीं होता तो ज़रूर आ जाती।' फिर उन्हें राजकमल के ही मोहन गुप्त की याद आ गयी। बोले—'उन्होंने अब शुरू किया है सारांश प्रकाशन। अब यह क्या बात हुई—सारांश प्रकाशन? अरे, नाम ही रखना था तो रखते खारांश प्रकाशन।' सादतपुर में एक बार मधुवेश की ग़ज़लें सुनीं तो तारीफ़ में कहा—'भई, ये तो हम सबको जेल भिजवायेगा! और, आप लोग इसे 'मधुवेश' कहते हैं!' अपने एक लेख में उन्होंने तरह-तरह के हिन्दी कवियों का नामकरण किया है। छायावादी कवि दग्ध जी, विदग्ध जी। प्रयोगवादी कवि शून्य जी, प्रतीक जी। तटस्थ कवि आनन जी, फानन जी, विपिन जी, मलिन जी। जनवादी कवि कुठार जी, कठोर जी। गोष्ठियों में भी उनकी यह कपालक्रिया

चलती रहती थी। दिल्ली के त्रिवेणी सभागार में एक बड़ा कवि सम्मेलन हुआ, जिसकी अध्यक्षता वह कर रहे थे। अन्त में अपनी बारी आने पर बोले—'बोरियत भी मज़ा देती है, अगर धैर्य हो तो!' सभागार छतफाड़ हँसी से गूँज उठा। लेकिन, वह फिर बोले—'दायें देख लो, बायें देख लो। कसम से, मज़ा आ रहा है!' फिर ठहाका। वह फिर बोले—'प्रकृति भी लेकिन, बहुत उपकार करती है! देखो, अपना आतिशी शीशा, पढ़नेवाला हम घर पर ही छोड़ आये। कहा न, प्रकृति भी उपकार करती है!' हँसी का जो माहौल था, कुबेर दत्त ने लिखा है, 'त्रिलोचन की हँसी उनकी घनी दाढ़ी को चीर-चीरकर बाहर बिछल रही थी...।' कृष्णा सोबती ने बिलकुल ठीक लिखा था कि 'नागार्जुन में हँसने की, हँसाने की, हँसी को फैलाने की, दूसरों को गुदगुदाने की गहरी तमीज़ है।'

मंचों पर तो और भी कई करतब दिखाने की उस्तादी नागार्जुन को सिद्ध थी। कहते थे—'हिप्पी कवि यदि गिटार बजाकर चौराहे पर अपनी कविता गा सकता है तो हम क्यों नहीं? हमारा तो और भी गहरा सम्बन्ध है।' पटना विश्वविद्यालय के प्रांगण में कभी कोई कवि सम्मेलन चल रहा था। ज़्यादातर श्रोता छात्र थे। वे आमन्त्रित कवियों की कविताओं से बोर हो रहे थे और जमकर हूटिंग कर रहे थे। पूरा माहौल ही हूटिंग का हो गया था और आयोजकों के लिए उचित अब यही था कि वे समापन करें लेकिन उन्होंने नागार्जुन को मंच पर आमन्त्रित किया। नागार्जुन के पास एक छाता था। वह हाथ में छाता लिये हुए माइक पर खड़े हुए। साठ के दशक की बात है। नागार्जुन कुछ बोलते या कविता पढ़ते, उसके पहले ही हूटिंग शुरू हो गयी। माइक पर खड़े नागार्जुन ने झट से छाता तान लिया। श्रोताओं से बोले—'अब हूटिंग तक ही सीमित मत रहिये। टमाटर वग़ैरह भी फेंकिये। मैं सुरक्षित हूँ।' उनके इस प्रयोग ने हूटरों की सरस्वती मन्द कर दी। फिर तो ढेर सारी कविताएँ उन्होंने सुनायीं और लोगों ने 'और और' करके चाव से सुना। यह तमीज़ दूर तक जाती थी। उन दिनों, पटना के साहित्यिक युवाओं में एक चुटकुला बेहद मशहूर था, जो ऐसे ही किसी मंच को लेकर था। हुआ यह कि मंच पर बैठे दिनकर से नागार्जुन ने कोई बात कही। दिनकर बोले—'छिद्रान्वेषण की तुम्हारी आदत नहीं गयी नागार्जुन!' नागार्जुन ने छूटते ही जवाब दिया—'चुप चुप, कोई सुन लेगा।'

एक बार अपने मित्र प्रभाकर माचवे से मिलने संघ लोक सेवा आयोग के दफ़्तर गये। वहाँ प्रवेश-पत्र लेकर जाने का नियम था, जिस पर बाक़ायदा आगन्तुक का हस्ताक्षर लिया जाता था। नागार्जुन को यह पसन्द नहीं आया, लेकिन किसी तरह सब कर-कराके माचवे के कमरे में पहुँचे। वहाँ कई विशिष्ट जन पहले से बैठे हुए थे। माचवे जी ने स्वागत किया, तो नागार्जुन कभी अपनी जेब तो कभी अपने झोले में कुछ ढूँढ़ने लगे। उनकी परशानी देखकर लोगों ने पूछा तो बोले—'अरे भाई, माचवे जी के दर्शन के लिए जो टिकट लिया था, वही ढूँढ़ रहा हूँ। सब लोग ठठाकर हँस पड़े।

कलाकारियों का उनका यह प्रयोग एकान्त में भी चलता रहता था। कभी कविता की कोई पंक्ति कौंधती, आते-जाते सुने किसी लोक-प्रयोग का अनुस्मरण होता, उसे लेकर वह देर तक मस्त बने रहते थे। एक बार जब वह मैनेजर पाण्डेय के घर थे, पाण्डेय जी ने देखा, वह जाँघों पर ढोलक-जैसी थाप देकर गा रहे हैं—'दमकिपा, दमकिपा, दमकिपा'। क्या दमकिपा? उन दिनों बनी दलित मज़दूर किसान पार्टी नामक राजनीतिक दल। जिस ताल के साथ वह गा रहे थे, वह मुद्रा ही दलित किसान मज़दूर के पाखण्ड को ध्वस्त करने के लिए काफ़ी थी। विदिशा में कभी विजय बहादुर सिंह के घर थे, तो एक शाम मस्त होकर दो पंक्तियों को बार-बार दुहरा रहे थे—'सिकुड़ा-सिकुड़ा दिल है तेरा, आ जा इस पर लोहा कर दूँ।' चार बार सुन चुके तो विजय बाबू ने पूछा—'इसके आगे भी कुछ है या यही दो पंक्तियाँ?' नागार्जुन ने जवाब दिया—'नहीं भाई। अभी मूड है मेरा। अब इस मूड को समझा भी करो।' समझा जा सकता है कि इसी 'मूड' की उतरी काव्य-पंक्तियाँ उनकी कई कविताओं का केन्द्रक बनीं—'ताई बिन सब सूना, क्या बम्बई क्या पूना?' 'गूँगा रहोगे, गुड़ मिलेगा, रुत हँसेगी, दिल खिलेगा' 'जयति नखरंजनी, जयति दृग-अंजनी' आदि-आदि। ऐसी ही एक मैथिली काव्य-पंक्ति उन्होंने एक बार भीमनाथ झा को नोट करायी थी—'बीच बाट पर औन्हल लोहिया/ ठामहि फूटल घैल/अधसिज्झू अइँठे बीया सँ/ जनमल बूड़ि करैल।' एक बार कभी नवयुवक निर्मल के साथ नैनीताल के सीढ़ीदार खेतों में घूम रहे थे तो यह जोड़ी—'नीचे खेती, ऊपर खेती/ बीच खड़ा निर्मल उप्रेती।'

महिलाओं के साथ उनकी चुहल तो और भी कलात्मक होती थी। यह सब ज़्यादातर चौका-गोष्ठियों में होता था। अक्सर जब बाहर की बैठक में साहित्यिकों की गरमागरम बहसें चल रही होतीं, नागार्जुन चुपचाप उठकर रसोई में चले आया करते। उनका कथन होता—'उधर बुद्धिमान लोग मूर्खतापूर्ण बहस में उलझे हैं तो क्यों न इधर हम मूर्ख कुछ सुन्दर-सा खाने-पीने की बुद्धिमानी करें!' महिलाओं के साथ उनका पसन्दीदा मज़ाक़ था—उन्हें नयी पाकविधि बताना। एक दिन भोपाल में उन्होंने आशा शर्मा को 'छिलका-ए-पापड़' बनाने की विधि बतायी—'दो किलो उड़द की दाल लो! नमक अन्दाज़ से। काली मिर्च दस ग्राम। सोडा खार पाँच ग्राम और हींग का पानी तीन ग्राम। उड़द की दाल भिंगोकर उसके छिलके निकाल लो। फिर इन छिलकों को महीन पीस लो। अन्य सामग्री मिलाकर गूँध लो और पापड़ बेलकर सुखा लो। बची हुई दाल अगली बार पापड़ बनाने के काम आयेगी।' पाकविधि सुनने के बाद आशा शर्मा का जो हँसते-हँसते बुरा हाल हुआ, कहने की बात नहीं। लेकिन नागार्जुन की ख़ूबी यह थी कि वह पूरी गम्भीरता से विधि बताते थे, और मज़ाक़ होने का कोई सूत्र नहीं छोड़ते थे। वह तो गृहिणी की मेधा ही होती कि वह पकड़ में आ जाते थे। निरूपा जोशी से एक बार पूछा—'तुम्हें सेव का रायता बनाने आता है?' आता भी हो तो नागार्जुन-मार्का व्यंजन कौन न सीखना चाहेगा। बोलीं—नहीं। बताइये। बताने लगे—'दो सौ ग्राम सेव लो। एक पतीली रेडीमेड रायता। एक छोटा चम्मच और एक बड़ा चम्मच। अब छोटे चम्मच से सेव को रायते में तब तक डालो, जब तक सेव ख़त्म न हो जाये। अब बड़े चम्मच से ख़ूब हिलाकर मेहमानों को परोसो।' निरूपा हँस-हँसकर दोहरी हों, इसके पहले नागार्जुन ने सामने रखा एक रसगुल्ला पूरे का पूरा गपक लिया।

लेकिन, जिन महिलाओं का बुद्धिस्तर वैसा नहीं रहता, या जो पुरुषवर्चस्व के बीच अपने लिए स्पेस नहीं बना पाती थीं, नागार्जुन के पास उनके लिए भी पूरा इन्तज़ाम रहता था। रामनगर की कथा शिरीष कुमार मौर्य ने लिखी है। जब कभी वह वाचस्पति के पास काशीपुर-ज़हरीखाल जाते, पास के क़स्बे रामनगर भी ज़रूर जाते। यह सिलसिला तीन साल चला। वहाँ हरि मौर्य थे, शिरीष के पिता। शिरीष उन दिनों कॉलेज जाते थे, कविताएँ लिखनी अभी शुरू नहीं की थी, बाबा की सेवा की ज़िम्मेवारी

उन पर रहती थी। रामनगर में पन्द्रह दिन, बीस दिन नागार्जुन का डेरा-डण्डा जमता, तो स्वाभाविक था, उस छोटे-से सम्पन्न क़स्बे में बात फैल जाती कि बाबा आये हैं। वहाँ के सम्पन्नवर्ग सुनार, इंजीनियर, व्यापारी की स्त्रियों ने अपनी तरह से यह समझा कि आध्यात्मिक बाबा हैं, और उनसे शुभ-लाभ का आशीष लेना चाहिये, उनके साथ सत्संग में शामिल होना चाहिये। वे तो यूँ भी मन्दिरों, सत्संगी बाबाओं के चक्कर दिनभर काटा करती थीं, पुण्य की यही लालसा उन्हें हरि मौर्य के घर ले आयी। दल बाँधकर आयीं तो साथ में फूल, अक्षत, धूप, मिठाई वग़ैरह से सजी भारी-भारी थालियाँ लेकर आयीं और उन्हें सीधे बाबा के चरणों में रखा। अब क्या होगा? बाबा का क्रोध विस्फोट करेगा और थालियों को लात और महिलाओं को डाँट पड़ेंगे। लेकिन नहीं, बाबा अद्‌भुत रूप से प्रसन्न हुए। अपनी मूँछों पर कुछ अंश गिराते हुए मिठाइयों में से कुछ उन्होंने ग्रहण भी किया। फूल आदि उन स्त्रियों के सिर पर रखे तो वे धन्य हो गयीं। स्त्रियों ने उनसे सत्संग की प्रार्थना की। नागार्जुन बोले—'सुन्दर गृहिणियों का साथ तो हमेशा ही सत्संग है।' स्त्रियाँ लेकिन और भी अधिक प्रसन्न हुईं। नागार्जुन ने सासों से बहुओं के हाल पूछे और बहुओं से सासों के। सारी कहानियाँ खुलकर चलने लगीं। फिर, पतियों का भी नम्बर आया। नवविवाहिताएँ शरमायीं। लेकिन शर्मीलियों से भी राज़ उगलवाना उन्हें मालूम था। शिरीष परेशान कि यह सब क्या हो रहा है! नागार्जुन ने उन्हें कॉलेज चले जाने को कह दिया। सत्संग चलता रहा, चलता रहा। घर-परिवार चलाने के कितने सारे गुर, परस्पर सम्बन्ध के कितने सारे रहस्य उद्‌घाटित हुए होंगे, सहज ही सोचा जा सकता है। शिरीष ने लिखा है—

> उस सत्संग में आगे क्या हुआ मैं नहीं जानता पर बाबा के प्रवास के दौरान उन स्त्रियों का आना हर साल अबाध रूप से जारी रहा।

नागार्जुन से पूछो तो वह सवाल करने लगते थे—'जनता के जातीय प्रतीकों के प्रति हमें क्यों नफ़रत करनी चाहिये, क्यों यह सब सारा आर.एस.एस. वालों के लिए छोड़ दिया जाना चाहिये?'

तरौनी जब जाते, उनकी मस्ती देखते ही बनती थी। टहलते-घूमते रहते थे, ख़बर तो सबकी लेनी ही रहती थी, इसलिए भी कि घर के लोगों की अनन्त शिकायतों से बचे रहें—यह नहीं हुआ, वह नहीं हुआ। रास्ते में

मामूली से मामूली आदमी भी मिल जाये, अभिवादन करे तो कोई-न-कोई कविता-पंक्ति बनाकर सुना देते थे—'छिट्टा में पाकल आम/गमगम करय दलान।' एक दिन गपशप के बाद लोग उन्हें घर छोड़ने गये। रास्ते में एक आँगन में पाँच-सात औरतें झगड़ रही थीं। मिथिला के ये झगड़े अब भी नामी हैं, जिनके बारे में हरिमोहन झा ने 'अलंकार-शिक्षा' लिखी थी। तो, उस झगड़े में सुना—दोनों तरफ़ की स्त्रियाँ एक-से-एक बीभत्स गालियों की बौछार कर रही थीं। वहीं ठिठक गये। साथवाले लोगों से कहा—'तुम लोग अपने-अपने घर जाओ, मैं यहाँ उपमा-उत्प्रेक्षाओं का थोड़ी देर पारायण करूँगा।' वहीं एक पेड़ के नीचे बैठ गये। दो घण्टे बैठे रहे, जब तक झगड़ा उठान पर रहा। सबेरे जब गाँव की बूढ़ी स्त्रियाँ तालाब पर नहाने आतीं, एक किनारे उन्हें बैठा पाया जा सकता था। दातून करती बूढ़ियाँ वहाँ दूसरे घरों की बहू-बेटियों को कोसती मिलती थीं। किसकी बहू ने किस नौजवान से हँस-हँसकर बात की, किसकी बेटी की किससे चल रही है, किस बहू ने अपनी सास को खाना नहीं दिया—कुल बातों को अपनी झोली में संगृहीत कर नागार्जुन वहाँ से लौटते थे।

गाँव की इन्हीं बूढ़ी स्त्रियों ने किस तरह एक बार नागार्जुन को घेरा था, इसका क़िस्सा वाचस्पति ने लिखा है। गाँव में सबकी शिकायत रहती कि अब भी तो वह अपना अधिक समय गाँव में बिताया करें। स्त्रियाँ बोली थीं—'ठक्कन बाबू, कहिये तो भला, यह आपके लायक बात हुई? आदमी दस दिन के लिए कहीं जाता है तो गाँव-घर के लिए मन बेचैन होने लगता है। और आपको? ऐसा होकर भी कोई अपने गाँव-घर को भूलता है ठक्कन बाबू? इस बार तो हम आपको कहीं न जाने देंगी।' साथ में वाचस्पति थे। उनके लिए बोलीं—'हिनका नइ केओ रोकतनि।' भदरा-माय की इस 'उचिती' पर उन्होंने मैथिली में मार्मिक कविता लिखी थी।

एक दिन अपनी भतीजी प्रेमलता मिश्र से पूछा—'तुम्हारे वह बटुक भाई आजकल कहाँ रहते हैं? बताया—'वीकर सेक्सन, कंकड़बाग़।' मुस्कुराने लगे। बोले—'तो अब उनकी पांजि हुई—दुर्बल झा पांजि।' वीकर सेक्सन को दुर्बल झा पाँजि के साथ जोड़ने की छटा अद्‌भुत थी। 'दुर्बल झा पाँजि' मिथिला के इने-गिने प्रतिष्ठित कुलों में से एक है। उस दिन

के बाद जब भी पूछते यही पूछते—'दुर्बल झा पाँजि का समाचार बताओ।'

अपनी पत्नी अपराजिता के साथ जो नागार्जुन का सम्बन्ध था, उसमें भी इस कलाकारी का बड़ा महत्त्व था। शोभाकान्त ने लिखा है, जब भी उनमें जमकर बातचीत होती, वे बातें नहीं करते, गप लड़ाते थे। ये ही क्षण होते जब दोनों सम पर मिलते थे। इसमें ठिठोली का भी बड़ा योगदान था, लेकिन वह तब ज़्यादा जमती जब इन दोनों के साथ कोई तीसरा भी कायदे का समवयस्क हो। उषाकिरण खान ने एक दिन का वाकया लिखा है। नागार्जुन आये और अपराजिता से सटकर बैठे। बोले—'पान नहीं खिलाइयेगा?' वहाँ समधन बैठीं थीं, और भी लोग थे। अपराजिता बोलीं—'ज़रा अलग हटकर बैठिये। लगा रही हूँ पान।' नागार्जुन ने उलटा किया। और सट गये, ठेहुना छूकर बोले—'लगाइये जल्दी।' अपराजिता ने बनावटी ग़ुस्सा दिखाया—'मिनी माँ, इनसे कह दीजिये, हमसे हटकर बैठें तो पान भी मिलेगा, पिपरमिन्ट भी, नहीं तो कुछ नहीं मिलनेवाला।' मिनी माँ बोलीं—'उँह, सो क्यों हटें!' अपराजिता का जवाब—'अपचेष्ट है बिलकुल से। पता नहीं कितने दिन से नहाये नहीं हैं।' समधन किनारे बैठीं इस समूची लीला का मज़ा ले रही हैं। समधन, उषाकिरण की सास, उनसे परदा करती थीं। कायदा यह था कि या तो आप उनके सामने न जायें, यदि जाना ज़रूरी हो तो संकेत देकर जायें। नागार्जुन जान-जानकर उनके सामने पहुँच जाते। उन्हें बार-बार घूँघट काढ़ना पड़ता। साथ की सारी स्त्रियाँ हँसतीं और नागार्जुन भी। कभी-कभी अपराजिता उन्हें डाँटतीं—'जब समधन लाज करती हैं तो यह बुढ़ऊ इस तरह क्यों करते हैं? कहिये तो भला!' कभी वह समधन को ही समझातीं—'हद है। आप भी बुढ़ापे में क्या नयी बहू की तरह घूँघट काढ़ती हैं!'

लेकिन जब ये दो जने अकेले में होते थे, कई बार मामला बिगड़ जाता था। एक दिन नागार्जुन ने अपराजिता से कहा—'बुढ़ापे में ज़्यादा घूमना-फिरना नहीं चाहिये। ज़्यादा घुमोगी-फिरोगी तो लोग कहेंगे—बुढ़िया डायन है।' वह आगबबूला हो गयीं। कहनेवाले कल्पित आदमी के नाम उन्होंने बीस गालियाँ दीं। चैलेंज करते हुए पूछा—'किस कोढ़िया ने कहा है?' एक बार कह दिया—'सिन्दूर पोंछ लो। क्या रखा है इनमें? जैसे राख वैसे सिन्दूर।' वह रोने लगीं। दिन भर रोती रहीं। मज़े की बात थी

कि दाम्पत्य के ये रसीले प्रसंग नागार्जुन बैठकियों में, मित्रों को विकुंठ भाव से सुनाते थे। एक दिन उन्होंने राणा प्रताप को हँसते हुए बताया—'जानते हो, पत्नी ने इस बार क्या कहा?'

—क्या कहा?

—कहा कि आप तो डोम हैं, डोम।

—तो आपने कुछ जवाब दिया?

—हाँ। कहा कि पता तो आपको ठीक चला। लेकिन, नाती-पोतों से घर भर गया, तब जाकर पता चला, यही मुश्किल है। लेकिन, दोष आपका नहीं, आपके पिताजी का है कि वह नहीं पहचान सके!

साहित्य अकादेमी की डाक्यूमेंट्री में भी नागार्जुन यह कहते हुए दीखते हैं—हमारी पत्नी कहती हैं, जिसकी जीभ पर बहत्तर रसोई का स्वाद चढ़ गया, अब वह कहीं एक रसोई से बँधकर रहे! लेकिन, अपराजिता की ऐसी तमाम आपत्तियों का अन्तिम जवाब उनके पास यही होता था कि 'समूचा महाभारत उसी दिन अशुद्ध हो गया जिस दिन तुम्हारे पिता ने हम-जैसे बुद्धू को दामाद बनाया। तुम्हारे पिता ने तुम्हारा गला काट दिया।'

पर, असल बात थी कि अपनी पत्नी के प्रति नागार्जुन का सम्मान बहुत गहरा था। और उतना ही प्रेम। दोनों का अलग मानसिक संसार था, उसमें वे दोनों ही अपनी-अपनी जगह बेमिसाल और अटल थे, लेकिन प्रेम और सम्मान उन्हें बहुत गहरायी से एक-दूसरे से जोड़ता था। अपने उन पुराने दिनों में नागार्जुन ने जो दाम्पत्य-प्रेम की कविताएँ लिखी थीं, जिनमें उन्हें अपनी शक्ति, अपनी योगमाया बताया था, वे न केवल नागार्जुन को समझने के नज़रिये से महत्त्वपूर्ण हैं, बल्कि हिन्दी कविता की एक रिक्ति भी भरती हैं। मैथिली में उन्होंने एक कविता लिखी थी जिसमें कहा था कि राहु-केतु जैसे बुरे ग्रह मेरा क्या बिगाड़ सकते हैं क्योंकि केन्द्र में तुम हो। ज्योतिष शास्त्र के अनुसार बृहस्पति यदि केन्द्र में हो तो सारे बुरे ग्रहों के प्रभाव नष्ट हो जाते हैं। १९७५ की जेल कविताओं में जो उस प्रेम की विकलता है, वह इधर नवें दशक की कविता में भी है। बाद में आकर उन्होंने अपनी मैथिली कविता 'हे हमर आद्या' में फिर उन्हें अपनी ऊर्जा, ओज, पूर्णता आदि तो बताया ही, उनसे आशीष माँगी कि चेतना की यह ज्योति निरन्तर यूँ ही जलती रहे,

अनुमति माँगी कि काल के प्रवाह में इसी तरह बीच-बीच में वह बह जाया करें और फिर वापस अपनी जगह आ जाया करें।

उधर अपराजिता का भरोसा भी कोई कम मज़बूत नहीं था। उन शुरुआती दिनों में जब वैद्यनाथ को घर से ग़ायब हुए दशक पूरा होने को था, और कोई भी जानकारी न मिल पाने की वजह से यथासमय उनका घटश्राद्ध आदि कर दिये जाने की बात चलने लगी थी, उन्होंने कड़ा प्रतिवाद किया था कि नहीं, उस पति के नाम पर लगाया जानेवाला सिन्दूर वह कभी नहीं पोंछेंगी न लहठी-शंखा तोड़ेंगी। बाद में, किन्हीं आत्मीय क्षणों में उन्होंने उषाकिरण खान को बताया था कि अपने पति को लेकर उन्हें कभी भी यह असमंजस नहीं होता था कि 'यह आदमी छोड़कर कहीं जा सकता है या जाकर नहीं भी लौट सकता है।' उषाकिरण अपना अनुभव बताती हैं—'मुझे नहीं मालूम, बाहर से बिलकुल अलग दिखनेवाले किन्तु भीतर से इतने गहन तादात्म्य वाला दूसरा भी कोई साहित्यकार दम्पती हुआ है।'

नागार्जुन की दूसरी जिस आदत ने लगभग किंवदन्तियों का रूप ले रखा था, वह थी—उनकी खाने-पीने की आदतें। वह अपने आपको 'विचिन्वाशी' (चुनकर खानेवाला) बताते और बोधिसत्वों के दृष्टान्त सुनाकर कहते कि ऐसे लोगों की कितनी कठिनाइयाँ होती हैं। लगातार यायावरी का जीवन, विभिन्न प्रान्तों में भिन्न-भिन्न भोजन-संस्कृति के घरों में ठहराव, ख़राब स्वास्थ्य, वांछित संयम—स्वाभाविक ही था कि अपने लिए मुफ़ीद वस्तुओं का वह चयन करें, और उसे ही ग्रहण करें। कविता में भले प्रतिहिंसा ही उनका स्थायीभाव हो, प्रेमियों में उनका स्थायीभाव आत्मीयता को ही कहा जा सकता था। रसोईघर के रास्ते चलकर ही वह किसी परिवार के आत्मीय अभिभावक की हैसियत प्राप्त करते थे।

रामकुमार कृषक ने बताया है, सादतपुर में थे तो प्रेमियों के घरों का हालचाल लेना उनकी नियमित दिनचर्या में था। घूमते-घामते आये, छड़ी से दरवाज़ा खटखटाया। वहीं छड़ी टाँग दी। भीतर आये तो यह नहीं कि यहीं बैठ जायें या आँगन में बैठें। नहीं, पहले जायेंगे विमला जी के पास।

पूछेंगे—क्या हालचाल है, रसोई क्या धमकी दे रही है आज! क्या खिला रही हो?' रमाकान्त श्रीवास्तव ने लिखा है कि उनकी पत्नी दीपा को उन्होंने अपनी बेटी बनाया हुआ था। उनकी तुलना ज़हरीखाल की अपनी बेटी शकुन (वाचस्पति की पत्नी) से करते। दीपा ख़ुश! उधर बाबा का किचन पर क़ब्ज़ा। जब वह गपियाकर चले जाते तो दीपा कभी कहतीं मछली मँगा लीजिये, कभी कहतीं मटर ले आइये। कभी कुछ और! कमाल यह कि बाबा फ़रमाइश नहीं करते, बस ये कह देते, 'इच्छा हो रही है कोई कहे कि मछली खाओ'। बाबा की फ़रमाइशनुमा इच्छाएँ इतनी सहज-सरल होतीं कि रसोईघर की सीमा में आसानी से पूरी हो सकती थीं। यात्रा से घर लौटे बुज़ुर्ग की इच्छाएँ वे होतीं। मसलन, मूँग की दाल खानी है या लहसुन की चटनी का मन कर रहा है। उधर दीपा शायद अपने बाबा को कुछ-कुछ बनाकर खिलाने की अतृप्त इच्छा की पूर्ति बाबा नागार्जुन को खिला-पिलाकर कर रही थीं। ऐसा अतिथि किसे अच्छा नहीं लगेगा? जब बाबा घर आते तो साँस खींचकर गन्ध लेते, फिर मुस्कुराकर पूछते—'दीपा! की रान्ना होच्चे? बेगुन भाजा होच्चे ना? की बेश!'

विश्वनाथ त्रिपाठी के घर हुई घटना बहुत प्रसिद्ध है। बहुत दिन से नागार्जुन कह रहे थे कि तुम्हारे घर एक दिन मछली खाने आना है। मछली उनका सर्वाधिक पसन्दीदा खाद्य थी, यद्यपि निरन्तरता में नहीं। मछलियों के भी कई प्रकार-उपप्रकार थे जिन्हें वह स्थान और समय के मुताबिक चुनते। रोहू एक सर्वसुलभ मछली थी, जिसे वे भी पसन्द करते थे। लेकिन, त्रिपाठी जी के घर जिस दिन पहुँचे, संयोग कि पितरपक्ष चल रहा था और उन दिनों उनकी रसोई में मछली वर्जित थी। नागार्जुन के लिए इन वर्जनाओं का कोई मतलब नहीं था। वह तो हरिमोहन झा के हवाले से कहते कि जिस दिन मछली मिल जाये उसी दिन पूर्णिमा, बाक़ी अमावस्या। ख़ैर, नागार्जुन ने दलिया बनाने को कहा। दलिया बना। नियम के अनुसार उसमें नमक कम डाला गया, क्योंकि ब्लडप्रेशर की वजह से त्रिपाठी जी कम नमक लेते थे। नागार्जुन बोले—'नमक इसमें पड़ा ही नहीं है।' श्रीमती त्रिपाठी रसोई में कुछ कर रही थीं। वहीं से उन्होंने धीमे से कहा—'डाला था। लेकिन ये कम खाते हैं। आपको ऊपर से दिये देती हूँ।' कटोरा थामे नागार्जुन रसोईघर पहुँच गये। डाँटकर

बोले—'खा मैं रहा हूँ। नमक इसमें है या नहीं, इसका पता तुम्हें है या मुझे? और, दलिया ऐसे थोड़े बनाया जाता है। थोड़ा घी डालकर दलिया डालो तो खिलता है, ऐसे नहीं।' त्रिपाठी जी ने लिखा है—'नागार्जुन की कृपा से जीवन में पहली बार मैंने अपनी आँखों के सामने अपनी पत्नी को अपराध-बोध से ग्रस्त पाया। और उन्होंने लिखा है, बाद में उनकी पत्नी ने चुपके से उनसे कहा था—'यह तुम मेरी सास कहाँ से ले आये?'

एक बार इलाहाबाद गये तो गोष्ठी के बाद शेखर जोशी से बोले—'कल तुम्हारे घर आऊँगा। भोजन भी वहीं करूँगा।' जोशी जी ने पूछा—'मछली चलेगी?' बोले—'ये कोई पूछने की बात है?' लेकिन भूल हुई कि उन दिनों भी पितरपक्ष चल रहा था। घर में उतना कठिन वर्जन नहीं था लेकिन पड़ोसी चतुर्वेदी परिवार को मालूम पड़ जाये तो बहुत फ़जीहत का डर था। ख़ैर, चन्द्रकला जी ने समाधान किया कि सामने के बंग-परिवार के सहयोग से झोलवाली मछली बनवायी। बहुत रुचि लेकर नागार्जुन ने भोजन किया। चन्द्रकला जी सोचें कि नागार्जुन अब उनकी पाककला की प्रशंसा करेंगे, अब करेंगे। उधर से कोई प्रतिक्रिया नहीं हुई तो उन्होंने पूछ लिया—'मछली ठीक बनी थी?' नकियाये स्वर में उन्होंने उत्तर दिया—'हमारी अपराजिता जी सरसों लपेटकर बनाती हैं।' थोड़ा रुककर बोले—'ठीक बनी है।'

व्यंजनों के बनाने का तरीक़ा भी उनका अपना होता था। अपनी पसन्दीदा लगभग हर चीज़ की परिष्कृत पाकविधि वह जानते थे। विभिन्न भोजन-संस्कृतियों के अनुभव ने उन्हें और भी सिद्ध कर दिया था। एक दिन निर्मला गर्ग के घर तोरी की सब्ज़ी बन रही थी तो उन्हें डाँटा—'तुम्हें बिलकुल अक़्ल नहीं है। तोरी में कहीं पानी डाला जाता है? यह तो ख़ुद ही पानी छोड़ती है।' विदिशा में थे तो कभी उनके बेटे श्यामाकान्त ने माँस बनाया। सुबह विजय बाबू से—'कल श्यामाकान्त ने मीट में मशाला ज़्यादा डाल दिया था। खा तो मैंने लिया लेकिन अब मेरा पेट इतने मसाले का अभ्यस्त नहीं रहा। वो जो आप बनाते हैं, बथुआवाली दाल, वही माफ़िक पड़ती है।' एक दिन कुलटी की यात्रा में, नाश्ते का सेव उन्हें छीलकर दिया जाने लगा तो बोले—'अरे अरे, छीलिये मत। रसगुल्ला क्या छीलकर खाते हैं आप?' छीलनेवाले ने तो उनकी सुविधा सोची होगी, लेकिन विधि भी तो उनकी अपनी होती थी।

उम्र के साथ नागार्जुन के भोजन के कायदे बदलते आये थे। नहीं बदली थी तो वह एकाग्रता जो वह भोजन के समय बरतते थे। खाद्य पदार्थों का गहन मुआयना करते, जैसे आँखों से खाने का आनन्द ले रहे हों। कई चीज़ों को सूँघकर देखते। उसकी गन्ध उन्हें अद्भुत तृप्ति से भर जाती। खाने लगते तो एक-एक चीज़ का स्वाद उसकी मौलिकता में जाकर लेने की कोशिश करते। दो सब्ज़ियाँ यदि बनी हों तो एक रोटी से एक सब्ज़ी, फिर दूसरी से दूसरी रोटी खाते थे। जिन लोगों ने उनके साथ खाना खाया है या उन्हें खाते देखा है, वे ही बता सकते थे कि भोजन करने की एक सम्पूर्ण विधि क्या है! नन्दकिशोर नवल ने लिखा है—'सच पूछिये तो खाने का स्वाद लेना मैंने बाबा से ही सीखा।' निर्मला गर्ग याद करती हैं—'उनके चेहरे पर खाने के बाद तृप्तता दिखती थी। हम लोग तो खाते समय दस चीज़ें सोचते हैं। खाने का स्वाद क्या है यह समझ ही नहीं पाते, लेकिन यह चीज़ मैंने उनमें देखी।' एक बार हरिपाल त्यागी के साथ खाना खा रहे थे तो त्यागी जी वह एक किताब उलटा-पुलटा रहे थे जो नागार्जुन ने उसी रोज़ उन्हें दी थी। नागार्जुन ने किताब छीनकर परे रख दी। बोले—'स्वाद-गन्ध भी कोई चीज़ है। कविता हर समय पुस्तक में ही नहीं होती।'

१९५० के दशक में कभी राजकमल चौधरी की माँ यमुना देवी ने उन्हें खाना खिलाया था। रोचक ढंग से वह उसका क़िस्सा सुनाती थीं—'इसी ओसारे पर हमने उनको भोजन कराया था। थाली, बाटी, छिपली, कटोरी सब आगे कर दिये तो वह कहने लगे कि लालकाकी, दही भी दे ही दीजिये। दही भी दे दिये। तो, देखते क्या हैं कि सब एक साथ सान दिये। फूलबाबू भी साथ ही भोजन पर बैठे थे लेकिन उनको शायद इनका तरीक़ा मालूम हो। हमें तो मालूम था नहीं, तो पूछे कि यात्री जी, ऐसा क्यों करते हैं! सबको एक साथ सान दीजियेगा तो कैसा लगेगा?'

—तो उन्होंने जवाब दिया?

—जवाब दिये सो ऐसा-वैसा? बोले कि सब स्वाद और सब रस को एक साथ सान देने पर भोजन का स्वाद पौने सत्ताईस गुना बढ़ जाता है। यह नियम तिब्बत के आयुर्वेद में लिखा हुआ है। फिर बताने लगे कि यह गुण उन्होंने सीखा कैसे। बताये कि बौद्ध मठ में थे तो वहाँ संन्यासी लोग ऐसे ही खाते थे। कोई पूछता तो बताया जाता कि संन्यासी को स्वाद से

क्या मतलब, इसीलिए सबको सान देते हैं। लेकिन असली रहस्य तो दूसरा था!'

१९७० के दशक में एक बार दरभंगा आये तो सीताराम शर्मा ने उनके इण्टरव्यू का महाप्रोग्राम रखा। नागार्जुन ने फ़रमाइश की—सभी लोगों को मक्के की रोटी, मूँग का भुरता जिसे मिथिला में 'उसना' कहते हैं, कच्चा प्याज़ और हरी मिर्च और दो-तीन अचारों का मसाला खिलाया जाये। अनभिजात का यह विशुद्ध मैथिल डिश था। उषाकिरण खान के घर हों तो उनके हाथ का बना तेज़पातवाला माँस या फिर मूली डाली हुई घिया की सब्ज़ी ख़ास तौर पर पसन्द करते। एक बार कलकत्ते में रामलोचन ठाकुर के बैचलर घर में ठहरे तो पूछा कि सब्ज़ी क्या खायेंगे? मटर, गाजर, आलू, गोभी, पालक था। बोले—'सबको आँच पर चढ़ा दो, जब पावभर पानी बच जाये, उतार लो।' ऐसा ही किया गया, जिसे उन्होंने काफ़ी रुचि से खाया।

मैथिली लेखक हंसराज के साथ एक बार किसी मद्रासी होटल में खाना खाने गये और वहाँ 'टुडेज स्पेशल' का बोर्ड लटकता देखा तो उन्होंने कहा—'ऐसा कोई मैथिल भोजनालय भी क्यों नहीं रहना चाहिये हंसराज, जिसके बोर्ड पर लिखा हो—पटुआ साग स्पेशल, तिलकोर तरुआ स्पेशल, ओल साना स्पेशल, बड़ी स्पेशल, अरिकोंच चक्का स्पेशल, या फिर हरिमोहन बाबू का 'मामा भाइ' स्पेशल ('माँगुर माछ भात इत्यादि' का लघुरूप) क्यों नहीं रहना चाहिये?' ये सब मिथिला-माटी की उपज थे। शोभाकान्त ने लिखा है—

> अजवाइन से बघारी हुई पटुआ साग का झोल यदि मिल जाये तो दो-तीन कटोरा पी लेंगे। दम फूल रहा हो, पर चावल और मछली बनी हो तो लोभ संवरण नहीं कर पाते। आम के बेहद शौक़ीन। अचार और चटनी के प्रेमी। शुद्ध मैथिल भोजन दही-चूड़ा, बड़ी-भात, ओल की सब्ज़ी, तिलकोर का पकौड़ा, अरिकंचन की सब्ज़ी, भाँटा-अदौड़ी आदि को दिन में एकाधिक बार ज़रूर याद करते हैं।

पटना आने पर, या दिल्ली में भी यदि मैथिलीभाषी लोग उनसे मैथिली कविता लिखने का आग्रह करते, जैसा एक बार देवशंकर नवीन ने केदार कानन की पत्रिका के लिए किया था, तो उनका उत्तर होता—'पहले

मैथिलत्व भीतर प्रवेश करे, तब न क़लम से कुछ निकले।' उनका आशय मैथिल भोजन से होता था। बहुभाषाविद् सर्जक होने के नाते उनका यह कहना बहुत अर्थवान होता था कि 'कविता केवल भाषाज्ञान से नहीं लिखी जाती। वातावरण से प्राप्त अनुभूति से उपजती है।' यहाँ उनकी मैथिली कविता का सन्दर्भ याद आता है जहाँ उन्होंने ग्रामवासियों की इस बात के लिए अभ्यर्थना की है कि वे रूप और गुण के अनुसार आम और धान की क़िस्मों का नामकरण करने में समर्थ हैं। या फिर, उनकी संस्कृत कविता 'देशदशकम्' का वह एक मुकम्मल छन्द, जहाँ उन्होंने भारत में उत्पन्न होनेवाले अन्न, फल, शहद, ईख, दूध, दही आदि की सूची दी है और कहा कि इनसे जाने कितनी तरह के पकवान बनते हैं और इन सब खाद्यों ने मेरे भीतर सुख और स्वतन्त्रता की चेतना प्रदान की है, हे देश, मेरे मन में तुम्हारी यह प्रतिमा आबाद रहे।

और भी कई चीज़ें थीं, जिन्हें समयानुसार वह खाना पसन्द करते। मक्के के साथ-साथ ज्वार और बाजरे की रोटी भी पसन्द थी। अमरूद में उनकी जान बसती थी। कहते थे—'यह पेट में झाड़ू लगा देता है।' अमरूद सामने आते ही उनका मूड बन जाता। कभी-कभी जब कफ़ का प्रकोप रहता, अमरूद की पत्तियों का काढ़ा पीना पसन्द करते थे। दही-चूड़ा एक समय उनका पसन्दीदा नाश्ता था। लेकिन समय के साथ ही दही से उन्होंने परहेज़ कर लिया। चाय कम ही पीना पसन्द करते थे। मिथिला की माँगुर मछली उन्हें सर्वाधिक पसन्द थी। लेकिन उनकी स्वादेन्द्रिय इतनी तीक्ष्ण थी कि माँगुर प्रजाति की ही दूसरी मछली सिंगही से वह परहेज़ करते। कहते—इसके माँस में एक सूक्ष्म गन्ध होती है जो मुझे पसन्द नहीं। बौद्ध जीवनचर्या ने उनकी भोजन सम्बन्धी आदतों को भी गहरे प्रभावित किया। खाते समय एकाग्रता और रुचि तो विलक्षण होती ही थी, यह भी नियम बना रखा था कि देर रात को वह भोजन नहीं करेंगे।

सादतपुर में एक शाम बड़ी ही दार्शनिक मुद्रा में नागार्जुन ने विश्वनाथ त्रिपाठी को बताया—'बहुत कोशिश की याद करने की। संख्या ३६ से आगे नहीं बढ़ी।' किस चीज़ की संख्या आगे नहीं बढ़ी? केवल ३६ प्रकार के पशु-पक्षी, जन्तु-प्राणी खाये। मछली, बकरा, मुर्गा, भैंसा, चूहा, लाल चींटा, खरगोश, कछुआ, हिरण आदि। विस्तार से बताने लगे कि एक बार ससुराल गया, सर्दी हो गयी तो चूहे को भूनकर खिलाया गया।

स्वाद कुछ खट्टापन लिये होता है। लाल चींटा पत्तों की झोंझ में रहता है। आग पर रख दो तो पत्ता दोना बन जायेगा।' विद्यालंकार परिवेण में उन्हें जब बछड़े का माँस पहली बार परोसा गया था तो उनकी जो हालत ख़राब हुई थी, उसकी कथा कई लोगों को सुनाते थे। लेकिन, वहाँ से लौटे तो समुद्री मछली का स्वाद इस तरह जीभ पर चढ़ गया था कि सूखी मछली के चूर्ण का डिब्बा साथ रखते थे, दाल में पाउडर झाड़ दिया कि फिर बात बन जाती थी। मिथिला के गाँवों को तो वह वहाँ विशेष रूप से मिलनेवाली मछलियों के लिए याद करते थे। कोसी इलाक़े की 'यूँ बड़ी-बड़ी कबई' या बलान की 'माड़ा' या धेमुड़ा की 'पोठी'। भाग्य पर उनका ज़रा भी विश्वास नहीं था, लेकिन बरसात के दिनों में प्रवास में होने पर जब अपनी मातृभूमि को याद करते तो उन्हें यह भी याद आता कि 'जकर ज़ोर अदृष्ट से अंडाएल पोठी खाएत।' जिसका भाग्य प्रबल होगा वह अभी गाँव में बैठा अण्डे से भरी पोठी मछली खा रहा होगा! इसीलिए अपनी कविता में मछली को स्त्री से यह कहते हुए उद्धृत करना कि 'हम भी मछली, तुम भी मछली' क्योंकि 'ज्ञातास्वाद सुधीजन हम दोनों को अनुपम बतलाते हैं'—'पौरुष' का इतना तगड़ा सम्मान! —यह हर किसी के बूते का नहीं हो सकता था।

अक्सर कहते थे—'मैथिल ब्राह्मणों की दो बातें अभी मुझमें शेष हैं, बाक़ी सब ख़त्म हो गयीं। एक तो खाने का शौक़ और दूसरा क्रोध। ये दो चीज़ें अभी मैंने धारण की हुई हैं।' 'धारण की हुई' कहते तो इसमें उनकी आत्मसजगता दिखती थी। खाने-पीने को लेकर उनकी व्यग्रता तो कई बार रामकृष्ण परमहंस की याद दिला जाती थी, जो अपनी पत्नी शारदा को इस बात के लिए परेशान कर देते थे कि यदि अपने घर में मछली नहीं बनी है तो किसी पड़ोसी के घर से माँगकर ला दो। कई बार तो वह झल्ला भी उठतीं कि इतने बड़े आप महात्मा हैं, लोग आपको साक्षात् काली का अवतार मानते हैं, ऐसा करना आपको शोभा देता है? नागार्जुन भी इस मामले में अक्सर भूल करते थे। एक बार भगवान सिंह के घर पहुँचे तो सेब मँगाने की फ़रमाइश की। भगवान बाबू को बुरा लगा—आप हमारे घर आये हैं, घर में जो कुछ उपलब्ध है आपको मिलना ही है। आपके कहने पर बाज़ार से ख़रीदकर लाना पड़े, घर में पैसा है कि नहीं, बहुत-सी बातें हो सकती थीं। त्रिलोचन की आदत

इसके बिलकुल उलट थी, वे कभी न माँगते थे, जो मिल गया चुपचाप खाकर उठ जाते थे, जबकि एक फ़र्क़ यह भी था कि वह मात्रा में बहुत खाते थे जबकि नागार्जुन अत्यल्प भोजन करते थे। नन्दकिशोर नवल ने लिखा है, हमेशा उन्हें आश्चर्य होता था कि इतना कम खाकर उनकी काया कैसे चलती थी ? उनके पुत्र श्रीकान्त ने बताया है कि वह यूँ तो हर दिन चार वक़्त खाते थे, लेकिन कुल मिलाकर उतना ही खा पाते थे, जितना कोई एक वक़्त में खाता है। दिनभर के भोजन में अनाज की जो मात्रा होती थी, वह मुश्किल से सौ ग्राम होती थी।

महेश दर्पण की पत्नी अलका से भी फ़रमाइश के मामले में उनकी बहुत तकरार होती थी। कई बार तो वह जानबूझकर भी करते थे। जैसे उनके घर गये तो मूली लटकाते हुए पहुँचे कि अलका, आज इसकी सब्ज़ी बना दो। वह कहतीं—आपको अगर यह सब्ज़ी बनवानी है न, तो अपनी बहू से जाकर बनवाइये। हमारे घर में जो बना है, अगर आपको खाना है तो वही खाइये। उन्हें बेटी बना रखा था सो उनसे डरते भी बहुत थे। जो बना होता, खाकर कहते—वाह अलका, आज तुम्हारी दाल हमें बहुत पसन्द आयी। नन्दकिशोर नवल के घर उनकी पत्नी रागिनी जी भी उन पर अच्छा नियन्त्रण रखती थीं। खाना खाने बैठते तो अन्त में एक चम्मच चावल के लिए गिड़गिड़ाते थे। वह कहतीं—नहीं, आपके बहुत वायु बनती है, इसलिए चावल नहीं मिलेगा। लेकिन, अन्ततः उनका चल नहीं पाता था। एक बार भोपाल में राजेन्द्र शर्मा के घर टिके थे तो वहाँ नये-पुराने लेखकों का भारी जुटान था और वे आपस में किसी साहित्यिक मसले पर घनघोर बहस में लगे थे। नागार्जुन हमेशा ऐसी बहसों से किनारा करते। वह उठकर किचन में चले आये और आशा जी से 'चटनी के साथ पकौड़े खाने की बुद्धिमानी करने की माँग की'। उन दिनों दमा ने उन्हें काफ़ी परेशान कर रखा था। आशा जी बोलीं—नहीं, पकौड़े तो हरगिज़ नहीं खाने दूँगी। लेकिन किसका चलता है! ज़हरीखाल में कभी थे तो एक सोई रात किचन से खटर-पटर की आवाज़ आने पर शकुन्तला जी उठकर देखने गयीं तो पाया, नागार्जुन अचार निकालकर खा रहे हैं। एक बार नैनीताल में एक गोष्ठी में गये। 'नैनीताल समाचार' के युवाओं ने अनवर जमाल के नेतृत्व में वह गोष्ठी आयोजित की थी। वहाँ उन्होंने अनवर से कहा—'एक काम करो। हमको एक भुट्टा खिलाओ, मक्का

का।' अब दिक़्क़त यह कि भुट्टा जहाँ मिल सकता था, वह जगह काफ़ी दूर थी। अनवर जब तक भुट्टा लेकर आये, गोष्ठी समाप्त हो चुकी थी। अनवर ने कहा—आपको तो अच्छा लगेगा, मैं आपके लिए भुट्टा लेकर आया, लेकिन आपकी कविता सुनने से मैं वंचित रह गया। बोले—'बहुत बेकार की कविता थी। मेरा तो सारा मन इसी में लगा था कि भुट्टा कितनी देर में आयेगा और मैं तुम्हारा इन्तज़ार कर रहा था।' यह झूठमूठ का दिलासा नहीं था। जब भी उन्हें भूख लगी होती, वह बेचैन हो जाते थे। कई बार नाराज़ होकर मेज़बान को डाँटने लगते थे। कई लोग तो इस वजह से भी उनसे भड़के रहते थे।

लेकिन कभी-कभी तो सच में सारी हदें पार कर जाते थे। १९८६ के दिनों में वह बहुत ज़ोर बीमार पड़े थे। बहुत कठिनाई से उन्हें बचाया जा सका था। ठीक हुए तो फिर से यात्राओं पर। पटना में कोई संगोष्ठी थी। कार्यक्रम समाप्त होने के बाद भोजन का समय आया तो उन्हें एक जगह बिठा दिया गया कि आपका खाना यहीं लाकर दे दिया जायेगा। तली हुई चीज़ें, माँस, मछली, मिठाई उन्हें वर्जित थी। उनका खाना आ गया। सादा खाना—चावल, दाल, सब्ज़ी आदि। पास में ही अब्दुल बिस्मिल्लाह खाना खा रहे थे। उन्हें बुलाया। वह अपना प्लेट लिये उनके पास ससर आये। पूछा—वहाँ अन्दर और क्या सब है खाने में? बताया। बोले—'किसी तरह छिपा के एक टुकड़ा मछली और एक रसगुल्ला चुपचाप मुझे ला दो। वह गये और एक प्लेट में दोनों चीज़ें लाकर उन्हें दे दीं। बोले—'अब तुम जाओ और दरवाज़ा बन्द कर दो।'

जिस चीज़ ने अन्त-अन्त तक उन्हें दुनियादारी से जोड़े रखा था, वह भोजन ही था। कहने को तो वह भरी सभा में अपना यह अनुभव भी सुना जाते थे कि 'बुढ़ापे में मच्छरदानी के अन्दर रात को रुपये गिनने में बड़ा आनन्द आता है', लेकिन वह दोयम बात थी। प्राथमिक चीज़ भोजन ही थी। दूसरों को खिलाने में भी बहुत आनन्द पाते थे। सभा-सम्मेलनों में भोजन पर बैठते तो ऐसे शौक़ीन लोगों को पास बिठाते जो भोजन का पूरा आनन्द लेते हों। बांदा सम्मेलन में हमेशा त्रिलोचन को पास बिठाया कि 'कोई तो है जो खा रहा है। मैं नहीं खा सकता इतना ज़्यादा तो क्या हुआ, मेरा दोस्त तो खा रहा है। लाओ भाई खाना, इसके लिए और लाओ।' हर मैथिल की तरह मिठाई उन्हें भी पसन्द थी, बाद में उन्होंने

मीठा खाना बन्द कर दिया। विदिशा में थे और नये साल का दिन आया तो बोले—'सुनिये विजय बाबू। आज पहली तारीख़ है न? कुछ मिठाई-विठायी खायी जाये। क्या लायेंगे आप?' उन्होंने छेने की मिठाई लायी। सबको बँटवायी गयी। एक दौर था जब सूजी का हलवा उन्हें काफ़ी पसन्द था, फिर इसकी जगह नमकीन दलिया ने ली। लेकिन वह दलिया भी 'शुद्ध नागार्जुन मार्का' होना चाहिये था। नीलेश रघुवंशी ठीक बताती हैं कि 'बाबा के नाज़-नखरे उठाने की कूबत हर किसी में नहीं हो सकती थी।' एक बार निर्मला गर्ग के घर थे तो उन्हें दलिया बनाने को कहा। बनाकर लायीं तो बिगड़ पड़े—'इतनी बड़ी हो गयी तुम्हें दलिया बनाने नहीं आया?' उस दिन उनका पेट भी ख़राब हो गया था। झगड़ा करने लगे कि 'तुमने दलिया ख़राब बनाया था, इसलिए पेट ख़राब हुआ।' लेकिन निर्मला जी को पेट ख़राब होने की असली वजह मालूम थी। उस दिन एक गोष्ठी में उन्होंने समोसा खाया था। कहा तो मानने को तैयार नहीं। उन्होंने गोष्ठी में खींचा फोटो दिखाया—'देखिये, आप समोसा खा रहे हैं।' बिलकुल बच्चे की तरह का मामला था।

१९८१ की ज्येष्ठ पूर्णिमा को नागार्जुन ने अपने सक्रिय जीवन के सत्तर वर्ष पूरे किये। उनकी कई कविताएँ उन दिनों की उनकी मनोदशा का पता बताती हैं। वामपन्थ से वह ख़ासे नाराज़ चल रहे थे। भगत सिंह की शहादत को याद करते हुए उन्होंने क्षोभ व्यक्त किया था कि उस घटना के पचास साल गुज़र जाने के बावजूद 'बहुजन समाज की/ अब तक पूरी हुई न आस।' पूछा—'भगत सिंह, तुम्हारे वे कामरेड क्या लुच्चे थे, लबार थे/इन्हीं की तरह क्या वे आम पब्लिक की गरदन पर सवार थे?' साहित्य और संस्कृति की दुनिया पर धूर्त 'पुष्पदन्तों' का क़ब्ज़ा था। लिखा कि 'प्रजातन्त्र, प्रगति, जनवाद, भारतीय संस्कृति, धर्म निरपेक्षता सब में घुलते-मिलते हैं, सबका आनन्द लेते हैं, आपके लिए मज़ा ही मज़ा है सर्वत्र, पुष्पदन्त जी छह फ़ैक्ट्रियों के मालिक हैं, कला और साहित्य पर तो आपकी विशेष कृपा है।' सबसे अधिक दुख था कि प्रगतिशील लोग भी नागार्जुन को समझ नहीं पा रहे थे। एक कविता में उन्होंने लिखा—'प्रगतिशील पार्टियों के दलपति तक/हमसे ठकुरसुहाती चाहते हैं/अपनी

नुक्ताचीनी सुनकर बुरा मान जाते हैं', और तय यही पाते हैं कि पागल कुत्तों की तरह यूँ ही भौंक-भौंककर मर जायेगा। एक कविता में उन्होंने युवा साहित्यिकों की भी ख़बर ली जो शार्टकट अपनाते हुए, नागार्जुन का उपयोग कर आगे बढ़ जाने की जुगत भिड़ाते रहते थे, और जिन्होंने उनकी पीठ का पीढ़ा बना लिया था। ये ही दिन थे जब भोजपुर उबल रहा था, विप्लव की ज़बर्दस्त आँधी चल रही थी। नक्सलवादियों के लिए उन्होंने लिखा कि 'पतित बुद्धिजीवी जमात में आग लगा दो/यों तो इनकी लाशों को क्या गीध छुयेंगे ?' उन्होंने कहा कि एक-एक को गोली मारो, और यह भी कहा कि मुझे भी मारो। लेकिन, यह भी कहा कि हम तो सदा 'संग तुम्हारे, साथ तुम्हारे' रहेंगे और पक्का भरोसा जताया कि 'मैं न अभी मरनेवाला हूँ.../मर-मर कर जीनेवाला हूँ।' अपनी तमाम क्षुब्धताओं के बीच भी, उन्होंने 'लूशुन' कविता में अपना यह संकल्प दुहराया कि 'क़लम से काम लो गदा का, तमंचा का/ढीली न पड़े डोर प्रत्यंचा का' और, 'इस तरह श्रमशील जनों को दे गये हो सीख.../क्यों कोई माँगे प्रभुओं से भीख!'

प्रभुओं से भीख माँगने का तो ख़ैर कोई सवाल ही नहीं था, लेकिन विजय बहादुर सिंह से सन्दर्भ लेकर कहें तो उनके पास न कोई अख़बार था जो उनकी बातें जनता में लाता, न कोई पक्षधर पत्रिका। इब्बार रब्बी बताते हैं—

> उन दिनों क्या था कि कोई भी अख़बार कम्युनिस्टों के बारे में कोई ख़बर नहीं छापता था। राहुल जी के बारे में भी कुछ नहीं छपता था, क्योंकि वे कम्युनिस्ट थे। त्रिलोचन, नागार्जुन का भी कुछ नहीं छपता था। यह घोषित बात नहीं थी, लेकिन अन्दर ही अन्दर सबको मान्य था।

मुक्तिबोध साहित्यिक चर्चाओं में सबसे ऊपर थे। बड़े-बड़े आलोचकों से लेकर टुटपुँजिया मीडियाकार तक बात-बात में मुक्तिबोध को रेफर करते थे। कवि धूमिल का असमय निधन हुआ तो नागार्जुन ने वाचस्पति को लिखा—

> मरे हुए पशुओं की खालों-हड्डियों के व्यापारी बड़ी मुस्तैदी से अपने धन्धे का आधुनिकीकरण कर रहे हैं। वर्ष भर अभी धूमिल ही उनका उपजीव्य रहेगा। फिर कोई और निकल आयेगा जो अकाल मृत्यु को

प्राप्त होगा।

अज्ञेय प्रतिष्ठित होकर चर्चा से लगभग बाहर हो चुके थे। पन्त, दिनकर यूँ तो गुज़र चुके थे और महादेवी विराम में थीं, लेकिन ये तीनों अपने यश के शिखर पर थे। और यह नागार्जुन अपना झोला-डण्डा उठाये इस क़स्बे से उस क़स्बे तक नयी सहृदयता और तरल संवेदनशीलता की तलाश में घुमक्कड़ी करते पाये जाते।

'वामपन्थी पार्टी उनसे ख़ासी नाराज़ थी। सन् बासठ के भारत-चीन-युद्ध में नागार्जुन की भूमिका को लेकर अख़बार घास नहीं डाल रहे थे। विश्वविद्यालयों के मूढ़गति दिग्गज आचार्यगण संवेदन-कुन्द हो चुके थे। नागार्जुन की कविता की ठेठ देशी ध्वनियाँ उन्हें बेहद फूहड़ और अकाव्यपरक लग रही थीं। उनका संगीत भी चौराहे का और वाक्य-विन्यास भी खेती-किसानी वाला। व्यवस्था के पोषक विश्वविद्यालयों को नागार्जुन का यह किसानी सौन्दर्य-बोध भला कैसे रुचता?' कवि और कविता का संसार अब भी पूरी तरह अभिजनोचित और अभिजनोन्मुख था। हिन्दी के लेखक और कवि अब भी घिसी-पिटी साहित्यिक भाषा और रूढ़ हो चुके मुक्त गद्यवृत्त के ग़ुलाम थे। सड़कों, बाज़ारों, गली-मुहल्लों, कल-कारखानों और खेतों वाली भाषा और उसके मुहावरे अब भी लगभग अछूत माने जा रहे थे। और नागार्जुन थे कि इन सब में इस तरह डूबे थे कि अलग करके उन्हें देखा ही नहीं जा सकता था। ऐसे में, नागार्जुन को प्रतिष्ठा देने का मतलब इन सबको प्रतिष्ठा देना होता, जबकि साहित्यिक रचनाशीलता पर अब भी वर्चस्ववादी ब्राह्मण-बुद्धि हावी थी। एक इकलौते रामविलास शर्मा थे, जिन्होंने नागार्जुन की कविताई पर एक गम्भीर लेख लिखा था और कहा था कि वह ग्राम-संवेदना के विरले कवि हैं। उनका यह अधूरा कथन था, बताने की ज़रूरत नहीं, और नागार्जुन ने अब जीवन के सत्तर वर्ष पूरे कर लिए थे।

आलोचक के लिए उनके बहुत ही ऊँचे विचार थे। वह कई बार कहते थे कि आलोचक यदि बुद्धिमान हो और कायदे से काम करे तो अपनी भाषा को नयी ऊँचायी पर पहुँचा सकता है। वैसे भी, समाज और साहित्य में जो युगानुरूप परिवर्तन हो रहे थे, उनमें आलोचकों की बड़ी ज़िम्मेवारी उन्हें दिखती थी। वह कहते थे कि कंकड़-पत्थर के बीच से दाने को अलग करने का काम आलोचक का है। सही आलोचना वह होती है

जिसे पढ़कर पाठक की समझ विकसित होती है। लेखक गुफा में भी रहे तो आलोचक पाठक को बताये कि देखो, तुम्हारा लेखक यहाँ रहता है। लेकिन वह समय, जब सचमुच उन्हें लगा था कि आलोचक उन्हें समझें और उनके काम के बारे में जनता को बतायें, कब का बीत चुका था। उन दिनों की स्मृति के रूप में हमारे पास नागार्जुन की कविता 'कीर्ति का फल' थी। अब तो वह कहते थे कि—

> हमारे मन की ऊर्जा शब्द-शक्ति से जुड़ी है। हम आलोचकों को अब पढ़ते नहीं हैं। यह सब हिन्दी भाषा के अध्यापक करते हैं। उनका काम ही है साजिश करना। हम इन अध्यापकों से परिचालित नहीं हैं। मान्यता दें या न दें, हमें फ़र्क़ नहीं पड़ता, क्योंकि जनता जनार्दन हमें मान्यता देती है।'

अपने अंक ५६-५७ के साथ, पहली बार 'आलोचना' ने उनको मान्यता दी। जनकवि नागार्जुन की सत्तरवीं वर्षगाँठ के उपलक्ष्य में यह अंक उन्हें समर्पित करते हुए सम्पादकीय में नामवर सिंह ने लिखा कि 'बिना हिचक के कहा जा सकता है कि कबीर के बाद हिन्दी में नागार्जुन से बड़ा व्यंग्यकार पैदा नहीं हुआ।' कि 'आधुनिकतावाद से साफ़-साफ़ अछूते रहकर' भी नागार्जुन पूरे आधुनिक हैं। कि ग्राम-प्रकृति के प्रति जो नागार्जुन का उत्सव और उल्लास का स्वर है, 'यह उत्सवधर्मिता जनकवि नागार्जुन की वर्ग चेतना का ही एक अंग है, अभिन्न अंग।' कि 'प्रयोगवादियों ने तो प्रयोग का नारा भर दिया था, वस्तुतः अकेले नागार्जुन ने कविता के रूपविधान में जितने प्रयोग किये हैं, सारे प्रयोगवादी भी उसका दशमांश कर दिखाने में असमर्थ साबित हुए हैं। कविता में वाचिक परम्परा का गुणगान करनेवाले और हैं, जबकि नागार्जुन से यह वाचिक परम्परा पुनर्जीवित हुई है बेहतर रूपों में।' अंक में सुरेन्द राजन के द्वारा खींचा गया नागार्जुन का छायाचित्र, जो बाद में बहुत प्रसिद्ध हुआ, छापा गया। नागार्जुन से दो सुप्रसिद्ध बातचीत, जो मनोहर श्याम जोशी और कृष्णा सोबती ने की थी, छापी गयी। केदारनाथ सिंह, विष्णु खरे, रघुवीर सहाय और अरुण कमल के लेख छापे गये। नागार्जुन के समकालीन कवियों—शमशेर बहादुर सिंह, केदारनाथ अग्रवाल तथा त्रिलोचन की कविता पर भी एक-एक लेख दिया गया था। नागार्जुन की बारह कविताएँ भी छापीं गयीं, जिनमें से एक संस्कृत कविता

'लेनिनस्तोत्रम्' थी। सम्पादक ने लिखा कि—

> नागार्जुन की साहित्य-साधना के चार दशक से ज़्यादा हो चुके हैं और पिछली ज्येष्ठ पूर्णिमा को उन्होंने अपने जीवन के संघर्षशील सत्तर वर्ष पूरे किये हैं। यह हम सबके लिए उत्सव का पर्व है। इस अवसर पर 'आलोचना' प्रस्तुत अंक की तुच्छ भेंट के साथ अपने जनकवि का अभिनन्दन करती है।

नागार्जुन ने अपने जीवन के संघर्षशील सत्तर वर्ष पूरे कर लिए हों, बात केवल इतनी नहीं थी। साहित्य में अमूर्तन और प्रयोग के दिन बीत रहे थे और नयी पीढ़ी जो आ रही थी, वह वस्तुवादी ढंग से चीज़ों को समझना चाहती थी। प्रयोगवाद से अकवितावाद आदि तक न जाने कितने विचार और उनके वाहक कवि आये-गये लेकिन हिन्दी संसार ने देखा कि नागार्जुन एकनिष्ठ भाव से अपनी जन-पक्षधरता पर अड़े रहे और समय ने साबित किया कि वह सही थे। इमरजेंसी का दौर देश ने देखा और तमाम कवि लेखकों के साथ-साथ नागार्जुन की कविताई और उनकी कार्रवाई भी देखी और पाया कि वह कितना ज़रूरी काम कर रहे थे। वामपन्थी पार्टियों और उसके संगठनों की जो भूमिका देखी गयी उस दौर में, अब एक सत्य सामने था कि नागार्जुन किसी भी लेखक संगठन की तुलना में एक वज़नदार चीज़ हैं।

रामविलास शर्मा ने अपने लेख 'नयी कविता के सन्दर्भ में नागार्जुन की काव्यकला' में यह दुख प्रकट किया 'पत्र-पत्रिकाओं से उनकी रचनाएँ समेटकर उन पर एक छोटा-सा लेख लिखने के लिए भी आलोचक को काफ़ी अनुसन्धान करना पड़ता है।' यानी कि उनकी कविताओं के संकलन प्रकाशित नहीं थे। अब तक उन्होंने जो भी संकलन प्रकशित कराये थे, 'युगधारा' (१९५३), 'सतरंगे पंखोंवाली' (१९५९), 'प्यासी पथरायी आँखें' (१९६२)—वे सब उन्होंने अपने दम पर छपवाये थे और घूम-घूमकर उनकी प्रतियाँ बेच चुके थे। ८.११.७० को उन्होंने रामविलास शर्मा को लिखा था—

> आधा दर्जन बड़े प्रकाशक मुझे थिरकाते रहते हैं—'साहब, इत्ता अच्छा आपका मार्किट है, मगर आप तो जाने क्या करते रहते हैं! लिखते ही नहीं।' आदि-आदि। अब बतलाओ तुम्हीं कि अर्जुन नागा नाम का यह जन्तु क्या करे?

लेकिन प्रकाशकों की जाति-विवेचना करते हुए नागार्जुन कहते थे कि 'किसी भी साहित्यकार को अत्यन्त पुलकित नहीं होना चाहिये कि कोई प्रकाशक हमें छापेगा। प्रकाशक एक प्रकार का चिकवा होता है। चिकवा का काम होता है, हर बकरे के पुट्ठे और टाँगों को टटोलकर गोश्त का अन्दाज़ा लगाना और ख़रीदना। साहित्यकार की स्थिति इससे कुछ भिन्न नहीं होती।' फिर वे प्रकाशक कौन थे जो उन्हें थिरकाते रहते थे? वे उनके उपन्यासों और बालसाहित्य के प्रकाशक थे। वहाँ वे गोश्त पाते थे। पर, उनकी कविताएँ कोई छापना नहीं चाहता था। शोभाकान्त ने लिखा है—

> १९८० के पूर्व उनके उपन्यास छापनेवाले प्रकाशकों ने काव्य-संग्रह छापने की चर्चा तक नहीं कीं। १९७९-८० में छोटे प्रकाशकों द्वारा एक साथ कई पुस्तकों का पुनर्मुद्रण हुआ और दो काव्य-संग्रह छपकर चर्चित हुए। उसके बाद अब सभी प्रकाशकों ने 'कुछ भी दीजिये' की माँग शुरू की है। इसके बाद तो उनके ढेर सारे संकलन प्रकाशित हुए—तुमने कहा था (८०), खिचड़ी विप्लव देखा हमने (८०), हज़ार-हज़ार बाँहोंवाली (८१), पुरानी जूतियों का कोरस (८३), रत्नगर्भ (८४), ऐसे भी हम क्या, ऐसे भी तुम क्या (८५), आख़िर ऐसा क्या कह दिया मैंने (८६)...

नागार्जुन के जीवन और साहित्य पर पहली किताब १९७४ में आयी थी। यह विक्रम विश्वविद्यालय से पीएच.डी. के लिए लिखी गयी थीसिस थी, जिसे प्रकाशचन्द्र भट्ट ने लिखा था। किताब की भूमिका प्रभाकर माचवे ने लिखी थी। लिखा था कि जनता के प्रति निकटतम सम्पर्क और उसकी आशा-आकांक्षाओं से एकाकार नागार्जुन नवीन से नवीन क्रान्तिकारी विचारों से अपने आपको अवगत रखते हैं, किन्तु ऐसे महान् प्रतिभाशाली साहित्यिक को हिन्दी में घोर उपेक्षा और असहिष्णुता का सामना करना पड़ा। इस परिप्रेक्ष्य में इस अनुसन्धान-कार्य की उन्होंने काफ़ी उपयोगिता पायी थी। शोधप्रज्ञ ने इसे प्रकाशित कराने के पूर्व नागार्जुन को भी अवलोकन कराया था। नागार्जुन ने अपने पत्र में उन्हें लिखा—

> थीसिस मैं देख गया हूँ, मुझे सन्तोष हुआ, तुमने बड़े अध्यवसाय से सामग्री एकत्र की और उसका नियोजन भी अच्छी तरह से किया है। दोषा वाच्या गुरोः अपि—यह बड़ी ही प्रसिद्ध उक्ति है। तुम्हारी श्रद्धा

> अन्धी नहीं निकली, यह देखकर मुझे अपार प्रसन्नता हुई है। निश्चय ही यह शोधग्रन्थ बहुचर्चित होगा, सुधीजन इसे औरों से भी पढ़वायेंगे।

नागार्जुन की सम्भावना सच थी। शोधग्रन्थ बहुचर्चित और बहुपठित हुआ।

नागार्जुन की रचनाशीलता पर जो पहली किताब आयी जिसमें दृष्टि की मौलिकता थी और सृजनात्मकता की ऊष्मा भी, वह इन्हीं दिनों १९८०-८१ में लिखी गयी, और १९८२ में प्रकाशित हुई, जिसका अगला संस्करण २००९ में आया। यह विजय बहादुर सिंह की किताब 'नागार्जुन का रचना-संसार' थी। अकादेमिक लाम-काफ से बिलकुल अलग सहज ढंग से, उनकी कविता के व्यापक संसार पर तो इसमें तीन अध्याय थे ही, उनकी कविताई किस प्रकार बुद्धिजीवियों के महफ़िल से बाहर जाती है, उस पर एक अध्याय था। एक अध्याय उनके औघड़ व्यक्तित्व पर था कि कैसे वह कविता में आकर तोड़-पछाड़ का उपक्रम करते हैं। मंचों पर, गोष्ठियों में उनके कविता पढ़ने के अन्दाज़ पर एक अध्याय था तो छन्द-लय-तुकों की अविरल हिन्दी परम्परा में नागार्जुन के योग पर एक अध्याय। उनके उपन्यास, कथाशिल्प, सौन्दर्यबोध, मूल्यबोध पर अध्याय थे और उनकी 'राष्ट्रीय मार्क्सवादिता' पर भी। उन विवादों, प्रवादों पर भी एक अध्याय था, जो जब-तब नागार्जुन को लेकर भाई-बन्दों में चलते रहते थे। किताब का आरम्भ दो पत्रों से होता था—पहला पत्र विजय बहादुर का, दूसरा नागार्जुन का। विजय बहादुर सिंह ने लिखा—

> पूज्य बाबा, किताब लगभग पूरी हो चली है फिर भी कुछ बातें कहने को रह गयी हैं। ...आपको लेकर पार्टी और बाहर के दोस्तों में काफ़ी बकझक होती रहती है। आपकी नीयत पर जो शक नहीं करते, वे भी आपके कई निर्णयों को लेकर पसोपेश में पड़ जाते हैं। मैं यहीं अपने को मुक्त रख सका हूँ और मुझे लगा है कि पार्टी या उसकी सीमाएँ किसी भी रचनाकार के लिए बेहद रचनाविरोधी होती हैं। ...आप-जैसे लेखकों को पढ़ते हुए बार-बार यह महसूस होता है कि राष्ट्र-प्रेम और राष्ट्रीय समस्याएँ ही आपके लेखन को प्रेरणा देती रही हैं। ...आप न केवल जनता के पक्ष में लिखते हैं बल्कि पाठक रूप में भी वह हमेशा आपके सामने रहती है।...मैंने जानबूझकर अपनी बात को ग़ैर-पण्डिताऊ ढंग से कहने की कोशिश की है। आमफ़हम भाषा में आलोचना के नंगे हो जाने

के ख़तरे भरपूर हैं। और आजकल रचनात्मक आलोचना सर्जनात्मक लेखन से भी आगे निकल चुकी है। मैं उसे समानधर्मी नहीं समानान्तरगामी बनाने की जुगत भिड़ा रहा हूँ। महारथियों को यह खटकेगा ज़रूर पर मुझे उसकी चिन्ता नहीं है। और आप ही कब किसकी परवाह करते हैं!'

नागार्जुन का पत्र था—

विजय बाबू, आपके कई पत्र इधर भी मिले हैं। ...अपने बारे में मित्रों एवं अमित्रों के मन्तव्य सभी को सुनने पड़ते होंगे। अपने बारे में प्रतिकूल, अशोभन, झूठे और हानिकारक मन्तव्य सुनकर अविचल रह जाना पाषाणधर्मिता का पर्याय होगा। मुझे ख़ुशी है कि अब तक मैं पाषाण नहीं बन पाया। ...मुझे यह सब व्यर्थ लगने लगा है। किसने, कब, कहाँ मेरे प्रसंग में क्या कहा? मेरे पक्ष या विपक्ष में अमुक शोधकर्ता ने अपनी क्या राय ज़ाहिर की है या किस परिचर्चा-गोष्ठी में कौन मेरा परिहास कर रहा था? ...मेरे हितैषियों ने समय-समय पर मुझे इस बात की सूचना देने की कोशिश की है। वामपन्थी एवं वामगन्धी बन्धुओं के परामर्श, चेतावनियाँ, शीतोष्ण उपदेश...यह सब मेरे इन कानों तक पहुँचते रहे हैं...परन्तु सर्वाधिक परवाह जिस तत्त्व की मैं करता हूँ वह कोई और तत्त्व है। जिस शक्ति से मैं ऊर्जा हासिल करता हूँ, वह कोई और शक्ति है। आपको यह बात शायद बातचीत के सिलसिले में बतला चुका हूँ कि मुझे संघर्षशील जनता का विपन्न बहुलांश ही शक्ति प्रदान करता है। कोटि-कोटि भारतीयों के वे निरीह, पिछड़े हुए, अकिंचन, दुर्बल समुदाय जो चाहने पर भी अपना मतपत्र नहीं डाल पाये, मेरी चेतना उनकी विवशताओं से ऊर्जा हासिल करेगी। निर्वाचन के जटिल, आडम्बरपूर्ण और महँगे कर्मकाण्ड ही जब वामपन्थी दलों के भी प्रमुख क्रिया-कलापों को परिचालित करते हैं तब शेष साठ प्रतिशत भारतीय जनसाधारण 'राजसूय यज्ञ' में शामिल होने का अवसर शायद ही कभी पाये। ...हमारे यहाँ साहित्य की तरह राजनीति में भी 'तप रे मधुर मधुर मन' चलता रहा है, चलता रहेगा। ...जब कभी मैं ग्रामांचलों के किनारे-किनारे बसी हुई दलित बस्तियों के अन्दर अथवा महानगर के पिछवाड़े गन्दे नालों के इर्द-गिर्द बसी हुई झुग्गियों की दुनिया में जाता हूँ तो सुविधाप्राप्त वर्गों द्वारा परिचालित राजनीति के प्रति मेरा रोम-रोम नफ़रत में सुलग उठता है। ...अपने खेतों में अधिकतम आलू उपजाने वाले उस किसान के प्रति भी मैं अपना यह मस्तक उसी प्रकार

झुका दिया करता हूँ...जैसे कि अपनी परम्परा के पूर्वपुरुषों के प्रति मेरा मस्तक हमेशा झुका रहता है। अपनी बगिया में सर्वोत्तम आम पैदा करनेवाले उस किसान के प्रति भी मैं अपनी आन्तरिक श्रद्धा निवेदित करता हूँ। ...मैं शत-प्रतिशत आशावादी हूँ। मुझे भावी भारत में अन्धकार नहीं दिखता... ।'

नयी पीढ़ी जो उन दिनों हिन्दी की दुनिया में आ रही थी, कई लोगों ने नागार्जुन का सन्दर्भ देते हुए अपनी स्मृतियाँ उकेरी हैं। कुछ को देखना दिलचस्प होगा। लेकिन पहले विष्णु खरे। उन्होंने अपने एक लेख में लिखा है—

हमारा यही क्या कम सौभाग्य है कि हम ऐसे ज़माने में पैदा हुए जब नागार्जुन-जैसे कवि हमारे बीच मौजूद थे। किन्तु, यह नागार्जुन-जैसे सशक्त कवि से ही सम्भव था कि उसे आने वाले कवि में इतनी आस्था हो। ...एक विचित्र-सा अपराध-भाव नागार्जुन में है कि जिसका कोई कारण नहीं दीखता। वे ऐसा मानते हैं कि वे और उन-जैसे कवि शायद 'असफल' रहे, कुछ कर नहीं पाये, और आनेवाली पीढ़ी ही कुछ कर सकेगी, जबकि वस्तुस्थिति यह है कि यदि हिन्दी कवियों की आज की पीढ़ी में कुछ साहस दिखायी पड़ रहा है तो इसीलिए कि वह निराला, मुक्तिबोध तथा नागार्जुन-जैसे कवियों की प्रेरणा के आसरे पर खड़ी हुई है।

संकेत है कि निराला और मुक्तिबोध तो साक्षात् अब रहे नहीं, साक्षात् रहकर जो यह काम कर रहे हैं, नागार्जुन ही कर रहे हैं।

पंकज विष्ट ने एक लेख में अपनी पीढ़ी की पृष्ठभूमि की चर्चा की है। लिखा है कि विश्व भर में छात्र-आन्दोलन होकर गुज़र चुके थे जिसकी धमक उन दिनों पूरी महसूस की जा सकती थी। इनके ही कारण फ्रांस में महाबली दिगाल का पतन हुआ था। चे ग्वारा, कास्त्रो, माओ, सार्त्र, हर्बर्ट मार्कूस जैसे नाम ही नहीं, तारिक अली, कोहन बेंदित और रिगिस रेब्रे के नामों की धूम थी। युवाओं का वामपन्थी रुझान अपने चरम पर था। वह दौर कैरियरिज़्म का नहीं, आदर्शों की तलाश का था। सेंट स्टीफेंस से लेकर सेंट जोन्स तक के लड़के नक्सलबाड़ी और श्रीकाकुलम के जंगलों में ढूँढ़े जा सकते थे। लिखा है—

हमारी पीढ़ी बदलाव की आशा करती थी—एक सम्यक् समाज के सपने

> की। हम सौभाग्यशाली थे, हमारे सपने थे। ...इसी पृष्ठभूमि में मैं बाबा से मिला था। ...अब मुड़कर देखता हूँ तो आज़ाद भारत के इतिहास में उनसे अधिक हिम्मती और विद्रोही कोई और हिन्दी लेखक नज़र नहीं आता।

युवा जो सपने देख रहे होते थे, चकित होते कि नागार्जुन के भी ठीक वही सपने थे। आलोकधन्वा ने एक जगह बड़ी कृतज्ञता के साथ कहा है कि 'नागार्जुन यदि नहीं होते, तो आज हम लोग भी नहीं होते।' विजय कुमार ने बाक़ायदा सूची दी है कि इस पीढ़ी को नागार्जुन से क्या मिला—

> प्रतिरोध की निश्छलता, देसी क़िस्म का राग, न्यायपूर्ण जीवन की सहज चाहना, जीवन के आन्तरिक सौन्दर्य को देखने का नैतिक साहस।

कवि अरुण कमल नागार्जुन तक कैसे पहुँचे, स्वयं बताते हैं—

> रास्ते की खोज में हम नागार्जुन तक पहुँचे थे। हमारे ठीक पहले के, उनके पहले, यहाँ तक कि नयी कविता के दौर के ज़्यादातर कवियों की कविता में भी हमारे आसपास की ज़िन्दगी के चित्र बहुत कम थे। गाँव-नगर के ग़रीबों, निम्न-मध्यवर्ग के लोगों की ज़िन्दगी के संघर्ष और सौन्दर्य के चित्र दुर्लभ थे। मानव-हृदय का जटिल संसार भी लगभग ओझल था। ...ऐसे में हम रास्ता खोजते नागार्जुन तक आये। नागार्जुन की कविता में हमारे आसपास का जीवन अपने सम्पूर्ण ऐश्वर्य और दरिद्रता के साथ मौजूद है। फटी दरी पर बैठी चावल में से कंकड़ बीनती औरत, बिवाइयों वाले पाँवों से रिक्शा खींचते मज़दूर, पीठ पर बोरिया ढोते पालदार...। नागार्जुन एक छोटी वस्तु या प्रसंग को लेते हैं और उसके ज़रिये दूर तक जीवन की खुदाई करते जाते हैं।

अरुण कमल ने पाया था कि नागार्जुन की कविता अपनी विशेष जीवन-दृष्टि और काव्य-कौशल के कारण किस तरह विशाल हिमखण्ड की तरह थी, जिसका छोटा-सा सिर्फ़ ऊपरी भाग कविता में दिखायी देता था, शेष कहीं नीचे दबा होता था। छोटी-छोटी कविताएँ भी अपने भीतर पूरा प्रकरण छिपाये रहती थीं। प्रयोगवादियों में से अनेक ने शिल्प को ही अपना ध्येय माना था, लेकिन उनकी बनावटी और अजनबी भाषा, उपेक्षित शिल्प के आगे नागार्जुन की कविता नये कवियों के लिए भाषा की सम्पूर्ण कर्मशाला थी, जहाँ हर नये कवि को कुछ दिन अप्रेंटिसशिप करने की ज़रूरत दिखायी देती थी। लिखा है—'नागार्जुन की इसी विशिष्टता ने हमारी पीढ़ी को आकर्षित किया।' मदन कश्यप बताते हैं

कि समय, समाज और जीवन को समझने की दृष्टि वैचारिक बहसों या प्रगतिशील आलोचना में भी नदारद थी, या फिर बहुत कम थी, असल में यह सृजनात्मक रचनाओं में थी, इतनी अधिक थी कि 'हम आज भी उसे पार नहीं कर पाये हैं। मैं सपने में भी सी.पी.आई. का अनुगामी नहीं रहा, मगर रचना में हमेशा नागार्जुन के पीछे-पीछे चला।'

इन्हीं सब कारणों से, कुबेर दत्त ने लिखा है—

> नागार्जुन को मानुस होना ज़्यादा प्रिय था, कविता का बनमानुस नहीं, इसीलिए कविता के बनमानुसों ने नागार्जुन को अधेड़ होने तक भी न जाना, न जानने दिया। उपेक्षा का मोटा घटाटोप डाले रहे। लेकिन सारे घटाटोप जब टूटे तो नागार्जुन नाम के ज्वालामुखी की चपेट से वे सिंहद्वार, क़िले और मठ नहीं बच पाये, जिन्होंने कविता को पश्चिम की स्कर्ट पहना दी थी। बाबा ने कविता, कहें कि रचना को आज़ाद किया। ग़ुलामी की जंजीरें सिर्फ़ राजनीतिक-भौगोलिक नहीं होतीं, वे वास्तव में विचारों की जंजीरें हैं। बाबा ने जंजीरें तोड़ीं और कबीर, निराला के सरीखे पुरखों के बनाये रास्ते का अगला विस्तार किया।'

मई १९८२ में बिहार सरकार ने पहली बार नागार्जुन को दस हज़ार रुपये का विशेष पुरस्कार दिया। अगले साल मई १९८३ में उत्तर प्रदेश हिन्दी संस्थान का पन्द्रह हज़ार रुपये का पुरस्कार उन्हें दिया गया। यह पुरस्कार उन्हें प्रधानमन्त्री इन्दिरा गाँधी के हाथों मिला। सम्भव है कि इसमें सरकार की अपनी रणनीति हो। लेकिन, लेखक-बिरादरी में इसे लेकर विवाद शुरू हो गया। कई लोगों ने नागार्जुन से आग्रह किया कि वह ये पुरस्कार स्वीकार न करें। लेकिन, नागार्जुन का कहना था कि 'पुरस्कार क्या इन्दिरा गाँधी के घर का है?' तात्पर्य कि पुरस्कार सरकार का है और इन्दिरा गाँधी सिर्फ़ इसलिए दे रही हैं कि वह प्रधानमन्त्री के पद पर हैं।

पुरस्कार प्राप्त करने के बाद अजय सिंह ने उन्हें पूछा—

> अभी आपने १५ हज़ार रुपये का उत्तर प्रदेश हिन्दी संस्थान का पुरस्कार प्रधानमन्त्री इन्दिरा गाँधी के हाथों ग्रहण किया। इस तरह के पुरस्कारों से आपकी कविता की धार कुण्ठित या प्रभावित भी तो हो सकती है?

नागार्जुन ने उत्तर दिया—

> पुरस्कार पाने के बाद मैं चारण बन जाऊँ और मेरी कविता की धारा या दिशा बदल जाये, तब तो ज़रूर ख़तरा है। इन्दिरा गाँधी की सरकार पर, जनविरोधी सत्ता पर चोट करते हुए मैंने बराबर कविता लिखी है और आगे भी लिखूँगा। इसमें कोई परिवर्तन नहीं। अगर देखा जाये तो जनता के, जनसंघर्षों के दबाव से ही मुझे पुरस्कृत किया गया है, और यह एक प्रकार से अनिच्छा से ही, जनसंघर्षों से जुड़ी कविता को स्वीकृति दी गयी है—यह जनता की विजय है। सभी तरह के अत्याचारियों, शोषकों, तानाशाहों के ख़िलाफ़ मैं जनता का हूँ, और उसी का रहूँगा।'

इस सम्मान-समारोह में शोभाकान्त भी उपस्थित थे। वह नोटिस कर रहे थे कि सम्मान प्राप्त करते समय नागार्जुन मुस्कुरा रहे थे। राजनेता तो ऐसे मौक़ों पर मुस्कुराते रहते ही हैं, इन्दिरा गाँधी भी मुस्कुरा रही थीं। लेकिन नागार्जुन क्यों मुस्कुरा रहे थे? शोभाकान्त ने लिखा है, जितना तीख़ा आक्रोश इन्दिरा गाँधी के प्रति नागार्जुन ने व्यक्त किया, शायद ही किसी दूसरे भारतीय रचनाकार ने किया हो। सत्ता द्वारा संचालित संस्थान को सब पता रहा होगा, शायद इन्दिरा गाँधी को भी पता हो। लेकिन, रचनाकार की वह मुस्कान? उन्होंने बाद में पूछा था—'श्रीमती गाँधी के हाथों सम्मानित होते समय कैसा लग रहा था? आप मुस्कुरा क्यों रहे थे?' नागार्जुन ने बताया—'अरे, लगता क्या! फील तो उस बेचारी को हो रही होगी कि क्या मजबूरी है...यह बूढ़ा अभी न जाने कहाँ-कहाँ टकरायेगा!'

विवाद लेकिन फिर भी कायम रहा। जनवरी १९८४ में 'दिनमान' में नागार्जुन का साक्षात्कार छपा। उसमें भी यह प्रश्न था कि इन्दिरा विरोधी होने के बावजूद आपने इन्दिरा गाँधी के हाथों से पुरस्कार लिया, क्या इससे यह साबित नहीं होता कि जैसे घुमन्तू आप जीव हैं, वैसा ही घूमन्तूपना आपके विचारों में भी है? नागार्जुन ने डपटकर उत्तर दिया—'पुरस्कार क्या इन्दिरा गाँधी के बाप का था?' फिर कहने लगे कि—

> इन्दिरा गाँधी चाहे जैल सिंह चाहे कोई, या फिर उत्तर प्रदेश के सरकार ने जो हमको पुरस्कार दिया, वह चार साल पहले क्यों नहीं दिया? हाँ, अगर यह होता और हमारे मन में ग्लानि की बात तब होती जब हम उत्तर प्रदेश सरकार की तारीफ़ में कविता लिखते या अगले ही दिन दरबार में

पेश होते—वैसा तो हमने किया नहीं। यह तो ऐसी बात हुई कि सरकार से हमारा विरोध है और ट्रेन सरकार की है तो हम उस पर नहीं चढ़ें—कॉरपोरेशन के नल का पानी नहीं पियें। यह ग्लानि की बात तब होती जब काका हाथरसी की तरह 'जी हाँ जी हाँ' करते!'

उन्हीं दिनों एक बार कलकत्ता गये। पुरस्कार का प्रवाद ज़ोरों से व्याप्त था। शम्भुनाथ ने उनसे पूछा—'यह कैसे हुआ?' नागार्जुन बोले—'कैसे हुआ, बताऊँ? घोषणा हुई। इन्दिरा गाँधी अपनी कुर्सी से उठीं। मैं भी अपनी कुर्सी से उठा। वे मुस्कुरायीं, मैं भी मुस्कुराया। मुझे अपनी जगह खड़ा देख वे मेरी तरफ़ बढ़ीं। मैं भी उनकी तरफ़ बढ़ा। वह और आगे बढ़ीं। मैं भी आगे बढ़ा। उन्होंने दिया, मैंने लिया।' उनका मतलब था, इन्दिरा गाँधी फिर अपने काम में लगीं, नागार्जुन अपने काम में लगे। नागार्जुन पर किसी भी राजनेता की छवि का आतंक न था।

लेकिन, कुछ साल बाद, विदिशा के इलाक़े में, युवा लेखकों की एक गोष्ठी में, जो सम्भवतः उन्हीं की पहल पर आयोजित थी, ढाई सौ के क़रीब छात्र, युवा और अध्यापक श्रोता थे, किसी युवा लेखक ने भावुकतापूर्ण आदर्शवादी हमला श्रोताओं के बीच से किया—'वह पुरस्कार आपने कैसे लिया? उन्होंने आपको जेल में डाला था। उनके ख़िलाफ़ आपने नुक्कड़ कविताएँ लिखी थीं!' नागार्जुन ने एक मिनट की देरी न की। कहा—'एक तो समझ जाओ कि वह मेरी गालियों को दिया गया पुरस्कार था। लेकिन, मेरी गालियाँ फिर भी कम नहीं हुईं, न होंगी। और, यदि तुम समझते हो कि मैंने भ्रष्टाचार किया, ठीक है, किया। जब भ्रष्टाचार की वैतरणी यहाँ से वहाँ बह रही है, तो मैंने भी उसमें एक डुबकी लगा ली।' फिर थोड़ा सहज होकर, हँसकर जोड़ा था—'सन्तरे की एक फाँक मैंने भी चूस ली। जब सब चूस रहे हैं तो एक फाँक का स्वाद मैंने भी ले लिया।'

आगे उन्हें पुरस्कार और भी दिये गये। छोटे-बड़े, कई। कुर्रतुल-एन-हैदर ट्रस्ट ने पाँच हज़ार देकर सम्मानित किया। के.एल. भदौरिया ट्रस्ट से दस हज़ार का सम्मान मिला। बिहार प्रदेश की हीरक-जयन्ती के अवसर पर १९८७ में उन्हें 'बिहार रत्न' का सम्मान मिला। १९८९ में मध्य प्रदेश सरकार की ओर से मैथिली शरण गुप्त पुरस्कार मिला, जिसे १३ फ़रवरी, १९८९ को भारत-भवन में आयोजित एक समारोह में उन्होंने प्राप्त

किया। १९९० में उत्तर प्रदेश सरकार का सर्वोच्च सम्मान 'भारत भारती' उन्हें दिया गया। बिहार सरकार ने वर्ष १९९३ का अपना सर्वोच्च 'राजेन्द्र शिखर सम्मान' उन्हें समर्पित किया। पश्चिम बंगाल हिन्दी अकादेमी का 'राहुल सम्मान' उन्हें १९९५ में मिला।

उनका पक्ष बिलकुल स्पष्ट था, अतः पुरस्कार तो उन्होंने सभी स्वीकार किये, यद्यपि 'बनमानुसों' के विवादों, दुरभिसन्धियों से कई पुरस्कार आक्रान्त रहे। पश्चिम बंगाल वाले पुरस्कार के बारे में गीतेश शर्मा ने लिखा है—

> जलेस के वर्चस्ववाली पश्चिम बंग हिन्दी अकादेमी ने आम लेखकों-कवियों के दबाव में बाबा को बाध्यतावश ग्यारह हज़ार राशि का पुरस्कार तो प्रदान किया परन्तु बड़े ही अनमने भाव से या आधे मन से। उनके सम्मान में कोई कार्यक्रम न करके, दिल्ली-प्रवास में बंग-भवन में बुलाकर तत्कालीन मुख्यमन्त्री ज्योति बसु के हाथों उन्हें पुरस्कार दिलवाकर किसी तरह खानापूरी की।

'भारत भारती' की घोषणा १९८८ में की गयी थी। १९८९ तक इसकी राशि उन्हें प्राप्त नहीं हुई। भीतर क्या कुचक्र चल रहा था, नागार्जुन की कही बात से ही इसका अन्दाज़ा लगता है। अगस्त ८९ में नागार्जुन गपशप करते हैं—'उत्तर प्रदेश सरकार ने 'भारत भारती' घोषित करके अभी तक तो मुझे दिया नहीं है। सुना, नरेश चन्द्र चतुर्वेदी हैं, संसद सदस्य कानपुर के, उन्होंने यह शिकायत राजीव गाँधी से की है कि मैंने उनकी माँ को अपनी कविताओं में ख़ूब गालियाँ दी हैं। पर, मैंने सोचा है कि इस बार लखनऊ जाकर मित्रों से पता लगाने को कहूँगा। दो-चार पत्रकारों—मुद्राराक्षस वग़ैरह से कहूँगा।' अपने गृहराज्य बिहार के राजेन्द्र शिखर सम्मान की राशि डेढ़ लाख थी। घोषणा १९९३ में हुई थी। मार्च ९४ में उनसे पूछा गया कि रुपये मिल गये न? बोले—'जायेंगे कहाँ? पचासों जगह अख़बार में छपे हैं।'

पटना में राजमोहन झा, सुभाष चन्द्र यादव आदि से उनकी बात हो रही थी। सुभाष ने पूछा—'साहित्य और राजनीति के रिश्ते?' नागार्जुन कहने लगे—'प्रेमचन्द ने कहा कि साहित्य गाइडिंग फोर्स होता है, नेतृत्व देता है। लेकिन, राजनीतिक ताक़त जिसके हाथ में है, वह साहित्य को बँधुआ

ग़ुलाम मानता है।' लेकिन, बात आगे पुरस्कारों पर आ गयी। नागार्जुन बता रहे थे कि पचासों तिकड़म झेल चुका होता है तब जाकर कोई सही प्रस्ताव निर्णय तक पहुँचता है। बोले—'तो देखना पड़ेगा न कि फलां जगह जो पुरस्कार मिला, वह किस कारण से! ...दरबारी, उप दरबारी, उप उपदरबारी। पुरस्कार की जो नीति है वह कुण्ठित हो गयी है। पुरस्कार देनेवालों को देखना चाहिये कि दैनिक जीवन में वह (लेखक) कैसे रहता है, उसे मकान है या नहीं, बैठकखाना है या नहीं। ऐसा नहीं कि गोबर के चोत की तरह एक ही बार धप्प से पुरस्कार गिरा दिया।'

राजमोहन झा ने पूछा—'आपको अनेक पुरस्कार मिले। दो बाक़ी हैं—'एक ज्ञानपीठ, दूसरा नोबेल। तो ऐसा नहीं लगता कि...

—'देखिये पुरस्कार के प्रति मैं निरपेक्ष हूँ। निरपेक्ष मतलब क्या? ज्ञानपीठ पुरस्कार में जो निर्णायक हैं, वे श्रीमन्त वर्ग के कर्णसिंह तरह के लोग, जिस वर्ग को मैं गालियाँ देता रहा हूँ; तो वह तो आठवाँ आश्चर्य होगा।'

पुरस्कारों को लेकर नागार्जुन की सोच एक बड़े लेखक के अनुरूप ही थी। कहते थे कि साहित्यकार की दृष्टि जब लाभ की ओर होती है तो वह शासन के चारों ओर जुगाड़ में घूमता है, और युग-चेतना के अनुरूप लिखने की उसकी शक्ति मरने लगती है। इस स्थिति में 'हमारे विचार, हमारी वाणी, हमारे शब्द यदि नहीं बेचे गये, हमारी आवाज़ को पुरस्कार और सम्मान यदि नहीं दबा पाते, दिग्भ्रमित नहीं करते, तो पुरस्कार लेना हमारा अधिकार है, क्योंकि पुरस्कार की राशि जनता की है।' अपनी 'स्वतन्त्रता' उन्हें हर हाल में प्यारी थी, इसके लिए पार्टी और संगठन तक को छोड़ सकते थे, पुरस्कार तो छोटी चीज़ इसलिए भी थी कि मिली हुई रकम जल्दी-जल्दी बाँट-खूँटकर ख़त्म कर लेते, तभी वह प्रकृतस्थ हो पाते थे।

शुरू के जो दस हज़ार और पन्द्रह हज़ार कुल पच्चीस हज़ार मिले, उनका उन्होंने क्या किया? प्रो. प्रणय ने बताया है—'हज़ार-हज़ार, पन्द्रह-पन्द्रह सौ रुपये बेटों को दे देने के बाद पाँच-छह महीने में सब रुपये ख़त्म कर दिये फिर प्रकाशकों की ओर ताकने लगे। गाँव में एक घर भी नहीं बनवा सके।' और, 'लखटकिया' पुरस्कार जो मिले? मध्यप्रदेश सरकार से मिले पुरस्कार का प्रसंग रामप्रकाश त्रिपाठी ने

लिखा है—'तुरन्त झोले में से एक लाख निकाले। एक गड्डी तोड़कर, पन्द्रह हज़ार उससे निकाल, झोले में ठूँसे और ८५ हज़ार शोभाकान्त के हाथ में रखे...।'

नागार्जुन को मैथिलीशरण गुप्त सम्मान वर्ष १९८८-८९ के लिए मिला था। अगले साल का पुरस्कार त्रिलोचन को दिया गया। चर्चा हो रही थी कि बाबा, त्रिलोचन जी को तो अब एक लाख मिल गया। शेष ज़िन्दगी आराम से कट जायेगी। बेटे सब लग ही गये हैं। नागार्जुन बोले—'हाँ, पुरस्कार तो मिल गया, पर वो तो मुझे भी मिला। पर जिन परिवारों में सब खाँखर (दयनीय माली हालत) हों, तो वहाँ लाख-दो लाख क्या मायने रखते हैं?'

और जो रुपये वह अपने पास रखते थे, जैसे वे पन्द्रह हज़ार, उन रुपयों का क्या करते थे?

किताबें ख़रीदते थे और पत्रिकाएँ। कई-कई भाषाओं की पत्रिकाओं के नये-नये अंक। बाङ्ला पत्रिका 'देश' तो ज़रूर। समकालीन साहित्य की चर्चित किताबें तो लेते ही, क्लासिक पर भी पूरा ज़ोर होता। दुर्लभ किताबें तो थोड़ी कम ज़रूरी हो, तब भी ख़रीद लेते थे। एक बार कटनी की यात्रा में उनका झोला रिक्शे पर कहीं छूट गया, जो नहीं का नहीं मिला। उसमें उनकी डायरी थी, जिसमें उनकी ढेर सारी नयी बाङ्ला कविताएँ थीं। वे खो गयीं। अफ़सोस तो वह उन कविताओं के लिए भी बहुत करते थे, लेकिन उसमें जो एक किताब थी—शोभाचन्द्र जोशी की लिखी 'सप्तर्षिलोक' उसके लिए कहीं ज़्यादा अफ़सोस करते। जहाँ कहीं उस किताब के नये या पुराने संस्करण के मिलने की उम्मीद होती, ज़रूर खोज करते थे। कालिदास ग्रन्थावली तो जाने उन्होंने कितनी बार ख़रीदी होगी। और विद्यापति पदावली। एक बार किसी ने उनको टोका—कल आपको पुस्तक प्रदर्शनी में विद्यापति पदावली ख़रीदते देखा। बोले—'हाँ, वह मैंने श्रीमती नागार्जुन के लिए ख़रीदी है, लेकिन ऐसा भी नहीं कि उसे मैं नहीं पढ़ूँगा।' ढेर सारी किताबें ख़रीद-ख़रीदकर युवाओं को उपहार भी देते रहते थे। पूछते—'आपने अमुक किताब पढ़ी है?' नहीं। चलिये, मैं आपको उपलब्ध कराता हूँ। शर्त केवल इतनी कि उनके पास रुपये हों।

और यह होता था कि अपने साथी युवा लेखकों को वह खिलाते-पिलाते

थे। उनके आग्रह पर कॉफी हाउस में कभी-न-कभी डोसा खानेवाले युवाओं की बड़ी तादाद थी और यह बात कई लोगों के संस्मरणों में भी आयी है। प्रिय युवाओं पर ख़र्च करते हुए, उन्हें खिलाते-पिलाते हुए बड़ा आनन्द पाते थे।

> घर-परिवार, गाँव-जवार का समाचार पूछने के बाद लगभग घसीटते हुए पास के मिष्टान्न-भण्डार में ले जाकर जी-भर खिलाया—समोसा-कचौड़ी, रसगुल्ला-रसमाधुरी, बहुत कुछ। उनका बस चलता तो पूरी दुकान खिला देते। क्या खिलाता होगा कोई बाप अपने बेटे को इस तरह। मना करने पर हर बार एक ही उत्तर—आज पैसे हैं, जमकर खाओ।'

शलभ श्रीराम सिंह का अनुभव। पान पाँच पैसे का आता था, लेकिन मौज में हों तो पच्चीस पैसे का स्पेशल पान खिलाकर सुख पाते थे। नन्दकिशोर नवल ने लिखा है—'एक बार मेरे घर से वाचस्पति उपाध्याय के साथ नाश्ता करके निकले थे, लेकिन रास्ते में एक होटल मिला तो ज़बरदस्ती हम लोगों को नाश्ता कराने ले गये।' लिखा है, 'यह उनका फक्कड़पन भी था और नये लेखकों के प्रति वात्सल्यपूर्ण अनुपम स्नेह-प्रदर्शन भी।' और यह भी कि 'उनकी साधनहीनता और अभावग्रस्तता के पीछे उनका फक्कड़पन भी' था। गीतेश शर्मा बताते हैं,

> महीने में सैकड़ों रुपयों की पत्र-पत्रिकाएँ ख़रीदनेवाले बाबा को पैसे का हमेशा अभाव रहता, जब होता तो खुले हाथों ख़र्च करते। हाथरिक्शा, जिसे वह 'टुनटुनिया' कहते थे, वाले से मोल-भाव कर पन्द्रह रुपये में भाड़ा तय करते थे लेकिन देते बीस या कभी-कभी पच्चीस। रास्ते भर उसके परिवार का हाल पूछते चलते। अक्सर तो उतरकर उसके साथ चाय भी पीते थे। महानगर कलकत्ता के कई ज़रूरतमन्द कवि-लेखक ऐसे थे, जिनकी स्नेहवश वह गाहे-बगाहे आर्थिक मदद करते थे। लेकिन, कुछ ऐसे लोग भी थे जो उनके स्नेह का नाजायज़ फ़ायदा उठाते हुए दारू पीने तक के लिए उनसे रुपये ऐंठ लेते थे।

फिर कुछ बड़े ख़र्च भी थे। जैसे एक बार शम्भुनाथ के ज़िम्मे दो हज़ार रुपये सौंपे और ज़िम्मेवारी दी—'अलखनारायण की अभी तक एक भी किताब नहीं आयी है। तुम उससे लेखों की पाण्डुलिपि लेकर किसी प्रकाशक से छपा देना। मेरी हार्दिक इच्छा है, उसकी किताब आये।' यह एक दुर्लभ लेखक-भावना थी। शम्भुनाथ ने लिखा है, वह कोई सम्पन्न

व्यक्ति नहीं थे, लेकिन 'गहरी मनुष्यता से भरे थे।' इसलिए यह सोचना कि रुपये के लिए वह अपने विचारों से, मनुष्यता से पीछे हटते, बेतुकी बात होती। वह तो कहते थे—

> स्वेच्छापूर्वक अपनायी गयी ग़रीबी हमारे बहुत सारे अन्तर्विरोधों के लिए रामबाण दवा है।

ये ही वो दिन थे जब प्रगतिशील लेखक संघ ने 'महत्त्व' शृंखला के समारोहों का आयोजन विभिन्न शहरों में किया था। प्रलेस के राष्ट्रीय अध्यक्ष उन दिनों भीष्म साहनी थे, और मध्य प्रदेश के प्रादेशिक संगठन का काम हरिशंकर परसाई देख रहे थे। ये प्रलेस के नितान्त सक्रियता के दिन थे। महत्त्व शृंखला की शुरुआत 'महत्त्व केदारनाथ' से हुई थी, जो १९८० में भोपाल में आयोजित किया गया था। १९८२ में दो आयोजन हुए। 'महत्त्व नागार्जुन' का आयोजन जनवरी में रायपुर में हुआ और 'महत्त्व परसाई' अक्टूबर में, ग्वालियर में। १९८३ में भी दो आयोजन किये गये। जनवरी में 'महत्त्व शमशेर' जबलपुर में हुआ, और मई में 'महत्त्व रामविलास' भोपाल में। इन सभी आयोजनों में नागार्जुन की भागीदारी रही। आयोजन के पीछे सोच थी कि समय के वरिष्ठों के रू-ब-रू उनके अवदानों पर विस्तृत चर्चा की जाये ताकि नयी पीढ़ी उनकी चिन्ताओं को समझ सके, उनसे जुड़ सके। ये सारे आयोजन काफ़ी सफल रहे और प्रलेस की प्रतिष्ठा में वृद्धि करनेवाले साबित हुए। कार्यक्रम का स्वरूप यह होता था कि आरम्भ में कुछ ज़रूरी परचे पढ़े जाते। वे रचनाकार के महत्त्व के बारे में होते थे और उनमें चर्चा को आगे बढ़ाने के कुछ बिन्दु भी समाहित रहते थे। परचों के बाद वरिष्ठों का सम्बोधन होता था। फिर 'महत्त्व' वाले रचनाकार अपनी बातें/रचनाएँ रखते थे।

'महत्त्व केदारनाथ' में सभा की अध्यक्षता नागार्जुन ने की थी। दो परचे क्रमशः धनंजय वर्मा और विश्वनाथ त्रिपाठी ने पढ़े। त्रिलोचन और केदारनाथ सिंह मुख्य वक्ता थे। विश्वनाथ त्रिपाठी ने लिखा है, किसी के परचे में 'ऐन्द्रिय' शब्द आया था। त्रिलोचन के बोलने की बारी आयी। त्रिलोचन को यूँ ही अशोक वाजपेयी 'विषयान्तर के आचार्य' नहीं कहते थे और नागार्जुन भी जब-तब चुटकी लेते रहते थे। सो, उस सभा में त्रिलोचन लगभग ४५ मिनट तक ऐन्द्रिय शब्द का अर्थ, ऐन्द्रिय और

ऐन्द्रिक के अर्थ में अन्तर, हिन्दी शब्दकोशों का महत्त्व, उसके निर्माण का इतिहास आदि बताते रहे। केदार के नाम का पूरे भाषण में कहीं उल्लेख नहीं था। ४६वें मिनट में धैर्य जवाब दे गया। श्रोता तो साँस दबाये रहे। केदारनाथ अग्रवाल ने डपटकर कहा—'त्रिलोचन, तुम शब्दकोशों पर बोलने आये हो या मेरी कविताओं पर? बन्द करो।' त्रिलोचन जो वाक्य बोल रहे थे, उसे वहीं अधूरा छोड़ दिया और चुपचाप आकर बैठ गये, मानो कुछ हुआ ही नहीं हो। सभा में विकट मौन। विषम वातावरण छा गया।

नागार्जुन अध्यक्ष थे। माइक पर आये और बोले—'ऐसा है कि केदार त्रिलोचन से उम्र में बड़े हैं। हमारे बीच ऐसा होता आया है। केदार जहाँ आदरणीय होते हैं वहाँ हम फादरणीय हो जाते हैं। आज यह हुआ है कि केदार एक ही साथ आदरणीय और फादरणीय दोनों हो गये।' पूरी सभा ठहाके से गूँज उठी। फिर कार्यक्रम आगे बढ़ा।

महत्त्व श्रृंखला के अन्य कार्यक्रमों में भी नागार्जुन सक्रिय रहे। वह जहाँ भी जाते, नये लेखकों से घिरे रहते और माहौल को उत्सवमय बना देते थे। 'महत्त्व परसाई' में उन्होंने कहा कि 'तीन बड़े लेखक हुए जिन्होंने मार्क्सवाद को जन-जन में पहुँचाने की दिशा में अनोखा काम किया। वे हैं—राहुल सांकृत्यायन, यशपाल और हरिशंकर परसाई। परसाई की सृजनात्मकता इतनी विशिष्ट है कि यह चीज़ अलग से दिखायी तक नहीं पड़ती।' 'महत्त्व शमशेर' कार्यक्रम में किसी कारणवश शमशेर उपस्थित न हो सके। नागार्जुन का कहना था—'शमशेर की अनुपस्थिति उनकी विराट उपस्थिति को और भी गहरा बनाती है। सच में वह कवियों के कवि हैं।' शमशेर को 'कवियों का कवि' अज्ञेय ने कहा था। नागार्जुन की राय थी कि शमशेर अपनी कविता के साथ बहुत मेहनत करते थे, दूर की कौड़ी लाते थे, रमे रहते थे। यह सब अज्ञेय के वश का नहीं था। उतनी मेहनत उनसे पार लगनेवाली नहीं थी, इसलिए कहा। लेकिन उस दिन नागार्जुन ने भी कहा—'हाँ, वह कवियों के कवि हैं।'

'महत्त्व नागार्जुन' कार्यक्रम दो दिनों का था। आयोजक प्रगतिशील लेखक संघ, रायपुर। व्यवस्था आदि से दैनिक 'देशबन्धु' के सम्पादक ललित सुरजन जुड़े हुए थे। विभिन्न प्रदेशों से सौ से भी अधिक लेखकों, साहित्यिकों का जुटान हुआ था। विनोद शंकर शुक्ल ने लिखा है,

> बड़ी संख्या में देश-प्रदेश के स्थापित, विस्थापित, उदित, नवोदित लेखक जुटे। बाबा की उपस्थिति में उनके कृतित्व पर चर्चा हुई। निष्कर्ष निकला कि बाबा ड्राइंगरूम में सजाकर रखनेवाले कवि नहीं हैं। जनसंघर्षों के मैदानी कवि हैं। जीते-जी मिथक बन गये हैं।

आयोजन प्रलेस का था, लेकिन अन्य जनवादी सांस्कृतिक संगठनों, एकता संघों, मज़दूर यूनियनों एवं विभिन्न क्षेत्र के बुद्धिजीवियों की भी इसमें पूरी भागीदारी थी। फूलों, मालाओं से जो उनका अभिनन्दन शुरू हुआ, पचास से अधिक संगठनों की ओर से, एक के बाद एक। नागार्जुन भाव-विह्वल हो गये। उद्घाटन समारोह में वह बोले—

> यह अभिनन्दन संघर्षशील जनता का टोटल अभिनन्दन है। उम्र के इस पड़ाव पर अभिनन्दन का अर्थ है—हम आत्मचिन्तन करें, सोचें कि जीवन की सान्ध्यवेला में हम और क्या कर सकते हैं।

रमाकान्त श्रीवास्तव के लिए नागार्जुन को देखने-सुनने का यह पहला मौक़ा था। उनके बारे में अब तक उन्होंने कथाएँ और किंवदन्तियाँ ही सुनी थीं। सुना, नागार्जुन कह रहे थे—'जिस तरह दैहिक क़ब्ज़ होती है न, उसी तरह एक बौद्धिक क़ब्ज़ भी होती है। वह मुझे कभी नहीं रही। आप तो जानते ही हैं कि क़ब्ज़ कैसी होती है। घर में मौसा जी आये हैं। संडास गये हैं। उनकी आधी लेंड़ी बाहर निकली है, आधी अन्दर है। वो लगा रहे हैं ज़ोर। ऐसी ही हालत बौद्धिक क़ब्ज़ में होती है। लगा रहे हैं ज़ोर पर कविता बाहर नहीं आ रही...' इतना कहकर नागार्जुन ताली बजाकर हँसे। पूरा हॉल ठहाके से गूँज उठा। सम्भ्रान्त, बौद्धिक मुद्रा का कवच धारण किये रहनेवाले लोग भी अपने खोल से निकलकर मुस्कुराने लगे थे। ...रमाकान्त चकित थे। वह लगातार सोच रहे थे कि इतने बड़े आयोजन के उद्घाटन-सत्र में इतने फक्कड़ अन्दाज़ में अपनी बातें कहने का माद्दा कितना दुर्लभ है!

उन दिनों लेकिन, नागार्जुन को सरदी थी और दमे ने भी परेशान कर रखा था। व्याख्यान के दौरान वह बार-बार खाँसने लगते, जिसमें ढेर सारा बलगम निकलता था। उसे वह एक अख़बार में फेंककर उसे चार तह मोड़कर दरी के नीचे बार-बार दबाते फिर बोलने लगते थे। कई लोगों को उनका यह करना उनकी प्राकृतिक सहजता, अनगढ़ता, जीवटता लग

रहा था, कई लोगों को जुगुप्सित प्रतिबिम्ब। जीवटता तो थी क्योंकि ऐसे में आदमी बिस्तर पर आराम करना पसन्द करेगा। लेकिन और बात भी थी। नागार्जुन को अभी पीकदान की ज़रूरत थी लेकिन लोग उनकी अनगढ़ता और जीवटता पर मुग्ध हो रहे थे! ख़ैर, दो सौ से भी अधिक श्रोता वहाँ थे। वे उन्हें अपलक देखते रहे, मन्त्रमुग्ध सुनते रहे। नागार्जुन कह रहे थे—'अपनों से सम्मान पाना किसे अच्छा नहीं लगता! मुझे भी यह सब देखकर गुदगुदी हो रही है।' युवा चित्रकार आसिफ़ ने नागार्जुन की कविताओं पर ढेर सारे पोस्टर बनाये थे, और रेखाचित्र। उनकी भव्य प्रदर्शनी लगी थी। किसी तरुण उत्साही की तरह नागार्जुन आसिफ़ के कन्धे पर हाथ डाले चहक-चहक कर उन पोस्टरों को देख रहे थे, जैसे वह उनकी नहीं, किसी और की हो! वाकई वह उनकी थी भी नहीं, वह तो आसिफ़ की थी।

एक ऐसा ही भव्य सम्मान-समारोह वह भी था जब प्रलेस के स्वर्णजयन्ती कार्यक्रम में अन्य वयोवृद्ध साहित्यकारों के साथ-साथ नागार्जुन को भी स्मृतिचिह्न देकर सम्मानित किया गया था। उस कार्यक्रम की भव्यता लेकिन सत्ता की तलहथी पर टिकी हुई थी। प्रलेस की दूसरी पारी अब उतार की ओर थी। नागार्जुन यह जो कहते थे कि जिसे वास्तविक लेखन से कोई वास्ता नहीं रहता, वही लोग इन संघों में आगे हो जाते हैं, वही दौर चल रहा था। आपसी प्रतिस्पर्धा और टाँगखिचायी चरम पर थी। लोगों में इस बात के लिए भी ख़ासी नाराज़गी थी कि प्रलेस के इस आयोजन के लिए उत्तर प्रदेश सरकार से अनुदान क्यों प्राप्त किया गया तथा कांग्रेसी सत्ता का प्रभाव मंच पर भी प्रदर्शित होने से क्यों न रोका जा सका। रामविलास शर्मा ने अपनी नाराज़गी केदारनाथ अग्रवाल से व्यक्त की थी—'उत्तर प्रदेश सरकार ने दो लाख दिये थे। सबसे पहले राजीव गाँधी (प्रधानमन्त्री) का सन्देश पढ़कर सुनाया गया था। कहाँ निराला और प्रेमचन्द, कहाँ आज का यह प्रगतिशील लेखक संघ।' स्वाभाविक था कि मतान्तर और विरोध रखनेवालों की उपेक्षा का पूरा ख़याल रखा गया था, चाहे वो कितने भी बड़े क्यों न हों। नागार्जुन लेकिन, सम्मान प्राप्त करनेवालों की सूची में थे।

नागार्जुन की तबीयत उन दिनों भी ख़राब थी। दमा के साथ-साथ एनीमिया का प्रकोप था। पर वह पहुँचे। दो लोगों के कन्धों के सहारे उन्हें

मंच पर लाया गया। उन्होंने स्मृतिचिह्न प्राप्त किया। दो लोगों के सहारे उन्हें बोलने के लिए माइक के सामने खड़ा किया गया। उन्होंने सम्पूर्ण सभागार और मंचासीन लोगों पर एक नज़र डालकर कहना शुरू किया—'वैचारिक मतभेद अपनी जगह है लेकिन ऐसे अवसरों की गरिमा भी कोई चीज़ होती है। इस अवसर पर शिव वर्मा और प्रकाशवती पाल (स्व. यशपाल की पत्नी) को भी यहाँ बुलाया जाता और स्मृतिचिह्न देकर सम्मान किया जाता तो अच्छा होता।' प्रकाशवती पाल वहीं, सभागार में श्रोताओं के बीच बैठी हुई थीं। आयोजकों के लिए यह सन्न कर देनेवाली बात थी। सबने इस विडम्बना को महसूस किया था लेकिन इस तरह साफ़-साफ़ नागार्जुन ही कह सकते थे। 'आज यह नागार्जुनी साहस, बाबा का माद्दा किसके पास है?' —पूछते हुए नरेन्द्र पुण्डरीक ने लिखा है—

> निराला हिन्दी साहित्य के स्वाभिमानी सिंह थे तो नागार्जुन साहित्य के नान्दी, जिस पर मंगलकारी शिव ही सवार हो सकते थे।

गोष्ठियाँ, शिविर और समारोह नागार्जुन ख़ुद भी जब-तब करते-करवाते रहते थे। लेकिन ये बिलकुल अलग तरह के, अलग ही प्रतिश्रुति लिये होते थे। ख़ुद उनकी दो गोष्ठियाँ भी कभी एक-जैसी नहीं होतीं। कहते थे—'आयोजन में निरर्थक लोगों को रोकने की तरक़ीब सबसे पहले सोचना चाहिए। एक गोष्ठी में हमने नियम बनाया कि अध्यापक या पीएच.डी. धारी वग़ैरह न आयें, आ जायें तो उन्हें नीचे बैठकर चुपचाप सुनना होगा। एक बार हमारे मित्र कार्तिकनाथ मिश्र ने कहा, यात्री जी कोई दिलचस्प प्रोग्राम कराइये तो हमने कहा, दिलचस्प में ख़र्च भी होगा। उन्होंने हामी भरी तो हमने कहा—'सौ लोगों को रोहू का मूड़ा खिलाया जाय। पूछा—'इसमें दिलचस्प क्या हुआ? भई, दिलचस्प ये हुआ कि आपके जो पाखण्डी वैष्णव मित्र हैं वो दूर खड़े तमाशा देखेंगे।' उनका सारा ध्यान युवाओं, नये लेखकों पर रहता।

विदिशा में कमलेशदत्त त्रिपाठी के साथ गपशप—

> पिछले दिनों मैंने तीन शिविर कराये। दो काव्य-शिविर, एक कथा-

> शिविर। कलकत्ता और नज़ीबाबाद में कविता का और धनबाद में कहानी का। विजय बहादुर जी तीनों में गये। उन्होंने (आयोजकों ने) कहा कि किसी को किराया नहीं देंगे, सबको अपनी गाँठ का लगाकर आना होगा। केवल ठहरने-खाने का इन्तज़ाम रहेगा। इसमें परीक्षा हो गयी कि किसका लगाव गहरा है, ऐसे लोग ही आये, बाक़ी नहीं।

नागार्जुन ने तो कहा 'तीन शिविर कराये', लेकिन वास्तव में उन्होंने जो कराया था, उसका विवरण शम्भुनाथ ने अपने एक लेख में दिया है। शम्भुनाथ कलकत्तावाले शिविर के संयोजक थे। उन्होंने लिखा है कि यह दरअसल 'सांस्कृतिक प्रदूषण के ख़िलाफ़ अभियान' था, जो देश के कई शहरों में, आसनसोल-चित्तरंजन जैसी जगहों पर भी, आयोजित हुए। संजीव, सृंजय, मदन कश्यप, गौतम सान्याल, देवराज और कई अन्य लेखकों ने अपनी सक्रियता से इसे एक व्यापक, श्रृंखलाबद्ध रूप दिया था। बाहर से आये युवा लेखकों के अतिरिक्त इनमें स्थानीय साहित्यिक भी बढ़-चढ़कर हिस्सा लेते थे। आमजन की भी अच्छी भागीदारी होती थी। और, यह था कि यहाँ 'प्रशिक्षक' और 'प्रशिक्षार्थी' में कोई फ़र्क़ नहीं रखा जाता था। ये आयोजन इतने सफल और प्रभावी थे कि शम्भुनाथ ने नागार्जुन के जीवन के तीन प्रमुख जनान्दोलनों—१९३९ का अमवारी में किसान संघर्ष, १९७४-७५ में बिहार का जनान्दोलन और अब १९८४ में सांस्कृतिक प्रदूषण के ख़िलाफ़ अभियान—में से एक इन्हें माना है।

कलकत्ते का कविता-शिविर पाँच दिनों का था। कलकत्ता विश्वविद्यालय के भूतपूर्व छात्रसंघ ने शम्भुनाथ के संयोजकत्व में आयोजन किया था। 'रविवार' में छपी विज्ञप्ति पढ़कर देश भर के तीस लेखक उसमें शामिल हुए थे। विश्वविद्यालय के हिन्दी विभागाध्यक्ष कल्याणमल लोढ़ा की भागीदारी थी और विष्णुकान्त शास्त्री-मुनीश्वर झा जैसे लोग भी उपस्थित थे। कलकत्ते के लेखक तो सभी इसमें शामिल थे। गीतेश शर्मा ने इस आयोजन को न भूतो न भविष्यति की कोटि का बताया है। लिखा है—

> उद्‌घाटन सत्र में बाबा का वक्तव्य अपने आप में ऐतिहासिक था, जिसकी तुलना १९३६ में प्रगतिशील लेखक संघ में दिये प्रेमचन्द के भाषण से की जा सकती है। बाबा ने कहा—आज की कविता की

> आवश्यकता मनोरंजन के लिए नहीं है, बल्कि इसे हमें सार्थक बनाना है कि यह कमज़ोर लोगों को दिशा और ताक़त दे। जिनके हाथों में शोषण-तन्त्र है उनके ख़िलाफ़ हथियार के लिए अपने परिवेश और परिस्थितियों की समझ सबसे ज़रूरी है। अगर कवि ऐसी समझ रखता है तो उसकी कविता सही दिशा पकड़ेगी...।

शिविर के दौरान नागार्जुन ने कई बिन्दुओं पर बात की, उसकी सूची शम्भुनाथ ने अपने लेख में दी है। वह बोले—

> मैं आपसे आगे नहीं, आपके साथ हूँ। कलकत्ता से कई नयी चीज़ें शुरू हुई हैं। सांस्कृतिक प्रदूषण के ख़िलाफ़ यह अभियान भी एक नयी शुरुआत है। कविता तभी बचती, जब संस्कृति बचती है। साहित्य को किसानों-मज़दूरों से जोड़ने की बात की जाती है लेकिन अधिकांश जनता निरक्षर या उदासीन है। किसानों और मज़दूरों के बीच साहित्य पहुँचाने का अर्थ है उनके बीच से पढ़-लिखकर जो लोग आ रहे हैं, उनके बीच साहित्य पहुँचाना। हमें उन्हीं के बीच से पाठक मिलेंगे, अभिजात जीवन-शैली वाले लोगों के बीच से नहीं। जनता के पास भी क्षमता है, वह भी सोचती है। नेताओं को उसकी क्षमता को पहचानना चाहिये। लेकिन वे बड़ी समस्याओं के तात्कालिक समाधान में उलझे रहते हैं। शरीर में कैन्सर हुआ है तो उँगली में मलहम लगाते हैं। हम एक बड़ी सर्वग्रासी आधुनिक सभ्यता में फँसे हैं। वामपन्थी लोग भी बच नहीं पा रहे हैं। एक नौजवान कामरेड उत्साह में सोचता है कि एक बूढ़े कामरेड की बेटी से शादी करके उसकी समस्या दूर करेगा। जैसे ही उसे बढ़िया पगारवाली नौकरी मिली कि वह मुकर जाता है। उसे अपने कैरियर की चिन्ता हो आती है। नयी पीढ़ी को वस्तुतः आगे बढ़ने नहीं दिया जाता, दिखावा जितना हो। हर पीढ़ी थोड़े समय बाद पीढ़ा बन जाती है। नये लोग आकर उस पर बैठ जायें। कौन रोक सकता है? बाँस के अगल-बगल से नये कल्ले फूटते हैं और वे भी बहुत ऊँचा उठते हैं, कौन रोक सकता है?

शिविर में पहुँचे एक-एक युवा कवि की रचनाएँ नागार्जुन ने सुनीं, और उन सब पर अलग-अलग अपनी राय दी। बाद में अपने संक्षिप्त वक्तव्य में उन्होंने कहा—

> मुक्त छन्द में कवि अच्छा तभी लिख सकता है जब उसे छन्द का ज्ञान

> हो। मुक्त छन्द का अर्थ छन्दविहीनता नहीं है, हाँ, तब नयी भावनाओं के आवेग से छन्द-बन्ध टूटना भी स्वाभाविक है। कविता केवल विचार नहीं है, उसे निरा गद्य नहीं होना चाहिये, लय ज़रूरी है, प्रवाह ज़रूरी है।

शम्भुनाथ ने लिखा है—

> हिन्दी में ऐसे बहुत कम वरिष्ठ लेखक हैं जो दल-मत से ऊपर उठकर नये रचनाकारों से आत्मीयतापूर्वक इण्टरैक्ट करते हैं और चाहते हैं कि वे भी पनपें। किशोरों और तरुणों को वह हमेशा अपने स्नेह और बौद्धिकता का ताप बाँटते रहे हैं, इस काव्य-शिविर में भी बाँटा।

काव्य-शिविर के पाँचवें दिन नागार्जुन के साथ क़रीब साठ-पैंसठ लेखक हावड़ा के रामकिष्टोपुर इलाक़े की एक मज़दूर बस्ती में गये। वहाँ स्थानीय लोग दो सौ से अधिक होंगे। अद्‌भुत दृश्य था। लाइन से खोलाबाड़ियाँ थीं, जिनमें जूट और दाल मिलों में काम करने वाले श्रमिकों के परिवार थे। एक-एक कमरे में एक परिवार ठसाठस भरा। अब मिलें धीरे-धीरे बन्द हो रही थीं। सभी मज़दूरों के अपने-अपने दुख थे। बहुत-से लोग बंगाल से बोरिया-बिस्तर समेटकर बिहार अपने गाँव लौटने लगे थे। इनमें हाथ रिक्शावाले भी थे। नदी एक आश्वासन है। बिलकुल सामने बिचाली घाट पर जहाँ गंगा बह रही थी, बिचाली से लदी नावें थीं। सभी के लिए यह अलग तरह का अनुभव था। मज़दूरों और उनके परिवार के लोगों से मिलना, उनके अनुभवों को साझा करना, उनके साथ ही पाँत में बैठकर भोजन करना, गंगा को देखना और कोई अनुभूति जगे तो कविता की कुछ पंक्तियाँ उपजाना या मन में कोई अनुभव बसा लेना। नये कवियों के अलावा वहाँ नागार्जुन ने भी अपनी कविताएँ सुनायीं और कहा—'सांस्कृतिक प्रदूषण का हमला नयी पीढ़ी पर है, अतः इन्हें ही उठ खड़ा होना है।' वह मन से प्रसन्न थे कि इतने कवि-लेखक इस श्रमिक बस्ती में आये।

५.११.१९८६ को नागार्जुन ने कुसुम जैन को लिखा—

> इधर हम पर 'शिविर' समारोह के सिलसिले चलाने की सनक हावी है। कलकत्ता के बाद हमने चित्तरंजन, कुलटी, धनबाद में शिविर लगवाये। अब नज़ीबाबाद, अलवर, विदिशा, जम्मू, जालन्धर में होने हैं। यह क्रम मार्च' ८७ तक चलेगा।

कुलटीवाले विशाल शिविर-समारोह के बारे में सुवास कुमार ने एक रोचक वाकया लिखा है। लिखा है कि कार्यक्रम बड़े स्तर पर आयोजित करना चाहते थे लेकिन अर्थसंग्रह तदनुरूप नहीं हो पाया था। ऐसे में इस्पात कम्पनी से विशेष सहयोग के बग़ैर उपाय नहीं था। कम्पनी के एक मैनेजर कोई झा जी थे, जो मिथिला के थे और इस नाते नागार्जुन पर अपना विशेष अधिकार समझते थे। उन्होंने भरपूर मदद की लेकिन यह इच्छा भी रखी कि नागार्जुन जी का स्वागत वे स्वयं करेंगे। इसमें भला किसी को क्या आपत्ति हो सकती थी! लेकिन, जब समारोह शुरू हुआ, झा जी ने स्वागत-भाषण करना शुरू किया, 'कृत्रिम अलंकृत हिन्दी में भोंड़े ढंग से नागार्जुन जी को हिन्दी साहित्य का हिमशिखर, चन्द्र, भास्कर और जाने क्या-क्या बताना शुरू किया' तो सब लोग सकते में आ गये कि पता नहीं नागार्जुन कब उबल पड़ें। इधर झा जी का भाषण समाप्त होने का नाम ही नहीं ले रहा था। अन्त में वही हुआ, जिसका डर था। अचानक नागार्जुन ज़ोर से चिल्ला उठे—'अबे बैठ! घण्टे-भर से क्या कुछ अंट-संट बके जा रहा है! किसने इसे बोलने को कह दिया!' झा जी तो अपना वाक्य अधूरा ही छोड़कर दुम दबाये खिसक लिये लेकिन नागार्जुन का मूड बुरी तरह उखड़ चुका था। मुश्किल से उन्हें मनाया जा सका।

ख़ैर। इन शिविरों की जो फलश्रुतियाँ थीं, विजय बहादुर सिंह ने लिखा है—

> दूर-दूर के युवा लेखकों को इकट्ठा करवाकर आपस में मिलना-जुलना, विचारों के आदान-प्रदान करने की संस्कृति के वे कायल थे। साहित्य के जाने-माने दुर्दम मठों और उस्ताद अखाड़ों के मरुओं के बीच वे जैसा मरुद्यान लहलहाता देखना चाहते थे, ये 'शिविर' उसके अन्यतम उदाहरण कहे जा सकते थे।

१९८६ में नागार्जुन ने पचहत्तर वर्ष पूरे किये। इस अवसर पर पूरे साल कई-कई आयोजन देश भर में होते रहे—सम्मान-समारोह, चर्चा-गोष्ठी, उनके सान्निध्य में शिविर, परिचर्चा आदि। कई पत्रिकाओं ने उन पर

विशेषांक निकाले, मैथिली में भी, कई ने उन पर विशेष सामग्रियाँ दीं। अज्ञेय, शमशेर बहादुर सिंह, केदारनाथ अग्रवाल की भी हीरक जयन्ती का यह वर्ष था, उन पर भी कई-कई गोष्ठियाँ और समारोह हुए। लेकिन, महसूस किया गया कि नागार्जुन पर अधिक हुए। इसके पीछे युवा लेखकों की विपुल भागीदारी थी।

ज्येष्ठ पूर्णिमा २२ जून को पड़ती थी। उस दिन नागार्जुन के प्रेमियों ने कई जगहों पर उनकी हीरक जयन्ती मनायी। उस दिन नागार्जुन का जन्म-समारोह पहली बार दरभंगा में भी आयोजित हुआ। मैथिली की दुनिया में वर्चस्वियों की पहचान बताते नागार्जुन कहा करते थे कि 'मैथिल पण्डितों में सौ में नब्बे जनसंघी या भाजपायी होते हैं' पर, इस बार दस प्रतिशत वालों में से 'चिनगी मंच' ने इसे सम्भव कर लिया था। समारोह में बोलते हुए डॉ. भीमनाथ झा ने कहा—'वर्तमान मैथिली कविता की वृहत्त्रयी में से दो—सुमन और मधुप—की जयन्ती तो हम लोग पच्चीसों वर्ष से मनाते आ रहे हैं, लेकिन यात्री की यह पहली ही जयन्ती है।' उन्होंने प्रश्न उठाया कि 'सबसे प्रिय निज देस' का हृदय रखनेवाले यात्री कहीं आज भी तो उसी जगह नहीं हैं जहाँ १९५३ में हरिमोहन झा ने उन्हें अपनी कविता में देखा था। मैथिलों की जड़ता पर प्रहार करते हुए हरिमोहन झा ने अपनी कविता में माँ मैथिली से यह कहलवाया था कि हे कवि, तुम्हारी नवता और क्रान्तिकारिता की ज़रूरत मैथिलों को नहीं है, अतः इन्हें सुधारने की कोशिश से बाज़ आओ और अगर जान बचाना चाहते हो तो सीधे दिल्ली भागो—'मातृभूमिक छोह हो तं नित्य गंजन खाह/जौं जिबय चाहैत छह तं सोझ दिल्ली जाह।' डॉ. भीमनाथ झा ने सभा में आह्वान किया कि आइये, हम अपनी माँ की आशंका को निर्मूल करने के लिए कृतसंकल्प हों।

लेकिन, इन सबसे अलग सुदूर हिमालय के ज़हरीखाल में नागार्जुन अपनी हीरक जयन्ती मना रहे थे। ज़हरीखाल उत्तराखण्ड के पौड़ी गढ़वाल में लैंसडाउन के क़रीब एक पर्वतीय क़स्बा है, 'मसूरी से भी कहीं अधिक ठण्डा हिल-स्टेशन'। नागार्जुन के प्रिय व्यक्तियों में से एक वाचस्पति यहाँ के महाविद्यालय में शिक्षक थे। १९८१ से १९८८ के बीच प्रतिवर्ष नागार्जुन यहाँ कभी-न-कभी आते रहे और यहीं से गढ़वाल-कुमाऊँ की अनेक यात्राएँ करते रहे। ज़हरीखाल नागार्जुन की अतिप्रिय

जगहों में से एक था। वाचस्पति और शकुन्तला जिन दिनों काशीपुर में रहते थे, १९८१ के उन्हीं दिनों नागार्जुन ने बाक़ायदा अभिलिखित करते हुए एक सामूहिक अथवा पंचायती नोटबुक शकुन्तला को सुपुर्द की थी कि 'मुक्त मन से इस नोटबुक के अन्दर सभी मित्र समय-समय पर अपने उद्‌गार व्यक्त किया करें तो मुझे अपार प्रसन्नता होगी।' ऐसा ही हो रहा था। नागार्जुन के बहत्तरवें जन्मदिन पर वहाँ पधारे त्रिलोचन ने मुक्त मन से लिखा था—

> ज़हरीखाल कम देखा, जो देखा, कम न था। यह स्मृति गुप्तधन है मेरा। फिर फिर और और देखने की स्पृहा मन में तरंग उठायेगी। बाबा का संकल्प और उत्साह हमारी हिन्दी को नवजीवन दे, आगामी दशकों के लिए यह मेरी कामना है।

२२ जून, १९८६ को जो नागार्जुन के प्रिय व्यक्तियों ने यहाँ उनका पचहत्तरवाँ जन्मदिन मनाया, स्वयं नागार्जुन ने 'पंचायती नोटबुक' में रपट लिखी—

> २१ की शाम से ही यहाँ भीड़भाड़ बढ़ती गयी...२२ को सारा दिन सारी रात 'सांस्कृतिक मेला' की गहमागहमी रही। नैनीताल से 'गिर्दा' (गिरीश तिवाड़ी) और शेखर पाठक और छायाकार कमल जोशी आ गये। समारोह में इनके आने से 'चार चाँद' लग गये थे। युवक कवि-किसान बल्ली सिंह चीमा के आ जाने से गीतधर्मी प्रखर काव्य-पंक्तियों का जादू...चीमा की स्वर-लहरी सारे माहौल को अनुगूँजित करती रही...आयुष्मती शकुन्तला वाचस्पति ने जिस धैर्य और विवेक से समग्र उत्सव को एक सलीका प्रदान किया, वह अवर्णनीय है... मंगलेश डबराल और कर्णसिंह चौहान २१ को ही आ पहुँचे थे...'आख़िर ऐसा क्या कह दिया मैंने' (नया संकलन) भी उस दिन (२२ को) प्रथम प्रकाश में आया...देवराज और पण्डित कृष्ण अवतार भी शनिवार की शाम को ही आ पहुँचे थे...हिमालय को उजागर करने के लिए, रात को दो घण्टे 'स्लाइड' का 'शो' चला वो तो 'लाजवाब' ही रहा!
>
> 'जनसत्ता' में पूरे तीन पेज 'नागार्जुन पचहत्तर पार' को नाना रूपों में छापा था। मंगलेश की रिपोर्टिंग तो ख़ास थी ही...हमारे वाचस् ने 'अमर उजाला' में आधा पृष्ठ का मसाला दिया था—कविताएँ अलग दी थीं...२२ की सारी रात मित्र लोग एक-दूसरे को सुनते-सुनाते रहे। चीमा

के एक गीत का 'गिर्दा' ने 'महूस गायन' करवाया—उसमें भी लगभग ७०-८० जने साथ दे रहे थे। २३ को ११ बजे दिन तक समारोह की परिसमाप्ति हुई—शाम को लोग वापस हो लिये थे... वाचस्पति और शकुन्तला एक-एक मिनट मुस्तैद रहे। हमारे बेटू—छोटू (अनिमेष और अलिंद) ने प्रसन्नतापूर्वक इस 'महोत्सव' का आस्वाद लिया! सारे कार्यक्रम 'टेप' हुए थे—'स्लाइड' का भी रूप-अंकन होता, यदि बंगाल या महाराष्ट्र की टेक्निकल उपलब्धियाँ इधर सुलभ रही होतीं...बहरहाल, लगा कि एक बुज़ुर्ग रचनाकार ७५ वर्ष बाद पुनः पैदा हुआ और यह उसकी 'छट्ठी' यहाँ हिमालय के इस पर्वतांचल में धूमधाम से मनायी गयी...हमें बार-बार अपनी पंक्ति याद आ रही थी—देखोगे, सौ बार जिऊँगा—देखोगे, सौ बार मरूँगा...

'और आज हम वापस पटना जा रहे हैं। शोभाकान्त बनारस का आरक्षण ले आये हैं—दिल्ली गये थे। आज रात ९:५० पर 'देहरादून-बनारस गाड़ी' है। हम दुपहर में नज़ीबाबाद के लिए यहाँ टैक्सी या बस लेंगे...डॉ. इन्द्रराम (प्राचार्य) के निवास में हम दो बार गये। एक बार 'गिर्दा' के साथ, दूसरी बार स्वयं हम उस विकलांग बालक (आशुतोष) के लिए गये और चार घण्टे उसके साथ रहे...छोटू रात में, एकान्त के क्षणों में, इन कानों में कह गया—'बाबा, तुम नहीं जाना...'

समारोहों की वह शृंखला 'जनकवि नागार्जुन लोक-सम्मान' से पूरी होती थी। यह आयोजन विदिशा में १९-२० नवम्बर, १९८८ को हुआ। आयोजक था—पण्डित गंगाप्रसाद पाठक ललितकला न्यास, विदिशा। इस कार्यक्रम की दो ख़ूबियाँ बहुत यादगार थीं। एक तो यह कि जनकवि के लोकसम्मान को जिस तरह का होना चाहिये, यह सभी के लिए खुला था, कोई पंजीयन नहीं, शुल्क नहीं, देश भर से उमड़कर आये नये लेखकों, साहित्यिकों का बिलकुल मालवी रंग-ढंग का घरेलू, आत्मीय सत्कार, दाल-बाफले-लड्डू का भोजन और हर एक आगन्तुक की सुविधा के लिए तत्पर स्थानीय आम जन। दूसरे, सज्जन लाल भट्ट और विनोद रंजन उपाध्याय और उनके अनेक साथियों ने नागार्जुन के गीतों और कविताओं को इस आत्मीय लय के साथ गाया कि चेतना को झकझोर देनेवाला वह दृश्य हर एक के दिल में उतर गया। नामवर सिंह ने अपने वक्तव्य में कहा भी कि राजधानी में राजपुरुषों के बीच तो राजकवि का सम्मान होता है, परन्तु जन-जन के बीच लोकविद्या द्वारा

केवल जनकवि का ही सम्मान सम्भव है, जो आज हमारे सामने साकार रूप ले रहा है। वह बोले—

> नागार्जुन न होते तो हिन्दी कविता क्या होती? हिन्दी कविता 'नदी के द्वीप' होती। इन्द्रधनुष रौंदे हुए होते और हिन्दी कविता में असाध्य वीणा बजती रही होती। बहुत सुन्दर-सुन्दर चीज़ें होतीं, लेकिन बन्दूक को चुनौती देनेवाली कोकिला की आवाज़ नहीं होती।

आलोचना की तलवार पर तर्कों की तेज़ धार चढ़ाकर हमेशा अभिव्यक्त होनेवाले नामवर सिंह को वहाँ श्रोताओं ने भावुक होते हुए देखा। बोले—

> विदिशा में तो क्या बस्तर में भी नागार्जुन का यह सम्मान होता तो मैं और मेरे-जैसे लोग दौड़े आते।

सभा की अध्यक्षता कर रहे थे भाऊ समर्थ। बोले—

> नागार्जुन एक ऊर्जा का नाम है। गा-गाकर उन्होंने ट्रेन में अपनी कविता-पुस्तिकाएँ बेची हैं। सामूहिक हित के लिए संघर्ष करना हमेशा उनका मूल उद्देश्य रहा है। नागार्जुन एक संघर्ष का नाम है, जनता के हक़ की लड़ाई का नाम है।

राममूर्ति त्रिपाठी कह रहे थे—'जीवन का होम करने वाले बाबा का 'व्यक्ति' समाज के संघर्ष में विसर्जित है। वह संघर्ष के मूर्तिमान प्रतीक हैं।' नागार्जुन ने भारत की लोकधर्मी परम्परा को किस तरह आगे बढ़ाया, राधावल्लभ त्रिपाठी ने इसकी कथा कही। बोले—

> पहले भी एक नागार्जुन हुए। उन्होंने अनेक द्रव्यों को गलाकर संजीवनी शक्ति तैयार की थी, अब वही काम बाबा शब्दों के माध्यम से, कविता के माध्यम से कर रहे हैं।

कमलेशदत्त त्रिपाठी ने नागार्जुन की संस्कृत कविताओं की सप्रसंग व्याख्या करते हुए दिखाया कि समकाल की धड़कन को उन्होंने किस तरह संस्कृत में सम्भव और जीवन्त किया है। विष्णुकान्त शास्त्री को नागार्जुन की दर्जनों कविताएँ याद थीं। उन्होंने ढेर सारी कविताएँ सुनायीं और दिखाया कि नागार्जुन का रूप किस तरह से शत्रु से पंजा लड़ाते हुए योद्धा का रूप है। समूचे कार्यक्रम को संयोजित और संचालित कर रहे थे विजय बहादुर सिंह। समारोह समिति के स्वागताध्यक्ष हरिवंश नारायण सिलाकारी ने आरम्भ में ही जो यह बात कही थी कि—

> बाबा का लोकसम्मान करते हुए हम उस जनसाधारण की ओर से उनके चिरायु होने की और सतत् गतिशील, रचनाशील रहने की कामना करते हैं, जो उनसे परिचित हैं और जो आगे उनसे परिचित होंगे या जो परिचित न हो पायेंगे परन्तु जिनसे वे स्वयं ख़ूब परिचित हैं—वह निरक्षर, अधिकारहीन, छोटा आदमी जो केवल बोझ उठा रहा है और यह भी नहीं जानता कि उसके लिए भविष्य में कुछ और भी है।'

उसकी आभा दोनों दिनों के कार्यक्रम पर पूरी तरह छायी रही। एक क्षण तो ऐसा भी आया जब नागार्जुन, भाऊ समर्थ का हाथ पकड़कर भाव-विह्वल हो रो पड़े और उन्हें साथ लिये हुए मंच से उतरकर श्रोताओं की पिछली पंक्ति में जाकर बैठ गये। इतने बड़े-बड़े लोग, उनकी बड़ी-बड़ी बातें, बड़े-बड़े दावे! नागार्जुन के भीतर का वह साधारण जन, तरौनी का वह बालचन क्योंकर भाव-विह्वल न होता!

जोशी जी से गपशप में नागार्जुन ने एक बार फिर से संन्यास ग्रहण करने की इच्छा व्यक्त की थी। उन्होंने कहा था—

> सोच रहे हैं कि चीवर धारण कर लें। अब तो उम्र भी वानप्रस्थ की है। श्रीलंका चले जायेंगे अपने मठ में।

विद्यालंकार विश्वविद्यालय का परिवेण अब भी उनका 'अपना मठ' था।

अपनी गतिविधियाँ और कार्य-व्यवहार के प्रति असन्तोष तो यह क़तई नहीं था, न ही घर-परिवार सँभालने की यथाशक्य ज़िम्मेवारी से मुक्ति। अपनी घुमक्कड़ जीवन-शैली को विराम देने का भी प्रश्न नहीं था, बल्कि उसका तो विस्तार ही था, वह और अधिक लम्बी, और अधिक रोचक घुमक्कड़ी की योजना रखते थे। यह असल में पीछे पलटकर देखना था, पीछे छूटे हुए दायित्वों का निर्वाह और तात्कालिकता की आपाधापी में हुई त्रुटियों का परिमार्जन था। ये त्रुटियाँ क्या थीं? बहुत अलग तरह की थीं। जैसे, उन्हें 'बुद्धचरित' महाकाव्य का पुनरुद्धार करना था जिसके सत्ताईस सर्गों में से केवल पाँच ही अब मूल भाषा संस्कृत में बच गये थे। तिब्बती में उपलब्ध शेष सर्गों की संस्कृत में पुनर्रचना करनी थी, क्योंकि राहुल जी ने कहा था—'ऐसा केवल तुम्हीं

कर सकते हो जिसमें मूल रचनाकार अश्वघोष गूँजता मालूम हो।' उन्हें अपना भी एक महाकाव्य लिखना था, बड़ा उपन्यास वह अब तक नहीं लिख पाये थे, वह करना था। एक खण्डकाव्य भी लिखना रह गया था। इन सबको त्रुटियाँ भी क्या कहा जाये, शेष बचे हुए कार्यों की योजनावली थी, जिन्हें पूरा करने के लिए शान्ति और एकाग्रता चाहिये थी। शान्ति तो ख़ैर उन्हें कहाँ मिलती, क्योंकि वह यदि ठहरकर रचनाशील हो जाते तब भी इन रचनाओं की आन्तरिक दुनिया के सैकड़ों मानसपुत्र अपने-अपने जीवन-संघर्षों से हलचल और कोहराम मचाये रखते। हाँ, एकाग्रता मिल सकती थी, जिसे उन्होंने स्वयं और उनके हज़ारों मित्रों और प्रेमियों ने दूर खदेड़ रखा था।

विद्यालंकार परिवेण में रहते उन्होंने अनेक योजनाएँ बनायी होंगी, स्वप्न देखे होंगे, जो बुद्ध को साथ रखकर पूरे किये जाने थे। वह राजनीति में कूद पड़े थे और बुद्ध कहीं पीछे, दूर पीछे छूट गये थे, वह बुद्ध जिनकी मज्झिम निकाय की गाथाओं को पढ़ते उनमें जीवन का सबसे ज़ोरदार संकल्प जगा था। १९८३ में उन्होंने 'मेरा मन' कविता में पूछा—'तन नहीं साथ देगा/तो क्या कर लेगा मेरा मन?' और उत्तर दिया—

> अधूरे संकल्पों की याद दिलायेगा/छानबीन करेगा अपने कर्मों की/ग्लानि-लांछना और अपमान-तिरस्कार की रही-सही आँचों पर विवेक का जल सींचेगा/ज़हरीले परिवेश में से अमृत का अर्क़ खींचेगा, इतना तो करेगा ज़रूर।

अपने मन को वह वहाँ पूरा अनुशासित और संस्कारदीपित पाते हैं और कहते हैं कि 'आलसी नहीं होगा मेरा मन' और चिन्तन को ताज़गी देगा, अपने आपको प्रफुल्ल रखेगा।

नागार्जुन ने कई नये प्रकार के प्रयोग किये। उनमें एक यह भी था कि माला रखने लगे थे। जपमाला। विधिवत् जप करते हुए देखे जाते। कहीं जाते, वहाँ के बाज़ार की शैली में कुछ नया पाते, तो एक माला ख़रीद लेते। उनके पास कई मालाएँ हो गयी थीं, रुद्राक्ष की, तुलसी की। एक बार शम्भुनाथ के घर कलकत्ता पहुँचे तो उन्होंने पूछा—'बाबा, यह क्या?' बताने लगे—'इसके तीन इस्तेमाल हैं। रात को नींद नहीं आती है, लेकर जपने लगता हूँ। अपने लोगों को याद करने के लिए जपता हूँ। किसी पर ग़ुस्सा आता है तो उलटा जपने लगता हूँ।' विजय बहादुर सिंह

को उन्होंने पूरा तात्पर्य बताया—'माला से सिर्फ़ नाम-वाम का जाप ही नहीं होता। मन की गाड़ी ट्रैक पर रहे—इसके लिए यह हमारे पूर्वजों की बहुत बढ़िया ईजाद है। अब, कोई ज़रूरी नहीं कि इस्तेमाल भी हम पूर्वजों की तरह करें। हम इस्तेमाल बदल लेंगे।' उन्होंने इस्तेमाल बदल लिया था। नीलेश रघुवंशी ने विदिशा में एक दिन देखा कि वह माला जप रहे हैं। चकित होने की बात थी क्योंकि उन्होंने कभी उन्हें पूजा-पाठ करते नहीं देखा था। नागार्जुन और पूजा-पाठ! कल्पना भी बेढंगी लगती थी। गपशप होने लगा तो पूछा। पता चला कि एक सौ आठ मनके फेरते हुए उस व्यक्ति को याद करते हैं, जिसकी याद तब ख़ूब आ रही होती है! प्रयोग मार्मिक था, लेकिन तब भी कई लोगों को यह सरलीकरण लगता था। नागार्जुन ने स्वयं बताया है, कई प्रगतिशीलों को इस पर कड़ी आपत्ति थी। चारों ओर चर्चा फैल गयी कि नागार्जुन के ये हाल हैं! लेकिन उनसे पूछे कौन? देहरादून गये तो यूनियन के उनके एक दोस्त ने सवाल किया—'यह आपको बुढ़ौती में क्या हो गया है? यह तो रिएक्शनरीपन है।' बोले—'आप अपनी सिगरेट-विगरेट सुलगाइए फिर बताता हूँ!' फिर, पूर्वजों की इस ईजाद पर विस्तार से प्रकाश डाला। दृष्टान्त सहित—'अगर आपको आज जवानी के दिन याद आ जायें तो इस माला से बढ़िया क्या है? मान लीजिये जुलूस निकला हो और आप इस बुढ़ौती में उसमें शामिल होने लायक न रहें तो कम-से-कम इसे लेकर बैठ जाइये और नारे दुहराते रहिये। आपको लगेगा आप जुलूस के साथ हैं। कहा न, ज़रूरी नहीं कि इस्तेमाल भी हम पूर्वजों की तरह करें।' उनके दोस्त को यह तरकीब बहुत पसन्द आयी।

जप और कीर्तन का फ़र्क़ बताते हुए कहते थे—'जप चुपचाप होता है। पर भक्तों का मन प्रदर्शन से भरता है तो वे कीर्तन शुरू करते हैं। इस प्रदर्शन और पाखण्ड से घबराकर ही आदमी भागता है और औघड़ बन जाता है। पर, समाज तो बड़ा चतुर होता है न! वह फिर भी पीछे लगा रहता है, अपने स्वार्थ के लिए बड़ायी करता है। प्रशंसा की मलाई किसे अच्छी नहीं लगती? तब जो सिद्ध पुरुष होगा वह क्या करेगा? तुम जो जानते हो विजय बाबू कि अपना समाज कितना आडम्बरप्रिय है! स्वार्थी तो ख़ैर है ही। अब अगर सिद्धि तत्काल लाभ नहीं पहुँचाती तो उसको छोड़ लोग टी.वी. की दुकान खोल लेंगे।'

उन दिनों वह जब भी किसी नयी जगह की यात्रा पर होते, समीपवर्ती बौद्धस्थलों पर ज़रूर पहुँचते। तरीक़ा उनका अपना होता। घूम-फिरकर जगह को देखते, बैठकर महसूस करते। विजय बहादुर सिंह ने लिखा है, विदिशा प्रवास के दौरान बार-बार साँची की बुद्ध-प्रतिमा के सामने अपने पूर्व भिक्षुत्व का स्मरण करते और तदनुकूल आचरण ज़रूरी समझते थे। अनवर जमाल ने अपनी डॉक्यूमेन्ट्री फ़िल्म के सिलसिले में जब उनकी संगत की, उन्होंने लिखा है, सबसे ज़्यादा बातचीत नागार्जुन ने बुद्धिज़्म के बारे में की थी—चीवर-धारण के दिनों की जीवन-कथा के बारे में और उन अनुभवों के बारे में जो उन्होंने वहाँ प्राप्त किये थे। वह बताते थे कि ब्राह्मणवाद के ख़ात्मे के लिए बुद्धिज़्म एक ज़रूरी चीज़ है और समझाते थे कि जाति को किस प्रकार तोड़ना चाहिये।

उन दिनों उन्होंने और भी कई नयी चीज़ें कीं। वह बाङ्ला में कविताएँ लिखने लगे। उनकी इस वृत्ति को रवीन्द्रनाथ ठाकुर के प्रयोग से जोड़कर देखा जा सकता है, जो इस उम्र में आकर चित्रकला करने लगे थे। सिर्फ़ एक वर्ष १९७८ से १९७९ के बीच उन्होंने पचास से अधिक बाङ्ला कविताएँ लिखीं। उनचास कविताएँ तो रचनावली में संकलित हैं, बाक़ी इससे कहीं ज़्यादा अमुद्रित बाङ्ला कविताएँ कटनी की यात्रा के क्रम में खो गयीं। उन खोयी कविताओं के लिए जिनमें कुछ हिन्दी कविताएँ भी थीं, उन्हें हमेशा दुख रहा।

—बाङ्ला में लिखने का कारण क्या रहा? —शोभाकान्त ने एक बार उनसे पूछा था।

वह कन्नी काट गये थे—'कारण क्या? बाङ्ला मुझे प्रिय है इसलिए।' बाङ्ला उन्हें प्रिय थी क्योंकि कलकत्ता उनका पसन्दीदा महानगर था। कलकत्ते को वह 'गाँवों का गुच्छा' कहते थे, जबकि ठीक इसके उलट सादतपुर को 'दिल्ली की पूँछ' बताते थे, मानो दिल्ली कोई भीमकाय हिंस्र पशु हो। बाङ्ला की उनकी कविताएँ थोड़े अलग गन्ध और स्वाद की हैं यद्यपि कि वे दिन राजनीतिक घमासान के दिन थे, जिसके तुमुल पदचाप वहाँ भी पूरी तरह सुनायी देते हैं। फिर, भाषानुकूल भाव-बोध भी वहाँ ख़ूब हैं। कई जगह तो वह अपनी बढ़िया ख़बर लेते भी दिखायी देते हैं—'राजनीति होये छे सम्प्रति निर्लज्ज नाटक/आमियो कोरेछि यत्र-

तत्र अनेक त्राटक/कोथाओ अध्यक्ष कोथाओ उद्घाटक/खुले दियेछि शत-शत महामुक्तिर फाटक।' एक कविता तो उन्होंने अपनी अविश्रान्त घुमक्कड़ी पर लिखी है कि ऐसा कोई नहीं जो इस अर्धपागल, जीर्णकाय, भावनाप्रवण बूढ़े यायावर को समझा सके कि दादू, बहुत उमर हुई अब आपकी, अब तो क्षेत्रन्यास ले लो और विराम प्रत्यय का अभ्यास करो।

बाङ्ला कविताओं का वेग थमा तो संस्कृत में लिखने लगे। उनकी अधिकांश संस्कृत कविताएँ इन्हीं दिनों की लिखी हैं। कहते थे—

> संस्कृत काव्यों की जो रचनाभूमि है, वह जब हमारे सामने आती है तो फिर हिन्दी-बाङ्ला-मैथिलीवाला वो सब हम भूल जाते हैं। दिमाग़ से हटाना पड़ता है उसे। तन्मय होकर साधना पड़ता है। तभी जाकर हो पाता है। ऐसा नहीं कि ये भी चले, वो भी चले। कल्पना करिये कि छह महीना हम पूरा संस्कृत को डिवोट कर दें तो जो खमीर आयेगा, वो अपूर्व होगा। और बीच-बीच में हमने ऐसा किया है।

संस्कृत कविता की लुप्त होती परम्परा पर वह दुख करते और राय देते कि इसके लिए कार्यशाला होनी चाहिये ताकि शास्त्री-आचार्य में पढ़ रहे युवा संस्कृत कविता का कौशल अर्जित कर सकें। उज्जैन के कालिदास-समारोह में, जिसकी अध्यक्षता वह स्वयं कर रहे थे, उनकी कविताएँ जब श्रोताओं ने काफ़ी पसन्द कीं तो वह गद्गद हुए। उनकी यह ख़ुशी दूसरी ख़ुशियों से बहुत अलग थी क्योंकि वह बचपन में साधी गयी, पर आगे अनभ्यास-ग्रस्त विद्या की उपलब्धि थी। एक बार बनारस में उन्हें संस्कृत काव्य-पाठ के लिए आमन्त्रित किया गया तो उन्होंने इच्छा व्यक्त की कि उनके आरम्भिक दिनों के गुरु पण्डित मधुसूदन शास्त्री, जो तब तक जीवित थे, से गोष्ठी की अध्यक्षता करायी जाये। शास्त्री जी आये और उन्होंने बड़ी पुलक से उनकी सारी कविताएँ सुनीं। सुनकर बोले—'वैद्यनाथ, हमारी कीर्ति को तुमने आगे बढ़ाया।'

श्रीलंका का मठ नागार्जुन का 'अपना मठ' था। मठ के महापाद उनके 'अपने गुरु' थे, जिनकी अभ्यर्थना में उन्होंने संस्कृत में छन्द रचे थे—'नादाम्भोधौ सद्गुरुः कर्णधारः।' वहाँ का समाज उनका अपना समाज था, जहाँ जब भी विराम की अभीप्सा हो, वह लौट सकते थे। एक निश्चिन्तता थी उस जगह को लेकर। लेकिन, श्रीलंका की स्थिति उन दिनों काफ़ी ख़राब चल रही थी। आज़ादी (१९४८) के बाद से ही

सत्ता–व्यवस्था पर सिंहलियों का वर्चस्व बढ़ गया था और अल्पसंख्यक तमिल हाशिये पर डाल दिये गये थे। उनकी नागरिकता, उनकी भाषा, उनका धर्म—सारा कुछ दोयम करार दिया गया था, यहाँ तक कि सरकार की दोहरी नीति के कारण विश्वविद्यालयों में तमिल छात्र भी कम ही नज़र आते थे। देश तमिलों का भी था इसलिए प्रतिक्रिया होनी ही थी। प्रतिक्रिया हिंसात्मक और अलगावादी हुई और इसने जल्द ही गृहयुद्ध का रूप ले लिया। शासन के लिए तमिलों के दमन का यह अच्छा बहाना था। इस गृहयुद्ध में अस्सी हज़ार से भी अधिक लोग मारे गये थे। नागार्जुन के लिए यह गहरे सदमे की बात थी। अन्तरराष्ट्रीय राजनीति में शुरू से ही उनकी काफ़ी रुचि थी, और यह तो उनका अपने देश जैसा देश था। बहुत ही विकल, सन्तप्त रहते थे उन दिनों। इस पर उन्होंने 'वज्रसार पाषाण' कविता लिखी थी।

बुद्ध उनकी कविता में पहले भी आ चुके थे। मैथिलीवाली कविता में उन्होंने 'आज का महाकारुणिक' ढूँढ़ा था जो वियतनाम की तरफ़ पीठ किये रहते हैं और तिब्बत की ओर ताकते भक्तों–अनुरक्तों से क़ीमती भेंटें प्राप्त करते रहते हैं। भारत के शासक–समाज पर तो उनकी राय थी कि यहाँ धर्मचक्र केवल झण्डों पर पाया जाता है और बुद्ध केवल डाक टिकटों पर विराजमान मिलते हैं। तीसरी कविता 'वज्रसार पाषाण' थी—

> मैं अब तीसरी कविता भी लिख रहा हूँ। और लोग कई फ़ायदों के लिए ज़बान सिले रखना चाहें तो रखें पर मैं बर्दाश्त नहीं कर सकता यह नरसंहार। यहीं मैं औरों से अलग हो जाता हूँ। मुझे भयानक पीड़ा होने लगती है। जब तक यह पूरी नहीं होगी, मेरी पीड़ा मुझे परेशान करती रहेगी।

कविता इस तरह शुरू होती थी—

> करुणा की शीतल छाँह में/नाच रहे हैं प्रमत्त पिशाच/कहाँ गया तुम्हारा शासन/कहाँ गया तुम्हारा अनुशासन/यत्र–तत्र दिखायी पड़ रहे हैं/डाकू अंगुलिमाल के अनुचर/नित्य नियमित तुम्हारी सूक्तियों का/प्रवचन/होता है वहाँ अब भी पारायण/चीवरधारी भिक्खु/उनके संघनायक/महास्थविर/ निरन्तर आशीष बरसाते हैं/अंगुलिमाल के सैनिकों पर/क्या तुम भी उनके साथ हो ?/कैसे अभागे हैं तमिल/तुम्हारी करुणा का एक बूँद भी/ प्राप्त नहीं हुआ उन्हें!/अभागे तमिलजनों को...'

कविता सुनाते-सुनाते वह बिफर पड़े—

> बहुत बड़ा कलेजा चाहिये इसे प्रकट करने के लिए। यह मानवतावादी ढोंग है कि मानवतावाद में कमी आ जायेगी। अगर इन छोटी-छोटी घटनाओं पर...छोटी नहीं हैं ये! हम अपना मत व्यक्त करते हैं तो हमारा व्यक्तित्व बौना हो जायेगा, हम आदरणीय नहीं रह जायेंगे...इस बात की हम परवाह नहीं करेंगे...तमाम गाँधी जी के बन्दरों को भी मात कर दिया है इन्होंने...

बुद्ध से आगे वह कहते हैं—

> हाँ-हाँ, जलने दो उनकी बस्तियाँ/उजड़ने दो उनके घर-बार/अर्धदग्ध तमिल शिशु/परितृप्ति प्रदान करें गीधों को, कुत्तों को, कौओं को.../तुम तो बस इसी तरह/देखते भर रहना...

कहने लगे—

> अब ऐसी जगहों पर हम बहुत ही टार्चरिंग महसूस करते हैं। जब तक यह पूरी होगी, अभी तो मुश्किल से ३०-३५ पंक्ति गयी है, सौ-डेढ़ सौ पंक्ति जायेगी, तो इसके और भी जो आयाम होंगे...हम लेंगे। सामान्य बौद्धजन जो है न...शरणं गच्छामि...वो तो पसन्द करेगा इस कविता को, पर महन्त टाइप व्यक्ति नहीं करेगा। कहेगा कि तुमने क्या पढ़ा है, तुम क्यों बोलते हो? ...यह कहने में उसका लाभ है न भाई!

—वज्रसार पाषाण क्या? —विजय बहादुर सिंह ने पूछा था।

—संस्कृत में जिसे नीरन्ध्र-छिद्रहीन पाषाण कहते हैं न, उसकी प्रतिमा नहीं बनती, छेनी फेल हो जाती है उसमें। प्रतिमा तो केवल कोमल पत्थर से बनती है!

और, बुद्ध के लिए—'वज्रसार पाषाण!/हाँ, तुम सीमेंट बनते हो/बहुत बढ़िया शिलाचूर्ण तैयार होता है तुम्हारे खण्डों से...'

लेकिन, पीड़ा ज़्यादा मर्मान्तक थी। कविता सौ-डेढ़ सौ पंक्ति नहीं जा सकी, न नये आयाम जुड़ सके। उसे उतनी ही बड़ी रह जाना था। पीड़ा बहुत मर्मान्तक थी।

अस्सी का दशक आते-आते नागार्जुन ने दिल्ली में डेरा-डण्डा डाल लिया। दिल्ली उन्हें पसन्द नहीं थी लेकिन कोई चारा भी नहीं था। सारे प्रकाशक दिल्ली में थे और जब तक उनसे सीधा और सतत सम्पर्क न रहे, कुछ भी 'अर्थ' प्राप्त करना कठिन था। नागार्जुन को इसकी ज़रूरत रहती थी।

पहला डेरा उन्होंने डेढ़ सौ रुपये माहवार के किराये पर टैगोर पार्क में लिया। दिल्ली का टैगोर पार्क और डेढ़ सौ का घर, सहज अनुमान किया जा सकता है कि वह कैसा रहा होगा। कर्णसिंह चौहान बताते हैं कि वह मकान क्या था, दर्जनों लघुतम घरेलू उद्योग-धन्धों का एक केन्द्र था और उनमें लगे तमाम लोगों का आश्रय भी। छोटी-सी बीड़ी-सिगरेट, दाल-आटे की दुकान थी, भैंसों के दूध का कारोबार था, फिर धोबी का धन्धा था और इसी तरह और भी कई चीज़ें उस दो-तीन कमरोंवाले मकान में चलती थीं। उसी में, किताबों से अटी कोठरी में एक चारपायी पर नागार्जुन रहते थे। लिखा है—

> रह-रहकर दमा उभरता है, रजाई में मुँह दिये खाँसी से काँप रहे हैं और सोच रहे हैं कि फलाँ प्रकाशक चार चक्कर लगवा चुका लेकिन अभी तक धेला नहीं दिया। सालों से कई किताबें अनुपलब्ध हैं लेकिन उन्हें छापने की बजाय वे चाहते हैं कि फ़रमाइश पर एक टेक्स्ट बुक लिख दूँ तो कुछ एडवांस दे दें।

दिल्ली में डेरा डाला तो साथ रहने के लिए पुत्र श्रीकान्त को राजी किया। श्रीकान्त बताते हैं—'मैं टाटा इन्स्टीट्यूट में अप्रेंटिस था। पिताजी जाते रहते थे हमारे पास। उस बीच उन्होंने कहा कि मैं दिल्ली रहना चाहता हूँ, मेरे साथ कोई नहीं रहना चाहता, तो मैंने सहमति जतायी, ठीक है, मैं आपके साथ दिल्ली में रहूँगा। उस समय मुझे कैरियर का भी कुछ पता नहीं था कि कैरियर क्या होता है, लेकिन उनके सामने मैंने एक शर्त रखी कि मुझे काम करना है, मैं ऐसे घर में बैठकर नहीं खा सकता, तो उन्होंने कहा कि ठीक है, मैं तुम्हारे लिए काम की व्यवस्था कर दूँगा। इस तरह उनके साथ मैं दिल्ली आ गया।' काम की व्यवस्था उन्होंने कर दी। आनन्दवर्धन ओझा उन दिनों राजकमल प्रकाशन में काम करते थे और श्रीकान्त राजपाल एण्ड सन्स में। पास ही मॉडल टाउन में डेरा था, साथ आफ़िस जाते, साथ लौटते। ओझा जी ने लिखा है—

> श्रीकान्त के साथ जब भी लौटना होता, मैं नागा बाबा से मिलता हुआ अपने घर जाता। ऐसी मुलाक़ातों में बाबा अनन्य प्रीति के साथ शाम की चाय स्वयं बनाकर हमें पिलाते। हमारी हाय-तौबा सुनकर कहते—मैंने समय पर निगाह रखी थी, जानता था श्रीकान्त अब आनेवाले होंगे, इसलिए धीमी आँच पर चाय का पानी मैंने पहले ही चढ़ा दिया था।'

टैगोर पार्क के इसी डेरे में रहते श्रीकान्त की शादी हुई। नागार्जुन की राय थी कि श्रीकान्त अपने परिवार को साथ रखें, तो एक अलग कमरे की ज़रूरत हुई, और वे यमुना विहार के अपने नये डेरे में आ गये। नागार्जुन ने वादा किया अलग मकान के लिए जो किराया होगा मैं दूँगा और जब तक वे यमुना विहार में रहे, किराया उन्होंने ही दिया।

यमुना विहार में ही रहते नागार्जुन के मन में यह विचार आया था कि दिल्ली में ज़मीन का एक टुकड़ा हो जाये तो कितना अच्छा हो! आये दिन वह सुनते थे कि सुदूर दिल्ली का एक ग्रामीण इलाक़ा है सादतपुर, जहाँ कई लेखकों ने प्लॉट ख़रीदा है। वह जाकर देख आये थे। रमाकान्त वहाँ के सबसे पुराने बाशिंदा थे। उनका यह प्रयास रहता था कि और-और लेखक भी आकर सादतपुर बसें। विष्णुचन्द्र शर्मा और महेश दर्पण काफ़ी पहले आकर बस चुके थे। नागार्जुन ने बात-बात में चर्चा चला दी कि श्रीकान्त के लिए ज़मीन देखनी है। बाशिंदा लेखक बड़े प्रसन्न हुए। ज़मीन दिखायी गयी और उन्होंने पेशगी भी दे दी। श्रीकान्त बताते हैं—'एक दिन बाद उन्होंने मुझसे कहा कि मैंने ऐसे-ऐसे कर दिया है। कर दिया, तो पैसा कहाँ से आयेगा? पैसे का तो कोई जुगाड़ ही नहीं था। एक महीने का टाइम था उसमें। इन्हें जब लगा कि पैसे का इन्तज़ाम नहीं हो पाया तो वह वाणी प्रकाशन के पास गये। उस समय वाणी से उनकी दो-तीन किताबें छपी थीं, तो उन्होंने कुछ पैसे दिये। फिर भी पचास प्रतिशत अभी भी जमा करना शेष रह गया था। उस पैसे को इकट्ठा करना पिताजी के लिए दुष्कर हो रहा था और वह गुमसुम-सा रहने लगे थे। फिर किसी तरह इन्तज़ाम करके मामला ठीक हो गया।' विष्णुचन्द्र शर्मा ने पूरा विवरण लिखा है—

> वह सब्ज़बाग़ देख रहे थे—राजकमल प्रकाशन से इतने हज़ार, राधाकृष्ण से इतने हज़ार, वाणी से इतने हज़ार। ...उसी दिन मैंने रमाकान्त के साथ गली में ज़मीन का वह टुकड़ा दिखाया था बाबा को। बाबा ख़ुश नज़र

आये थे। एक दिन वे तीस हज़ार रुपये लेकर श्रीकान्त के साथ आये और कहा—बाक़ी अट्ठाईस हज़ार प्रकाशकों से ले लूँगा। कुछ दिन बाद मेरी सीढ़ी पर छड़ी बजा रहे थे। हाथ पकड़कर घर लाया। वे कहने लगे—'शर्माजी, वो ज़मीन...उनकी बात अधूरी रह गयी। उन्हें कहीं से और रुपये नहीं मिले थे। मैंने कहा—अब मैं और श्रीकान्त बाक़ी रुपये जुटायेंगे। और, यही हुआ भी।

दिल्ली के यमुनापार इलाक़े के बारे में कहावत है कि 'नानक दुखिया सब संसार/सारे दुखिया जमनापार।' और सादतपुर तो यमुनापार का भी यमुनापार था। इसे नागार्जुन दिल्ली की पूँछ का एक बाल बताते थे। रामकुमार कृषक ने अपनी एक कविता में अनुमान लगाया था कि वे कौन-सी ख़ूबियाँ रही होंगी सादतपुर की कि नागार्जुन ने एक नज़र देखते ही इसे पसन्द कर लिया। कविता की पंक्तियाँ हैं—'सोचा होगा, सादतपुर तो है दिल्ली में/लेकिन सादतपुर में दिल्ली अभी नहीं है/अभी शेष हैं कुछ निशान सूखे खेतों के/ फ़सलों-खलिहानों की कुछ यादें बाक़ी हैं/ बाक़ी हैं चौपालें-चारपाइयाँ-हुक्के/मैना गुर्जरियों के कुछ क़िस्से बाक़ी हैं/बाक़ी है गरमी का मौसम जाड़ा बाक़ी/बाक़ी महक मटीली पहली बरखावाली।'

प्लॉट पर एक छोटा मामूली-सा दो कमरों का मकान पहले से बना था। वह श्रीकान्त के परिवार के साथ वहाँ आ गये। और भी बहुत सारे लेखक वहाँ आकर बसे—रामकुमार कृषक, माहेश्वर, हरिपाल त्यागी, सुरेश सलिल, वीरेन्द्र जैन, रूप सिंह चन्देल, बलराम, धीरेन्द्र अस्थाना, हीरालाल नागर, राधेश्याम तिवारी। पंकज बिष्ट के शब्दों में कहें तो थोड़े ही दिनों में किसी जंगली बेल-सा फलता-फूलता, ऊबड़-खाबड़ गलियों और बने-अधबने या किसी तरह बना लिये गये मकानोंवाला, टाउन प्लानिंग की ही अवधारणा की खिल्ली उड़ाता यह इलाक़ा अन्तत: एक ऐसी भूल-भूलैया में विकसित हो गया कि कोई आगन्तुक कभी भी अपनी याददाश्त के बूते किसी निश्चित ठौर नहीं पहुँच सकता था।

वहाँ सड़क नहीं थी। ऊबड़-खाबड़ गड्ढों से लाठी टेकते नागार्जुन हर एक के घर पहुँचते, हर एक की खोज-ख़बर लेते। बरसात के दिनों में वहाँ भारी जल-जमाव होता था। यातायात के लिए पर्याप्त बसों की सुविधा नहीं थी। बलराम ने लिखा है, दिल्ली सरकार के एक पार्षद

कुलानन्द भारतीय एक दिन उनके घर आये। उन दिनों दिल्ली सरकार आज-जैसी नहीं होती थी। गवर्नर के अधीन पाँच-छह पार्षद हुआ करते और उन्हीं से शासन चलता था। कुलानन्द शिक्षा-पार्षद थे और साहित्य प्रेमी। बलराम ने उनसे कहा—'बाबा नागार्जुन के घर की गली में पानी भर जाता है। गली को देखिये और बाबा के दर्शन भी करिये।' उन्होंने बात मान ली। वह नागार्जुन के घर पहुँचे तो अपने इस छोटे-से घर में उन्हें देखकर भी वह निर्विकार बने रहे। कहा—बैठिये।

—नहीं, आज तो बस आपकी गली की हालत देखने आया हूँ।

—सिर्फ़ मेरी क्यों? सादतपुर की सारी गलियाँ देखिये। बारिश में यहाँ की जनता बहुत परेशान होती है। पीने का पानी तक उसे नहीं मिलता। बसें बहुत कम हैं। सब कुछ ठीक करिये, सिर्फ़ मेरी गली ठीक करने से क्या होगा?—नागार्जुन उखड़ गये।

रामकुमार कृषक अपना मकान बनवा रहे थे, जब भी उधर से गुज़रते, पूरा मुआयना करते। लेंटर पड़ गया था, पूरे घर में छत के नीचे बाँस-बल्लियाँ लगी थीं, लेकिन उनका मन हुआ अन्दर जाकर देखेंगे। नीचे सब ऊबड़-खाबड़, गिरने, चोट लगने का अन्देशा, लेकिन वह नहीं माने। कृषक जी ने उनके इस लगाव को लेकर कविता लिखी थी—

> उठते घर में बाबा आये/छत को देख बहुत हर्षाये/मज़दूरों का सीना देखा/बहता हुआ पसीना देखा/रहे देखते शीश उठाये/छड़ी लिये घर भर में डोले/मेरे सिर के बाल टटोले/कहा—नोट कहाँ से आये/उठते घर में बाबा आये/छत को देख बहुत हर्षाए...

और, नागार्जुन का अपना घर? दो कमरे पहले के बने थे। ख़ाली ज़मीन को घेरकर क्यारियाँ बना ली गयी थीं, जिन पर साग़-सब्ज़ियाँ उपजायी जातीं। गाँव-सा अभाव-मय, असुविधा-मय जीवन था। लेकिन नागार्जुन के लिए यही सही था क्योंकि सहज था। अब्दुल बिस्मिल्लाह जब यहाँ पहली बार उनसे मिल रहे थे, वह जाड़े की एक दोपहरी थी। बाहर आँगन की खुली जगह पर एक चारपायी बिछी थी। उस पर नागार्जुन बैठे थे। नीचे ज़मीन पर उनकी पत्नी बैठी थीं। बगल में बहू बैठी थीं। वह धूप सेंक रहे थे। नागार्जुन और अपराजिता को साथ-साथ यूँ बैठे देखकर अब्दुल को उनकी कविता 'यह तुम थीं' याद हो आयी। इसे वह

विद्यार्थियों को पढ़ाते थे। पूछा—'बाबा बुरा न मानें तो एक बात पूछूँ।'

—पूछो।

—'कर गयी चाक तिमिर का सीना में जो 'तुम' है, वह कौन है?'

—अरे! यही बुढ़िया है न!—नागार्जुन ने अपराजिता की तरफ़ इशारा करते कहा था।

मृदुला गर्ग की पहली मुलाक़ात यहीं उनके घर में हुई थी। कमरे का हुलिया बताती हैं—

> एक झिलंगी खाट, जिसकी रस्सियाँ झूल रही थीं नीचे। उस पर चारों तरफ़ मैगज़ीन, किताबें पड़ी हुई थीं। एक रेडियो था। उन सबके बीच में बाबा लेटे हुए थे। अन्दर से मैं हिल गयी थी। यह एक देश है, जहाँ पर राजनीतिज्ञ, अभिनेता, तस्कर, माफ़िया, ये सब कितना आलीशान जीवन जीते हैं और हिन्दी का इतना बड़ा कवि इस तरह रह रहा है? माने, उस तरह की खाट में आप सोच नहीं सकते कि कोई आदमी लेट सकता है।

सादतपुर में नागार्जुन ने अपना एक महापरिवार बसा लिया था। वह सुबह उठते, नाश्ता करके या नींबू की चाय पीकर घर से निकल जाते थे। बस्ती में उनके जितने भी परिचित परिवार थे, साहित्यिक या अन्य, सबके घर से होकर निकलते, आवाज़ देते, कहीं रुकते, गोष्ठियाँ जमाते वापस आते थे। खाना खाकर अख़बार पढ़ते फिर आराम करते। उठने के बाद फिर से वही क्रम चालू हो जाता था। जब भी यहाँ होते उनके दैनिक कार्यक्रम में कोई गतिरोध नहीं होता था। हाँ, यह ज़रूरी नहीं था कि वह अपने ही घर ठहरेंगे। हर घर उनका अपना घर था। कई बार होता कि वह चार दिन बाद अपने घर लौटते। अक्सर तो उनके घर पर पता भी नहीं होता कि वह कहाँ विराज रहे हैं। दरअसल, वह घर से तय करके ही निकलते थे कि आज कृषक के घर रुकेंगे, आज महेश के घर रुकेंगे। आत्मीयों को स्नेह देने का यह उनका तरीक़ा था। हर रोज़ अपने घर से निकलते और मिलते-मिलाते पाँच नम्बर गली तक जाते। टहलना भी हो जाता और सबकी राज़ी-ख़ुशी भी मिल जाती। यदि किसी के घर ताला लगा हुआ रहा और इसकी जानकारी उन्हें दी जाती, तो कहते—'कोई बात नहीं। मैं उनका दरवाज़ा छूकर चला आऊँगा। दरवाज़ा छूने भर से मिलने की अनुभूति हो जाती है।'

महेश दर्पण बताते हैं—'उस समय बहुत ऊबड़-खाबड़ थीं गलियाँ। उसी में बाबा लाठी टेकते हुए अपने घर से विष्णुचन्द्र शर्मा के घर तक सारी गलियाँ नाप लेते थे। उनको इससे कोई मतलब नहीं था कि कोई व्यक्ति साहित्यिक है या नहीं है। हर व्यक्ति के साथ उनका संवाद होता था। एक सईद नाई थे, जिनकी दुकान पर, बाल कटाना हो या नहीं हो, एक बैठकी ज़रूर होती थी। रमाकान्त, विष्णुचन्द्र शर्मा, त्रिलोचन, बाबा—सब लोग बैठकर वहाँ बातें करते रहते थे घण्टों। सईद की जब मृत्यु हुई तो हम लोग बात कर रहे थे कि एक अध्याय बाबा की मृत्यु के बाद ख़त्म हुआ सादतपुर का, और एक अध्याय सईद की मृत्यु के बाद।' सईद की दुकान गली में थी जहाँ दाढ़ी बनाते हुए सईद नागार्जुन से घण्टों बतियाते थे—अपनी, घर-परिवार की बातें और पूरी देश-दुनिया की। कौन-सी बातें होती थीं वे ? पूछने पर सईद बताते थे—'उनके साथ तो समझो मेरा घर का सम्बन्ध था। क्या-क्या बताऊँ उनके बारे में ? बहुत बातें हैं।' ऐसे ही एक और आत्मीय, पन्तजी थे, नन्दावल्लभ पन्त, जो गली में पान की दुकान चलाते। पहले उनकी दुकान मेन रोड में थी, फिर गली में, अपने घर आ गयी। पन्तजी उन्हें दधीचि कहते—'कहाँ सुबह-सुबह दधीचि को लेकर चले हैं!' पन्तजी बी.जे.पी. के लीडर थे। बताते थे—'लेकिन पार्टी का झण्डा मेरे घर पर बाबा ने कभी नहीं लगने दिया। कहते थे—पन्त, यह घर सिर्फ़ तेरा नहीं है, मेरा भी है। यहाँ नागार्जुन बैठता है।' उस दिन सईद और पन्तजी मिलकर नागार्जुन को सड़क पार करा रहे थे—दोनों ओर से दोनों बन्धु उनकी बाँह पकड़े हुए। उचक-उचक कर चल रहे थे वह। ग़ज़ब की स्फूर्ति और खिला हुआ रंग...। मुहल्ले के तमाम बच्चे, बच्चियाँ सिमटकर उनके गिर्द चले आते। वह उनसे खेलते या फिर वे भी इनसे। शब्दहीन संवाद, मुस्कानों का आदान-प्रदान। फिर वह टॉफियाँ बाँटते। यह दृश्य बराबर देखा जा सकता था। कभी-कभी बड़े बच्चे उन्हें पहचान लेते—'आप नागार्जुन हैं। आपकी कविता हमारे कोर्स में चलती है।' वह मज़ाक़ करते—'नहीं, नहीं, वो आदमी मैं नहीं, मेरा छोटा भाई है। वही वो काम करता है।' कभी-कभी तो कुछ बच्चे भी सम-तल पर उतर आते थे—'आप झूठ बोलते हैं। आप ही नागार्जुन हैं।' अकारण नहीं कि विष्णुचन्द्र शर्मा उन्हें 'वृद्ध शिशु' कहते थे। कभी-कभी बच्चों के अध्यापक आते। बड़े उत्साह के साथ वे बताते कि हम

बच्चों को आपकी कविताएँ पढ़ाते हैं।

सादतपुर में नागार्जुन रहते तो उनसे मिलने आनेवाले लोगों की शृंखला बनी रहती। तरुण-युवा लेखक-पत्रकारों से लेकर वरिष्ठों तक। कभी-कभी तो बौद्ध-भिक्खु भी आते। प्रणति कर बताते कि हम आपके उन शिष्यों में से हैं, जिन्हें आपने विद्यालंकार परिवेण में आँखें दी थीं। एक दिन रामविलास शर्मा अपने भाई मुंशी और दामाद के साथ आये। उस दिन के ठहाके सादतपुर की गलियों के लिए यादगार थे। अधिकतर तो वह अपनी रौ में होते। इण्टरव्यू लेनेवाले लोग उन्हें ख़ासा परेशान करते। बेवक़ूफ़ी भरे प्रश्नों से, आवाज़ रिकॉर्ड करनेवाले टेपरिकॉर्डर से, वीडियोग्राफी से, यहाँ तक कि फ़ोटो लेनेवाले क़ैमरे तक से उन्हें बहुत असुविधा होती थी। वह भी बचाव के लिए एक-से-एक काट निकालते रहते। तारीख़ पर तारीख़ देने से कच्चे लोग तो यूँ ही छिटक जाते थे, शेष बचे हुओं से बात करने में वह भी अपना आनन्द खोज लेते थे। प्रश्नकर्ता के सारे प्रश्न धरे के धरे रह जाते और वह अपनी ओर से ही प्रश्न पैदा कर लेते—'पूछो, ऐसी क्या मजबूरी थी कि कविता छोड़कर उपन्यास लिखने लगे—'कैसा रहेगा यह प्रश्न? अच्छा है न?' एक दिन डॉ. विजयेन्द्र स्नातक ने नागार्जुन से कहा—'आप लोग तो हमें सादतपुर बुलाते ही नहीं।' नागार्जुन बलराम से बोले—'यहाँ, सादतपुर में पाँच सौ भैंसें हैं और हर पाँचवें घर में कण्डे पथते हैं, इसलिए यह साहित्यपुरी नहीं, 'कण्डापुरी' है। फिर भी न जाने क्यों लोग सादतपुर आना चाहते हैं! अब डॉ. विजयेन्द्र स्नातक आयेंगे तो उनके लिए टैक्सी-भाड़े का तो प्रबन्ध होना चाहिये, तो क्यों न ऐसा किया जाये कि अभी त्रिलोचन को मैथिलीशरण गुप्त सम्मान मिला है तो उनके साहित्य पर एक चर्चा-गोष्ठी रख ली जाये।'

'कण्डापुरी' कहा उन्होंने, लेकिन मर्म की बात विष्णुचन्द्र शर्मा को बतायी थी।

—'यही तो है सादतपुर में बचा हुआ अपना तरौनी गाँव।'

तिपहिया रेहड़ी पर एक ग्रामीण गन्ना चूसता हुआ चला जा रहा है। नागार्जुन महेश दर्पण से कहते हैं—'देखिये दर्पण जी, क्या कविता है! सड़क पर यूँ नज़र आती है कविता।'

—लेकिन आपकी तरह देखनेवाला भी होना चाहिये। सड़क पर दीखनेवाली कविता बड़ी कविता होती है!

—निश्चित। वह सड़क छाप नहीं होती, सड़क पर दिख रही होती है!

—जैसे निराला की 'वह तोड़ती पत्थर'।

—वह सड़क-गीता है!

कविता लिखने का मूड हो तो सबसे सही माहौल उन्हें हरिपाल त्यागी के घर मिलता था। एक बार देखा, त्यागी जी का बेटा बछड़े की तरह उचक-उचक कर चल रहा था। नागार्जुन को मज़ा आ गया। उन्होंने त्यागी जी को दिखाया। बोले—'वाह! क्या छन्द है! जीती-जागती दृश्य कविता!'

एक दिन कभी विश्वनाथ त्रिपाठी के घर थे तो एक दुपहर त्रिपाठी जी ने देखा, फ़र्श पर पड़ी किसी चीज़ को वह बहुत देर तक निहारने में तन्मय हैं। समाधि लगी हो मानो। उन्हें जब त्रिपाठी जी की आहट लगी, बोले—'देखो, साक्षात् कविता है यह!' वह उनकी नतनी (५ साल) की छोटी-छोटी चप्पलें थीं। घर-भर में नागार्जुन की सबसे अधिक उसी बच्ची से पटती थी। त्रिपाठी जी ने लिखा है—'रचना-समाधि में लीन उनका वह चेहरा मैं कभी नहीं भूल सकता।'

सड़क किनारे बन रहे बहुमंज़िला मकानों को देखकर कहते—'अब सादतपुर में लखपतिए बहुत हो गये हैं। लेकिन ये देखिये, गाड़ियों से रास्ते ख़राब हो रहे हैं। ये न होतीं तो बड़ी फ़ज़ीहत होती।'

रास्ते में सुलभ इण्टरनेशनल में काम करने वाले मिश्रा जी मिलते हैं। सविनय प्रणाम वग़ैरह होता है तो उनसे कहते हैं—'आपकी कम्पनी तो हवाई जहाज़ों में उड़ रही होगी!'

—कम्पनी नहीं, संस्था कहिये बाबा!

आगे कहीं एक-दूसरे बूटेड सज्जन नमस्कार करते हैं। महेश दर्पण से कहते हैं—'जो भागकर अमेरिका चला जाता है, वह समझता है हम मुक्त हो गये। यहाँ आता है तो लोग उसके कपड़े छूकर देखते हैं! लाल क़िला के सेकेण्ड हैंड मार्केट से एक बार हम भी दो कोट ले आये।' किसी ने पूछा—'कहाँ का है, तो हमने कह दिया मेनचेस्टर का!'

—चकमक दिखायी दे बस, पेट में क्या है, यह कोई नहीं देखता!

—निराला ने कहा था न, 'हाय रे मयूर व्याल!'

एक दिन बलराम को बताने लगे—'हमारे पूर्वज कहा करते थे कि रात में सोने से पहले खीर खाओ तो अच्छे सपने आते हैं, लेकिन मलाई खाकर सोने से तो हसीन सपने आते हैं। बंगाल की महिलाएँ अच्छी किताबें सिरहाने रखकर सोती हैं। वे मानती हैं कि अच्छी और सुन्दर चीज़ें आसपास हों तो नींद बहुत अच्छी आती है। कलकत्ता की स्थापना के तीन सौ वर्ष पूरे होने पर पश्चिम बंग सरकार ने अपना पूजा पर्व 'कोलकाता समारोह' को समर्पित कर दिया था। इसे कहते हैं सही मायने में सांस्कृतिक होना लेकिन हिन्दीभाषी इलाक़ों के संस्कार तो धुर सामन्तवादी हैं।'

एक दिन कृपाशंकर चौबे साक्षात्कार लेने आये। पूछा—युवा वर्ग के लिए आपका सन्देश? बोले—'नयी पीढ़ी को ग़ुस्सा आना ज़रूरी है। ग़ुस्से की बात वे करते भी हैं पर जब कुछ करने की ज़रूरत होगी तो मुँह छिपा लेंगे। कभी-कभी लगता है यह पीढ़ी डरपोक है क्या! आक्रोश के पीछे ठोस चिन्तन विकसित क्यों नहीं हुआ, इसकी पड़ताल होनी चाहिये।'

एक दिन घूमते-घामते वीरेन्द्र जैन के घर पहुँचे तो पाया, उनके अचानक आने से वीरेन्द्र ने कोई चीज़ तकिये के नीचे छिपा ली। इधर नागार्जुन का सिद्धान्त यह कि 'आप पीठ खुजलाते हों तो हम उघाड़कर देखेंगे कि कहीं घाव तो नहीं। हमारे लिए तुम्हारा जीवन ज़्यादा मूल्यवान्, तुम्हारी भद्रता का कोई मूल्य नहीं।' वह बुरी तरह वीरेन्द्र पर सवार हो गये कि दिखाओ, तुमने क्या छिपाया। अन्ततः वीरेन्द्र को हारना पड़ा। वह अटल बिहारी वाजपेयी के कविता-संग्रह की पाण्डुलिपि थी जो प्रवीण प्रकाशन से आने वाली थी। वह उसका प्रूफ़ देख रहे थे। छिपा इसलिए रहे थे कि दक्षिणपन्थी पुरोधा का प्रूफ़ एक वामपन्थी पढ़ रहा था। खिसियाकर बोले—'प्रूफ़ ही तो पढ़ रहा हूँ। और क्या कर रहा हूँ? लीजिये, देख लीजिये। पेट के लिए क्या नहीं करना पड़ता है।' नागार्जुन ने बड़ी ही सहजता से जवाब दिया—'तो इसमें छिपाने की क्या बात थी? अटल बिहारी भी अपने ढंग का अच्छा कवि है, जो मन में आता है बिना बनावट के लिख देता है।'

इस घटना का उत्तर-प्रसंग प्रभात रंजन ने फेसबुक पर लिखा है—

> कहानी यहीं नहीं ख़त्म हुई। लेखक महोदय प्रूफ़ पढ़ने के बाद अटल जी के यहाँ गये। उन्होंने अटल जी को पूरा क़िस्सा सुनाया। अटल जी आँखें बन्द करते हुए सुनते रहे। क़िस्सा तब का है जब अटल जी प्रधानमन्त्री नहीं थे। क़िस्सा सुनकर उठे और घर के अन्दर चले गये। थोड़ी देर बाद आये और पूछा—तो आपने क्या कहा, बाबा नागार्जुन क्या कह रहे थे? फिर उन्होंने पूरी कहानी सुना दी। अटल जी फिर उठे और दूसरे कमरे में चले गये। अन्दर से आये और फिर वही पूछा—तो बाबा नागार्जुन क्या कह रहे थे? फिर उन्होंने पूरी कहानी सुना दी। अटल जी फिर उठे और दूसरे कमरे में चले गये। अब वापस आकर उन्होंने तीसरी बार फिर वही पूछा तो लेखक महोदय का धैर्य जवाब दे गया। वे बोले कि एक ही बात आप बार-बार क्यों पूछ रहे हैं? अटल जी ने कहा—आप नहीं समझेंगे। आज तक इतने बड़े किसी कवि ने मेरे पीछे मेरी कविताओं को अच्छा नहीं कहा था।

एक और दिन नासिर अहमद सिकन्दर ने उनसे पूछा—साम्यवाद का क्या भविष्य होगा? बोले—'जब तक फटी बनियान पहनकर रिक्शावाला चलेगा तब तक साम्यवाद रहेगा।'

भगत सिंह पर एक दिन गोष्ठी आयोजित की गयी। उसमें नागार्जुन बोले—'भगत सिंह के समय क्रान्ति का एक राजपथ था, आज हम सब क्रान्ति की टेढ़ी-मेढ़ी पगडण्डियों पर खड़े हैं।'

सफदर हाशमी की हत्या से बहुत विचलित हुए। कह रहे थे—'गुण्डातन्त्र के सघन जाल वाले इलाक़ों में इस तरह निहत्थे कलाकारों को मैदान में उतार देना आत्मघाती क़दम है। ऐसे तो सारी प्रतिभाएँ गुण्डातन्त्र की बर्बरता का शिकार होती चली जायेंगी।' दीवाली के दिनों बलराम एक शाम आये तो उनसे कहा—'गाँव में अगर किसी सम्भावनाशील प्रतिभाशाली युवक की मृत्यु हो जाती तो पूरा का पूरा गाँव शोक में डूब जाता था और अगर उस दिन दीवाली-होली जैसा कोई पर्व हुआ तो गाँवभर में न एक दीप जलता था, न भंग-तरंग जैसा कुछ होता था। आज अगर किसी शहरी को यह बात बतायी जाये तो कहेगा, आप किस पिछड़े समाज की बात कर रहे हैं, लेकिन मैं पूछना चाहता हूँ कि क्या वह समाज पिछड़ा हुआ है?' साम्प्रदायिकता पर बात होने लगी तो बोले—'साम्प्रदायिकता

तो ऐसा ज़हरीला जंगल है, जिस पर निर्ममता से तब तक बुल्डोज़र चलाने की ज़रूरत है जब तक समूचा जंगल ज़मींदोज़ न हो जाये। अपने यहाँ छात्रों की किताबों में प्राय: गाय की तस्वीर छाप देते हैं, जबकि देश के बहुत-से हिस्से हैं, जैसे नागालैण्ड, जहाँ के लोग गाय से चिढ़ते हैं क्योंकि उनके लिए सूअर ज़्यादा उपयोगी है तो कहीं मछली बड़े काम की होती है। अकाल पड़ता है तो थोड़े से अन्न और मछली से काम चल जाता है। अपना देश बहुभाषी और बहुजातीय है, उसकी विविधता में उसे स्वीकार करने की कला हमें सीखनी होगी वरना अनन्तकाल तक हम साम्प्रदायिक दंगों में रक्तस्नान करते रहेंगे।'

कई चीज़ों के बारे में नागार्जुन के अलग ही विचार होते थे। अक्सर तो वे इतने ताज़ा और धारदार लगते कि चकित करते थे। उनका कहना था कि रेडियो पर भजन बजना बन्द होना चाहिये, क्योंकि कर्महीन चिन्तन हमारी वास्तविक परम्परा नहीं है, और जितना कूड़ा-कचरा लोगों के भीतर जमा है, सदाचार का प्रचार करने से उसका कुछ नहीं बिगड़नेवाला, इसके लिए तो 'विराट क्रान्तिकारी' शक्ति ही चाहिये। कर्मचेतना वाले लोगों की धर्म पर निर्भरता देखते तो बहुत दुखी होते थे। कहते थे कि ग़रीब की कोई भलायी धर्म से नहीं होनेवाली है, बल्कि वे ग़रीब ही हैं जिन्हें धर्म को ज़िन्दा रखने के लिए मजबूर किया गया है। 'धर्म उन्हें भाग्यवादी और जड़वादी बनाता है जिसके कारण वे असली दुश्मन से एकजुट होकर लड़ने के बदले आपस में ही लड़ते रहते हैं। इससे उनका शोषण करना आसान हो जाता है।'

आर्थिक-सामाजिक-सांस्कृतिक क्षेत्रों में स्थिरस्वार्थ ब्राह्मणवादियों का छलछद्म उन्हें इतना आहत करता था कि कई बार यहाँ तक कह जाते कि 'छोटे-छोटे टुकड़ों में कभी भारत बँटे, गृहयुद्ध हो तो ये चीज़ें जल जायें।' उनकी समझ थी कि 'नया भारत' इसी ओर बढ़ रहा है। कहते थे, संविधान सभा का फिर से गठन होना चाहिये। सरकार को पाँच साल का मौक़ा देना कोई विधाता का लेख नहीं है, वापस बुलाने की स्पष्ट व्यवस्था रहनी चाहिये। छह हिन्दी भाषी राज्यों का बजट एक साथ होना चाहिये ताकि आर्थिक-सामाजिक-राजनीतिक लक्ष्य प्राप्त किये जा सकें। वह माँग करते कि जिस तरह 'ग़रीबी रेखा' होती है, वैसी ही 'अमीरी रेखा' भी होनी चाहिये। और सरकार यदि जनता की आर्थिक

सहायता में पूर्ण विकलांग है तो कम-से-कम यही कर दे कि साल में एकाध बार देश-दर्शन ही करा दे, कूप-मण्डूकता तो ख़त्म होगी।

स्त्रियों की दशा को लेकर अधिक चिन्तित रहते थे। एक दिन रूपसिंह चन्देल अपनी नयी किताब देने आये तो देखा, चन्देल ने अपनी माँ को किताब समर्पित की हुई थी लेकिन माँ का नाम नहीं लिखा था। डाँटा, कि माँ का अपना नाम भी होता है, उनका अपना व्यक्तित्व भी है। विवाह-संस्था से नाराज़ रहते। कहते कि आदमी की तीन-चौथायी ऊर्जा तो दाम्पत्य और परिवार के झमेले ही सोख लेते हैं। कस्मै देवाय हविषा विधेम? विवाह देवाय। इसकी तुलना में लिव-इन रिलेशन उन्हें कहीं ज़्यादा सही लगता। युवा लेखकों से आग्रह करते कि 'अविवाहित मातृत्व को पकड़िए। इसे अपना समर्थन दीजिये। इस पर लिखिये। इसे लोकप्रिय बनाने का अभियान चलाइये। समाज से इसे स्वीकृति दिलाइये।'

कुछ चकित लोग इस पर बहस करने लगते थे—इसके अपने ख़तरे भी हैं बाबा!

—'हाँ। ख़तरे ज़रूर हैं। लेकिन यह भी तो देखिये कि वैवाहिक व्यवस्था से कम ख़तरे हैं या ज़्यादा। मुझे तो लगता है कि कम ख़तरे हैं। लोगों को अपरिचित लगता है तो यह बात दूसरी है। मैं पूछता हूँ, वैवाहिक व्यवस्था आपको सुरक्षित और ग़ैर-ख़तरनाक क्यों लगती है? इसीलिए न कि इसे आपने स्वीकार कर लिया है और बन्धन में बँध गये हैं। भ्रष्टस्य कान्या गतिः ?'

पर कभी जब स्त्रियों पर उनका ग़ुस्सा भड़कता, कहते—'ये ससुरी अभी दो सौ साल और ग़ुलाम रहेंगी।' —क्यों बाबा, क्यों? —लोग पूछते, तो बताते—'देखते नहीं, ये सिल्क साड़ियों, महँगी चप्पलों, इत्र और गहने की दुकानों को! औरतें जब तक इनसे मुक्त नहीं होतीं, ये कैसे आज़ाद हो पायेंगी? आज़ादी को पाने के लिए इन्हें अपनी इन इच्छाओं को मारना होगा।'

लेकिन, सहजीवन का सौन्दर्य उनके लिए फिर भी बहुत मूल्यवान था। रामकुमार कृषक की बेटी की शादी थी तो उस समारोह में वह गये। शोर-शराबे से परेशान होने लगे तो बोले—'महेश हम तुम्हारे घर चलेंगे।' वहाँ पहुँचकर कहने लगे कि हम यहाँ सोयेंगे और सुबह जब

बेटी विदा होने लगे तो जगा देना, हम उसे आशीर्वाद देंगे। पर, रात में बहुत कम सोये और लगभग सारी रात बातें करते रहे। सुबह पाँच बजे बेटी विदा होने लगी तो तुरन्त बाहर निकलकर उसे आशीर्वाद दिया और अश्रुपूरित नेत्रों से अपने घर की तरफ़ चले गये। और उन्हीं कृषक जी के बेटे की जब शादी हो रही थी, उन्होंने कहा—'कोई पण्डित-वण्डित की ज़रूरत नहीं है, मैं करवाऊँगा शादी।' दरियागंज में शादी होनी थी। वह गये और मन्त्रोच्चारपूर्वक शादी करायी।

विष्णुचन्द्र शर्मा के घर जाते तो रैक में सजी ढेर सारी किताबें चौकी पर उतार लेते फिर उलटा-पुलटा कर देखते रहते। एक दिन शर्मा जी ने कहा—'बाबा, सहस्र नेत्र तो मैंने सुने भर थे आप तो सहस्रनेत्रों से ये सारी पुस्तकें पढ़ रहे हैं!' बोले—'कुछ लोग पोथी-पण्डित होते हैं, कुछ मेरी तरह ढाई आखर पढ़ते हैं। इन्हें छूते ही एक-एक पुस्तक मुझसे बोलने लगती है। इसे मैं स्पर्श-ज्ञान कहता हूँ।'

शर्मा जी के घर काम करने एक औरत आती थी। उसका नाम सेठानी था। एक दिन सेठानी ने उन्हें पैर छूकर प्रणाम किया। उन्होंने कोट की जेब से बीस रुपये निकाले और उसे दे दिये। पड़ोसी बिष्ट जी की पत्नी दीपा ने मुर्गियाँ पालीं। इसे नागार्जुन 'सादतपुर की विकास-कथा' कहते थे। पहले लोग कुत्ते-कुतिया पालते थे। उन्होंने दीपा से कहा—'हम तुम्हारे परमानेंट ग्राहक हुए।' अब वह रोज़ सुबह एक अण्डा उबालकर, चार टुकड़े कर, नमक लगाकर उन्हें खिला जाती थी।

१९९४ में जब साहित्य अकादेमी ने नागार्जुन को महत्तर सदस्यता प्रदान करने की घोषणा की, वह दरभंगा में थे। उन्होंने साफ़ कह दिया कि जिसको जो कुछ देना-वेना हो, घर पर आकर दे, मैं कहीं नहीं जाऊँगा। घर मतलब? दरभंगा? दरभंगावाले चाहते भी थे कि वह यहीं रहते सम्मान ग्रहण करें। लेकिन, उनकी तबीयत हो आयी कि नहीं, इसे वह सादतपुर में ग्रहण करेंगे। वहाँ साहित्यिकों-ग़ैर साहित्यिकों का एक महापरिवार था, उनके बीच लेना ही शोभता था—केवल इतनी बात नहीं थी। उस गाँव के प्रति एक सद्भावना भी थी कि कुछ भला हो सकता हो इससे तो हो ले। साहित्य अकादेमी ने सहमति दी। लेकिन, समस्या थी कि लोग वहाँ जायेंगे कैसे? रास्ता नहीं था, ऊबड़-खाबड़ गड्ढे थे। महेश दर्पण और अन्य लोगों ने अख़बार में लिखा कि अगर राज्यपाल या

कोई वहाँ जायेंगे तो चलेंगे कैसे? रातोंरात शासन ने नागार्जुन के सामनेवाली गलियों में ईंटे बिछवायीं ताकि लोग ढंग से आ-जा सकें। लेकिन, शासन की सनातन दरिद्रता वहाँ भी साफ़ देखी गयी। केवल उतनी ही दूरी में गड्ढे भरवाये गये, ईंटें बिछवायी गयीं जिससे नागार्जुन के घर तक पहुँचा जा सके। और जिस दिन समारोहपूर्वक यह सम्मान उन्हें दिया गया, समारोह में ख़ूब चहल-पहल थी। अकादेमी के अध्यक्ष यू.आर. अनन्तमूर्ति के साथ इन्द्रनाथ चौधुरी, के. सच्चिदानन्दन थे, और सादतपुर का अपना महापरिवार। दूरदर्शन, दिल्ली के अनुरोध पर नागार्जुन ने अपनी कुछ हिन्दी-मैथिली कविताएँ सुनायीं। रमेश उपाध्याय ने पूछा—'अब तो फ़ेलो हो गये आप। सुना है, कई यात्राओं का ख़र्च अकादेमी देती है। तो, क्या सोचते हैं?' तपाक से नागार्जुन ने जवाब दिया—'सोचते हैं, कुछ हफ़्ते लन्दन हो आयें।' फिर तो जो लेखक-समुदाय की हँसी छूटी, उसका सीधा व्यंग्य-बाण अकादेमी के अध्यक्ष की ओर था। विष्णुचन्द्र शर्मा ने लिखा है—

> शामियाना लगा था, आँगन में कुर्सियाँ लगायी गयी थीं। और बाबा को 'फ़ेलोशिप' देनेवाले सज्जन अँग्रेज़ी में वक्तव्य दे रहे थे। ...उस पूरे समारोह में बाबा ने एक शब्द नहीं कहा, केवल मेरी ओर देखते रहे। मीडिया वालों ने इण्टरव्यू लेना चाहा, लेकिन उन्होंने किसी से कोई बात नहीं की। आहत थे वे...।

शर्माजी ने कहा—अब तो सरकार आपकी ड्योढ़ी तक आ गयी है।

नागार्जुन बिगड़ पड़े—सरकार पानी भी देती है, बिजली भी देती है।

शर्माजी को हँसी आ गयी—बाबा, सरकार गोली भी चलाती है!

और जब शामियाना उखड़ गया था, शर्माजी ने अफ़सोस के साथ उनसे कहा था—शासन के कुछ और सत्य हैं, जनता के कुछ और। नागार्जुन ने उनकी हथेली दबाते हुए जवाब दिया था—'विष्णु, अपन लोग जनता के कुछ और सुख के लिए ही तो सादतपुर के निवासी हैं।'

सादतपुर को रमाकान्त 'बाबा का गाँव' कहते थे। जब रमाकान्त का निधन हुआ, निगमबोध घाट पर उन्हें अन्तिम विदा देते समय विष्णुचन्द्र शर्मा को उनकी वही, कहनेवाली मुद्रा याद आती रही थी—सादतपुर बाबा का गाँव है! और, जब-जब नागार्जुन बस्ती में सबकी ख़ैर लेते हुए

टहल रहे होते थे, रमाकान्त के ख़ाली मकान, अकेले खड़े पेड़, बन्द दरवाज़े के पास ठहर जाते थे। उसाँसें लेकर कहते थे—'उसे अभी नहीं जाना था।'

नागार्जुन का स्वास्थ्य अब जर्जर होने लगा था। अक्सर शाम का वक़्त दमे की परेशानी में गुज़रता। बँधी-बधायी खुराक लेते थे। सुबह नौ बजे ज़रा-सा दलिया। डेढ़ बजे भोजन और रात को नौ बजे। बीच में दूध में पानी मिलाकर उसके साथ कम्प्लान, बूस्ट या बोर्नविटा। एक बार बहुत बीमार हो गये। भूख लगती ही नहीं थी। उन्हें अस्पताल ले जाया गया। वहाँ डॉक्टर चकित। पूछा—इन्होंने कब से कुछ नहीं खाया? समझ में नहीं आता मोशन नहीं हुआ है, पेट अन्दर से सूख गया है दवाइयाँ ले-लेकर।'

वह भोजन ही था जो दुनिया से उन्हें जोड़कर रखे हुए था। अब वह क्षीण हो रहा था। लम्बे इलाज के बाद उन्हें ठीक किया जा सका, कामचलाऊ। लेकिन, नागार्जुन का मन था कि अब भी मानने को तैयार नहीं। एक दिन उन्होंने माहेश्वर से कहा—'चण्डीगढ़ जाना है। और, पहाड़ का भी एक चक्कर लगाना है!' माहेश्वर ने प्रश्नाकुल निगाहें श्रीकान्त की ओर फेरीं। श्रीकान्त ने धीमी आवाज़ में कहा—'कहाँ जा पायेंगे? कमज़ोर बहुत हो गये हैं। अब इनसे यात्राएँ नहीं हो सकेंगी। बस, मन के लड्डू खा रहे हैं।' यात्राएँ तो वह सादतपुर से करते ही रहे थे—दिल्ली की भी, दिल्ली के बाहर भी। हफ़्तों घर नहीं लौटना होता। घर पर होता कि वह कहाँ हैं! पर, अब इस अतन्द्र यात्री की बाध्यतामूलक थकान के दिन आ रहे थे।

उन्हीं दिनों विजय बहादुर सिंह विदिशा से मिलने आये। पहुँचते-पहुँचते देर रात हो गयी थी। नागार्जुन सोने चले गये थे। विजय बाबू का बिस्तर भी उन्हीं के कमरे में लगाया गया। खा-पीकर अँधेरे में टटोलते बिस्तर पर जाकर सोये तो मिनट-दो मिनट के भीतर किसी के हाथ की उँगलियाँ बालों पर फिरतीं महसूस कीं। वह नागार्जुन थे। कह रहे थे—'इस बार तुम्हारे बाल तो और भी कम हो गये!' पूछा—'विदिशा कब लौटोगे?' —सुबह की किसी गाड़ी से। —मैं भी चलूँ? —हाँ, चले चलिये! सुबह श्रीकान्त उन्हें चाय देने आये तो चिन्तित और गम्भीर थे—आपने रात में उनसे क्या कह दिया? सबेरे से बिस्तर वग़ैरह तैयार किये आपके साथ जाने को तैयार बैठे हैं। उनके स्वास्थ्य का हाल तो आप देख ही रहे हैं। मुश्किल यह है कि हमारे कहने से वे माननेवाले भी नहीं हैं। चिन्तित होने की बारी अब विजय बहादुर की थी। उन्होंने नागार्जुन से कहा—'रात में तो

मैंने कह दिया था, लेकिन बाद में याद आया, खाना बनानेवाली बाई दूर चली गयी है। सविता (भार्गव) और नीलेश (रघुवंशी) भोपाल शिफ्ट हो चुके हैं। मेरा भी पूरा दिन भोपाल अप-डाउन में गुज़रता है। आपकी सेवा और देखरेख दिनभर कौन करेगा? मैं कोई व्यवस्था कर लूँ फिर आप चलियेगा।' नागार्जुन रुआँसे हो गये। वह समझ गये कि उन्हें धोखा दिया जा रहा है। विदा होते समय विजय बाबू ने प्रणाम किया तो टोका तक नहीं, जैसे कोई नाता ही न बचा हो। वह उनकी आख़िरी मुलाक़ात थी।

दिल्ली में, या कहें कि मिथिला से बाहर कहीं भी, नागार्जुन की अन्तिम गोष्ठी थी—प्रकाशन विभाग द्वारा आयोजित 'नागार्जुन-सन्ध्या', जिसका आयोजन १ जून, १९९६ को किया गया था। उस साल इसी दिन ज्येष्ठ पूर्णिमा पड़ती थी। कार्यक्रम के लिए पंकज बिष्ट छह महीने से प्रयास कर रहे थे। बरसों से यह होता आ रहा था कि नागार्जुन अपने जन्मदिन पर ज़हरीखाल में होते। महेश दर्पण-वीरेन्द्र जैन के आग्रह-दुराग्रह पर उन्होंने बड़ी मुश्किल से सहमति दी थी कि इस बार दिल्ली में रहेंगे, या यदि वहाँ गये भी तो समय के पूर्व लौट आयेंगे।

प्रकाशन विभाग के बुकशॉप में आयोजन रखा गया था। एक अविस्मरणीय अवसर की तरह दिल्ली ने इसे लिया था और तमाम बड़े लोगों की उपस्थिति वहाँ थी। श्रोताओं का ऐसा हुजूम उमड़ा था कि हॉल छोटा पड़ गया था। नागार्जुन का स्वास्थ्य यद्यपि जर्जर चल रहा था, लेकिन वह काफ़ी उत्साह में थे, और 'हिरनौटे की तरह उछल रहे थे।' साहित्य अकादेमी की ओर से उन्हें शॉल भेंट किया गया, विश्वनाथ त्रिपाठी ने उनके अवदान पर चर्चा की, युवा कवियों ने उनकी कविताओं का पाठ किया, और आग्रह किया गया कि वह भी कुछ कहें। उन्होंने अपनी बाङ्ला और संस्कृत कविताएँ सुनायीं। आमि मिलिट्रीर बूढ़ो घोड़ा। महामुनि अगस्त्य। व्याख्या भी करके सुनायी। स्पष्ट था कि चेतना के तल पर पूरे दमखम के साथ वह अपनी जगह कायम थे। कहने लगे—बुढ़ापे में अब भी रात के अँधेरे में तकिये के नीचे नोट गिनने में मज़ा आता है। और यह कहते हुए बाक़ायदा नोट गिनने का अभिनय किया। लोग हँसने लगे। वह भी हँसने लगे। बोले—हमें बहुत अच्छा लगेगा यदि कार्यक्रम समाप्त होने के बाद ये हमारे थैले में दो-ढ़ाई हज़ार के नोट डाल दें। उनका इशारा सम्पादक 'आजकल' की ओर था। कई लोगों को

उनका यह कहना नागवार गुज़रा लेकिन स्पष्ट था कि वह आर्थिक कष्ट में थे। ख़ैर, पत्रम् पुष्पम् की व्यवस्था थी भी।

विश्वनाथ त्रिपाठी ने नागार्जुन-काव्य के महत्त्व का विस्तारपूर्वक आकलन किया तो बोले—'अपनी प्रशंसा में कुछ सुनना बड़ा टार्चरिंग है। लेकिन क्या करें! लोग घर से उठा ले आते हैं फिर प्रशंसा सुनाने लगते हैं।' सामने मंगलेश डबराल पर नज़र पड़ी तो बोले—'आजकल ये हम पर डॉक्यूमेन्ट्री बनाने में लगे हुए हैं। इसे हमारे अगले जन्म की तैयारी समझिये।'

फिर, उनकी निगाह नामवर सिंह पर पड़ी। कहने लगे—'जब अटल बिहारी वाजपेयी प्रधानमन्त्री हुए तो इन नामवर सिंह ने उन्हें बधाई पत्र लिखा।' चौंकानेवाली बात थी क्योंकि सभी जानते थे कि उनके प्रधानमन्त्री बनने पर नामवर जी ने एक राष्ट्रीय दैनिक में बहुत तीख़ा बयान दिया था। नामवर जी सहम गये और हँसी में उड़ाने की कोशिश की—'काहे हो बाबा...।' फिर नागार्जुन आलोचक वाली अपनी कविता सुनाने लगे—अगर कीर्ति का फल चखना है...। हिन्दी आलोचना के साथ नागार्जुन की यह शाश्वत कशमकश थी। संचालक ने बार-बार अनुरोध किया कि नामवर जी कुछ कहें, लेकिन वह टाल गये।

समापन वक्तव्य में अशोक वाजपेयी ने कहा—

> बाबा ने जितनी दुनिया देखी, हम उतनी दुनिया नहीं देख पायेंगे शायद हम उनकी तरह इतना जी भी नहीं पायेंगे। आज हमारे लिए यह एक सुखद आश्चर्य से भरा सुअवसर है कि हम सब यहाँ उस घटना को साक्षात् देख रहे हैं, जिसका नाम नागार्जुन है।

लेकिन, इस कार्यक्रम की सबसे यादगार बात थी कि नागार्जुन ने हाथ जोड़कर सभी से आशीर्वाद माँगा, यह कहते हुए कि 'आप सब आशीर्वाद दीजिये।' उस गोष्ठी में शायद ही कोई उम्र में उनसे बड़ा हो, पर आशीर्वाद तो शायद आत्माओं से माँगा जाता है।

और, उसी जून के अन्त में बड़े बेटे शोभाकान्त के साथ वह दरभंगा चले आये।

मैं न अभी मरनेवाला हूँ

आख़िरी दिनों में नागार्जुन का दिल्ली से दरभंगा लौटना कई लोगों को चकित करता है। दिल्ली राजधानी थी, और परिस्थिति आने पर उनके आत्मीय जन वहाँ बेहतर चिकित्सा-सुविधा जुटा सकते थे। उनको चाहनेवाले भी वहीं अधिक थे और दूर रहनेवालों के लिए भी वहाँ पहुँचना सुगम था। सादतपुर में ही उनके प्रेमी इतनी संख्या में थे कि काफ़ी अन्त तक उनके जीवन में गतिशीलता कायम रखने की उम्मीद की जा सकती थी। पंकज बिष्ट ने 'कथादेश' में लिखा था—

> विचित्र बात यह है कि बीमारी में वह दिल्ली नहीं हैं, जहाँ सादतपुर में उनका एक मकान है और छोटे बेटे रहते हैं। कहना अनावश्यक है कि दिल्ली से बेहतर मेडिकल सुविधाएँ और कहाँ मिल सकती हैं!

फिर दिल्ली से दरभंगा क्यों? शम्भुनाथ उन्हें देखने दरभंगा आये तो ठीक यही प्रश्न उन्होंने नागार्जुन से पूछा था। लेकिन जवाब शब्दों में नहीं था। उन्होंने शम्भुनाथ की हथेली पकड़ रखी थी, प्रश्न सुनकर शरारतन अपनी उँगलियों से उसे दबा दिया। जैसे बता रहे हों कि दरभंगा आकर क्यों जम गये। शम्भुनाथ ने उस स्पर्श-भाषा की व्याख्या की है—

> इतनी ख़राब शारीरिक दशा में भी बाबा का बाबापन खेल रहा है। वह फुटबाल किक नहीं कर पा रहे हैं, लेकिन मैदान में हैं। जिस कवि-लेखक ने दो-चार नहीं, हर पोजीशन से पूरी दुर्द्धर्षता के साथ खेला हो और रेफरी की सीटियों की भी कई बार परवाह नहीं की हो, वह मैदान से बाहर नहीं हो सकता और न ही उसका खिलंदड़ापन साँस का साथ छोड़ सकता है।

दरभंगा आने के पीछे सबसे बड़ा कारण था मिथिला के प्रति उनका अव्याख्येय अनुराग जो उन्हें बुरे से बुरे दिनों में भी आश्वस्ति दे सकता था। बरसों पहले उन्होंने मैथिली में यह कविता लिखी थी—

> निखिल विश्व प्रिय, निखिल भूमि प्रिय/निखिल लोक प्रिय हमरा/तइयो अपने माटिक सौरभ/लय आकुल मन भमरा/ सभसँ प्रिय निज देस।

यूँ तो समूचा विश्व, सारी भूमियाँ, सारे लोग मुझे प्रिय हैं, लेकिन मेरा मन जिसके लिए आकुल रहता है, वह तो अपना देस मिथिला ही है। उन्होंने अपनी रचनाओं में ऐसे लोगों को मातृभूमि की असल शक्ति बताया जो जहाँ उदय होते हैं, ठीक वहीं अस्त को प्राप्त करते हैं। असल शक्ति इसलिए कि वे अपनी मातृभूमि के काम आते हैं। ये सब बातें सिर्फ़ कविता की बातें नहीं थीं, उनके संस्कार का हिस्सा थीं। यह और बात है कि तरौनी जाकर वह फिर भी नहीं रह सकते थे। यह उनकी चाहत में भी नहीं था। वह गाँव के आदमी थे लेकिन शहर में रहना पसन्द करते थे। ग्रामीणता उनके भीतर इतने समूचेपन के साथ उतरी थी कि शहर कभी भी उन्हें आक्रान्त नहीं कर पाता था। बल्कि इसका उलटा हुआ था। शहर में वह ज़्यादा सहजता के साथ अपनी ग्रामीणता जी सकते थे। यह कैसे हो पाता था? मानव-व्यवहार के हर पहलू के लिए ग्रामीणता का मॉडल न केवल उन्हें मालूम था, वह दैनन्दिन जीवन में इसका भरपूर उपयोग करते पाये जाते थे। ज़ाहिर है, यह किसी प्रयोगधर्मी व्यक्ति के लिए ही सम्भव हो सकता था जो कि क्रान्तिकारी भी हो, क्योंकि वहाँ सारा कुछ परम्परा से ही प्राप्य नहीं हो सकता था, अधिकतर तो परम्परा का पुनराविष्कार करना होता, या फिर उसके साथ समायोजन। जीवन भर वह यह करते आये थे, और इसे स्थगित न करने का दम अपने भीतर अब भी पा रहे थे। यही था कि वह भले फुटबाल किक न कर पाते हों, लेकिन मैदान छोड़ने को तैयार नहीं थे।

दरभंगा के उपनगर लहेरियासराय में किराये के मकान में शोभाकान्त रहते थे। पहले उन्होंने खाजासराय में डेरा लिया था, फिर थोड़े दिन बाबू साहब पोखरे के मुहल्ले में जाकर रहे थे और अन्ततः खाजासराय में ही वापस आकर जम गये थे। शोभाकान्त उनकी पहली सन्तान थे। कहते हैं, वात्सल्य का पहला-पहला उन्मेष चूँकि बड़ी सन्तान पर पड़ता है, और अपनी लालसाओं की इस पहली उपलब्धि के साथ जीवन भी थोड़ी

अधिक दिलचस्पी के साथ, भावप्रवणता के साथ गुज़रा होता है, उसकी प्रतिच्छवियाँ सदा बरकरार रह जाती हैं। परम्परा भी बड़ी सन्तान को वरीयता देती है। यह नागार्जुन भी देते थे। शोभाकान्त ने कहीं लिखा है कि 'सभी परिवारी-जन कहते हैं कि उनकी कही बात, उनका आग्रह-अनुरोध बाबूजी कभी नहीं ठुकराते। काश यह सच होता!' लेकिन, दृष्टान्त बताते हैं कि काफ़ी हद तक यह सच था। वह केवल उनके पुत्र ही नहीं थे, आरम्भ से ही गहरे दिनों के उनके साथी भी रहे थे। उनके लिए नागार्जुन जितने विकल हुए, जितनी जद्दोजहद की, किसी भी दूसरे के लिए नहीं। इसलिए जिस तरह मिथिला के शहर दरभंगा से उम्मीद की जाती थी, अपनेपन की, 'सुच्चा भितरिया' की, वह उम्मीद शोभाकान्त से भी की जाती थी। यह उम्मीद नागार्जुन करते थे। इसलिए, स्पर्श-भाषा न भी कहती, उनकी आँखों की चमक ही पूरा हौसला बयान कर जाती थी।

दस साल पहले, १९८६ में ज़हरीखाल से लौटने के बाद जब नागार्जुन बहुत ज़ोर बीमार पड़े थे, वह दरभंगा में ही थे। स्वयं उन्हीं के शब्दों में, रोग की अनुभूति इतनी 'रोमांचकारी' थी कि हमने तो माता (मिथिला) को एक बार फिर से अन्तिम प्रणाम कर लिया था, लेकिन माता ने ही इनकार कर दिया था और बोली थीं—'जा रे अभागे कहीं भी जा, लेकिन लौट-लौट कर आते रहना।' उनका इलाज दरभंगा मेडिकल कॉलेज अस्पताल में हुआ था। उनके चिकित्सक थे डॉ. गणपति मिश्र, जो वहाँ मेडिसिन के अध्यापक थे और मिथिला में हृदय रोग विशेषज्ञ के रूप में प्रसिद्धि रखते थे। उन्होंने बचपन से ही नागार्जुन का नाम सुना था, पढ़ते आये थे। अद्‌भुत श्रद्धा और सेवा-भाव से उन्होंने उनकी चिकित्सा की थी, नागार्जुन की स्मृति में यह भी शामिल था। उनकी पिछली बीमारी के बारे में डॉ. मिश्र ने लिखा है—

> मैंने देखा, ख़ून की कमी से उनका चेहरा बिलकुल पीला पड़ गया था, प्रोटीन की कमी से समूचा शरीर सूज गया था। हीमोग्लोबिन मात्र तीन ग्राम था। चिकित्सा की भाषा में इसे हाइपो प्रोटिनिमिया एनीमिया कहते हैं। यह बीमारी कुपोषण से होती है। देश का महान् जनकवि कुपोषण से ग्रस्त, मौत के क़रीब आ पहुँचा था। उन्हें तुरन्त ख़ून चढ़ाने की ज़रूरत थी। अस्पताल के ब्लडबैंक में ख़ून नहीं था। मैंने उनके परिवारियों को देखा। वे सब भी तो स्वयं कुपोषण के शिकार लगते थे।

डॉ. मिश्र ने अपने छात्रों को बुलाया। उनमें से एक भरत चौबे थे, बनारस के निवासी, भोजपुरी भाषी एक साधारण सिपाही के पुत्र। भरत नागार्जुन को अपने प्रिय कवि के रूप में पढ़ते रहे थे। भरत बताते थे—'बाबा को इस रूप में देखकर लगा मानो वे कह रहे हों—मुन्ना, मुझे पास आने दो/ पटना-दिल्ली मत जाने दो।' पहला रक्तदान भरत ने ही किया। फिर तो नागार्जुन के ही शब्दों में—'सचमुच वह रोमांचकारी अनुभूति थी। बाईस लड़के ख़ून देने के लिए प्रतिस्पर्धा कर रहे थे। मैं दूँगा तो मैं दूँगा।' डॉ. मिश्र ने उन्हें सँभाल लिया था। आगे के वर्षों में भी, जब भी वह बीमार पड़े, सीधे दरभंगा पहुँचते थे और डॉ. मिश्र के हाथों में अपने आपको सौंप देते थे। डॉ. ने लिखा है—

> मैं उम्र में उनसे छोटा था, फिर भी चिकित्सक के रूप में मेरे प्रति वह श्रद्धा रखते थे और मेरी चिकित्सा पर अटूट विश्वास। मेरे लिए यह एक विरल बात थी।

दरभंगा के अपने परिवार को नागार्जुन ने काफ़ी हद तक अपने अनुकूल बना रखा था। शोभाकान्त के बारे में तो वह कहते थे कि यह लड़का मेरी रग-रग पहचानता है। यह सच भी था। उनकी सांकेतिक भाषाओं और मुद्राओं की भी जितनी अचूक समझ शोभाकान्त को थी, वह ज़बर्दस्त थी। शोभाकान्त की पत्नी रेखा घर की पहली बहू थीं, जिन्हें वह बहुत मानते थे और बेटी की तरह प्यार करते थे। उन्होंने भी इस अनोखे वैश्विक पिता के नक़्शेक़दम पर अपने को ढालने की पूरी कोशिश की थी। महिलाओं में नागार्जुन जो चीज़ सबसे ज़रूरी मानते थे वह था आत्मविश्वास, जिसका विकास रेखा ने भरपूर कर लिया था। स्वयं नागार्जुन क़िस्सा सुनाते थे कि एक बार रेखा ने घर में घुसे एक चोर को रात के अँधेरे में अकेले दबोच लिया था जिसके इनाम में उन्होंने उन्हें एक घड़ी दी थी। आगे जब रेखा को कौलिक मन्त्र से दीक्षित होने की इच्छा हुई, नियम था कि मन्त्र की दीक्षा किसी स्त्री से ली जायेगी जिसके अनुसार उन्हें यह अपनी सास अपराजिता से लेनी थी, लेकिन उन्होंने ज़िद ठान दी कि नहीं, मन्त्र वह नागार्जुन से लेंगी, तो अन्तत: पहली और

सम्भवत: आख़िरी बार उन्होंने कौलिक मन्त्र की दीक्षा रेखा को दी थी। इस प्रकार वह उनकी शिष्या भी थीं, जिसके लिए गुरु-सेवा एक अलंघ्य धर्म की तरह थी। शोभाकान्त के बच्चे भी बड़े थे और उनकी बातें, ज़रूरतें और चाहतें समझ सकते थे। अपनी इस तीसरी पीढ़ी को अपने हिसाब से ढालने की स्वयं नागार्जुन ने भी पूरी कोशिश की थी, जो काफ़ी हद तक सफल हुई थी। पिछले कई वर्षों से नागार्जुन ऊँचा सुनने लगे थे। बोली भी दुर्बोध होने लगी थी। इसलिए आगन्तुकों के आने पर कई बार ज़रूरत पड़ती कि एक-दूसरे की बातें सही-सही कम्यूनिकेट की जायें। शोभाकान्त इसके मास्टर थे, रेखा भी। अब यह ज़िम्मेवारी बड़ी पोती ऋचा सँभाल लेती थी, यहाँ तक कि कभी-कभी बड़ा पोता कुणाल भी। वे उन्हें अख़बार की ख़बरें भी पढ़कर सुना सकते थे और उनकी कही बातों को नोट भी कर सकते थे। जब उनका रिक्शे से कहीं जाने का प्रोग्राम बनता, अक्सर ऋचा उनके साथ होती थी। छोटा पोता हेमेन्द्र अभी सातवीं का छात्र था। उनकी शरारतों का साथी और उनके धाँसू आइडिया का प्रयोक्ता। हेमेन्द्र पर उन्होंने कविता लिखी कि झूठ बोलना सिखाने की ज़िद करता है और यह भी प्रलोभन देता है कि किसी को बतायेगा नहीं कि बाबा ने सिखाया है, क्योंकि बाबा एक इज़्ज़तदार आदमी हैं। कैसे उसकी बातों पर उन्हें हँसी आती है, वहाँ इसका वर्णन है। कविता ऋचा पर भी लिखी कि कैसे एक बार ग़ुस्से में दो-तीन तमाचे उसे लगाये तो शोभाकान्त बोले कि इस बुद्धू लड़की को आपकी आशीष मिली है। थोड़े ही दिन पहले दरभंगा के अपने घर-पड़ोस के माहौल के बारे में उन्होंने कविता लिखी थी—

> शिशुओं का शोरगुल/किशोरियों-किशोरों की कानाफूसी/सयानों की डाँट-डपट/बूढ़ियों-बूढ़ों की खटमिट्ठी खीज/सब कुछ अच्छा लगता है/ यदि अपना मन सहज हो।

शोभाकान्त ने लिखा है—

> ज़्यादातर बिस्तर पर ही लेटे रहते। अपने कमरे में बायें करवट पड़े-पड़े सामने दरवाज़े की ओर चुपचाप देखते रहते। मुझे लगता उन्हें उसकी प्रतीक्षा लगी रहती, जो उन्होंने सोचा और जिसकी कल्पना में साहित्य सृजन करते घूमते देह को धुनकर रख दिया था।

पर, आत्यन्तिक रूप से यह थकान की ही मुद्रा हो, ऐसा भी नहीं था।

शक्ति-संचय की मुद्रा थी, जिसे उन्होंने पिछले कई वर्षों से अपनायी हुई थी। कई बार इसी मुद्रा में अतीत की यात्राएँ करते रहते थे। बेहद पुराने दिनों को लेकर उन्होंने पिछले वर्षों में कई कविताएँ लिखी थीं। एक मैथिली कविता तो पटना के काजीपुर इलाक़े, कंचन भवन होटल को लेकर थी, जिसमें उन्होंने अपने पुराने बुज़ुर्ग साथी महाकान्त ठाकुर को बड़े ही फख्र के साथ याद किया था। कभी केरल के गुरुवायुर देवस्थान के परिसर का हाथी याद आ जाता, कभी पुराने दिनों की साथिन लच्छो की अम्मा, या फिर अवध के इलाक़े की वह दलित बुढ़िया जिसने पण्डित गिरिजा शंकर के गुण स्मरण करते हुए कहा था कि वो तो परमेसुर के अउतार रहे। पिछली बार तरौनी गये तो पुराने मित्र रामचरण राउत ने अपने बेटे सुन्दर राउत के बारे में क्या कहा था और कैसे उन्होंने सुन्दर को यह व्यावहारिक सुझाव दिया था कि सुन्दर, तुम अपनी मूछें छोटी करवा लो। या, यह कि कैसे लालू यादव ने लिट्टी को इण्टरनेशनल बना दिया। कभी-कभी तो मन की यात्रा करते-करते, जो कि हरेक यात्री को प्रिय होता है, वह सचमुच की यात्रा की ज़िद ठान देते। उन्हें तुरन्त कलकत्ता जाना है या पहाड़ का एक चक्कर लगा आना है। वह शोभाकान्त की एक नहीं सुनते, न रेखा की, न किसी और की। उन्होंने तो ख़ुद अपने बारे में कविता लिखी थी—'किसके बाप का मज़ाल है कि/तुम्हें समझायेगाऽऽऽ....' ऐसे में डॉ. गणपति मिश्र को ख़बर भेजी जाती। वह आते और अपने इस 'अनुशासित मरीज' को समझाते कि अभी आप नहीं जा सकते, थोड़ा और मामला सँभल जाये तो प्रोग्राम बनाया जायेगा।

यात्रा के इस अभाव की पूर्ति के रास्ते भी उन्होंने ढूँढ़ लिए थे। रिक्शे पर ऋचा के साथ, या किसी और युवा के साथ बैठते और शहर की प्रदक्षिणा कर आते। बाज़ार में उतरते तो कुछ-न-कुछ ख़रीदते ज़रूर। जूता-चप्पल, खादी भण्डार का गमछा, मौसमी फल, मिठाई, पत्र-पत्रिकाएँ। ज़रूरत न हो फिर भी ख़रीद लेते। कई बार रेखा कहतीं भी कि घर में तो सब था ही। कभी पुराने नये परिचितों, युवाओं, साहित्यिकों के घर चले जाते। चर्चा होती, मन रहा तो भोजन करते, आराम करते, फिर शाम को घर लौट आते। एक दिन मैथिली कथाकार नीता झा के घर गये तो उन्हें यह जानकर भारी आश्चर्य हुआ कि नीता को पटुए का साग पकाना नहीं

आता। वह उन्हें पकड़ लाये और रेखा से बोले—नीता को किसी दिन पटुए का साग खिलाओ। अविनाश दास के साथ एक बार जा रहे थे तो रास्ते में खिले अमलतास–गुलमोहर को देखकर बार–बार चहक उठते—ये देखो अमलतास! ये देखो गुलमोहर! अविनाश ने कहा—आगे भी बहुत हैं बाबा! वह बुरी तरह बिगड़ पड़े—'मूर्ख हो तुम, निरे मूर्ख हो! आँखों को अभी से अभ्यस्त बना डाला है। अरे, आँखें अभ्यस्त हो सकती हैं, मन नहीं। चहको, चहको!' एकबार ऋचा के साथ जा रहे थे तो रास्ते में टावर के पास मैथिली लेखक उपेन्द्र दोषी मिल गये। काफ़ी दिन पर मिले थे। दोषी ने उनके पाँव पकड़े और नागार्जुन ने उनकी दाढ़ी। डेढ़–दो मिनट तक यही दृश्य स्थिर रहा। दोषी के साथ उनकी पत्नी खड़ी थीं, बाबा के साथ रिक्शे पर उनकी पोती। दोनों की अकबकाहट देखते ही बनती थी। अपनी इन यात्राओं को नागार्जुन 'सांस्कृतिक टूर' बताते थे। नरेन्द्र ने लिखा है—

> अपनी इस शहर–यात्रा के दौरान वह अदने–से–अदने रचनाकार से भी पूरी आत्मीयता के साथ मिलते। कई बार तो इतनी गरमाहट के साथ कि सामनेवाला सकपका जाता। किसी नयी किताब पर नज़र पड़ी कि झट ख़रीद लेते थे। राजनीतिक–सामाजिक हलके से लेकर देश–दुनिया की हर ताज़ा गतिविधि की उन्हें सूचना रहती। मिलने आने वालों से उस बारे में बातें करते। स्मृति, दृष्टान्त और अनुभव का ज़खीरा था उनके पास। और, उतनी ही विलक्षण थी उनकी स्मृति।

नीता झा को हमेशा यह अचरज होता था कि उनकी दोनों बेटियों की जेठायी–छुटायी को लेकर उनमें कभी भी स्मृतिभ्रम नहीं देखा गया, ज़बकि उनकी उम्र को देखते हुए वह इसकी उम्मीद करती थीं। बड़ी स्वाति के उकसावे पर एक दिन छुटकी शिल्पी ने उनसे निधोख पूछ दिया था—'नाना जी, कहा जाता है कि हरेक सफल पुरुष के पीछे एक स्त्री होती है। आपके पीछे कौन थी?'

नागार्जुन हँसने लगे थे—अरे, वो तो तुम्हारी नानी थी। लेकिन जानती हो, अब भी वो हमसे लड़ती बहुत है।

—आप नहीं लड़ते?

—मैं कहाँ सकूँगा! वो ठहरीं ज़मींदार की बेटी, मैं ग़रीब का बेटा। जो

बोलती हैं, बस सुनता जाता हूँ इस पर और ज़्यादा बिगड़ जाती हैं। फिर, पान लगाकर खिलाती हैं। —बच्चे खिलखिला पड़े थे। नागार्जुन भी। अपने सांस्कृतिक टूर का दायरा जब-तब वह बढ़ा लेते थे। कोई युवा लेखक मिलने आता तो पूछते—तुम लोग गोष्ठी कर रहे हो न? मैं भी चलूँगा।

—लेकिन, आप जा सकेंगे? आप बीमार हैं।

—अरे, कब तक कहोगे कि मैं बीमार हूँ। घूमने-फिरने से ठीक रहता हूँ। इस कोठरी में बन्द रखोगे तो बीमार हो जाता हूँ।

पीताम्बरी बंगला स्कूल के प्रांगण में राहुल सांकृत्यायन पर एक गोष्ठी हुई। यही दरभंगा था जहाँ आयोजित ओरियंटल कॉन्फ्रेन्स में भाग लेने राहुल जी आये थे। उनके वामपन्थी विचारों को लेकर मैथिल पण्डितों ने कांय-कोंय किया तो नागार्जुन ने अलग से टाउन हॉल परिसर में उनका व्याख्यान आयोजित कराया था, जहाँ श्रोताओं की संख्या ओरियंटल वालों से कहीं ज़्यादा ही थी। आज उन पर गोष्ठी हो रही थी। नागार्जुन उसमें गये। अच्छे मूड में थे। लेकिन हुआ यह कि हिन्दी के एक अध्यापक मोटा बस्ता लेकर माइक पर आये और विद्वानों वाली भाषा में लिखे अपने आलेख का पाठ करने लगे। थोड़ी देर तक तो उन्होंने बर्दाश्त किया, फिर उनका पारा चढ़ गया। डपटा तो प्रोफ़ेसर हट गये। नागार्जुन ने माइक सँभाला। राहुल पर बोलने लगे। लेकिन, ग़ुस्से की वजह से साँस उखड़ रही थी, कमज़ोरी भी थी, पाँच मिनट से अधिक बोल नहीं पाये।

मैथिली संस्था वैदेही समिति ने उनके सम्मान-समारोह का आयोजन किया। समिति की पत्रिका 'वैदेही' में एक ज़माने में उन्होंने नियमित स्तम्भ लिखा था। उसके कर्ता-धर्ता प्रो. कृष्णकान्त मिश्र की वह प्रशंसा करते थे, जिन्होंने उन्हीं दिनों न केवल 'नवतुरिया' का प्रकाशन और प्रचार-प्रसार किया था, उन्हें रॉयल्टी के तीन सौ रुपये नगद भी दिये थे। ख़ूब उत्साहित होकर विधिवत् मैथिल परिधान, धोती-कुरते में वह समारोह में गये। वहाँ मैथिली के नये-पुराने लेखकों का अच्छा जमावड़ा था। उन्होंने अपने वक्तव्य में कहा—'अब तो मेरी तबीयत होती है कि मैथिली में ग़ुस्साऊँ। ग़ुस्से की अभिव्यक्ति के मैथिल मुहावरे हैं, मैथिली शब्द हैं, वे निकलते...' दरअसल, वह मैथिली के मधुर भाषा होने के मिथक को तोड़ने की अपील कर रहे थे। रजनी-सजनी की नहीं, पौरुष

की भाषा मैथिली हो, यह युवाओं के लिए उनका सन्देश था।

विद्यापति पर्व की सूझ पहली-पहली बार काशी में नागार्जुन के ही दिमाग़ में आयी थी। अब यह देश-दुनिया में, जहाँ भी कहीं मैथिल थे, फैल चुका था, मैथिल अस्मिता के प्रतीक-पर्व की तरह हो गया था। विकृत होते-होते अब जिस स्वरूप में यह आ गया था, नागार्जुन इससे ख़ासे नाराज़ रहते थे। वह कहते थे—'विद्यापति को तो कुछ लोग अब बेचकर खा रहे हैं। जैसे कीर्तनियों का जत्था होता है न, झाल-मृदंग बाँधकर वो इस गाँव-उस गाँव जाते रहते हैं, वही हाल आज मैथिली के कवियों और संचालकों का हो गया है। विद्यापति या उनकी भाषा का सम्मान क्या होगा, आज तो स्वयं विद्यापति 'दुज्जन हासा' बन गये हैं।'

—लेकिन, इससे मैथिलों में जागरण तो आ रहा है।

—ख़ाक जागरण आ रहा है। भोजपुरी के अश्लील गीत तो गाँव-गाँव, घर-घर में पहुँच गये हैं। बस में चढ़िए तो 'करेजऊ करेजऊ' से स्वागत होगा। होगा कि नहीं?

—तो फिर, अब क्या उपाय देखते हैं आप?

—उपाय तो युग की चुनौतियों के हिसाब से बदलने पड़ते हैं न! इतनी संस्थाएँ हो गयी हैं मैथिली की, आप देखिये इसके संचालकगण आज क्या कर रहे हैं? व्यक्तिगत हित में मैथिली का उपयोग कर रहे हैं। परिचय का अपना दायरा बढ़ाने में, अपना लाभ निकालने में। ऐसे होता है? एक दिन आप सकरौड़ी स्टाइल का नाच करवा दीजियेगा, उससे मैथिली बच जायेगी?

—तो फिर कैसे बचेगी?

—संस्थाओं को चाहिये कि और कुछ नहीं तो विलुप्त हो रहे विद्यापति-गीतों का, अन्य गीतों का कैसेट ही बनवा ले, उसे सही जगह पहुँचायें। हर संस्था प्रत्येक वर्ष मैथिली की एक किताब ज़रूर छपवाये। अपनी बात उस भाषा में कहे, जो भाषा सरकार समझती है। कोंकणी वालों की भाषा समझी गयी। दार्जिलिंग इलाक़े में आप नेपालीभाषियों को देख लीजिये। कर्नाटक के कन्नड़-मराठी विवाद को ले लीजिये। उन्होंने सरकार को पानी पिला दिया है!

कवि उदयचन्द्र झा विनोद मधुबनी के रहिका में विद्यापति-पर्व का तीन दिवसीय आयोजन कर रहे थे तो उसमें नागार्जुन गये। उस आयोजन में सांस्कृतिक तत्त्व भी अधिक थे और लोगों की भागीदारी में भी हार्दिकता थी। वह बहुत प्रसन्न हुए। वहाँ अपने वक्तव्य में उन्होंने सन्देश दिया—

> मिथिला की समस्या को अलग करके नहीं, सम्पूर्ण पूर्वांचल की समस्या के रूप में देखना चाहिये। राजनीतिक प्रवंचना और सत्ता के लिए पक्ष-विपक्ष का खिलवाड़ अब किसी के लिए भी नयी बात नहीं है। ऐसा नहीं होता कि राजनीतिक गतिरोध से धान-पानी उपजना बन्द हो जाये। मिथिला अपने विलक्षण वस्तु-स्वभाव के कारण विश्व भर में प्रसिद्ध है। मखाना पूरी दुनिया में कहीं नहीं होता, सिर्फ़ यहीं होता है। घर-घर की परिकल्पना के रूप में मिथिला पेंटिंग का विकास हुआ है, लौंग-इलायची के पेड़ की कल्पना और कहाँ का कलाकार कर पाया? मैं तो यह कहूँगा कि हमारे किसान, हमारे उद्यमी, हमारे संस्कृतिकर्मी अच्छे से अच्छे तरीक़े से अपना काम करते चलें। युवाओं से मेरा कहना है कि राजनीति को उपेक्षा की दृष्टि से मत देखिये। इसमें अधिकाधिक भाग लीजिये। और जहाँ तक भाषा और साहित्य की बात है, याद रखिये कि साहित्य पहले आता है, भाषा बाद में। उत्पादन पहले और विवेचना बाद में। प्रवाह के जल को अंजलि में भरकर यह कहना कि यही सच है, इससे जल का प्रवाह कभी भी अस्वाभाविक नहीं होता।

मिथिलावासियों के लिए, मैथिली की गतिविधियाँ चलानेवालों के लिए यह नागार्जुन का अन्तिम सन्देश था।

रहिका से कार में लौट रहे थे तो एक भयानक दुर्घटना होते-होते रही। उसकी कथा विभूति आनन्द ने लिखी है। सड़क की हालत बहुत ख़राब थी। सड़क पर गड्ढे या गड्ढों के बीच सड़क थी, तय करना मुश्किल था। तबीयत पूरी तरह ठीक नहीं थी फिर भी हँसी-मज़ाक़ करते आ रहे थे। विभूति ने ड्राइवर से गाड़ी धीमी चलाने को कहा तो नागार्जुन बोले—'चलने दो, चलने दो। अपनी गति में चलने दो। अभी हम लोग हेमा मालिनी के गाल पर लचक रहे हैं।' फिर ठहाका मारकर विभूति से मुखातिब हुए—'कहो, कैसी रही!' वह दरअसल मुख्यमन्त्री की उस घोषणा पर राय दे रहे थे कि बिहार की सड़कों को हेमामालिनी का गाल बना देंगे। इसी बीच क्या हुआ कि गाड़ी के ब्रेक ने काम करना बन्द कर

दिया। भारी आफ़त आयी। गाड़ी में बैठे सारे लोग नागार्जुन को सँभालने में लगे, उधर नागार्जुन पीछे से ड्राइवर का कॉलर दबोचे कि कंट्रोल करो, कंट्रोल करो! मुश्किल से गाड़ी कंट्रोल हो सकी।

'साक्षर' संस्था ने वीणापाणि क्लब में सर्वभाषा सम्मेलन किया तो उसमें भाग लेने गये। वीणापाणि क्लब शहर के बाङ्लाभाषियों की संस्था थी। उनके बीच पहुँचकर बहुत आनन्दित हुए। बोले—'हमें आज पहली बार वीणापाणि में आने का अवसर मिला है!' अपने पुराने साथी कवि सुरेन्द्र झा सुमन के अभिनन्दन ग्रन्थ का लोकार्पण समारोह हुआ तो उसमें भी शरीक हुए। निरंजन की कविता-पुस्तक 'इतिहास का पन्ना' का लोकार्पण समारोहपूर्वक अपने हाथों किया। बेगूसराय ज़िला प्रशासन और ज़िला साहित्य अकादेमी ने 'दिनकर राष्ट्रीय सम्मान'-१९९७ स्वीकार करने का उनसे अनुरोध किया। मान गये पर बीमार होने के कारण बेगूसराय न जा सके तो ज़िला प्रशासन के लोगों ने घर आकर सम्मान समर्पित किया।

शिखा साहित्य संस्कृति मंच द्वारा आयोजित अखिल भारतीय कवि सम्मेलन आख़िरी आयोजन था, जिसमें उन्होंने भाग लिया। शहर के वामपन्थी रुझानवाले युवाओं का यह आयोजन था। ये युवा उनके निरन्तर सम्पर्क में थे और जब भी किसी राय-विचार की ज़रूरत होती, सीधे नागार्जुन के पास पहुँचते थे। मंच ने मैथिली में भी पत्रिका निकाली थी। यह आयोजन जब हुआ, नागार्जुन का स्वास्थ्य भयंकर प्रतिकूल चल रहा था, बावजूद इसके पूरे उत्साह के साथ वह गये और पन्द्रह मिनट तक अपनी कविताएँ सुनायीं। बोले—'हमने तो अपने शरीर को धुनकर रख दिया है, अब आप लोग अभियान को आगे बढ़ाओ।'

अपने इन आख़िरी दिनों में नागार्जुन ने जो कुछ कविताएँ लिखीं, उन्हें देखना ग़ज़ब दिलचस्प है। उनकी इन दिनों की कविताओं में भी न दैन्य था न पलायन, एक रोगग्रस्त जर्जर वृद्ध का ठहराव भी नहीं था, न 'हम परिनाम निरासा' वाला हारे को हरिनाम। इसके उलट वहाँ एक ज़ोरदार प्रतिरोध था और शुद्ध अभिधेयात्मक गद्य में बात को दूर तक ले जाने वाली धार। कहते थे—

> लगातार साठ वर्षों तक नाना प्रकार के विशेषणों से अलंकृत रहने पर भी अस्सी की आयुवाला वृद्ध कवि, महाकाल की निर्मम छँटनी के बाद कवि के रूप में यदि शेष रह जाये तो यह उसकी बहुत बड़ी उपलब्धि होगी।

वह दिखती थी।

एक कविता उन्होंने मुफ़्ती मुहम्मद सईद पर लिखी थी, एक सुखराम पर। एक फूलन देवी पर, एक शबाना आज़मी पर। और, उनकी आख़िरी कविता मायावती पर थी। सारी तात्कालिक, घटना-केन्द्रित। शबाना आज़मी वाली घटना तो फिर भी थोड़ी पुरानी थी, वरना जिस दिन जम्मू कश्मीर में चुनाव की घोषणा हुई, उसी दिन उन्होंने मुफ़्ती मुहम्मद सईद पर कविता लिखी। १६ अगस्त को पूर्व संचारमन्त्री सुखराम के घर सी.बी.आई. का छापा पड़ा और १८ अगस्त की सुबह उनकी कविता तैयार थी। उनकी कविताओं पर जीवन भर तात्कालिकता का आरोप लगानेवालों की तो उन्होंने जय जय कर दी। पर, चकित करनेवाली बात थी कि वहाँ देश की चिन्ता जीवित हृदय की तरह धकधक करती थी और जो लोग सार्थक करते दीखते थे, उनके प्रति जनम-जनम की सद्‌भावनाएँ आशीष बनकर प्रकट होती थीं। भ्रष्टाचार के प्रति उनका विक्षोभ सबसे अधिक तीक्ष्ण था—धार्मिक कट्टरवाद के प्रति, राजनीतिक स्वार्थपरता के प्रति, और दलितों को, जनसाधारण से निकले लोगों को बढ़ते देखने में उनका उल्लास था। ज़ाहिर बात थी कि घटना भले तात्कालिक हो, उसके प्रति उनकी प्रतिक्रिया का स्वभाव तात्कालिक नहीं था। हमेशा की तरह वहाँ एक दृष्टि थी, एक इरादा था। इसलिए पृष्ठभूमि थी, परम्परा थी।

मुफ़्ती मुहम्मद सईद साहब कांग्रेस में थे, मन्त्री भी हुए। फिर पार्टी बदलकर वी.पी. सिंह के जनमोर्चे में गये, वहाँ देश के प्रथम मुस्लिम गृहमन्त्री हुए। लेकिन, आतंकियों ने उनकी बेटी रूबिया का अपहरण कर लिया, जिसे छुड़ाने के लिए पाँच आतंकी छोड़ने पड़े, काफ़ी छीछालेदर हुई। अब फिर कांग्रेस में आ गये। चुनाव का समय आया तो अधिक फ़ायदे के लिए पार्टी नेतृत्व पर दबाव बना रहे हैं। नागार्जुन इसे उनका रूठना कहते हैं। वह गतिविधियों से कटे हुए हैं। इसे वह उनका कोपभवन में जाना बताते हैं। उनसे पूछते हैं कि भाई क्या दिक़्क़त है, क्यों कोपभवन में हैं! कश्मीर तो बिलकुल आपका है। आपका न होगा

तो क्या जहन्नुम में जायेगा—चाहे आप कहीं रहें—लन्दन-पेरिस-बैंकाक, कश्मीर तो आप ही का रहेगा! इसमें रूठने की क्या बात? लगता है, बेगम साहिबा ने डाँटा है कि साहब, आपकी वजह से ईद के रोज़ बनाये तीन पतीले शीरनी बर्बाद गये, देवगौड़ा भी पूछने न आया! आदि आदि। फिर वह पुराने दिनों को याद करने लगते हैं—कश्मीर के वे नेहरू के दिन, वे पटेल के दिन। रूबिया के वे अपहरण तक के दिन। अन्त में उनकी भाषा कठोर और निर्णायक हो जाती है कि अब काफ़ी हुआ, कोपभवन से बाहर आइये।

सुखराम वाली कविता तो और भी अधिक तेज़ है। सी.बी.आई. के छापे में तीन करोड़ के तो सिर्फ़ गहने ही पकड़े गये हैं, और तो न जाने कितना क्या होगा, अथाह होगा। वह उन्हें 'भारतरत्न' बतलाते हैं। याद दिलाते हैं कि पी.वी. नरसिंहाराव की गोद में बैठकर इस आदमी ने पाँच साल कितना मौज़ किया है! उनका आकलन है कि सुखराम कोई व्यक्ति नहीं, गोत्र है, और इस गोत्र के बीजी पुरुष पी.वी. नरसिंहाराव हैं। राव अगर पाँच साल और प्रधानमन्त्री रह जाते तो क्या होता? 'पट्ठा सुखराम/जाने क्या हो जाता!' कविताई सुखराम के पट्ठा होने में है। ग़ौर करने की बात है, अभी जिसकी अवधि पाँच साल आँकी गयी है, उसकी नेहरू के ज़माने में दस साल थी—'तुम रह जाते दस साल और।' दिनकर जी को नेहरू के निधन पर लिखी नागार्जुन की यह पंक्ति इतनी ज़बर्दस्त लगी थी कि इसे उन्होंने डायरी में नोट किया था। अब यह अवधि पाँच साल है। फिर, शब्द। 'सुखराम' शब्द उच्चारण की दृष्टि से एक कठिन शब्द है। प्रयत्नलाघव की यहाँ हानि होती है। तो लोग प्रयत्नलाघव कर लेते हैं। सुखराम 'सुक्रम' बन जाता है। कहते हैं, यह सुखराम का 'शार्ट रूप' है। यही शीर्षक भी दिया है। अब, सुक्रम शब्द की अर्थव्याप्ति पर जाइये तो बात खुलती है। संस्थाबद्ध भ्रष्टाचार और, नाम सुक्रम। एक शब्द वह फिर ढूँढ़ निकालते हैं। यह मुक्त बाज़ार के बाद का शब्द है—इण्टरकांटिनेंटल। इसका हिन्दी अनुवाद करते हैं—त्रिभुवनव्यापी। और बताते हैं, पाँच ही बरस की देर थी वरना अपना यह पट्ठा भी इण्टरकांटिनेंटल हो जाता!

अपनी अन्तिम दो कविताएँ नागार्जुन ने दो महिलाओं के बारे में लिखीं—शबाना और मायावती। अब यह भी कि एक अल्पसंख्यक, एक

दलित। एक का मुक़ाबला धार्मिक कठमुल्लेपन से, दूसरे का पथभ्रष्ट राजनीति से। लेकिन दोनों की भूमिका से वह प्रसन्न हैं। उनकी तारीफ़ करते हैं। शबाना से उनके विचारों को लेकर प्रसन्न हैं, उसने कठमुल्लों को ज़ोरदार जवाब दिया है। मायावती इन दिनों उत्तर प्रदेश की मुख्यमन्त्री हैं, उसने 'बाबा विश्वनाथ पर चढ़ायी' कर दी है। दोनों कविताओं की शैली अलग-अलग है। एक इतिहास-लेखन की शैली में, दूसरी गाथा-गायन की शैली में। नेल्सन मण्डेला भारत-यात्रा पर आये तो समुदाय की ओर से शबाना ने उनका सम्मान-समारोह किया। उसमें मण्डेला ने शबाना का भी सम्मान करते हुए उसके दोनों गालों का चुम्बन लिया। मुल्लाओं ने हो-हल्ला शुरू किया कि यह इस्लाम के विरुद्ध है। कविता तीन चरणों में है। पहले में शबाना का कथन है। वहाँ मण्डेला को 'सारी दुनिया के बुज़ुर्गों में श्रेष्ठ' बताया गया है, उन्होंने चुम्बन लिया, मैं धन्य हो गयी। दूसरा चरण मुल्ला-मौलवियों की प्रतिक्रिया के बारे में है, भारी बावेला मचाया, ज़मीन-आसमान इनके ग़ुस्से से भर गया, उलटे-सीधे बयानों से कई रोज़ अख़बार भरे रहे आदि। तीसरे चरण में शबाना की उत्तर प्रतिक्रिया है जो लगातार ख़ामोश रहने के बाद उसने आख़ीर में कही। उसने सफ़ाई नहीं दी, जैसे कि बड़े-बड़े लोग भी ऐसे मौक़ों पर देते हुए पाये जाते हैं। उसने परवाह ही नहीं की। कहा कि मण्डेला के सामने मैं तीन साल की बच्ची हूँ, उनकी गोद में बीस बार बैठना चाहूँगी, उनसे मिलने सौ बार अफ्रीका जाऊँगी। शबाना की यह उक्ति नागार्जुन को प्रस्तर-अभिलेख पर लिखी जाने लायक लगती है। वह चाहते हैं कि यह कथन अमर हो जाये और इसके लिए शबाना भी। यही कविता की शैली है।

यह कविता उन्होंने २० अगस्त, ९६ को लिखी और साल भर बाद १० जुलाई ९७ को मायावती वाली। यह कविता जितनी मायावती पर है उतनी ही कांशीराम पर। समकालीन राजनीति के दो परिदृश्य आमने-सामने खड़े कर दिये गये हैं। एक तरफ़ दलितेन्द्र हैं जिनकी शिष्या मायावती है जिसे पाखण्डीवर्ग उनकी छायावती बताता है। दूसरी तरफ़ केन्द्र सरकार है। केन्द्र का परिचय ही इस प्रकार देते हैं कि—'जय जय हे दलितेन्द्र/आपसे दहशत खाये केन्द्र।' कविता में लय की उपस्थिति ऐसी है कि इसे ढोलक-मजीरे पर सुन्दर ढंग से गाया जा सके। वह यदि

इसे मंच पर पढ़ते तो नाचकर, गाकर ही पेश करते, रोमांचक उनका जो ढंग होता था! उस शिष्या मायावती ने बाबा विश्वनाथ पर चढ़ायी कर दी है।

नागार्जुन के कविता-लेखन के आख़िरी दो वर्षों में उनकी जो चिन्ता सर्वाधिक प्रमुख थी, वह थी—धार्मिक अन्धता के बढ़ने की। उन्होंने गोमाता पर कविता लिखी। कहा कि इस माता सम्बोधन से अपना तो सिरदर्द होने लगता है। पूछा कि पहली बार जिस किसी ने गाय को माता कहा, उसने भैंस-बकरी-भेड़ को माता क्यों न कहा? 'भला यह भी कोई बात हुई?' हमने तो कई बार पिछवाड़े की गलियों में विष्ठा भरा काग़ज़ उसे चबाते देखा है। शायद मुँह का जायका बदलने के लिए चबाती हो। एक कविता उन्होंने सनीचर भगवान पर लिखी। दिखाया कि भगवान का पुजारी कितना चतुर है। उसने साइनबोर्ड लगा दिया है कि 'आप जियादा चढ़ावा हर्गिज न चढ़ाना...सनी महाराज सराप देंगे।' सिर्फ़ सिक्के चढ़ते हैं। आसपास के पान-सिगरेट दुकानों की आमदनी बढ़ी हुई है। नवधनिकों के पास 'जियादा' पैसे हैं तो उपाय है कि खुले-खुदरे प्राप्त किये जायें। दुकानदारों से पुजारी को कमीशन मिलता है। पर, नवधनिक फिर भी नहीं मानते। वे एक सौ अठन्नी प्राप्त करते हैं और चढ़ावा चढ़ाकर किंचित् सन्तोष पाते हैं। इनमें से एक नवधनिक की पहचान नागार्जुन ने की है। वह तरुणायी में वामपन्थी पार्टी का मेम्बर रह चुका है, हमदर्द अब भी है! यह सब दिल्ली के नवधनिकों का क़िस्सा है। 'प्रीतिभोज' कविता आगरा के नवधनिकों के बारे में है। वहाँ के मेडिकल कॉलेज की प्राचार्या परेशान हैं। कैम्पस के पेड़ों पर बन्दर हैं। बन्दर हनुमान होते हैं। हनुमान संकटमोचन देवता हैं। संकट से बचे रहने की सबसे ज़्यादा ज़रूरत नवधनिकों को है। तो, वे क्या करते हैं कि मंगलवार को परात के परात लड्डू कैम्पस में जाकर उड़ेल आते हैं। मंगलवार हनुमान की आराधना का दिन है। अब होता यह है कि समूचे उत्तर प्रदेश का मर्कट-मण्डल इस लड्डू-भोज के लिए कैम्पस में उतर आता है। कॉलेज मनुष्यों से ख़ाली करना पड़ता है, सारा कामकाज बन्द रहता है। प्राचार्या परेशान हैं। 'नॉन वेजिटेरियन आमदनी' धर्मधकेलानन्दों के बारे में है। वहाँ एक शाकाहारी धर्मप्राण प्रवचनपटु सज्जन ने मुरगियों का फारम खोला है। नागार्जुन कहते हैं कि वाह, बहुत बढ़िया धन्धा है। प्रशासन भी आर्थिक सहायता पहुँचायेगा, प्राज्ञजन भी व्यापार-कला में

पारंगत होंगे, व्यावसायिक खपत भी बेहद बढ़ती जायेगी। सज्जन की चतुरायी पर वह मुग्ध हैं—

> परिवार भले ही शाकाहारी हो/आमदनी लेकिन/नॉनवेजिटेरियन होगी/आप उधर प्रवचन देते घूमेंगे/मगर आपका मुर्गीखाना अधिकाधिक लाभ पहुँचायेगा/व्यक्तिगत एवं सामाजिक रूप में/ आप स्वयं और आपका परिवार/विशुद्ध सात्त्विक बना रहेगा।

उनकी आख़िरी मैथिली कविता भी लगभग इसी मूड की है। वह बौद्धिकों की अन्धता के बारे में है। हिन्दी प्रदेशों के बौद्धिक, जो बात-बात में तुलसीदास को कोट करते हैं। इन बौद्धिकों की निगाह में तुलसी से ख़ूबसूरत कविताई इस देश में न हुई, न होगी। नागार्जुन ने इसी के बारे में लिखा है। शीर्षक है—'तुलसी बाबा'। कहते हैं कि तुलसी बाबा साथ रहें तो कविता-वैतरणी को पार कर ही जाऊँगा, और वे साथ रहें तो भला शब्द-सुमिरनी को भूलूँगा ही क्यों? सारा मर्म 'वैतरणी' और 'सुमिरनी' में है, जिसका प्रयोग 'कविता की सामाजिक ज़िम्मेदारी' और 'ज्ञान-चर्चा' के उलट किया गया है। शॉर्टकट अपनाकर ऊपर लाभकारी जगहों पर पहुँच जाने वाले कवि-पुंगव यहाँ याद आ सकते हैं। उनके लिए कविता भला शब्दों की बेहोश आवृत्तियों से अधिक और क्या होगी! लेकिन, नागार्जुन सवाल खड़ा करते थे—

> तुलसीदास ने अपना पण्डिताऊ ढंग छोड़कर अवधी भाषा की लोकशैली अपनायी। फिर भी उनका वह रोल क्यों नहीं रहा कि वह निपट दकियानूस लगते हैं? भावी भारत की लोकचेतना तुलसी की ओर झपकेगी या कबीर की ओर? सौ-सौ उपजातियाँ में बँटे हुए परस्पर कटे-फटे, मात्र 'आत्मा के आन्तरिक विवेक' की परिधि में दुबके हुए इस विराट जनसमूह को एक सुगठित-सतेज राष्ट्र के रूप में कौन खड़ा करेगा—तुलसीदास या कबीरदास? भारतीय बुद्धिजीवियों के ढोंग को यहाँ साफ़-साफ़ समझ लेना चाहिये। हमारी नीयत बहुजन समाज के प्रति न पहले साफ़ थी न आज साफ़ है। हम ख़ुद ही कला और संस्कृति के द्वार छेके हुए हैं।

ऐसे में, विजय बहादुर सिंह से कही उनकी यह बात भी यहाँ याद आ सकती थी कि—

> मेरे शब्द अभी-अभी भट्ठी से निकाले गये अंगारे की तरह धधकते हैं।

वे जब तक रहेंगे इसी तरह रहेंगे। मैं तो चाहता हूँ कि किसी औघड़ कवि-सा होकर जिऊँ और दुर्वासा की तरह जितना कड़वा सच बोल सकूँ, बोलूँ। मीठे का असर तो अब होता नहीं दिखता...।'

नागार्जुन कहते थे—'बुढ़ापा रोगों का बण्डल है। कुछ-न-कुछ लगा ही रहता है।' ११ अगस्त, ९६ को उन्होंने अपनी नोटबुक में लिखा—

> अतिवृद्ध हो जाने पर अतियों से बचना चाहिये—अति भोजन, अति पान, अति आसक्ति आदि। ...रात को कम से कम नींद आती है, इसकी भी चिन्ता नहीं करनी चाहिये...अब ८६ वर्ष की आयु में कभी-कभी ये गड़बड़ियाँ तो होंगी—इससे तू परेशान क्यों होता है?

मिलने आनेवाले लोगों से वह कहते—'अपनी प्रखरता, अपना विवेक, अपना तेज़ ही हमको टाँगे हुए है। इन्हीं के साथ दो दिन, चार दिन और जी जायें तो बहुत है।' लेकिन यह सब तो अन्दर की बात थी। बाहर तो शरीर ही था। जाने-अनजाने ज़रा-सा भी कहीं 'अति' होता कि शरीर विद्रोह कर देता था। वह बीमार पड़ जाते। अन्दर का तेज अति कराता, बाहर शरीर को भोगना पड़ता था। शोभाकान्त का समूचा परिवार उन्हीं की नींद सोता, उन्हीं की जाग जगता था। लोग कहते थे कि इस परिवार के पास एक ही काम है—बाबा की ज़रूरतों में खड़े रहना। डॉ. गणपति बाबू भी साथ थे। इसलिए सँभलता चलता था।

पर, सितम्बर के अन्त में उनकी तबीयत ज़्यादा ख़राब हो गयी। डॉ. मिश्र नगर से बाहर थे। दूसरे डॉक्टर से सँभला नहीं और अन्ततः चार अक्टूबर को उन्हें एक बार फिर बेहोशी की हालत में डी.एम.सी.एच. में भरती कराना पड़ा। वरिष्ठ डॉक्टरों—डॉ. आशुतोष नारायण सिंह और महेश्वर प्रसाद सिंह की देखरेख में उनकी चिकित्सा शुरू हुई। हालत सुधरी लेकिन डी.एम.सी.एच. की घोर कुव्यवस्थाओं के बीच उन्हें आठ दिन जनरल वार्ड में भरती रहना पड़ा। वहाँ उन्हें देखने कई लोग आये। अरुण कमल भी आये थे। उन्होंने अस्पताल का हाल लिखा है—

> परिसर में घुसते ही भयानक गन्दगी, सड़ा हुआ जलजमाव, सूअरों का बाड़ा। बरामदे में यहाँ से वहाँ तक एक किनारे मलमूत्र। आगे पानी से

पचपच फ़र्श, और सब नरक पार करके देखा एक बड़े, भुतहे हॉल में नागार्जुन लेटे हुए थे। वह हॉल कभी ऑपरेशन थियेटर रहा होगा। उनका बिस्तर उसी के पुराने टेबल पर था। साथ में शोभा भाई और उनका परिवार। मैंने सोचा—अच्छी जगह और अच्छे इलाज के लिए किसी को और कितना बड़ा कवि होना चाहिये ?

मगर उनके तेज ने फिर भी उन्हें टाँगे रखा और डॉक्टरों को सफलता मिली। वह स्ट्रेचर पर लदकर आये थे उधर वार्ड से छड़ी पकड़े, बाँहों का सहारा लिये बाहर निकले। फिर से अपनी दिनचर्या में लग गये। कमज़ोरी भी रही, बीमारियाँ भी, मगर सबके साथ एक शान्तिपूर्ण सहअस्तित्व बना रहा। मिलनेवाले लोग आते, गोष्ठियाँ होतीं, पुस्तक लोकार्पण आदि होते। ज़्यादातर लोग उनके घर आकर ही यह सब करते। कभी-कभी वह बाहर भी निकलते। अस्पताल की कुव्यवस्था देखकर परिवार ने निर्णय लिया कि आगे अब सरकारी अस्पताल में नहीं ले जायेंगे। ज़रूरत हुई तो घर में ही सारी व्यवस्था करने का सोचा जायेगा।

पत्नी अपराजिता गाँव में रहती थीं। वहीं उनका मन रमता था। कभी-कभी दरभंगा आतीं लेकिन वहाँ ज़्यादा दिन रह नहीं पाती थीं। कभी नागार्जुन अधिक बीमार पड़ जाते तो उन्हें देखने ज़रूर आती थीं। उनकी उस मुद्रा का वर्णन शोभाकान्त ने किया है। वह नागार्जुन के सिरहाने आकर उन्हें बड़ी देर तक निहारतीं और अक्सर कहतीं—'कहा न, इस पिलुआहे को कुछ नहीं होगा। जब तक मैं हूँ इसे कुछ नहीं होगा।' गाँव में उनकी एक सामुदायिक भूमिका थी। मैथिल ब्राह्मणों के बहुत लोकाचार होते हैं। एक-एक मांगलिक कार्य के भीतर बीसियों विधि-विधान। वह इन सब की प्रकाण्ड पण्डित थीं। हर विधि के अपने ख़ास गीत होते हैं, ऐसे गीत सैकड़ों की संख्या में थे जो उन्हें याद थे। युवतियाँ गीत सीखने के लिए उनके पीछे लगी रहतीं, प्रौढ़ाएँ विधान सीखने के लिए। गाँव का कोई भी मांगलिक उत्सव, चाहे वह किसी के भी घर हो, उनके अभाव में अधूरा रहता था। वह स्वयं भी इस बारे में बहुत गम्भीर, बहुत कर्तव्यनिष्ठ रहती थीं। उषाकिरण खान ने लिखा है, कभी पटने में होतीं उनके घर या अपने पुत्र सुकान्त के घर, उन्हें याद रहता कि अमुक तिथि को फलाँ की बेटी का विवाह होना है, या चिलां के बेटे का उपनयन है। वह लौटने की ज़िद शुरू करतीं, लौट आती थीं। स्वयं

उनका जीवन अभावमय रहा था, लेकिन तरौनी के लोग बताते थे, जब भी किसी को किसी चीज़ की ज़रूरत पड़े जो उनके पास होती, वह ज़रूर मदद करती थीं। परोपकारी, मिलनसार स्वभाव था। इसलिए जब उनका निधन हुआ था, समूचा गाँव शोक में डूब गया था।

एक माह पहले वह सुकान्त के पास पटना आयी थीं। वहाँ बीमार पड़ गयीं। जॉन्डिस हुआ था, जिसके लिए दवाओं से अधिक पथ्य-परहेज़ की ज़रूरत थी। तय किया गया कि गाँव में यह पथ्य-परहेज़ कहीं अधिक ठीक से हो पायेगा। शोभाकान्त के मन में यह भी था कि आ जायें तो डॉ. मिश्र से भी एक बार दिखा लिया जायेगा, जो यूँ भी हर छोटी-बड़ी बीमारी में उनकी चिकित्सा करते थे। १९ फ़रवरी, १९९७ को शोभाकान्त तरौनी गये थे। चचेरे भाई के पुत्र का मुण्डन था और माँ के गाँव लौटने की भी बात थी। लेकिन उसी दिन पटना में उनका देहान्त हो गया और ख़बर आयी कि उनका मृत शरीर तरौनी पहुँच रहा है। शोभाकान्त को जब यह ख़बर मिली, उन्हें पहली चिन्ता पिता की हुई कि जाने इस समाचार को वह किस तरह लेंगे। दरभंगा में उनके साथ ऋचा थी और कुणाल। ऋचा ने फ़ोन पर बताया—'बाबा स्तब्ध होकर मौन हैं। आँखों से आँसू की अविरल धारा बहती जा रही है। मैग्नीफाइंग गिलास की मदद से गीता उलट-पुलट रहे हैं।' जिस समय यह सूचना नागार्जुन को दी गयी, उनके हाथ में कम्प्लान वाला गिलास था, वह नीचे गिरा, और तब से जो उनका रोना शुरू हुआ वह अनवरत था। आँख या नाक पोंछने की कोशिश की जाती तो वह हाथ हटा देते थे। गाड़ी रिजर्व कर बच्चों ने नौ बजे रात में उन्हें तरौनी लाया। गाड़ी से उतरने पर उन्होंने शोभाकान्त का हाथ इस तरह पकड़ा मानो वह गिर पड़ेंगे। आँसू अब भी नहीं थमे थे, दाढ़ी गीली थी। मृत शरीर इसके घण्टे भर बाद पहुँचा था।

अपने आख़िरी समय में अपराजिता पति के लिए कितनी व्याकुल थीं इसका ज़िक्र प्रेमलता मिश्र ने अपने एक संस्मरण में किया है—

> काकी (अपराजिता) अपने मन की जाने कितनी पीड़ाएँ सुना-सुनाकर अपना मन हल्का करती थीं। उनका सबसे अधिक आक्रोश काका (नागार्जुन) पर था। कहतीं—'आख़िर सिन्दूर तो उन्होंने ही दिया था। और उसकी खोज-ख़बर तक नहीं!' मैं लाख उन्हें समझाती कि वह तो ख़ुद बीमार हैं, उन्हें तो अपना भी होश नहीं, लेकिन वह एक नहीं सुनती

> थीं। कहतीं—'नवारी में दुख और बुढ़ारी में भी? ख़ुद वहाँ दरभंगा में बैठे हैं और हम यहाँ पटने में!' उनका कहना अपनी जगह सही था लेकिन कौन जानता था कि वह इस तरह अचानक छोड़कर चली जायेंगी!

अब व्याकुलता की बारी नागार्जुन की थी। उनके आँसू जारी थे। दूसरे दिन की सुबह अन्त्येष्टि के लिए विदा करते वक़्त तक वह लगातार यही बड़बड़ाते रहे कि 'वह मुझसे छह वर्ष छोटी थी...।'

पत्नी के देहान्त के बाद नागार्जुन की हिम्मत इस तरह टूटी, शोभाकान्त ने लिखा है—

> वार्धक्य जनित रोगों से पस्त उनके शरीर को देखकर लगने लगा था कि कुछ भी किया जाये, परन्तु अब उत्साहवर्द्धक नतीजे नहीं मिलेंगे।

वह अपने को 'जड़द्गव' बताते। कहते कि अब 'मैं अथर्व (व्यर्थ) हो गया हूँ। अब तो मुझे बागमती को सौंप आना चाहिये।'

काफ़ी दिनों से शोभाकान्त ऋचा के विवाह के लिए प्रयास कर रहे थे। सफल नहीं हो पा रहे थे। माँ की दिली इच्छा थी कि पोती का विवाह अपनी निगरानी में करवायें। शोभाकान्त की जो आख़िरी मुलाक़ात उनसे हुई थी, मृत्यु के डेढ़ महीने पहले, आशीर्वाद या कुशलक्षेम के भी पहले यही पूछा था कि ऋचा की शादी कहीं तय हुई? 'नहीं' सुनकर बोली थीं कि 'मैं मर जाऊँगी तो ख़ुद ही कन्यादान करना।' अब मई आते-आते शादी तय हो गयी। नागार्जुन के लिए भी यह बहुत ख़ुशी का अवसर था। रेखा लेकिन बहुत परेशान थीं। पल-पल उन्हें अपनी सास की कमी खलती। एक दिन अपने गुरु की गोद में सिर रखकर वह बुरी तरह रो पड़ीं—'अब कौन मुझे पूरा पारिवारिक रीति-रिवाज़ बतायेगा? सारे गाँव का अच्छा-बुरा सँभालनेवाली तो चली गयीं!' शोभाकान्त ने लिखा है—

> अपने लाल गमछे से बाबूजी ने पहले अपनी आँखें पोंछीं फिर पुत्रवधू को चुप कराया। एक हफ़्ते तक एक जानकार बूढ़-पुरनिया महिला की तरह बेटी की शादी की पूरी कौलिक परम्परा और विधि-विधान बताते रहे—ठक-बक, चान-डाला, हाथी-गौर, कछुए की पीठवाला दीप, सांक-सिहुली, मटिया सिन्दूर, चुमान-परिछन, मातृका-पूजा, ओठंगर, होम की काठी...और भी न जाने क्या-क्या विस्तारपूर्वक समझाया और

> बताया। लगा कि माँ उनकी जीभ पर आ बैठी हों। २४ मई, १९९७ को रात भर कुरसी पर बैठकर ऋचा की शादी देखते रहे। उनकी यह स्थिति नहीं थी कि बारातियों के पास जाकर आधा घण्टा बैठ पाते। उस दिन वे प्राय: सो नहीं पाये थे। लोग आ-आकर पाँव छूते रहे उनके। चेहरे पर प्रसन्नता झलक रही थी। लगा कि वह शीघ्र ही पूर्ण स्वस्थ हो जायेंगे...पर उनके चेहरे का उल्लास या चमक टिकाऊ नहीं रही...।

१९९७ की जेठ पूर्णिमा २० जून को पड़ती थी। प्रगतिशील लेखक संघ ने इस अवसर पर नागार्जुन जन्म-दिवस समारोह तरौनी में मनाने का निर्णय किया। मैथिली में 'सगर राति दीप जरय' नाम से कथापाठ का एक त्रैमासिक रात्रिकालीन आयोजन १९९० से सतत होता आया था। अब इसका सत्ताईसवाँ आयोजन होना था। यह भी उसी रात तरौनी में आयोजित करने का निश्चय हुआ। बड़ी संख्या में हिन्दी और मैथिली के लेखक तरौनी पहुँचे। तय यह किया गया था कि चूँकि आने-जाने में बाबा की तकलीफ़ बढ़ेगी इसलिए वह वहीं दरभंगा में बने रहें, २१ की सुबह सारे लेखक उनसे चलकर मिलेंगे। शोभाकान्त १९ को ही तरौनी आ गये। २० की सुबह जब नागार्जुन ने तरौनी में हो रहे कार्यक्रम की ख़बर अख़बार में देखी तो उन्होंने ज़िद पकड़ ली कि हम भी चलेंगे। ग्यारह बजते-बजते उनकी जीप तरौनी में उनके दालान पर लगी थी। शरीर सक्षम नहीं था फिर भी इतने लेखकों के बीच लगातार उल्लसित महसूस करते रहे। कथागोष्ठी के पहले कुछ बोलने का अनुरोध किया गया तो बोले—'दिवा बले सारी रात पंजाब से आया है। लेकिन पंजाब गेहूँ उगाने में भी सबसे आगे है। वो चीज़ भी लाइये।' उन्होंने दालान में खाट लगवा ली और सारी रात लेटे-लेटे कहानियाँ सुनते रहे। सुबह जब लोग विदा हो रहे थे, बोले—

> मन प्रसन्न रहे तो सब दिन जन्मदिन ही है और मन अप्रसन्न रहे तो सब कुछ फीका है। कार्यक्रम मुझे अच्छा लगा। लोगों ने मुक्तकण्ठ से कविता-कहानियों का पाठ किया।

विभिन्न समाचार माध्यमों से नागार्जुन के स्वास्थ्य, उनकी गतिविधियाँ, उनके महत्त्व आदि को लेकर ख़बरें आये दिन आती रहतीं। अख़बारों के लोग उनसे मिलकर कुछ बात निकालने की कोशिश करते। डॉ. गणपति मिश्र ने लिखा है, कई बार ये मीडिया वाले उनकी सुविधा-असुविधा का

ख़याल तक भूल जाते और ऐसे में उन्हें रोको तो झगड़ा करने पर उतारू हो जाते थे। दूरदर्शन ने भी बार-बार आकर वीडियोग्राफी की थी। एक वृत्तचित्र दूरदर्शन मुजफ़्फ़रपुर ने तैयार किया था, जिसमें शोभाकान्त निर्देशन-सहायक के रूप में उल्लिखित थे। नागार्जुन से जुड़े कई लोगों का ख़याल था कि यह वृत्तचित्र विपन्नता का विज्ञापन था, और वे उम्मीद करते थे कि शोभाकान्त को इसके निर्माण की अनुमति नहीं देनी चाहिये थी। विभिन्न माध्यमों से समाचार पाकर बड़ी संख्या में लोग नागार्जुन को देखने, उनसे मिलने आते। डॉ. मिश्र ने बड़े अफ़सोस के साथ लिखा है कि—

> जितने लोग उनसे मिलने आते थे, सबने यदि दस-दस रुपये निवेदित किये होते तो उनकी सारी चिकित्सा-समस्याओं का निदान हो गया होता।

आराम का समय यदि न हो तो लोगों से मिलकर नागार्जुन बड़ा सुख पाते थे। रचनाकारों से, युवाओं से मिलने में उन्हें अधिक ख़ुशी होती। या फिर, ऐसे बुर्जुर्गों से जो सूत्र-वाक्य में कहे जाने पर भी आशय समझ सकते हों और उनसे देश-दुनिया की दशा के बारे में बातें की जा सकें। अख़बार रोज़ उलटाते थे। ज़रूरत की चीज़ें वाचन करवाकर सुनते। आकाशवाणी और बी.बी.सी. के समाचार सुनने का क्रम भी अबाध था।

मिलने आनेवाले कुछ लोग इतने जड़ होते थे कि बर्दाश्त करना मुश्किल होता था। ऐसे लोग या तो ग़ैरवामपन्थी दलों के नेता होते, या फिर इतनी साधारण समझ के जिन्हें नागार्जुन के बारे में कुछ भी कायदे से मालूम नहीं रहता था, केवल ख़बरों के आधार पर उन्हें बड़ा आदमी समझकर आ जाते थे। ज़िला प्रशासन के वरीय अधिकारी जब भी आते, समय लेकर आते थे। एक कोई डिप्टी कलक्टर था जो राहुल जी पर कुछ काम करने का सोचता था, वह अक्सर आ जाता। पहले तो नागार्जुन ने उसे ज़रूरत भर बात बता दी थी और अमुक अमुक पुस्तकें पढ़ने का सुझाव दिया, लेकिन फिर आने पर उन्होंने इस बुरी तरह डाँटा था कि देखनेवाले सन्न रह गये थे। एक दिन एक युवा बौद्ध भिक्षु मिलने आया। वह बोधगया के किसी मठ का अन्तेवासी था। नागार्जुन को बेहद ख़ुशी हुई। काफ़ी देर तक उससे बातें करते रहे और जब उन्होंने उसका नाम पूछा, उसने बताया—राहुल सांकृत्यायन। नागार्जुन का पारा चढ़ गया। उन्होंने

दो तमाचे लगाये। डाँटने लगे—'किसने यह नाम तुम्हें दिया?' बहुत मुश्किल से उन्हें शान्त कराया जा सका। भिक्षु ने अपनी ग़लती मानी और तत्काल उसका नाम बदला गया—राहुल वर्धन। भोजनादि के बाद जब भिक्षु विदा होने लगा, नागार्जुन ने शोभाकान्त से कहा—'इसे पाँच सौ रुपये दे दो।'

यात्राओं के लिए उनका मन मचलता रहता था। अब भी उन्हें लगता था कि शोभाकान्त यदि टिकट कटाकर उन्हें ट्रेन पर बिठा दें तो वह ठीक हो जायेंगे। वाचस्पति उन्हें देखने आये तो उनका मन पहाड़ों के लिए तड़पने लगा। कुणाल को बुलाकर कहा—'सात-आठ दिनों के लिए आसाम जाना है। पापा से कहो, कल समस्तीपुर जाकर अवध आसाम का आरक्षण ले लें। इस बार मेरे साथ तुम्हें चलना है।' बच्चे उनकी बात सुनकर हँसते रहे। एक दिन कीर्तिनारायण मिश्र मिलने आये। पूछा—'चितावालसा से कब आये?' जवाब था-'नहीं। अब तो मैं कलकत्ता आ गया हूँ न!' ख़ुश हो गये। कहने लगे—'अच्छा हुआ। मुझे भी कलकत्ता गये बहुत दिन हो गये। चलो, तुम्हारे ही साथ चलते हैं।' मदन कश्यप आये तो पटना चलने का कार्यक्रम बनाने लगे—'वहाँ मौर्यलोक के खादी भण्डार से एक चादर ख़रीदनी है और मधु लेना है।' उषाकिरण खान-रामचन्द्र खान आये तब तो वह कातर होकर गुहार लगाने लगे—'हौ राम बाबू, हमरा पटना ल' चलह हौ।' उन दोनों के लिए यह क्षण और भी मार्मिक था। पिछली बार भी ही हुआ था। उन्होंने रामचन्द्र खान की हथेली पकड़ ली थी और बोले थे—'मुझे पटना ले चलो।' लेकिन तब अपराजिता सामने थीं। उन्होंने रोका था— 'लटाढ़म (औपचारिकता) में न पड़ें रामबाबू, अब ये जाने लायक हैं?' और अब तो वह भी नहीं थीं! उन्होंने ज़ोर से उषाकिरण का हाथ पकड़ रखा था। बोले—'तुम्हारी काकी के बिना बहुत अखरता है।' एक दिसम्बर को भाकपा-माले के महासचिव कामरेड विनोद मिश्र मिलने आये। नागार्जुन की ख़ुशी का ठिकाना नहीं था। उन्होंने उन्हें अपने पास बिठाया। देर तक उनका चेहरा, नाक, कान, ठुड्डी को छूते सहलाते दुलारते रहे। उनकी भावविह्वल आँखें चमक से भर उठीं।

—कैसा स्वास्थ्य है अब?

—'देह को तो पहले ही धुनकर रख दिया था। अब क्या?' फिर हँसते

हुए कहा—'पत्रकार आते रहते हैं। पूछते हैं समाजवाद का तो पतन हो गया, सोवियत संघ ढह गया, अब समाजवाद के बारे में आपकी क्या राय है? मैं उनसे कहता हूँ—जब तक ग़रीब की पीठ पर फटी हुई गंजी रहेगी, महिलाओं की जब तक दुर्दशा रहेगी, समाजवाद प्रासंगिक रहेगा। मैं निराश नहीं हूँ कामरेड, निराश नहीं हूँ।'

कामरेड के साथ बहुत सारे लोग थे—पारस जी, रामजी राय, मदन कश्यप, मीना, शशि, प्रभात चौधरी। सभी चित्रलिखित-से नागार्जुन को सुन रहे, देख रहे थे।

—'युवा पीढ़ी और भी बड़े-बड़े काम करेगी कामरेड, हम लोगों से भी ज़्यादा, दोगुना-चौगुना तक।'—उनकी बातों में पूरा यक़ीन झलकता था।

—आपकी कविताओं से हमारे लोगों को बहुत प्रेरणा मिलती है।—वी.एम.।

—लोग भाषा को लौंग-इलायची की तरह इस्तेमाल करते हैं जबकि भाषा एक्सप्रेशन के लिए है। पुरानी दिल्लीवालों की अपनी भाषा है जाटों और पंजाबियोंवाली, नयी दिल्लीवालों की अपनी कोई भाषा नहीं। भागलपुर की तरफ़ पार्टी का कामकाज हो रहा है या नहीं, होना चाहिये। वहाँ डोमन शर्मा 'समीर' हैं। संथाली और मुण्डा साहित्य में अच्छा काम हो रहा है।

वी.एम. कामरेड पारस से परिचय कराते हैं—'भोजपुर के हैं।' नागार्जुन भोजपुरी में पूछते हैं—'अपने कहाँ के हईं?' उनकी भोजपुरी सुनकर सब हँस पड़ते हैं, स्वयं भी। बताते हैं—'बहुत दिनों तक बक्सर और छपरा की जेलों में रहा, साथियों के बीच। वहीं भोजपुरी आ गयी।' पता चलता है कि पारस सहार के हैं, जहाँ बथानी टोला नरसंहार हुआ था। नागार्जुन गम्भीर हो जाते हैं—'एजेन्टों का काम था वह। जो श्रीमन्त हैं, भूपति हैं, उनका मुक़ाबला करना होगा। एक-एक आदमी तक अपनी बात पहुँचानी होगी। पार्टी के ख़िलाफ़ बहुत दुष्प्रचार फैला रखा है सबों ने। उस दुष्प्रचार के जाल को काटना होगा।' फिर वी.एम. से आग्रह करते हैं—'आपको दस दिन इधर घूमना चाहिये। यहाँ महिलाओं की हालत अच्छी नहीं है, उनके बीच काम होना चाहिये। लौकहा और जयनगर तक गाड़ी जाती है।'

फिर, कामरेड मीना से उनका परिचय होता है जो परसा की हैं और मुज़फ़्फ़रपुर में काम करती हैं। उनसे कहते हैं—'परसा में राहुल जी रहे थे बहुत दिनों तक। वहाँ मठ भी है उनका। मुज़फ़्फ़रपुर के भूपति बहुत बदमाश हैं, खटमल हैं सब। खटमल जब पड़ जाये चारपायी में तो उसे पानी में डुबोया जाता है। पानी में डुबो दो, पानी में उनको!'—ठहाका लगाते हैं। फिर कहानी सुनाने लगते हैं कि 'बाबा बाबा' सुनकर किस तरह एक बुढ़िया उन्हें आध्यात्मिक बाबा समझ बैठी थी, और एक दिन उसने जब उन्हें केकड़ा खाते देख लिया तो कैसे भड़की थी। वी.एम. से कहते हैं—'एक पता डाकिये का होता है, घर बदलने पर उसमें कुछ गड़बड़ी हो जाती है, लेकिन एक पता दिल का होता है वह नहीं बदलता, उसे नहीं बदलना चाहिये।' वी.एम. उनसे पूछते हैं—दिल्ली कब चलेंगे? बताते हैं कि 'सादतपुर की बहुत याद आती है, कामरेड नियोगी की भी। मार्च तक ज़रूर दिल्ली आयेंगे।'

विदा होते समय वीएम ने नागार्जुन से हाथ मिलाया। फिर, एटेन्शन के साथ सभी लाल सलाम की मुद्रा में आ गये। वीएम और उनके सभी साथी लाल सलाम की मुद्रा में, और चौकी पर बैठे नागार्जुन भी। दायाँ हाथ केहुनी से मुड़ा, मुट्ठी बँधी और लाल सलाम। सर्वहारा नेतृत्व का अपने कम्युनिस्ट क्रान्तिकारी कवि के लिए और कवि का सर्वहारा नेतृत्व के लिए यह आख़िरी लाल सलाम था।

एक दिसम्बर को पटना के निकट लक्ष्मणपुर बाथे गाँव में दबंग सवर्णों की रणवीर सेना ने ६० ग़रीब दलित मज़दूरों को मार डाला। आज़ाद भारत का यह सबसे बड़ा, सबसे भीषण सामूहिक नरसंहार था। १९७७ में कुर्मी ज़मींदारों ने नालन्दा के बेलछी में १४ दलितों की बर्बर हत्या की थी तो नागार्जुन ने 'हरिजन गाथा' लिखी थी। यह तो बर्बरतम था, जघन्यतम। सबसे भयंकर बात यह थी कि जिन लोगों का क़त्ल किया गया, उनसे न कोई भूमि-विवाद था, न कोई झगड़ा। किसी दूसरे गाँव के लाल झण्डे की सज़ा इस गाँव को दी गयी थी। कई परिवार इस प्रकार मारे गये थे कि सिर्फ़ छोटे-छोटे बच्चे बच गये थे या अथबल बूढ़ियाँ।

लोमहर्षक था। देश के नेताओं, बुद्धिजीवियों ने इस पर तीख़ी प्रतिक्रिया व्यक्त की। नागार्जुन बहुत व्याकुल हो गये। बिस्तर से उठकर दस क़दम चलने की ताक़त नहीं थी लेकिन ज़िद करने लगे कि उन्हें बाथे जाना है। जो भी मिलने आता उससे बाथे चलने को कहते। उनका मन लगातार बाथे में अटका रहा।

जा तो सकते नहीं थे, अन्ततः हुआ यह कि पत्रकारों को बुलवाकर उन्होंने एक बयान लिखवाया—

> लक्ष्मणपुर बाथे जनसंहार सुनियोजित साजिश है। राष्ट्रीय-अन्तरराष्ट्रीय स्तर पर जो फ़ासिस्ट शक्तियाँ सर उठा रही हैं, इसी सन्दर्भ में इसे देखा जाना चाहिये। यह चुप रहने का समय नहीं है। हम सब को आगे बढ़कर इसका प्रतिकार करना चाहिये। बिहार में भी और बिहार के बाहर भी। मैं शारीरिक रूप से अब चलने-फिरने लायक नहीं हूँ। अन्यथा ख़ुद वहाँ जाकर जनता की तकलीफ़ों में शामिल होता और शैतानी ताक़तों के ख़िलाफ़ अभियान में आगे-आगे रहता। लेकिन मैं देश के बुद्धिजीवियों, प्रगतिशील नागरिकों से अपील करता हूँ कि वे बाथे जायें और फ़ासिस्ट शक्तियों के ख़िलाफ़ मोर्चा लें।—नागार्जुन।'

१७ दिसम्बर, ९७ को जारी यह बयान नागार्जुन का आख़िरी सार्वजनिक बयान था।

१९९८ का नववर्ष आया तो उन्होंने एक दिन पहले ही शोभाकान्त से कह दिया कि कल सुबह वह शहर के तमाम रचनाकारों और बौद्धिकों से मिलेंगे। शोभाकान्त ने सभी लेखक, सभी पत्रकार, बौद्धिक जगत से जुड़े तमाम लोगों को एक जनवरी की सुबह अपने यहाँ आमन्त्रित किया। नागार्जुन बड़े प्रसन्न थे। उन्होंने सभी को मिठाइयाँ खिलायीं, हँसे-बोले, ठहाके लगाये, एक-से-एक मार्मिक बात कही।

देश के ये दिन राजनीतिक अस्थिरता के दिन थे। हर तरफ़ जुमले और सपने उछलते मिलते थे लेकिन पार-घाट लगने का कोई कूल-किनारा नज़र नहीं आता था। लोकसभाएँ बार-बार बनतीं और भंग होती रहती थीं। गपशप चल रहा था कि किसी ने कहा—'भाजपा बढ़ रही है।' और जानना चाहा कि इस बारे में नागार्जुन क्या सोचते हैं।

—'भाजपा बढ़ रही है तो इसमें घबराने-जैसी क्या बात है भाई! उसे

बढ़ने दो। लोकतन्त्र है। एक मौक़ा उसे भी मिले। इसका फ़ायदा भी देखो। भाजपा सत्ता में आयेगी तो उसका असली चेहरा सामने आयेगा। अभी जनता भ्रम में है। लॉलीपॉप है। स्वर्ण-सम्भावना दिखती है अभी उसमें। तो, ये सपने टूट जायें तो अच्छा ही न होगा। मैं तो देखता हूँ कि आन्तरिक कलह ही अन्त में इसे ले डूबेगा...'

बड़ी संख्या में पत्रकार और बौद्धिक वहाँ थे ही, और अधिकांश वे मैथिल थे, नागार्जुन के इस कथन को ले उड़े। मोटे-मोटे अक्षरों में छपा कि बाबा ने कहा है, भाजपा को एक मौक़ा मिलना चाहिये। धर्मनिरपेक्ष बौद्धिक सन्न रह गये। शोभाकान्त ने लिखा है—

> पटना और दिल्ली के दक्षिणपन्थी और वामपन्थी खेमे के लोग ख़ुशी और नाराज़गी पर इतराते और डूबते रहे। अन्त में मुझे वक्तव्य देकर स्थिति साफ़ करनी पड़ी थी।

जनवरी के बाद उनके स्वास्थ्य की स्थिति तेज़ी से बिगड़ने लगी। हाइपो प्रोटिनिमिया ने बढ़कर अब संक्रमण का जाल फैला लिया था। हड्डियों के सन्धिस्थलों को मोड़ने में बहुत कष्ट होने लगा था। डॉ. मिश्र तो थे ही, मेडिकल कॉलेज के डॉक्टरों की टीम भी बराबर आती रहती। अन्ततः अप्रैल में यह आवश्यक हो गया कि डाइलेटेड प्रोटीन उन्हें चढ़ाया जाये। अप्रैल से जो यह क्रम शुरू हुआ, हर एक दिन बाद अन्त तक यह उन्हें चढ़ाया जाता रहा। १९९८ की ज्येष्ठ पूर्णिमा १० जून को पड़ती थी। उनके सान्निध्य में मनाया जानेवाला यह उनका आख़िरी जन्मदिन था। उनके स्वास्थ्य को लेकर चिन्ताजनक ख़बरें मीडिया में आती रहतीं। उनके प्रेमीजन उन्हें लेकर निराशा के भँवर में थे। उस दिन भी बड़ी संख्या में रचनाकार दरभंगा पहुँचे। नागार्जुन चुपचाप अपने बिस्तर पर लेटे रहे और पास आये लोगों का हाथ पकड़े स्पर्श की भाषा में बात करते रहे। मैनेजर पाण्डेय बताते हैं—

> बाबा बहुत ही परेशान दिखायी दे रहे थे, लेकिन पहचान रहे थे वे। मैं गया उनके पास, मेरा हाथ पकड़ा उन्होंने, पकड़कर चुपचाप पड़े रहे। फिर कहा, पाण्डेय जी, मैं अब अथर्व हो गया, तो मेरी समझ में नहीं आया। बाबा पुराने संस्कृत के ज्ञाता थे। कभी-कभी ऐसा प्रयोग करते थे। उनको लगा कि मेरी समझ में नहीं आ रहा है, तो कहा, अथर्व माने फालतू। वहाँ के बगल से बागमती नदी गुज़रती है। उन्होंने कहा कि अब

> मेरी इच्छा यह है कि आप लोग मुझे बागमती को सौंप दीजिये। बहुत दुख, बहुत ही अफ़सोस हुआ मुझे उनकी दशा देखकर। यह मेरी उनसे अन्तिम मुलाक़ात थी।

भगवत रावत और खगेन्द्र ठाकुर के साथ विश्वनाथ त्रिपाठी आये। पायताने बैठ रहे थे, नागार्जुन ने सिरहाने बिठाया। पूछा—'तुमने निराला का वह 'कुल्ली भाट' पढ़ा है?' प्रश्न में ही उनकी सारी वेदनाएँ भरी थीं। न केवल यह कि बुढ़ापे का कष्ट, रोग की पीड़ा, मन का ठहराव—बल्कि यह भी कि एक समय ज़िन्दाबाद मचाये रखनवाले लोग भी वक़्त आने पर किस तरह साथ छोड़ने लगते हैं, और सदा सहाय रहनेवाले अपने-अपने स्वार्थ के तिकड़मों में उलझकर कैसे दूर हो जाते हैं!

इस जेठ पूर्णिमा पर शम्भुनाथ भी आये हुए थे। उन्होंने पूछा—बाबा, कलकत्ता चलेंगे? शोभाकान्त ने उनके कान के पास ज़ोर से चिल्लाकर उनका प्रश्न बतलाया। थोड़ी देर तक आत्मस्थ रहे। फिर इनकार में सिर हिला दिया—नहीं! यह अनहोनी-जैसी बात थी। यात्रा पर नहीं जायेंगे? जायेंगे क्यों नहीं, लेकिन कलकत्ता नहीं जायेंगे। उन्हें कहीं और जाना है। कलकत्ता फिर आगे कभी जाया जायेगा। शम्भुनाथ ने लिखा है—

> नागार्जुन धनुष की तरह मुड़ गये हैं, फिर भी कड़ेर हैं। शिव के इस धनुष को राम भी नहीं हिलायेंगे, पर शोभाकान्त अपने हाथों में उठा लेते हैं, कमरे से बाहर निकालकर कुरसी पर खुली हवा में बैठा देते हैं। गाल बिलकुल धँस गये हैं। काया जर्जर हो गयी है। केश और दाढ़ी पहले से ज़्यादा उलझी है। फिर भी बाबा ख़ासकर अपने जन्मदिन पर साफ़ और चिकने दिख रहे हैं। अपनी बड़ी बहू, पोते-पोतियों और नातिन के दंतुरित मुस्कान वाले बच्चे के साथ। बारी-बारी से आते बेटे-बेटियों स्वजन-परिजन, प्रतिबद्धता, सम्बद्धता और आबद्धता के अपने सम्पूर्ण अखण्डित परिवेश में, जिसकी रचना और कल्पना नागार्जुन ने कभी ख़ुद की थी, उस सम्पूर्ण परिवेश में उनका सिर अब धरती के नमन में लगातार झुका हुआ है—धीरे-धीरे बादल धरती पर घिर रहे हों मानो। न जाने कब बरस पड़ें। उनकी मनोभूमि कुछ ऐसी थी—'नदी कर ली पार, उसके बाद/नाव को लेता चलूँ क्यों पीठ पर मैं लाद!

और इसके बाद नागार्जुन अपनी आन्तरिक यात्रा पर निकल पड़े।

अपने तीन वरिष्ठों के आख़िरी दिनों के बारे में नागार्जुन ने संस्मरण

लिखे हैं। वे उनसे उनकी आख़िरी मुलाक़ातों पर आधारित थे। दुनिया की नज़र में निराला पागल हो गये थे, जबकि नागार्जुन ने पाया था, दुनियादारी की छोटी-छोटी बातों तक का उन्हें पूरा ख़याल रहता था, जन-जीवन की महान् चुनौतियाँ उनकी चेतना पर हावी थीं और अपनी पूरी मनःशक्ति लगाकर वह उन्हें हल करने के संघर्ष में लगे रहते थे। राहुल जी स्मृतिध्वंस से पीड़ित थे। उन्हें कुछ भी याद नहीं रहा था, अपने बच्चों का नाम तक नहीं। लेकिन, जो भी मिलने आता वह उन्हें जनम-जनम का आत्मीय प्रतीत होता और इच्छा करते थे कि वह कुछ खाकर-पीकर वापस जाये, वरना वह बुरी तरह रोने लगते थे। बेनीपुरी की स्थिति कहीं अधिक विकट थी। पहचान तक नहीं बची थी और कुछ भी कहा—सुना जाये, वह केवल यही दो शब्द बोलते थे—'जी हाँ।' नागार्जुन की स्थिति लेकिन, सबसे अलग थी। २६ अगस्त, ९८ को मदन कश्यप उनसे मिले थे। लिखा है—

> बाबा की काया भले ही जीर्ण हो गयी थी, कुछ हद तक जड़ भी लेकिन उनकी चेतना पहले जैसी ही गतिशील थी, एकदम सक्रिय।

हुआ दरअसल यह था कि इस सक्रिय, गतिशील चेतना के साथ वह अब आन्तरिक यात्रा पर निकल गये थे। यही कारण था कि जो लोग बहुत गहरायी से उनकी स्थिति नहीं समझ पाते, उन्हें वह बेसुध अवस्था में दिखते थे। अक्टूबर में वाचस्पति आये। लिखा है—

> जब विदा लेने मैं बाबा के बिस्तर पर एक किनारे बैठा तो काफ़ी देर बाद उन्होंने सिर ऊपर उठाया। मेरे हाथ अपने दोनों हाथों में थामे। दो शब्द फुसफुसाये—'कब आये?' इसके साथ दो बूँदें उनकी आँखों से मेरी हथेलियों पर गिरीं। यात्री की जीवन-यात्रा पर लगनेवाले विराम का मैं मूक साक्षी बना।

आन्तरिक यात्रा का क्रम क्या होता था? जैसे, उन्हें अपनी माँ याद आतीं। माँ की दयनीयता। पिता का व्यवहार। गाँव का वह घर। बचपन के वे दिन। माँ मरी थीं, उसकी स्मृति। वह शाम आँखों में आकर मूर्तिमान हो उठती। आँखों से आँसू बहते रहते। फिर याद आता कि माँ को तर्पण

करना शेष रह गया है। वह चल पड़ते। सिमरिया का गंगाघाट इसके लिए प्रशस्त माना जाता है। वह वहाँ पहुँचते। वहाँ उनके मित्र दिनेश मिश्र रहते थे। दिनेश कलकत्ता के उन पुराने दिनों के मित्र थे जब संस्कृत की दुनिया नागार्जुन की दुनिया होती थी। उनके बेटे कीर्तिनारायण भी कवि हैं, उस दिन तो वह आये थे। दिनेश को बुलवाया जाये। उन्होंने आँखें खोलीं। सामने शोभाकान्त हैं। उनसे कहते हैं—'दिनेश मिश्र को बुला लाओ। मेरी माँ के लिए तर्पण कर दें।' शोभाकान्त की यह ख़ास योग्यता थी कि वह समझ सकते थे, माज़रा क्या है! नागार्जुन का चुनाव शोभाकान्त थे क्योंकि उन्हीं को वह कह सकते थे और समझ भी वही सकते थे। इधर, चेतना इतनी गतिशील थी और स्मृति इतनी तीक्ष्ण कि जिसे याद करते, वहाँ पहुँच ही जाते थे। पाँव में सनीचर का वास था न!

कभी विद्यालंकार परिवेण पहुँच जाते। दूर-दूर तक फैले धान के हरे-भरे खेत। नारिकेल-वन। वृक्षों की वे सघन छायाएँ। परिवेण का मण्डप। अध्यापकों के वे साफ़-सुथरे कमरे, अन्तेवासियों का हॉस्टल। धर्मसभा की वह भीड़। वे वामपन्थी मित्र! बैरिस्टर निशंक के सविनय नमस्कार की वह मुद्रा! और वे नायकपाद धम्मानन्द! वह फक रह जाते। विदा होते समय उनसे मिले भी नहीं जबकि अधूरा काम पूरा करने का उन्हें वचन दिया था। वह पाते, नायकपाद स्वयं सामने उपस्थित हैं, अपने प्रिय शिष्यों के साथ। उनका ललाट छूते हैं, उनसे कुछ कह रहे हैं। नागार्जुन ने आँखें खोलीं। सामने रेखा थीं। बोले—'देखो रेखा। नायकपाद आये हैं। कह रहे हैं मुझे फिर से मठ में चलना है। पैसा साथ लाये हैं। अभी हमें पैसों की ज़रूरत भी थी न!' कभी अबोहर पहुँच जाते जहाँ स्वामी केशवानन्द अब भी उनके लौटकर आने का इन्तज़ार कर रहे होते थे। कई दिन तो अब समूची यात्रा का पूरा क़िस्सा सुनाने में लग जायेंगे। 'दीपक' फिर से निकालना है। पृष्ठों की संख्या भी बढ़ानी होगी। रवि बाबू की कविताएँ देनी हैं अगले अंक में, साक्षात्कार भी। ओह, रवि बाबू...। और वे स्वामी जी! किताबों का गट्ठर! राह चलते बटोही से संवाद—भई लो यह किताब। बड़ी अच्छी यह हिन्दी में निकली है। पर हाँ, पढ़कर अपने घर में रख नहीं लेना, दस लोगों को पढ़वाना...। साश्रुनयन नागार्जुन हाथ जोड़ते हैं। यह प्रणाम स्वामी केशवानन्द के लिए है। सामने यदि कोई परिचारक बैठा हो तो उसे लगेगा, बाबा बेसुध हैं।

नहीं, वह अभी अबोहर हैं।

एक बार दो दिनों तक रूस में रमे रहे। सीधे मास्को, टाल्सटॉय के घर पहुँचे थे। क्या शानदार मकान, लकड़ियों वाला! कितनी मज़बूत लकड़ियाँ! और, ये वो साइकिल, जिसे उन्होंने परिणतवय में सीखकर चलायी। वो जूते, उनके अपने हाथ के बनाये! साइनबोर्ड पर टँगी विज्ञप्ति कि उस महान् लेखक ने कैसे यहाँ आकर श्रमशील जीवन अपनाया था। वहाँ से चेखव म्यूज़ियम पहुँच गये। और मेलिखोवो के उनके गाँव भी। पर्यटकों की काफ़ी भीड़ है आज। अरे वो लड़की भी दिख गयी—वो अँग्रेज़ी पढ़ाती है। बैठकर सुस्ता रहे हैं वहाँ, बच्चे बटुर आये हैं। बच्चो, स्मोल्नी जाना है अभी मुझे, फिर मुलाक़ात होगी... अल्माअता झिगो में ज़रा आचमन करते चला जाय...अरे झिगो, तुम तो बिलकुल अलकनन्दा दिख रही हो यार....और ये 'कर गच'! कितने काले-काले तने पेड़..आबाद रहो वीरो, आबाद रहो! महाशय चीड़ और देवदार भी हैं...नमस्कार। उधर से नोवोदिविची सिमेट्री चले गये। सारे महान् तो यहीं सोये हुए हैं। गोगोल, चेख़व, मायकोव्स्की... नमस्तुभ्यं नमस्तुभ्यं...। आँख खुली तो सामने शोभाकान्त थे। बोले—'अभी-अभी रूस से आया हूँ। थकान हो गयी है। मुझे आराम करने दो...।' आन्तरिक यात्रा भी तो यात्रा ही होती है। गतिविधियाँ बढ़ गयी थीं। इसी हिसाब से प्रसन्नता भी। इसे तो केवल वही देख सकते थे। बाहर तो केवल यही दिखता था कि इन दिनों उनका आहार बढ़ गया था—मात्रा में, और प्रकारता में भी। मछली ख़ूब खाते और मिठाइयाँ भी। शम्भुनाथ ने महसूस किया था—

> अपनी बाहर की दुनिया से बेख़बर अपनी आन्तरिक दुनिया में वे और अधिक गहन, बड़ी तेज़ी से कहीं दूर चले जा रहे हैं। यात्री की यात्रा जारी है, सिर्फ़ पैर नहीं चल रहे हैं। वे ख़ूब बोल-बतिया और हँस रहे हैं, सिर्फ़ होंठ स्थिर हैं। बिलकुल वैसे ही गुलाबी और ताज़े होंठ, जैसे शिशुकाल में रहे होंगे। छककर पिये गये दूध के बाद रस में नहाये।

व्यक्तियों के स्मरण का तो कोई अन्त ही नहीं था। वे नितान्त आरम्भ के व्यक्ति...अनिरुद्ध मिश्र, मधुसूदन शास्त्री, सहजानन्द सरस्वती, प्रेमचन्द, प्रसाद, निराला, रवि ठाकुर, बेनीपुरी, शमशेर...। सहजानन्द याद आते तो उनका सीताराम आश्रम भी। फिर, वहाँ छोड़ा हुआ अपना चीवर भी। उसे

वापस लेने पहुँच जाते—भई, पहना था उसे तो लोगों ने नष्ट कर दिया, देखो यहीं कहीं रखा होगा, उस सन्दूक में देख लो...। एक दिन उस महाकाव्य की संयोजना पर सोचने लगे जो उन्हें लिखना है, तो उन्हें 'मेघनादवध' याद हो आया। हाय रे माइकेल मधुसूदन दत्त! वैसा महाकाव्य कौन कब लिख पाया? माइकेल का वह कठिन जीवन-संघर्ष! और अमित्राक्षर की वह लड़ी। महाकाव्य की न जाने कितनी पंक्तियाँ उनके चतुर्दिक उमड़ती-घुमड़ती रही होंगी कितने समय तक...विश्वेर आकांक्षा मा गो, जार प्रति तुमि/कृपा करि, कृपादृष्टि कर, कृपामयि...

डॉ. गणपति मिश्र ने लिखा है—

> वे क्रमशः निष्क्रिय होते गये। शरीर दिनानुदिन शिथिल पड़ता गया। मिलने आनेवाले लोगों की संख्या में अप्रत्याशित रूप से कमी आ गयी। सच ही तो है, कौन पूछता है बेकार आदमी को? अस्वस्थ और असहाय नागार्जुन में अब भला किसको क्या मिल सकता था—कोई कथावस्तु या काव्यबीज? अब किसी भी क्षण महायात्रा पर निकल पड़नेवाले नागार्जुन इस ठण्डे समाज में अब आग धधकाने के काबिल नहीं रह गये थे।

उनकी आख़िरी बातचीत दो नवम्बर को रेखा से हुई थी। उन्होंने अस्फुट स्वर में पूछा था—'मैं तुम सबको बहुत कष्ट दे रहा हूँ न?'

रेखा सहम गयी होंगी। कहा—'हमें तो कोई कष्ट नहीं बाबूजी। हम सबके प्रति आपका स्नेह है, तभी न हमारे पास हैं।'

वह चुप हो गये। फिर पूछा—'आज खाने में क्या बना रही हो?'

—क्या बना दूँ?

—मछली, भात और भिण्डी का भुजिया। आँवले की चटनी ज़रूर बनाना।

फिर थोड़ी देर बाद बोले—'आज मछली छोड़ दो। कल बनाना।'

रेखा अपने काम में लग गयीं। थोड़ी देर बाद वह कोमा में चले गये। इसका पता भी सबसे पहले रेखा को ही चला। सरगर्मी बढ़ गयी। डॉ. मिश्र ने पूरे हालात पर ग़ौर करने के बाद कहा—'इस बार हालत चिन्ताजनक है। यदि बहत्तर घण्टे गुज़र जायें तो किसी भी तरह हम इन्हें

बचा लेंगे।'

लेकिन बहत्तर घण्टे नहीं गुज़र सके। ५ नवम्बर, ९८ को अलस्सुबह छह बीस पर उन्होंने आख़िरी साँस ली।

बिहार सरकार ने नागार्जुन की अन्त्येष्टि राजकीय सम्मान के साथ करने का निर्णय लिया। वह बहुत ही भव्य यात्रा थी। वैसी शायद ही किसी लेखक को नसीब हुई हो। सकरी से तरौनी पाँच किलोमीटर है। जब उनका मृत शरीर तरौनी ले जाया जा रहा था, आम जनता की अटूट भीड़ सड़क के दोनों किनारे उमड़ पड़ी थी। उनकी संख्या लाखों में ही आँकी जा सकती थी। चलन मुताबिक तो यही कहा जायेगा कि भीड़ का मक़सद अन्तिम दर्शन था, लेकिन असल में तो यह दर्शन की शुरुआत थी।

Rajkamal